浦口年鉴

2023

南京市浦口区地方志编纂委员会办公室 编

方志出版社
Publishing House of Local Records

图书在版编目（CIP）数据

浦口年鉴 . 2023 / 南京市浦口区地方志编纂委员会办公室编 . —北京：方志出版社，2023.11

ISBN 978-7-5144-5886-2

Ⅰ. ①浦… Ⅱ. ①南… Ⅲ. ①区（城市）—南京—2023—年鉴 Ⅳ . ① Z525.31

中国国家版本馆 CIP 数据核字（2023）第 245092 号

责任编辑：李志瑜
责任校对：张玉霞
责任印制：梅中英
出 版 者：方志出版社
地　　址：北京市朝阳区潘家园东里 9 号（国家方志馆 4 层）
邮　　编：100021
网　　址：http://www.zgfzcb.cn
发　　行：方志出版社图书营销中心（010-67110500）
印　　刷：南京四彩印刷有限公司
开　　本：889 毫米 ×1194 毫米　　1/16
印　　张：23.375
字　　数：706 千字
版　　次：2023 年 11 月第 1 版
印　　次：2023 年 11 月第 1 次印刷
定　　价：180.00 元

南京市浦口区地方志编纂委员会

主　　任　王国平

副 主 任　范明辉　马文媛

委　　员　徐道俊　窦仕海　吴长兆　叶恒春　董乔忠　赵锡中
　　　　　柯华龙　滕远升　石　磊　余荣国　王林东　何赟绵
　　　　　李来芝　陈小涛　吴　峰　林　云　黄　荣　伍明霞
　　　　　冯　涛　杨延龙　郑恒萍　刘明珠　刘　飞　戴　蓉
　　　　　程　媛　陈绍翊　胡　景　吴春雨　解天庆　陈　辉
　　　　　黄　文　胡祥国　周　晓　李先义　姜　楠　赵　谦
　　　　　吴　伟　陈金飞　荀　英　成相东　赵相君

南京市浦口区地方志编纂委员会办公室

主　　任　马文媛

副 主 任　李永胜

工作人员　徐　源　王孜孜

《浦口年鉴》编辑部

主　　编　马文媛

副 主 编　李永胜

执行主编　徐　源

编　　辑　卢仕松　杨万友　杨宇金　周世泉　杨　友　袁　铭
　　　　　王孜孜　刘廷峰　周世明

主审人名单

（按主审类目先后为序）

雷存俊　刘　猛　柯华龙　滕远升　郭秀瑾　汤　波　朱孝桂
谈晓红　朱玉林　沙　莎　翟　羽　周　莉　徐文君　夏云昆
刘有金　丁　晔　于　霞　丁朝龙　田小琳　许　薇　郭仁静
马广虎　侯梅梅　徐海亮　闵宏权　徐小虎　钱　纲　李　翔
徐　俊　吉小军　刘　颢　王丽媛　周　鹏　王　青　倪　伟
刘惠珍　张　震　王晓键　徐正清　李秀梅　李国庆　毛如虎
张晓宇　滕支兵　王　颖　杨久芬　章　明　薛嵘嵘　朱　勇
王　军　姜梦瑶　汪　峰　万　玲　戴　娟　张　力　杨杜娟
王　瑾　徐仕兵　刘又成　诸发琴　高　磊　陈　琳　李　奇
沈元云　朱怀雷　魏其清　雍晓云　沙其凤　周志鹏　雷　恒
许　海　贾学林　苗　蕾　汤晓霞　周　强　雍定芳　陈　健
谭　瑾　刘明珠　朱晓艳　张雅婷　徐正友　狄万斌　耿久亮
徐　晗　林　佳　史学智　史莉玲　岳贤平　花　鸥　师明杰
沈传军　郭丽萍　聂传蓉　戴晓梅　尹富强　陈良军　王　平
吴　蕾　林　敏　张　磊　郑小萍　姚佩佩　陈秀丽　赵倩园
孙立兵　姚　迪　王兆林　赵龙玉　吴元杰　沈晓玥　张体前
曹晓峰　徐茂荣　张孝东　后玉成

编 辑 说 明

一、《浦口年鉴》是南京市浦口区地方志编纂委员会办公室编纂的年度资料性文献。其前身为1996年出版的《江浦年鉴》，自2003年起更名为《浦口年鉴》。本卷为第28卷。

二、《浦口年鉴》以马克思列宁主义、毛泽东思想、邓小平理论、“三个代表”重要思想、科学发展观、习近平新时代中国特色社会主义思想为指导，坚持辩证唯物主义和历史唯物主义的立场、观点和方法，旨在准确、科学、权威、系统地记载浦口区自然、政治、经济、文化、社会和生态建设等方面情况，为各级领导决策提供参考和依据，为社会各界提供资讯，是了解浦口、研究浦口的重要窗口，也为续修区志积累史料。

三、《浦口年鉴（2023）》记载2022年度浦口区经济社会发展基本情况以及大事要事。部分条目在记述时涉及2022年以前的情况，为方便查阅和了解事物的完整性，仍予简略记述。

四、《浦口年鉴（2023）》记述的地域范围以2022年浦口行政区为界，即浦口区行政区划中剔除顶山、泰山、沿江、盘城4个江北新区直管区的区域。如涉及区域与上述不同的，另行注明，或以相关的原文件为准。

五、与上年年鉴相比，本卷将“统计资料”类目并入“附录”类目，将“民主党派”分目拆分为“民革浦口区总支”“民盟浦口区总支”等7个分目，取消部分副分目。

六、全书主体部分文体以记述文为主，辅以说明文。采用类目体编辑法，主体内容设类目、分目、条目3个层次，部分分目下设副分目，以条目为基本记述单元。《浦口年鉴（2023）》设专文、大事记、区情概览、中共南京市浦口区委、南京市浦口区人大、南京市浦口区政府、政协南京市浦口区委员会、南京市浦口区纪委监委、民主党派 工商联、群众团体、法治、军事、经济管理、经贸合作、制造业、都市农业、房地产业、旅游业、金融业、商贸服务业、城乡建设、乡村振兴、基础设施、科学技术、教育、文化、卫生健康、体育、社会生活、生态环境、应急管理、街道 林场 农场、人物·荣誉、附录34个类目及有关图照。设分目220个、条目1128个，专题彩图41幅、随文插图52幅，表格60个。

七、“人物·荣誉”类目中，“逝世人物”收录曾担任过浦口区（县）级以上职务的领导干部。

八、数字用法、标点符号用法分别采用国家标准《出版物上数字用法》（GB/T15835–2011）、《标点符号用法》（GB/T15834–2011）。计量单位用法采用国家技术监督局1993年12月发布的《量和单位》系列国家标准。根据农业生产的实际情况，本年鉴少部分内容采用“亩”作计量单位。

九、全书所载资料由浦口区各部、委、办、局、街道、企事业单位等专人撰写，并经单位负责人（主审人）审阅。统计资料由区统计局提供。由于统计口径不同，一些单位提供的数据会与区统计局提供的数据不一致，引用时请注意。

十、为便于读者查阅，卷首有目录和大事记，卷末有索引，全书信息资料可通过目录、大事记、索引3个检索渠道查找。

城南新貌

刁爱国摄

浦口夜景

滕宏飞摄

浦口开发区重要物流产业承载地——七坝港区

滕宏飞摄

南京国家农创中心载体集群

南京国家农创中心供图

滁河景观

滕宏飞摄

2022 年，浦口开发区获批国家知识产权试点园区，入选首批国家级专利导航服务基地。图为浦口开发区新貌

滕宏飞摄

3 月 17 日，浦口高新区服务业集聚区入选第一批省级现代服务业高质量发展集聚示范区

浦口高新区供图

2 月 23 日，举行中车城市交通设计研究院落户浦口高新区签约仪式 浦口高新区供图

6 月 9 日，浦口区承办苏澳创新创业合作交流会 区委统战部供图

8 月 24—26 日，南京国家农创中心承办全国农业科技创新工作会议暨 2022 全国农业高新技术成果交易活动　　南京国家农创中心供图

9 月 5 日，举行 2022IC 中国·扬子江峰会暨浦口区重大项目签约仪式　浦口开发区供图

2022 年，浦口区初步建成 5 个高标准农业示范样板，逐步实现科技成果从大楼走向大田。图为兰花塘高标准农田项目

滕宏飞摄

6 月 17 日，第三届南京老山国际文化旅游节开幕式暨 2022 响堂栀子花大会启动仪式在江浦街道华光社区响堂组举行

区文化和旅游局供图

9月28日，2022年“苏韵乡情”乡村休闲旅游农业（南京·浦口）专场推介暨2022年中国农民丰收节南京庆祝活动·第七届永宁河岸花海农旅嘉年华在永宁街道张圩葵花朵朵园开幕　　滕宏飞摄

2022 年，浦口区开展城市更新工作，启动建设 3 个“梧桐语”小型城市客厅。图为凤凰山公园“梧桐语”小型城市客厅

区城乡建设局供图

2022 年，浦口区 3 个村被命名为江苏省特色田园乡村。图为江浦街道华光社区响堂组

张兴荣摄

2022 年，虹悦城成为区域消费新地标　　　　滕宏飞摄

2 月 18 日，江苏省暨南京市 2022 年“春风行动”现场招聘会浦口专场活动在浦口市民中心举办　　区人力资源社会保障局供图

2022 年，浦口区引进中华中学、南京一中、南京师范大学等优质教育资源。图为中华中学浦口城南中学　　区教育局供图

2022 年，区图书馆入围全省“最美公共文化空间”。图为区图书馆一楼特色阅读空间　区图书馆供图

2022 年，省人民医院浦口分院三期工程裙楼结构封顶。图为工程建设现场　浦口国资集团供图

10月16日，浦口区四套班子领导等集中收看党的二十大开幕式　王俊摄

10 月 16 日，浦口开发区集中收看党的二十大开幕式　　王俊摄

10 月 16 日，区中医院集中收看党的二十大开幕式　　王俊摄

11 月 4 日，召开区委理论学习中心组学习贯彻党的二十大精神专题交流研讨会

王俊摄

12 月 15 日，星甸街道举办学习贯彻党的二十大精神市委宣讲团宣讲报告会

星甸街道供图

6月27日，区妇联、桥林街道妇联联合举办“巾帼心向党 喜迎二十大 芳华绽金陵”巾帼大宣讲暨学习强国进家庭活动　　桥林街道供图

8月6日，举办浦口区迎接党的二十大胜利召开“浦言朴语”经典诵读会　　王俊摄

2022 年，浦口区创成全国旅游综合实力百强区、中国旅游高质量发展区。图为“中国最美村镇”不老村和七珍线

滕宏飞摄

1 月 28 日，浦口区被中国气象局授予“中国天然氧吧”称号。图为百里老山

郭华林摄

2022 年，南京环老山体育旅游景区被国家体育总局体育文化发展中心命名为 2022 中国体育旅游精品景区。图为老山旅游线路七珍线

郝凯帅摄

9 月 23 日，文化和旅游部发布“乡村四时好风光——稻花香里说丰年”全国乡村旅游精品线路，浦口区“金黄的田野之旅”入选。图为线路景点之一——张圩葵花朵朵园

区文化和旅游局供图

2022 年，珍珠泉度假区获“国家级避暑旅游目的地”称号　区文化和旅游局供图

11 月 15 日，永宁街道被文化和旅游部评为“第二批全国乡村旅游重点镇（乡）”。图为永宁大地景观　丁劼摄

河岸花海

赵贤忠摄

浦口文旅新地标——龙之谷　　珍珠泉度假区供图

建筑博物馆——四方当代艺术湖区　　李苏景摄

象山湖公园　　浦口文旅集团供图

AAAA 级旅游区——云幽谷旅游区　　潘俊摄

骑行花海　　刁爱国摄

徒步老山　　赵贤忠摄

目　　录

专　文

大事记

区情概览

中共南京市浦口区委

南京市浦口区人大

南京市浦口区政府

政协南京市浦口区委员会

南京市浦口区纪委监委

民主党派 工商联

群众团体

法　治

军　事

经济管理

经贸合作

制 造 业

都市农业

房地产业

旅 游 业

金 融 业

商贸服务业

城乡建设

乡村振兴

基础设施

科学技术

教　育

文　化

卫生健康

体　　育

社会生活

生态环境

应急管理

街道 林场 农场

人物·荣誉

附　录

索　引

专 文

深入学习宣传贯彻党的二十大精神 奋力推进中国式现代化浦口新实践

——在区委五届六次全会上的讲话

区委书记 吴勇强

（2022 年 12 月 8 日）

同志们：

根据区委常委会讨论的精神，就深入学习宣传贯彻党的二十大精神，奋力推进中国式现代化浦口新实践，我讲三个方面意见。

一、坚决用党的二十大精神统一思想、统一意志、统一行动，坚定不移沿着习近平总书记指引的方向前进

党的二十大，是在全党全国各族人民迈上全面建设社会主义现代化国家新征程、向第二个百年奋斗目标进军的关键时刻召开的一次十分重要的大会，深刻阐述了新时代坚持和发展中国特色社会主义的一系列重大理论和实践问题，科学谋划了未来一个时期党和国家事业发展的目标任务和大政方针，全面擘画了以中国式现代化全面推进中华民族伟大复兴的宏伟蓝图。我们要充分认识党的二十大的重大意义，坚决以实际行动推动党的二十大精神在浦口深入人心、落地见效。

一要凝聚共识，深刻领悟“两个确立”的决定性意义。“两个确立”是新时代党的建设最重大的政治成果，是新征程上引领党和国家事业从胜利走向新的胜利、实现中华民族伟大复兴的根本政治保证。学习宣传贯彻党的二十大精神，最重要最根本的就是要深刻领悟“两个确立”的决定性意义。

我们要始终在政治上坚定坚决。新时代十年的伟大变革揭示出深刻的历史结论，党和国家事业取得历史性成就、发生历史性变革，最根本原因在于习近平总书记掌舵领航，在于习近平新时代中国特色社会主义思想科学指引。站在新的历史起点，我们要从事关党和国家前途命运、事关中华民族伟大复兴的高度，深刻领悟“两个确立”的决定性意义，坚决做到“两个维护”，确保在思想上政治上行动上同以习近平同志为核心的党中央保持高度一致。

我们要始终在思想上对标对表。习近平新时

代中国特色社会主义思想，开辟了马克思主义中国化时代化新境界，是我们不断夺取各项事业伟大胜利的思想灯塔。我们要更加自觉地用习近平新时代中国特色社会主义思想武装头脑、指导实践、推动工作，深刻领会蕴含其中的世界观方法论和立场观点方法，努力做到知其言更知其义、知其然更知其所以然，推动思想伟力、真理力量在浦口贯彻到底、充分彰显。

我们要始终在行动上紧跟紧随。党的二十大提出新时代新征程中国共产党的使命任务，为我们指明了前进方向、确立了行动指南。我们必须紧紧围绕全面建成社会主义现代化强国的战略安排和目标任务，在方向上紧跟、在行动上紧随，坚决战胜前进道路上的风险挑战，坚定不移沿着总书记指引的方向，开创更加美好的未来。

*二要把准要义，深刻理解习近平新时代中国特色社会主义思想的世界观和方法论。*习近平新时代中国特色社会主义思想是贯穿党的二十大报告的灵魂。准确把握其世界观和方法论，就是将“六个必须坚持”作为想问题、作决策、办事情的重要原则，判断大是大非的重要依据，提高行政能力和治理水平的重要指引。

必须坚持人民至上的价值取向。坚持人民至上，是习近平新时代中国特色社会主义思想的根本立场。我们坚持人民至上，就是要恪守“江山就是人民、人民就是江山”的执政理念，一切为了人民，一切依靠人民，把增进人民福祉、推动共同富裕作为一切工作的出发点和落脚点，把党的为民初心付诸行动、见于成效。

必须坚持自信自立的根本原则。走自己的路，是党的百年奋斗得出的历史结论。贯穿习近平新时代中国特色社会主义思想的一个基本观点，就是中国的问题必须从中国基本国情出发，由中国人自己解答。我们必须坚持自信自立，坚定“四个自信”，在重大政治问题上保持历史定力和战略远见，把发展的基点放在自己身上，坚定不移办好自己的事。

必须坚持守正创新的理论品格。守正创新，是习近平新时代中国特色社会主义思想的显著标识。我们坚持守正创新，就是要坚持马克思主义基本原理不动摇，顺应时代大势、结合实践要求，在解决重大理论和实践课题中把握规律性、体现时代性、富于创造性，不断研究和探索新思路、新方法、新举措，创造性地开展各项工作。

必须坚持问题导向的鲜明风格。问题是时代的声音。党的十八大以来的治国理政，无不贯穿强烈的问题意识、鲜明的问题导向。正是对重大时代课题的准确把握和科学回答，习近平新时代中国特色社会主义思想才得以创立并不断发展。坚持问题导向，就是要把问题作为理论创新的生长点、奋进前行的突破点，聚焦改革发展深层矛盾、人民群众急难愁盼，创新思维、攻坚克难，以问题来破题、把难点变亮点。

必须坚持系统观念的工作方法。系统观念是马克思主义认识论和方法论的重要范畴。习近平总书记始终坚持系统思维、全局谋划，对党和国家事业发展作出科学完整的战略部署。在新征程上，我们将面临更加严峻复杂的发展局面、更多两难多难的挑战考验，我们要更加自觉地运用系统观念观察形势、分析问题、推动工作，不断提高七种思维能力，有效应对和化解改革发展中的各种复杂矛盾、棘手问题。

必须坚持胸怀天下的视野格局。进入新时代，习近平总书记发出构建人类命运共同体的重大倡议，充分体现了对国际形势的深刻把握，对发展问题的独特创见。当前，时代之变、历史之变前所未有，我们要拓展世界眼光、洞察发展潮流，准确识变、科学应变、主动求变，善于从挑战中发现机遇，找到危机中育先机、变局中开新局的制胜之道。

*三要见行见效，全面推动党的二十大精神落地生根。*学习宣传贯彻党的二十大精神是当前和今后一个时期的首要政治任务、长期战略任务。我们要紧紧围绕习近平总书记“在全面学习、全面把握、全面落实上下功夫”的重大要求，坚决把思想和行动统一到党的二十大精神上来。

在全面学习上下功夫，我们要做到融会贯通。读原文、悟原理、原原本本地研读大会报告，准确领会党的二十大提出的新思想新论断、作出的新部署新要求。把学习大会报告同学习总书记系列重要讲话和中央相关文件精神结合起来，同学习党的十八大、十九大报告精神结合起来，同贯彻落实总书记对江苏工作的重要讲话指示精神结合起来，把学习成果融入到现代化新浦口建设工作中，真正用党的二十大精神指引方向、指导思想、凝聚力量。

在全面把握上下功夫，我们要做到领深悟透。深刻理解内涵、精准把握外延，深刻领悟“两个确立”的决定性意义，牢牢把握新时代十年伟大变革的历史性成就和宝贵经验，牢牢把握习近平新时代中国特色社会主义思想的世界观方法论，牢牢把握以中国式现代化全面推进中华民族伟大复兴的使命任务，全面落实党的二十大作出的各项战略部署，深刻理解蕴含其中的历史逻辑、理论逻辑、实践逻辑，真正以领悟把握上的精准全面，增强贯彻落实上的坚定自觉。

在全面落实上下功夫，我们要做到务实笃行。党的二十大的决策部署和目标任务，兼顾近期、中期、长期，既要全面推进、又要突出重点，既要狠抓当前、又要着眼长远。我们要紧盯党的二十大总目标总方向总要求，找准重大部署与浦口实际的契合点，自觉把地区发展放在党和国家事业全局中来审视，主动把部门工作放在重大发展战略中来谋划，细化目标任务、深化行动方案，明确时间表、制定施工图，上下贯通、全力全速推动现代化新浦口建设。

二、坚决贯彻落实党的二十大决策部署，奋力谱写现代化新浦口建设新篇章

党的二十大高举中国特色社会主义伟大旗帜，发出了全面建设社会主义现代化国家的伟大号召，全面擘画了新时代新征程党和国家事业发展的宏伟蓝图。我们要深刻认识到：这是一场新时代的赶考。党的二十大报告指出，从现在起，中国共产党的中心任务就是团结带领全国各族人民全面建成社会主义现代化强国、实现第二个百年奋斗目标，以中国式现代化全面推进中华民族伟大复兴。我们只有敢于把艰巨任务扛在肩上，勇于把重大决策付诸行动，攻坚克难、砥砺奋进，才能在新的赶考之路上交出一份新的优异答卷。这是一次全景式的部署。党的二十大对全面建成社会主义现代化强国“两步走”战略安排进行宏观展望，对未来五年的战略任务和重大举措进行全方位部署，令人鼓舞、催人奋进。我们必须在更加清晰的蓝图中锚定目标、找准方位，咬定青山不放松，脚踏实地加油干，一步一个脚印把中国式现代化的美好前景转化为浦口现实图景。这是一项接续性的奋斗。我们一体贯彻习近平总书记对江苏工作的重要讲话指示精神，坚决扛起新使命、奋力谱写新篇章，持续推进人民满意的社会主义现代化典范城市建设，现代化新浦口的基础更加坚实、目标更加明确、路径更加清晰。奋进新征程，我们要乘势而上、接续奋斗，积极投身现代化新浦口建设，继续扛起如山的责任、拿出如铁的担当，奋力开创无愧于党、无愧于时代、无愧于浦口人民的崭新业绩。

党的二十大吹响了奋进新征程的“集结号”，发出了建功新时代的“动员令”。在新一轮的发展中，我们必须牢牢把握“三个关键”：一是牢牢把握现代化的发展主题。要把现代化建设作为浦口发展的最鲜明主题、最清晰主线，围绕全面建成社会主义现代化强国的战略安排、目标任务，紧扣中国式现代化的科学内涵、中国特色和本质要求，不断丰富浦口特色的现代化建设体系，积极探索契合实际的现代化路径规律。二是牢牢把握高质量的发展要求。要把高质量发展作为浦口现代化建设的首要任务、根本要求，全面检视发展理念的差距、发展目标的缺失、发展现状的短板，把高质量发展要求落实到各个领域、各个层级，以指挥棒的方向转换，推动工作中的方法转变，在省市高质量发展总体格局中走出一条区域特色之路。三是牢牢把握新浦口的发展方位。五年来浦口“二次创业”取得长足进步，现代化建设有了坚实基础，但也面临宏观经济的严峻形势、区域发展的诸多难题。在新的起点上，我们全面开启与江北新区一体融合发展，全力推进“一三五六”战略布局，正处于爬坡过坎的关键节点、融合跨越的突破阶段，尤其需要全体党员干部提振精神、勇于担当，以新征程新作为全面开创新浦口新格局。

立足这样的发展阶段，围绕中央和省市委决策部署，着眼浦口长远未来，我们要始终紧扣中心任务，全面推进中国式现代化浦口新实践，奋力谱写现代化新浦口建设新篇章。谱写新篇章，我们的美好愿景不会一蹴而就，必须以“抓铁有痕”的韧劲去开创。现代化新浦口不能靠一时发力，更不是朝夕之功，要有“一张蓝图绘到底”的定力，发展目标一脉相承、工作路径一以贯之，在接续奋斗中不断成就、在继往开来中深入推进。要有“功成不必在我”的胸怀，多做功在当代、利在千秋的实事，不做目光短浅、急功近利的虚功，既要有一腔热血的激情，更要有一抓到底的恒心，锚定现代化建设各项目标久久为功、笃行不怠。谱写新篇章，我们的眼前困难不会一成不变，必须以“逢山开路”的闯劲求突破。建设现代化新浦口，必然会遇到层出不穷的新问题，也必须要直面长期存在的老难题。我们只有“逢山开路、遇水架桥”，才能攻坚克难、突破跨越。

向上要对标理念,坚决贯彻落实、紧跟发展步伐。向外要学习先进,借鉴发展经验、创新突破方向。向内要勇于探索,敢闯“无人区”、勇蹚“深水区”,磨砺敢突破的胆识,锤炼会突破的能力。谱写新篇章,我们的前进道路不会一帆风顺,必须以“破风前行”的干劲迎头上。放眼世界,百年变局加速演进,国际形势波诡云谲,疫情冲击影响深远,外部环境更趋严峻复杂。立足国内,“三重压力”持续考验,经济增长趋于放缓,重点领域风险不容忽视,面临的困难挑战逐渐增多。着眼浦口,城市能级亟须提升、经济韧性明显不足、社会治理存在短板、公共服务均等化尚有不小差距。这都注定现代化新浦口的道路不会一帆风顺。我们要善于在风险中抢抓机遇,敢于在挑战中检验能力,无惧激流险滩、开好“顶风之船”,以百倍努力争取最好结果。谱写新篇章,我们的工作状态不能一如既往,必须以“舍我其谁”的拼劲赢未来。现代化新浦口等不得、喊不来,必须以“时不我待”的紧迫感、“舍我其谁”的责任感去拼搏、去实干。赢未来,我们要有大干快上的状态,定了就干、干则必成,只争朝夕把现代化新浦口的规划图变成施工图。赢未来,我们要有担当作为的姿态,敢抓事关长远的大事要事,敢管群众关心的实事难事,不打推诿回避的“太极”,不当坐而论道的“看客”。赢未来,我们要有奋力拼抢的心态,树牢“不进则退、慢进也是退”的危机意识,紧握战略机遇、拼抢产业风口,咬定目标一鼓作气,奋楫扬帆一往无前,在区域发展新赛场上争先进位、勇担使命。

现代化没有成熟模式可鉴、没有现成路径可循。在中国式现代化理论指引下,我们要立足区情实际、加快探索实践,重点增进三重动能:一要充分释放融合动能。江北新区与浦口一体融合是省委、市委赋予的战略任务,也是现代化新浦口建设必须牢牢把握的重大机遇。我们要按照市委“三年融合到位”的要求和区委“五个一体”的部署,加快与江北新区的任务对照、规划对接、功能对位,以新主城、产业链、大民生等领域的深度融合,全速释放两区携手迈向现代化的强劲动力。二要持续激发创新动能。科技是第一生产力,人才是第一资源,创新是第一动力。我们要深入实施创新驱动战略,抢抓南京建设国家区域科技创新中心契机,深挖科教资源、打造人才高地,更大力度培育创新主体、建设创新平台、优化创新生态,以大抓创新的浓厚氛围、显著成效,持续筑牢现代化新浦口的发展支撑。三要全面深化改革动能。改革始终是推动发展、破解难题的关键一招。今年以来,我们推进“全域综合改革突破”,取得了资源重组、空间重构、品质重塑的明显成效,但发展中的结构性矛盾、体制性障碍、根源性问题仍然没有彻底破解。在现代化新浦口的奋进道路上,我们要继续围绕改革突破的主题、树牢深化拓展的导向,更加聚焦战略任务,定向发力体制机制,用深用活“双百行动”等活动载体,突出先行试点、产业发展、国企改革、民生短板等关键问题,全面赋能发展、激活潜力,推动形成现代化新浦口的良好发展格局。

党的二十大对中国式现代化进行系统阐释和全面部署,抓好深入贯彻落实,就是要自觉把各项工作放到现代化建设全局中来定位和谋划,找准切入点、抓住关键点,全面推开中国式现代化在浦口的生动实践,重点围绕六个方面。

一要打造现代化产业体系。建设现代化产业体系是党的二十大作出的重大战略部署,也是现代化新浦口建设的关键所在。打造现代化产业体系,要把产业基点放在科技支撑上,强化创新驱动之本。围绕产业链布局创新链,支持高水平新型研发机构建设运营,加大高能级科创载体培育力度,鼓励企业、平台进行原创性引领性科技攻关,着力构建以企业为主体、市场为导向、产学研深度融合的科技创新体系。要把产业壮大建在集聚效应上,筑牢实体经济之基。加快集成电路等主导产业规模化、集群化发展,紧盯细分领域招大引强,狠抓重大项目竣工投产,助推龙头企业产能扩增,确保建成具有重要影响力的产业地标。同时,加快全区制造业“智改数转”,紧盯科技前沿、布局新兴赛道,抢占未来产业发展空间。要把产业发展落在服务环境上,激发市场主体之力。创新开展“双亮行动”(亮项目建设、亮服务效能),持续优化营商环境,用心打造服务品牌,注重园区建设与产业发展互促互进,以国家级创建的稳步推进,促进园区产业集群、要素集合、资源集聚,为现代化产业体系和市场主体发展提供坚实支撑、强劲动能。

二要提升现代化主城品质。聚焦功能品质提升,增强重点板块能级,全面展现产城融合、宜居宜业的现代化新主城形象。要强化布局引领性。充分对接南京和江北新区总体规划,持续优化全区发展空间布局,加快桥林新城战略规划和城市总体设计，高标准推进先期启动区建设，有序推动城市板块配套布局和功能升级，加快城南中心建设，全力塑造浦口“城市新客厅”。要精致打造新主城。以国家级新区标准引领全域建设，优化江浦片区的空间形态和节点标志，充分彰显门户形象、主城品质。推动城南中心、桥林新城、高新区等重点区域建设与新区紧密融合、高度适配，全力打造现代化新主城的样板空间。要提升综合承载力。构建立体化枢纽式交通格局，畅通城市微循环体系，全域推开海绵城市建设，全面提升城市安全韧性，推动城市公共服务配套均衡化，构建商圈集群，打造区域消费中心和高品质休闲生活之地。

三要建设现代化农业农村。在浦口全面推进乡村振兴、率先实现农业农村现代化，要更大力度做强产业。坚持发展现代都市生态农业，加强南京国家农创中心科技成果转化，加快全区苗木产业转型，围绕特色打造示范性智慧型产业园，积极促进一、二、三产融合发展，构建高品质、高价值的现代乡村产业体系。要更大力度做美村区。持续提升农村人居环境，加快全域美丽乡村建设，全覆盖推进乡村规划师驻点服务，精致规划、精细建管特色田园乡村并全面提升运营质效，让宜居宜业和美乡村成为浦口的一张靓丽名片。要更大力度做好统筹。推动基础设施和公共服务向农村延伸，加快现代化教育、医疗等基础资源向农村倾斜，深入推进国家数字乡村试点建设，大力提升农村信息化水平，让浦口乡村治理搭载“智慧大脑”、乡村生活充满“现代气息”。

四要彰显现代化生态空间。坚持生态优先、绿色发展之路，践行绿水青山就是金山银山理念，全面彰显人与自然和谐共生的现代化图景。要加快绿色转型。以碳达峰、碳中和引领绿色发展，坚持降碳、减污、扩绿、增长协同推进，加快空间、产业、交通、能源结构调整，推动区域生产生活方式转型，全力建设绿色低碳发展示范区。要厚植生态底色。持之以恒抓好长江生态保护，持续深入打好污染防治攻坚战，创新河湖管控标准化机制，积极创建国家“两山”理论实践创新基地、山水林田湖草生态保护修复试点。要释放生态价值。探索建立生态产品价值实现机制和应用场景，加快“都市微度假”配套建设，做响老山国际文化旅游节等品牌活动，全力创建国家全域旅游示范区和国家级旅游度假区，充分彰显自然生态之美、绿色发展之美。

五要开创现代化美好生活。在共同奋斗中促进共同富裕、带领人民创造美好生活，是现代化新浦口的根本目标。要聚力推进富民增收。建立健全城乡居民持续增收机制，全面强化就业优先政策，大力推动产业富民、技能富民、政策富民，推动实现城镇就业和收入水平稳步提升。要全力解决民生问题。持续开展“每月一办”，用心实施人大代表票决民生项目，大力推进教育强区行动和“健康浦口”建设，加快解决整组搬迁安置等突出问题，全面落实各项兜底保障政策，久久为功推动实现更高水平的民生“七有”。要大力弘扬文明风尚。深化拓展新时代文明实践试点，做实做优“浦言朴语”理论宣讲品牌，大力推进文明典范城市创建，持续促进乡风文明、倡导移风易俗，深度挖掘浦口特色文化资源，推动实现居民素养和文明风尚同步提升。

六要构建现代化治理格局。在现代化新浦口建设实践中，推动形成“共建共治共享”的基层治理格局，要加强民主政治建设。增强人大在经济发展、民生实事、生态文明等方面的监督刚性，充分发挥政协政治协商、民主监督、参政议政等职能优势，巩固和发展最广泛的爱国统一战线，发挥工会、共青团、妇联等人民团体作用，最大程度地凝聚发展共识、汇聚治理合力。要提升依法治区水平。深入践行习近平法治思想，加强法治政府和法治社会建设，持续开展普法行动，深化司法体制综合配套改革，全力打造公平正义的法治环境。要强化社会治理能力。扎实开展网格治理规范提升和科技赋能行动，积极引导群众参与基层治理，持续开展“大走访”，坚持和发展新时代“枫桥经验”，全面加快公共卫生管理体系建设。要营造安全稳定环境。树牢安全发展理念，落实安全生产责任，扎实开展专项整治行动，坚决防范和遏制生产安全事故。常态化推进扫黑除恶，完善社会矛盾预防化解调处机制，营造更加和谐稳定的社会氛围。

三、坚定不移全面从严治党，坚决以自我革命精神深入推进新时代党的建设新的伟大工程

党的二十大对深入推进新时代党的建设新的伟大工程进行系统部署，强调全面从严治党永远在路上，党的自我革命永远在路上。奋进新征程，我们要时刻保持清醒坚定，大力弘扬伟大建党精神，坚决把从严治党各项要求落到实处，为建设现代化

新浦口提供坚强政治保证。

一要突出政治建设首要任务。始终把党的政治建设摆在首位、贯穿始终。要全面加强党的领导。充分发挥党委凝聚力量、引领发展的关键作用,推动党的方针政策、重大部署刚性落实、贯彻到位。抓牢党委议事决策关键环节,不断提高科学决策能力。要全面提升思想引领。坚持不懈用习近平新时代中国特色社会主义思想武装头脑,推动党委中心组学习等制度规范化、常态化,不断厚植理论根基、推动思想落地。要全面扛起政治责任。坚决把从严治党主体责任扛在肩上,紧紧抓住政治安全这个根本,在重大问题、关键环节上保持政治敏感,提升"政治三力",牢牢把握政治主动权。

二要打造坚强有力战斗堡垒。树牢大抓基层的鲜明导向,全面夯实现代化新浦口建设的稳固根基。要提升支部建设"硬度"。实施"红浦聚力"工程,深化拓展基层党建工作,持续整顿提升软弱后进党组织,深入实施"两新"组织党建拓面提质和标杆培树,不断增强党的基层引领力、覆盖面。要提升先锋队伍"强度"。加强基层党员教育管理,健全基层干部激励机制,动员广大党员在现代化新浦口建设中作表率、打头阵,真正打造"看得出、站得出、豁得出"的先锋队伍。要提升党建品牌"亮度"。创新党建富民模式,激发商圈党建活力,充分发挥党建品牌集群示范效应,持续扩大基层党建品牌矩阵的系统性、辐射面和影响力。

三要锻造堪当重任干部队伍。坚持好干部标准,持续完善"选育管用"工作机制,努力建设一支政治过硬、适应新时代要求、具备领导现代化建设能力的高素质干部队伍。要导向鲜明"选"干部。把政治标准放在首位,在重大任务中考察干部的能力、实绩和状态,坚决按照会抓发展、善抓创新、能抓稳定的标准精准识别、精细选拔。要磨砺锤炼"育"干部。围绕习近平新时代中国特色社会主义思想开展培训,注重在急难险重任务中锤炼摔打、淬火加压,持续开展"四拼四比",全面提升履职尽责能力和助推发展本领。要从严从实"管"干部。坚持严管厚爱并重,加强日常监督管理,常态开展调研谈话、提醒教育,严格落实《推进领导干部能上能下规定》,全面激发干事创业动力。要不拘一格"用"干部。突出选贤任能用人导向,用好职务职级并行制度,强化干部考核机制和结果运用,加大干部双向挂职和轮岗交流力度,搭台铺路让有为者有位、能干者能上、优秀者优先。

四要驰而不息正风肃纪反腐。坚持以严的基调强化正风肃纪,坚决打赢反腐败斗争攻坚战持久战。要严格政治监督。把政治纪律和政治规矩挺在前面,推进政治监督具体化、精准化、常态化,紧盯党中央决策部署纠治思想认识、政治态度、落实行动中的落差偏差,推动党的二十大精神在浦口不折不扣落到实处。要严肃党风党纪。坚持党性党风党纪一起抓,保持贯彻落实中央八项规定精神的刚性韧劲,着力纠治形式主义、官僚主义,坚持以"关键少数"带动"绝大多数",营造干事创业良好氛围。要严厉惩治腐败。聚焦重点领域和关键环节,以零容忍的态度惩治腐败,坚持一体推进"三不腐",涵养更加风清气正的政治生态。

同志们,蓝图绘就、正当扬帆破浪,任重道远、更需策马扬鞭。让我们更加紧密地团结在以习近平同志为核心的党中央周围,全面贯彻党的二十大精神,高举思想之旗、凝聚奋进之力,在新时代新征程上踔厉奋发、勇毅前行,以优异成绩奋力开创现代化新浦口建设新篇章!

在浦口区五届人大二次会议上作的政府工作报告

区长　王国平

（2023 年 1 月 5 日）

各位代表：

现在，我代表浦口区人民政府，向大会报告工作，请予审议，并请各位政协委员和其他列席同志提出意见和建议。

2022 年工作回顾

2022 年是党的二十大召开之年，是新时代新征程中具有特殊重要意义的一年。面对超出预期、异常严峻的复杂形势，我们坚持以习近平新时代中国特色社会主义思想为指导，以迎接党的二十大、学习宣传贯彻党的二十大精神为主线，在市委、市政府和区委的坚强领导下，在区人大、区政协的监督支持下，全面落实“疫情要防住、经济要稳住、发展要安全”重大要求，紧扣“一三五六”总体布局，聚力“全域综合改革突破”，沉着应对、高效统筹，全区经济社会发展总体稳中有进、稳中向好，较好完成了区五届人大一次会议确定的目标任务，现代化新浦口建设迈出坚实步伐。我们始终坚持人民至上、生命至上，完整准确全面贯彻落实党中央决策部署，因时因势优化防控措施，科学精准抓实各个环节，有力有效保障群众生活，最大限度保护了人民生命安全和身体健康。我们始终坚持稳字当头、稳中求进，咬定目标任务，强化监测调度，狠抓有效投入、狠抓助企纾困，预计实现地区生产总值可比价增长 3%，增速高于全市平均水平，外贸进出口总额增速等保持全市第一。我们始终坚持统筹发展和安全，以党的二十大维稳安保为主线，深入开展“大走访、大排查、大攻坚”，高效化解风险隐患，社会稳定局面不断巩固，生产安全事故起数、死亡人数实现“双下降”。过去的一年，全区上下聚焦对标找差、争先进位，坚持攻坚克难、众志成城，取得了可圈可点的成绩：创成全国旅游综合实力百强区、中国旅游高质量发展区、国家知识产权强县建设试点县，国家数字乡村试点区建设经验在全国交流推广；获评“省金融生态优秀县”“省节约集约综合评价模范区”“省信访工作示范区”，质量工作等 6 个事项获省政府督查激励表彰，数量位居全市第一。

一是经济发展稳中向好。产业发展提质增效。先进制造业持续壮大，新增规模以上工业企业 50 家，制造业增加值占地区生产总值比重从 2021 年 21.5% 提高到 24.5%。集成电路产业扩容提质，营业收入超 160 亿元，同比增长 35.5%，规模持续保持全市第一；台积电（南京）有限公司产值达 105 亿元，全区百亿级企业实现“零突破”。高端交通装备产业加快集聚，规模以上工业总产值达 72 亿元。数字经济加快发展，软件和信息服务业营业收入增长超 60%；实施“智改数转”项目 140 个，覆盖规模以上企业 120 家，华芯智联工业互联网标识解析二级节点累计注册量占全市的 85%，解析量全省第一、全国前列。区工业和信息化局、华天科技荣获“江苏制造突出贡献奖”先进单位、优秀企业称号。文旅产业蓬勃发展，举办第三届老山国际文化旅游节等重点活动 18 场，接待游客 1571 万人次，旅游收入 65.27 亿元，同比增长 54.9%、20.6%，永宁街道创成全国乡村旅游重点镇。商业综合体能级跃升，虹悦城成为区域消费新地标。粮食总产、亩产、面积实现“三增长”，重要农产品综合生产能力稳步增强。项目推进快速高效。创新开展全员招商，狠抓峰会招商，举办 IC・中国扬子江峰会等头部活动 16

场,引进亿元以上项目174个,总投资超800亿元,荣获全市擂台赛"目标任务进度奖"。强化区领导挂钩联系,优化全流程服务,18个省、市重大项目开工率、投资完成率100%;华天存储等项目当年开工当年达产,苏高投智慧云谷等项目竣工投用,依维柯宽体轻客等项目主体完工,大悦城等项目加快建设,荣获全市"重大项目推进质效提升优星"。拓展投入渠道,25个项目获批发行专项债,下达额度26.67亿元,桥林西供水增压站成为全省首个民生领域政策性开发性金融工具签约落地项目,浦口高新区科创广场项目列入国家REITs试点储备库。助企纾困精准有效。用好用足国家、省、市政策,及时出台区级助企纾困八条措施,深入开展"服务企业·面对面"活动,实现"一揽子"政策直达快享、应享尽享,全年累计留抵退税37.3亿元,减免缓缴税费、租金7.6亿元,发放补贴1845万元,覆盖市场主体1619家。强化金融支持,设立"浦惠贷"风险补偿专项资金,全年累计授信11.67亿元,惠及企业253家。园区发展彰显实效。浦口开发区持续招大引强,引进南京轨道交通等10亿元以上项目5个,建成集成电路设计大厦等载体52万平方米,顺利通过国家知识产权试点园区验收。浦口高新区科创优势进一步凸显,惠普南京国际软件质量总部基地正式运营,中国中车城市交通设计研究院等45个重大项目签约落户,软件和信息服务业营业收入占全区比重超90%,获评"省级现代服务业高质量发展集聚示范区"。南京国家农创中心紧扣科技赋能,启动建设江苏生物种业产业创新中心,获批6个国家级研发平台,打造5块"院士大田"、10个高科技应用场景,承办全国农业科技创新工作会议。珍珠泉度假区加快老山板块资源整合,举办金洽会浦口文旅招商专场推介会,引进项目10个,总投资46亿元,创成首批国家级"避暑旅游目的地"。

二是改革创新更具活力。体制机制全面优化。深化综合行政执法改革,整合26个部门、4197项行政执法权,挂牌运行综合行政执法局,责权统一、上下贯通、运行高效的区街综合行政执法体系基本建成。有效整合国企资源,在健全机制、优化布局、调整结构上持续用力,国企改革三年行动基本完成。实施园区"小管委会+大平台"改革,完成社会管理职能剥离移交,园区发展方向更加聚焦、力量更加集中、运行更加顺畅。出台《老山景区体制机制改革方案》,浦口文旅集团统一运营西埂莲乡、水墨大埝等乡村旅游点,老山一体融合稳步推开。纵深推进农业农村改革,高效开展低效用地再开发,创新实施林地指标交易,要素资源有效盘活。创新动能持续增强。出台"科技创新16条",成立科技创新服务联盟,在全省率先实施高新技术企业积分制管理。申报高峰计划4人、创新型企业家8人,新增入选国家重点人才工程5人。累计建成市级以上众创空间及科技企业孵化器23家;净增高新技术企业60家,新晋培育"独角兽""瞪羚"企业15家,新增国家、省级专精特新企业16家。发挥科技镇长团作用,与南京邮电大学共建"浦芯精英"研究生工作站,与南京航空航天大学深化无人机产业合作。新设产业基金4支,总规模43.06亿元,雨山资本完成中基协私募基金管理人登记,创投公司入选国内知名基金榜单。实现有效发明专利拥有量1345件,华天科技获省成果转化项目。开放协作不断深化。外资外贸逆势上扬,实际使用外资及港澳台资3.2亿美元,提前完成市对区考核目标,外贸进出口总额同比增长42%,超年度目标25个百分点。深化对外合作,承办苏澳创新创业交流会、南京—巴西农业交流推介会。省级毗邻地区跨界协同发展稳步实施,与南谯、和县产业联动更加密切。统筹推进帮扶协作,实施援建项目44个,携手伊宁、镇安、邳州抗击疫情、共同发展。

三是城乡品质稳步提升。空间重构有新支撑。科学划定"三区三线",确定永久基本农田7.94万亩,新增城镇开发边界规模34.93平方千米,高效完成13个村庄规划,"多规合一"加快推进,集约高效、宜居适度的国土空间体系初步建成。加速老城有机更新,全面推进文昌路片区城市更新试点项目,建成凤凰山等3处"梧桐语"城市客厅。加快新城功能集聚,城南中心金陵饭店等43个重点城建项目稳步推进,"城市新客厅"形象进一步展现;桥林新城创新实施大师工作营模式,基本完成战略规划和总体城市设计编制,发展框架逐步拉开。星甸、汤泉、永宁新市镇建设稳步开展。城乡面貌有效改善。投入252.45亿元,实施上河街人防工程等重点城建项目182个,建成沿山大道与绕城公路连接线等干线公路3条、南一路等市政道路15条、绿道30千米,打通光明路等断头路4条,提档升级农路100千米,新增停车位4225个、"口袋公园"9个。创新实施"一户一企一专班"推进机制,完成征迁126.1

万平方米。纵深开展“四清、四拆、四整治”，抓实62个砂厂、5个路域环境治理，综合改造10个背街小巷；高效实施11个老旧小区改造，惠及居民1.88万户，整治面积、投资体量创历年之最。城市治理考核连续位居郊（新）区组第一。建成市级宜居村45个，加快桥林小营、汤泉茆家洼等4个特色田园乡村建设，创成江浦响堂、星甸山滕、汤泉张二乐3个省级特色田园乡村，“金黄的田野之旅”成为全国乡村旅游精品线路，星甸街道王村村入选中国传统村落。生态优势有力彰显。坚决落实中央环保督察要求，高标准推进28件中央督察交办件整改，长江大保护正面典型案例得到督察组充分肯定。持续做好长江“十年禁渔”，实施262个长江入河排污口整治，建成幸福河湖32条，创成象山湖国家水利风景区。深入开展环境质量“提质增优”六大行动，着力提升河湖长、林长履职质效，土壤安全利用率100%，$PM_{2.5}$平均浓度保持全市最优，省考断面水质优Ⅲ比例保持在100%，地表水环境质量位居全省前列。完成老山景区生物多样性调查，物种总数占全省47.66%。源头把控“两高”项目，规模以上工业单位增加值能耗下降6%。

四是民生福祉持续增进。民生实事稳步落实。坚持人民至上，确保公共财政向民生倾斜，民生支出占比达78.5%。扎实做好市委民生突出问题专项巡察反馈问题整改。聚焦区五届人大一次会议票决产生的96个民生实事项目，深入实施“每月一办”等专项行动，全力以赴抓推进、抓落实、抓长效，完成投资55.2亿元，安置房办证等一批老大难问题妥善解决，出行停车难、小区脏乱差等群众关切问题有效缓解，群众幸福感和满意度进一步提升。社会事业全面推进。大力推进集团化办学，引进南京师范大学、南京一中、中华中学等优质教育资源；狮山路小学等6所学校开工建设，中华中学城南中学等3所学校投入使用，新增学位3690个；省级义务教育优质均衡发展区创建通过现场评估，杨瑞清入选2022年“全国教书育人楷模”。深入推进“院府合作”，省人民医院浦口分院三期工程裙楼结构封顶；区中医院三级甲等中医院加快创建，儿童中心正式启用；6家社区卫生服务中心全面投用，乌江社区卫生服务中心异地新建加快推进。红色曲艺作品《较量》获省“五星工程奖”，“一家墨店”、区图书馆入围全省“最美公共文化空间”。社会保障不断强化。承办省、市“春风行动”现场招聘会，开展线上线下招聘219场，提供各类就业岗位20326个；新增城镇就业4050人、大学生就业参保7800人，支持自主创业1208人。加快区级养老服务指导中心、托育综合服务中心建设，新增省级智慧健康养老示范街道1个、AAA级居家养老服务中心24个、助餐点19家。新开工保障房31.8万平方米，建成98.19万平方米，加大回购力度，创新出台“房票”安置政策，统筹完成年度整组搬迁过渡农户安置任务。加快“15分钟医保服务圈”建设，省、市示范点创建实现全覆盖。多措并举做好困难群众帮扶，发放各类基本生活保障金7167.4万元。

五是本质安全显著增强。安全生产管控有力。严格落实国家安全生产“15条硬措施”，深入开展百日攻坚行动、治本攻坚“大会战”，对照“三年大灶”任务清单，扎实推进危化品、城镇燃气、自建房等28个重点行业领域专项整治，排查整治风险隐患3万余条，高层楼宇消防、飞线充电等一批问题显著改善。成立工作专班，全力整治融通农发浦泗路市场安全隐患，清退存储危化品等相关企业26家，整改严重安全隐患房屋79栋，“三合一”场所基本整治到位。重大风险有效防范。全面加固常态化疫情防控体系，加快发热门诊建设，完成定点医院改造，稳步推进疫苗接种，加大物资储备力度，切实提升应急处置能力。强化防灾救灾减灾能力建设，完成15个防汛消险工程，建成森林防火预警监测系统。纵深推进涉粮专项巡视巡察反馈问题整改，有效防范房地产、金融等领域风险，在全市率先实现农民资金互助合作社社员互助金清零。基层治理走深走实。打造城市数字治理中心，全面归集44个部门671类资源4.7亿余条数据，初步实现“一网统管”。建强“1+N+大数据”网格，处置各类问题7万余件，办结率、网格达标率位居全市前列。出台物业管理提质增效11项举措，定期开展星级评比、发布“红黑榜”，物业类“12345”工单显著下降。深入践行“和解浦畅”，成功调处矛盾纠纷5000余件，新增省级民主法治示范社区2家。紧扣“信访突出问题攻坚化解年”，高质量办结145件“国治件”，区信访局获评“全国信访系统先进集体”。深化平安浦口建设，常态化开展扫黑除恶斗争，严厉打击电信诈骗、养老诈骗。拓展新时代文明实践小镇建设，星甸街道双山村获评“全国最美志愿服务社区”。健全食品安全监管体系，“食安浦公英”获评全国食品安全领域社会共治优秀案例。

六是自身建设有效加强。依法行政持续深化。全面启动“八五”普法。深入推进政务公开、行政复议,主动公开信息4600余条,在全市率先出台区级行政复议体制改革实施方案,实现行政与司法良性互动。主动接受人大法律监督、政协民主监督,高效办理人大代表建议112件、政协委员提案166件,办结率、满意率均达100%。政府效能大幅提高。加快数字政府转型,综合行政执法指挥平台、疫情防控应急处置平台等上线应用。创新重大项目服务“一件事”改革,“竣工即交付”入选市优秀案例。深化“放管服”改革,出台新版《浦口区优化营商环境20条》,“一照多址”“证照分离”改革走深走实,“全省通办”“跨省通办”事项不断丰富。以“只投诉一次”为核心,全年接处“12345”工单10.27万件,办结率100%,满意率98.99%,列全市第一,连续两年被评为“全市政务热线工作先进区”。深入推进“大走访”“百名干部破百题”,持续优化“双亮行动”机制,服务民生、提升效能举措更加务实。作风建设常态长效。扎实推进省委巡视反馈问题整改,经济质量不优、乡村振兴乏力等5个方面36项问题有效改善。严格落实中央八项规定精神,持之以恒纠治“四风”,抓实抓牢意识形态工作。坚持落实过“紧日子”要求,一般性支出、“三公”经费均压降20%。紧扣重大项目全过程监管,强化行政监督、统计监督和审计监督;紧扣区属国企统一监管,出台国有企业融资、预算、投资等管理办法。坚持“减存量、控增量、防违规”,政府性债务化解有序推进。

过去一年,全区民族宗教、老干部、老龄、残疾人、慈善事业、志愿服务、关心下一代等工作切实加强,工会、共青团、妇联、红十字会等群团组织桥梁纽带作用有效发挥,国防动员、双拥共建、退役军人事务、人民防空等工作务实开展,审计、统计、气象、外事、对台事务、港澳、侨务、科普、仲裁、档案、史志等工作扎实推进。

各位代表!回首过去的一年,历程充满挑战、成就振奋人心。这一年,我们倍受鼓舞:省、市明确实施浦口与江北新区融合一体发展的重大战略,两区抢抓重大发展机遇,在主导产业协同发展、公共配套统一布局、区域规划高度适配上加快融合、全面升级,现代化新浦口建设的起点更高、空间更大、底气更足。这一年,我们勇毅前行:全区上下锚定全年奋斗目标,以“四拼四比”的昂扬姿态,努力克服疫情带来的不利影响,经济社会发展行稳致远,规模以上工业总产值、工业投资等经济指标保持两位数增长,居民收入增速高于经济发展,农民收入增速高于城镇居民。这一年,我们难以忘怀:1.3万余名医护人员、区街干部、公安干警、社区工作者和广大志愿者披星戴月、尽锐出战,将涓滴之力汇聚成疫情防控的磅礴伟力;8000余名党员干部深入基层走访13万余次,解决实际问题5600多个,用真心做实事、用真情暖民心,尽显为民造福的初心使命。全区上下拧成一股绳、铆足一股劲,坚定信心、同心同德,形成了无坚不摧的强大合力。

各位代表!看似寻常最奇崛,成如容易却艰辛。这些成绩的取得,根本在于以习近平同志为核心的党中央坚强领导,根本在于习近平新时代中国特色社会主义思想的科学指引。同时,也离不开上级党委、政府和区委的正确领导,离不开区人大、区政协的监督支持,凝聚着各位代表、各位委员以及全区人民的辛劳、智慧和汗水!在此,我代表区政府,向亲历和推动这些变化的全区人民,向人大代表、政协委员,向各民主党派、工商联、人民团体和关心支持浦口发展的社会各界人士,表示衷心的感谢,并致以崇高的敬意!

思危方能居安,知忧才能克难。我们清醒地认识到,浦口发展还面临一些困难和问题:外部环境仍然严峻复杂,产业结构优化还需持续发力,高质量发展任重道远;园区、街道发展联动仍有不足,项目推进还不够扎实;能耗压力和资源环境约束加大,生态环境治理任务还很艰巨;城乡区域发展仍不平衡,民生优质资源供给仍不充分;社会治理体系和治理能力仍有待加强,安全生产、政府债务等潜在风险依然存在,等等。我们一定直面问题,全力以赴做好工作,绝不辜负全区人民期待!

2023年主要任务

当前,世界百年未有之大变局加速演进,国际形势依然复杂多变,发展面临的风险、挑战和压力还将长期存在。浦口也面临着产业升级、体制改革等多重挑战,我们将进一步增强忧患意识,坚持底线思维,做到居安思危、未雨绸缪,集中精力办好自己的事情。重点处理好三组关系:一是在把握大局、抢抓机遇上处理好“变”与“不变”的关系。中央和省委、市委经济工作会议提出了坚持稳中求进、增强发展信心、加快自立自强、注重统筹协调、充分激发活力等明确要求，当前和今后一个时期，我们要始终坚持发展第一要务，牢牢抓住江北一体化发展重大政策机遇，全面推进中国式现代化浦口新实践，努力实现更好发展、做出更大贡献。同时，面对经济发展的阶段性变化，面对高质量发展的更高要求，我们将更加突出“变”的思路，不断增强预见性和洞察力，准确识变、科学应变、主动求变，实施一系列加快经济社会发展、提升群众获得感的务实举措，把发展的主动权牢牢掌握在自己手中。二是在把握区情、聚焦关键上处理好“总量”与“质效”的关系。经济发展是质和量的有机统一，推动经济实现质的有效提升和量的合理增长是高质量发展的内在要求。面对浦口经济总量小、全市占比低的客观实际，我们将坚持量质并举、以质取胜，在谋求争先进位的基础上，更加关注发展质效，坚定不移走“高质量、快发展、有特色”道路，在产业培育、乡村振兴、生态环境等方面固底板、扬优势，促进上级支持快落地、项目建设快达效、惠企服务快享受，只争朝夕把现代化新浦口的规划图变成实景图。三是在把握当前、着眼长远上处理好“稳”与“闯”的关系。行稳方能致远，“稳”是主调、是大局，“闯”是担当、是动力。我们将坚持“稳”为基础，突出做好稳增长、稳就业、稳物价工作，有效防范化解重大风险，努力实现经济社会发展预期目标，牢牢守住社会安全稳定底线。在此基础上，找准中央、省、市重大决策部署与浦口实际的契合点，围绕体制机制优化、产业结构调整、民生服务供给等重点领域，敢为人先、精准发力，全力突破瓶颈制约，闯出发展新领域新赛道、塑造发展新动能新优势。我们相信，在区委坚强领导下，通过全区上下的共同努力，一定能办好浦口的事情，不断开创新时代浦口各项事业新局面。

今年是全面贯彻落实党的二十大精神的开局之年，也是实施“十四五”规划承上启下的关键一年，做好今年工作意义十分重大。政府工作总体要求是：坚持以习近平新时代中国特色社会主义思想为指导，全面贯彻落实党的二十大精神，认真落实中央、省、市各级工作会议精神，坚持稳中求进工作总基调，完整、准确、全面贯彻新发展理念，服务构建新发展格局，紧扣“一三五六”总体发展布局，聚力“改革创新深化拓展年”要求，更好统筹疫情防控和经济社会发展，更好统筹发展和安全，全力推动江北全域一体发展，持续改善民生，保持经济运行在合理区间，保持社会大局稳定，奋力谱写现代化新浦口建设新篇章。

全区经济社会发展的主要预期目标是：地区生产总值可比价增长5%以上，一般公共预算收入同比增长8%，全社会固定资产投资同比增长1%，规模以上工业总产值同比增长18%，社会消费品零售总额同比增长5%，实际使用外资及港澳台资3亿美元，外贸进出口总额270亿元，全体居民人均可支配收入增速高于经济增速。重点做好六个方面工作：

一、聚焦转型升级，加快提升经济发展质效

坚持把发展经济的着力点放在实体经济上，做大优势主导产业，夯实项目有效支撑，提升园区发展能级，推动经济实现质的有效提升和量的合理增长。

加快构建现代产业体系。突出抓好先进制造业集群，力争全年净增规模以上工业企业40家，规模以上工业总产值突破500亿元。借力江北新区集成电路设计优势，深入推进强链补链，台积电1B实现满产，规模以上企业营业收入全市占比提升至30%。狠抓高端交通装备产业提质增效，加快东华三期等项目建设，产业链规模以上企业产值突破200亿元。加快数字经济和实体经济深度融合，“智改数转”改转率达40%以上；新增数字经济规模以上、限额以上企业不少于70家，数字经济核心产业增加值占地区生产总值比重达16%。持续壮大软件和信息服务业、科技服务业规模，产值增长20%以上。有效提振消费需求，推进商贸服务业高品质多样化升级，加快金沙一号等商业综合体建设，龙湖天街建成运营。以国家全域旅游示范区创建为抓手，持续放大老山国际文化旅游节、浦口女子半程马拉松等品牌效应，新路文化等项目建成运营，不老村创成省级夜间文旅消费集聚区，水墨大埝创成AAAA级景区。坚决遏制耕地“非农化”、防止“非粮化”，新建高标准农田1331亩，壮大都市农业、设施农业、特色农业，不断提高粮食和重要农产品供给保障水平，争创省级现代农业产业高质量发展示范园。

不断强化重点项目支撑。聚焦全产业链，紧盯头部企业、紧缺环节，深化全员招商，充分利用资本招商、以商引商、峰会招商，举办2023数字经济创新发展论坛等重点招商推介活动不少于50场，引进亿元以上项目220个,其中10亿元以上项目不少于12个,力争更多50亿级、百亿级项目落地。积极扩大有效投资,抢抓政策机遇,用好政策性开发性金融工具,围绕产业培育、基础设施、生态建设、民生改善等关键领域,储备实施一批重大项目。加强项目建设保障,完善区领导挂钩、专班服务、督查督办等机制,有效破解要素制约,上海伟测等64个项目开工建设,长晶功率器件等41个项目高效推进,IC研创园等24个项目竣工投产。落实各项惠企政策,探索建立区级金融服务平台,帮助中小企业渡过难关,更大力度支持民营经济和民营企业发展。

全力提升园区综合实力。浦口开发区以国家级创建为抓手,全力招引龙头企业,有效强化精准服务,抓实星甸、永宁工业园联动发展,引进10亿元以上项目10个、50亿元以上项目2个,规模以上工业总产值等主要经济指标实现两位数增长,产业承载能力和资源集聚程度有效提升。浦口高新区围绕省级创建目标,深耕数字经济和人工智能,聚焦细分领域、优化创新生态、完善功能品质,加快南京证券数字业务创新中心等23个项目建设,南邮集成电路研究生院落地招生,软件和信息服务业营业收入增长30%以上。南京国家农创中心充分发挥"国家队"优势,协同浦口国资集团开展56.2万平方米科创载体招商,建成运营4个国家级重点实验室,加快壮大农业科技产业规模,在更广范围、更深层次赋能乡村振兴。珍珠泉度假区紧盯国家级创建,加快澹兮酒店、奇迹花谷等项目建设,持续办好珍珠泉同学节特色活动,接待游客量与旅游收入均增长25%以上。

二、深化改革创新,有效激活区域内生动力

坚持科技是第一生产力、人才是第一资源、创新是第一动力,着力强化改革提效、创新提优、开放提质,不断增创高质量发展新优势。

盘活要素资源。深化园区"小管委会+大平台"改革,优化组织架构、完善考核激励,进一步激发发展活力。纵深推进老山景区体制机制改革,加快全域整合、布局优化,统一规划编制、统筹资源资金,在更宽视野、更高站位上形成环绕老山、辐射全区的文旅融合新局面。巩固拓展国企改革三年行动成效,统筹要素整合、资产监管、企业做强,持续提升国有资本和企业竞争力。深化"亩均论英雄",突出单位产出、能耗排放等指标,严格产业准入、优化供应方式,消化批而未供土地2500亩,盘活低效用地1000亩以上。

激活创新动能。强化与大院大所深度合作,发挥科技镇长团和科技创新服务联盟作用,搭建供需平台,实现技术合同交易额20亿元。增强科创载体综合承载能力,新增备案市级以上众创空间及科技企业孵化器2家。推动科创企业积厚成势,净增高新技术企业50家、专精特新企业5家,科技型中小企业入库600家,新研及孵化引进企业营业收入5亿元。加大人才引育力度,力争新申报高峰计划1人、创新型企业家4人、市级高层次创新创业人才4人。全面推进国家知识产权强县试点建设,实现有效发明专利拥有量1500件,重点企业研发支出增长8%。

促活对外开放。用足用好国家级新区、自贸区叠加优势,提升投资贸易自由化便利化水平,组织赴欧洲、韩国、日本等地开展产业合作交流,实际使用外资及港澳台资3亿美元,外贸进出口总额270亿元。推进浦口高新区跨境电商孵化基地建设,力争培育千万级跨境电商企业2家。加快浦口—南谯跨界一体化发展,持续深化与伊宁、镇安、邳州等地的对口帮扶协作。

三、优化城乡布局,持续擦亮美丽宜居底色

坚持人民城市人民建、人民城市为人民,尊重城乡发展规律,拓展空间、优化功能、提升品质,让城市更美好、乡村更宜居、生态更精致。

整合区域空间布局。对照江北新主城定位统一规划、统一标准,严格落实"三区三线",深化完善国土空间规划成果,加快村庄规划全覆盖,以高水平空间布局支撑经济社会高质量发展。坚持新老协同、精明增长,江浦老城加快北庄剩余地块等项目拆迁推进,争创2个省、市级城市更新典范项目;城南中心实施江淼路改造等24个项目;桥林新城高质量优化先期启动区国土空间规划,配合推进地铁11号线、356省道、锦文路过江通道、508省道等重大交通基础设施项目,加快启动丰子河路北延建设。聚力布局优化、功能升级,浦口开发区稳步推进沿山大道西延等16个基础配套设施建设;浦口高新区聚焦2.28平方千米集中建设区,扎实推进华讯路等18个重点城建项目。通过一批重点项目建设,为重点板块互联互通、优质资源有效转化创造条件。

提升城乡功能品质。实施115个城建重点项目,当年计划投资88.55亿元。优化交通路网体系,配合推进北沿江高铁、宁淮铁路、宁和高速等重大基础设施项目11个，加快建设312国道龙华立交至张店枢纽段新建辅道等干线公路5条，与江北新区在过江通道、轨道交通、快速干道等重大项目建设上紧密协作、形成合力，高标准构建江北大交通格局。全面完成200千米农路“白改黑”，争创国家“四好农村路”示范区。有序开展征地拆迁，持续推进扫尾清零。深化“四清、四拆、四整治”常态管理，改造提升10条背街小巷，新增15千米绿道、500个停车位。提档升级美丽宜居乡村30个，创成省级特色田园乡村3个、省级传统村落3个。

厚植生态文明底色。坚决彻底抓好中央生态环保督察问题整改销号，着力化解交通噪音、餐饮油烟等群众反映强烈的问题。坚持精准治污、科学治污、依法治污，强化大气污染源头管控，$PM_{2.5}$平均浓度保持全市最低；与江北新区联动开展水系生态环境整体治理，建成幸福河湖23条，地表水环境质量保持全省前列；推进“无废”城市建设。抓好长江“十年禁渔”，加快老山林相改造及环境提升，建成林中休闲步道6千米，争创国家“两山”理论实践创新基地。科学务实推进碳达峰碳中和，遏制“两高”项目盲目建设，推动规模以上工业单位增加值能耗稳步下降。

四、增进民生福祉，着力提高人民生活品质

深入贯彻以人民为中心的发展思想，以更多惠民生、暖民心的举措，兜牢底线、补齐短板、强化供给，切实办好民生实事，不断增强人民群众获得感幸福感。

促进就业富民惠民。深入实施就业优先战略，落实好社保阶段性降费缓缴、吸纳就业奖补、职业培训补贴等政策，完善高校毕业生、退役军人等重点群体就业支持体系，开展招聘活动200场，新增城镇就业3500人，培育自主创业500人。健全城乡居民持续增收机制，大力推动产业富民、技能富民、政策富民；积极探索村集体经济发展新模式，加快农村劳动力转移就业，持续缩小城乡居民收入差距。

加大优质服务供给。大力推进教育强区建设，加快南艺附中等14所中小学、幼儿园建设，北花园路中学等4所学校建成投用，新增学位7020个，争创省级学前教育普及普惠区。深入推进“院府合作”，省人民医院浦口分院三期工程主体结构完工，区中心医院实现三级医院转设，区中医院争创三级甲等中医院。深入开展爱国卫生运动，持续推进“健康浦口”建设。加快构建智慧养老“1+3+N”综合监管服务模式，新建老年人认知症服务中心1个，打造市级助餐点1个，区养老服务指导中心、托育综合服务中心建成投用。文化体育事业各项指标保持郊区前列。

夯实民生保障基础。积极推进社会保险应保尽保，“15分钟医保服务圈”省级示范点实现全覆盖。坚持“房住不炒”定位，加快推进兰桥12期、高新3号地等17个项目、337万平方米保障房建设，竣工30万平方米，确保完成年度整组搬迁过渡农户安置、省棚改安置任务。落实抚恤优待、大病保险等托底政策，健全分层分类社会救助体系，千方百计保障困难群众基本生活。巩固脱贫攻坚成果，守牢“防返贫”底线。

五、坚持底线思维，坚决维护社会安全稳定

坚定不移贯彻总体国家安全观，大力推进社会治理体系和治理能力现代化，全方位守住安全稳定底线，努力实现高质量发展和高水平安全良性互动、相得益彰。

筑牢安全生产防线。围绕“省级安全发展示范城市”创建，持续巩固提升“三年大灶”成果，深入开展治本攻坚“大会战”，加强城市生命线工程建设，稳妥推进农村危房消险，推动解决融通农发浦泗路市场突出安全问题，实现既有高层建筑消防隐患清零，建成投用珍珠泉、高新区2个消防站，持续提升本质安全水平。立足信息化应用、智能化改造、数字化转型，建立健全风险分级管控和隐患排查治理双重预防体系，精准赋能安全生产监管，坚决防范和遏制重特大事故发生。

防范化解风险隐患。认真落实新阶段疫情防控各项举措，保障好群众的就医用药，重点抓好65岁以上老年人，特别是独居老人、孕产妇、婴幼儿等重点人群，以及患基础性疾病群体的健康服务，着力保健康、防重症。完善风险评估机制，完成15个防汛消险工程，有效提升极端天气、突发事件应对能力。优化“食安浦公英”志愿组织模式，加强食品安全监管。坚决扛起粮食安全政治责任，稳妥推进金融、房地产领域风险防范化解，确保经营性债务控制在合理区间。

夯实社会治理根基。完善城市数字治理中心，紧扣系统集成、力量整合，优化“一网统管”平台建设。深化警网融合，加快打造社会治理和应急处突综合指挥中心。依托“智慧家园”信息化平台，强化专班督导、考评引导，进一步释放物业管理效能。坚持和发展新时代“枫桥经验”，推进“和解浦畅”机制落细落实,努力实现"信访不离浦、矛盾不上行"。常态化开展扫黑除恶斗争,依法严惩各类违法犯罪活动,建设更高水平的平安浦口。持续推进新时代文明实践小镇建设,大力提升全域文明水平。

六、强化履职担当,全力打造人民满意政府

打铁必须自身硬。走好新的赶考之路,对政府自身建设提出新的更高要求。我们将以全面加强政治建设为统领,坚持和加强党的全面领导,忠诚捍卫"两个确立"、坚决做到"两个维护",不断提高政治判断力、政治领悟力、政治执行力,更大力度推进政府治理现代化。

倾力打造法治高效政府。深入践行习近平法治思想,深化法治浦口建设。健全依法科学民主决策机制,严格执行"三重一大"决策程序。自觉接受区人大及其常委会的法律监督、工作监督和区政协的民主监督,主动接受舆论监督、社会监督,深入推进行政监督、统计监督、审计监督,高质量办好人大代表建议、政协委员提案。行政机关负责人出庭应诉率100%。强化政务公开常态化、规范化、数字化建设,政务运行更加阳光透明。持续开展"八五"普法,推动基层法律援助站点全覆盖。扎实开展"十四五"规划中期评估,依法推进全国第五次经济普查。

倾力打造精准服务政府。加快数字政府转型,拓展场景应用,推动更多事项"一网通办"。纵深开展"大走访""百名干部破百题""每月一办",不断巩固"双亮"效能。从企业发展需求点滴处着手,深化企业走访、对口联系等制度,优化"一照多址"、重大项目服务"一件事"等改革,完善"只投诉一次"省级标准化建设,树牢"马上就办、办就办好"的务实作风。

倾力打造清正廉洁政府。扎实做好省委巡视整改"后半篇文章",推动整改成果常态化长效化。全面推进政府系统党风廉政建设,锲而不舍落实中央八项规定精神,驰而不息纠治"四风",持续精文减会,切实为基层减负。牢牢掌握意识形态工作主动权,主动回应社会关切,坚决守好意识形态阵地。坚持政府过"紧日子",严控一般性支出、"三公"经费。强化预算刚性约束,深入推进街道、园区、区属国企预算管理,从严落实化债方案,坚决遏制新增隐性债务。

各位代表!挥楫扬帆启新程,踔厉奋进向未来!让我们更加紧密地团结在以习近平同志为核心的党中央周围,在市委、市政府和区委的坚强领导下,动员和依靠全区人民,坚定信心、同心同德,埋头苦干、勇毅前行,奋力谱写现代化新浦口建设新篇章!

·文稿编辑　王孜孜·

大事记

1 月

5—7 日 中国人民政治协商会议南京市浦口区第五届委员会第一次会议召开。听取和讨论区委书记代表区委在会议开幕式上的讲话，听取和审议政协浦口区四届常委会工作报告和提案工作情况报告。

6—8 日 南京市浦口区第五届人民代表大会第一次会议召开。听取和审议政府工作报告、《浦口区 2021 年国民经济和社会发展计划执行情况及 2022 年计划（草案）》的报告等，审议区人大常委会、区法院、区检察院工作报告，并作出决议。

11 日 召开浦口区工商联（总商会）第五次代表大会。

12 日 召开浦口区委人才工作暨科技创新会议。

△ 召开全区党史学习教育总结会议。

14 日 召开 2022 年区委审计委员会第一次会议。

15 日 举行《桥林新城战略规划》大师工作营结营汇报会。

16 日 召开招商引资工作座谈会。

18 日 召开金融工作座谈会。

19 日 召开领导干部警示教育大会。

24 日 召开全区城建城管、深入打好污染防治攻坚战暨河长制大会。

25 日 召开浦口区安全生产工作会议。

△ 浦口开发区获批国家知识产权试点园区。

△ 汤泉街道陈庄村被省生态环境厅命名为第四批江苏省生态文明建设示范村（社区）。

28 日 中共南京市浦口区第五届纪律检查委员会召开第二次全体会议，部署 2022 年全区全面从严治党、党风廉政建设和反腐败工作。

29 日 召开统筹发展和安全“大走访、大排查、大攻坚”行动动员部署会。

2 月

8 日 永宁街道党工委获“江苏省乡村振兴先进集体”称号，桥林街道兰花塘社区党总支书记、居委会主任庆秋萍获“江苏省乡村振兴先进个人”称号。

9 日 汤泉、星甸 2 个街道社区卫生服务中心入选全国“优质服务基层行”名单。

12 日 区委平安浦口建设领导小组召开会议。

18 日 召开全区农村工作会议。

△ 江苏省暨南京市 2022 年“春风行动”现场招聘会浦口专场在市民中心举行。

△ 2022 年浦口区重大项目集中开工，61 个项目总投资 613 亿元。

△ 江浦街道白马社区、星甸街道双山村、永宁街道大埝社区入选全省“共同富裕 百村实践”新型农村集体经济发展典型案例。

△ 召开深化综合行政执法体制改革工作动员部署会。

22 日 南京农业国际合作座谈会在南京国家农创中心召开。

23 日 在南京市轨道交通产业合作项目签约仪式上，浦口高新区和中车建工、南京地铁签署合作框架协议，中车城市交通设计研究院项目落户浦口。

3 月

5 日 江苏省智慧农业研究会第一次会员代表大会在南京国

家农创中心召开。

17日 省发展改革委认定第一批省级现代服务业高质量发展集聚示范区,浦口高新区服务业集聚区入选。

△ 中路交科科技股份有限公司入选第一批省级现代服务业高质量发展领军企业。

26日 召开区委全面依法治区委员会第五次会议。

是月 长晶新型元器件项目开工,总投资9.5亿元。

4 月

11日 召开省委第十巡视组巡视浦口区工作动员会。

16日 召开区委党建工作领导小组会议。

20日 江苏省文化产业高质量发展推进会公布第四届江苏民营文化企业30强名单,江苏稻草熊影业有限公司、紫光云数科技有限公司入选。

21日 市委、市政府举行2022年南京市重大招商项目暨央企区域总部项目签约活动,浦口区4个项目在分会场签约,总投资38.9亿元。

26日 "智慧农业"产业集群招商会在南京国家农创中心举办。签约项目5个,总投资3亿元。

28日 南京市老山林场消防专业队被中华全国总工会授予"全国工人先锋号"称号。

29日 召开区委统战工作领导小组会议。

是月 沿山大道与绕城公路连接线工程完工,总投资2.4亿元。

5 月

6日 召开全区防汛抗旱工作会议。

10日 南京中医药大学针灸推拿养生康复学院中医康复基地在区中医院挂牌。

14日 召开区委人才工作领导小组会议。

17日 召开区委民族工作会议。

20日 南京证券股份有限公司、南京金融城建设发展股份有限公司和浦口区政府签署战略合作框架协议。

△ 区信访局被人力资源社会保障部、国家信访局授予"全国信访系统先进集体"称号。

21日 举行浦口区2022年重大产业项目竣工投产运营仪式暨"双亮行动"。21个重大产业项目投产运营,总投资336亿元。

△ 桥林自来水厂一期建成供水,总投资10.22亿元。

24日 南京市金融服务乡村振兴专场活动在浦口举行,13家银行与"金陵惠农贷"合作签约。

25日 区政府与南京市第一中学、南京市中华中学签订合作共建协议,以"名校+集团化办学"推动区域教育优质均衡发展。

28日 召开区委网络安全和信息化委员会会议。

是月 大悦城商业综合体开工。

6 月

15日 召开浦口·镇安苏陕协作2022年联席会议。浦口、镇安两地签署《浦口区、镇安县2022年苏陕协作协议》等系列协议,浦口区江浦、桥林、星甸、汤泉、永宁5个街道与镇安县永乐街道、铁厂镇、茅坪回族镇、青铜关镇、木王镇分别签订《2022年对口协作结对帮扶协议书》。

16日 召开深化全国文明典范城市创建部署会。

△ 召开区委人大工作会议。

17日 第三届南京老山国际文化旅游节开幕式暨2022响堂栀子花大会启动仪式在江浦街道华光社区响堂组举行。浦口区被授予"中国旅游高质量发展区"和"中国天然氧吧"称号。

25日 2022浦口区数字经济重大项目签约暨"智改数转"应用场景发布仪式举行。12个数字经济重大项目集中签约,68个年度"智改数转"项目集中发布,总投资123.7亿元。

27日 芯德先进封装研究院成立,研究领域为半导体高端封装互连材料、高端封装工艺等。

△ 区农业综合行政执法大队被农业农村部评为"全国农业综合行政执法示范窗口"。

28日 召开庆祝建党101周年暨高质量发展动员大会。

30日 南京依维柯中VAN项目主体结构封顶暨设备进场安装启动仪式在浦口开发区举行,项目总投资15亿元。

是月 金陵星图商业综合体开工。

7 月

6日 省农村住房条件改善和特色田园乡村建设工作联席会议办公室命名第九批次江苏省特

色田园乡村，浦口区星甸街道九华村山滕组、汤泉街道陈庄村张二乐组上榜。

8日 曲艺作品《较量》获第十五届江苏省“五星工程奖”。

△ 召开2022年质量工作暨食安委全体（扩大）会议。

13日 召开安全生产重点行业领域百日攻坚行动部署会。

14日 浦口区入选全国旅游综合实力百强区。

15日 在2022年江苏绿色金融发展大会暨长三角绿色金融与碳中和高峰论坛会上，浦口高新区获江苏省绿色金融与双碳战略实践基地授牌。

20日 石碛河滨水景观带二期工程（朱石桥—横江大道段）竣工，总投资1.72亿元。

△ 在全国数字乡村建设现场推进会上，浦口区作为南京市唯一的国家级数字乡村试点区作典型发言。

23日 召开区委外事工作委员会会议。

△ 区委退役军人事务工作领导小组召开会议。

26日 浦口区科技创新服务联盟（浦科派）成立并召开第一次代表大会。

27日 南一路（浦乌路—丰子河路）完工。

是月 康华路、光明路、九峰山旅游公路通车。

△ 浦口籍运动员洪可新获国际式摔跤全国锦标赛女子组57公斤级冠军。

8 月

6—7日 2022年全国山地自行车锦标赛暨全国青年山地自行车锦标赛在浦口举行。

10日 中国共产党南京市浦口区第五届委员会第五次全体会议在区级机关大礼堂召开。总结上半年工作，部署下半年任务，动员全区紧扣“一三五六”总体布局，谱写和江北新区一体融合发展新篇章。

11日 省委第十巡视组向浦口区反馈巡视情况。

15日 王才林、张红生教授团队项目签约仪式在南京国家农创中心举行。

16日 区政协举行学习报告会。

24—26日 全国农业科技创新工作会议暨2022全国农业高新技术成果交易活动在南京国家农创中心举行。签约项目600多个，总交易额120多亿元。

27日 召开双拥工作领导小组会议。

29日 浦口区入选国家知识产权强县建设试点县。

31日 浦口区举办中国AI芯片及应用新赛道研究报告发布会暨南京数字芯城启动大会，世界500强、“独角兽”“瞪羚”企业等50余家行业代表围绕数字经济产业发展趋势、关键领域进行探讨。13个项目集中签约，总投资50亿元。

是月 伟测集成电路测试车间项目竣工，总投资5亿元。

9 月

2日 南京—巴西农业交流推介会在南京国家农创中心举行。

4日 区市场监管局“‘食安浦公英’志愿服务开辟社会共治新路径”项目获评第四届市场监管领域社会共治优秀案例、首届食品安全社会共治优秀案例。

5日 2022 IC中国·扬子江峰会暨浦口区重大项目签约仪式在南京国际博览会议中心举办。13个产业项目集中签约，总投资60余亿元，涉及集成电路、轨道交通、智能制造装备等重点产业领域。

6日 中央宣传部、教育部公布2022年全国教书育人楷模名单，南京市浦口区行知教育集团总校长杨瑞清入选。

7日 南京志卓电子科技有限公司、中路交科科技股份有限公司、南京宏泰半导体科技有限公司3家企业入选国家级专精特新“小巨人”企业。

8日 省工业和信息化厅、浦口开发区推动大中小集成电路企业集群融通创新的做法入选全国“大中小企业融通创新典型模式案例集”。

9日 举行2022中国南京金秋经贸洽谈会浦口区文旅招商专场推介会暨第二届珍珠泉同学节启动仪式。5个项目集中签约，总投资44亿元。现场推介招商项目16个，涉及投资近83亿元。

17日 召开省委巡视反馈意见整改工作领导小组会议。

21日 浦口区—和县工作对接会在浦口召开。

23日 “金黄的田野之旅”秋季乡村线路被评为“全国乡村旅游精品线路”。

△ 南京市首批“脑心同治”防治慢性病临床基地成立。

25日 召开江北新区暨浦口区生态环境质量“提质增优”

暨突出环境问题整治百日攻坚推进会。

27日 共青团南京市浦口区第六次代表大会开幕。

28日 2022年“苏韵乡情”乡村休闲旅游农业专场推介暨2022年中国农民丰收节南京庆祝活动·第七届永宁河岸花海农旅嘉年华在永宁街道张圩葵花朵朵园开幕。

是月 中华中学浦口城南中学开办。

△312国道龙华立交至张店枢纽段新建辅道工程开工,总投资11.8亿元。

10 月

9日 召开江北新区暨浦口区上市公司企业家座谈会。

15日 区委召开省委巡视反馈意见整改领导小组会议。听取相关问题整改工作情况汇报,研究部署下一阶段工作。

30日 市委召开市、区两级领导干部会议,对统筹疫情防控和经济社会发展、统筹发展和安全有关工作进行再动员、再部署。浦口区在分会场参加并召开续会。

31日 省农业农村厅公布江苏省农业数字化建设优秀案例名单,“南京市浦口区汤泉农场数字大田试点基地示范应用”“南京通威智慧渔业园”“农业农村大数据驱动的都市近郊型数字乡村建设”3个案例入选。

11 月

10日 省农村住房条件改善和特色田园乡村建设工作联席会议办公室公布第十批次江苏省特色田园乡村,江浦街道华光社区响堂组上榜。

12日 举行2022年第二次“双亮行动”。

14日 浦口区政府与南京邮电大学签订《“浦芯精英”人才定制战略合作协议》,共建“浦芯精英”研究生工作站、人才定制实验室等联合培养基地。

15日 永宁街道入选第二批全国乡村旅游重点镇(乡)。

16日 区残疾人联合会第五次代表大会开幕式在区委党校举行。

19日 区金融风险化解委员会召开会议。

20日 “风起长三角 奋进新征程”大型融媒体行动暨“中国式现代化进行时”江苏县区调研行在浦口启动。

21日 区政府和南京航空航天大学举办2022中国(南京)低空智联网与无人机应用融合创新高峰论坛。旨在聚焦低空智能网与无人机产业融合的发展趋势、关键领域进行探讨,推动无人机产业高质量发展。

25日 举办第三届商用车电动化与智能化论坛,探索商用车产业电动化、智能化转型方向。

是月 华天科技存储及射频类集成电路封测产业化项目投产,总投资15.06亿元。

12 月

7日 省委、省政府表彰“江苏制造突出贡献奖”优秀企业、先进个人和先进单位,区工业和信息化局入选“江苏制造突出贡献奖”先进单位,华天科技(南京)有限公司入选“江苏制造突出贡献奖”优秀企业。

8日 中国共产党南京市浦口区第五届委员会第六次全体会议召开。听取和讨论区委书记受区委常委会委托作的工作报告,审议通过《中共南京市浦口区委关于深入学习贯彻党的二十大精神在新征程上全面推进中国式现代化浦口新实践的决定》等。

14日 召开“四清、四拆、四整治”环境整治行动暨深化综合行政执法体制改革现场会。

26日 瓦殿冲小流域入选国家水土保持示范工程(生态清洁小流域)名单。

△三岔灌区、侯家坝灌区创成全国节水型灌区。

29日 国家知识产权局办公室公布首批国家级专利导航服务基地名单,南京浦口开发区上榜。

△召开区青年工作联席会议第三次全体会议。

30日 召开全区领导干部警示教育大会。

是月 浦口大道环境综合整治工程、文昌路片区道路综合整治工程完工。

△南京依维柯中型多功能宽体轻客技术改造项目投产,总投资15亿元。

·文稿编辑 杨万友·

区 情 概 览

自然地理

【区位面积】 浦口区位于南京市西北部、长江北岸，与建邺区、雨花台区、江宁区隔江相望，北部、西部分别与六合区及安徽省来安县、滁州市、全椒县、和县毗邻。东西最宽31千米，南北最长41千米。面积715平方千米，占南京市总面积的10.85%。

【地质地貌】 境内地质基础为震旦系变质岩；各时代地层均有发育，但仅有震旦系上统地层出露较好，结构清楚。地貌形态丰富，集低山、丘陵、平原、岗地、大江、大河于一体。区域属宁、镇、扬丘陵山地西北边缘地带，地势中部高、南北低。老山山脉由东向西横亘中部，制高点大刺山海拔442.1米；山地两侧为岗、塝、冲相间的波状岗地；临江、沿滁为低平的沙洲平原、河谷平原，平原标高5~7.5米。（刘海东）

【气候】 2022年，全区年平均气温17.1℃，比常年偏高1.3℃。高温日数(≥35℃)39天。年极端最高气温40.2℃(8月14日)，年极端最低气温-5.8℃(12月23日)。

年降水量931.2毫米，较常年偏少超2成，其中7月、9月月降水量较常年同期偏少超6成，5月、8月月降水量较常年同期偏少超7成，12月月降水量较常年同期偏少超8成。年降水日数(≥0.1毫米)96天，暴雨日数(≥50毫米)4天，日最大降水量141.6毫米(6月24日)。降雪天气日数14天，最大雪深6厘米(2月8日)。大风天气日数3天，其中7月10日20—23时，大部分地区出现6~8级雷暴大风。

全区入梅偏晚，出梅正常，梅雨期偏短。6月23日入梅，较常年(6月19日)略偏晚，7月11日出梅，与常年(7月13日)相比正常，梅雨期18天，较常年偏短。梅雨量分布不均匀，总体偏少。梅雨量92.1(桥林街道周营村)~229.8(老山林场)毫米，浦口本站207毫米，较常年梅雨量(295.6毫米)偏少近3成。梅雨降水前期异常集中，后期间歇时间长，局地性强。梅雨期出现3次降水过程，分别为6月23—24日、28日、7月4—7日。其中，6月23日傍晚至24日上午出现暴雨、局部大暴雨，2个街道小时雨强超过50毫米，最大小时雨强82.5毫米(汤泉农场)。

年日照总时数2334.3小时，与常年相比偏多475小时。除1月、2月、11月外，其余月份日照时数均高于常年值。

2021年初霜日为11月8日，终霜日为2022年4月2日。2022年初霜日为12月1日。

（刘圆　吴自越）

【水文】 2022年，长江下关汛期最高水位8.12米(6月16日)，最低水位2.15米(12月19日)；滁河晓桥汛期最高水位8.4米(6月6日)，最低水位6.21米(12月26日)。5—7月，滁河晓桥段径流量8853万立方米，其中各月分别为516万立方米、6160万立方米、2177万立方米。滁河晓桥段全年无结冰期。（罗涛）

自然资源

【土地资源】 浦口山富地饶，聚宝藏珍。区境东南部为长江沙洲平原，面积157平方千米；西北部为河谷平原，面积约125平方千米；平原地区低平坦荡，土壤肥沃；中部为东北—西南走向的老山山脉，总面积约90平方千米，山体起伏，植被丰厚；低山与平原之间分布着砂砾丘陵、黄土岗地,总面积530平方千米。土壤种类多样,水稻土、潮土、黄棕壤土分别占61.71%、29.7%、8.17%。地貌的多元成为土地资源开发利用的自然基础。浦口区耕地面积6805.83公顷,林地面积3236.4公顷。全区后备土地资源少,主要分布于沿江滩涂,还有部分丘陵山地尚未开发利用。

(刘海东 许思睿)

【水资源】 浦口区水资源较丰富,主要为地表水、地下水和过境水。长江(浦口段)从驷马山引江水道入江口至南京江心洲长江大桥,流经桥林街道、江浦街道,总长25.7千米,面宽水深,万吨巨轮常年通航,是一座天然良港,具有广阔的开发前景。滁河(浦口段)上起陈浅,下至朱家山河,流经星甸街道、汤泉农场、汤泉街道和永宁街道,全长36.7千米。

2022年,全区水资源量0.81亿立方米,其中地表水资源量0.73亿立方米(折合年径流深104.56毫米)、地下水资源量0.28亿立方米、重复计算量0.2亿立方米。

全区过境水量以长江、滁河为主。2022年,过境水资源量约7715亿立方米,其中长江过境水资源量7712亿立方米、滁河过境水资源量3.39亿立方米。

境内地下水资源较为丰富,水文地质分长江漫滩区、滁河漫滩区、老山岩溶水分布区和丘岗区。根据江苏省水资源第三次调查评价等成果,浦口区多年平均浅层地下水资源量7825.68万立方米,可开采量1623.85万立方米;地下热水资源水量丰富,水质较好,为开发利用创造有利条件。据20世纪70年代调查统计,仅汤泉地区就有自溢温泉23处,常年喷涌温泉水,自溢量6500立方米/日;天然冷水泉10处,自溢量1800立方米/日。由于人类工程活动影响,自然泉眼减少,2022年,汤泉地区自溢温泉9处,仍常年喷涌温泉水,自溢量4042立方米/日;天然冷水泉6处,自溢量2412立方米/日。老山一带甘泉遍布,仅定山山麓就有珍珠泉、卓锡泉、虎跑泉、琥珀泉等,珍珠泉常年流量1万立方米/日,恒温22℃。

【矿产资源】 境内矿产资源以沉积的非金属矿产为主,已探明的石灰岩分布于老山(大孤山至二顶山一线)、西山地段,总储量7.82亿吨,氧化钙含量高达55.4%,是生产特种水泥和炼钢熔剂的最佳原料;石英岩矿分布于龙洞山、二顶山一带,总储量4.14亿吨,据象山、大马山、狮子岭等开采矿点分析,二氧化硅含量高达94.4%~99.6%,是生产玻璃和冶金硅的优质石料。在永宁东葛至高丽丘陵地区及桥林兰花、星甸龙山、汤泉滴水珠等地有品种齐全的红砂、黄砂和白砂,储量大、品位高,是建筑用的优质矿产。 (刘海东)

【生物资源】 区内植物起源古老,种类颇多,分180科800多种,其中木本植物37科330种,银杏、杜仲、广玉兰、喜树等珍稀品种均有分布,惠济寺3株千年古银杏树所结无芯白果,食之甘美,为国内一绝。有“苏中中药库”之称的老山地区,有野生药材97科307种,其中165种为国内重点药材,沙参、丹参、明党参、太子参和柴胡等被医界视为上品,多为外商指名求购。根据老山景区生物多样性调查数据(截至2022年5月),老山景区有物种2081种,占全省物种的47.66%(不含水生生物)。其中,维管植物1187种,占全省物种的59.38%;昆虫718种,占全省物种的37.43%;陆生脊椎动物176种(鸟类136种、两栖动物10种、爬行动物19种、哺乳类动物11种),占全省物种的39.2%。

(刘海东 丁彦品)

【湿地资源】 浦口区有湿地面积9353.33公顷,其中自然湿地面积3380公顷、人工湿地面积5973.33公顷。受保护的自然湿地面积2494.44公顷,自然湿地保护率73.8%。长江湿地和滁河湿地是浦口区主要自然湿地资源,长江湿地面积2080.08公顷,被列入省级重要湿地名录;滁河湿地面积381.9公顷,被列入市级重要湿地名录。人工湿地主要为区内水产养殖场、低洼处的水稻种植区和部分水库、池塘、沟渠。 (刘海东)

人文历史

【建置沿革】 浦口区系南京市原浦口区和江浦县于2002年4月合并成立的新浦口区。

江浦县于明洪武九年(1376)初建时,其辖域分别隶属于六合、和州、滁州故地。原浦口区在民国16年(1927)以前,则为江浦县所辖区域。因此,记述今之浦口区历史沿革,可溯至江浦建置前的隶属关系。

秦至东汉末年的500多年，地域先后隶属九江郡棠邑县、东城县、建阳县和全椒县。三国时，地域先属魏，后属吴或属魏、吴弃地。两晋时，地域隶属淮南郡乌江县、秦郡尉氏县、顿丘县，并于今泰山街道范围内置宣化镇。南北朝时，于地域西部置怀德县。陈太建五年（573）五月，吴明彻、程文季攻打北齐，渡江浦、涂水（今滁河），直取秦郡（今六合），“江浦”作为地名载入《南史》。

隋开皇三年（583），以州统县，地域分属和州乌江县、方州六合县、滁州新昌县。开皇八年（588），晋王杨广筑“晋王城”于桃叶山下（今泰山新村一带）。唐、宋、元各代，地域分属和州乌江县、真州六合县、滁州来安县。

明洪武四年（1371），以浦口“扼抗南北，钳制江淮”，在今顶山街道南门（原南门镇）和泰山街道东门（原东门镇）一带建浦子口城。洪武九年（1376），析六合孝义乡和和州遵教、怀德、任丰、白马四乡及滁州丰城乡置江浦县，隶属南直隶应天府，县治设在浦子口城内。洪武二十四年（1391），迁县治于旷口山（今江浦街道）。万历八年（1580），知县余乾贞兴筑县治新城。清初，县域隶属江南省江宁府。雍正年间（1723—1735），县境划为五乡，原浦口地区为其东乡地。咸丰年间（1851—1861），太平天国设天浦省，区域属之。光绪末年，始行“市、乡自治”之制，改东乡为浦口市。

1912年，江苏省行政公署实行省、县二级制，县域直属于省。1914年，改行省、道、县三级制，县域属金陵道。1927年，国民政府迁都南京，废道，区域复属于省。同年，浦口商埠划属南京市管辖。1933年，浦口商埠区域建为南京市第八区。1934—1937年，江浦县先后属江苏省第九、第十行政督察区。

抗日战争期间，江浦沦陷后，浦口地区（南京市第八区）复属江浦县。境内县国民政府、中共抗日民主政府并存或交替。抗日战争胜利后，国民政府仍以浦口商埠区域恢复为南京市第八区，江浦县属江苏省第五督察区。

1949年4月解放后，江浦县划属安徽省皖北行政公署滁县专署。江浦所属之浦镇、东门镇划归南京市，与南京市第八区合并建为南京市两浦区。1950年，两浦区先后改称第八区、新七区。1953年1月，根据中央人民政府关于调整省、区建制的决定，江浦划回江苏省，隶属扬州专区。1955年8月，新七区定名为浦口区。

1956—1970年，江浦县先后隶属镇江专区、扬州专区、南京市和六合专区。1971年3月，六合专区撤销，复属南京市。2002年4月3日，原浦口区、江浦县合并，成立新的南京市浦口区，区政府驻珠江镇（今江浦街道）。

2015年6月27日，国务院批复设立南京江北新区。2017年8月1日，江北新区管理体制调整，浦口区的沿江、泰山、顶山、盘城4个街道由江北新区党工委、管委会统一托管，为江北新区直管区；浦口行政区下辖江浦、桥林、星甸、汤泉、永宁5个街道，为江北新区共建区和协调区。

（刘海东）

【行政区划】 2022年年末，浦口行政管理区下辖江浦、桥林、星甸、汤泉、永宁5个街道，以及老山林场、汤泉农场2个场圃。有城乡社区76个，其中城市社区50个、农村社区26个。

（郑荣祥）

【历史名人】 浦口钟灵毓秀，人文荟萃，这里有唐代诗人张籍、宋代爱国词人张孝祥、明代刑部尚书张瑄、定山先生庄昶、一代草圣林散之等历史名人，留下了诗仙李白的传世名作《横江词》，以及周恩来外祖父万青选任江浦知县时的政绩。

浦口张氏家族自中唐张籍至宋代后期近500年间，代有名人。出生于燕窠张村（今属桥林街道周营村）的张籍是中唐时代杰出的现实主义诗人，与韩愈、白居易交往甚密。他所作的乐府歌行，揭露当时的社会弊端，反映劳动人民的灾难和痛苦。他的诗与王建齐名，并称“张王乐府”，在中国文学史上占有重要地位。韩愈曾说：“张籍学古淡，轩鹤避鸡群。”白居易赞许他“尤工乐府诗，举代少其伦”。王安石认为他的诗“看似寻常最奇崛，成如容易却艰辛”。张籍代表作《秋思》被收入现代人教版、沪教版小学语文课本，“洛阳城里见秋风，欲作家书意万重。复恐匆匆说不尽，行人临发又开封”，表达宦游在外的诗人对家人的深深思念之情；《节妇吟》被法国作曲家罗塞尔谱成曲演奏，轰动巴黎乐坛。其后，有南宋不辱使命的外交使节张邵、居官廉静有守的诗人张祁、官至江南东路常平茶盐公事的张郯、累官至参知政事的进士张孝伯，更有上承苏轼、下开辛弃疾豪放词派的爱国词人、状元张孝祥,以及“以能书闻天下”的书艺可接力唐人、影响后世的书法革新家张即之等。

由唐而宋,李白、刘长卿、孟郊、孙觉、秦观、贺铸、王安石等客籍文人学士被浦口山水之美、人文之胜所吸引,先后挟艺莅临,并留有名篇佳作。其中,李白于唐天宝十二年(753)秋,从河南曹州南下安徽宣城,至和州乌江县横江渡口(今属江浦街道西江口社区)时,天气骤变,暴雨陡至,江面上掀起滔天巨浪,诗人有感而作《横江词》六首,留下“浪打天门石壁开,涛似连山喷雪来”的传世名篇。

周恩来外祖父万青选于清光绪元年至二年(1875—1876)任江浦知县。在任期间,他公正廉明,据实断案;旧有科派马草弊政,他申请裁革,并勒石永禁;筑圩代城,保境安民;劝课棉桑,富民衣食;疏浚水渠,便民引用;城内河房沟阻塞不通,他捐廉疏浚;遇灾设厂赈粥,拯救饥民;兴办教育事业,恢复同文书院。光绪元年至十二年(1875—1886),江浦有14任知县,万青选属出类拔萃的一位,《江浦埤乘》唯将其列入“名宦”,并作政绩介绍。

林散之是“诗、书、画”三绝的艺坛大家。他是有才华有抱负的诗人。自选诗稿《江上诗存》收录诗词2202首,所作诗词是他人生轨迹、心路历程、艺术思想、精神感悟和生命智慧的具体体现。所有作品反映的家国情、亲情、友情以及山水情,都是情动于衷,真切感人。抗日战争时期,作《江居暑闷》《今诗19首》等诗词,揭露日本侵略者的罪行和对汉奸卖国的愤慨。他对朋友坦诚相交,对老师一往情深。《江上诗存》数百首酬赠诗中,为好友邵子退写的诗就有50多首;晚年80多岁时还作诗怀念恩师黄宾虹:“秋风不尽师门感,时向锥沙看墨痕。”他是20世纪杰出的书法大家。林散之草书以王羲之为宗,以释怀素为体,以王觉斯为友,以董其昌、祝允明为宾,将绘画中的墨法运用于书法,开创草书艺术新天地。1962年,高二适初次见到林散之为江苏省政协大会堂所书毛泽东七律《长征》巨幅草书时惊呼:“这才叫字,字字精神,耐人寻味!”1972年秋,《人民中国》记者韩瀚访得林散之书写的毛泽东词《清平乐·会昌》狂草立轴,请启功、赵朴初、郭沫若过目后,于《人民中国》1973年1月号首页刊出,震动海内外书坛。林散之相继入选中国20世纪十大杰出书家、千年中国十大杰出书家。他是得黄宾虹真传的绘画大家。曾孤身远游,觉胸中有万山蓬勃之气,落笔有吞吐百川之势,得画稿800余幅。画中有黄山云海,有峨眉蜀道,有江岸涛声,有太湖波涛,有板桥竹影,有李白仙骨,以此印证祖国的山川磅礴和人文历史的厚重。1955年,他创作了《江浦春修图》,画长237厘米,宽33厘米,呈现1954年靖江、泰兴、江浦3县数万人协作修筑长江堤防的劳动场景,是中华人民共和国成立后国画界最早反映现实生活的名作之一。

【历史遗迹】 浦口区有七里桥遗址、杨山头遗址、蒋城子遗址、曹王城子遗址、牛头岗遗址等。其中,牛头岗遗址为省级文物保护单位,位于汤泉街道西北约2千米,遗址时代为原始社会晚期至商周(约前2200—前650),总面积5万平方米,1990年发现,为台形遗址。2001—2002年,对牛头岗遗址进行课题性考古发掘,发掘面积500平方米,发现灰坑45个、房基12个、灰沟4条。古墓葬有张孝祥墓、张同之夫妻合葬墓、三虞李松赵家山南朝墓群等。古建筑有凤凰桥、茅塘桥、东葛双井、永宁古井、文庙大成殿等。石碑石刻有南唐的汤泉禅院之碑,明代的白马寺草书诗碑、独峰寺摩崖、大修学宫碑、赭洛庙碑、养济院匾额,清代的重修圣宫碑记、英华书院匾额,当代的《古银杏行》诗碑。其中,《古银杏行》诗碑为青石质地,高2米,宽1米,厚0.19米,碑文内容为林散之《古银杏行》,诗、序、释文共521字,为林散之所书,行草字体,立于汤泉街道惠济寺。

(刘海东)

人口 民族 宗教

【人口】 2022年,浦口行政区居民总户数12.32万户,户籍人口35.13万人,其中乡村人口15.18万人。市外迁入4045人,迁出市外1257人,市内移入10184人,市内移出7756人。流动人口14.78万人,增加31717人。寄住人口57806人,减少3367人。出生2898人,死亡2124人。

(陆军)

【民族】 全区有回族、壮族、满族等少数民族35个,人口约4500人,其中回族2700余人,约占全区少数民族总人口的60%。

【宗教】 全区有佛教、道教、伊斯兰教、基督教四大宗教。审批登记的宗教活动场所68处,其中佛教11处、伊斯兰教2处、基督教55处。有佛教协会、伊斯兰教协会和基督教三自爱国运动委员会3个宗教团体。宗教教职人员99人(不含义工传道人)。

(周业山)

风景名胜

【概况】 浦口南临长江、北枕滁河,中部横亘百里老山。境内旅游资源丰富,自然风光、人文景观与历史遗迹交相辉映,自古就是旅游胜地。“一代草圣、十里温泉、百里老山、千年银杏、万只白鹭、十万亩国家级森林公园”是对浦口旅游特色的生动概括。区内主要景区、景点有珍珠泉旅游度假区、老山国家森林公园、惠济寺遗址及古银杏、汤泉温泉、求雨山文化名人纪念馆等。因其集山、泉、林、寺于一体,融旅游、度假、休闲、娱乐于一炉,被誉为“南京的后花园”。

【珍珠泉旅游度假区】 位于定山西南麓,是国家AAAA级旅游度假区。规划面积14平方千米,以山为主、泉为中心,构成区内景观的基本骨架。芙蓉峰、妙高峰、狮子峰、石人峰、寒云峰、双鸡峰六峰环合,低山丘陵错落有致,峰峦起伏多变,环境幽深;珍珠泉、琥珀泉等大小泉眼30多处,素有“山秀、石美、泉奇”之誉。度假区由定山寺景区、珍珠泉景区、野营度假区、登山游览区、赏泉区、中心游乐区等10个观光游览区、1个度假别墅区及1个综合服务区构成。其中,享有“一泉三景”美誉的珍珠泉为区内最大特色。因该泉源头之水如成串珍珠从石缝中涌起,故名珍珠泉;当游人奋力鼓掌或引吭高歌时,泉中喷珠便越多越疾,如同喜迎嘉宾,又称“喜客泉”;而晴天远眺泉中水珠,又如小雨点在水面跳溅,似晴天细雨,故称“晴雨泉”。此外,在各景区内散布着定山寺遗址、达摩碑、明代摩崖石刻等历史文化遗迹及梅海凝云、镜山湖放排、高尔夫球场、野生动物生态园、森林游泳池、跑马场、万米长城、百米滑道等游览景点。

【老山国家森林公园】 位于浦口区中西部腹地,贯穿浦口区东西,东临南京长江大桥,连接浦口高新区,西接安徽省和县,紧靠滁河,是南京西郊风景区主轴。公园占地66.67平方千米,1991年被林业部确定为森林公园,是江苏省最大的国家级森林公园。区域内山峦起伏,古木苍翠,原始森林覆盖率达85%以上。植被属落叶阔叶和常绿阔叶混交林,树种达720多种,林相丰富,尤其在深秋,红、黄、绿、紫,色彩缤纷,层次分明,景色迷人。公园分狮子岭、七佛寺和平坦三大主要景区,拥有龙洞、观音洞、天井洞、白筱岭洞等奇巧、诡异的溶洞景观,兜率寺、张孝祥墓等名胜古迹,以及滑草场、空中自行车、百鸟园等特色项目。登上位于七佛寺景区、海拔326米的老鹰山瞭望塔,可远望长江如练,俯瞰茫茫林海,别有一番情趣。

【汤泉温泉】 位于汤泉街道北。汤泉因有多处天然温泉而得名,是全国闻名的“温泉之乡”。早在南朝时期,刘宋孝武帝刘骏曾到此沐浴,开启名士贤达专程赴此沐浴悠游的先河。此后,梁昭明太子萧统,宋代名儒王安石、苏轼、秦观,明太祖朱元璋等都曾慕名而至,沐体濯足。泉水均出自汤泉山,地层为下石炭系石灰岩,出露泉源多达23处,其中流量较大业已利用和为人所称道者,有五柳泉、珍珠泉、菱角池、川堂泉、太子泉、汤湖堰泉和高下村泉。据有关部门测定,温泉水总流量6500立方米/日,泉温一般为35℃~47℃。经国内外专家多次

老山山脉　　滕宏飞摄

验证，泉水中含钨、镁、钾、钠等 30 多种化学物质和氡、硫化氢等气体，可治疗多种皮肤病和运动系统、神经系统疾病，温泉余水还可用作灌溉和水产养殖。

【求雨山文化名人纪念馆】 位于江浦街道西门外求雨山，是国家三级博物馆、国家 AAA 级景区。该山为老山余脉，海拔 41 米，占地 0.2 平方千米，满山松篁交翠，风光旖旎。1988 年，首度于此建造林散之书画陈列室。至 1997 年，先后建成散木山房、宝砚斋、阅翠楼、墨香阁、爱雨轩、白马亭、束筠亭等，并更名为林散之纪念馆。馆中藏有林散之书画精品 400 余件，并陈列其生前用过的部分文具和印章。此后，萧娴纪念馆、高二适纪念馆及胡小石纪念馆先后落成，形成以四大书画名家纪念馆为核心的文化公园。园中景色清幽，人文荟萃，被世人誉为“当代兰亭”，是国内外书画界人士及书画爱好者心驰神往的书法山、文化园。

【定山寺】 位于浦口区狮子峰下，背山面江，是中国禅宗的重要寺院，被誉为“达摩第一道场”和南朝四百八十寺之首，也是中国禅宗发祥地和最初祖庭之一。始建于南朝梁天监二年(503)，由梁武帝萧衍在原六合山下为高僧法定而建，敕名“定山寺”。时为江北第一古刹，与江南栖霞寺、鸡鸣寺齐名。六合山也随之更名为定山(六合山因有狮子峰、妙高峰、芙蓉峰、石人峰、寒云峰、双鸡峰六峰环合而得名)。“定山之名，实肇自法定”，今之顶山，系“定”字谐音之讹。定山寺是禅宗始祖菩提达摩于南朝梁普通七年(526)一苇渡江后驻锡之地，达摩修炼传承禅宗之法，面壁修行。现存达摩岩、宴坐石、卓锡泉、一苇渡江碑等重要遗迹。定山寺屡遭战火，屡毁屡建。2012 年，该寺开工复建，复建面积约 3 万平方米，沿中轴线依次为山门、天王殿、大雄宝殿、大禅堂。风格采用唐风建筑，为全木结构，所用木材全部为进口非洲红花梨。

惠济寺内的古银杏树　　滕宏飞摄

【惠济寺与古银杏树】 位于汤泉街道西北侧惠济寺公园内。寺庙建于南唐，称汤泉禅院。宋初易名惠济院，元祐年间(1086—1094)改院为寺。清道光年间(1821—1850)，在此创立英华书院。后书院与寺均毁于咸丰年间(1851—1861)战火。现仅存石柱础 9 个、“汤泉禅院之碑”残片数块、“英华书院”匾额 1 方、清代修寺碑 1 块及 3 株千年古银杏树。古银杏树不仅枝繁叶茂，姿态各异，而且所结果实皆无苦蕊心，堪称珍品，为银杏树中一绝。现此地已辟为惠济寺公园，园内立有当代草圣林散之所撰《古银杏行》诗碑，诗、序、释文共 521 字，字态奇逸，气势恢宏，堪为诗书俱佳的代表作。

(刘海东)

【不老村】 位于江浦街道白马社区。地处老山国家森林公园南麓、风光旖旎的象山湖西侧，与古刹七佛寺毗邻，与宁滁快速通道相连，地理位置优越。村子南北皆山，中部细长凹地为一山间谷地，占地约 0.33 平方千米。该村以民宿客栈群为主，辅以特色餐饮、文创商业，有民宿客栈 15 家、餐饮空间 20 个、“轰趴馆”1 个、文化创意空间 5 个、小型体验农场 1 个，以及垂钓、亲子乐园、盆景园、真人 CS 等户外项目。2017 年，不老村入选“中国最美村镇”50 强，获南京休闲农业创意大赛优秀奖、南京乡村优品民宿最美公共空间优秀奖。2018 年，建成为江苏省五星级乡村旅游区。2019 年，入选全国乡村旅游重点村。2021 年，建成为市级夜间文化和旅游消费集聚区。2022年,游客接待量64.61万人次,实现营业收入3281.26万元。

【楚韵花香】 地处汤泉街道瓦殿社区关口章及周庄两组,紧靠宁合高速公路汤泉出口,交通便利,区位优越。楚韵花香占地约0.1平方千米,以自然景观和乡村休闲为特色,楚韵文化与自然村落相互交融,是四季有花、处处是景的原生态美丽乡村。2016年起,通过"公司+社区+社会+村民"发展模式,鼓励社会资本、社区、村民参与旅游开发和经营,打造项羽之谜展览馆、小隐汤泉花海酒店、民宿村、宕口乐园、茶社等商业业态,实现错位发展,丰富旅游产品。先后被评为美丽乡村最佳休闲地、江苏省四星级乡村旅游区、南京市乡村特色体育基地、第三批浦口区中小学研学实践教育基地。

【侯冲景区】 位于永宁街道侯冲社区,地处苏皖两省交界。侯冲景区依老山绿景、靠滁河秀丽、展知青风采、建手狮之乡,是集知青文化参观、幸孚村研学拓展、古街文化体验、花海观光游玩、餐饮会议团建、蔬果采摘学农于一体的乡村旅游综合体,为江苏省四星级乡村旅游区。

知青故里　是侯冲美丽乡村核心区,为南京首家知青文化、生活、民俗展示馆。设"缘起""到农村去""广阔天地""知青之歌""知青情结""致我的青春"六大主题,展现知青上山下乡时代的生活方式、生活用品、生活场景以及当地知青发展情况统计等内容,再现曾经在这块土地上生活过、劳动过的人、事、物。

河岸花海　在1500米河岸上,一条花海点缀其中,面积0.53平方千米。河岸花海景区应四时变化,随季节铺开薰衣草、马鞭草、皇后月季、郁金香、百日菊等应时花卉,景区有游船、小火车、花居民宿、船屋、水上游乐园、镜花茶舍、书屋等旅游项目。

姚徐老街　曾是原住村民生产生活的主要场所,是一条极具乡土气息和文化韵味的特色街区。老街沿袭明清时期建筑风格,建筑面积6000平方米,有古床馆、魔术馆、珠算契约馆、婚俗馆、漆艺花雕博物馆、老匾联博物馆、小人书博物馆、汉服馆等展览馆,油坊、豆腐坊、酒坊等传统农特产品商铺。街区内有供600人同时用餐、占地1350平方米的乡村大食堂,以及占地约150平方米、用于民俗舞蹈表演和游客互动的乡村大舞台,是吃住行、游购娱和传统民俗文化馆群相结合的综合街区。　（朱圆迪）

2022年经济社会建设

【经济建设】 2022年,全区实现地区生产总值512.13亿元,按可比价格计算,较上年增长3.2%。其中,第一产业增加值48.49亿元,可比价增长3.6%;第二产业增加值181.57亿元,可比价增长6.4%;第三产业增加值282.07亿元,可比价增长1.2%。三次产业结构为9.5∶35.4∶55.1。

完成农林牧渔业总产值81.26亿元,较上年增长4.5%。有工商登记注册农民专业合作社320个、各级示范合作社76个,其中国家级示范社6个、省级示范社10个、市级示范社15个、区级示范社45个。家庭农场(含种养大户)796个,36个家庭农场进入省级示范家庭农场名录,43个家庭农场被认定为市级示范家庭农场,161个家庭农场被认定为区级示范家庭农场。农业产业化龙头企业63家,其中国家级1家、省级4家、市级17家、区级41家。

规模以上工业增加值增速增长12.9%,增速高出全市平均水平10.5个百分点。产销衔接良好,产销率96.2%。规模以上工业企业中产值亿元及以上企业60家,占全区规模以上工业企业总数的22.6%,合计完成产值359.9亿元,占全区规模以上工业产值的82.9%。135家具有资质等级的建筑业企业完成总产值256.61亿元,增长12.6%。其中,超亿元企业22家,完成建筑业总产值237.13亿元,占全区建筑业总产值的92.4%。

社会消费品零售总额148.6亿元,下降1%。虹悦城、龙湖浦口天街等商业项目持续推进,提升全区消费服务层次。新增限额以上贸易企业43家,限额以上企业总数210家(剔除破产注销企业)。旅游接待量1542.78万人次,实现旅游收入64.75亿元,分别增长55.5%、19.9%。

实际使用外资及港澳台资3亿美元,下降16.5%。外贸进出口总额295.8亿元,增长36.5%,其中出口总额117.4亿元、进口总额178.4亿元。

【城乡建设】 核发建设项目用地规划许可证2个,面积约3.54万平方米;出具建设项目规划条件53个,面积约220.38万平方米;出具建设项目总平方案审定意见49项,面积约470.06万平方米;核发建设工程规划许可证81个(既有住宅加装电梯8个),面积约473万平方米。入选省级特色田园乡村3个、首批市级特色田园乡村7个,完成5个街道45个宜居村提档升级工程。浦口区被评为“2022年度南京市海绵城市建设表现突出集体”,3个项目入选南京市海绵城市建设示范项目。推进老山生态旅游体验园(天井洼)二号路(高架桥)等32个市政道路类重点工程建设,实施浦云路、海院西路等4条“断头路”建设,实施蚕丝楼巷等5条道路“白改黑”工程建设,完成北庄东一路、北二路等5条道路新建工程。

【生态文明建设】 浦口区$PM_{2.5}$年均浓度24.5微克/立方米,连续6年保持全市最优。空气质量优良率80.3%,高于全市79.7%平均水平,在全市郊区中排名第二位。地表水省考断面达到或好于Ⅲ类水质比例为100%,水环境质量排名保持全省前列。生态状况指数稳步提升,完成玉莲河生态安全缓冲区建设。土壤及农村环境质量稳定,全区未发生重大污染事故,未发生因环境问题引发的群体性事件。

【科技教育】 有效发明专利拥有量1445件,科技型中小企业入库990家,净增高新技术企业66家、规模以上工业高新技术企业26家,技术合同成交额19.7亿元。建成市级以上科技企业孵化载体23家。新增科技企业孵化器1家、众创空间1家,认定市级以上工程技术研究中心7家。幼儿教育普及普惠发展,创成省级优质园1所、市级优质园3所,完成省优质幼儿园复审1所。义务教育优质均衡发展,集团化办学100%覆盖,省义务教育优质均衡发展区创建通过专家组现场评审。普通高中多样化发展,江浦高级中学成为首批省高品质示范高中市级创建培育学校。职业教育融合发展,南京浦口中等专业学校创成省优秀中等职业学校建设单位、教育部数字化校园试点单位,旅游服务与管理专业被认定为省中职优质专业。

【卫生事业发展】 深化院府合作,组建省人民医院和浦口区双组长制联合专班,协商新一轮合作框架协议。省人民医院派驻专科25个、专家60余人,专家门诊接诊1.54万人次。建成南京市首批“脑心同治”防治慢性病临床基地。建设共享中药房,实现医共体内药品供应保障同质化管理,助力创建国家级基层中医药示范区。石桥社区卫生服务中心通过“优质服务基层行”推荐标准,7个街道社区卫生服务中心有6个通过推荐标准,推荐标准通过率86%。桥林、汤泉2个街道社区卫生服务中心达到二级医疗机构基本标准,通过区域性农村医疗中心验收,江浦、星甸、汤泉3个街道社区卫生服务中心通过江苏省社区医院评估,累计建成区域性农村医疗中心2个、社区医院5个。开展优质中医馆和中医阁创建工作,打造中医药特色社区卫生服务中心4个、中医药特色服务站20个。

【文化建设】 完善公共文化基层站点建设,举办文化惠民活动1000余场,送书7500册。提档升级永宁街道高丽社区等5个文化阵地,在32503部队和区中医院新建图书馆分馆2个,在区社保中心、永宁街道侯冲社区、区中医院儿童中心、水墨大埝景区、可创科技园新增“无界阅读点”5个。完成市对区人均接受文化场馆指标任务,实现公共数字文化服务覆盖率100%,位于全市前列。

【社会建设】 新增城镇就业4682人,援助困难人员就业1355人,城镇失业人员就业3766人,支持成功自主创业1213人,引领大学生创业154人,扶持农民自主创业893人。完成社会保险费征收总额16.26亿元。全区城乡低保1367户1849人,城乡最低生活保障标准提高至1030元/月。临时救助756人次。享受残疾人生活补贴3545人、护理补贴3802人。发放优抚安置资金3501.57万元,确保优抚对象相关待遇100%兑现。养老机构9个,养老床位3417张,其中机构2427张、居家990张。养老护理员持证上岗率100%。

(区统计局)

·文稿编辑　王孜孜·

中共南京市浦口区委

综　　述

2022年，区委团结带领各级党组织和广大干部群众以习近平新时代中国特色社会主义思想为指导，以迎接党的二十大、学习贯彻党的二十大精神为主线，践行“争当表率、争做示范、走在前列”光荣使命，落实党中央、省委、市委决策部署和“疫情要防住、经济要稳住、发展要安全”总要求，统领全局发展，地区生产总值、全社会固定资产投资、规模工业总产值、外贸进出口总额均比上年增长3.2%以上，集成电路产业规模持续保持全市第一位。统筹城乡建设，“梧桐语”城市客厅等4个项目加速建设或即将建成，完成桥林新城战略规划和总体城市设计编制，推动“四清、四拆、四整治”行动，城市运行综合指挥中心、“一网统管”平台投入使用。推进国家数字乡村试点、美丽乡村建设，建成兰花塘等5个高标准示范样板、数字大田等10个应用场景和3个省级特色田园乡村。维护粮食安全，实现小麦面积、亩产、总产“三增长”。推进生态环境保护，第二轮第六批中央环保督察交办信访事项完成率96.4%，长江大保护典型事例登上《人民日报》，$PM_{2.5}$平均浓度连续6年列居全市第一位，入江支流断面水质优良率100%，建成幸福河湖32条，地表水环境质量保持全省前列。引领“两山”理论实践创新基地创建，“金黄的田野之旅”首次被文化和旅游部命名为全国乡村旅游精品线路。推动综合改革，完成“百名干部破百题”两年行动。深化综合执法改革、园区去行政化改革和老山景区体制机制改革，资源得到优化配置。争取发展机遇，入选国家知识产权强县建设试点县、第四轮省农村改革试验区，率先在全省开展地热水水权交易试点。“食安浦公英”项目获评全国市场监管领域社会共治优秀案例。推进群众生活持续改善，引进2所中学优质教育资源；公共数字文化服务覆盖率100%；力推人大代表票决的十大类68个重点项目建设；完成8681户搬迁安置和11个老旧小区改造，以“每月一办”促进一批安置小区办证等老大难问题解决。推动社会发展安全，以区级领导干部包案工作机制处置突出问题，统筹推进案件侦办、人员稳控、困难帮扶等工作，办结中央信访机关交办的重复信访治理件，区信访局获评“全国信访系统先进集体”。推进思想政治建设，组织学习贯彻党的二十大精神，开展各级干部学习培训、“强国复兴有我”群众性主题宣传教育，整改省委巡视意识形态专项检查反馈的问题，牢牢掌握意识形态工作领导权、管理权、话语权。强化基层基础建设，实现村（社区）书记区街共管和专业化管理。

（郝德胜）

重 要 会 议

【区委五届五次全会】 8月10日召开。27名区委委员、7名候补委员出席，区纪委委员、有关方面负责人、部分基层党代表列席。会议以习近平新时代中国特色社会主义思想为指导，学习贯彻习近平总书记在省部级主要领导干部专题研讨班上的重要讲话精神，按照中央决策部署及省委工作会议、市委十五届四次全会要求，总结上半年工作，部署下半年任务，动员全区紧扣“一三五六”（一个目标定位，即围绕打造特色鲜明、产业发达、生态宜居、现代开放的现代化新浦口,全面崛起“地标性产业高地”,全面呈现“都市圈最美花园”;三重转变,即资源重组、空间重构、品质重塑;五篇文章,即产业强区、创新驱动、生态环保、民生幸福、城乡融合;六大板块,即开发区板块、高新区板块、农创中心板块、老山板块、江浦城市板块、桥林新城板块)总体布局,解放思想、锐意进取,统筹经济社会发展和新冠疫情防控与安全稳定,锚定全年奋斗目标,担起“勇挑大梁”的政治责任,谱写和江北新区一体融合发展新篇章。会议认为,面对“需求收缩、供给冲击、预期转弱”的宏观压力,以及新冠疫情突发、散发的情势,区委常委会落实“疫情要防住、经济要稳住、发展要安全”总要求,团结带领全区干部群众坚持党的领导,旗帜鲜明讲政治;坚持生命至上,继续保持零感染;坚持发展为要,稳住经济基本盘;坚持改革先行,破题攻坚出亮点;产业支撑、城乡面貌、民生福祉、生态环境、治理效能、党的建设取得新成绩。会议指出,下半年工作任务繁重,要狠抓产业发展、城乡建设、改革攻坚、服务供给和治理提效,确保完成全年经济社会发展任务;增强推动江北新区和浦口区一体融合发展的政治意识、机遇意识、时间意识、合作意识和责任意识,做到产业发展一体谋划、城乡空间一体打造、基础设施一体建设、生态保护一体推进、民生服务一体保障,合力共建现代化南京江北新主城。会议强调,要持续纵深推进党的建设,提升把握政治方向的能力、履行政治责任的担当、涵养政治生态的自觉。会议通过区委五届五次全会决议,号召全区广大党员干部勇挑大梁稳发展,以优异成绩迎接党的二十大胜利召开。

【区委五届六次全会】 12月8日召开。28名区委委员、7名候补委员出席,区纪委委员、有关方面负责人、部分基层党代表列席。会议认为,区委五届三次全会闭幕一年来,区委常委会坚持以习近平新时代中国特色社会主义思想为指导,以迎接党的二十大、学习贯彻党的二十大精神为主线,按照习近平总书记赋予江苏“强富美高”蓝图指引,扛起“争当表率、争做示范、走在前列”光荣使命,落实党中央、省委、市委决策部署和“疫情要防住、经济要稳住、发展要安全”总要求,坚持稳中求进工作总基调以及新发展理念,服务构建新发展格局,统筹经济社会发展和新冠疫情防控与安全稳定,坚持“四个贯穿始终”(党的二十大主题主线贯穿始终、省委巡视政治体检贯穿始终、江北一体化形势要求贯穿始终、疫情防控根本底线贯穿始终),实现经济质态持续提升、空间格局持续优化、生态优势持续彰显、发展动能持续增强、群众生活持续改善、社会大局持续稳定、政治生态持续巩固,现代化新浦口建设迈出坚实步伐。会议指出,学习贯彻好党的二十大精神,是当前和今后一个时期的首要政治任务,要紧密结合工作实际,对标对表,学深悟透,全面把握党的二十大精神,做到学以致用,付诸行动见成效。会议强调,要按照党的二十大确定的全面建设社会主义现代化国家战略目标和任务,紧扣现代化发展主题、高质量发展要求、新浦口发展方位,以“抓铁有痕”的韧劲、“逢山开路”的闯劲、“破风前行”的干劲、“舍我其谁”的拼劲,建设现代化新浦口;要充分释放融合动能、持续激发创新动能、全面深化改革动能,打造现代化产业体系,提升现代化主城品质,建设现代化农业农村,彰显现代化生态空间,开创现代化美好生活,构建现代化治理格局,全面推开中

12月8日,区委五届六次全会召开　　区融媒体中心供图

国式现代化在浦口的生动实践。会议要求，奋进新征程，全区党员干部必须时刻保持清醒坚定，弘扬伟大建党精神，坚决把从严治党各项要求落到实处，突出政治建设首要任务，打造坚强有力的战斗堡垒，锻造堪当重任的干部队伍，驰而不息正风肃纪反腐，为建设现代化新浦口提供坚强政治保证。审议通过《中共南京市浦口区委关于深入学习贯彻党的二十大精神在新征程上全面推进中国式现代化浦口新实践的决定》和区委五届六次全会决议，书面审议《区委常委会2022年度落实全面从严治党主体责任情况的报告》。

【区委常委会会议】 全年召开区委常委会会议63次，摘录其中19次。

表1 2022年中共南京市浦口区委常委会会议一览表

时间	主要议题
1月8日	学习习近平总书记在全国政协新年茶话会、中共中央政治局常委会会议上的重要讲话和《以史为鉴、开创未来，埋头苦干、勇毅前行》重要文章，以及考察北京2022年冬奥会、冬残奥会筹办工作时的重要指示；传达全市部署党的二十大代表候选人推荐人选酝酿推荐工作会议精神，并就浦口区党的二十大代表候选人推荐人选酝酿推荐工作作出专题部署
1月14日	学习习近平总书记在省部级主要领导干部学习贯彻中共十九届六中全会精神专题研讨班开班式上的重要讲话；听取并原则同意区委研究室关于《区委领导班子2021年度述职述责述廉报告》起草情况、区民政局关于全区2022年春节走访慰问特殊困难群体有关情况等汇报；听取并原则同意区国资办关于国有企业融资相关事项、区委组织部关于浦口区出席党的二十大代表候选人推荐人选情况等汇报；研究安排征迁项目启动、资金调度、安全生产等8项重点工作
1月24日	学习习近平总书记对政法工作的重要指示、《不断做强做优做大我国数字经济》重要文章、在2022年世界经济论坛视频会议和十九届中央纪委六次全会上的重要讲话；传达省两会精神及省委书记参加南京代表团审议时的讲话精神；听取并原则同意区纪委关于区纪委五届二次全会筹备工作情况、《关于加强对"一把手"和领导班子监督的若干措施》起草情况、关于在区属园区设立纪工委相关情况和区委巡察办关于《南京市浦口区委巡察工作规划(2022—2026年)》起草情况、区财政局关于2022年春节前街道财政资金相关情况等汇报
1月29日	学习习近平总书记在1月24日中央政治局会议、中央政治局第三十六次集体学习、山西考察时的重要讲话；听取并原则同意区委编办关于《浦口区深化综合行政执法体制改革工作方案》起草情况、区科技局关于《浦口区落实南京市加快引领性国家创新型城市建设实施方案》起草情况等汇报；听取区国资办关于国有企业融资相关情况的报告；通报干部处理相关情况
2月12日	学习习近平总书记视察慰问中部战区、同党外人士共迎新春、在春节团拜会上的重要讲话和《努力成为可堪大用能担重任的栋梁之才》重要文章；传达全国、省、市宣传部长会议精神及市委第二联动巡察组涉粮问题专项巡察反馈意见；听取区委政法委关于全区政法工作情况的汇报；听取并原则同意区委办关于《区委常委会2022年工作要点》起草情况的汇报；部署"大走访、大排查、大攻坚"、重点项目建设、征迁及土地出让、国企经营性债务管控等7项工作
2月19日	学习习近平总书记《坚持走中国特色社会主义法治道路，更好推进中国特色社会主义法治体系建设》重要文章；听取并原则同意区人大办、区政协办关于《南京市浦口区人大常委会2022年工作要点》《南京市浦口区人大常委会2022年常委会会议、主任会议议题、执法检查计划》《政协南京市浦口区委员会2022年度工作要点和重点协商议题、调研视察安排》等文件起草情况、区委统战部关于《2022年浦口发展大会总体活动方案》起草情况、区民政局关于《区属园区(平台)社会管理职能剥离移交工作方案》起草情况等汇报；听取区卫生健康委关于近期疫情防控工作情况、区委组织部及区委政法委关于全区大走访工作推进情况等汇报；研究安排重点项目建设、招商引资等工作

(续表)

时间	主 要 议 题
4月21日	学习习近平总书记在中央全面深化改革委员会第二十五次会议上的重要讲话、关于粮食安全和粮食工作的重要论述,以及《中华人民共和国反有组织犯罪法》;听取区慈善中心工作情况、区农业农村局关于一季度实施乡村振兴战略工作情况等汇报
5月7日	学习习近平总书记《加快建设科技强国,实现高水平科技自立自强》重要文章、在中央政治局第三十八次集体学习时的重要讲话、对湖南长沙居民自建房倒塌事故作出的重要指示、给中国航天科技集团空间站建造青年团队的回信、在5月5日中央政治局常委会会议上的重要讲话;听取区卫生健康委关于近期疫情防控工作情况、区房产局和区城乡建设局关于老旧危房排查整治工作情况等汇报;听取并原则同意区粮食和物资储备局关于《浦口区涉粮问题专项巡察集中整改进展情况报告》起草情况的汇报;研究其他工作
5月14日	传达省、市学习贯彻习近平总书记在庆祝中国共产主义青年团成立100周年大会上的重要讲话;听取团区委工作情况汇报
6月2日	学习习近平总书记会见新当选并获中央政府任命的香港特别行政区第六任行政长官时的重要讲话、致中国宋庆龄基金会成立40周年和中国儿童中心成立40周年的贺信及《努力建设人与自然和谐共生的现代化》重要文章;听取见义勇为基金会工作情况、浦口规划资源分局关于全区违法违规用地问题整改情况、区国资办关于浦口区国有企业融资事项等报告;听取并原则同意区发展改革委关于《浦口区推进"五个示范"工作实施方案》等起草情况汇报
6月11日	学习习近平总书记就四川雅安发生6.1级地震作出的重要指示、考察调研四川时的重要讲话以及《机构编制违规违纪违法行为处理和问责规则(试行)》文件精神;传达市委人大工作会议精神,听取并原则同意区人大常委会关于区委人大工作会议相关筹备事宜以及《关于新时代坚持和完善人民代表大会制度加强和改进人大工作的实施意见》起草情况的汇报;听取区委政法委关于全区特困群体救助帮扶和妇女儿童权益保障问题专项排查整治有关工作情况等汇报;研究其他具体事项及近期重点工作
6月18日	学习习近平总书记致《大公报》创刊120周年的贺信、在6月17日中共中央政治局会议上的重要讲话和《坚定不移走中国人权发展道路 更好推动我国人权事业发展》重要文章;听取并原则同意区委研究室关于《浦口区关于贯彻落实〈南京市建设服务构建新发展格局先行示范区实施方案〉的意见》起草情况等汇报;听取区扶贫"三会"工作情况等汇报;研究其他具体事项及近期重点工作
7月2日	学习习近平总书记就研究吸收网民对党的二十大相关工作意见建议作出的重要指示、给种粮大户徐淙祥的重要回信、考察湖北武汉时的重要讲话、在香港视察时的系列重要讲话,以及《更好把握和运用党的百年奋斗历史经验》重要文章;传达全省基层党建"五聚焦五落实"深化提升行动部署会暨2022年度重点任务推进会精神;听取区农业农村局关于全面推行林长制工作情况、区国资办关于国有企业融资相关事项等汇报;听取并原则同意区科技局《关于推进全区科技创新工作高质量发展的若干政策措施》起草情况等汇报;研究其他具体事项及近期重点工作
8月14日	学习《习近平谈治国理政(第四卷)》;传达市委十五届四次全会精神;听取并原则同意区委办关于《中共南京市浦口区委关于成立十四届江苏省委第一轮巡视反馈意见整改工作领导小组的通知》起草情况、区民政局关于《浦口区补充医疗救助基金实施方案》起草情况、区财政局关于拨付第七批化债资金相关情况等汇报;研究干部工作
8月20日	学习习近平总书记给"中国好人"李培生、胡晓春的重要回信,在辽宁考察时的重要讲话,以及《全党必须完整、准确、全面贯彻新发展理念》重要文章;听取区文明办关于文明城市创建国查迎查工作情况等汇报;听取并原则同意区委办关于《省委第十巡视组巡视南京市浦口区反馈问题整改责任清单》起草情况、区行政审批局关于《浦口区重大项目服务保障一件事改革方案》起草情况等汇报;研究其他具体事项及近期重点工作
9月30日	学习习近平总书记为《复兴文库》所作的序言、参观"奋进新时代"主题成就展时的重要指示;研究部署党的二十大期间安全稳定工作和国庆节期间重点工作

（续表）

时间	主要议题
11月19日	学习《中国共产党章程》、习近平总书记向"杂交水稻援外与世界粮食安全"国际论坛发表的书面致辞、给中国航空工业集团沈飞"罗阳青年突击队"队员们的重要回信和《在二十届中央政治局常委同中外记者见面时的讲话》；听取并原则同意区信息中心关于《浦口区城市运行"一网统管"建设工作方案》起草情况等汇报；听取区委政法委关于全区政法队伍建设工作情况的汇报，审议《浦口区2022年度选聘优秀社区（村）党组织书记纳入事业编制人员管理的实施方案》；研究其他具体事项及近期重点工作
11月26日	听取并原则同意区卫生健康委关于深化"院府合作"相关工作情况的汇报
12月27日	学习习近平总书记在12月6日中共中央政治局会议、党外人士座谈会、中央农村工作会议上的重要讲话；传达中央、省委、市委经济工作会议以及省、市人才工作专题会议、市委十五届五次全会精神；听取并原则同意区人大办、区政协办、区法院、区检察院关于两会筹备情况及相关报告起草情况等汇报；听取区人大常委会党组、区政府党组、区政协党组、区法院党组、区检察院党组工作情况，以及区委宣传部关于2022年意识形态工作情况、区委党校关于全年工作情况、区市场监管局关于全区食品安全工作情况等汇报；研究干部工作

（郝德胜）

组织工作

【概况】 至年末，区委下设直属党（工）委30个，各党（工）委下辖基层党组织1133个，全区有党组42个。党员24798人。其中，女性7517人，占30.31%；35岁及以下5886人，占23.74%；高中及以上文化程度19351人，占78.03%。

【基层党建】 坚持大抓基层、狠抓基础的鲜明导向，按"标准+规范"建设党支部，健全街场党（工）委、村（社区）党组织、网格党支部、党员楼栋长（中心户）四级架构。开展党务工作突出问题清查整治和城乡基层党组织专项整顿，集中走访完成率、民生问题解决率、基层党组织问题解决率均为100%。在"村村到、户户进、人人访"工作中，收集并形成问题清单83份，帮助群众解决各类困难、问题1367个。实施抓党建促乡村振兴"浦乡共惠"工程，创办"映泉红"党支部领办合作社，培育国家级示范合作社3个、省级4个、市级8个。开展"同城共筑"行动，打造"贤爱堂"等党建引领基层治理品牌，建成桥林街道兰花塘社区、永宁街道东葛社区2个省级民主法治示范社区。落实村（社区）书记区街共管责任，构建提拔重用、专业管理、选聘进编、兜底关爱激励保障体系，择优将7名村（社区）书记纳入事业编制。

【"两新"组织党建】 启动"红领聚力"工程，抓好"两新"组织党建"三领一提"三年行动计划实施。健全激励保障机制，发放"两新"党组织书记岗位津贴30万元、"两新"组织党务工作者"红领津贴"9.82万元。注重在"两新"领域发展党员，吸纳党员87人。成立红浦商圈党建联盟，推动浦口交通集团、虹悦城等19家企业共同认领"同心圈"党建共建项目20个。打造"红色物业"，12家符合条件的物业企业均成立党组织，以片区化管理推动144个自治组织、73家物业服务企业在282个小区全覆盖。开展"红色物业"评选，审核发放区级物业管理专项奖励资金800余万元。做优做实新业态新就业群体党建工作，成立互联网、交通运输、外卖配送3个行业党委。组建全区新业态新就业群体党建工作联席会议及工作专班，26个责任单位共同制定服务新业态新就业群体的"浦实新意"项目清单，建成集学习、服务、宣传等于一体的"宁小蜂驿站"16个。

【党员教育管理】 印制浦口区基层党员教育读本《红色图"浦"》，选定红色党史、社会治理、乡村振兴三类红浦地标点34个，开展现场教学活动。打造"春耕课堂""流动党课宣传车"等党课微课堂，发动离退休干部和"百姓名嘴"，把新思想、新政策送给基层党员。加强"两新"领域党员教育，依托"心有浦·芯聚才"实境课堂、"红色直播间"等平台开展交流送学活动，拓展党员教育覆盖面。开展"礼赞新时代 追梦复兴路"等主题活动260余场，组织8000余名党员干部深入一线走访,以行促学、以学促思,提升党员教育质效。举办发展对象培训班2期,发展“两新”组织在内的新党员280人。

【公务员管理】 按照分级管理、逐级负责原则,考核2021年度区管以下公务员、参公单位人员1698人,其中优秀519人、称职1128人、不称职1人、不定等次50人;在优秀等次中,嘉奖355人、记三等功164人。采用总结述职、个别谈话、民主测评、座谈交流等形式,考核2021年度新招录公务员(含选调生)29人,综合确定试用期满考核等次。开展年轻公务员集中培训、系统实训,下派102名新进人员到基层一线实践锻炼。根据中央和省、市统一部署,开展公务员流动管理、职级晋升、年统等工作,做好公务员工资津贴补贴清理,规范各类工资项目审批发放。在新冠疫情“转段渡峰”特殊节点完成43名公务员考录工作。

【干部选拔任用】 加强干部日常考察工作,全覆盖考核71个区管领导班子、3个重点工作专班及439名区管干部。结合“百名干部破百题”“双亮行动”“全员大走访 共建新浦口”等行动,创新开展干部“无任用”推荐考察,全面了解干部日常表现。多渠道选拔锻炼使用干部,推荐2名干部分别参与援藏和省委乡村振兴帮促工作队,选派58名科级干部双向挂职、19名年轻干部挂职担任村(社区)第一书记。在新冠疫情防控一线锤炼干部,选派390余名机关干部下沉交通卡口,选派105名机关干部组成集中隔离点保障队伍,抽调77名区管副职干部担任隔离点点位长。分层分类建立优秀年轻干部储备库,按照“一人一动态”“一人一策”标准,为每位年轻干部建立成长档案。实行区管年轻干部家访和谈心谈话制度,全程跟踪培养年轻干部。抓好省委巡视和选人用人专项检查反馈意见整改,完成37条举措的整改工作。

【干部教育培训】 把学习贯彻习近平新时代中国特色社会主义思想作为干部教育培训的首课主课必修课,制定《2022年浦口区干部教育培训工作要点》,发挥组织部门牵头抓总作用,统筹指导各单位组织培训23场,参训领导干部2800余人次。实施“浦石”干部专业化能力提升计划,举办“衡石”系列新任职区管干部能力提升专题研讨班和“坚石”系列年轻科级干部培训班。组织近4600名党员干部和新冠防疫工作人员参加全市新冠疫情防控“宁学通”实用培训。

（张迎雪）

【人才工作】 成立区委人才工作领导小组,制发《领导小组工作规则》《领导小组办公室工作细则》,做好人才引进及服务工作。

招才引智　开展区、街道联动线上线下招聘活动219场,举办“浦聚力量 智引英才”系列校园招聘活动,收到简历1万份。开展直播带岗活动9场。留学回国人员160人,协助博站企业引进博士后2人。入选国家重点人才工程5人、省“双创”人才6人、省“双创”博士8人,集聚区级高层次创新创业人才30人、中青年拔尖优秀人才20人、乡土人才20人。引进南京市最具成长潜力留学人员创业企业2家、最具影响力留学人员4人。入选南京市乡土人才传承示范基地和乡土人才大师工作室各1个。完成“清华优生”选聘工作,建成清华大学研究生社会实践基地。

人才服务　制订《区委联系服务专家工作方案》,为24名区级领导干部明确48名专家作为联系服务对象,常态化开展人才问需。优化人才发展生态,兑现各类企业人才项目扶持资金、高质量发展奖励金、人才津贴补贴等3860万元,慰问195名人才并组织体检,兑现14名C类以上人才子女学费补贴,为81名高层次科技人才发放科技贡献奖励金。向人力资源社会保障部申报高层次留学人才回国资助4人,启动支持留学人员回国创业计划1个。

事业单位人事管理　指导30余家事业单位完成岗位设置调整工作,办理80余家事业单位547人岗位聘用、145人聘用合同续签手续,完成部分事业单位60余人科级职务任免。

（张迎雪　董回春）

宣传工作

【概况】 2022年,浦口区宣传工作围绕“一三五六”总体布局和党的二十大精神贯彻落实,加强主题教育,推进思想文化建设、政治理论建设和精神文明建设,组织宣讲活动1210场,向市级以上媒体发稿6942篇。获评区级以上好人、好市民、好少年66人,获评区级以上文明(最美)家庭101户，获评市级以上学雷锋先进典型(标兵)单位3个、个人1人。

【理论武装】 围绕迎接党的二十大、学习贯彻党的二十大精神，区委中心组专题学习22次，其中讨论交流8次。开设“四知学堂”，组织基层党员冬训宣讲800余场，永宁街道、江浦街道获评“江苏省冬训工作示范街道”，1名宣讲员获江苏省“百姓名嘴”风采展示活动总决赛一等奖。江浦街道烈士塔社区贯彻党的二十大精神的经验做法被中央媒体关注，11月23日，《求是》杂志社开展调研式采访，中央电视台江苏记者站蹲点采访5天，相关做法被中央电视台新闻频道《新时代 新征程 新伟业》栏目和《新闻联播》栏目深度报道。

【新闻宣传】 坚持以学习贯彻党的二十大精神为主线，加强新闻宣传，讲好浦口奋进故事，在市级以上主流媒体刊登(播)报道6942篇，其中中央广播电视总台、《人民日报》《新华每日电讯》《光明日报》《经济日报》56篇，其他重点中央媒体近40篇。长江(浦口段)整治、永宁青虾数字化养殖等典型事例被《人民日报》头版报道，信访工作、响堂端午节活动等在《新闻联播》播出，全国教书育人楷模杨瑞清典型事迹被《新华每日电讯》《光明日报》刊发，乡村振兴、文旅产业、南京国家农创中心等重点工作被中央电视台新闻频道深度报道。浦口数字乡村、综合行政执法改革、“每月一办”等工作登上人民网、新华网、央视网、“学习强国”学习平台等总网首页20余次，“浦口极美人物”系列视频、推文全网总点击浏览量700余万次，“浦口好时节”双语系列宣传片被省、市外宣平台向海外传播。

【社会宣传】 开展面向基层、面向群众的理论研讨、主题宣讲、学习体验、学习典型、红色基因传承、青少年主题实践等“强国复兴有我”群众性主题宣传教育260场，覆盖群众12万人次。在公共户外场所设置“喜迎二十大”“学习贯彻党的二十大精神”等公益广告2万余个。

【网络综合治理】 推进网络综合治理工作，为维护清朗网络空间提供保障。制定《浦口区政务新媒体管理制度》，在全市郊区率先成立互联网功能性行业党委，其中浦口高新区“将党支部建在产业链上”被纳入全市互联网行业党委创新项目，并作为优秀项目汇编于全省项目中。整顿政务新媒体秩序，将全区党政机关、国有企事业单位新媒体网络平台全部纳入监督管理。定期开展涉政类不规范表述排查，组织调查全区互联网资产，督促指导各单位整改涉政类不规范表述。推进“清朗”“净网”系列专项行动，清理涉赌、涉黄及其他有害信息30余条。会同团区委、南京市平安守望青少年服务中心开展“社区青春行动”网信普法行动。

【党的二十大精神学习宣传】 区委把学习贯彻党的二十大精神作为首要政治任务，印发《中共南京市浦口区委关于深入学习贯彻党的二十大精神在新征程上全面推进中国式现代化浦口新实践的决定》《关于学习宣传贯彻党的二十大精神的通知》《全区基层党组织学习宣传贯彻党的二十大精神实施方案》，区委理论学习中心组召开专题学习会4次，举办全区领导干部专题培训班，开展交流研讨。抓好基层党员干部学习，成立由区委书记任团长，区级领导干部、区管正职干部、社科理论工作者为成员的144名区委宣讲团，在条线、部门、街道、村(社区)开展宣讲，其中区委书记带头与基层开展互动式宣讲、召开全区专场宣讲报告会。做好学习党的二十大精神宣传报道，被中央电视台、《新华日报》《南京日报》采用稿件30余篇，在区融媒体中心开设《学习贯彻党的二十大精神》《二十大时光·回响》专栏，推出系列报道40余篇。江浦街道不老村经营户林其华亮相中央电视台二十大专题街采节目《说说我们的新时代》，浦口区农业农村现代化事例纳入人民网“奋进新征程·逐梦现代化”专题系列调研报道。 (高倩)

【“风起长三角 奋进新征程”大型融媒体行动在浦口启动】 11月20日，“风起长三角 奋进新征程”大型融媒体行动暨“中国式现代化进行时”江苏县区调研行在浦口启动。活动由省委网信办、团省委指导，新华报业传媒集团、市委网信办、浦口区委主办，区委宣传部、新华云媒(交汇点新闻)承办。省委宣传部副部长、省委网信办主任，市委常委、宣传部部长，新华日报社党委书记、社长，团省委书记，江北新区管委会主任、浦口区委书记等省、市、区领导,以及长三角新全媒联合体成员单位代表出席活动。活动深入基层一线,记录火热实践;选取独特视角,创新表达方式;加强联动协作,全媒融合传播,推出更多高质量的融媒体精品力作,为"强富美高"新江苏现代化建设营造良好舆论氛围、凝聚磅礴精神力量。启动仪式后,长三角新全媒联合体记者奔赴浦口基层,开展调研采访。记者团首站到南京国家农创中心,采访园区围绕生物农业、智慧农业、功能农业三大主导产业,引聚"四高"(高层次人才团队、高科技农业企业、高水平基金、高转化性农业科技成果)资源,打造世界一流的"农业硅谷"的生动实践。　（区融媒体中心）

11 月 20 日,"风起长三角　奋进新征程"大型融媒体行动暨"中国式现代化进行时"江苏县区调研行在浦口启动　　区融媒体中心供图

统战工作

【概况】　2022 年,区委统战工作坚持以习近平新时代中国特色社会主义思想为指引,贯彻落实《中国共产党统一战线工作条例》及中央、省委、市委统战工作会议精神,强化统一战线政治思想引领,举办统战系统成员学习党的二十大精神报告会、统战干部履职能力提升培训等 20 余场,开展"不忘合作初心、继续携手前进"等主题教育。加强统战组织建设,调整民进、农工党、致公党等浦口区基层组织设置,完成区工商联换届工作,在总商会建立党组织。组织统战力量服务社会,统战干部及统战代表人士参与核酸检测、卡口值守等新冠疫情防控志愿服务 600 余人次,统战成员送科技、教育、文化、医疗下乡 60 余次,开展法律援助 20 余次,提供助老助残公益服务 50 余次,助学助残助困 700 余人,投入帮扶资金近 400 万元,引进建设项目 2 个,为集体经济增收 200 余万元。宣传统战实践的好经验、好做法,调研文章获省委统战部理论征文二等奖,在中央统战网站、《新华日报》《华人时刊》上发表宣传文章 90 余篇。

【多党合作】　创造民主党派和衷共济环境和条件,凝聚统一战线力量。向市、区两级人大、政协换届推荐候选人,其中当选市人大代表 1 人、市政协委员 7 人、区政协委员 4 人。推荐 5 名民主党派成员担任区检察院公益诉讼志愿者、9 名党外人士担任区作风建设监督员。加强党外人士培养教育工作,制定《浦口区委组织部、统战部党外干部工作联席会议制度》《浦口区党外干部培养选拔工作实施办法》,共同研究党外干部培养、选拔工作。举办党外科级干部培训班、党派信息员工作座谈会。指导知联会、各民主党派基层组织开展"喜迎二十大·同心跟党走"系列活动和政治交接主题教育。指导各民主党派开展参观、调研等活动,其中民革浦口区总支调研浦口智慧农业建设状况;民建浦口区基层委员会组织各支部参观黄花塘新四军军部纪念馆、南京长江大保护建设项目,调研浦口美丽乡村建设情况;民进浦口区基层委员会专题调研浦口文旅产业建设情况;农工党浦口区三支部调研长江生态保护工作,赴红色李巷开展爱国主义教育;致公党浦口区综合支部赴淮安周恩来纪念馆开展主题教育。

【民主协商】　引导党外人士以召开座谈会形式,履行参政议政职责,提出经济社会发展方面的意见和建议。落实《关于加强和完善区政府部门与区各民主党派、工商联、知联会对口联系工作的实施意见》,做好与区政府相关部门沟通联系工作,推动对口联系工作经常化、规范化、制度化。坚持区级领导干部与党外人士联谊交友制度，用好“同心议事园”机制，面对面交换意见，协商议事，为浦口高质量发展建言献策。各民主党派围绕乡村振兴、全域旅游、招商引资、产业链打造等中心工作及群众关心的热点难点问题走访调研。至年底，包括浦口区两会期间，提交建议、议案46件，撰写调研报告7篇，收集社情民意信息126条。

【民营经济服务】 紧扣“两个健康”，做好民营经济服务工作，推动非公有制经济高质量发展。组织开展“不忘创业初心、接力改革伟业”“喜迎二十大、奋进新征程”等主题教育，筑牢非公经济人士思想根基。抓好区青年民营企业家联合会建设，加强对年轻一代民营企业家政治引领，举办2022年青年企业家能力素质提升培训活动，邀请金融、传媒等领域专家授课，赴张謇企业家学院、杨靖宇干部学院等红色教学点开展革命传统教育。坚持民营经济统战工作议事协调机制，打造“民企会客厅”，畅通政府与企业、企业与企业间的沟通渠道，走访企业20余家、科技人员240余次，梳理问题30余个，对接相关职能部门，逐一销号解决，该项目获评“创新中国”区县工商联工作最佳案例。组织开展“助企纾困、法治护行”主题活动，举办小微企业法律服务月座谈会，邀请区司法局负责人和知名律师讲解法律服务措施和法律知识。引导商会和会员企业参与新冠疫情防控等活动，彰显非公经济人士良好社会形象。组织会员企业参与“百企帮百村”“迎春送温暖”、对口陕西镇安扶贫、助学助困助残等活动，帮扶物资及资金60余万元，为80余名群众解决就业问题。发动会员采购农户滞销蔬菜1500余千克、瓜果300多箱。相关事迹被《中华工商时报》《南京日报》《新华日报》等媒体报道。

【民族宗教工作】 加强党对民族宗教工作的领导，区委常委会召开专题会议研究民族宗教工作6次，以区委民族宗教工作领导小组会议、区领导专题会、调度会等形式研究民族宗教工作20余次。召开区委民族工作会议、宗教工作会议，传达、贯彻落实上级会议精神。加强宗教场所日常监管，健全区、街道、社区三级管理网络和街道、社区两级工作责任制，建立定期排查、问题反馈、督查通报等工作制度，形成“横向到边、纵向到底”的民族宗教工作管理体系。落实少数民族就业创业扶持政策，做好少数民族流动人口养老、医疗、随迁子女教育等民生保障工作，建成亭子山万寿园回民公墓等配套公共服务设施。加强对新疆维吾尔自治区伊宁市的对口帮扶，助力其建成中国县域旅游综合竞争力百强县市、自治区全域旅游示范区。

【党外人士社会服务】 指导各民主党派基层组织按照区委统战部“喜迎二十大·同心跟党走”活动安排，开展“同心笃行”品牌系列活动。新冠疫情期间，民主党派、无党派人士参与核酸检测150人次、参与志愿服务300人次。各民主党派成员帮助采购待销草莓、圣女果等农产品250千克。“同心助学”活动中，民革浦口区总支、民进浦口区基层委员会、九三学社浦口区支社、知联会向汤泉中学、大桥中学、石桥小学、浦口区实验学校捐赠价值6万元的爱心礼包，惠及学生120余人。各民主党派基层组织开展“同心健康行”“同心助老”“同心送教下乡行”“健康环保公益行”等活动15场。

【新联会活动】 开展“凝聚新力量·筑梦新时代”主题教育和各类学习等活动12次，150余人参加，强化对新阶层人士政治引领。打造“联新小站”“匠心苑”“同心墨韵”“新语雅集”等区级新的社会阶层人士实践创新基地，“雨山网虹汇”“青陶社”被评为“市级新阶层实践创新阵地”。以同心律师服务团为阵地，开展“法润南京·春风行动”系列公益法律服务，帮助企业协调解决涉法问题。组织32家会员企业参加“为爱甄选”第三届求雨·MCN机构网红选品会活动，推介浦口特色产品，宣传特色优势。组建9个志愿者队伍，参与42个村（社区）新冠疫情防控、普法宣传、民营经济发展、乡村振兴、文化保护传承等志愿活动21次，惠及群众2000余人次。（付瑞峰）

机构编制工作

【概况】 2022年，浦口区完成综合行政执法体制改革任务，编制执法事项清单4197项。加强机构编制管理，督促部门、单位高效运行，发挥机构编制使用效益。做好事业单位用编保障工作，增加教育、卫生系统备案制名额1866人。为5家企事业单位重新制定

"三定"规定,促进高效履职。

【综合行政执法体制改革】 2月18日,浦口区召开综合行政执法体制改革动员部署会,按照市委"一区一特色"改革任务,实施综合行政执法机构改革,26个部门被纳入改革范围。整合执法力量,重新组建区综合行政执法局,下设第一大队、第二大队,交通运输、农业农村、文化旅游、市场监管、应急管理5个领域专业执法机构加挂第三至第七大队牌子,江浦、桥林、星甸、汤泉、永宁5个街道各设置综合行政执法局,形成"2+5+5"综合行政执法新格局和"一个部门管执法、一支队伍管执法、一套制度管执法"综合行政执法新模式。改进"放管服",实行人管技管相结合,将垃圾分类、安全生产、扬尘管控等检查事项综合成一张检查清单。在区综合行政执法局设置"城市电脑",开发综合行政执法指挥调度和办案系统,整合区城市管理局数字城管指挥中心,成立区综合行政执法指挥中心,连通所属执法大队、街道综合行政执法局和行政主管部门,收集处理数字城管、大联勤、"12345""12319"等平台信息。在改革后的8个月实践中,全区简单、易发事件4小时内处置率达90%以上,涉及城市环境投诉量同比下降40.23%,9个属地板块"12345"等政务热线投诉量有6个明显下降,最高降幅49.15%,在每月全市新区组城市治理考核中连续排名第一名。

【机构编制调整和管理】 综合行政执法体制改革后,强化权力清单管理,编制行政处罚权4015项、行政强制权182项。优化2个部门内设机构,增设浦口公安分局水上警察大队,设立区卫生健康委卫生应急办公室。规范园区管理机构职责,重新制定浦口高新区管委会、区中医院、浦口开发区总公司、浦口高新区科创集团、农创中心科创集团"三定"规定。批准设立中华中学浦口城南中学、珠泉幼儿园、新城实验幼儿园,更名星甸街道中心幼儿园、永宁中学、南京审计大学附属实验小学、龙山学校。

【事业单位备案制人员管理】 制定《浦口区公立医院备案制管理暂行办法》,为卫生系统增加备案制名额1828人,引进高层次人才32人,用于解决普通科技人员需求、调剂补充社区卫生服务中心的一线公共卫生力量。增加备案制教师名额38人,解决中华中学城南中学、珠泉幼儿园、新城实验幼儿园3个事业单位师资问题。至年末,形成教育、卫生事业单位占全区32%、编制占71.9%、人员占73.8%的民生保障资源结构。

【编外人员管理】 探索区级机关事业单位编外员额核定工作,牵头起草编外人员管理、使用"1+5"系列文件,配合区委巡察办做好编外用人专项巡察和问题整改。编外员额按照规范进行核定,经区委编委审议通过后,由人社部门统一扎口招聘,财政部门根据实名制情况核拨经费,用人单位开展日常管理,纪委监委全流程监督编外人员管理,形成工作合力,提高机关事业单位行政效能和服务水平。

(孙至)

政策研究

【概况】 2022年,区委研究室履行文稿写作、调查研究、深化改革职责,起草综合文稿和编写信息、动态460余篇(期)。完成课题、调研文章(含社科联)190余篇,其中在《江苏改革》《南京改革》上发表8篇,3篇获省、市社科联奖励。1名宣讲员获江苏省"百姓名嘴"风采展示活动总决赛一等奖。

【文稿起草】 文稿起草工作实行与区委办一体化管理,起草和牵头起草务虚会、区委全会、浦口区和江北新区招商引资推进大会、第二次"双亮行动"专项活动、庆祝中国共产党成立101周年暨高质量发展动员大会、省委巡视等相关汇报及讲话文稿100余篇。会同区委办编发每日区情动态160余期,编报问题建议类信息、快报信息、互联网信息200余篇(条)。

【调查研究】 紧扣区委中心工作,紧贴群众"急难愁盼",聚焦浦口"一三五六"总体发展布局,深化与省市委研究室、市社科院、社科智库合作,就全区宏观层面的产业发展、乡村振兴、城乡建设等方面,分析现状、剖析问题,形成"发展村集体经济的对策与路径"等报告6篇,相关成果融入区委全会报告,在工作中推进落实。坚持总体谋划,在机关部门、街道征集重点调研课题,形成调研课题76个,推动调查研究走深走实。加强与江北新区直管区深度合作,从一体化角度通盘审视、重新考量，调研两区相关板块、园区、平台，形成前瞻性、针对性的调研报告，帮助明确新阶段的发展定位和目标。围绕优化民生短板等问题，深入调查、对标找差，完成“浦口消费市场现状及未来发展路径探析”“民生服务优化的路径探析”等课题研究。“浦口区构建听民声解民忧一体联动机制”“质量小站开启浦口质量变革新篇章”在《南京改革》上发表，“基层人大监督制度数字化路径研究”获区人大理论调研奖。

【深化改革】 强化“全域改革、重点攻坚”的系统思维，在“百名干部破百题”重点领域和突出成果中，选定综合行政执法改革为“一区一特色”市对区考核项目，会同区委编办总结改革经验，协同打造执法、力量、办案“三大共同体”，获得市评估组好评，“系统集成 全域协同 浦口区推动‘一区一特色’改革走深走实”文章被《南京改革》刊发，做法在全省现场会上推介。围绕出题选题、揭榜挂帅、中期检验、示范推广四大环节，推动75个破题事项按期完成。树立以“实干论英雄”的鲜明导向，组织破百题优秀案例评选，打造“完善村（社区）书记激励保障机制”“全力化解已建成交付未办证安置房登记问题”等优秀案例。“南京市浦口区从科技体制改革激活创新发展引擎”被《江苏改革简报》刊发，“浦口区以‘三个一’工程推动改革创新赋能高质量发展”被《南京改革》刊登。

【社科工作】 召开区社科联二届二次理事会议。联合星甸街道、永宁街道、浦口文旅集团做好社科普及项目工作，组织社团创新案例推荐，“‘弘商圈’直播青创基地，学习贯彻二十大精神‘学深、学透、做实’”入选省社科联系统工作创新案例。发挥思想库、智囊团作用，推动街道、部委办局和直属机构完成党建工作、经济发展、社会治理等方面课题、调研文章90余篇。着眼国家“两山”理论实践创新基地创建、南京国家农创中心引领现代农业高质量发展，编发《领导参考》7篇，推动相关问题解决。调研14个重点板块和国有平台，从一体化角度重新考量功能定位，向区委提交调研报告14篇。参加市第十六次哲学社会科学优秀成果奖、宁镇扬一体化论坛征文评选活动，其中省社科应用研究精品工程市县专项课题“数智化引领浦口产业现代战略与对策研究”结题，“浦口区与江北新区高质量一体化联动发展”入选《南京市经济社会发展蓝皮书（2021—2022）》，“浦口区以‘三重’路径打造综合行政执法‘三大共同体’”等调研文章在《江苏改革》《南京改革》上发表。做好社科普及活动的组织服务工作，开展各类社科活动近100场，“‘走进科技，你我同行’之老山生物多样性保护”获省社科普及项目资助。

【区委全面深化改革委员会会议】 3月19日，召开第一次会议。传达学习省委深改委第十八、十九、二十、二十一次会议精神及市委深改委第十四次会议精神，审议通过《浦口区制度创新、治理变革示范三年行动方案》。听取“百名干部破百题”推进情况汇报，要求把“百名干部破百题”作为“全域综合改革突破年”的重要支撑，加快推进54个破题事项实施，在短板问题上打开局面，跟进过程考核和督查考核，确保破题攻坚见人见事。

5月14日，召开第二次会议。传达学习省委深改委第二十二、二十三、二十四次会议精神及市委深改委第十五次会议精神，审议通过《中共南京市浦口区委全面深化改革委员会2022年工作要点》。听取“百名干部破百题”工作推进情况汇报，强调2022年是党的二十大召开之年，要着眼大局抓改革，立足试点抓攻坚，改革办和专项小组各司其职，抓好改革落地；加快攻坚步伐，不折不扣完成各项破题任务；持续开拓创新，围绕“一三五六”总体布局推进工作；推动建章立制，用制度固化改革成果。

7月23日，召开第三次会议。听取和审议有关改革情况汇报，研究部署全区改革工作。会议强调，改革要以问题为导向，敢改革、会改革，调动一切积极因素和力量推动改革；紧盯时间节点，逐项梳理工作进展和存在问题，确保改革各项举措落到实处；加强对重大改革问题的研究，发挥统筹协调职能作用，在提升改革能力上发力用力；各级各部门拿出改革攻坚的硬招实招，推动各项改革任务落地见效，改出群众的满意度和幸福感。

10月15日，召开第四次会议。传达学习市委深改委2022年第三次、第四次会议精神，听取“百名干部破百题”专项行动推进情况汇报，研究部署相关工作。会议强调，改革进入四季度冲刺阶段，各部门要紧盯目标任务，主动作为、抓好落实,围绕“百名干部破百题”专项行动,打好各项工作收官战;加大项目攻坚力度,加强对外宣传,抓实抓细发展改革各项工作;对照“百名干部破百题”行动方案,以实绩检验干部“成色”,年底评出优秀案例;强化责任担当,在促进高质量发展上展现新作为,在全面深化改革上谱写新篇章。（郗康）

区直机关党建

【概况】 至年末,区级机关工委有直属党组织44个,其中基层党委7个(含功能型党组织2个)、党总支部13个、党支部24个。党员2388人。

【党的组织建设】 实施“红芯工程”建设,培育党建品牌,机关党建“红芯工程”入选第六届全国基层党建创新典型案例,在人民网作专题展示,被《新华日报》及南京党建网等媒体宣传报道。坚持以抓基层为鲜明导向,结合“百名干部破百题”行动,制发建设标准化规范化党支部的评价规定7项42条,推动各党组织实施项目攻坚,成立达标建设验收领导小组,在组织基层党支部自查的同时,分批次全覆盖开展现场验收,发现部分党支部存在建设不规范、不严格、不到位问题12个,督促制定措施加以整改,实现工作闭环。机关直属党组织新增党建阵地23个,累计38个。印制基层党组织书记抓党建述职汇编和区级机关优秀党建案例汇编,交流党建工作经验。按照党员标准和年度计划,发展党员24人。

【党的政治建设】 贯彻落实《中国共产党党和国家机关基层组织工作条例》等党内法规,印发机关党的建设工作要点,做到基层党建工作与中心工作、重点工作同谋划、同部署、同落实、同检查、同考核,强化管党治党责任。组织或推动党组(党委)理论学习中心组学习,在3个党组织开展巡学旁听。11月4日,举办机关“礼赞新时代 追梦复兴路”微宣讲课赛,27个机关事业单位34名宣讲员参加。推动机关党员干部开展阅读活动,在“学习强国”学习平台发布信息2条。统筹七一系列活动,开展党内激励、关怀、帮扶工作,慰问困难党员51人次10.4万元,向党龄50周年以上人员颁发“光荣在党50年”纪念章。根据南京市“共学攻坚6040”工作部署,牵头制订覆盖全区5个街道76个村(社区)、68个机关部门(单位)的“一社区一案例”行动方案,82个项目构成到底到边的基层治理体系,其中江浦街道“1+5+N”城市云脑大数据精准治理体系、汤泉街道泉西社区“党支部领办合作社 探索新时代乡村之治”、星甸街道王村村“以项目建设精准赋能乡村微治理”入选全市重点项目。引领机关各级党组织把新冠疫情防控、文明城市创建、应急献血等急难险工作作为政治任务完成,动员或组织65个机关部门(单位)500名党员干部分赴社区开展文明城市创建志愿服务4次,每周开展“文明交通 你我同行”志愿服务2次,54个机关部门(单位)对接各街场,每日1000名机关党员干部深入社区、交通卡口,参与新冠疫情防控,累计出动8.67万人次。

【机关作风建设】 坚持作风监督和问题整改“双轮驱动”,常态化围绕机关作风建设、营商环境改善和民生问题解决等开展监督检查,设立“红黑榜”和“曝光台”。督促作风建设典型问题整改,组织“回头看”3次。开展“12345”不满意工单“清零行动”,跟踪管理事未解决工单3007件,3次现场联动解决问题。专题分析上半年区级层面作风满意度测评情况,重点帮促10余家排名靠后或退步明显的单位。坚持以小切口解决企业、群众生产生活难题,推动各部门(单位)完成“微实事”项目83个。组织机关干部开展“全员大走访,共建新浦口”活动,落实入企业入村户走访调研任务,帮助发现问题解决问题,经第三方群众调查,窗口服务满意率较上年提升0.37个百分点。《新华日报》以“显担当强作为,浦口打好锤炼作风主动仗”“南京市浦口区做好‘四则运算’,强作风提实效促发展”为题,宣传报道浦口区机关作风建设的经验和做法。

【机关群团工作】 坚持以党建工作促进群团工作,区级机关5家单位参评区级工人先锋号,3人获评市“巾帼岗位明星”。组织25个任期届满工会集中换届,完成37个基层工会年报统计工作。与区体育局联合举办区级机关运动会,组建机关工委代表队参加浦口区第五届职工全民健身运动会。（李亮）

老干部工作

【概况】 至年末,区委老干部局服务管理的老干部108人,其中离休干部60人、区(县)四套班子退休干部48人(含享受市厅级待遇4人)。离休干部中,机关部门29人、事业单位11人、企业20人;享受县处级待遇35人、科级待遇25人;中共党员36人、非中共党员24人。平均年龄93岁。

【离退休干部党建】 围绕离退休干部"六有一提升"标准,推进"十项举措"落实和"强力工程"实施,提升离退休干部党建工作质量。学习贯彻党的二十大精神,巩固党史学习教育成果,组织离退休干部收听收看专题报告会6场,指导开展"建言二十大""我看中国特色社会主义新时代"调研和"迎接二十大、学习二十大,当好新征程银发先锋"主题党日活动。引导离退休党员干部融入基层党建,推荐浦口公安分局离退休干部党支部申报省级"六好"示范党支部。按照《关于加强新时代离退休干部党的建设工作的意见》,完善离退休干部党建工作制度,强化离退休干部党工委和原单位、街道、社区党组织四级联动,形成上下贯通、执行有力、规范运行的工作机制。组织老干部参与老旧小区改造工程质量安全督导、全区重大城建项目建设规划、"院府合作"意见交流等,为科技创新、绿色发展、社会治理贡献智慧力量。打造"浦税桑榆"志愿服务团队、戴忠荣工作室等"党建+正能量"服务品牌,江浦街道人民桥社区沈卫球调解工作室先进事迹被《新华日报》专题报道。

【老干部政治待遇】 采取现场通报、书面通报方式,向老干部通报浦口经济社会发展情况。召开老干部座谈会,听取老干部关于经济社会发展及重点民生项目建设的意见建议。更新"老干部之家""老年大学"微信公众号设置,为老干部打造政治学习、信息浏览、相互交流的新媒体平台。落实《关于规范干部荣誉退休制度的通知》要求,指导各单位举办荣誉退休仪式、办理"紫金银辉"服务卡,激发退休干部继续为浦口经济社会发展再立新功的政治热情。

【老干部生活待遇】 督促、把关各单位调整、核准离休干部基本离休金、生活补贴、提租补贴等生活待遇落实情况。对接区卫生健康委、社区卫生服务中心,完善离休干部健康档案,开展健康评估和疾病会诊。督促用好离休干部居家养老服务平台、家庭医生签约服务平台,邀请专家为老干部解读心脑血管健康知识。实施离休干部家庭适老化改造44户。落实"六必访"(重大节日必访、重要生日必访、重病住院必访、高温酷暑必访、遇到困难有需要时必访、临终去世时必访)工作制度,在走访慰问中征求意见、了解困难,帮助老干部排忧解难。

【老干部学习活动中心建设】 推进江北新区老干部学习活动中心新址建设,为文化养老创造条件。启动向美而行之文化客厅、信仰空间、健康庭院、畅享花园等活动,丰富老干部精神文化生活,拍摄制作"金色年华线上故事会",开展"春天的约会"视觉艺术深度体验和"邂逅话剧"活动,组建79名区四套班子老干部、区管退休干部参加的5个活动兴趣小组。整合老年教育资源,联合区文化和旅游局、区民政局、区卫生健康委等部门,协同区外兄弟单位,优化文化养老格局,举办"喜迎二十大,重阳不老情"线上文艺会演,组织老干部创作的95幅作品参加市委老干部局书画摄影展。 (蒋伯涛)

关心下一代工作

【概况】 2022年,贯彻落实《关于加强新时代关心下一代工作委员会工作的意见》,成立"大思政"工作指导小组,组建"五老"思政辅导员队伍,抓好关心下一代工作落实,开展各种教育活动990余场。11个集体、16名个人获市关工委表彰。区校外辅导总站(行知基地)被中国关工委命名为青少年党史教育基地。

【关心下一代工作组织建设】 上半年,江浦、桥林、星甸、汤泉、永宁5个街道建立政法关工委,实现全区政法系统关爱活动资源、力量统筹利用。6月,汤泉农场成立关工委,定位为校外教育辅导站功能,实施青少年思想道德、法治宣传、心理疏导等辅导,设置书法、绘画、灯笼制作等课程,开展田间农耕社会实践活动。在民营企业成立关工委10个,累计59个,占全区落地规模以上企业的10.99%。坚持"党建带工建",按照"五好"(领导班子建设好、"五老"作用发挥好、制度健全执行好、积极探索创新好、活动经常效果好)标准,加强督促检查,提升基层关工委建设水平。制订《浦口区关于对社区关工委

“五好”建设实施“以奖代补”的实施方案》,验收社区关工委规范化建设情况,专题报告市关工委。全区获“五好”社区关工委一等奖5个、二等奖17个、三等奖7个。

【“立德树人”思政主题教育】 3月初,按照“坚持把立德树人作为根本任务”的原则要求,加强青少年思想政治工作,开展以“爱学习 爱劳动 爱祖国”“我的中国梦”“学党史 感党恩 跟党走”为主题的“立德树人”思政主题教育活动。6月20日,40余名“五老”思政辅导员进校园、进社区、进基地开展宣教活动。60名“五老”志愿者与20名少先队员同台演唱革命歌曲《过雪山草地》,获市关工委系统老少同台展演一等奖。江浦街道关工委组织15个社区、3所幼儿园与驻区高校老少同台演出的17个节目在“江浦街道”微信公众号线上展播,浏览近1万人次。10月28日,特邀吕先景将军为江浦实验小学近200名学生讲授“百年大党 风华正茂”专题课。全区关工委系统开展以爱国主义为核心的“立德树人”主题教育251场。3人获“南京市优秀‘五老’思政辅导员”称号。

【法治教育与权益保护】 引导青少年学习《中华人民共和国未成年人保护法》《中华人民共和国预防未成年人犯罪法》等法律法规,开展法治教育进校园、进社区活动,线上线下宣讲256场,参与5.7万人次。43所中小学、幼儿园依托区少年法学院平台,举办“绘就梦想 法治护航”、举案释法活动。区少年法学院和各街道分院开展第五届“关爱明天 普法先行”青少年法治宣教100余场,发放“一封信”及宣传单数万份,参与4万人次。建立政法“五老”网格员队伍,制定《浦口区政法网格+“五老”网格员工作规则(试行)》,86名“五老”分布在5个街道21个社区86个网格,参与网格化社会治理,帮教失足青少年39人,帮扶困难青少年46人,开展青少年法治宣教87场,劝阻网络诈骗6起,参与调解案件78起,协助调解纠纷20余起。

【“五老”关爱下一代工程实施】 发挥“五老”作用,开展帮困助学工作,筹集助学助困资金86.7万元,扶贫助学825人。民营企业关工委开展关心下一代工作,南京润邦集团连续6年开展捐资助学活动,投入资金20万元,受赠学生156人;南京儒乐源餐饮有限公司为19名贫困学生减免餐费,为23名学生提供特殊午餐;南京映鱼文化传媒有限公司为职工子女建立“云档案”,掌握孩子上学、就业等信息,方便发现难题及时提供援助。创新“三扶两创”工作,制定街道农业服务中心关工委工作考核办法,强化街道层面职能部门作用,培育青年农民创业新典型6人,“特色果蔬增收入 政策支持促发展”一文入选“弘扬‘五老’精神 助推乡村振兴——全省‘三扶两创’工作典型案例汇编”。5个青年农民创业示范基地、3所农村政治学校、2名“五老”农业科技工作者获市关工委表彰。

【青少年健康成长社会环境优化】 组织青少年走访红色教育基地,阅读红色经典故事,参加演讲比赛、征文、书法、摄影等活动384场。区关工委和教育系统关工委在省关工委“党的光辉照我心、童心喜迎二十大”主题征文中获优秀组织奖。推动《中华人民共和国家庭教育促进法》实施,开展“‘五老’弘扬好家教好家风”活动,组织“五老”讲红色家风故事、宣传科学家教理念100余场。加强网络环境保护,组织143名“五老”担任57家网吧义务监督员,以教育引导、劝阻说服、检查督促等方式,杜绝未成年人进入网吧。

【青少年教育阵地“提质增效”建设】 按照“组织健全、制度完善、运行规范、活动常态、作用突出”要求,强化校外教育辅导站建设,深化校站结合,打造精品课程,江浦街道老虎桥社区、同心社区和桥林街道兰花塘社区3个校外辅导站科技活动小阵地、10名指导教师被市关工委评为先进集体和先进个人。区校外辅导总站的机器人、无人机和VR等项目获得市校外教育辅导站提档升级特色活动项目资格。区关工委、区教育局、10所学校在市第十三届“智慧南京·我的科技梦——社区科技‘四个一’作品竞赛活动”中分获组织奖和优秀组织奖。在全市第七届校外辅导站电子报竞赛中,获一等奖1个、二等奖1个、三等奖5个、入选奖3个,区关工委、区教育局获优秀组织奖,区教师发展中心1名教师获评优秀指导老师。组织青少年参加校外教育辅导站主题活动,汤泉街道关工委5名“五老”、60余名小学生拍摄的《好山好水好少年》视频获2022年省、市校外辅导站优秀活动视频一等奖。区关工委、区教育局在市关工委“请党放心，强国有我——2022年新春网络寄语”评选中获最佳组织奖。星甸街道关工委在双山村设立青少年教育基地，打造集农趣园和农耕展示馆于一体的农文旅特色线路，接待访客30余次，其中青少年学生280人。

（吴光洲）

党校工作

【概况】 2022年，区委党校（行政学校）贯彻《中国共产党党校（行政学院）工作条例》，坚持“党校姓党”，确立“质量立校、科研兴校、特色强校”办学目标，履行干部培训、思想引领、理论建设和决策咨询等职责，获国家级“节约型机关”称号。举办培训班55期，参加培训4533人次。在报刊杂志和内部刊物上发表文章16篇，完成省、市、区各级立项课题6个。1篇文章获区人大征文特等奖，1名个人获评“全市基层宣讲先进个人”，1名个人获区级机关微宣讲比赛一等奖。

【教学培训】 推进“用学术讲政治”教学改革，开发“新时代新征程的政治宣言和行动纲领——学习贯彻党的二十大精神”“马克思主义为什么行?”等6节专题课程和“弘扬伟大建党精神 赓续红色血脉”“缅怀不朽革命先烈 弘扬伟大抗战精神”等“1+4”系列沉浸式情景思政课程，打造石村广场现场教学点并拍摄现场教学电教片。在教育培训中注重方式方法创新，为培训单位提供需求分析、方案策划、课程定制、师资选聘、组织实施、评估反馈“一站式”服务。举办新任区管干部培训、村（社区）书记培训、年轻科级干部培训等主题班6期，学员602人。其中，新任职区管干部能力提升专题培训开设党的二十大精神、新时代意识形态安全与风险防范、乡村振兴背景下的农文旅融合发展等课程；“坚石”系列年轻科级干部培训以学习贯彻党的二十大精神为主线，线上集中授课与线下自学相结合，专题授课与视频教学相结合，安排学员下沉社区一线开展疫情防控，加强实践锻炼，并进行党性分析。协助区委统战部开办统战干部履职能力提升、党外中青年科级干部等培训班，与省政府研究室、鼓楼区委党校、溧水区委党校等联合办班49期，学员3931人。修楠的专题课“《论共产党员的修养》及其时代价值”被评为全市党校（行政学院）系统第三届精品课。

【科研咨询】 通过课题带动、部门协作，开展课题研究，形成调研成果，起到决策咨询作用，“深刻认识马克思主义行的三重维度”“马克思主义妇女观视野下浦口妇联组织改革的创新实践与思考”等16篇文章分别被《新华日报》《唯实》《江苏党校报》《南京日报》《金陵瞭望》刊用。“全过程人民民主视野下推进江苏‘数字人大’建设的思考”获2022年浦口区人大征文特等奖。完成“数字时代文旅融合的思考与建议——以南京市浦口区为例”1个省委党校课题、“习近平关于乡村振兴重要论述的基层实践研究——以浦口区集体经济发展路径为例”“习近平关于乡村振兴重要论述的基层实践研究——以数字乡村建设为例”“浦口区农文旅融合发展现状与对策研究”3个市委党校课题、“浦口数字乡村建设赋能乡村振兴：现状调查及对策建议”1个区重点课题、“党的十八大以来党内法规建设：发展图景及经验启示”1个区法学会课题。“后疫情时代乡村旅游民宿业的发展与思考——以南京市浦口区为例”“浦口区全面推进制造业‘智改数转’的路径与对策研究”“以数字产业高质量发展实现中国式现代化目标——以浦口区为例”“浦口区以生态文明建设引领高质量发展路径研究”4个课题被立项为全市党校系统调研课题。围绕区委、区政府中心工作，结合经济社会发展实际，形成一批反映社会热点的资政文章，其中“对发展新型农村集体经济的调研分析和对策建议”“南京数字乡村赋能乡村振兴的调研分析和对策建议”在市委党校《市情参考》上发表并获区委书记、区长批示，“南京数字文旅高质量发展的现状调查与思考”在市政协《建言》上刊登。

【基层宣教】 开展党的二十大精神、十九届六中全会精神、“礼赞新时代 追梦复兴路”主题宣讲近60场，受众近4000人次。探索建立企业党员教育新阵地，在江苏久吾高科技股份有限公司、南京老山药业股份有限公司、中铁十四局大盾构工程有限公司等10家企业挂牌“党员学堂”。通过在企业中开展红色文化和革命精神宣讲，把红色革命精神转化为奋发有为、奋勇开拓的磅礴力量，让党的红色基因激发企业活力，为企业高质量发展注入红色动能，被"学习强国"学习平台、人民网、新华网、南京电视台等媒体宣传报道。张弛明获评"2021—2022年度全市基层理论宣讲先进个人"，亓媛获区级机关"礼赞新时代 追梦复兴路"微宣讲比赛一等奖。（姚瑶）

网络安全和信息化工作

【网络安全管理】 组织调查全区机关、企事业单位互联网资产底数，指导采购安全服务包，堵塞互联网接入端口安全漏洞，印发《关于开展全区互联网基础资产增减备案的通知》，督促及时报备互联网资产变化情况，注销不用的互联网资产。组织开展跨境数据专线安全检查、新冠疫情信息系统网络安全和数据安全大排查、网络数据泄露风险自查和重点抽查、弱口令专项整治等专项行动，整改上级网信部门通报的安全问题。6月初，组织"浦口网安2022"专项行动，自查整改各类网络安全问题。落实《南京市政务信息化项目建设网络安全管理规定》，审核政务信息化项目和数字乡村二期建设项目的网络安全内容。加强户外大屏及重点场所电子屏网络安全防护工作，查清屏幕分布位置、控制方式、责任单位、安全防护等情况，组织开展网络安全技术防护、用户身份权限管理自查，整改控制系统弱口令、安全配置不当、权限管理不规范等安全隐患。组织网络安全应急演练暨网络安全培训，讲授网信工作概述、新形势下基层如何开展网络安全工作、基层网信工作操作指南等专业知识。开展"网络安全为人民，网络安全靠人民"主题宣传周活动，联合市委网信办制作"南京青年沉浸式体验网络安全模拟篇"漫画推文和动漫视频，介绍日常网络安全注意事项。制订《浦口区关于做好党的二十大网络安全保障专项应急预案》，设立应急指挥中心，开展三轮全覆盖式网络安全应急通联测试，检查单位190余家次。

【信息化建设】 推进数字乡村二期建设，建成浦口数字乡村大数据中心，对接省、市、区20余个信息化系统，整合47家相关单位涉农数据，梳理600余项数据表单，数据量7000余万条，实现涉农数据"一屏全览""一网统管"。搭建数字大田、数字温室、数字渔场、数字猪场4类典型应用场景，农机作业效率提高50%以上，水、肥、药作业效率提高10%～15%，节省人工30%～40%。聚焦产业透明化模式重组，打造青虾订单生产、透明供应、信任消费的赋能体系，促进数字赋能传统农业转型升级，每亩产值增加近2000元。国家数字乡村建设试点考评成绩位列全省第一名、全国第四名。农芯（南京）智慧农业研究院有限公司的《基于农业农村大数据的都市近郊型数字乡村综合解决方案》被评为"数字江苏建设优秀实践成果"。组织申报江苏省"互联网＋"帮促助农典型案例和数字乡村聚力行动示范村建设公益项目各1个。引入弹好货网络科技、小狐网络科技、点赞传媒、直农网络等直播电商及涉农电商，协助解决就业问题。支持创业服务中心理事团参与贝莎夫人园艺、国农当康等抖音小店筹备和运营，通过直播、短视频带货、达人合作等形式，推进涉农零售。探索"社会组织＋乡村振兴工作站＋企业"助农模式，逐步将种子、绿植、花卉纳入销售范围，培养一批新农菁英参与直播带货。区数字乡村办联合南京农业大学，在汤泉街道举办农村电商创新创业培训班，提升农村电商营销管理水平。推进"一网统管"体系建设，强化城市生命体征监测、城市运行态势分析、综合指挥调度、应急处置等功能，将公安、教育、卫生、旅游、城管等11个部门（单位）视频接入南京市视频平台，实现资源的视频联网监控和安全生产、生态环境、气象灾害等方面监测预警，59个大气热点实时环境监测覆盖老山国家森林公园全境，替代73个热成像监测点人工巡查。归集39个部门538类资源7900多万条数据、城市生命体征及城市运行态势设计指标400多项，将"12345"、大联勤、数字城管、信访、"110"非警情等事件信息汇入大数据库，实现社会治理事项"五统一"。（赵春晖）

·文稿编辑　杨宇金·

南京市浦口区人大

综　述

【概况】　2022年,区人大及其常委会召开会议9次,审议工作报告35个,作出决议决定12个,其中常委会听取和审议"一府一委两院"工作报告28个,作出决议决定5个。开展执法检查3次、专题询问1次、视察调研66次。任免和决定任免国家机关工作人员85人次。区人大常委会获评省、市"人大新闻宣传先进单位",江浦街道人大工委被评为"全省人大系统先进集体"。年底,全区有省、市、区三级人大代表365人。

【人大代表构成】　至年底,区第五届人民代表大会代表336人。其中,男性231人,女性105人;中共党员282人,占总数的83.9%;大专以上文化程度331人,占总数的98.5%;工农专技人员172人,干部86人,其他人员78人。

【代表工作】　区人大常委会注重发挥代表作用的制度机制建设,抓好代表思想理论学习和人大知识学习,做好服务管理工作,促进代表更好地履行职责。

代表履职培训　年初新一届人大常委会产生后,制订任期学习规划和年度培训计划,统筹组织实施工作。11月起,以"学习党的二十大精神、争做担当有为人大代表"为主题,运用人大代表履职线上新平台,培训新当选代表200余人。

代表履职活动　适应常态化新冠疫情防控要求,结合代表履职需求,安排人大代表48人次在代表接待窗口、活动室接待选民。组织代表开展"四联四争四促"(深化联系争当表率促高效履职、优化联合争推发展促精准履职、强化联络争创标杆促规范履职、细化联心争做模范促为民履职)主题活动,47人次旁听区法院庭审9场,18人次参与区检察院案件听证15场。为代表履职创造条件、畅通渠道,全覆盖建立街道议政代表会制度,选配433名议政代表,9个街道(含江北新区直管区街道)各召开议政会议2次,听取、收集选民意见建议。重视代表形象宣传,在省、市人大宣传媒体发表代表履职风采文章20篇。

市人大代表述职　区人大常委会按照市人大常委会关于市人大代表每届任期内应向原选举单位述职1次的规定,分期安排市人大代表报告履职情况。3月29日、9月27日,书面向浦口区五届人大常委会第二次、第五次会议述职的市人大代表33人,其中浦口代表团12人、江北新区代表团21人。

【区委人大工作会议】　6月16日召开。区四套班子主要领导成员,区人大常委会副主任,区政府副区长,区法院院长,区检察院检察长,各部委办局、街场、区人大及其常委会各工作机构主要负责人,区人大常委会委员,区纪委监委派驻纪检组组长,江北新区分管领导等参加会议。区委书记发表讲话,区人大常委会主任通报贯彻中共中央和省委、市委人大工作会议精神的有关情况,江浦街道党工委、泰山街道人大工委、区人大财经委分别作交流发言。

(徐阳)

重要会议

【概况】　2022年,区人大常委会召开人民代表大会1次、常委会会议8次、人大常委会主任会议

13次,听取和审议区政府工作报告26个、区监委工作报告1个、区法院工作报告1个,作出决议8个、决定4个,听取区政府、区监委、区法院落实人大常委会《审议意见书》情况汇报10次。

【区五届人大一次会议】 1月6—8日在审计署党校召开。应到代表336人,实到代表304人。会议听取和审议政府工作报告;审议2021年国民经济和社会发展计划执行情况及2022年计划(草案)的报告、2021年财政预算执行情况和2022年财政预算(草案)的报告、2021年重点民生实事项目实施情况和2022年重点民生实事候选项目编制情况的报告;听取和审议区人大常委会、区法院、区检察院工作报告。就上述报告作出7项决议。选举产生区人大常委会主任1人、副主任4人、委员30人,区政府区长1人、副区长7人,以及区监委主任、区法院院长、区检察院检察长。票决产生民生实事重点项目10个。

【区五届人大常委会会议】 1月25日,召开第一次会议。传达学习习近平总书记在十九届中央纪委六次全会上的重要讲话精神、在全国党的建设研究会第七次会员代表大会上的重要讲话精神,以及省第十三届人民代表大会第五次会议精神;通过人大常委会工作要点和工作计划、各街道人大工委工作计划、《关于任命区人大常委会各工作委员会成员的决定》和人事任免事项。

3月29日,召开第二次会议。传达学习十三届全国人大五次会议精神;听取区政府关于2021年全区环境状况、环境保护目标完成情况以及《中华人民共和国环境保护法》贯彻落实情况的报告;听取和审议关于义务教育优质均衡发展暨"双减"政策落实情况的报告、关于安全生产专项整治"三年行动"开展情况的报告;听取部分市人大代表履职情况的书面报告;通过人事任免事项。

5月27日,召开第三次会议。传达学习省委人大工作会议精神;听取关于实施《中华人民共和国种子法》《江苏省种子条例》检查情况的报告;听取和审议区政府关于招商引资及商圈提档升级工作情况的报告、区法院关于人民法庭建设情况的报告;通过区人大常委会工作制度。

7月26日,召开第四次会议。学习习近平总书记《把中国文明历史研究引向深入,增强历史自觉坚定文化自信》重要文章;听取和审议区政府关于上半年工作情况、国民经济和社会发展计划及财政预算执行情况、关于2021年区本级财政预算执行和其他财政收支情况审计等报告,审查和批准2021年财政决算,作出《关于批准2021年浦口区财政决算的决定》;听取和审议区政府关于国有资产管理情况的综合报告、国企改革"三年行动"推进落实情况的报告;通过《区人大常委会领导及组成人员联系代表工作方案》和人事任免事项。

9月27日,召开第五次会议。学习习近平总书记《坚持和发展中国特色社会主义要一以贯之》重要文章;听取关于实施《南京市养老服务条例》检查情况的报告;听取和审议区政府关于贯彻落实《中华人民共和国长江保护法》工作情况、国家数字乡村试点区建设情况、休闲农业发展情况的报告;听取部分市人大代表履职情况的书面报告;通过人事任免事项。

10月27日,召开第六次会议。传达学习中国共产党第二十次全国代表大会和二十届一中全会精神;听取和审议区监委整治群众反映强烈问题专项工作情况

1月6—8日,召开区五届人大一次会议　　区人大办供图

的报告;听取和审议区政府关于“院府合作”工作情况的报告,作出《南京市浦口区人大常委会关于进一步提升“院府合作”质效促进浦口区中心医院高质量发展的决定》。

11月24日,召开第七次会议。学习习近平总书记《在二十届中央政治局常委同中外记者见面时的讲话》;听取和审议区政府关于市下达浦口区重点指标和重大项目推进落实情况的报告;听取审计意见整改工作情况的报告并开展满意度测评;听取区政府关于财政预算调整方案的报告和审查结果报告,作出《关于批准浦口区2022年财政预算调整方案的决议》;通过《浦口区五届人大五年工作规划(草案)》《区人大常委会关于设立代表资格审查委员会的决定》和人事任免事项。

12月29日,召开第八次会议。传达学习习近平总书记在中央农村工作会议上的重要讲话精神;审议区政府关于国民经济和社会发展计划以及财政预算完成情况、2023年国民经济和社会发展计划(草案)以及财政预算(草案)的初步方案;听取和审议区政府关于民生实事项目完成情况和2023年民生实事候选项目情况的报告,开展满意度测评;听取关于2017年以来行政规范性文件制定情况和备案审查工作情况的报告、区人大常委会代表资格审查委员会《关于部分区人大代表资格审查情况的报告》,决定区五届人大二次会议相关事宜,通过人事任免事项。

【区五届人大常委会主任会议】 1月10日,召开第一次会议,确定区人大常委会领导成员工作分工。

1月20日,召开第二次会议。传达习近平总书记在省部级主要领导干部学习贯彻党的十九届六中全会精神专题研讨班开班式上的重要讲话精神;研究区五届人大常委会第一次会议有关事项。

2月21日,召开第三次会议。学习习近平总书记《不断做强做优做大我国数字经济》重要文章;听取区政府《关于保障房建设管理及房源处置工作情况的审议意见书》落实情况的报告;研究区人大常委会重点调研课题,并就代表建议办理、项目跟踪督办、常委会制度修订、招商引资和“大走访”等工作作出安排。

3月17日,召开第四次会议。传达学习十三届全国人大五次会议精神,开展交流研讨;研究《浦口区人大常委会关于开展2022年重点项目跟踪监督的实施方案》《浦口区人大机关开展党员干部“全员大走访 共建新浦口”活动实施方案》和《2022年浦口区人大机关招商引资工作实施方案》。

4月26日,召开第五次会议。组织视察南京集成电路国际城研发项目、人工智能产业园;听取关于浦口高新区规划与发展情况的报告;传达学习南京市十六届人大五次会议精神。

5月18日,召开第六次会议,学习习近平总书记《加快建设科技强国,实现高水平科技自立自强》重要文章;讨论《中共南京市浦口区人大常委会党组关于建立街道议政代表会制度的实施意见(讨论稿)》;听取各委员会关于重点民生实事项目跟踪监督情况的汇报和区人大常委会工作制度修订情况的汇报;研究区五届人大常委会第三次会议有关事项及区人大机关招商引资工作。

6月23日,召开第七次会议。传达学习习近平总书记在十九届中共中央政治局第四十次集体学习时的重要讲话精神以及区委人大工作会议精神;听取关于维护台胞合法权益促进产业高质量发展工作情况的报告。

7月22日,召开第八次会议。传达学习习近平总书记在中央全面深化改革委员会第二十六次会议上的重要讲话精神;听取区政府《关于全区义务教育优质均衡发展暨“双减”政策落实情况的审议意见书》《关于全区安全生产专项整治“三年行动”开展情况的审议意见书》《关于全区招商引资及商圈提档升级情况的审议意见书》以及区法院《关于区法院人民法庭建设情况的审议意见书》落实情况的报告;研究《区人大常委会关于开展“四联四争四促”提升代表履职质效主题活动方案(讨论稿)》《区人大常委会领导及组成人员联系代表工作方案(讨论稿)》和区五届人大常委会第四次会议有关事项。

8月23日,召开第九次会议。组织视察城南片区整体规划和部分项目规划建设情况;听取关于城南片区规划建设发展情况的报告;学习《习近平谈治国理政(第四卷)》;传达省委工作会议、市委十五届四次全会、区委五届五次全会精神。

9月22日,召开第十次会议。传达学习习近平总书记在中央全面深化改革委员会第二十七次会议上的重要讲话精神和全省“数字人大”建设工作会议精神;讨论《关于贯彻落实党中央〈关于加强地方人大对政府债务审查监督的意见〉的工作办法(讨论稿)》;听取关于重点民生实事项目跟踪监督情况的报告;研究区人大常委会第五次会议有关事宜。

10月25日,召开第十一次会议。听取区政府办和江北新区管委会综合部关于区五届人大一次会议代表建议、批评和意见办理情况的汇报;研究区五届人大常委会第六次会议有关事项。

11月22日,召开第十二次会议。学习党的二十大精神;审议《浦口区五届人大五年工作规划(草案)》;听取关于重点民生实事项目推进情况的报告;研究区五届人大常委会第七次会议有关事项。

12月15日,召开第十三次会议。学习新修订的《中国共产党章程》;听取《关于全区国有资产管理情况的审议意见书》《关于全区“国家数字乡村试点区”建设及休闲农业发展情况的审议意见书》落实情况的报告,以及《南京市浦口区人民代表大会代表补选工作流程(草案)》《南京市浦口区人民代表大会代表履职评价和激励办法(草案)》《南京市浦口区人大常委会任命有关人员向区人大常委会报告履职情况办法(草案)》起草情况、2022年度优秀代表建议和先进承办单位表扬事宜的汇报;研究区五届人大常委会第八次会议有关事项;听取五届人大二次会议筹备情况的汇报,讨论区人大常委会工作报告的起草稿。

(徐阳)

监督检查

【概况】 2022年,区人大常委会紧扣经济领域和民生领域重大事项,抓住产业、城建、民生3项重点工作,丰富监督形式,建立问效机制,跟踪督促重点民生实事项目落实。加强法治监督,检查4部法律法规在浦口行政区实施执行情况。

【重大事项监督】 聚焦全区重点指标、重大项目推进落实情况、招商引资及商圈提档升级情况、浦口高新区规划发展情况、浦口开发区重大项目建设情况、财政预算执行情况,强化监督力度。其中,在听取和审议关于国有资产管理情况以及国企改革“三年行动”落实情况的报告时,围绕健全机制、强化管理提出9条意见建议。建立新一届人大全口径、全过程预决算审查监督机制,年中、年末2次听取财政预算执行情况报告和审计报告,运用人大预算联网监督系统开展实时监督,尤其注重对财政资金使用情况、政府债务管控情况的监督,对于审计查出的问题,听取整改情况汇报,并开展满意度测评。围绕发展休闲农业、建设国家数字乡村试点区两大重点工作,组织视察调研1次,提出“以生产增动力、以改革添活力,提升‘三农’发展质效”的建议。跟踪监督产业、城建、民生三大类项目,建立“每月监督、季度调度、半年总结、年终评议”工作机制,组建监督组10个,开展检查145次,发现问题56个,提出意见建议52条,编发监督专报10期。12月,区人大常委会专题听取民生实事跟踪监督情况报告并开展满意度测评。

【法治监督检查】 围绕法治浦口建设,抓好执法监督。组织检查《中华人民共和国种子法》《江苏省种子条例》执行情况,与省、市人大调研南京国家农创中心建设工作,提出“发挥国家平台优势,发展现代种业技术”的建议。视察《中华人民共和国环境保护法》贯彻实施情况,跟踪中央环保督察反馈问题整改工作。在与全国、省、市人大联动检查《中华人民共和国长江保护法》实施情况后,区人大常委会第五次会议就产业转型、岸线整治、生态修复、执法普法等工作开展专题询问,督促依法治江、依法护江。关注“老有所养”,组织检查《南京市养老服务条例》遵守执行情况,督促相关单位面对人口老龄化问题,加快构建多层次养老服务体系。

(徐阳)

代表建议

【概况】 2022年,区人大常委会抓实代表建议提出工作,建立议案建议预提预审制度,引导代表聚焦发展大局和民生关切,在区五届人民代表大会一次会议期间,收到代表建议209件,其中交由区政府负责办理113件、交由江北新区负责办理96件。至年末,所有建议按时办理完毕。通报表扬优秀代表建议30件,以及区交通运输局、区住房保障和房产局、桥林街道、区卫生健康委、浦口公安分局、区农业农村局、区城乡建设局、浦口规划资源分局、区城市管理局、浦口国资集团10个承办先进集体。

【重点建议摘要】 经审查研究，确定重点建议16件，并作为区级领导人员领办、督办件。摘录其中4件。

加强高层建筑消防安全工作　鉴于浦口区近年经济社会快速发展，高层建筑越来越多，部分高层建筑消防安全责任制不落实，管理不到位，消防设施缺乏维护保养，居民消防安全意识薄弱，消防通道被占用等问题，何国瑞代表建议小区交付时应根据验收规定、规范及文件要求，做好消防设施验收工作并做到验收完成后维护工作不脱钩；消防主管部门要加大小区检查巡查密度，严格小区物业消防责任监管，督促物业单位配齐各类消防应急救援设备，选择有相应资质的维保单位定期维护保养小区内部消防配套设施，落实持证人员24小时消防值班制度；房产部门要完善物业维修资金日常监管，消防系统适当简化应急整改的申报程序，据实拨付整改费用，做到“急事急办、特事特办”；消防部门、房产部门要加强高层建筑消防安全监管，指导物业单位按期排查、整改消防隐患，否则依法对其给予处罚。

加强高架桥下部空间开发利用　鉴于浦口区高架桥越建越多的实际情况，程云、章金玲2位代表建议用“时间换空间”，在道路旁的高架桥下建设包括时段性的停车场，以增加城市临时停车位；在靠近居民区的高架桥下，适当设置建筑型或开放型的足球场、篮球场、羽毛球场、溜冰场等，为居民提供体育活动场所；利用高架桥下设置绿地，或者建造文化历史、游园等景观，适当安插休憩设施和园林；根据周边土地利用，可辟为出租车休息站、图书阅览室、公厕等场所设施，满足群众日常生活所需。

做强基层公共医疗卫生服务工作　针对基层群众看病远、看病难问题，吴开萍代表建议，营造基层医疗卫生人才发展环境，推动村医队伍建设的各项政策措施落实，放宽村医招聘条件，加强业务培训，完善村医退出、补充机制，逐步实现村医队伍的年轻化、专业化；合理配置医疗服务资源，实行乡村医疗机构一体化管理，建立新型城乡卫生服务体系；加强区域医共体建设，整合医疗信息平台，优化和综合医疗设备资源，做到医疗设备资源共享、医共体内信息互通、检查结果互认，促进优质医疗资源纵向流动，强推分级诊疗，做好二级以上医院支援社区卫生服务机构工作。

加快拆迁安置房建设和处置　鉴于浦口区多年拆迁积累，历史欠账过多，安置任务繁重问题，嵇金莲代表建议，成立工作专门班子，统筹此项工作。运用建设与回购相结合的方式，加快安置进程，让更多拆迁户减少在外过渡时间；摸清底数，加快配套跟进，做到建设、分配同步，探索“先安置，后拆迁”新模式，开展前瞻性规划设计，谋划好安置房建设地点、资金来源、建设主体等，力争安置房超前交付，实现“从人等房到房等人”。

表2　2022年南京市浦口区人民代表大会代表重点建议一览表

序号	案号	建议标题	建议人
1	0015	关于加快桥林新城建设发展的建议	刘建武
2	0025	关于加强集成电路人才集聚和培养	刘加美等4人
3	0032	关于推动桥林街道聆泉福音园区发展的建议	赵琨等2人
4	0033	关于不断做强做优做实卫生公共服务，努力解决基层群众看病远、看病难问题的建议	吴开萍
5	0044	关于加强高架桥下部空间的规划与开发利用的建议	程云等2人
6	0046	关于加速老城有机更新 推动城市品质提升的建议	吕婷婷
7	0047	关于破解社区居家养老服务困境的建议	章金玲等2人
8	0050	关于进一步加快小区垃圾分类管理设施建设的建议	周韶谷

(续表)

序号	案号	建议标题	建议人
9	0054	关于加强高层建筑消防安全的建议	何国瑞
10	0062	关于解决上学、放学时段学校附近交通拥堵的建议	朱海燕等2人
11	0068	关于加快浦口石桥地区经济发展的建议	陈玉杰
12	0074	关于支持汤泉山南、山北均衡发展的建议	成相东等9人
13	0078	关于解决龙华路路段行车难、停车难问题的建议	胡歧华
14	0084	关于加快推进浦口区中心医院三期工程进度的建议	王硕
15	0105	关于加快浦口区拆迁安置房建设和处置的建议	嵇金莲
16	0206	加快养老服务体系建设,满足老年人对美好生活的向往	谭志文

【建议督办】 抓细代表建议督办工作,优化建议交办、督办、评办工作流程。2月,区人大常委会主任会议为建议督办作出安排,就“高架桥下部空间规划利用”“部分学校周边路段交通拥堵”等建议办理工作,组织人大常委会委员、相关人大代表现场视察;10月,区人大常委会主任会议专题听取区政府办和江北新区管委会综合部关于代表建议办理落实情况的报告,推动建议办理,综合办成率85%。

(徐阳)

人事任免

【概况】 2022年,区人大常委会依法行使人事任免权。任免和决定任免人大机关、政府、监察、“两院”工作人员85人次。

【任免事项】 区五届人大常委会第一次至第八次会议任免人大机关工作人员25人次,决定任免政府机关工作人员44人次,任免监察机关工作人员2人次、法院工作人员12人次、检察院工作人员2人次。

(徐阳)

视察与调研

【概况】 2022年,区人大常委会根据年初确定的21个重点议题,组织人大代表视察调研,掌握情况,为常委会审议工作报告作好准备,开展专题调研1项。

【重点审议事项视察】 2月,组织视察《中华人民共和国环境保护法》贯彻实施情况、2021年度环境状况和环境保护目标完成情况。3—5月,分别视察安全生产“三年行动”推进落实工作、浦口高新区规划建设发展工作、招商引资及商圈提档升级工作。6月,视察维护台胞合法权益促进产业高质量发展工作。7—8月,视察国有资产管理情况和国企改革工作以及城南新中心规划建设发展工作。10月,视察重点代表建议办理工作。11—12月,视察重大项目推进落实工作和民生实事项目完成情况。

【重点审议事项调研】 调研工作主要由各专门委员会组织实施。调研义务教育优质均衡发展暨“双减”政策落实情况、区法院关于人民法庭建设情况、区政府上半年工作以及民生实事项目推进情况、国家数字乡村试点区建设情况及休闲农业发展工作、区监委开展民生领域突出问题专项监督工作,以及政府规章和规范性文件制定工作情况。

【“院府合作”工作专项调研】 贯彻区委关于提升与省人民医院“院府合作”质效的意图,6月29日,区人大常委会成立由主任任组长,1名副主任、1名副区长任副组长,人大常委会监察与司法委员会、政府相关部门主要负责人和区中心医院相关负责人为成员的专项调研组,负责调研浦口区与省人民医院“院府合作”工作。赴溧阳市人民医院、溧水区人民医院、栖霞区人民医院、宿迁市第一人民医院、中大医院江北院区、南京江宁医院考察学习,在区中心医院召开座谈会6场,召集“两代表一委员”座谈1次。

历时3个月调查所形成的《浦口区“院府合作”工作调研报告》认为,“院府合作”存在的问题、主要表现发展方向有待进一步明确,工作机制有待进一步完善,管理效能有待进一步提高,提出“坚持党的领导、把牢发展方向,明确发展定位、顺应人民期待,完善工作机制、增强发展实效,加强队伍建设、提升诊疗水平”4项改进意见。区人大常委会行使法律赋予的重大事项决定权,第六次会议作出相应决定,呈报市人大常委会备案。 (徐阳)

专门委员会工作

【概况】 2022年,区人大常委会设专门委员会4个,即区人大法制委员会、区人大财政经济委员会、区人大社会建设委员会、区人大监察和司法委员会。各专门委员会按照各自职责和任务开展工作。

【区人大法制委员会】 审查报备规范性文件3件。承接市人大常委会交办的工作,为制定《南京市国有空间规划条例》《南京市长江岸线保护条例》《南京市残疾人保障条例》等5部法规征询意见,通过线上线下方式发动各相关部门、江浦街道、星甸街道和桥林法庭等8个立法联系点,征求意见建议20余条,并如期给予反馈。

【区人大财政经济委员会】 调研招商引资及商圈提档升级情况、2021年财政决算情况、2022年上半年计划和财政预算执行情况、2021年区本级财政预算执行审计工作情况、2022年计划和财政预算执行情况、2023年计划(草案)和财政预算(草案)编制情况;调研国有资产管理情况和国企改革“三年行动”推进落实情况以及市下达浦口区重点指标和重大项目推进落实情况、审计意见整改工作情况。协助建成并运用区人大预算联网监督二期系统,与财政、发改、审计等18个部门建立FTP数据链接端口,将重点预算单位的资金、财政收支行为纳入区人大监督。选取并组织审查浦口公安分局、区卫生健康委2021年决算,提出并反馈意见建议7条。

【区人大社会建设委员会】 完成与市人大社会建设委员会同步开展的《南京市养老服务条例》实施的检查工作。聚焦“城市更新”类重点城建项目和“提升城市管理水平”民生实事项目,将19个子项目分解细化为“一张表式”清单,召开推进部署会1次、座谈会2次,开展视察调研6次,持续跟踪监督,推进项目实施。

【区人大监察和司法委员会】 配合区人大常委会完成监督工作议题2项、专题视察1次,督办重点民生实事2项,完成调研课题1项。全程负责操办人大代表旁听区法院庭审、参与区检察院案件听证等组织方面的工作。调查区监委民生领域专项监督情况,首次安排区监委在区人大常委会会议上报告工作。协助区人大常委会组织部分组成人员视察桥林、永宁2个基层法庭,召开座谈会1次。 (徐阳)

·文稿编辑 杨宇金·

南京市浦口区政府

综　述

【浦口区民生实事项目】 1月8日,区五届人大一次会议票决区政府2022年民生实事项目10个。

优化教育资源配置　启动园特路幼儿园、狮山路配建小学、金穗路配建中学、海桥路高中等建设,加快建设北花园路规划中小学、立新路幼儿园、汤泉街道幼儿园,开办巩固10号地配建中学。健全学生课后服务保障机制,课后服务率、学生需求满足率均为100%,深化校外培训机构治理。巩固完善紧密型集团校,新建紧密型集团校2个,覆盖率70%。

提升医疗服务能力　做好省人民医院浦口分院8个病区整建制融合工作,推动23个市级重点专科提优增效,重点孵化消化内科、骨科、肿瘤内科,争创省级重点专科。完成农村妇女免费“两癌”筛查1万余人,推进0～3岁婴幼儿照护服务,新增普惠托育机构1家。推进省人民医院浦口分院三期工程、乌江社区卫生服务中心建设。打造中医药特色社区卫生服务中心4个、中医药特色服务站20个。

提高养老服务水平　新建三级社区居家养老服务中心24个,新增社区老年人助餐点19个,社区覆盖率均达80%。白马生活广场养老服务指导中心投入使用,新增医养结合型居家养老服务中心1个,新设养老床位100张,每千名老人拥有养老床位46张。每月为80周岁及以上高龄和经济困难的失能老年人提供2小时以上免费生活照料服务。开展老年人智能手机培训50多场1000多人次。

改善交通出行条件　推进智慧停车一期项目建设,实行20多家机关企事业单位停车场夜间、节假日开放共享,新增停车泊位500个。完成宁滁快速通道、汤盘公路、岔琥路、江星桥线(星甸绕镇段)干线公路路灯照明设施提升改造工程。建成沿山大道与绕城公路连接线、汤泉互通下穿道路改造、丰子河路一期和亭子山万寿园外部疏解道路4条道路。升级智能和非智能公交站台各20座,新增、优化公交线路5条,开通浦口开发区早晚高峰接驳线路。启动城市道路“白改黑”工程及北庄东一路、北二路道路建设,推进200千米农路提档升级及重点乡村道路“黑化”工程。加快浦云路(康华路—浦口大道段)、云实路(龙港路—双浦路段)“断头路”建设,启动孝祥路(海院西路—白马路段)、海象路(海院西路—白马路段)2条“断头路”前期研究工作。

改善群众居住环境　新开工建设保障房20万平方米,竣工50万平方米;实施老旧小区改造工程10个。推进既有住宅增设电梯工作。建成主城区8座城市公厕、30千米绿道和2个“口袋公园”。推进128个老旧(零散)小区实现自治组织(业委会、管委会)、专业化物业服务、物业企业党组织全覆盖。

提升城市管理水平　开展“四清、四拆、四整治”环境整治行动,完成文昌路(凤凰大街—公园北路段)、一条巷、二条巷环境整治工作。主城区主次干道机械化清扫率达98%以上。建成江浦街道八里社区服务中心,推进永宁街道社区综合服务中心建设。

加大安全保障力度　组织开展应急疏散演练,免费发放家庭应急救援包6000多个。推进上河街人防工程建设,启动北花园路规划中小学运动场人防工程建设,维修改造江浦市民广场人防工程。乌江、山林路、花旗营、珍珠泉4个消防站投入运营。整治钱塘望景、中海万锦熙岸、融侨观邸等5个小区84栋高层建筑消防隐患，恢复高层建筑消防系统。为失能、半失能以及困难高龄老年人安装独立式感烟火灾探测报警系统，升级养老院火灾自动报警系统。

提升社会保障能力　巩固基本养老、基本医疗、失业等保险面，确保参保率稳定在99%以上，重点推进以互联网平台为主的新业态从业人员参保工作。优化“15分钟社保（医保）经办服务圈”体系，建设省级城乡居民基本养老保险公共服务标准化平台。开展助老、助残等“六助”活动，救助金额不低于1600万元。为符合条件的残疾人购买城乡居民基本养老保险、基本医疗保险以及残疾人意外伤害险，100%发放残疾人“两项补贴”。开展农村危房改造动态清零行动，完成农村低收入群体危房改造5户。

加强生态环境保护　完成滁河堤防、石碛河（朱石桥—入江口段）消险工程，启动农村生态河道建设，建成玉莲河生态安全缓冲区。完成珠江污水厂中水厂厂外配套管网二期建设以及桥林、星甸、汤泉、永宁4个街道三四级污水管网改造工程。做好虹悦城等重点区域内设餐饮油烟排放管控工作，减少污染物排放。

推进乡村振兴建设　完成汤泉街道山北片高标准农田零散地治理以及星甸、汤泉、永宁3个街道3.33平方千米耕地地力提升工作。建成美丽乡村市级宜居村45个。完成国家数字乡村试点区二期建设项目、省级“互联网+”农产品出村进城工程试点，启动南京浦口现代农业产业园瓜果一期项目建设。

【浦口区跨界协同发展】　浦口区与南谯区跨界一体化发展工作　编制《2022年浦口—南谯跨界一体化发展示范区建设工作要点》，定期召开工作例会，研究部署跨界一体化发展工作。南谯浦口一体化发展合作共建园区首个合作项目、滁州市第一家晶圆体制造厂——投资10亿元的华瑞微半导体IDM芯片一期项目建成投产。总投资12亿元的华诺半导体项目落户。总投资分别为5亿元的亚芯微半导体、越好半导体等设备制造企业进驻并投入生产。举办南京都市圈“微度假”浦口文旅推广周活动，推出40余条组团游线路产品、50余条自驾游线路产品。

浦口区与镇安县对口协作发展工作　浦口区、镇安县召开高层联席会议2次，研究部署对口协作工作，签订“1+5”协议书，浦口区援助镇安县资金约2000万元，援建产业类、基础设施类等项目33个。浦口区各相关单位率先落实“四方双结对”工作，民主党派政协委员首次以组团式帮扶模式，实施“心佑工程”、助学、助残等项目，为镇安县建设0.4平方千米薄壳山核桃基地，创新设立浦镇大病公益救助基金。帮助镇安县农村劳动力转移就业700人，销售镇安县高山农特产品价值约8100万元。

【浦口区对口挂钩援助工作】　区政府援赠新疆维吾尔自治区伊宁市负压救护车2辆。倡议各街道、部门及直属单位工会在传统节日期间订购新疆农特产品作为干部职工节日福利，帮助销售农特产品价值300多万元。江浦街道与伊宁市巴彦岱镇建立结对关系，开展交流互访活动。浦口区挂钩帮促江苏省邳州市，区委常委会、区政府常务会分别研究挂钩帮促工作，明确全年安排500万元财政资金，用于邳州市推进产业合作、村级道路提升等乡村振兴项目建设。至12月，重点帮促项目实现按计划启动、按时序推进、按预期竣工的目标。（林凯）

重要会议

【区政府常务会议】　2022年，区政府召开常务会议32次，摘录其中12次。

表3　2022年南京市浦口区人民政府部分常务会议一览表

时间	主要议题
1月24日	审议并原则同意或通过《浦口区深化综合行政执法体制改革工作方案》等6个事项
1月27日	听取2021年浦口区河湖长制工作落实情况、浦口区2022年度春季征兵工作情况汇报，审议并原则同意或通过《浦口区“十四五”知识产权发展规划》《浦口区建设江苏省健康促进区工作实施方案》《关于进一步深化“只投诉一次”工作机制的实施意见》《南京市浦口区乡村规划师制度实施方案》等13个事项

(续表)

时间	主要议题
2月17日	审议并原则同意或通过《浦口区区属园区(平台)社会管理职能剥离移交工作方案》《浦口区拟实施相对集中行政处罚权清单》等6个事项
3月25日	审议并原则同意或通过《浦口区关于做好2022年全面推进乡村振兴重点工作的实施意见》《浦口区关于持续深化提升安全生产专项整治三年行动实施方案》《2022年区政府主要工作目标任务分解落实方案》《浦口区法治政府建设实施方案(2021—2025年)》等8个事项
4月15日	听取浦口区2022年民生实事项目一季度推进情况、全区新冠疫情防控工作情况汇报,审议并原则同意或通过《浦口区应对疫情助企纾困八条措施》《区政府领导班子成员2022年安全生产重点工作清单(送审稿)》《全区安全生产大检查工作方案》《浦口区"十四五"进一步提升农村人居环境加快生态宜居美丽乡村建设行动计划》等14个事项
6月1日	听取浦口区食品安全工作汇报,审议并原则同意或通过《浦口区制造业智能化改造和数字化转型实施方案》《浦口区推进"五个示范"工作实施方案》《浦口区数字经济高质量发展实施方案》《2022年浦口—南谯跨界一体化发展示范区建设工作要点(送审稿)》《浦口区优化营商环境20条(2022版)》等11个事项
6月16日	听取全区安全生产工作和省级安全发展示范城市创建工作情况、全区新冠疫情防控工作开展情况及措施建议等情况汇报,审议并原则同意或通过《2022年浦口区推动长江经济带发展工作要点(送审稿)》《浦口区关于贯彻落实〈南京市建设服务构建新发展格局先行示范区实施方案〉的意见》《关于全面加强和改进新时代学校体育工作的实施意见》等8个事项
7月1日	听取2022年全面推行林长制工作情况报告,审议并原则同意或通过《南京市浦口区2022年法治政府建设工作计划》《浦口区街道综合执法赋权事项实施评估报告》《关于推进全区科技创新工作高质量发展的若干政策措施》《浦口区国有企业投资监督管理办法》等7个事项
8月11日	审议并原则同意或通过《浦口区补充医疗救助基金实施方案》《浦口区镇村志编纂文化工程实施方案(草案)》等8个事项
8月19日	审议并原则同意或通过《浦口区"十四五"残疾人事业发展规划》《浦口区重大项目服务保障一件事改革方案》《关于进一步做好政府投资项目立项管理的通知》等8个事项
10月14日	审议并原则同意或通过《南京市浦口区知识产权奖励办法》《浦口区普惠托育服务体系建设工作方案》《浦口区国家知识产权强县建设试点县工作方案(2022—2025年)》《浦口区打造高效规范便利的一流政务环境工作方案》《浦口区"十四五"高标准农田建设规划(2021—2025年)》等12个事项
10月28日	听取浦口区2022年民生实事推进情况汇报,审议并原则同意或通过《关于进一步规范政府购买服务工作的通知》《关于公布浦口区行政许可事项清单的通知》《浦口区低效工业用地再开发实施意见(送审稿)》《浦口区农村住房条件改善专项行动实施方案》等8个事项

(李颖)

政务服务

【概况】 2022年,浦口区推进行政审批制度改革,加强行政审批服务、政务热线服务和公共资源交易服务等工作,办理各类行政审批和服务事项127.5万件。连续三年被评为"全市工改先进区",获全市政务服务年度综合考评第一等次。区行政审批局获评"浦口区'一三五六'总体发展布局先进集体",被团市委授予第27届"南京市青年文明号"称号。

【行政审批制度改革】 推进重大项目"一件事"审批制度改革和自贸区南京片区"一窗通办"改革,深化"证照分离"改革,办理各类审批事项88.23万件。

重大项目"一件事"审批改革 制订《浦口区重大项目服务保障"一件事"改革方案》,从强化前期辅导、简化审批流程、做实服务平台、拓展改革成效4个方面提出9项改革任务。制订《浦口区工程建设一站式服务专区设立运行方案》,构建"一站式"审批框架,初步建成"五个一"(打造一个工程项目报建“线下专区”、梳理一张全链条流程图、建立一个动态项目库、组建一支专业辅导队伍、形成一套服务保障机制)服务保障模式。推出人才服务、新生儿出生、职工退休等“一件事”办事场景10个、项目236个,办理近2.6万件。工程建设项目全流程涉及的审批事项和中介服务内容集中进驻,提供全要素、全周期服务,审批事项85.43万件。

“政务+自贸”一窗通办改革　4月,成立中国(江苏)自由贸易试验区南京片区浦口政务服务中心,对接省级赋权办理自贸事项229个,其中200个事项进场直接办理。按照“6+2”的“服务专区+特色服务”模式设置6个专区,优化集成各部门综合审批和自贸赋权事项2个特色领域,推出“前台综合受理、后台分类审批、综合窗口出件”审批程序后,组织相关部门梳理事项标准,签订承诺书,将事项移交综合窗口。全区18个部门542个审批事项、62个赋权自贸区省级管理权限事项和健身场所、网吧、游乐场等7个“一业一证”事项全部进驻综合窗口,年内办理事项7457件。

4月,中国(江苏)自由贸易试验区南京片区浦口政务服务中心成立　区行政审批局供图

证照分离改革　按照直接取消审批、审批改为备案、告知承诺、优化准入4种方式推进证照分离改革,项目涉及国家层面70个、省级层面6个、自贸区26个。其中,直接取消医疗机构设置许可1个;医疗机构执业登记、母婴保健技术服务机构许可等8个许可事项减少审批材料12项。至年末,办理事项2000件。

9月,惠企政策直达企业行活动举办　区行政审批局供图

【行政审批服务】　紧扣“三级四同”一体化标准,发挥区、街道、社区“1+5+76”智能政务服务架构作用,打造“15分钟政务服务圈”。在区政务大厅设置服务事项2232个,其中140个事项全国通办、130个事项全省通办、16个区级事项跨省通办,办理跨省事项3.1万件,辐射江苏、安徽两省交界处群众1万余人。在省政务网展示全区事项8405个,其中2320个依申请政务服务事项实现网上咨询、网上办理、网上审批,综合窗口覆盖率100%,全程网办率96%。制订《浦口区惠企政策直达工作方案》,在“宁企通”平台发布区级惠企政策28条、兑现事项54个、线上申报事项14个,为企业纾困、人才就业、减税保费、产业扶持、科技创新等兑现政策资金1.06亿元,惠及企

业477家。印发《浦口区惠企政策指引一本通》2000余册,向新开办企业发放“大礼包”1400份,赠送印章2900套,为企业节省开办费用76万元。4月新冠疫情期间,率先在全市推行歇业备案制度,为南京瑞青农业科技有限公司、南京二向装饰工程设计有限公司办理歇业备案登记,缓解企业生产经营压力,并跟踪服务,视情况解除“休眠”期。与中国银行、北京银行、紫金农商银行驻浦口机构签订“企业开办——政银合作”协议书,试行新办企业“就地办、一次办、多点办”托管登记,发出“一照多址”营业执照90张,新登记法人企业3985家,全程电子化办理3429家,不见面审批率86.05%。完成城建A类新开工项目立项72个,区重点产业、社会事业、乡村振兴A类新开工项目立项49个,完成率均为100%。核发施工许可证232个、“告知承诺”施工许可证28个,发出施工意见函18件。

【政务热线服务】 坚持用好“12345”热线工作机制,推进“只投诉一次”工作标准化、制度化,在实效上下功夫,接处热线工单12.88万件,其中受理办结10.3万件,办结率100%,解决率97.89%,满意率99.12%。在南京市6个双月考评周期蝉联首位,政务热线绩效位居全市行政区板块组第一名。新冠疫情期间,发出特急事项A级交办单175件,化解群体性诉求137起,印发监测分析报告558期,发出重要诉求预警提示1058个。浦口区连续两年被市委、市政府评为“全市政务热线工作先进区”。

【公共资源交易】 南京公共资源交易中心浦口分中心运用“互联网+”思维,提高招投标项目全流程电子化率,实行“不见面”交易,推进活动公开、公平、公正。创新服务模式,扩大试点项目近200个,推动公共资源交易从“一人一标”向“一人多标”“现场见证”“数字见证”转变。利用公共资源交易平台,助力企业纾困,完成中小微民营企业标段33个,采购总额0.93亿元,占比30.25%。至年末,进场交易标段362个,交易额约163.05亿元。其中,建设工程定标标段254个,交易额约159.82亿元;政府采购标段108个,交易额约3.23亿元。完成产权交易68宗,金额约1.06亿元。 （何频）

信访工作

【概况】 2022年,浦口区接待信访群众739批3051人次,处理群众来信和网上信访3063件,及时受理率、按期办结率均为100%,网上信访一次性化解率95.82%,群众满意率99.54%,重复信访件比上年下降3.15%。浦口区及江浦、桥林、永宁3个街道人民来访接待中心被评为“全省信访系统‘人民满意窗口’建设质量提升工程示范单位”。区信访局被人力资源社会保障部、国家信访局授予“全国信访系统先进集体”称号。

【信访接待处置】 全区信访工作以“四下降、四提升、四个不发生”为目标,加强信访工作的组织领导和规章制度建设,印发《关于做好2022年度全区领导干部接访下访工作的通知》《浦口区信访督查工作的办法》《街道领导干部接访工作规范》,坚持以上率下推动信访件办理质量提升。区级领导干部亲自接访、下访和参加接访163次,接待群众148批168人次,推动矛盾化解132件。做好省委巡视、市委巡察期间信访受理工作,向有关部门(单位)分别移交涉及民生领域信访事项285件、109件,办结率、回复率均为100%。

【信访突出问题化解】 按照省、市开展“信访突出问题攻坚化解年”行动要求,采取领导干部包案、一案一策、对账销号等方式,推动攻坚化解行动落到实处。办结国家信访局交办的第一批重复治理件111件、第二批重复治理件34件和省信访局滚动交办的攻坚件17件。整合全区资源,完备由区级主要党政领导干部担任总召集人,区委常委、副区长为召集人的区、街道两级信访联席会议体系,发挥其议事协调机制作用,按照“谁主管、谁负责”原则处置信访突出问题。区级领导干部直接召开联席会议86场,形成会议纪要10份,推动化解复杂信访问题39个。

【区信访局获评“全国信访系统先进集体”】 5月20日,区信访局被人力资源社会保障部、国家信访局授予“全国信访系统先进集体”称号。该局打造“坚守为民初心、办好信任之访”党建品牌,全局党员干部带着感情和责任办好每一件信访事项,把宗旨意识和为民情怀体现到信访工作实践中。开展“下访搭‘心桥’化解铺‘心路’”行动,及时就地办好群众

“牵肠挂肚事”，群众满意率保持在90%以上。创建街道信访工作联席会议制度，完善信息互通、资源共享、工作联动机制，化解民生诉求突出问题。坚持矛盾有因、问题有解、化解有方，发挥信访部门主推作用，近年来，推动化解信访突出问题100余个。建立健全常态化矛盾排查、分析研判、领导接访、协调会办等机制，把信访工作融入全区大联勤网格化社会治理体系，对信访矛盾早预防早发现早处理，实现由应急处置向常态治理转变。浦口区2018—2020年被省信访联席会议评为“信访工作先进单位”，被表彰为“2021年度全省信访工作示范区”，区级和60%的街道人民来访接待中心被评为“全省信访系统‘人民满意窗口’建设质量提升工程示范单位”。（谷业婷）

外事工作

【概况】 落实党对外事工作的集中领导，首次以区委外事工作委员会名义印发全区2022年外事工作要点，制定区委外事工作委员会工作规则和区委外事工作委员会办公室工作细则，年中专题向区委汇报全区外事工作开展情况，加强对外事工作的统筹调度。做好邀请外国人来华管理，加强对来华事由、背景的审查，从严从紧压实邀请单位防控主体责任，把牢入境关口、维护国家安全，优化各单位因公出国（境）会审工作职责，办理邀请来华10人次、因公出国（境）1人次。落实总体国家安全观要求，坚决扛起维护全区公民、法人海外合法权益的政治责任，建立浦口区境外公民和机构安全保护工作联席会议暨“一带一路”建设境外安全保障协调小组，印发《浦口区海外利益安全领域协调机制工作规则》，分别由分管区领导担任召集人和组长，维护海外利益安全。在全市率先成立外语志愿服务浦口分队，推动志愿队伍参与全区外事交往、文化交流、文体赛事等活动，助力南京国际交往中心城市建设。

【联谊交流】 邀请工业、教育、科研等领域代表性外籍人士，参加“发现浦口”实地观摩暨座谈交流活动，推介园区项目、人才引进相关政策，拓展与欧美等国合作交往空间。结合“微度假”文旅品牌打造，依托老山国际文化旅游节，邀请在宁外籍商务人士打卡地标、体验非遗，推介浦口山水资源和生态禀赋，发掘对外合作交流潜力，提升浦口对外形象和国际影响力。

【国际合作】 联合举办苏澳创新创业合作交流会，深化浦口对澳大利亚交流合作，汇聚海外人才，招引创新项目。围绕农业科技创新，牵线联络南京国家农创中心与法国、巴西等开展食品安全、农业技术交流推介。继中国驻里昂总领事专程拜访法国依云市后，与世界温泉和气候养生联合会连线会晤，围绕温泉资源开发利用，探索三方务实合作。（区政府办）

港澳台事务

【概况】 2022年，浦口区加大各项惠台政策宣传力度，做好台企台商台胞服务保障工作，收集整理台企台商台胞政策咨询、问题、困难和意见建议21条，并联系相关部门推进解决。组织台湾青年创业大讲堂及相关沙龙活动9场，1038人参加活动。

【台务工作】 3月，举办台湾艺术及创业菁英南京行走进浦口活动，20余名两岸青年艺术家及优秀创业者参访交流，推进两岸文化艺术与创业成果交融。4月，组织南京弘洁半导体科技有限公司等15家台企，参加“聚焦台企环保 优化营商环境”台商沙龙活动，引导企业家了解国家、省、市环保政策和相关要求，把握发展方向。帮助28名台企员工解决子女入学问题，协助做好台商子女学校浦口教学点师生返宁工作。区台办、区人力资源社会保障局共同开展“浦创杯”两岸青年大学生创业大赛，吸引优秀创业人才落户浦口。组织浦口、台湾30余名企业家代表开展“携手新时代 筑梦新浦口”素质拓展交流活动，组织台胞50余人次参与新冠疫情防控。（易智博）

区直机关事务管理

【公共机构节能工作】 印发《关于进一步做好高温期间节能节电工作的通知》《关于进一步加强党政机关厉行节约过紧日子的通知》，推动党政机关带头发扬艰苦奋斗、勤俭节约的光荣传统，发挥“过紧日子”的表率作用。印发《浦口区公共机构节约能源资源专项资金暂行办法》，审计区委党校、区中心医院、江浦高级中学等20个能源项目，水平衡测试区中心医院等5家单位。区中医院合同能源管理项目落地，汤泉街道、星甸街道分别建成南京市、江苏省公共机构节能低碳示范单位，汤泉街道办公楼节能改造项目被市机关事务管理局评定为示范项目。

【办公用房管理】 印发《关于进一步规范办公用房租用等配置程序的通知》《关于进一步规范党政机关办公用房配置使用的通知》，落实办公用房配置管理工作，调配办公用房2处，完成江苏省党政机关办公用房管理信息系统填报工作。

【公务用车管理】 制定《关于进一步严控党政机关公务用车更新的通知》，严格执行公务车辆更新配备标准，年内原则上不再批准预算外车辆更新购置，减少公务用车维护费用支出。扩大新能源车在党政机关配备更新比例，鼓励租赁车辆选用新能源汽车。以“互联网＋公务用车”理念，促进信息化技术与公务用车管理融合，通过信息化平台监管全区公务用车使用情况，实现管理信息精准到位、细化到点。严格执行“三定点”规定，审核把关相关费用，推进公车使用程序规范化，杜绝“车轮下的腐败”。

【机关安全生产】 印发《浦口区机关事务安全生产排查整治“治本攻坚”大会战实施方案》《关于加强机关事业单位火灾防范工作的通知》，严格安全生产主体责任和监管责任，开展机关事务领域安全生产排查整治，节假日实地抽查部分机关(单位)安全生产情况，督促重点部位人员值守、日常巡防等人防措施落实，开展各类抽查6次，发现安全隐患10余个，均作限期整改处理。邀请安全生产专家全覆盖排查78家单位安全隐患，发现隐患问题248个，均告知相关单位解决。开展安全隐患排查“回头看”工作，实行隐患销号制度，安排人员跟踪整改进度，确保隐患清零。

【后勤管理】 明确物业、安保考核标准化工作主体责任，制定《浦口区机关大院物业考核管理办法》《浦口区机关大院安保考核管理办法》，构建内容全面、层级清晰、衔接紧密的机关事务各项标准体系。建立完善机关事务各项保障工作的对标制度，总结日常物业、安保等工作实践经验，就出现的问题形成“错题集”，补短板，强弱项。加强与各保障单位联动，制作服务流程表单，定期召开后勤保障人员交流会，增强标准工作的认知度。

【基建维修】 引入全过程咨询管理机构，严格招投标程序，审核工程建设资质。强化施工人员安全教育培训，严格规范作业，做好安全巡查。抓好合同能源管理、漏水点检测等工作，节约用水93877立方米。以工程质量为监督重点，严格按标准验收，落实隐蔽工程自检、专检规定，做好资料台账整理留存工作。

【垃圾分类工作】 印发《2022年垃圾分类重点工作任务》，明确各公共机构垃圾分类的主要目标和要求，检查党政机关垃圾分类情况2次，推动台账不齐、信息不全等问题整改。指导区检察院、区法院、江浦街道等5家单位建成南京市机关单位生活垃圾分类示范点，做到以点带面，促进垃圾分类工作走深走实。

(龚雅君　滕宏庆)

·文稿编辑　杨宇金·

政协南京市浦口区委员会

综　述

【政协换届】　区政协换届历时2个半月,按照全国政协章程规定和区委换届方案,经过推荐和自荐提出委员人选、换届工作领导小组商定推荐委员人选、征求党内外有关方面意见、确定委员人选建议名单(草案)、报送区委审定等民主程序,1月初,经第四届区政协常委会议协商通过,产生五届区政协委员318人,平均年龄43.8岁。其中,中共党员121人,占比38.1%;非中共党员197人,占比61.9%。非中共党员中,民主党派人士74人,无党派人士46人,群众77人。妇女委员101人,占比31.8%。少数民族委员12人,占比3.8%。本科及以上学历284人,占比89.3%;研究生及以上学历129人,占比40.6%。设置界别17个,即中共界33人、各民主党派界17人、无党派人士界12人、共青团界8人、总工会界6人、妇联界8人、工商联界18人、侨台界14人、文化体育界20人、科技科协界25人、经济界50人、农业和农村界17人、教育界16人、医药卫生界19人、社会工作界25人、民族宗教界13人、特邀界17人。

【政协委员构成】　至年末,区政协五届委员324人。其中,中共党员125人,占比38.58%;非中共党员199人,占比61.42%。男性委员225人,占比69.44%;女性委员99人,占比30.56%。设中共、各民主党派、无党派人士、共青团、总工会、妇联、工商联、侨台、文化体育、科技科协、经济、农业和农村、教育、医药卫生、社会工作、民族宗教、特邀17个界别。

6月24日,区政协举办“喜迎二十大 同心跟党走”“浦口·书香政协”委员读书分享会　　王健摄

【委员工作】　区政协注重委员政治素质和履职能力提升,组织学习报告会、座谈会等6场。其中,6月24日,举办“喜迎二十大 同心跟党走”“浦口·书香政协”委员读书分享会,邀请南京大学历史学院教授作“书生说书”专题讲座,政协委员代表分享《毛泽东读史》《苦难辉煌》等经典故事;8月15日,举办学习报告会,邀请市政协一位委工委主任,以“强化职责担当 做新时代合格委员”为题,为新任政协委员讲授政协基础知识、基本理论和履职常识。组织线上学习活动,向委员发放《政协委员手册》《中国共产党政治协商工作条例》等资料800余份。做好委员服务管理工作,健全委员履职档案、常委述职等制度,制定《政协南京市浦口区委员会委员履职考核办法》,发挥激励机制作用,表扬优

秀政协委员16人。为委员参与社会治理、服务群众创造条件,组织1100余人次参加区法院、区检察院案件公开审查活动和2022年浦口区“双亮行动”。开展“主席接待日”活动,走访接待委员60余人次。

【“协商议事+大走访”活动】 按照《浦口区政协“协商议事+大走访”活动安排》,综合运用协商议事室、委员进社区、主席接待日等平台载体,结合乡村振兴专题民主监督活动,区政协领导班子成员走访委员企业100余家,政协机关干部走访村(社区)14个、企业60余家、困难群众91人,全体委员深入基层开展政策宣讲40余次。在开展民生专题协商议事活动月中,组织协商议事活动30余场,推动解决教育均衡、拆迁安置等百姓“急难愁盼”问题20余个。收集企业发展、项目建设、民生实事等方面意见建议100余条,形成各类建议专刊24期、调研报告31篇、社情民意信息64条(篇)。

【“委员进社区”试点】 区政协以永宁街道政协工委及城建工作组政协委员为试点对象,按三人履职小分队模式进驻11个村(社区),通过参加“五个一”(一次体验日、结交一名居民朋友、参与一次信访接待、提出一批高质量建议、为群众办一件实事)活动,推动委员更好地履职为民、服务于民。12月9日,区政协在永宁现代农业展示中心举行“委员进社区”试点工作启动仪式。市政协1名副主席和1名专委会主任出席,区政协全体领导成员及区政协办、各专委会主任、副主任,各街道政协工委主任,永宁街道党政主要负责人、部分政协委员约80人参加。在组织视察永宁街道侯冲社区党群服务驿站、永宁现代农业展示中心后,区政协分管副主席作“委员进社区”试点工作说明,村(社区)书记代表、履职小分队组长代表交流发言,区政协向履职小分队人员颁发“委员进社区”工作证。

【文史工作】 区政协发挥政协文史“存史、资政、团结、育人”功能作用,编纂《浦口文史》第十九辑《江和全抗日烽火》,全书分为5个章节,约15万字,配图近200张,印刷450册。通过“浦口政协”微信公众号线上发布“好书推荐”“文史知识”“节气介绍”等33期。 (高砚涛)

重要会议

【概况】 2022年,区政协召开全体会议1次、常委会议5次、主席会议11次。常委会议听取党政部门(含区政协办和各专委会)工作汇报、通报9次,作出决定2项;主席会议听取各有关部门(含区政协办和各专委会)工作汇报15次。

【区政协五届一次会议】 1月5—7日召开,应到委员318人,实到委员308人。会议审议通过区政协五届一次会议议程,听取和讨论区委书记代表中共浦口区委在会议开幕式上的讲话,听取和审议政协浦口区四届常委会工作报告和提案工作情况报告。全体委员列席区五届人大一次会议,听取和讨论政府工作报告和其他各项报告,听取江北新区情况通报。会议选举产生政协浦口区第五届委员会主席1人、副主席5人、秘书长1人、常务委员32人,审议通过区政协五届一次会议决议和提案初步审查情况报告。会议期间收到委员提案247件,表扬2021年度先进委组6个、优秀委员33人、优秀提案15件、提案先进承办单位10个、优秀社情民意信息10篇。

【区政协常委会会议】 1月7日,召开五届一次常委会议。通过政协浦口区五届常委会关于设置专委会决定及各专委会主任、副主任名单和各工作组组长、副组长名单。

3月29日,召开五届二次常委会议。传达学习全国和江苏省两会精神;听取区政协办关于工作要点、重点协商议题和调研视察安排的汇报;通过人事事项;部署开展乡村振兴专题民主监督工作。

7月15日,召开五届三次常委会议。实地察看杨家岗、工业大学地铁站小游园和公园南路;学习《中国共产党政治协商工作条例》;听取区城市管理局关于“四清、四拆、四整治”环境整治行动工作情况汇报和浦口公安分局、区住房保障和房产局补充汇报,以及区政协人资环(城建)委专题发言,与会常委及委员围绕议题提出意见建议。会后形成《关于“四清、四拆、四整治”环境整治行动工作情况的调研报告》。

9月21日,召开五届四次常委会议。实地察看江浦街道社会治理“红石榴”品牌建设和永宁街道张圩社区“精网微格”建设情况；听取区委政法委关于全区市域社会治理现代化试点工作情况的汇报和浦口公安分局、区司法局、区信息中心补充汇报，以及区政协社法（民宗）委专题发言，与会常委及委员围绕议题提出意见建议；听取区政府办、江北新区管委会综合部关于区政协五届一次会议以来提案办理情况的通报和区政协提案委专题发言；通过人事事项。

12月28日，召开五届五次常委会议。听取区政协办关于政协五届二次会议筹备工作情况的汇报；通过《关于召开政协南京市浦口区第五届委员会第二次会议的决定》、会议议程（草案）、会议日程，以及提交区政协五届二次会议的常委会工作报告、提案工作情况报告、报告人名单、《中国人民政治协商会议南京市浦口区委员会协商工作规则》；通过人事事项。

【区政协主席会议】 1月7日，召开五届一次主席会议。通过政协浦口区五届常委会一次会议议程（草案）、政协浦口区五届常委会关于设置专委会的决定（草案），以及各专委会主任、副主任、委员和各工作组组长、副组长名单（草案）。

2月21日，召开五届二次主席会议。通过区政协主席、副主席、秘书长工作分工和主席、副主席定向联系民主党派和联系委组分工；研究区政协工作要点、重点协商议题和调研视察安排、区政协五届一次会议以来提案审查立案情况报告，以及区政协各专委会工作计划、区政协工作组和街道政协工委工作任务分解和其他具体事项，部署近期重点工作。

3月29日，召开五届三次主席会议。通过政协浦口区五届常委会二次会议议程（草案）、《浦口区政协关于开展乡村振兴专题民主监督的实施方案》、区政协重点提案和各专委会重点调研课题；审议人事事项。

4月28日，召开五届四次主席会议。通过区国资办关于国企改革整体情况的通报、浦口高新区和浦口康居集团关于国企改革工作进展情况的汇报、区政协经科农委关于全区国企改革工作调研情况的汇报，与会委员及专家围绕议题提出意见建议。会后形成《关于加快国企改革工作的思考与建议》调研专刊简报。

5月19日，召开五届五次主席会议。实地察看闸口泵站运行管理情况、城东圩和石碛河防汛情况以及滁河防汛物资仓库；听取区水务局关于全区防汛抗旱工作准备情况、区气象局关于汛期气候趋势预测情况的汇报，以及区政协人资环（城建）委专题发言，与会委员及专家围绕议题提出意见建议。

6月24日，召开五届六次主席会议。通过政协浦口区五届常委会三次会议议程（草案）；听取区政协各专委会上半年工作完成情况和下半年工作计划的汇报。

8月30日，召开五届七次主席会议。学习《习近平谈治国理政（第四卷）》；通过政协浦口区五届常委会第四次会议议程（草案）；听取区政协提案委关于提案工作情况的汇报；就区政协机关作风建设提出要求。

9月21日，召开五届八次主席会议。审议人事事项。

10月20日，召开五届九次主席会议。实地察看滴水观堂和松鼠部落项目运营情况；听取区文化和旅游局关于浦口区国家全域旅游示范区创建工作情况的汇报和珍珠泉度假区、浦口文旅集团、汤泉街道的补充汇报，以及区政协教卫文体（文史）委专题发言，与会委员围绕议题提出意见建议；听取区政协各专委会关于重点调研课题完成情况的汇报。

11月23日，召开五届十次主席会议。实地察看永宁街道现代农业示范园区和南京桥丰农业发展有限公司植物工厂等乡村振兴特色亮点项目；听取区农业农村局关于乡村振兴工作进展情况、区政协经科农委关于乡村振兴专题民主监督开展情况的汇报，围绕区政协乡村振兴专题民主监督任务完成情况开展测评；通过《浦口区政协关于开展“委员进社区”试点工作方案》《政协南京市浦口区委员会委员履职考核办法》。

12月28日，召开五届十一次主席会议。通过政协浦口区五届常委会五次会议议程（草案）和《关于召开政协南京市浦口区第五届委员会第二次会议的决定（草案）》、会议议程、日程（草案），以及《政协南京市浦口区第五届委员会常务委员会工作报告（讨论稿）》《政协南京市浦口区第五届委员会常务委员会关于一次会议以来提案工作情况的报告（讨论稿）》及报告人名单（草案）；协商确定大会发言安排和2022年度有关表扬事宜；讨论《中国人民政治协商会议南京市浦口区委员会协商工作规则（讨论稿）》《政协南京市浦口区委员会委员履职补助制度(讨论稿)》、委员调整及人事任免事项。

(高砚涛)

协商议政

【概况】 2022年,区政协坚持团结和民主两大主题,把握政协性质定位,以服务区域高质量发展为重点履职尽责,召开民主党派委员结对帮扶工作座谈会1次、政企协商座谈会1次,组织各类协商活动65场,形成协商建议、监督意见268条。

【民主党派委员结对帮扶工作座谈会】 4月19日,区政协和陕西省镇安县政协召开远程协商会暨民主党派委员结对帮扶工作座谈会。区政协主席、区委统战部常务副部长、政协委员、各民主党派主委出席会议,镇安县政协主席,县委常委、常务副县长,县委常委、副县长,西口回族镇党委书记等在镇安县会场出席。协商会议以视频连线方式展开,镇安县常务副县长介绍该县经济社会发展情况,副县长就结对帮扶工作作相关说明,西口回族镇党委书记汇报青树村有关情况。浦口区各民主党派7名政协委员重点围绕产业发展、基础设施建设、社会公益、劳动就业消费4个方面,就发挥民主党派人才、智力优势,助力镇安县乡村振兴事业发展作交流发言。

【政企协商座谈会】 5月27日召开。就落实"疫情要防住、经济要稳住、发展要安全"要求,组织企业家代表及区政府相关职能部门围绕新冠疫情状态下企业运行情况、营造浦口优良营商环境、推动浦口招商引资和实现经济高质量发展开展面对面交流。区政协主席、分管副主席和1名副区长出席会议。区发展改革委、区商务局汇报1—5月全区招商引资、优化营商环境等情况;10余位企业家代表结合企业生产经营状况、存在的困难和问题,分别就加强优惠政策兑现、创新开展企业金融服务、强化校企合作、打造区域协同发展公共配套平台、加快园区配套建设、做好人才招引、构建重点企业产品及服务清单、开展"首购首用"等方面提出意见建议55条。相关部门负责人回应企业诉求和建议,并深度讲解相关政策。

【协商议事工作创新】 区政协深化协商议事平台融合创新,将集学习宣讲、协商议事、收集诉求等于一体的协商议事室、委员工作室、社情民意信息联系点嵌入街道党群服务中心、"精网微格"等载体,做实建强履职阵地。各委组立足界别、因地制宜,形成永宁街道"乡邻苑"、沿江街道"沿之有你——有请当事人"等工作品牌。加强协商议事工作制度化建设,将协商议事活动纳入委组工作目标,组织省、市、区三级政协委员400余人次与基层社区、群众代表同商共议,推动民生问题解决。 (高砚涛)

民主监督

【概况】 2022年,区政协根据区委要求,开展推进乡村振兴战略实施专项集体性民主监督工作。由区政协党组成员牵头,以"一委一组一工委"和职能部门联动的"3+X"工作模式,推动部门监督与区域监督"双线并行",全覆盖监督五大类36项指标落实。综合运用组织座谈、实地调研、无陪同视察等形式开展监督,举办培训会、调度会、分析会等29场,召集委员、专家、部门负责人现场会诊高标准农田建设、苗木产业提档升级,形成监督专报10期,查找问题短板26项,提出壮大村集体经济、统筹基础设施建设等建议85条,助推党政重大决策部署落地见效。

【乡村振兴专项民主监督会议】 4月24日召开,区政协领导班子成员、区政协办、各专委会主任和副主任、区级机关相关部门、5个街道政协工委主任和分管政协工作负责人等近50人参加会议。听取区民政局、区城乡建设局、区水务局、区城市管理局、浦口规划资源分局关于落实乡村振兴专题民主监督清单情况的汇报,以及区政协各监督组围绕民主监督工作开展情况作的专题发言、区农业农村局关于全区乡村振兴工作进展情况的通报。区政协从坚持目标导向、突出责任落实、强化监督过程和工作联动、常态调度、高位协调等方面提出民主监督工作意见。

7月20日,区政协召开乡村振兴民主监督专题分析会,30余人参加。听取区农业农村局围绕议题作的总体分析,以及区发展改革委、区教育局、区民政局、区文化和旅游局、区卫生健康委、区社保中心关于城乡公共服务一体化发展水平工作推进情况的汇报。与会人员提出进一步摸清现状、加强沟通对接、注意指标与目标相结合、强化目标导向和问题导向等意见建议。

8月23日，区政协召开乡村振兴民主监督现场会，约30人参加。视察珍珠泉佛展路、大埝社区黎家营民宿村、响堂特色田园和龙山社区孙垄子组，听取区农业农村局、区城乡建设局、区交通运输局关于生态宜居美丽乡村建设和农村道路建设工作情况的汇报以及5个街道政协工委补充汇报。与会委员从狠抓项目建设、积极化解矛盾、强化监督过程等方面提出意见建议。

9月16日，区政协召开乡村振兴民主监督座谈会，近30人参加。在听取区委组织部、区民政局、区农业农村局关于乡村治理水平相关指标完成情况汇报、区文明办关于乡村文明实践工作情况汇报，以及5个街道政协工委补充发言后，区政协提出针对性意见建议。（高砚涛）

提案工作

【概况】 2022年，区政协加大提案督查督办力度，协调推进疑难件办理，开展提案办理"回头看"，推动"二次办理"。交由江北新区办理82件（含15件分办），浦口区政府部门办理166件（含15件分办），浦口区党群部门办理16件，全部办复完毕，委员满意率100%。

【重点提案摘要】 区政协经征求相关方面意见，协商决定6件提案为重点件，摘录其中2件。

助推两区一体融合发展　针对江北新区直管区和浦口区边界廊道沿线地区两侧分属管辖，在具体建设项目和建设标准、交通市政设施和公共基础设施建设管理上存在统筹协调不够而影响城市风貌，并与"江北新主城"功能定位有较大差距等问题，政协委员徐步青建议，在两区边界影响城市风貌的地段，划定城市风貌重点管控区，建筑方案、建设时序和管养标准应统筹策划，打造环境友好的城市公共空间；规划编制、建筑方案、交通市政和公共基础设施建设等重要事项应由两区相关部门共同会商，经浦口区政府审查，报江北新区管委会同意后组织实施。

助力农业高质量发展　针对当前全区农业基础设施薄弱、农业科技支撑能力不强、农业产业化经营水平不高，以及农业规模化、标准化、机械化水平较低，加上以水利为主的农业设施建设和管养滞后，传统种植业仍占主导地位，与全面推进乡村振兴存在一定差距的现状，政协委员葛志明建议，要充分发挥政府在乡村振兴中的主导作用，坚持规划引领、产业优先，完善政策，优化服务，特别是加大资金支持力度；依托资源优势和产业基础，多培育具有科技引领、规模较大、质量较高的乡村产业、乡土产业；发挥国家级农创中心技术积聚的支撑作用，在高端农业基础上实现农村一、二、三产业融合发展；加大土地流转力度，推进农村土地规模化、集约化、高效化、专业化进程，培育和引进一批特色、科技农业产业项目；利用浦口位于城市近郊和农村生态优势，打造一批个性化的生态农业、休闲农业、研学农业品牌；注重农业职业教育和技术培训，培育具有现代农业理念、懂技术、会管理、爱农业的新型农民人才队伍和农业产业化带头人队伍。

表4　2022年南京市浦口区政协重点提案一览表

序号	姓名(单位)	提案标题
1	徐步青	关于进一步加强"两区"边界地区城市建设统筹协调的建议
2	桥林街道政协工委	关于加快桥林片区安置房建设进度，多种途径解决群众安置难问题的建议
3	葛志明	乡村振兴应更加突出产业振兴，走出富有浦口特色的农业高质量发展之路
4	赵　磊	关于浦口城南中心片区与江北新区研创园片区加强协同发展的建议
5	郭丽萍	关于完善浦口区与自贸试验区联动发展机制的若干建议
6	杨　昊	关于深化校企合作，逐步解决"就业、用工"两头难的问题建议

【提案审查立案会议】 2月16日,区政协分管副主席召集提案委全体成员、区政府办和江北新区管委会综合部具体负责提案工作的人员,协商研究提案立案工作。经审查,区政协五届一次会议以来征集的299件委员提案,确定立案的分别为经济发展方面57件、城市管理方面60件、教卫文体方面65件、社会服务方面28件、生态旅游方面25件、法制宗教方面14件;不予立案50件,作为一般建议(信息)处理。

(高砚涛)

专门委员会工作

【提案委员会】 把好提案源头起步关,向全区公开征集提案线索,提供选题参考,为委员明方向、划重点、拟要目,推动提案方向从"广泛关注"转变为"聚焦中心"。采用"命题+选题"方式,给委员出题目,并支持委员将会议发言或视察调研成果转化为提案,形成集体提案11件、联名提案12件。完善提案办理协商工作机制,打造承办单位与委员沟通联系"直通车",引导提、办双方良性互动,共同协商提案更好办理。联合区政府办、江北新区管委会综合部督查督办提案办理工作,协调推动提、办、督各方工作有力、有序、有效开展。走访区文化和旅游局、区教育局等承办单位,动态跟踪办理情况,及时协调推进疑难件办理。完善提案办理"回头看"督导机制,在浦口区和江北新区开展提案办理"回头看",协商推动办理结果为B、C类提案"二次办理"。汇编年度优秀提案资料,为委员早选题、早调研、早撰写提案提供范例。收集、提炼并上报社情民意信息31篇。

【经济科技和农业农村委员会】 落实区委部署要求,将政协推动乡村振兴战略实施作为全年民主监督议题,每月"三位一体"(专门委员会、街道政协工委、界别工作组委员)联动,深入对口联系街道调研,上报监督专报,提出意见建议40余条。围绕国企改革,调研区属国资平台,邀请专家参与协商议政。围绕"无差别城乡",与南京农业大学工作团队合作,联合区农业农村局、汤泉街道开展"地毯式"调研,形成调研报告2万余字。

【人口资源环境和城市建设委员会】 召开工作会议,听取委员意见建议,协商确定重点工作和调研选题。围绕区委、区政府工作重点,聚焦民生热点难点,开展民主监督。围绕农村人居环境整治,每月开展视察监督1次。调研"四清、四拆、四整治"专项整治情况,发动政协委员建言献策,形成重点课题调研报告。关注防汛抗旱工作,听取区防汛抗旱指挥部办公室相关情况通报。召开联系部门和委员会议,传达上级重要会议精神,通报年度重点工作。调动委员履职积极性,做好提案和社情民意工作。走访挂钩联系重点企业和困难家庭,帮助企业和困难群众协调解决困难问题。

【教卫文体(文史)委员会】 参加区政协党组理论学习中心组(扩大)学习会、区政协学习报告会、"喜迎二十大、同心跟党走"主题系列活动和"书香政协"等学习座谈活动,完成江苏省干部在线学习任务。围绕乡村学校"双减"政策落实,组织委员视察,了解师资配备、校园文化、特色社团活动等情况。围绕国家全域旅游示范区创建工作,走访珍珠泉度假区、龙之谷、黎家营民宿村等景区、民宿集聚区和相关企业,听取区文化和旅游局有关工作情况通报,收集委员意见建议,形成专题调研报告。发掘历史资源,编撰出版《浦口文史》第十九辑《江和全抗日烽火》。围绕乡村振兴主题,重点对接汤泉街道,参与专项民主监督活动。

【社会法制和民族宗教委员会】 完成市政协2项民主监督性调研任务、区政协2项年度重点调研课题及乡村振兴专题民主监督工作。5月中旬,参与市政协视察贤爱堂、城东聚会点、惠济寺和协商座谈。第二季度,4次调研养老机构和学校食品安全工作,形成调研专报。上半年,按照政协年度重点协商议题安排,调研贯彻落实中央民族工作会议、全国宗教工作会议精神情况。第三季度,赴区委政法委、区信息中心调研市域治理现代化试点工作,并在区政协五届四次常委会议上汇报工作推进情况。4—11月,联合政协政法社会工作组、江浦街道政协工委,组建乡村振兴专题民主监督工作三组,在江浦街道开展摸底调研、实地走访、问卷调查、协商议事等活动。开展"大走访"活动,助力"八五"普法工作。 (高砚涛)

·文稿编辑 杨宇金·

南京市浦口区纪委监委

综 述

【纪检监察机制完善】 健全领导班子及“一把手”监督运作机制，协助区委制定22条举措，制定区纪委监委18条监督措施。推动区属各党委（党组）修定“三重一大”决策制度，通过纳入区委巡察监督、开展“回溯式”检查、列席会议督导等方式，推动议事决策规则落实。加大派驻纪检监察组对口监督力度，构建内外协同的监督架构。健全监察员办公室例会、村级纪检委员有关情况直报、专项工作交叉协作等机制，推动“区统筹抓街促村”监督格局成熟定型。

【纪检监察队伍建设】 规范区纪委监委班子理论中心组学习、专题调研、领导干部包案等制度，优化纪检监察干部分层分类考核评价机制。通过“上派下带”加强实战培训，安排21人参加上级专案办理和巡视巡察。举办“青莲班”，促进年轻干部提高思想素质，增强业务能力。在4个产业园区设立纪律检查工作委员会，实体化运作园区国有企业监审工作。10月27日，首次向区人大常委会报告监察工作，接受权力机关监督。 （刘漪）

重要会议

【区纪委五届二次全会】 1月28日召开。会议以习近平新时代中国特色社会主义思想为指导，贯彻落实中央、省、市纪委全会部署，总结2021年纪检监察工作，部署2022年重点任务。区委书记出席会议并发表讲话，区委常委、区纪委书记、区监委主任在《推进浦口纪检监察工作高质量发展 以实际行动迎接党的二十大胜利召开》工作报告中指出，2022年是“全域综合改革突破年”，必须用改革思路破解发展难题，努力在服务发展、案件治理、高效落实上实现再突破。纪检监察组织要深化政治监督，凝聚奋进前行力量；要深化标本兼治，对腐败问题零容忍；要深化作风建设，持续纠“四风”树新风；要深化政治巡察，发挥“利剑”震慑作用；要深化改革创新，增强监督治理效能；要深化自身建设，锻造纪检监察铁军。会议通过区纪委常委会工作报告和区纪委五届二次全会决议。

【区纪委常委会会议】 区纪委监委召开区纪委常委会暨监委会会议46次，审议“三重一大”事项、各类监督督查、案件审查调查、纪检监察体制改革和党建、信访、宣教工作等议题220余个，推进工作落实。 （刘漪）

监督执纪

【概况】 2022年，区纪委监委加强政治纪律监督和违反中央八项规定的查处，督促整改上级反馈的问题387个，巩固、发展风清气正的政治生态。

【政治监督】 紧扣高质量发展主题，围绕中心、服务大局，按照党中央重大决策和省委、市委、区委具体部署，强化政治监督。协助区委开展防范金融风险和挽回经济损失专项工作，将推动安置房办证、新建未移交道路管养等民生难题融入“每月一办”。牵头构建新冠疫情防控“平、急”督查机制，督促整改省、市反馈的问题359个，查处智选假日隔离酒店等新冠疫情防控不力问题。推动中央环保督察反馈的28个问题整改到位，深挖环保领域执法不严、监管不力问题。

【作风保障】 坚持不懈纠治“四风”,查处违反中央八项规定精神问题。聚焦新冠疫情防控、安全生产、社会维稳等领域,查处形式主义、官僚主义问题,将18个政务App整合为4个,明确规定不得要求基层干部“打卡、签到、晒单”,减少“指尖上的留痕主义”。紧盯重要节点,常态化推动纪律提醒、明察暗访、通报曝光3项举措落实,查处享乐奢靡问题,巩固作风建设成效。 (刘漪)

惩治腐败

【概况】 2022年,区纪委监委坚持突出重点、标本兼治,运用“四种形态”处理666人次,其中“第二种形态”比上年增长15.3%。

【重点领域腐败查处】 组织专门班子,对省委巡视移交的重点领域问题线索核查取得进展。推进公房规范管理保值增值专项工作,全覆盖排查租赁2个方面15类问题,督促2632个问题整改,收回房产73处10万余平方米,追缴应收未收租金2000余万元。推动建立全区公房信息化管理平台,实现“一网统管”、智慧监管。针对粮食购销、国资管理等领域违法犯罪多发问题,制发纪检监察建议书12份。 (刘漪)

巡视巡察

【概况】 2022年,区纪委监委编制五届区委巡察工作规划,推动巡察工作主体责任落实,建立巡察与监察衔接等4项机制,依托“巡察+”实现各类监督贯通融合。

【巡察整改】 将“三个聚焦”监督内容细化为54个监督要点、382个具体表现,实施针对性巡察监督。组织2轮常规巡察,巡察12家单位,开展2轮“点题”巡察,即编外用人、园区平台社会职能剥离移交专项巡察,逐一核查361名新进人员,提出精准处置建议,清退违规入职人员85人,批评教育11家单位主要负责人,推动编外人员招聘工作规范管理。构筑纪检监察机关、组织部门、巡察机构、有关职能部门齐抓共管、被巡察单位主动作为的整改责任“共同体”。建立整改意见当面反馈、整改方案“两审一签”和整改工作离任交接3项机制,推动完成涉粮专项巡视巡察、市委化解民生诉求突出问题专项巡察整改工作。 (刘漪)

反腐倡廉教育

【全区领导干部警示教育大会】 1月19日召开。区四套班子领导成员,各街场、园区、部委办局主要负责人,区委巡察组专职组长,区纪委常委、区监委委员,区人大常委会各专门委员会和工作机构主要负责人,区政协各专门委员会主要负责人参加会议。播放警示教育片《正风反腐就在身边》,剖析违纪违法典型案例,教育各级领导干部以案为鉴、以案明纪、以案自励,要心中有信仰,坚定理想信念,始终做政治上的明白人;要脑中有戒律,强化自我修炼、自我约束、自我塑造,慎独慎微、慎始慎终;要肩上有责任,把使命放在心上、把责任扛在肩上,落实主体责任、强化履职尽责,凝聚起特别能吃苦、特别能战斗的组织力量;要脚下有力量,坚持稳中求进工作主基调,对标找差、创新实干、攻坚克难,以“动态的稳”推动“积极的进”,全面推动浦口在省、市高质量发展考核中实现争先进位,在省、市现代化建设大局中努力走在前列。

12月30日召开。区四套班子主要领导、区委副书记出席,其他市管领导和区人大及区政协各专门委员会、各街场、各部委办局、各直属单位主要负责人,区纪委常委、区监委委员参加。与会人员集体观看警示教育片《责任在肩》。江北新区管委会主任、浦口区委书记剖析少数党员干部违法乱纪的深层次原因,强调要永葆忠诚,筑牢理想信念根基;要心存敬畏,守好纪律规矩边界;要守土尽责,扛稳管党治党责任。全区各级党组织要把管党治党作为主要职责和根本任务,狠抓责任落实,做到敢管敢治;注重挺纪在前,做到严管严治;突出作风建设,做到长管长治,尽心竭力抓好班子、带好队伍、纯正风气。

【“定制化”警示教育】 建立案件总结、剖析、通报机制,把查办成果转化为警示教育的素材、督促整改的靶向、建章立制的依据。推动办案人员到发案单位同步开展处分决定宣布和警示教育26场,覆盖1600余人次。推进廉洁文化建设,完成王荷波纪念馆升级改造,支持各街道建立廉政示范点,教育引导党员干部崇德尚廉。 (刘漪)

·文稿编辑 杨宇金·

民主党派
工商联

民革浦口区总支

【概况】 2022年，民革浦口区总支下设综合一支部、综合二支部、离退休支部。有党员57人，其中省政协委员1人、市政协委员2人、区政协委员5人（含区政协常委1人）、区人大代表1人。落实民革江苏省委“三杆四爱”要求，锚定“一个目标、两个重点、三个网络、四个平台”工作布局，以“矢志不渝跟党走、携手奋进新时代”政治交接主题教育为主线，开展特色教育活动，发挥民革党员作用，为推动地区经济社会发展贡献智慧力量。

【参政议政】 民革党员撰写政协大会发言稿2篇、个人提案12件、社情民意信息2条，其中康慧《深入推进文化强省建设 更好满足人民群众精神文化需求》被民革江苏省委用于省两会联组发言材料，康慧个人被评为“2022年度参政议政工作先进个人”。

【社会服务】 民革浦口区总支动员党员投身新冠疫情防控一线，向南京医科大学第四附属医院、桥林街道捐赠防疫物资价值近10万元。开展“同心助学”活动，向汤泉中学捐赠体育运动器材价值5万余元。以“中山博爱之家”为社会服务主要阵地，开展捐资助学、法律援助、精准帮扶、医疗服务等社会服务，与街道、社区开展结对共建活动。

（王莉）

民盟浦口区总支

【概况】 2022年，民盟浦口区总支下设综合一支部、综合二支部、教育支部、经济支部、煤炭设计院支部。有盟员82人，其中市政协委员1人、区政协委员7人。周存荣被民盟江苏省委授予先进个人称号，郑小艳被民盟江苏省委授予“社会服务先进个人”称号。

【参政议政】 盟员中的政协委员参加政协调研活动，撰写政协提案，为浦口民生发出民盟声音。吴文彪获评“浦口区优秀政协委员”。胡圣勇、郑一辰、陈青玲撰写的稿件获民盟南京市委“行知论坛”征文二、三等奖。

【社会服务】 民盟浦口区总支与永宁街道张圩社区联合开展微田园认购活动及健康环保行动。组织盟员为抗击新冠疫情献血，慰问区中心医院奋战在核酸检测一线的医护人员、永宁街道张圩社区坚守在常态化新冠疫情防控岗位上的社区工作者。动员盟员参与社会志愿服务，贡献盟员力量。

（王莉）

民建浦口区基层委员会

【概况】 2022年，民建浦口区基层委员会下设一支部、二支部、三支部。有会员79人，其中经济界会员占比66%。有市、区两级人大代表1人，区政协委员15人（含区政协常委2人），区作风建设监督员2人，区检察院特约检察员1人。获“民建南京地方组织成立70周年先进基层组织”称号。

【参政议政】 发挥会员优势，提高参政议政水平，报送参政议政信息37条、政协提案3件、各类专委会提案6件、调研报告3篇，获民建南京市委调研工作先进集体三等奖、信息工作先进集体二等奖。华慧、沈俊苗《关于培育更多专精特新中小企业,提高南京产业创新力和核心竞争力的建议》获优秀调研成果三等奖,7条社情民意信息获评优秀。

【社会服务】 组织会员捐赠“思源工程”款近3万元,专项用于民建南京市委爱心救助活动。开展“思源·扶老助残”暨爱心捐助南京社会福利院公益活动,举办医疗服务进校园视觉健康讲座。沈俊苗企业出品的国产动画片《丁香花》走进校园,开展爱国主义教育;范成建经方脉学工作室为群众提供精准中医服务;王家有企业参加“一碗粥,温暖一座城”公益送粥活动、南京信息工程大学附属高新实验小学捐赠活动,将“垃圾分类 变废为宝”手工作品义卖所得款全部捐赠给盘城街道渡桥社区困难独居老人,与盘城街道签订双城社区农旅融合发展项目协议书;汪挺参加民建南京市委青工委实施的“思源工程——青檬助学”项目,为品学兼优的贫困学生送去温暖。 (王莉)

民进浦口区基层委员会

【概况】 11月14日,经民进南京市委批准,成立民进浦口区基层委员会,原所属综合支部、教育联合支部、十四中学支部调整为一总支(内设教育一支部、教育二支部)、二总支(内设综合支部、十四中学支部、经济支部)。至年末,有会员100人,其中市政协委员2人(含市政协常委1人)、区政协委员6人(含区政协常委2人)。

【参政议政】 全体会员参加调研活动,收集社情民意信息,其中被民进中央采用2条,被省、市级采用83条。民进浦口区基层委员会获民进南京市社情民意信息工作一等奖,获“社情民意信息工作和理论宣传工作先进集体”称号。

【社会服务】 发挥民进在教育、文化、出版领域的界别优势,开展“民进社区行”“同心送教下乡行”活动,参加新冠疫情防控和慰问等社会服务工作,为浦口经济社会发展贡献力量。 (王莉)

农工党浦口区基层组织

【概况】 2022年,农工党浦口区基层组织在原江浦支部、浦口区综合支部基础上,调整为一支部、二支部、三支部、浦口医院支部。有党员76人,其中农工党南京市委委员1人、市人大代表1人、市政协委员2人、区政协委员8人(含区政协常委1人)。农工党江浦支部被评为“农工党南京市优秀基层组织”,黄学龙获评“农工党江苏省基层建设先进个人”,樊勤获评“农工党南京市先进个人”。

【参政议政】 发挥党员作用,关注和收集社情民意信息,提交建议、提案12件,其中市人大建议2件、市政协提案2件、区政协提案8件,向有关部门反映社情民意信息6条。《关于深化校企合作,逐步解决“就业、用工”两头难的问题建议》被区政协评为优秀提案,杨昊被评为“区优秀政协委员”。

【社会服务】 资助浦口区大桥中学2名困难学生。组织党员开展“爱心送考”、下乡植树、慰问社会福利院孤寡老人等活动。庄树林负责区疾控中心新冠疫情防控工作,杨昊组织青年企业家捐赠疫情防控物资。 (王莉)

致公党浦口区综合支部

【概况】 10月29日,致公党高新支部划出,保留综合支部并划分为综合一支部、综合二支部。有党员23人,其中区人大代表1人,区政协委员9人(含区政协常委2人)。

【参政议政】 发挥致公党党员作用,组织党员参加视察、调研活动,履行职责,撰写调研报告1篇、社情民意信息2条、提案1件。

【社会服务】 开展“同心助老”活动,在春节、端午节、中秋节期间组织党员赴桥林敬老院慰问老人,此举成为浦口区致公党党员服务社会品牌。在“矢志不渝跟党走,携手奋进新时代”活动中,联合江宁区致公党基层委员会到新四军黄花塘基地参观学习。赴淮安市与致公党市总支开展结对共建活动,参观周恩来纪念馆。

(王莉)

九三学社浦口区支社

【概况】 2022年,九三学社浦口区支社有社员53人,其中区人大代表1人、区政协委员6人(含区政协常委1人)。该支社被九三学社南京市委授予先进集体称号，1人被九三学社江苏省委授予“社会服务先进个人”称号，1人获评“九三学社南京市先进个人”。

【参政议政】 向区政协五届一次会议提交提案12件，完成调研报告3篇。走访调研全国首个南京法治园地、北京大学分子医学南京转化院，调研报告《关于恢复“浦口火车站”站牌，拆除“南京北站”站牌的建议》得到省、市、区高度重视。

【社会服务】 走进浦口区石桥小学，开展“童心筑梦 助力成长”六一助学活动，向15名贫困学生、15名品学兼优的学生赠送书包、护眼灯等学习用品。此项活动持续数年，得到九三学社南京市委、区委统战部肯定，成为优秀社会服务品牌。 （王莉）

南京市浦口区工商联

【概况】 2022年，区工商联有会员企业1400余家；基层商会、行业商会10个，其中省级“四好”商会7个。区工商联获评“江苏省构筑非公经济舆论阵地先进单位”。

【组织队伍建设】 区工商联（总商会）做好换届工作，1月11日，召开第五次代表大会，选举产生五届执委109人，其中主席（会长）1人、副主席23人、常委42人。抓好工商联队伍建设，吸纳新会员企业121家。加强“四好”商会建设，江浦街道商会、永宁街道商会、工程机械商会建成省级“四好”商会，浦口高新区商会建成市级“四好”商会，星甸街道商会被评为“全省工商联商会组织先进集体”，区青年民营企业家联合会被区民政局认定为AAA社会组织。推进会员档案和工商联工作规范化管理，完成《南京市浦口区工商联（总商会）工作制度汇编》。加强对外联络，与安徽省滁州市南谯区商会建立浦口—南谯两地企业家交流工作机制，与江宁区、建邺区、栖霞区、雨花台区等商会组织就创新服务、合作双赢、促进商会发展等开展交流，拓宽会员企业合作发展渠道，促进商会工作水平提升。加强党对工商联工作的领导，11月23日，中共南京市浦口区总商会委员会获批成立，有党委委员5人，其中党委书记1人。

【会员服务工作】 依托民营经济统战工作协调机制，打造“民企会客厅”工作平台，探索为民企服务新途径，每两个月与政府、金融机构等有关部门（单位）策划零距离主题活动1次，为企业排忧解难。组织23个政府职能部门、6个金融机构、10个社会组织与120多位民营企业家现场对接服务，收集企业家关于企业融资、租金减免、销路拓展、证照办理等问题建议47个，当场解决6个，后期协调解决15个，企业间达成合作项目8个，提供招商信息12个，推进落地项目1个。“民企会客厅”工作入选“创新中国”区县工商联最佳案例。做好政银校企对接服务，联合北京银行、紫金农商银行、邮储银行、润业融资担保公司等驻区金融机构，举办2022年助企纾困银企对接会，帮助近20家会员企业解决融资难问题。聘请区法院、区检察院、区发展改革委等23个机关部门（单位）作为区工商联（总商会）顾问单位，加强与政府涉企部门配合协作，为非公企业和非公经济人士提供精准服务。多维度开展法律服务，组织“助企纾困、法治护行”主题活动，举办小微企业法律服务月座谈会，邀请区司法局负责人及知名律师为民营企业讲解法律服务措施和法律知识，指导企业在新冠疫情期间规范生产经营、防范法律风险、化解劳工纠纷。运用“万所联万会”机制，推进律师服务所、专业律师团队与基层商会对接，为中小微会员企业提供免费法律宣讲、法律咨询、法治体检、法律维权等服务。

【社会责任履行】 组织民营企业家投身光彩事业，履行社会责任。参与社区新冠疫情防控志愿服务110余人次。通过“惠享浦口”平台开展“同心助农”活动，助力销售滞销农产品1万余千克，销售额近百万元。各基层、行业商会和会员企业在“迎春送温暖”、爱心助学等行动中捐赠资金、物资折合人民币80万元，资助病残困难群众30余户、困难学生200人。其中，区青年民营企业家联合会、区工程机械商会连续三年到区特殊教育学校帮助残障儿童。参加苏陕协作帮扶，江苏润邦智能车库股份有限公司、舜建集团有限公司、宏大建设集团有限公司、南京苏合电子商务有限公司4家民营企业组团赴陕西省参加西安第六届丝博会，与镇安县签订结对帮扶协议书3份，产业捐资4万元。 （李杰）

·文稿编辑 杨宇金·

群众团体

南京市浦口区总工会

【概况】 2022年年末，区总工会有工会组织621个，会员71183人，其中新建工会51个，新增会员3142人。开展思想文化宣教活动10场。南京老山林场消防专业队被授予“全国工人先锋号”称号。区总工会获市总工会经费审查规范化考核特等奖。

【职工思想文化建设】 7月初，成立由13名全国、省、市劳模组成的“浦邑柱石”劳模宣讲团，到校园、社区讲述劳模(工匠)成长成才故事及投身新时代发展历程的感悟5场。在浦口电视台新闻频道开设《匠人匠心》栏目，宣传报道劳模(工匠)先进事迹。在“中国梦·劳动美——喜迎二十大 建功新时代”主题宣传教育中，举办职工经典诵读、送电影下基层等活动5场，覆盖职工1万余人次。新建职工书屋5个，浦口城建集团职工书屋获评省级示范点。 (翁娅岚)

【基层工会建设】 加强工会组建工作，召开工会组建攻坚会，推进“两新”组织、小微企业建会入会，新建独立工会41个、联合工会1个，发展会员2665人，实现区属国有集团二级工会应建尽建。成立由党组书记担任组长的工会组建攻坚领导小组，推动物业、养老等企业组建工会9个，吸纳会员477人。加强基层工会干部业务能力建设，培训区直属工会及部分基层工会干部50余人。推进职工活动阵地建设，选树区级模范“职工之家”“职工小家”各10个。加强民主管理体系规范化建设，选树厂务公开民主管理先进单位10家。创新建立区级经费审计专家库，完善工会经费内部审计制度，审计30个区直属工会和57个基层工会经费使用情况。 (袁学权)

【职工权益维护】 强化职工权益维护工作，指导73家企业开展集体协商，惠及职工9420人，其中29家企业重点推进集体协商职工能级工资，为681名技术职工增加薪酬约700万元。南京大吉铁塔制造有限公司集体协商案入选全省十大工资集体协商案例。返还120家小微企业工会会费74.11万元，减免小微企业房租费15.47万元。

【工会普惠服务】 推进互助互济保障工作，在保3.2万人次，参保金额397万元，提交赔案1131件次，赔付金额134万元。组织慰问困难职工、劳动模范1200人，发放慰问金45.97万元。安排30万元，开展“安康三送”(送清凉、送法律、送安全)活动，慰问高温室外作业一线职工3000人、新冠疫情防控人员300人。常态化送温暖慰问新就业形态劳动者1400人次，为从事农业种植、智能科技研发等行业的20名职工核发创业小额贴息贷款700万元，向新就业群体赠送互助互济保险400份2万元，组织36名职工免费参加电工培训，资助困难家庭学生5人1.65万元。组织女职工报送298份作品，参加市总工会“身边的她”随手拍图片征集活动。动员适龄女青年参加相亲活动。新建爱心母婴室3个、康乃馨服务站2个。组织区内疗休养18批次31个团，惠及职工926人。协调区外1547名职工到黎家营等3家民宿疗休养，增加文旅产业收入。

【工人队伍建设】 以职工教育、安全生产、职工创新等8个方面工作，推进“工人先锋号”融合建设，命名区级“工人先锋号”融合建设先进班组50个，南京老山林场消防专业队被授予“全国工人先锋号”称号。落实《新时代浦口产业工人队伍建设改革实施方案》，抓好华天科技（南京）有限公司等56家企业产改试点，推荐3家企业进入市产改试点。创建劳模、职工创新工作室3个，邀请市总工会辅导8家区级重点示范企业开展“三创争两提升”工作，推进产业工人队伍建设。

（王德胜）

【劳模（工匠）关爱服务】 做好劳模待遇落实工作，发放劳模困难补助金和劳模荣誉津贴7.73万元。组织10余名劳模参加省、市疗休养，春节慰问省部级劳模48人、市级劳模193人。

【技能比武】 区总工会组织职工劳动技能竞赛5场，其中与区卫生健康委联合举办“院感防控”技能竞赛，区中医院王芳被授予“南京市技术能手”称号，区中医院王芳、区中心医院张赟、江浦街道社区卫生服务中心王琳3人被授予“南京市五一创新能手”称号。 （李玥）

【南京老山林场消防专业队获“全国工人先锋号”称号】 4月28日，南京老山林场消防专业队被中华全国总工会授予“全国工人先锋号”称号。2004年6月，经南京市护林防火指挥部批准，南京老山林场消防专业队成立，履行预防和扑救辖区内森林火灾、参与老山林场自然灾害处置、应急突发事件处置等职责。联合区人武部、城市消防单位、驻地部队及相关街道，开展浦口区老山森林防火实战化综合演练、南京市浦口区—滁州市南谯区跨区域森林扑火应急演练、浦口区地震应急救援暨灾后转移安置、老山段山体滑坡现场应急救援等演练，扑救或参与扑救江宁区横山、牛首山大火及浦口区大小火灾200余次，获评“江苏省2013—2016年度森林防火先进单位”，获江苏省森林消防技能竞赛一等奖2次、南京市森林消防专业队技能竞赛一、二等奖13次，被省、市、区分别授予“工人先锋号”称号。至2022年年末，全队28人，退伍军人占50%，均为高中以上学历。 （区总工会）

4月28日，南京老山林场消防专业队被中华全国总工会授予“全国工人先锋号”称号　　老山林场供图

共青团南京市浦口区委

【概况】 2022年年末，浦口团区委有直属团组织28个，下辖各级团组织1152个，其中团委21个、团工委12个、团总支部28个、团支部1091个。团员1.22万人，团干部2003人，团区委挂职团干部1人，兼职团干部2人。获“全国优秀少先队员”称号1人，获团省委表彰的团组织3个、个人1人，获团市委表彰的团组织12个、个人24人。

表5　2022年浦口区获团省委、团市委表彰的单位一览表

荣誉名称	获表彰单位
江苏省五四红旗团委（团工委）	南京市浦口区桥林街道团工委
江苏省五四红旗团支部（团总支）	南京市公安局浦口分局巡特警大队团支部 南京市浦口区江浦街道团结社区团总支

(续表)

荣誉名称	获表彰单位
南京市五四红旗团委(团工委)	南京市浦口团区委 南京市浦口区汤泉街道团工委 南京市浦口区江浦街道同心社区团委 南京市浦口区卫生健康委员会团委 南京市浦口区公安分局团委 江苏省江浦高级中学团委
南京市五四红旗团支部(团总支)	南京市浦口区江浦街道珠江社区团支部 南京市浦口区桥林街道百合社区团支部 南京市浦口区星甸街道十里村团支部 南京市浦口区永宁街道大埝社区团支部 南京市浦口区江浦实验小学教工团支部 点米网络科技股份有限公司团支部

表6　2022年浦口区获团省委、团市委表彰的个人一览表

荣誉名称	获表彰个人
江苏省优秀共青团员	张颖(女)
南京市优秀共青团员	杜力、姜成杰、李昭颖(女)、陈蔓婷(女)、杨玥(女)、鲍雅菁(女)、周鑫、戴天俊、李璐(女)、蒋冬新、刘一鹏、张浩波、潘宝典
南京市优秀共青团干部	杨静(女)、陶瑶(女)、许朦、陈秋实、周玲娟(女)、汤信阳、周陈(女)
南京市优秀团支部书记	张晓月(女)、戴佳雨(女)、李亭亭(女)、钟艺(女)

【团组织建设】 新建社会领域团组织190个,其中非公企业团支部93个。发展团员605人,其中初中生377人(含"推优入团"113人)、高中生60人、中职生90人、社会领域青年78人。在团内开展"推优入党"工作,177名团员成为入党积极分子和发展对象。

【"青年之家"建设】 优化区、街道、社区"青年之家"、青年学习社等阵地建设,探索建立各具特色的"青年之家"4个,累计14个,覆盖江浦、桥林、星甸、汤泉、永宁5个街道和部分区机关部门(单位)。引入社会组织、青年志愿服务队进驻,举办活动846场,参与2.6万人次。

【青少年思想教育】 开展"喜迎二十大、永远跟党走、奋进新征程""青春礼赞新时代　青年追梦复兴路"等主题教育活动,邀请行业代表参与录制"学习向未来"精品宣讲视频,建成省级"青年奋斗之路"学习线路,搭建"浦青荟"等交流平台,组织参观调研、研学实践、座谈交流,引导广大青年听党话、跟党走。在汤泉小学、永宁小学、星甸小学等9所小学开展"一粒种子的旅行"公益助学活动,为青少年健康成长保驾护航。

【青少年权益维护】 走访6~16周岁事实无人抚养儿童、低保家庭困境少年群体,严格对照限定标准确定服务对象,通过"梦想小屋"联席会议机制与区慈善中心、浦口康居集团等协调解决困难和问题。实施维护青少年权益的"梦想改造+"关爱工作,按照"一户一设计方案",新建"梦想小屋"12间,累计54间,配套实施家长结对、"梦想改造"等帮扶项目,完善困境青少年"物质帮扶+精神关爱+发展支持"服务体系,实现由"焕新小屋""焕新生活"向"焕新精神"的转变。实时更新困境青少年库,通过实地走访、上门派送、爱心结对等方式，向400余名困境儿童、家庭困境青少年赠送春节微心愿礼物，发放慰问金15万元。投入43万元，设立金基阳光助学项目。困境青少年“梦想点亮计划”入选全省共青团工作“10100”工程项目。

【青年志愿服务】 组织团干部380人次、团员青年1369人次参与新冠疫情防控、乡村振兴、社会公益志愿服务等工作。实施“青春文明先锋”工程，组织7000余人次青年志愿者参与文明城市创建、垃圾分类、文明劝导等活动。216名团干部走访279名团员青年、114名困境青少年、36个基层团组织，解决实际困难、问题18个。招募大学生志愿者12人，参与桥林、汤泉、永宁3个街道乡村振兴服务。深化“河小青”“青狮学堂”“我是红领巾讲解员”“少年先锋岗”等志愿者服务品牌，举办“红领巾督察员”聘用仪式、“文明从我家开始”亲子朗读大赛等主题活动，发挥少先队员争当文明小先锋作用。浦口区实验学校学生祝笑然获“全国优秀少先队员”称号。

【青年人才服务】 实施“双百共建”“青春e行动”“六进实习”等工程，发布大学生实习实践岗位400余个。将“青春助力乡村振兴”纳入青年人才服务品牌项目，打造汤泉街道瓦殿村、江浦街道华光社区响堂组乡村振兴工作站，构建市、区、街道、社区四级联动机制和政府职能部门、专业运营团队、高校相关专业以及科研院所密切合作的运作模式，瓦殿村乡村振兴工作站获得省、市认可。

【共青团浦口区第六次代表大会】 9月27日召开。团市委书记、区委书记出席并讲话，区有关领导成员以及170名团代表参加。团区委书记代表共青团浦口区第五届委员会向大会作工作报告，总结前五年工作，部署后五年任务。大会选举产生共青团南京市浦口区第六届委员会常务委员13人、委员27人、候补委员10人。

【区青年工作联席会议第三次全体会议】 12月29日召开。区有关领导干部、青年工作联席会议各成员单位分管负责人及团（工）委书记出席。会议传达省、市青年工作联席会议精神并部署2023年重点工作，动员广大青年学习习近平总书记关于青年工作的重要论述，提高政治站位，踊跃投身经济建设主战场、乡村振兴第一线、创新创业最前沿。会议强调，各成员单位要加强统筹协调，全方位、多角度推介先进、树立典型，发挥榜样引领作用，营造全社会关心青年成长、支持青年发展的浓厚氛围。

（王芃芃）

南京市浦口区妇联

【概况】 2022年，区妇联发挥引领服务联系职能，推动群众满意的典范妇联组织建设。获市级以上表彰的集体8个、个人8人。加强妇女政治思想建设，成立“星光”巾帼志愿宣讲团，在5个街道、76个村（社区）妇联巡回宣讲“巾帼心向党 喜迎二十大”50余场，线上线下受众2600余人次。视频《生长》在第四届江苏女性融媒体创意大赛中获优秀作品奖，区妇联获优秀组织奖。

表7 2022年浦口区获市妇联表彰的“巾帼文明岗”一览表

序号	获奖单位	序号	获奖单位
1	南京天奥医疗仪器制造有限公司综合部总经办	5	南京老山国家森林公园管理部
2	南京浦口高新区资产运营管理中心	6	南京浦口城乡建设集团有限公司招标合约部
3	南京市浦口区中心医院门诊部	7	浦口区永宁街道宁姐月嫂家政服务工作站
4	南京市浦口区行政审批局市场准入审批科	8	国家税务总局南京市浦口区税务局征收管理科

表8 2022年浦口区获市级以上表彰的个人一览表

姓名	出生年月	政治面貌	工作单位及职务	奖项名称	授予机关
程 媛	1976年9月	中共党员	浦口区永宁街道党工委书记	江苏省三八红旗手	江苏省妇女联合会
张莉莉	1985年1月	中共党员	浦口区人民检察院第四检察部主任	江苏省妇女儿童先进个人	江苏省人民政府妇女儿童工作委员会
刘 新	1974年9月	中共党员	浦口区星甸街道妇联主席	南京市巾帼岗位明星	南京市妇女联合会
周 芳	1976年9月	中共党员	浦口区汤泉街道新金社区党总支书记、居委会主任		
窦昌萍	1981年6月	中共党员	浦口区永宁街道财政所所长		
张 蓉	1984年10月	群众	浦口区桥林街道乌江幼儿园园长		
钱 倩	1985年7月	中共党员	浦口区江浦街道人民桥社区党总支书记、居委会主任		
郤慧心	1993年6月	群众	浦口区总工会互助互济办事员		

【妇联组织建设】 加强街道妇联组织区域化建设,完成各街道妇联换届工作,实现街道妇联配备专职妇工及社工、街道和社区妇联建立执委轮值等机制、村(社区)"两委"中各有1名女性、妇联主席进村(社区)"两委"班子、村(社区)妇联有工作经费、妇女儿童之家建成率、"妇儿之家"有妇儿公益服务项目7个100%。优化重点领域、重点行业妇联组织布局,成立浦口区物业行业妇联、求雨直播电商妇联、后浪众创妇联等新领域妇联组织11个。至年末,全区妇联组织195个。建成服务妇女群众的"妇女微家"10个。与区委组织部、区委党校联合举办"巾帼头雁"村(社区)党组织女书记培训班1期。召开区妇联执委会3次,推荐出席南京市妇女第十五次代表大会代表15人。

【妇女权益维护】 开展"合家浦畅"家事调解工作,开通24小时婚姻家庭矛盾纠纷调解服务热线,连接专业心理咨询师和律师,线下依托区婚姻家事调解服务中心、街道婚姻家事调解工作站、社区婚姻家事调解室综合性服务体系,为妇女群众提供情感支持、心理咨询、法律咨询、家事调解等服务,接待来访78人次,接受线上咨询38人次、线下咨询40人次。联合区委政法委、区融媒体中心,在网上开展家庭学法答题活动。

【困境妇女儿童关爱】 联合区检察院开展涉案、困境未成年人家庭教育指导培训,倡导科学家教。联合区慈善总会,连接江苏省妇女儿童基金会,启动"点亮心途 向阳花开"——困境未成年人增能服务,采用"一户一策",为3户困境家庭儿童提供个性化增能关爱服务。联动区卫生健康委、各街道妇联,实施"两癌"患病妇女、单亲低收入母亲2个综合关爱项目,为91名"两癌"患病妇女提供药费补助,为204名"两癌"患病妇女提供免费复检,为5名关爱对象子女发放升学助学金。

【妇女创业创新服务】 发挥江苏省民宿女主人联盟落地浦口的优势,实施"巾帼美宿"乡村振兴巾帼行动计划,以线上专业课程、线下实践交流模式,联系、培养行业发展女带头人,孵化省、市级巾帼示范精品民宿4家,寻访、宣传最美民宿女主人10人,结对帮扶民宿10家。联合2所驻区大学、区人力资源社会保障局,启动"靠浦姐姐"女大学生创业就业支持行动。联动浦口高新区,实施"巾帼云平台"女性创业创新实践。举办三八女性专场招聘会5场,为1509名妇女提供免费就业咨询服务,299名女性求职者与招聘单位达成初步就业意向。开展"宁姐月嫂"专项技能培训72人,指导建成"宁姐月嫂"家政服务工作站4个,实现"宁姐月嫂”摸排—培训—上岗—提升等全过程跟踪反馈。

【儿童友好社区建设】 按照南京市妇联儿童友好村居建设“一区一品”培育项目，区妇联编制《浦口区儿童友好社区建设指引》及指标体系，启动实施儿童友好社区建设项目。结合浦口“半城半乡”特点，以儿童优先原则和儿童友好理念为前提，构建“党委领导、政府主导、社会共建、儿童参与”的多元主体协同机制，围绕“五个友好”（社会政策友好、权利保障友好、公共服务友好、成长空间友好、发展环境友好），探索乡村振兴视角下的儿童友好社区建设路径。5个街道选择儿童相对密集、需求迫切、民生基础较好的涉农社区，各建成儿童友好社区1个，其中桥林街道百合社区被命名为南京市首批儿童友好社区，经验做法被市妇儿工委办向全市推广。

【社会家庭教育行动】 将推动家风建设纳入党员和领导干部作风建设内容，向区管及以上干部发放《领导干部“清廉家风 同建同行”提示册》。联动女性社会组织，实施新一轮妇女儿童及家庭公益社工服务项目12个。开展“三全”社区家庭教育支持行动，联合区法院成立润心家庭教育指导中心，组织培训家庭教育志愿者。发动巾帼志愿队伍，围绕“一老一小”等重点领域开展服务，在物业行业妇联、江浦街道团结社区试点建立巾帼志愿阳光站各1个。联合区卫生健康委开展“爱您有温度 服务零距离 健康促进惠万家”三八女性义诊等巾帼志愿服务。“浦口区星甸街道王村村精准赋能乡村‘微治理’”入选全市首批60个“一社区一案例”重点培育项目。

【美丽庭院创建】 落实新发展理念，建设生态宜居美丽乡村，动员妇女和家庭以“一院一景、一户一韵”特色风格装扮美丽庭院，建成四级美丽庭院5000个，其中市级320个。完成连片示范点建设5个。永宁街道联合村、汤泉街道瓦殿村被省妇联、省妇女“双学双比”竞赛活动领导小组办公室联合命名为“美丽家园”示范点。

【街道妇联换届】 11月，江浦、桥林、星甸、汤泉、永宁5个街道妇联完成换届工作，选举产生妇联执委181人，其中主席5人、专兼职副主席21人。执委平均年龄37岁，大专以上学历164人。

（郭伟）

南京市浦口区科协

【概况】 2022年，区科协按照“科技创新、科学普及是实现创新发展的两翼”要求和《全民科学素质行动纲要（2021—2035年）》，推进公民科学素质提升，促进科学普及和科技创新，组织开展科普教育活动160余场。浦口区首届小学生水火箭科技竞赛被省科协评为全国科普日优秀活动，区老年队获南京市第二届老年人智能手机操作大赛三等奖，区科协被省科协授予“科技志愿服务及科普中国信息员传播工作优秀单位”称号，获南京市科普讲解大赛优秀组织奖。

【科普阵地建设】 依托街道新时代文明实践中心和党群服务中心，加强社区科技与科普服务平台建设，新建科普画廊2个，捐赠科普图书500余册，发放宣传资料1万余份。推进线上阵地建设，5917名科普信息员成为终端用户，通过微信、微博等新媒体分享科普类文章。资助科普教育基地提质增效，南京集成电路创新馆、自行车文化体验馆和草圣书乡分别通过省级、市级认定，在首次南京市科普教育示范基地年度绩效评估中，自行车文化体验馆、老山中蜂生态园获优秀等次。

【科普人才队伍建设】 推广使用“科普中国”App、科技志愿服务平台，征召科普中国信息员3542人，注册科技志愿者3835人。以科技志愿者、科普中国信息员为主体，组建江浦、桥林、汤泉科技志愿服务分队和鹿鸣科技科普阅读志愿服务分队。依托省市平台、科普场馆、社区科普大学，开展科技志愿服务暨科技助力乡村振兴工作培训，培养基层志愿服务人才。新世纪小学副校长郑爱东被中国科协树为科普中国信息员典型代表，科普讲解员韦风获南京市科普讲解大赛三等奖，科普讲解员杜芙蓉被授予“南京市十佳科普使者”称号，科普讲解员张重美等3人通过首次自然科学研究初级专业技术资格认定。

【全民科学素质行动】 发挥牵头单位作用，主动与各街道新时代文明实践所（站）联系，征集青少年科技课堂、银龄科普讲座、青少年科普游、银龄科普游、农业科技培训等志愿服务项目52个。联合省科学传播中心、区老年科协、街道,围绕医疗养生、反诈防骗、智能运用等主题,开展银龄科普行动,帮助老年人提高风险防范意识和自我保护能力。联合全民科学素质领导小组成员单位、街道、老山林场、科普教育基地,开展“走进科技 你我同行”科技与科普志愿服务活动26场、“喜迎二十大 科普向未来”科普日活动47场。

【科普志愿服务活动】 组织科技与科普志愿服务80余场,制发新冠疫情防控科普知识手册、挂图4000份,开展“迎虎年新春 筑防疫长城”科普知识网络竞答活动。举办首届浦口区银龄科普知识大赛,组织银龄科普讲座、银龄科普游、进村入户问诊等10余场,惠及群众5万余人次。开展“助力‘双减’在行动、科技科普进校园”等系列活动,科普报告进校园、科普大篷车校园行覆盖近20所中小学。相关活动被“学习强国”学习平台、新华网、交汇点、中国江苏网、《江苏科技报》、紫牛新闻等媒体报道。

(鲁思汎)

【科普宣传周活动】 5月21—28日,举办全国科技活动周暨浦口区第二十届科普宣传周活动。征集重点参与项目26个,市以上科普教育基地参与开放7个,组织科普宣传20余场,惠及2万余人次。区首届银龄科普知识大赛网络赛登记参赛1.5万人,参与答题5万人,单次答题60分以上1.2万人,合格率83.5%。在草圣书乡科普教育基地举办“童心向太空 共筑航天梦”“科普+文化”等青少年实践活动。被新华网、交汇点、《江苏科技报》、紫牛新闻、南京新闻综合频道、浦口电视台、浦口发布等媒体宣传报道。

(区科技局)

南京市浦口区残联

【概况】 2022年,区残联实施惠残政策,加强基层残联组织建设,营造社会助残氛围,发挥残疾人自强精神,推动残疾人事业发展。登记持证残疾人10406人,其中视力残疾1693人、听力残疾760人、言语残疾80人、肢体残疾5330人、智力残疾1094人、精神残疾910人、多重残疾539人。设浦口区残疾人康复中心1个。桥林街道“残疾人之家”被省残联、省读书办命名为“书香残疾人之家”。

【残联组织建设】 注重残疾人专职委员培养和选拔,全区76个村(社区)残协组织实现全覆盖,全部配备残疾人专职委员。建立党建助残联盟,推动64个机关、企事业单位党组织与“残疾人之家”等助残载体共建共联,开展农技知识讲座、环境保护宣传、爱心捐赠、党员微课堂、唱红歌颂党恩等活动30余场。做好持证残疾人基本状况调查工作,调查10332人(入户调查10109人、电话调查223人),其中杳无音信5人、搬迁27人、空挂户7人、外出25人、注销(死亡)40人。完善残疾人组织架构,各街道残联完成换届工作,区残联召开第五届代表大会,产生新一届残疾人工作机构。

【残疾人法律援助与维权工作】 推进残疾人法律援助工作,组织基层普法教育和惠残政策宣讲11场。受理残疾人信访件3件、“12345”工单26件,接受残疾人上门、电话咨询200余人次。邀请残疾人专门协会开展无障碍体验督导,推动公共服务设施无障碍环境建设。与乡村振兴“三会”、慈善中心、民政部门协同推动“百万提升工程”提质增效。聚焦保障、扶贫、培训、就业、康复、维权和文体等残疾人重点工作,投入近200万元,开发扶残助残项目,扩展残疾人服务和受益的深度和广度。

【区残联第五次代表大会】 11月16日在区委党校召开。市残联党组书记、理事长,区四套班子主要领导成员,分管副区长,团区委书记,区残工委成员单位、各街场分管负责人及残疾人代表等120人出席。区委书记、市残联党组书记、团区委书记分别向大会致贺辞。区残联党组书记、理事长代表第四届主席团作《奋进新时代 谱写新篇章 努力开创残疾人事业高质量发展新局面》工作报告。大会选举产生区残联第五届主席团主席、副主席、理事长、副理事长、理事和各专门协会主席、副主席,选举产生出席市残联第八次代表大会代表及主席团浦口区委员,审议并通过区残联第四届主席团工作报告决议。

(王振兴)

·文稿编辑 杨宇金·

法　　治

政法委及综治

【概况】　2022年，政法及综治工作建立健全常态研判、战时研判和专项研判相结合、线上线下联动的研判预警工作机制，对重大风险问题及时预警调度、交办处置。9月1日起，落实每日点调，编报《党的二十大维稳安保工作信息快报》，为领导决策提供参考。围绕14个重点领域，每月开展滚动排查，分类管控摸排风险隐患143个，推动化解51个。针对研判掌握的突出诉求问题，搭建对话沟通平台，化解群体矛盾35起940余人次。完成各级“两会”、北京冬奥会、冬残奥会、全国农业科技创新工作会议、党的二十大等重大活动期间安保维稳工作。全区群众安全感99.25%，位列全市第一方阵。

【平安浦口建设】　制发《2022年平安护民十项举措》，开展提升群众安全感和知晓率工作“赶超攻坚”行动。7月起，每晚开展联合巡防，巡防治安重点地区20个，参加社会巡防专职网格员478人、微网格员1604人、“红袖标”5500人，打架斗殴报警数同比下降31.2%。宣传贯彻《中华人民共和国反有组织犯罪法》，保持对黑恶犯罪高压态势，召开全区扫黑除恶斗争领导小组会议2次，破获涉黑恶案件30起，抓获涉黑恶犯罪嫌疑人80人，打掉涉网黑恶团伙7个。

【网格化社会治理】　推进精网微格工程建设，优化调整网格划分，将全区网格设置调整为502个，划分微网格1685个，配足配齐网格人员。推进“一街一品”建设，做强江浦街道党建引领基层社会治理“红石榴”品牌、永宁街道网格化社会治理“1+3+N”模式、汤泉街道“128+N”模式、星甸街道“一核两专多元”模式等社会治理品牌。网格员采集信息29.4万条，登记流动人口2.53万人，巡查出租屋3.3万户次，警网联采复审数据5.8万条，网格治理平台处理问题工单9.3万件，办结率99.96%，网格合格达标率100%。

【智能安防建设】　开发平安浦口社会治理智治平台，打通信访信息系统、“12345”热线平台、司法调解系统、大联勤网格化社会治理综合信息平台等12个委办局69类平台及数据，构建8类大数据研判预警分析模型。强化巡查巡夜，在全区502个网格设置巡查点位4841个，加强网格内重点部位、场所、人员巡查巡防。

【社会治理创新】　在全市率先成立区委书记任组长、区长任第一副组长的“三大行动”工作领导小组，成立区联合指挥部统筹调度。推进“每月一办”工作，区委、区政府主要领导召开工作推进会12次，研究民生服务、城市管理、交通安全、社会治理等领域问题14个。建立“老山周边应急救援”“重点车辆源头管理联动”等长效机制4个。制定《关于进一步深化“每月一办”工作机制的实施办法》，构建“群众做好事、村(社区)办小事、街道办大事、区级办难事”四级联动新格局。　（张义）

法治政府建设

【概况】　2022年，将原行政复议与应诉科职能拆分，成立行政复议科、行政应诉科，调整行政执法监督科工作职能。在全市率先出台区级行政复议体制改革实施方案,设立区级行政复议中心,涵盖功能室6个,建立制度规范6类19项,受理行政复议案件50件,其中审结46件、正在审理3件、中止1件,审结案件中直接纠错6件、实质性化解27件。针对办案过程中发现的违法共性问题,制发行政复议意见书4份,责令有关行政机关整改。执行区政府主要领导签批出庭应诉工作制度,制发《2021年全区行政复议应诉工作情况报告》,分析上年度复议应诉情况、特点、问题并提出工作建议。收到以区政府为被告的行政应诉案件30件,开庭8次,区政府行政机关负责人出庭应诉率100%。审查招商引资协议、办学合作协议等合同89件,审查重大行政决策6件,办理涉法事务35件、省市区征求意见107件。

【合法性审查】 制发《关于全区2021年合同审查情况的分析报告》,从规范合同合法性审查流程等方面提出工作建议。审查发布《浦口区国有企业投资监督管理办法》《南京市浦口区住宅房屋征收房票结算暂行规定》《南京市浦口区知识产权奖励办法》行政规范性文件3件,发布后15日内报送市政府、区人大备案,报备率、及时率、规范率100%。12月,向区五届人大常委会第八次会议报告行政规范性文件制定工作情况。

【行政执法监督】 4月,出台《基层综合执法规范化建设专项行动方案》,召开专项行动推进会。5—6月,对5个街道赋权事项行使、执法规范化建设等情况开展专项评估调研。7月,经区政府第十六次常务会议审议,形成《浦口区街道综合执法赋权事项评估报告》。开展劳动保障、文化市场等专项执法监督4次,促进行政执法三项制度常态长效。开展年度全区行政执法案卷评查,邀请15名高校教授、律师、执法业务骨干参与评查,评选出优秀案卷9卷。

【规范人员证件管理】 5月,开展全国统一样式行政执法证核发工作,分设浦口区行政执法人员培训云平台部门、街道培训入口,组织赋权部门自主录制12节执法专项课程并纳入街道执法人员必修课,28个行政执法单位457人通过培训考试并领取全国统一样式行政执法证。举办街道综合执法负责人、司法所所长培训,编发街道综合执法资料汇编及房产、水务等八大类实操指引3000册。落实《南京市浦口区行政执法辅助人员管理实施细则》,新办行政执法辅助证143件。

【《浦口区法治政府建设实施方案(2021—2025年)》出台】 4月,经区政府常务会议、区委常委会议集体审议通过,出台《浦口区法治政府建设实施方案(2021—2025年)》。5月,出台《〈浦口区法治政府建设实施方案(2021—2025年)〉重要举措分工方案》,将10个方案38条具体工作举措细化到99条,逐条逐项细化牵头单位、责任单位,明确路线图、时间表、任务书,确保"有方案、见行动、出结果"。

(周玉娟)

公　安

【概况】 2022年,全区公安工作紧盯群众反映强烈突出问题,打响"浦安""浦治""浦剑""浦满意"等攻坚战,破案1185起,抓获刑事作案成员920人,同比分别增长6.8%、18.8%。将电信网络诈骗治理纳入全区"百名干部破百题",建立"公安主抓、部门搭台、流动宣讲、民警入户"联动宣传机制,电信网络诈骗发案974起,同比下降10.1%,"全要素"电信网络诈骗打防治理做法获评浦口区"百名干部破百题"优秀案例。未成年人违法犯罪成功破题,侦破案件65起,捣毁未成年人盗窃团伙3个。

【侦查打击改革】 抽调民警50人、辅警75人,充实补强3个侦查中队,会同侦查大队承担全部刑事打击处理任务。做强做优侦查情报指挥中心,建立"情指行"一体作战机制,完善由人到案、由案到案、由数据到案等研判模式。制定刑事警情站所队接处规范,解决接处警推诿和不如实立案问题。刑事案件破案率升至46.4%,位居全市第三名;传统"盗抢骗"案件破案率升至48.8%,位居全市第二名;刑事案件批捕率同比上升15.8%,取保转处率高于全市平均值24.5个百分点,战果转化周期由8个月缩短至2.5个月。

【维稳保障】 坚持"以大概率思维应对小概率事件"理念,运用模型分析扬言警情、重复报警、家暴警情、纠纷警情、网购危险物品信息等，发现潜在风险297个。围绕重点群体，建立"一群体一专班"机制，压实维稳责任，牵头搭建对话沟通平台，引导化解群体矛盾49起1740人次，确保"1·20"专案受损群体等情绪稳定。12月31日，快速稳妥处置一起涉及548名工人的跨区涉众讨薪纠纷，将矛盾风险控制化解在当地。

【治安管理】 实施"小火亡人""电瓶车充电""小区车库住人"等系列专项治理，查改安全隐患891处。实体化运行基础管控赋能中心，实现一个口径、一条路径扎口公安基础工作，破解多头重复向派出所下达任务问题。筹建浦口区社会治理及应急处突综合指挥中心，打造"动态感知、数据融通、全域智能、高效协同、精准指挥"的社会治理指挥体系。织密浦口社会治安防控体系，创新武巡、普巡、摩巡、非机动车巡、步巡、监巡、快反点值守"七位一体"巡防模式，提升街面见警率和巡防震慑力。"两抢"零发案，盗窃民宅、盗窃路边店等现行违法行为同比分别下降9.6%、2.7%。实施"公安城管肩并肩、群防群治保安全"联合行动，按照"2名民警+1名综合执法队员"配置，每晚联合巡防治安重点地区20个，打架警情同比下降31.2%，新浦路打架乱点摘牌销号。

【交通安全管理】 将交通安全指标纳入全区高质量发展考核，酒驾醉驾、超员超载等重点交通违法查处量同比增长15.6%，全区交通亡人事故起数和人数同比分别下降63.8%、64.3%，创

2022年，浦口公安分局牵头建立健全老山伤亡、走失类警情应急救援工作机制　　浦口公安分局供图

历史新低。占全年警情总量近四成的移车警情转由交警处置，7.1万起移车警情无一起不满意投诉，取得移车处置率、规范程度、群众幸福感"三提升"。

【老山伤亡、走失类警情应急救援工作机制建立】 浦口公安分局牵头区应急管理局、区消防大队、区文化和旅游局、区卫生健康委、属地街道等10个部门，建立健全老山伤亡、走失类警情应急救援工作机制。贯彻落实市公安局党委升级优化联动共治攻坚提升行动总体部署，依托区委、区政府"每月一办"机制载体，通过联勤联动、统一调度、基础保障、科技赋能、宣传引导5个环节，破解"指挥调度不顺畅、资源整合不充分、人员位置难明确、搜救耗时难压缩"等问题。至年末，救援在老山迷路走失、受伤被困群众14人，救援时间平均缩短66.7%。

【2个诈骗犯罪团伙被摧毁】 7月21日，浦口公安分局组织120名警员奔赴浙江杭州，捣毁以网络直播培训跨境电商为名实施诈骗的犯罪团伙2个，全链条抓获推广、销售、运营、售后等环节作案成员79人，扣押作案电脑、手机等200余台(部)，收网成果被中央电视台社会与法频道《一线》栏目报道。　(谭路)

检　察

【概况】 2022年，区检察院受理审查逮捕案件97件140人，审查起诉案件537件803人，民事、行政监督案件213件，公益诉讼案件114件，控告申诉案件265件。入选党的十八大以来江苏检察名案1件，获评最高检"土地执法查处领域行政非诉执行监督"优秀案件1件，获评江苏省第二批生态环境损害赔偿磋商十大典型案例案件1件，获评省检察院优秀释法说理文书和市检察院精品说理文书各1件，入选全市政法网格员工作案例1件。

【刑事检察】 加强侦查活动监督，与公安机关共建侦查监督与

协作配合办公室,每季度召开联席会议,提升办案质量,防范冤假错案。落实刑事诉讼主导责任,提前介入、引导侦查疑难复杂案件29件,开展"两项监督"(刑事立案监督、侦查活动监督)专项行动,发出监督类法律文书48份。加强审判活动监督,发出监督类法律文书13份,落实检察长列席法院审委会制度。加强刑事执行监督,督促收监还押3人,发出监督类法律文书5份,开展财产刑执行监督26件。加强职务犯罪案件办理,受理区监委移送案件6件,提起公诉6人。坚持"稳"字当头,从严批捕"1·20"案件犯罪嫌疑人5人。聚焦金融市场安全,依法起诉金融诈骗、破坏金融管理秩序犯罪嫌疑人8人。依法打击涉税犯罪,提起公诉一起虚开2.7亿元普通发票案犯罪嫌疑人14人,督促退缴违法所得368万元。与人民银行浦口支行等单位会签反洗钱合作协议,批捕与"钱宝"案关联、涉案金额1.4亿元的洗钱案犯罪嫌疑人1人。从严打击严重刑事犯罪,起诉严重暴力犯罪15人、毒品犯罪5人。推进常态化扫黑除恶斗争,制定专项工作意见,对已办理的涉黑恶案件和"黑财"处置情况逐案"回头看",核查上级督办案件2件。统筹落实少捕慎诉慎押刑事司法政策和认罪认罚从宽制度,强化羁押必要性审查。批捕106人,同比下降4.5%;起诉541人,同比下降17.2%;不起诉157人,同比上升1.9%;羁押必要性审查32人,诉前羁押率同比下降7.3%;认罪认罚适用率92.1%,精准量刑及采纳率同比上升3.4%,上诉率同比下降2.2%。

【民事检察和行政检察】 推进民事生效裁判监督,发出再审检察建议7件,采纳率100%。加强民事虚假诉讼研究,针对仲裁领域监督难题,提请市检察院向市人大递交立法建议。虚假诉讼监督办案团队获评"全市检察机关优秀办案团队"。依托统筹发展和安全"大走访、大排查、大攻坚"行动,每月走访规模以上企业、基层社区、困难群众,协调解决问题18个。与区民政局、区乡村振兴局会签《协同推进司法救助助推乡村振兴工作意见》,明确帮救群体6类,建立协作机制8项。司法救助因案致困、因案增难人员95人,发放救助金76.23万元,"帮助'窝棚老人'回家案"入选全市检察机关司法救助优秀案例。出台《领导包案办理首次信访工作实施办法》,对21件规定范围内案件实现领导包案率、公开听证率、案件审结率3个百分百。探索"支持起诉+"工作模式,与区法院、区司法局、区人力资源社会保障局会签《加强民事检察支持起诉协调衔接工作意见》。围绕给付劳动报酬、抚养费、赡养费、损害赔偿等诉讼请求,办理民事支持起诉案件88件,挽回损失120万元。开展土地执法查处领域行政非诉执行监督,办理监督案件5件。依托圆桌会议形式,与相关单位合力推动被违法建筑侵占的农用地恢复原状7000多平方米,获最高检优秀案件,随案制发的法律文书获省检察院优秀释法说理文书。探索司法行政强制隔离戒毒检察监督,区检察院被省检察院、省司法厅确定为全省8家试点单位之一。

【公益诉讼检察】 开展"公益诉讼守护社会安定"专项监督,紧抓安全生产和公共安全突出问题,办理公益诉讼案件21件,"督促整治危险废物处置安全隐患行政公益诉讼案"获评全省检察机关公益诉讼典型案例。针对浦泗路市场重大安全隐患和环境污染问题,开展公益诉讼诉前调查,审查市场主体、监管主体履责情况。聚焦生态环境领域,办理公益诉讼案件62件,入选省、市生态环境损害赔偿磋商十大典型案例2件。做好老山、滁河公益保护工作,就老母猪沟保护性开发、外来入侵物种福寿螺防治开展专项监督。特邀人大代表、政协委员、社区群众等30余人,现场观摩一起犯罪分子猎杀老山8只獐子公益诉讼案庭审。加强阵地建设,对接军地多家单位,谋划打造老山公益保护宣教基地。

【未成年人保护检察】 全面构筑未成年人保护防线,从严批捕、起诉侵害未成年人权益犯罪嫌疑人7人,对未成年被害人开展心理疏导15人次。教育、感化、挽救涉罪未成年人30人155次,无一再犯罪,考上大学3人。开展涉案未成年人强制家庭教育指导48人次,制发督促监护令5份。针对一起监护性侵案件,依法支持其他监护人申请撤销被告人监护资格诉讼,获判决支持。就电竞酒店监管等问题立案公益诉讼案件7件,制发诉前检察建议6份。打造"蒲公英"未检品牌,牵头区法院、区教育局等10家单位,成立涉案困境未成年人综合保护联盟,落实强制报告制度进学校、进医院、进宾馆,促推"六大保护"。法治副校长实现从检

5 月 27 日，区检察院牵头成立涉案困境未成年人综合保护联盟

区检察院供图

察长到普通检察官全覆盖，开展未成年人保护检察宣教 25 场，覆盖 1.6 万人次，未成年人保护工作被省检察院微信公众号转发，区检察院获评“浦口区‘七五’普法先进单位”。开展侵害妇女儿童权益问题排查整治专项行动，排查相关案件 514 件，移送拐卖妇女线索 1 件，获评全市“正苗工程”20 周年保护未成年人合法权益典型案例 1 件。

【接受人民监督】 主动接受人大及其常委会监督和人大代表监督、政协民主监督，邀请人大代表视察检察工作、观摩司法活动 28 人次，办理政协委员提案 2 件。围绕重要节点、重点工作，举办“检察开放日”活动 5 次，联合区委统战部，邀请省、市、区侨联和区侨界代表 50 余人实地参观区检察院，就“复工复产中法律风险防范”开展座谈交流。保障律师合法权益，接待办理各类业务 151 人次，满意率 100%。提升检察工作科技化、智能化水平，建成全市首家互联网直播公开听证室并通过最高检验收。

（郭亚婷）

法　　院

【概况】 2022 年，区法院新收各类案件 10039 件，审结 10047 件，结收案比、结案率、一审简易程序适用率等核心质效指标位居全市区级法院前列。开展“双百”（百名法官进百企、百名企业家进法院）活动，破产审判工作机制获评浦口区十佳创新项目。融入基层社会治理，永宁法庭创成全省法院服务乡村振兴实践基地，人民法庭“四三工作机制”入选全市法院司法改革典型案例。运用“江苏微解纷”在线调解，音频视频在线办理调解率 25.78%，位居全市第一名。成立江北首家家庭教育指导中心，探索心理专家、法官和关工委工作人员联合模式开展家庭教育指导，少年家事庭获评市“巾帼文明岗”。全院 4 个集体、17 名个人获省、市级表彰，涌现出全省法院扫黑除恶专项斗争先进个人、政治工作先进个人等先进典型。

【诉讼服务】 争创“心有浦、诉无忧”浦口诉讼服务品牌，诉讼服务平台得分位列全市第二名。群众诉讼事项一次办结率 100%。深化跨层级、跨区域诉讼服务改革，设置“全域诉服”窗口，办理网上立案 7520 件、跨域立案 5 件。优化委托司法鉴定模式，司法鉴定平均耗时由 67.81 天降至 36.81 天。推进“法院 +”多元纠纷解决体系建设，推进纠纷诉前化解，新收诉前调解案件 4912 件，调解成功率超 50%，排名全市第一位。

【刑事审判】 受理各类刑事案件 447 件，审结 428 件。深化以审判为中心的刑事诉讼制度改革，适用认罪认罚从宽审结案件 386 件，适用率 90%。参与打击整治养老诈骗专项行动，严惩电信网络诈骗及其上下游犯罪，审结相关案件 72 件 114 人。

【民事审判】 审结一审民事案件 6410 件。推进民事案件繁简分流改革，建立由“速裁法官 + 法官助理 + 书记员 + 金牌调解员”组成的简案团队，分流案件近 70%，平均审理天数同比下降 31.5 天。开设“快审、快执”绿色通道，服务保障“三农”，审理农村集体产权、承包经营权流转等涉农案件 26 件，“五和促振兴”经验做法被省法院主要领导批示肯定，一起因苗木归属问题引发的巡回审判案例被最高院官方微信公众号及《人民法院报》等点赞报道。永宁法庭提档升级“法润乡土”特色品牌,创成全省法院服务乡村振兴实践基地。桥林法庭打造“浦法心桥”微实事项目,与社区、派出所、妇联等联合开展矛盾排查和调解工作,将数起造船厂拆迁引发的群体性纠纷化解在诉前,入选全区“平安护民十项举措”。审结物业服务案件377件,编写发布全市法院首份《物业审判白皮书》,为物业纠纷源头化解提供借鉴与指导。审结婚姻家庭、继承等家事纠纷391件,“多次故意不接管幼子构成遗弃罪获刑”案例入选省弘扬中华优秀传统文化典型案例。

【商事审判】 依法保护民营企业合法财产,审结涉企纠纷案件3529件,平均审理天数同比减少31.95天。开展“全员大走访、共建新浦口”和“双百”活动,走访企业76家,邀请企业家进法院16人,帮助解决实际问题38个。开展优化营商环境执行年“1+4”(以企业信用修复“暖企”行动为牵引,包含市场主体出清“助企”行动、善意文明执行“护企”行动、推进政务诚信“惠企”行动、执行信访突出问题攻坚化解“安企”行动)专项行动,会同区信用办对辖区失信企业全面信用“体检”,退出失信名单企业410家。综合运用破产重整、和解、清算程序,审结破产案件180件,化解债务40亿元,安置职工200余人。推行破产案件繁简分流,制定《破产案件审判繁简分流操作规程》,破产案件简易程序适用率65%,在全市基层法院中排名第一位。在“三步重生

7月8日,举行省法院服务乡村振兴(永宁法庭)实践基地揭牌仪式

区法院供图

法”基础上创设释明函工作机制,向4家重整企业发出释明函、建议书。推进国企改革顺利实施,帮助110家国有企业依法出清,助推奕淳船厂6亿余元国有财产顺利交接。通过区府院联动,推进重整企业南京惠通公司投资项目如期开工。

【案件执行】 执结案件4163件,执行到位金额5.43亿元。常态化组织涉民生专项执行行动,执结追索劳动报酬、赡养抚养纠纷等案件95件。创新网络司法拍卖财产处置程序,提升财产处置效率,成交拍品115件,成交金额1.97亿元。健全企业信用修复府院联动机制,推进执行和解,采用“活封”“换封”等措施,最大限度减少对企业正常经营的影响。

【普法工作】 出台《浦口法院反有组织犯罪法宣传教育活动方案》,进企业、进社区、进校园开展普法宣传3次。做好特殊困难群体救助帮扶和妇女儿童权益保障问题排查整治,与区妇联、区教育局等单位联合挂牌成立润心家庭教育指导中心,面向涉诉家庭开展家庭教育指导服务85场,发布家庭教育指导线上课程11期,事例做法入选市“正苗工程”20周年保护未成年人合法权益典型案例。落实“谁执法谁普法”责任制,成立青年法官宣讲团,与24所偏远乡村中小学联合开展“百名法官进百校”活动,通过以案释法、普法宣讲、线上课堂等形式传播法治声音,获“浦口区年度普法履职优秀单位”称号。

(姜颖)

司法行政

【概况】 2022年,受理矛盾纠纷5503件,调解成功5501件,受理数、成功数较上年同期分别上升22.86%、22.84%。办理法律援助案件496件,万人比12.36%,出具公证书5133份,减免公证费

用70余万元,解答咨询8562人次。区司法局获评"全省'法律明白人'培育工作成绩突出集体""全省公职律师规范化建设成绩突出单位"。桥林街道兰花塘社区、永宁街道东葛社区入选省级民主法治示范社区。区人民调解委员会获评"全省公共法律服务工作成绩突出集体"。区委全面依法治区委员会办公室获评"依法治市工作成绩突出单位"。1人被评为"全省公共法律服务工作成绩突出个人"。

【法律服务】 2月,成立服务优化营商环境名优律师团,由11名社会律师和1名公职律师组成。出台优化营商环境8项措施,开展法治"体检"48次、法律咨询490余人次,企业合规审查50次。打通集成电路产业链知识产权服务全链条,区属律师上门走访产业链企业40余家,解答法律咨询100余个。深化"万所联万会"机制,与区工商联所属22家商会挂钩联系重点企业对接,让法律服务惠及中小微企业。

【社区矫正】 10月,建成浦口区智慧矫正中心,提升管理教育效能,完善设施设备,推动社区矫正工作规范化、精细化、智能化。全区在册社区矫正对象247人,在册刑满释放人员1028人,解戒后续照管对象13人。帮助195户家庭申请远程视频会见,调解重点人群纠纷160件,同比增长13.08%。

【法律援助】 在区劳动争议仲裁院、区看守所、区检察院、区法院设立法律援助工作站,在5个街道建成公共法律服务站点。通过各级站点为120余名群众解答法律疑问,引导23名群众申请法律援助。聚焦房地产、培训机构等受疫情影响较大领域,欠薪法律援助案件快立快处,帮助辖区某早教培训机构19名员工、星甸某工厂21名工人追索劳动报酬。76个村(社区)实现法律顾问"一对一"全覆盖,开展法律咨询活动300余场,开展《中华人民共和国民法典》宣讲等法治讲座181场,参与矛盾纠纷调处343起。

【"法律明白人"培育】 重点培育依法治理、懂法经营、循法而为的三类"法律明白人",优化"法律明白人"队伍结构,确保"人员选得准、村民用得上、有事找得到"。通过司法所走访摸排、村(居)"两委"推荐、个人自荐等形式,优先从符合条件的村(社区)干部、"五老"人员、大学生村官、党员、网格员、基层法律服务工作者、致富能手、退伍军人等人员中选取培育"法律明白人"261人,全区在册"法律明白人"总数1135人。组织法学专家、公职律师、普法讲师团成员定期围绕社会热点、难点问题,举办法律知识培训25场,提高"法律明白人"运用法治思维和法治方式化解矛盾、维护稳定、应对风险的能力。举办"法律明白人"授牌颁证仪式,实现证书、徽章颁发率100%。实行亮牌公示制度,按照统一模板制作"法律明白人"公示牌,安放在各村(社区)政务服务大厅,提升"法律明白人"群众知晓率。发挥"法律明白人"扎根一线、根植乡土的优势,主动扮演好普法宣传讲解员、矛盾纠纷调解员、法治服务联络员、社情民意传递员、法律援助引导员"五员一体"角色。"法律明白人"开展法治宣传75场,参与调解矛盾纠纷30余件。

【"和解浦畅"调解品牌打造】 2月,区委政法委牵头,区司法局和浦口公安分局、区检察院、区法院等18个部门对接,成立"和解浦畅"联调指挥小组,围绕人民调解、行政调解等非诉职能,服务衔接、信息互通、资源共享,合力化解重大矛盾纠纷。建设"和解浦畅"综合指挥中心,通过远程会议、视频会话等方式,链接区调处中心、5个街道调处中心、6个专业行业性调解组织,调度调解资源,指挥调解实战。374名人民调解员融入502个网格,纵向到底、横向到边排查纠纷隐患。890名新乡贤、1115名"法律明白人"发挥地缘、人缘、情缘优势,小纠纷发现即解决,大矛盾边调边上报。以5家司法所为枢纽,落实"红橙黄蓝"4色预警机制,分类处置上报纠纷隐患,畅通响应信息链。针对纠纷多发领域,打造"合家浦畅""安居浦畅""交通浦畅""医患浦畅""商贸浦畅"等专业平台,提升专业调解质效。指导烈士塔、巩固等村(社区)结合当地特点,打造服务商业街区、安置房片区等"浦畅"阵地。为王必宏等22名调解员打造个人调解室,以专家声望吸引主动调解,将纠纷留在基层解决。修订《浦口区人民调解员管理办法》,统一调解员选任、管理、奖惩、退出等机制。制定《浦口区人民调解员工作补贴办法》,打破调解领域、地域界限,根据案件难易程度分四档落实补贴。推广"苏解纷”小程序,区级和5个街道矛盾调解中心、11家行政调解组织入驻“苏解纷”,6万多人注册“苏解纷”,线上对接调解供给侧和需求侧。

【法治副校长聘任】 3月31日,区法宣办、区教育局、区司法局联合下发《关于聘任浦口区中小学校法治副校长的决定》,明确新聘毛志成等46人为浦口区中小学校新一届法治副校长,聘任时间2022年4月至2025年4月,聘期3年。聘任的中小学校法治副校长由政法各部门中层以上干警和公职律师担任。围绕“开展法治教育,保护学生权益,预防未成年人犯罪,参与安全管理,实施或者指导实施教育惩戒,指导依法治理,指导、协助学校履行法律法规规章规定的其他职责”7个方面开展工作。

(杨灿)

仲裁

【概况】 2022年,受理劳动仲裁案件742件,其中劳动报酬类351件,社会保险类92件,经济补偿、赔偿金类150件,劳动关系类136件,其他类13件。结案742件,结案率100%。其中,裁决366件、调解206件、撤诉152件、其他方式18件,涉案金额2258.92万元。10月21日,区劳动人事争议联合调处中心挂牌。通过劳动者主动提出、“12333”平台转入等渠道开展案前调解185件,调解成功126件。区、街道两级调解案件1128件,调解成功843件,调解成功率74.7%,涉案金额1000余万元。

【裁审衔接】 3月11日,区劳动人事争议仲裁院和区法院就裁审衔接和多元化调处工作交流合作,邀请市中级人民法院、市劳动人事争议仲裁院专家参与指导。双方就劳动争议案件分析、多元化调解工作推进情况展开沟通。签订《关于建立劳动人事争议裁审衔接长效工作机制的意见》协议,包含渐近式推进要素式审理应用、网上调解平台应用、以案说法宣教工作、建议书功能深化项目等内容。10月26日,召开疑难案件研讨会。10月31日,召开劳动人事争议裁审工作新闻发布会。通报劳动争议仲裁和审判情况,介绍裁审工作经验和亮点,发布裁审衔接工作典型案例。通过诉源治理、解纷前置、联合调处机制建设,合理平衡企业和劳动者权益,全年“调裁审”一体化审结劳动争议案件201件。

【基层调解组织建设】 全区有劳动人事争议基层调解组织7个。按照南京市《打造金牌劳动人事争议调解组织工作方案》要求,制订工作方案和工作进度,开展重点培育指导。8月17日,市考核组实地查验,南京乾鑫电器设备有限公司劳动争议调解委员会获评“市级金牌调解组织”。

【仲裁普法宣传】 通过走访、招聘会、个案说法等方式,发放法律汇编200余本、劳动仲裁宣传页150余份、典型案例50余本。

(李瑞华　姜颖)

·文稿编辑　杨　友·

军　　事

区人武部

【思想政治建设】　2022年，区人武部学习贯彻习近平新时代中国特色社会主义思想和习近平强军思想，学习习近平总书记在中央党校中青年干部培训班、十九届中央纪律检查委员会第六次全体会议上的讲话精神，宣传贯彻党的二十大精神，常态落实党委中心组理论学习、周四“理论夜校”学习制度，新建“红色小道”、强军学习室、精神谱系阶道。开展“忠诚维护核心、矢志奋斗强军”“传承红色基因、担当强军重任”主题教育和“三心两争”专题教育活动，落实南京警备区党委《关于开展向杨贡斌同志学习活动的决定》，树典型、立标杆，聚焦主责主业，努力干事担当，激发官兵活力动力。

【安全管理】　健全安全管理组织，建立形势分析、情况通报、督导检查、定期例会等安全制度，开展“四严四整”专项整治，立查立改。制发《浦口区人武部微信泄密专项整顿行动实施方案》，开展机关、街道武装部和民兵微信泄密、军事保密专项整治，签订自查表和保密承诺书。下发《基层武装单位安全保密工作暂行规定》，规范区人武部、街道武装部、民兵营（连）部三级单位机要室、保密室、文印室、网络机房等重要涉密部位管理，配置手机屏蔽柜、手机屏蔽仪、保密系统注册标签机等保密设施设备，实行军综网用户入网审批制度，提高军事保密和军事网络综合防范能力。

【后勤综合保障】　树立服务战备思想，突出武器装备保障，规范进出库登记和消耗、报废程序。规范化建设民兵训练基地，加强民兵保障分队轮训备勤，跟进保障民兵军事训练、考核比武、新兵役前训练，以及防汛抗洪、抗灾救灾等非战争军事行动。完成民兵整组、兵员征集、被装发放、新兵输送、机关营院翻新改造、卫生勤务等全程保障工作。规范机关采购和经费管理，车辆安全行驶无事故。

【双拥共建】　弘扬拥政爱民、拥军优属传统，开展军地双拥共建活动。区人武部和南京扬子江资产运营管理有限公司签订首支女子民兵饮食保障排共建协议书。组织驻区部队和民兵投身地方经济建设、乡村振兴、抢险救灾、双拥模范区创建等活动。地方政府走访慰问驻区部队和困难官兵家庭，看望慰问跨区演训的某旅机动编队演训官兵。上门为入伍新兵家庭悬挂光荣牌，为浦口籍立功受奖军人家庭送喜报、送牌匾、送慰问金，营造拥军尚武氛围。开展“科技拥军、法律拥军、智力拥军”活动，对接政法等部门，挽回部队和军人军属经济损失80万元。接待部队和军人军属法律咨询200余人次，安排随军家属到合适岗位3人、军人子女入学18人。军地联合宣传《中华人民共和国军人地位和权益保障法》《中华人民共和国退役军人保障法》等法律法规，巩固发展新时代军政军民团结成果，发表双拥稿件206篇，营造关心国防、热爱国防、建设国防、保卫国防氛围，汇聚强国强军力量。

【基层武装部规范化建设】　下发《关于开展基层民兵营连部建设达标“清零”活动的通知》《基层民兵营（连）工作手册》，按照“年初抓试点、年中大提升、年终全达标”步骤，制定“量化标准、分类建设、示范引导、整体跃升”

建设目标,每月结合工作例会,通报建设进展,南京警备区机关多次深入街道和民兵营(连)检查指导。推进基层民兵营(连)部规范化建设,在江浦街道团结社区试点,组织江北新区4个街道、浦口区5个街道全面推开。各街道按照达标要求,加大经费投入力度,升级改造软硬件和保障设施。至10月,9个街道118个社区全部达标"清零"。

(杨贡斌)

国防动员

【概况】 2022年,根据南京市国防动员委员会下发的《2022年国防潜力调查》指标体系,挖掘优质潜力,推进潜力核查。组织业务培训、数据会审3次,集中办公4次,走访企业38家,完成潜力数据采集和汇总审核,将动员潜力转化为动员能力,在全市数据会审中以满分通过。开展预备役登记,更新2批退伍军人数据系统。常态开展全民国防教育,发挥浦口区国防教育体验馆主阵地作用,接受强国强军教育300余万人次,其中各级干部、大中小学生、退役军人100余万人次。推广中车南京浦镇车辆有限公司员工带编入伍做法,新增企业员工带编入伍若干人。首次采用量化积分方式选优定兵,改变传统方式定兵存在的主观因素,体现定兵的公平公正。推进入营思想教育跟踪,建立与部队双向沟通、定时通报联系机制。

【国防教育】 贯彻《关于加强和改进新时代全民国防教育工作的意见》精神,召开区委常委议军会,邀请军队院校专家教授作国防教育专题宣讲报告,组织区、街道领导过"军事日"活动,提升新时代国防现代化建设政治站位。探索人民武装部、退役军人事务站、征兵动员工作站、国防教育宣传站"一部三站"统建统用模式,打造基层武装国防教育浦口品牌。开展国家安全法规"进机关、进社区、进农村、进学校"、十大挂像英模宣讲团进校园活动,邀请抗美援朝老兵讲战斗故事,创建国防教育示范学校,军训大中专学生3.2万人,上国防教育课16场。在烈士纪念日、国防教育日,组织民兵开展"访红色故地、砺初心使命"活动。依托政务网和企业局域网建立国防教育网页,组织民兵网上学习,举办国防知识讲座、征文活动,营造崇尚英雄、缅怀先烈、尊崇军人的良好社会氛围。

【日常战备】 坚持平战结合,突出担负任务,修订完善战备预案,补充备齐战备物资,加强应急队伍建设。参加南京警备区日常战备工作的组织与实施大课教育。落实节日战备,拉动演练应急战备值班分队,锤炼快速反应能力。培训民兵情报信息员,掌握情报信息报送程序、步骤和方法,对接新型农村社区数字乡村治理网格员,收集整理辖区社情、舆情、疫情、灾情等信息,提升信息情报报送能力。10月1—23日,组织基干民兵参加全市地铁联合安保行动,在国庆、党的二十大会议期间开展安保执勤。

【征兵工作】 围绕提升大学毕业生征集比例重点难点问题,挖掘大学毕业生兵员潜力。开展全方位立体式征兵政策宣传,征兵动员到户到人全覆盖。常态化落实新冠疫情防控体检管理,严把应征青年送检关,按程序、标准体检,依规依法实行政治考核。选派廉洁征兵监督员全程参与征兵监督,设立举报电话、信箱42部(个),严密组织役前教育训练,首次采用量化积分的方式选优定兵,成立量化积分定兵工作领导小组,制订本级量化积分审批定兵方案,定兵程序公平、公正、公开,阳光征集。完成在校大学生、企业大学毕业生员工、女兵、直招军士、定向培养军士征集任务,大学毕业生应征比例58.2%。

【全民国家安全教育日活动】 4月15日,区人武部紧扣"树牢总体国家安全观,感悟新时代国家安全成就,为迎接党的二十大召开营造良好氛围"为主题,开展全民国家安全教育日宣传教育系列活动。利用强军网、新媒体、报刊杂志等学习平台,集中学习《中华人民共和国国家安全法》《中华人民共和国反恐怖主义法》等法律法规,网上观看国家安全法律知识竞赛、警示教育片、国家安全教育宣传视频。制作全民国家安全教育日宣传图板,投屏播放国家安全教育宣传海报,滚动播放国家安全教育宣传标语,利用微信群普及国家安全知识,举办国家安全知识有奖竞答。依托民兵之家开展形势战备教育,强化民兵战备观念。街道武装部、社区民兵营在人员密集场所悬挂横幅、张贴宣传海报、布设咨询台,发放国家安全知识宣传手册,宣讲《中华人民共和国国家安全法》等法律法规,提升市

民国家安全意识，强化维护国家安全义务和责任。（杨贡斌）

民兵预备役

【概况】 2022年，贯彻落实军委国防动员部、江苏省军区、南京警备区军事训练任务部署，落实基地集中训练，围绕年度训练任务按纲施训。强化首长机关动员业务训练，开展对口保障分队共同科目训练、应急分队轮训备勤，组织民兵“四会”教练员比武，提升实战能力。开展民兵整组工作，加强民兵思想政治教育，组织民兵参加全省民兵工作综合考核，总成绩全省第一名。发挥民兵和民兵预备役主力军作用，投身乡村振兴行动，实施美丽乡村建设、城乡环境整治、巩固扶贫攻坚成果。组织部分民兵投入非战争军事行动。

【民兵整组】 成立以区政府分管副区长为组长的民兵组织整顿领导小组，办公室设在区人武部军事科。召开民兵整组工作推进会，部署全区民兵组织整顿工作，军地联合下发民兵组织整顿实施计划，明确编组任务，组织业务学习培训，掌握整组的程序、步骤和方法。编发《民兵整组点验考核政治工作指示》《民兵整组点验考核政治教育提纲》，按照“民兵＋新质”建设思路，拓展高新技术企业、科研院所和新社会组织编兵领域，突出任务牵引和精准编建，探索新域新质民兵分队建设。区人武部机关下沉跟踪编兵单位，逐个检查验收，完成全区基干民兵编组任务。编成的分队专业对口率达95%以上，应急分队中共党员占比60%以上，各项指标均位居全市前列。6月1日，南京警备区检查组对浦口区民兵应急连、街道应急排基干民兵进行整组点验，经基干民兵身份核对、问题抽查、软件资料和硬件设施检查、物资器材清点，均达到民兵编组规定要求。12月1日，浦口区民兵代表南京警备区参加全省民兵整组检查考评，总成绩全省第一名。

【民兵思想政治教育】 建立健全民兵思想政治教育工作制度，组织学习国防、兵役和民兵法律法规，举行新入队民兵宣誓，学唱《中国民兵之歌》，增强民兵的荣誉感和责任感。开展“学思想、铸忠诚、担使命”学习教育，培养有灵魂、有本事、有血性、有品德的新时代高素质民兵。开展人民战争思想和民兵光荣传统、职能使命、国法军规、形势战备等教育，增强民兵队伍政治上的坚定性、思想道德上的纯洁性和履行职能使命的自觉性。强化形势战备教育和多样化军事任务教育，铸造“一不怕苦、二不怕死”的战斗精神和战斗作风。10月16日，组织分队民兵集中收听收看党的二十大开幕式，围绕二十大报告阐述的新观点新论断，开展“小讲坛”“小座谈”“小讨论”“小演讲”活动，将学习贯彻党的二十大精神焕发出来的政治热情转化为练兵备战动力。

【民兵军事训练】 贯彻落实军委国防动员部、江苏省军区、南京警备区军事训练任务部署，以任务为牵引、备勤为平台、实战为背景、骨干为重点，以训为战，强军卫国。结合年度训练任务，按纲施训。集中开展对口保障分队共同科目训练、应急分队轮训备勤，提升民兵轮训备勤支援保障能力。组织民兵铁路护路连、公路运输一连民兵支援分队备勤训练。民兵无人机侦察排、遥感监测排、无人机支援保障排集中轮训备勤，开展基础科目、政治教育、专业训练、体能训练、无人机操作与维护、卫生救护、实弹射击

民兵整组点验　　区人武部供图

考核,合格率85%以上。选拔5名民兵参加南京警备区“四会”教练员集训,遴选2名民兵参加江苏省军区教练员比武,综合成绩全省第二名。强化首长机关动员业务训练,采取参加上级联训、立足岗位自训方式,区人武部主官参加江苏省军区政工干部比武和年度军事训练考核,总评成绩分获全省第二名和南京警备区第一名。完成专武干部、民兵新质分队、支援分队等6批次集训考核任务。

【非战争军事行动】 着眼“急时应急、战时应战”,修订完善抗洪抢险、森林防火、反恐维稳、应急行动、重要目标防卫等18个非战争军事行动预案。以经济建设为中心、乡村振兴为主题,组织开展非战争军事行动。联合老山林场、区卫生健康委、区消防大队,在老山国家森林公园举行带战术背景的森林防火演练,提升装备操作技能和技战术水平。联合区应急管理局、浦口公安分局、区卫生健康委、区消防大队和江苏融通农业发展南京有限责任公司,在永宁街道发启装饰城大市场开展重大火灾事故应急演练,启动军地联合应急联动机制,调派消防、公安、交管、医疗、民兵等多方力量协同处置,探索民兵应急力量与地方应急力量联训联用模式,提升森林防火、城市火灾处置装备操作技能和技战术水平。组织民兵和预备役人员投入文明城市创建、常态化疫情防控志愿服务、军地义务植树、重大活动安保。

【人民武装“一部三站”构建】 年初,区人武部围绕探索构建人民武装部、退役军人事务站、征兵动员工作站、国防教育宣传站联合办公新机制,研究制定“一部三站”建设总体方案,在永宁街道先行试点,并在全区推开。永宁街道将人民武装部、退役军人事务站整合,增设征兵动员工作站、国防教育宣传站,指定武装部长分管人民武装部、退役军人事务站工作,设置部站共用文化墙、荣誉墙、民兵和退役军人之家、文体活动室、退役军人服务窗口、征兵工作动员服务窗口,完善硬件设施,将武装工作中的国防教育、征兵工作、民兵整组训练、兵役登记等内容,与退役军人事务中的就业创业、优抚帮扶、走访慰问等职能职责融合,为应征青年、现役军人军属、退役军人、民兵及优抚对象提供“一站式”服务。至11月中旬,5个街道“一部三站”联合办公创新机制建成。11月30日,南京警备区考察永宁街道“一部三站”建设,肯定浦口创新做法,要求在全市推广。

【入伍新兵役前训练】 3月3—22日,组织体检、政审“双合格”预定新兵在国防教育训练基地进行春季征兵役前训练。制订《役前教育训练实施方案》,抽调军事素质过硬、政治素养高的退役军人组成教练班组,实行军事化管理、全封闭式训练。役前教育训练以“模拟化组织、正规化训练、封闭式管理、全程化淘汰”为原则,采取循序渐进、宽严适度的方式,按照《军人共同训练纲目(入伍必训课目)》《中国人民解放军体育训练大纲》等规定,抓好思想政治教育、军事理论课,以及队列、体能训练和战术基础训练,开展依法服兵役、军队光荣传统、合格军人角色转换等专题教育,强化准新兵依法服兵役意识。

【首次采用量化积分方式选优定兵】 9月2日,根据江苏省军区《关于进一步加强和改进审批定兵工作的通知》《南京市区级量化积分审批定兵暂行规定(试行)》,成立由区征兵办副主任任组长,区征兵办综合计划组、体检组、宣传组、纪检组、区人力资源社会保障局、区教育局、区民政局为成员的量化积分工作领导小组,制定《浦口区“双合格”应征青年量化积分细则》,量化积分采用150分制计分,分设基础分和学历层次、入伍意愿、表彰荣誉、政策倾斜、身体条件、役前教育六大方面20个小项,由量化积分工作领导小组人员对参加役前集训的“双合格”青年逐一核查佐证材料,对个别情况和特殊情况,均按照最大上限原则进行积分,合格分数线为97分,从高到低排名定兵。

【入伍新兵思想教育跟踪】 9月中旬,区征兵办研究新兵入营跟踪教育管理工作,建立与部队双向沟通、定时通报联络机制。组织机关干部、街道专武民兵干部、新兵亲属与新兵战士开展“打好一个回访电话、谈一次心”活动,鼓励新兵快速融入部队,安心服役,建功军营;办好一个优待金账户,让新兵感受家乡的温暖;寄发一张慰问信,鼓励新兵刻苦训练、锻炼意志、提高素质,争当优秀士兵;寄发一张欢送新兵入伍集体合影照片,强化新兵的战友情和集体荣誉感;悬挂一张“光荣之家”门牌，让军属感受到“一人参军、全家光荣”的自豪感；电话回访一次新兵部队，准确掌握新兵的思想、身体、训练动态。部队反馈浦口籍入伍新兵思想稳定、训练积极、吃苦耐劳、遵规守纪、表现良好。

【浦口区获全省民兵工作综合考核第一名】 12月1日，部分民兵在国防教育训练基地接受江苏省军区民兵工作检查考核。考核组查看民兵工作台账，对照民兵基干花名册逐一核实人员身份、参军入伍和入党等信息，对官兵相识、预建党组织、出入转队和训练落实情况现场提问，清点应急专用装备和预征预储装备。随机抽点应急连、无人机侦察二排、五排民兵进行手榴弹投掷、卫生与救护、防毒面具佩戴、风力灭火机使用、队列训练、摩托锯使用、操舟机安装使用、无人机操作使用、卫生勤务行动、伪装防护行动、反恐维稳行动、伙食保障考核，成绩均达优秀以上，浦口区获全省民兵工作综合考核第一名。（杨贡斌）

人民防空

【概况】 2022年，强化人防工程质量监管，规范人防工程、人口疏散基地建设。落实《人民防空工程开发利用备案及年度报告细则》，分批次推进平时使用证发放，地下空间完整率90%，准确率97%。“5·12”防灾减灾日、“9·18”防空警报试鸣日、“12·13”国家公祭日等试鸣完好率100%。加强24小时战备值班管理，建立新冠疫情防控常态化机制，强化人防机动指挥所应急备勤。4月，区人防办被省人力资源社会保障厅、省人防办表彰为“全省人防系统先进集体”。12月22日，被省人防办表彰为“2022年度人防工作先进单位”。

【指挥通信建设】 强化基本指挥所、预备指挥所和机动指挥所标准化管理。定期与市人防办联调联试，提升日常战备水平。完成机动指挥所“北斗+5G”动中通系统建设，组织参加市人防办集中训练。组织人防机动指挥所成员参加宁镇防护区联合训练、全省人防机动指挥所暨五大防护区联演联训，提升业务技能和指挥水平。

【人防工程维护和监管】 落实《江苏省人民防空工程建设平战转换技术管理补充规定》《江苏省人民防空工程防护设备质量检测管理办法》《江苏省人民防空工程标识技术规定》精神，优化工作机制、制度流程，以区质监站常态化监管为主，人防科室参与共同抓好施工质量、平战结合及人防标识标注等监督管理。采取“双随机、一公开”、联合检查等形式，严把竣工备案工程质量关，更新平战转换标识标牌。开展人防工程安全和环境整治，人防工程完好。

【基层人防工作】 印发《浦口区2022年度人防工作要点和社区人防工作实施意见》，与街道武装部签订目标责任书。出台《基层人防工作专项经费使用管理实施细则》，规定使用范围，指导街道、社区加强人防工作站规范化管理。根据市人防办《关于做好2022年人民防空专业队伍整组工作的通知》要求，整组人防专业队，在5个街道、12个政府部门（园区）和3个驻区企业组建抢险抢修、医疗救护、消防、治安、防化防疫、通信、运输、伪装设障、信息防护、心理防护、平战转换11类人防专业队伍，组织区人防办、街道、园区等5家单位专业队骨干，开展人民防空实战化演习演练，推动基层人防专业队伍规范化、标准化、制度化管理。挖掘社区特色资源、特色人才和特色载体，开展社区特色人防活动。结合“5·12”防灾减灾日、“9·18”防空警报试鸣日和“12·13”国家公祭日，分别在汤泉街道、星甸街道、江浦街道以及江浦实验小学、星甸中学开展广场宣传、技能培训、知识讲座和疏散演练等活动，普及防灾减灾和自救互救知识技能，提高应急避险能力。修订完善区人防方案和人口疏散专项方案、重要经济目标单位防护救援方案。完成6000个家庭应急救援包的采购、摇号和发放工作。

【人防宣传教育】 建立人防宣传资料库，收集、刻录人防知识光盘，编印人防知识宣传册，引导基层开展人防知识宣传和教育。加强浦园路人防宣传一条街的更新、维护和管理，打造人防知识学习平台，扩大人防知识宣传面和影响力。构建区、街道、社区三级宣教网络，向省市人防办、区政府网站报送信息50余篇，被《南京日报》《江苏人防工作简报》、省人防办网站等采用46篇。开展“5·12”防灾减灾教育活动，发放人防宣传品1000余件、宣传册800余份，教育干部群众增强防灾减灾意识，提高抗灾能力。9—

11月,举办浦口区第四届中学生人防知识竞赛,检验和巩固人防宣传教育成果。

【人防工程全生命周期管理】 实行“四个一”(使用管理单位每周一次、社区每月一次、街道人防部门每季度一次、区人防办每年一次)安全维护管理制度,完成人防工程全覆盖安全维护管理检查。依照《人民防空工程维护管理技术规程》,落实人防工程日常维护管理工作。依照《江苏省人民防空工程标识技术规定》,加强人防工程标识标注检查。加强人防工程全生命周期管理,录入新竣工备案的人防工程数据和日常巡查信息,确保问题隐患全部整改。 (胡婷婷)

【“北斗+5G”机动指挥动中通系统建成】 10月26日建成。区人防通信网络体系化建设实现省、市、区人防机动指挥所互联互通、信息共享和协同联动目标。“北斗+5G”机动指挥动中通系统包含移动集成式应急布控球、工业级5G路由器、便携式车载指挥终端、手提式应急指挥箱、全向麦、有线耳麦、蓝牙耳机等设备。项目基于“北斗+5G”人防机动指挥通信系统,采用北斗定位系统,融合宽带无线通信网络技术和视频处理技术,实现实时掌握现场态势,精准实现指挥调度,快速完成指令下达,提升人防指挥通信快速发现、快速感知、快速理解、决策支撑、行动支撑的指挥能力,达到“看得见、听得着、呼得到、查得清”工作要求,为构筑人防护民之盾提供信息化保障。 (区城乡建设局)

退役军人事务

【概况】 2022年,浦口区落实党委议军会议、军政座谈会议、双拥工作领导小组会议制度,区委、区政府主要领导亲自研究部署退役士兵就业、双拥共建、退役军人权益维护和服务保障工作。区退役军人事务局推进困难帮扶援助,建立健全困难人员“一本账”制度,退役军人低保户家庭帮扶率100%。走访慰问退役军人并发放慰问金。推动基层退役军人服务站标准化建设和规范化运行。开展退役军人常态化联系工作,联系覆盖率97%。开展优秀“戎耀之家”建设活动,浦口区杰助物业公司被授予市级优秀“戎耀之家”,区检察院被授予省级优秀“戎耀之家”。为浦口区军队离退休干部休养所的军休干部集中办理退役军人优待证。

【退役军人安置】 接收各类退役军人(家属)。为符合政府安排工作的退役士兵筹集岗位,推进积分选岗、送人到岗工作,完成安置任务。深化退役军人事务领域“放管服”改革,开展军人退役“一件事”创新实践,为退役军人返乡提供报到手续“一站式”办理服务。

【退役军人就业创业】 举办专场招聘会14场,参会企业152家,提供就业岗位510个,可安排就业3480人。通过网络推荐就业信息99条、企业287家,提供就业岗位599个,可安排就业4215人。促成退役军人就业,组织退役军人参加岗前适应性培训。依托高庙村退役军人综合服务基地,探索“乡村振兴+退役军人服务”路径。

【退役军人优抚政策落实】 各类抚恤补助资金按时、按量、足额发放,全年下拨优抚资金1802.15万元。受理优待证申请近万人次,优待证申请与信息采集人数比例99.75%,完成率排名全市第一位。

【“百年戎耀”十大挂像英模宣讲】 区退役军人事务局选拔系统内10名年轻党员组建“百年戎耀”十大挂像英模宣讲团。宣讲团在七一、八一、“9·30”烈士纪念日前后走进校园、社区、部队,宣讲雷锋、黄继光、张超等全军十大挂像英模事迹,让更多人从10位英模身上获取精神力量,赓续红色血脉,感悟初心使命。全年举行英模事迹宣讲10余场。

【“百企惠万军”特色拥军优属品牌建设】 区退役军人事务局与邮政集团、悦孚石化、文旅平台、餐饮商会、广电网络公司、一德康复医院等合作,近100家企业单位响应,开展系列针对军人军属的优先优惠优质服务。实施“拥军邮路”“军邮驿站”特色举措,推出加油、餐饮、医疗及景区游览专属优惠,70周岁以上重点优抚对象享有3年数字电视免费服务等专享优待,总优惠金额400余万元。 (吴伟伟)

·文稿编辑 杨万友·

经济管理

经济运行调节

【概况】 2022年,浦口区实现地区生产总值512.13亿元,可比价增长3.2%;一般公共预算收入78.93亿元,同比下降7%;全社会固定资产投资582.83亿元,同比增长5.2%;社会消费品零售总额148.6亿元,同比下降1%;全体居民人均可支配收入58376.5元,同比增长4.8%。

考核监测　结合2021年市对区考核结果、2022年上半年市对区模考结果,牵头各责任单位建立对接联系机制。分析研究2022年市对区考核办法变化,明确新增、调整指标统计口径和考核要求,做好区内任务分解工作。紧盯国务院、省政府督查激励事项,牵头梳理拟争取事项27个,督促部门定期与省、市部门对接,争取支持。制定街场、园区月度监测评价办法,牵头各责任部门对街场、园区每月开展监测评价,将评分结果运用到年底全区综合考核。完善经济运行调度体系,加密经济运行调度频次,每周调度、每月监测,把握全区经济运行总体态势,及时发现苗头性、趋势性问题并提出建议。精准开展企业服务,帮助企业解决市场开拓、原材料供应、要素保障等难题。

项目建设　做好地方政府专项债储备和申报工作,专项债券申请项目29个,发行专项债项目25个(置换项目2个),下达专项债额度26.67亿元。浦口城建集团桥林西供水增压站建设工程通过国家发展改革委审核,与国家开发银行江苏省分行签约,取得贷款5000万元,是全市首个、全省首单民生领域政策性开发性金融工具签约落地项目。根据国家和省、市政策导向,组织浦口高新区科创广场项目申报REITs试点工作,完成公募REITs发行中介机构公开招投标,选聘华夏基金、中信证券联合体作为浦口高新区基础设施REITs牵头机构,组建公募REITs发行工作团队,申报列入国家REITs试点储备库。编制2023年度重点项目计划,编报区重点项目144个(续建64个、新开工80个),总投资1017.23亿元,当年计划投资261.01亿元,财政出资12.88亿元。

统筹主导产业发展　推动高端交通装备产业发展,高端交通装备产业链有规模以上企业47家,当年新增入库9家。列入区一号文项目12个,总投资67.5亿元,当年投资14.15亿元。强化高新技术产业引领作用,紫光云数科技有限公司、南京中孚信息技术有限公司等15家企业通过2022年培育“独角兽”和“瞪羚”企业认定,其中培育“独角兽”企业5家、“瞪羚”企业10家。编制《浦口区数字经济高质量发展实施方案》,做好数字经济产业园区和重大载体建设规划方案指导,推进区级数字经济重点项目8个,总投资119.5亿元,当年计划投资16.3亿元。梳理上报南京市2022年新型基础设施建设项目7个,总投资151.2亿元,年度投资24.8亿元。3家企业获批创建市级工程技术研究中心。加大服务业企业培育和扶持力度,新增入库服务业企业11家,重点培育20家。

稳企政策落实　落实国家、省、市各项助企惠企政策,完善惠企政策直达机制,依托民企会客厅等活动、“宁企通”等平台,实现省、市、区各级政策直达园区、直通企业、即申即享。出台《浦口区应对疫情助企纾困八条措施》,累计发放奖补资金1845.43万元,惠及“四上”企业及个体工商户1088家(户),除房租外减免担保费26.45万元,惠及企业30家,减免水费34.4万元,惠及企业27家。

营商环境优化　出台《浦口区优化营商环境20条(2022版)》。梳理营商环境应用场景27个,被市营商环境应用场景采纳3个,发布创新应用场景2批。推进商事制度改革,首创“一照多址,联动自贸”改革,实现住所与经营场所分离登记,55家企业完成登记落户。先行先试“竣工即验收(交付)”改革,12个项目完成竣工验收备案并投入使用,平均耗时22天,验收效率提升70%。简化办事流程,完善全链条政务体系。与滁州市南谯区、全椒县、来安县和马鞍山市和县合作推行跨省通办,办理业务2000余项。设置老年人办事专窗,提供基层帮办、亲属代办、部分事项上门办服务。推出“新生儿出生”“建筑垃圾运输”等165个“一件事一次办”场景,“一件事一次办”办件3.5万件。推行综合许可证行业“一业一抽”部门联合“双随机”抽查,区城市管理局、浦口公安分局、区市场监管局交流联合检查意见,检查结果录入江苏省市场监管信息平台,并通过国家企业信用信息公示网站对全社会公示,实现“进一次门、查多项事”,完成建筑垃圾运输行业“一业一抽”试点。营商环境指数考核在全省63个郊区(县)中排名前二十名,其中“开办企业”“办理破产”“政务服务”等指标在全省名列前茅。

绿色低碳发展　邀请省工程咨询公司等专业机构,对《浦口区碳达峰行动方案》组织评审并修改完善。加强能耗指标管控协调,优先保障重点民生项目和重点产业项目使用。推进海峡科工园循环化改造验收前期工作,强化新型墙体材料企业证书认定监管。加快“无废城市”建设,推进南京巴斯纳再生资源有限公司装配式建筑墙体及绿色建材生产项目建设。邀请北京中创碳投科技有限公司,开展浦口区林业碳汇资产开发可行性研究,发展生态碳汇,探索“生态效益+经济效益+社会效益”多重效益共赢的低碳发展新模式,尝试解决制约产业发展的约束性问题。

能源安全监管　结合安全生产大排查、百日攻坚行动和重点时段,开展行业安全督导巡查35次。清理不同等级高压线下隐患树木20586棵,保障南京市电力大通道安全运行和迎峰度夏用电保供。8月,全省用电负荷持续攀升,先后出现电力硬缺口,浦口区根据分配的用电负荷压降量,编制需求响应分配方案,严格执行压降负荷。动员参与需求响应的工业企业201家,最高压降负荷2.72万千瓦。

数字化、智慧化城市建设　拟定《浦口区城市运行“一网统管”建设工作方案》,按照“城市可感知、问题可获取、管理可闭环、系统可学习”总体要求,建成浦口区城市运行综合指挥中心,搭建“一网统管”平台,整合社会治理综合指挥中心、警网融合分中心、“12345”政务服务热线、信息中心、大走访指挥部等部门、机构,实现水电气、公安、交通、文旅、卫生、消防、水务、环保、信访、应急管理、市场监管等部门专线接入。出台《浦口区政务数据归集、共享、开放实施细则》,通过接口对接、数据导入、人工上报等接入方式实时归集城市运行数据,归集44个部门671类资源4.7亿余条数据。

【重大项目推进】　2月9日,区委办、区政府办印发《关于建立区领导挂钩联系2022年省市重大项目机制的通知》,决定建立区领导挂钩联系2022年省、市重大项目机制。7位区委常委、4位区人大常委会副主任、5位区政府副区长、2位区政协副主席挂钩18个省、市重大项目,对重要事项、重点问题发挥领导作用,高位协调,定期召开推进会议,破解项目推进难点和堵点,保障省、市重大项目按时开工、有序推进。

2月18日,区重大项目推进办发出《关于成立省市重大项目工作专班的通知》,建立省、市重大项目专班推进机制,实行“一个省市重大项目一个工作专班”制度。专班组长由责任单位分管领导担任,成员由责任单位、职能部门相关业务科室担任。各专班设1名具体负责人,每日跟踪上报项目进展,建立项目专班微信群。利用重大项目在线管理平台,掌握项目推进整体情况,梳理因故停工、滞缓、应开未开项目清单,协调职能部门提出方案和路径,采取问题事项销号制,力推问题及时解决。统筹周监测、月调度工作,实行问题项目周报、推进工作月报,定期现场督查应开未开、推进滞缓项目,确保各项目标如期完成,全年累计发布月度通报、问题专报、周报39期。落实全市重大项目观摩推进活动要求,开展“双亮行动”,组织产业项目开工竣工活动3场、“双亮行动”专题活动2场。截至年底，全区18个省、市重大项目开工率100%，累计完成投资229.3亿元，其中5个省重大项目累计完成投资152.3亿元。省、市重大项目推进情况在市对区半年模考及全年考核中均位居全市第一名，浦口区获“2022年全市重大项目推进质效提升优星”称号。

【年度计划编制与执行】 根据区委、区政府要求，区发展改革委牵头各责任部门开展2022年计划编制工作。优化调整2022年经济社会发展指标体系，新增指标10个：工业战略性新兴产业产值占工业总产值比重、高技术产业投资占比、有效发明专利拥有量、普惠性幼儿园就读幼儿占比、接受上门服务的居家老人数占比、单位地区生产总值二氧化碳排放量降低、安全生产事故发生数下降、亿元以上签约项目、签约项目投资总额、完成征收面积，其中前7个来自市对区高质量考核或市计划报告指标体系，后3个聚焦区委、区政府中心工作和最新部署。删除指标6个：绿色优质农产品比重、规模以上工业企业研发投入强度、新增高技能人才数、新备案新型研发机构数、垃圾分类集中处理率、城镇污水集中收集处理率。调整指标2个：更加关注投资结构和质量，将“工业投资增速”调整为“制造业投资占固定资产投资比重”；更加突出高新技术产业对经济发展的贡献度，将“高新技术产业投资增速”指标替换为“高新技术产业产值”。经区委、区政府主要领导、分管领导多次专题研究和区政府常务会议审议，2021年12月初形成初稿。2022年1月25日，经浦口区五届人大一次会议批准通过。2022年浦口区经济和社会发展31项预期性和约束性指标，除地区生产总值增速、一般公共预算收入增速、全社会固定资产投资增速、社会消费品零售总额增速、亿元以上签约项目5个主要经济指标受疫情影响低于预期目标外，其余26个指标均完成年度目标，总目标完成率83.9%，高于全市目标完成率3.9个百分点。

制造业持续壮大 规模以上工业总产值、增加值增速持续位列郊区前列，区工业和信息化局、华天科技（南京）有限公司获“江苏制造突出贡献奖”。引进长芯、宽能半导体、桑德斯微电子等项目，中车全国首家城市交通设计研究院落户，上汽商用新车型项目主体封顶，集成电路、高端交通装备两大主导产业累计集聚上下游企业400余家，规模以上工业产值同比增长20%以上。实施转型项目140个，推动规模以上工业企业“智改数转”全覆盖，培育智能制造示范工厂和车间7个、星级“上云”企业14家、“两化”融合“贯标”企业4家。组建100家“小升规”企业培育库，新增国家级专精特新“小巨人”企业3家、省级专精特新企业13家。

服务业显著提档 实行文旅产业梯度奖补、纾困补贴等政策，推进国家全域旅游示范区、国家级旅游度假区创建工作，入选全国旅游综合实力百强区，获评“中国旅游高质量发展区”，创成国家首批避暑旅游目的地。“微度假”品牌写入文化和旅游部工作要点，举办老山国际文化旅游节等文旅活动18场，龙之谷风暴水世界等建成开放，旅游接待量同比增长50%以上，创历史新高。江苏稻草熊影业有限公司、紫光云数科技有限公司入选省民营文化企业30强。加快商贸配套补短板，虹悦城等综合体消费热度持续攀升，大悦城、龙湖天街加速建设，引进品牌首店12家。开展大型促销活动20余场，发放消费券100万元，消费活力不断释放。出台数字经济高质量发展方案，区数字经济创新促进中心成立，济高智慧医疗等13个前沿项目签约，无人机试验区建设有序推进，规模以上软件信息服务业营业收入增幅持续维持在60%以上。浦口高新区入选首批省级现代服务业发展集聚示范区。

现代农业特色明显 启动4个农业农村部重点实验室建设，加快筹建省生物种业产业创新中心，院士生物有机肥推广近万亩，叶菜新品种推广千余亩。数字化示范无人农场入选省农业数字化建设优秀案例，举办全国农业科技创新工作会议。实施“一村一品”建设，成立稻米、果蔬等市级产业化联合体4个，新增市级以上示范合作社15个。“星甸青虾”实现浦口地理标志证明商标零的突破。休闲农业、乡村民宿等新业态蓬勃发展，“老山美宿”品牌效应持续释放，乡村旅游接待人数持续位居全市第一方阵，“金黄的田野之旅”入选全国乡村旅游精品线路，永宁街道获评“全国乡村旅游重点镇（乡）”。基础农业完成高标准农田建设3.67平方千米，特色农业机械化率提升至69%，粮食总产量3.24万吨，实现主要农作物面积、亩产、总产“三增长”，夏粮丰收被中央电视台宣传报道。

项目支撑巩固夯实　创新实施全员招商,65个部门捕获招商项目信息近1000条,促成64个项目签约。精准对照产业地图,开展链式招商、资本招商,举办高规格招商活动23场,引进慧与南京创新中心、微思自动驾驶等亿元以上项目102个,总投资超800亿元,获市招商工作擂台赛"目标任务进度奖"。在全市率先开展联审,提升招商项目质量,相关工作入选市招商红榜案例。全方位、全要素、全生命周期完善项目服务保障,紫气源、睿芯峰等20个亿元以上产业项目竣工,芯爱高端基板项目59天实现主体封顶。

创新人才加速集聚　入选国家重点人才5人、省"双创"人才6人,排名郊区第二名,新增省"双创"博士8人、中青年拔尖优秀人才20人。创新实施研究生定向委培、人才定制实验室等项目,与南京邮电大学共建"浦芯精英"研究生工作站,培养集成电路等产业中高端人才152人,加速建设省大学生集成电路产业发展基地,清研华科新能源研究院获批省汽车工程学会科普教育基地。启动首批"清华优生"招录计划,举办"浦创杯"等创业活动,为93名大学生提供"0租金"创业场地,发放各类人才补贴资金6377万元,惠及人才1000余人次。

科创载体加速建设　出台区科技创新16条,设立区级专项资金,精准支持科创项目,精密建设科创平台。南京银行科教创新园、IC集成电路研创园等载体加快建设,苏高投智慧云谷基本建成。新增市级以上众创空间及科技企业孵化器2家,17家新研机构孵化引进科技型企业26家,新研机构及孵化引进企业实现营业收入54亿元,目标完成率全市第一名。筹建南京原子制造研究所,华天科技(南京)有限公司、南京浦世环境科技发展有限公司等15家企业获省、市科技项目立项,争取专项资金3000余万元,创历年新高。南京志卓电子科技有限公司等6家企业获评"市工程技术研究中心"。开展"科技服务零距离"等活动,组建科技创新服务联盟,科创群体成果转化、金融服务更加健全,审核推荐"宁科贷"592笔,贷款金额14亿元。

创新成果加速涌现　率先在省内区县一级出台高新技术企业创新积分制管理办法,高新技术企业数量、质量"双提升",入库科技型中小企业990家,净增高新技术企业66家。新增培育"独角兽""瞪羚"企业15家。支持企业健全"立项—研发—归集"的闭环管理机制,引导企业参与前瞻性关键核心技术攻关,重点监测企业研发支出同比增长21.69%。优化知识产权服务,有效发明专利拥有量1345件,实现技术合同成交额19亿元。申报国家知识产权强县建设试点县,获得市首批知识产权工作站授牌,浦口开发区通过国家知识产权试点园区验收,江苏九天高科技股份有限公司等企业获"中国专利优秀奖"。

综合改革深入推进　聚焦"全域综合改革突破年",完成"百名干部破百题"两年行动。自然资源节约集约利用等6项工作获省真抓实干督查激励,表彰数量位列全市第一名。整合26个部门行政执法相关职能,组建区综合行政执法局,实现"一个部门管执法、一个队伍管执法、一套制度管执法",相关改革经验被人民网、《新华日报》等媒体报道。国企改革三年行动收官,区属平台清晰核定主责主业,浦口开发区、浦口高新区基本实现"小管委会+大平台"模式运营。老山景区112平方千米文旅资源加速整合,西埂莲乡等3家"珍珠村"实现统一运营管理。全流程优化基金管理运作,成立区内首家国资基金管理公司,产业基金总规模372亿元,投资优质项目305个。国家数字乡村试点区、省级"互联网+"农产品出村进城工程试点建设加快推进,入选省农村改革试验区。

营商环境持续优化　突出首创性、领先性,出台《浦口区优化营商环境20条(2022版)》。探索重大项目服务保障"一件事"改革,实现"一站式"审批、全流程指导、高效率服务,"拿地即开工"实现常态化运行,"竣工即验收"压缩办理时间70%以上,作为全市优化营商环境创新优秀案例推广。依托民企会客厅等活动、"宁企通"等平台,实现省、市、区各级政策直达园区、直通企业、即申即享。建成区、街道24小时自助政务服务区,148项业务实现自助办理,政务服务事项可网办率达98.9%,"15分钟政务服务圈"初步形成。创新推动停保、参保登记等16个高频服务事项省内通办。在全市率先推广"歇业备案",企业开办服务延伸至银行网点,开办企业指数连续2年位居全市前列。深化"只投诉一次"工作机制,"12345"热线工单按时办结率100%,重复投诉率下降20%以上,群众综合满意度稳居全市第一方阵,连续2年获评“市政务热线工作先进区”。

开放合作水平再提升　稳住外贸基本盘,新增外贸主体22家,进出口总额295.8亿元,增幅持续排名全市第一位。跨境电商孵化基地初具规模,实现跨境进出口交易额12.4亿元。推动“一照多址·联动自贸区”改革,建成中国(江苏)自贸区南京片区浦口政务服务中心,200个省级赋权事项实现进场直办,800余家企业注册自贸试验区(浦口板块)。江北一体化发展迈出新步伐,建立集成电路等产业协同发展联席会议制度,联合举办招商引资等活动。聚焦产业、生态等领域,融入长三角一体化、南京都市圈建设,浦口—南谯跨界一体化发展示范区建设稳步推进,首个合作落户项目华瑞微竣工投产,滁河联合河长制主题公园加快建设。精准开展镇安县对口帮扶,援助帮扶资金约2000万元,转移就业875人。

城市建管更加精细　坚持规划引领,“三区三线”方案获批,中心城区建设范围全部划入城市开发边界。江浦老城有机更新步伐加快,城南河两岸基础配套、路网结构加速完善,实施11个老旧小区改造,新建、改建绿道30千米,新增“口袋公园”9个,建设凤凰山公园等“梧桐语”城市客厅,文昌路片区入选市首批城市更新试点项目。桥林新城借力借智国内一流规划设计团队,基本完成战略规划和总体城市设计规划。集中开展“四清、四拆、四整治”专项行动,包案推进征收扫尾,征收面积同比增长39%,拆除违建、危房超10万平方米,整治城市管理问题25万件,城市治理月度考评连续位居郊(新)区组第一名。182个城建项目稳步推进,312国道龙华立交至张店枢纽段辅道建设工程有序推进,浦滨路(虎桥路—西江路段)完工,光明路等城市道路建成通车。新增停车泊位4225个、公共停车场13个,“警网融合、建管一体化停车治理模式”获人民网等30余家媒体深度报道。

乡村魅力不断彰显　坚持高品质设计、高标准建设、精细化运管,启动美丽乡村建设三年行动,45个市级宜居村建设完工,创成省级特色田园乡村3个,星甸街道王村村获评“中国传统村落”,永宁街道联合村入选省级乡村旅游重点村。落实乡村规划师制度,实施9个实用性村庄规划、4个传统村落保护规划编制。农村基础面貌不断改善,完成9.5万栋农村自建房安全隐患排查,交通桥梁安全隐患改造、农村重点塘坝加固整治等工程有序推进。完成100千米农村公路升级提档,镇村公交通达率100%。集体经济发展水平提升,盘活村集体资产资源,农村产权交易总额6350万元,开展综合社试点项目4个,江浦街道白马社区等3个村(社区)入选全省“共同富裕 百村实践”新型农村集体经济发展典型案例,数量排名全市第一名。

生态环境持续提优　初步完成碳达峰行动方案,紧盯“双控”(能耗控制、强度控制),严格把控“两高”(高耗能、高排放)项目准入和用能。中央生态环保督察28个交办问题全部立行立改或阶段性办结,连续2年获得省生态环境领域督查激励。实施生态环境质量“提质增优”行动,紧盯源头管控,实施水泥等六大行业深度治理,$PM_{2.5}$平均浓度持续保持全市最优。在全省率先实施“社会化+专业化”水库管护一体化模式,完成沿山河等15个消险工程,象山湖水利风景区创成国家级水利风景区。在全省率先开展地热水水权交易试点。加强长江岸线保护,“一河一策”提升入江、入滁支流水质,建成幸福河湖32条,地表水环境质量排名全省前列。联动开展土壤污染防治,完成85万平方米废弃矿山生态修复,危废固废环境污染事故零发生。严守耕地红线,全区“清零”整改率52.3%,违法用地遏增清存工作“零约谈”“零问责”。

社会事业全面进步　坚持用心用情办好民生实事,定期跟踪、逐项调度,10件民生实事96个子项任务完成投资55.2亿元。教育优质均衡发展,珠泉幼儿园等3所学校开办,与南京师范大学共建中小学,引进中华中学、南京一中等优质教育资源,新增省优质园5所,义务教育优质均衡发展区创建通过专家评估。江浦高级中学获批首批省高品质示范高中市级创建培育学校,浦口中等专业学校职教高考本科达线率连续15年位居全市第一名。卫生事业质效提升,完成区疾控中心3.5万管PCR实验室改造,省人民医院浦口分院三期裙楼结构封顶,区中医院儿童中心启用,6家社区卫生服务中心建成投用。举办全国山地自行车锦标赛等“线上+线下”文体活动1200余场,惠及群众150余万人次。全覆盖推进街道综合文化服务中心提档升级,区图书馆、"一家墨店"入围全省最美公共文化空间。女子半程马拉松获批2022年国际田联标牌赛事,南京环老山体育旅游景区获评"中国体育旅游精品项目"。

社会保障不断健全 多渠道促进高质量充分就业,发放各类补贴5582万元,新增城镇就业4050人,城镇失业人员就业2804人。严格落实社保降率、缓缴等助企纾困政策,为8675家用人单位减征社会保险费超亿元,困难人员、被征地人员、禁捕渔民100%参保。加快建成江浦、桥林"15分钟医保服务圈"省级示范点。多层次住房保障体系持续健全,加大回购力度,创新房票政策,妥善解决安置房"人等房"问题,完成年度整组搬迁8681户11448套任务。安置小区办证历史遗留问题妥善解决。养老服务体系更加完善,新增AAA级居家养老服务中心24个、老年人助餐点19个,完成老年人适老化改造145户。低保对象、困难残疾人、困境儿童服务保障覆盖率100%。

社会治理更加高效 开展全国文明城市创建,入选省文明村(社区)5个,星甸街道双山村获评"全国最美志愿服务社区"。创新"每月一办"、不定期"回头看"等机制,整治已建成移交城市道路路口设置不合理等问题,经验做法被人民网等媒体报道。建成城市运行管理中心,搭建"一网统管"指挥调度平台,办结率、网格达标率位居全市前列。滨江馨园入选党建引领物业管理省级示范点。开展"大走访、大排查、大攻坚"行动,解决各类"急难愁盼"、矛盾隐患,防范房地产、金融等领域风险。创新打造"和解浦畅"调解品牌,办结"国治件"145件,浦口区获评"省信访工作示范区",区信访局获评"全国信访系统先进集体"。开展安全生产大检查和百日攻坚行动,排查整治风险隐患3万余个,实现安全生产事故起数、死亡人数"双下降"。强化食品安全监管,区市场监管局获"省食品安全工作先进集体"称号,"食安浦公英"入选全国社会共治优秀案例。 (林凯)

国有资产监督管理

·区国资办·

【房屋租金减免政策落实】 3月,区国资办、区财政局联合印发《关于减免2022年国有房屋租金操作实施细则的通知》,帮助服务业小微企业和个体工商户纾困解难。2022年,累计减免国有企业房租5201.92万元,惠及服务业小微企业304家、个体工商户393户。

【"小管委会+大平台"去行政化改革】 4月,南京浦口经济开发有限公司、浦口高新区科创集团"三定"方案经编委会审议通过。12月,区国资办按照国企改革工作要求,指导园区厘清管委会和园区企业的权责任务清单,要求园区企业健全章程、完善治理结构,围绕产业投资、产业服务等业务板块向市场化主体转变。至年末,南京浦口经济开发有限公司、浦口高新区科创集团基本完成机构调整和人员配备。区国资办联合区委组织部开展"名校优生"计划,招聘高层次人才充实到国资监管队伍和国企经营管理序列,招聘清华大学毕业生3人。组织区属国有企业开展2021年度刚性淘汰工作,淘汰员工137人。

【区属国有企业投资监督管理】 7月,区国资办修订《浦口区国有企业投资监督管理办法》。规范全区国有企业投资行为,强化国有企业在投资项目中的决策主体、执行主体和责任主体地位,明确投资项目报告制度程序。国有企业项目投资总额3000万元以下的经企业内部决策、履行出资人职责的机构审核备案后,书面向分管区领导报告;项目投资总额3000万元及以上、3亿元以下的按程序向区政府常务会报告;项目投资总额3亿元及以上的按程序向区委常委会报告。制定《关于区国资办委托第三方论证区属国有企业重大投资项目的通知》,明确"双重论证"范围,包括主业、非主业、长期非控股等投资范围内的重大项目。至年末,区国资办累计备案项目26个,涉及投资金额61.4亿元,对3个重大投资项目开展"双重论证"。强化资产管理,累计受理资产评估项目核准或备案16个,涉及产权转让、产权收购、企业改制、企业注销、房产出租等事项,对其中9个重点项目组织专家评审。通过资产历史遗留问题处置、房产出租问题整改、搭建资产管理系统盘活企业资产。完成浦口交通集团白马生活广场、浦口高新区科创广场、浦口开发区标准化厂房一期3个项目划拨转出让手续办理。截至12月19日，房产管理问题完成整改2672项，完成率84.96%。

【区属国有企业购买服务行为规范】 9月，区国资办配合区纪委梳理区属国有企业近三年购买服务情况，针对国有企业在购买服务工作中存在的制度不健全、购买服务范围泛化等问题，建立长效机制。11月，浦口区出台《关于规范区属国有企业购买服务的指导意见》。实行清单管理，梳理形成购买服务指导性目录和负面清单，明确购买服务事项边界范围。建立区属国有企业可承接的服务事项清单，鼓励区属国有企业发展成为合格的服务承接主体，按市场化原则为党政机关、事业单位提供服务事项。规范招采流程，对区属国有企业涉及的购买服务事项进行分类管理，分别明确招标采购方式、限额标准、交易场所，确保招采过程规范有序。加强购买服务合同管理，完备合同要件，依法组织履约评价，建立按效付费机制。建立企业服务承接主体评价体系，定期对购买服务的价格和服务质量进行绩效评价，形成承接主体负面清单，提升国有企业资金使用效益。

【区属国有企业主责主业核定】 12月，区国资办对5家区属集团主业进行审核确定和公布，指导区属集团加强战略管理，优化资源配置，严控非主业投资，增强企业竞争力。梳理区属集团2019—2021年资产分布、营业收入构成、从业人员分布情况，结合企业现状及发展规划开展主业核定。各集团主业不超过4个，包括3个核心主业和1个培育主业，各集团主业确定后，严格按照《浦口区区属国有企业主业管理评价暂行办法》要求，制订发展方案，对资产、经营、投入、产出等情况进行分析总结，围绕主业开展投资活动（含私募股权投资基金），严控非主业投资。2022年，主业占比均超80%。

【低效劣势企业清退和亏损企业治理】 区国资办根据国企改革工作要求，归并整合同质化业务和业务类型单一、人员数量较少、资产规模较小、营收能力较弱的企业，结合融资平台压降、低效劣势企业清退、亏损企业治理等工作，开展“两非”（非主业、非优势）和“两资”（低效资产、无效资产）有序清理退出。完成21户低效劣势企业清退；34户亏损企业完成当年治理目标，其中2户清理退出，14户扭亏增盈，18户控亏减亏。

【融资平台经营性债务管控】 严格把关经营性债务增幅，制订融资平台数量压降方案，逐户研判全区98户平台公司，形成“一企一策”压降方案。建立“631”债务预警机制，开展降成本、调结构工作，起草《关于进一步加强融资平台经营性债务管控的通知》，要求平台根据经营性债务到期时间实行分类动态管理，6个月内到期的债务要有偿债方案，3个月内到期的债务要有额度储备，1个月内到期的债务要有资金落实。建立刚性兑付债务偿付方案备案工作机制，9月起，要求平台每笔刚性债务提前3个月制订兑付方案，报区国资办备案并跟踪监管。提高标准化融资比重，管控刚兑债务规模，实现到期期限错配，缓解集中兑付风险。强化新增融资成本管控，对新增经营性债务进行穿透审核，按照同期贷款LPR（贷款市场报价利率）进行管控。除融资正常支付的承销费、律师费、评级费等中间费用，严禁违规向债权人和第三方支付各类居间费用。加强全面预算管理建设和执行，开展全区国有企业银行账户清理工作，制定《浦口区区属国有企业全面预算管理办法》，穿透分析还款来源，落实到期债务资金来源。要求全区国有企业对闲置无效、无贷款、无授信合作的银行账户应销尽销，对托收托付等银行账户应并尽并，定期通报账户清理最新进展。完成国有企业银行账户销户97户。

【基金管理运作】 开展基金核查，完成29支基金绩效评价，印发基金工作领导小组议事规则，修订国有企业股权投资基金管理工作指引，规范基金决策流程。围绕主导产业，创投公司新设基金3支，总规模41亿元；累计设立基金13支，总规模238亿元。参设基金累计投资产业项目188个，投资额74.57亿元，其中芯德、宏泰、芯爱等重点企业14个，投资额6.1亿元。已投项目中，“瞪羚”企业10家、高新技术企业69家、专精特新企业40家。促成鼎华智能、云程、芯爱等7个项目签约，签约金额16.33亿元。雨山资本完成中国证券投资基金业协会私募基金管理人登记，成为区内首家国资基金管理公司。创投公司10次入选清科、《母基金周刊》、母基金研究中心等业内知名榜单。

【文旅资源整合】 12月,区国资办和珍珠泉度假区签订委托监管协议,将浦口文旅集团作为珍珠泉管办所属国有企业,委托珍珠泉管办管理运营。按照老山体制机制改革工作计划,整合全区文旅资源,由浦口文旅集团统一运营管理,完成西埂莲乡、水墨大埝、楚韵花香、佛手湖郊野公园、珍珠泉经发公司等委托经营。

【国企改革三年行动收官】 12月收官。区委将2022年国资国企发展管理改革列为区委主要领导联系重点改革任务。4月,区政协围绕国企改革工作,召开主席会议。9月,区人大召开常委会、主任会议,出具国企改革三年行动推进落实情况的审议意见书。国企改革工作作为浦口区"百名干部破百题"两年期课题推进,获评2022年度优秀案例。区国资办牵头推进三年行动各项任务,建立健全浦口区国资监管体制,在区国资办独立运作基础上,建成出资人职责、监管职责、党的建设职责"三位一体"监管体系,全区国有企业集中统一监管,投资、融资、产权等重点领域和关键环节实现提级管理,首次将园区企业纳入区属企业高质量考核。至年末,浦口区涉及的119项改革任务全部完成,取得阶段性改革成效:推动党的领导与公司治理深度融合,79家企业"党建入章",27家企业建立党组织对重大经营管理事项前置把关制度机制,完善"三重一大"决策制度,党的领导作用在决策层、执行层得到有效发挥;完善国有企业法人治理机制,27家一级及重要子企业建立董事会,外部董事占多数,健全董事会议事规则,规范开展履职决策;围绕投资、产权、评估、融资等重点领域和关键环节,出台配套制度50余个,理顺工作流程,规范企业决策;优化国有资本布局结构,完成区属国有企业主责主业核定,鼓励企业围绕主业开展经营性项目投资;加大存量资产盘整力度,269家党政机关、事业单位所办企业清理脱钩,其中划转区属集团的40家企业2022年净利润同比增长600%,216家全面所有制企业改制或清退;建立集年初计划、期间跟踪、年末考评于一体的动态压减工作推进机制;完成全区一级企业"三定"方案编制;深化劳动、人事、分配制度改革,加快实施公开招聘、竞争上岗、末等调整和不胜任退出、刚性淘汰等市场化用工制度,实行工资总额管理、监管与岗位价值、工作业绩挂钩的分配机制,探索中长期激励机制。至年末,部分企业兑现超额利润分配方案。 (杨雨婷)

·浦口国资集团·

【概况】 2022年,浦口国资集团承担重点项目17个,其中重点产业、社会事业、乡村振兴、城建A类和B类项目12个,完成固定资产投资22亿元。被省总工会授予"江苏省五一劳动奖状""江苏省工人先锋号"称号。

表9 2022年浦口国资集团重点产业、社会事业、乡村振兴、城建A类和B类项目一览表

单位:万元

序号	项目名称	建设性质	2022年投资	项目进度
1	南京国家现代农业产业科技创新示范园区	续建	62000	内外装修、园林绿化施工基本完成
2	江苏省人民医院浦口分院三期	续建	61000	裙楼结构封顶,主楼结构完成70%
3	北花园路规划中小学	续建	23920	主体结构完成,装修完成40%,安装完成50%
4	G91地块商业用房开发项目	续建	22000	主体结构二层完成
5	亭子山万寿园一期	续建	18897	项目竣工
6	浦口区上河街人防工程	续建	13300	主体验收,开展水电安装

（续表）　　　　　　　　　　　　　　　　　　　　　　　　单位：万元

序号	项目名称	建设性质	2022 年投资	项目进度
7	北花园路规划中小学运动场人防工程	续建	10000	二层土方开挖完成 80%，底板完成 60%
8	南京市公安局浦口分局一体化智能化执法办案管理中心	续建	2585	项目竣工
9	狮山路配建小学	新开工	8000	教学楼东区、行政楼封顶，地库主体结构完成 70%
10	亭子山万寿园边坡环境综合整治工程	新开工	1317	项目竣工
11	浦口中等专业学校创业中心及风雨操场食堂综合体	新开工	70	食堂、浴室、锅炉房、库房等老旧房屋拆除完成；控制性详细规划调整完成；总平方案专家评审完成
12	新世纪小学腾换操场人防工程	新开工	0	

注：新世纪小学腾换操场人防工程因调规手续办理周期较长，由原计划 2022 年 9 月开工调整至 2023 年 5 月开工

【项目管理】 定期组织召开预算对接会，预判成本管理中的潜在风险，实时跟进项目进度，及时编制施工图预算，强化成本管理。对 EPC 项目进行全过程造价跟踪管控，对超预算单项、超要求设计及时优化，严格控制成本，保障施工进度。开展工程建设类服务机构服务质量测评，常态化跟踪管理，强化合同履约闭环管理，促进服务单位提升服务效率和质量。对已交付项目开展工程服务"回头看"，对建设工程质量、使用效果等进行交付后回访，听取使用方意见，做好后期服务，提升集团项目精细化管理水平。

南京国家现代农业产业科技创新示范园区项目　浦口国资集团供图

【融资降本节支】 融资成本持续保持最低　至年末，浦口国资集团债务余额 175.01 亿元，较 2021 年末净增 9.9 亿元，债务增长率 5.99%，控制在 11.9% 目标范围内。加强全面预算管理，资金预算按年预测，逐月滚动调整，科学安排融资放款及资金支出计划。

融资结构科学调整优化　挖掘可用于融资的存量资产项目，争取获得更多的项目贷和流贷授信批复，逐步增加银行贷款类产品比重，优化融资结构，南京国家农创中心项目首次引进由政策性银行与各金融机构组成的银团申报项目贷模式，降低融资成本。集团债务余额中直融产品 98 亿元，直融占比 56%，较年初降低 13.55 个百分点。获授信额度剩余 73 亿元，其中获授信银行贷款类产品 43 亿元、直融产品 30 亿元。计划获得授信 43.1 亿元，其中授信申报银行贷款类产品 22.1 亿元、直融产品 21 亿元。银行类产品占比 56.07%，直融产品占比 43.93%，为后期优化融资结构奠

定基础。

财务管理有效控本节支 收回应收账款666.14万元,加强财务成本控制,科学编排每月资金使用计划,减少资金沉淀时间。所有存量债券承销费率均降为0.1%,储备债券申报通过公开招标方式,选择最低价中标,锁定最低承销费率。结合2022年多次调低LPR利率契机,合作金融机构及时调整至最新利率,确保集团平均乃至单项融资成本保持全区最低水平。至年末,集团平均融资成本4.1%。加强财务内控管理,组建会计核算中心,发挥集团财务资源协同效应。

【运营提质增效】 至年末,实现营业收入4.01亿元,完成建筑业税收2967.22万元。强化资产管理、对外招商、商管物业、粮食储备、医药健康等业务经营,结合市场需求,挖掘经营潜力,促进市场化转型发展。集团在管资产总建筑体量约72.8万平方米,落实资产出租、资产安全、既有建筑排查整治等工作要求,以提升资产经营效益为导向,加强在手资产规范化管理,实现资产出租收入1.55亿元。加强优质资产推介招商,提高资产利用效率和经营效益。推进城南中心G59地块开发,带动区域价值提升。完成粮食企业管理权移交、省市涉粮问题整改、政策性粮油库存检查、粮食收购和储备轮换、库区维修改造升级、储粮安全等工作,完成粮食购销总量57849.52吨,实现粮食销售收入9600万元。激活老字号企业动能,推动内部改革,老山药业推动自然人股东股权转让工作。

(孙冬梅　陈婷)

土地资源管理

【概况】 2022年,土地供应100宗301.9公顷,实现出让金总额105.57亿元。其中,经营性用地9宗38.44公顷,出让金总额103.2亿元;工业用地10宗44.12公顷,出让金总额2.37亿元,其中6宗实现30年期弹性出让;划拨用地81宗219.34公顷。审批临时用地项目22宗17.87公顷。审核抵押23宗83.73公顷,金额16.65亿元。审核转让1宗0.67公顷,金额630万元。合理安排用地计划185.87公顷,梳理亟需保障的重大项目,申请预支87公顷国土空间规划新增建设用地规模,保障项目落地建设。取得18个批次征地批复,保障项目137个,总规模352.39公顷,新增建设用地224.24公顷。完成科学城总部基地、华天科技等项目规划优化和图则调整。做好地铁11号线一期、356省道等重点工程进度保障工作。浦口规划资源分局节约集约用地获得省政府真抓实干督查激励表彰,获16.67公顷新增建设用地计划指标奖励。提供招商项目信息10条,推动拟投资总额1亿元研发运营项目、拟投资总额6亿元酒店项目落地。

【全域空间要素规划编制】 浦口区国土空间规划“三区三线”方案获自然资源部批复。服务乡村振兴,推进传统村落保护规划及实用性村庄规划编制工作,完成镇村布局规划(2022版)、9个实用性村庄规划、4个传统村落保护规划编制。打造浦口区市政专项规划系统,完成浦口区海绵城市专项规划编制,组织编制浦口区电力工程、燃气工程专项规划、桥林片区竖向及排水等专项规划。完成“十四五”时期低效用地再开发专项规划和年度实施计划编制。完成汤泉地热资源保护与利用专项规划编制。

【土地资源红线保护】 遏制耕地“非农化”,防止“非粮化”。落实最严格的耕地保护制度,市对区、区对街道签订2022年耕地保护责任书,明确各级耕地和永久基本农田保护责任。依据国土空间规划,按照“应保尽保、量质并重、集中成片”原则,对原永久基本农田实行优进劣出,妥善处理永久基本农田与城镇开发边界、与生态红线关系,优先将集中连片长期稳定利用耕地划入永久基本农田,守住耕地保护红线。浦口区划定永久基本农田5293.33公顷,划定方案通过自然资源部审查。开展耕地后备资源调查评价工作,对全区其他草地图斑进行宜耕性评价,摸清全区补充耕地潜力状况,合理开发利用耕地后备资源,浦口区约有800公顷宜耕资源。开展耕地“非粮化”图斑排查整改工作,兰溪公园、宁滁快速通道完成销号,沿山大道西延、汤盘公路通过省自然资源厅审核,报省政府批复。开展356省道、北沿江高铁等重大项目永久基本农田占用划补工作,划补方案通过省自然资源厅专家论证。发放耕地保护补贴1亿元。推进生态保护工作,实施土地复垦项目30个,新增耕地53.33公顷。完成42处废弃矿山生态修复。开展生态管控区不可避让论证及调整工作，完成龙之谷、宁滁、235 国道等 8 个项目管控区论证批复工作，土地资源红线得到有效保护。

【节约集约用地】 统筹优化城乡建设用地布局，合理分配 86.67 公顷新增指标和 20.6 公顷“三合一”指标，保障全区经济社会发展用地和重大项目落地。合理安排再开发时序，推动低效用地盘活利用，完成 81.67 公顷低效用地再开发。加强地质矿产管理和露采矿山监管，争取省、市支持下放采矿权出让收益征收权利，完成 1 家露采矿山资源储量核实工作，落实矿产资源“三率”（开采回采率、选矿回收率、综合利用率）达标，促进资源节约集约利用。全面梳理、合理安排各类用地指标，至年底，全区使用用地计划 185.87 公顷，其中使用国家计划 127.67 公顷、使用增减挂钩指标 58.2 公顷。全面开展批而未供土地处置工作，累计处置 2009—2018 年批而未供土地面积 241.8 公顷，处置率排名郊区第一位。优先供应存量土地，加大存量用地利用占建设用地供应总量比例，全区存量用地供应率 92%，位列全市第一名。通过消化批而未供、督促供而未用、推进低效用地再开发等举措，盘活各类存量用地 279.87 公顷。严格落实产业用地高质量利用系列政策文件，实现芯爱、长晶等新上项目容积率不低于 1.5，科学城总部基地等科研用地项目复合用地容积率不低于 2.5。配合制定《浦口区低效工业用地再开发暂行意见》。浦口区获“全省 2021 年度节约集约综合评价模范区县”称号。

【征地补偿安置】 根据《江苏省被征地农民社会保障办法》要求，梳理全区征地项目，协调街道、财政、人社、社保等部门，筹集社会保障资金。完成征地补偿安置项目 238 个，拨付征地补偿费及安置补助费 5.35 亿元，安置 1210 人，拨付社会保障资金 1.21 亿元。 （叶巧莲）

不动产登记管理

【概况】 2022 年，区不动产登记中心发放不动产权证 46760 本（份），其中证书 25785 本、证明 20975 份。办理登记 53709 件，其中商品房登记 14447 件、二手房登记 4168 件、抵押登记 16882 件、注销登记 316 件、预告登记 8966 件、其他登记 8930 件。司法查解封 5001 件，办理“12345”工单 3271 件，撤件 30 件。档案查询 27657 件。接听“58881007”咨询服务电话 10800 通。

【房地一体农村不动产登记发证】 区不动产登记中心采取“总登记”方式，推进房地一体农村不动产登记发证工作，基本完成全域“应登尽登”任务。全区调查农村不动产登记单元 55479 宗，其中农村宅基地 55353 宗、集体建设用地 126 宗。核减后全区房地一体农村不动产登记发证应颁证任务底数 21209 宗，其中农村宅基地 21205 宗、集体建设用地 4 宗。办理不动产登记 20822 宗，制发证 20567 本。完成应登记率 98.18%，制发证率 96.97%。

【农村集体土地所有权确权登记成果更新】 浦口区 5 个街道原登记集体土地所有权宗地 4290 宗，依据市有关工作实施方案和办法，经内外业数据核查、更新，现有农村集体所有权总宗地 5913 宗，全部完成数据处理，入库率 100%。完成更新登记 4964 宗，不变不换数量 949 宗，完成率 83.95%。

【不动产历史遗留问题处置】 区不动产登记中心采用“简化流程、并联审批、追根溯源”等方式，对已建成交付未办证安置房等历史遗留问题的解决，总结提炼出一套“浦口经验”，2 月 9 日，被省自然资源厅确权登记局专报摘录推广。全年解决 3703 套安置房历史遗留问题。17018 套安置房具备个人办证条件，问题化解率 100%。 （叶巧莲 马敏）

财　　政

【概况】 2022 年，浦口区一般公共预算收入 60.28 亿元，直比下降 22.9%。其中，税收收入 37.28 亿元，占比 62%；非税收入 23 亿元，占比 38%。分预算级次为，区本级一般公共预算收入 29.14 亿元，街道（园区）一般公共预算收入 31.14 亿元。一般公共预算支出 108.41 亿元，增长 35%，其中民生支出 85.15 亿元，占比 78.5%。

表10　2022年浦口区财政收支情况统计表

单位:万元

财政收入			财政支出		
类别	科　　目	金额	类别	科　　目	金额
公共财政预算收入	合　　计	602768	公共财政预算支出	合　　计	1084092
	一、税收收入累计	372830		一般公共服务支出	128972
	增值税	36821		国防支出	0
	企业所得税	62691		公共安全支出	60975
	个人所得税	27012		教育支出	159183
	资源税	680		科学技术支出	23105
	城市维护建设税	26998		文化旅游体育与传媒支出	18377
	房产税	25865		社会保障和就业支出	124293
	印花税	8157		卫生健康支出	92587
	城镇土地使用税	8830		节能环保支出	5924
	土地增值税	94491		城乡社区支出	213054
	车船税	729		农林水支出	98874
	环境保护税	4869		交通运输支出	77886
	耕地占用税	4704		资源勘探工业信息等支出	18936
	契税	70983		商业服务业等支出	226
	其他税收	0		金融支出	4073
	二、非税收入累计	229938		援助其他地区支出	4240
	专项收入	20599		自然资源海洋气象等支出	7147
	行政事业性收费收入	57095		住房保障支出	28897
	罚没收入	27135		粮油物资储备支出	1962
	国有资源(资产)有偿使用收入	79491		灾害防治及应急管理支出	5640
	国有资本经营收入	415		债务付息支出	5960
	政府住房基金收入	2234		债务发行费用支出	31
	其他收入	42969		其他支出	3750
附列资料	上划中央收入	17090	附列资料	政府性基金支出	1487111
	政府性基金收入	928533			

【减税降费政策落实】 贯彻减税降费政策,优化营商环境,助力企业稳产增效。完成减退税43.6亿元,惠及企业3.4万家次。区级制定纾困政策,减免884家小微企业国有房屋租金6284万元,兑现企业发展、纾困资金1845.43万元,惠及"四上"企业及中小微企业1088家,扶持科技型、战略型新兴企业资金9227.66万元。

【政府债券资金全流程管理】 加强政府债券资金借、用、管、还全流程管理,推进政府债券资金见实效。浦口区申请发行政府债券34.17亿元,其中新增一般债券2.5亿元、新增专项债券26.67亿元、再融资债券5亿元。区财政局会同区发展改革委、区城乡建设局等部门,从项目成熟度、合规性、收益性等角度梳理全区2022年重点投资项目,着重申报经济社会效益明显、群众期盼的重大项目。在申报专项债券时,考虑债券项目年度资金需求与当年建设任务相匹配,确保资金当年申报和使用,督促主管部门和项目单位加快项目实施和资金使用进度,尽快形成实物工作量。2022年新发行的26个专项债项目26.67亿元,全部拨付到位。依托地方政府性债务管理系统,对新增债券发行使用实行穿透式、全过程监控,动态监测相关主管部门和项目单位等参与主体,及时掌握债券资金使用、项目建设进度、运营管理等情况。

【节约型机关建设】 坚持政府“过紧日子”,实施八项严控措施:严控行政运行成本、严控“三公”经费支出、严控项目经费管理、严控楼堂馆所建设、严控人员经费发放、严控预算新增支出、严控政策提标扩围、严控财政资金沉淀。及时梳理政府投资项目资金实际需求,确保民生刚性支出和投资发展平衡。依托行政事业性国有资产管理信息系统,搭建区级政府公物仓平台,累计入仓资产约200件,推进闲置资产共享共用、修复使用、循环利用。

【绩效管理】 将“花钱问效、无效问责”的绩效理念融入财政资金管理和使用全过程,实现财政资金绩效管理全覆盖。推进财政重点绩效管理,对1个项目试点开展事前绩效重点评估,选取11个项目开展重点绩效管理,对2家预算单位整体运行情况、1个街道财政综合运行情况、1个政策执行情况开展重点绩效评价。完善公开机制,强化结果应用,公开预算绩效目标表887个、绩效自评价报告847个,做到绩效信息“应公开尽公开”。

【直达资金惠企利民】 加强直达资金动态监控工作组织领导,依托财政直达资金动态监控平台系统,落实直达资金接收、分配、下达任务,严格直达资金动态监控审核,推进直达资金惠企利民取得实效。至年末,全区收到直达资金80958.65万元,分配下达80958.65万元,分配进度100%;全区直达资金台账反映直达资金下达80958.65万元,支付80958.65万元,支出进度100%。2022年中央下达浦口区的直达资金共19个专项,主要用于医疗卫生、新冠疫情防控、纾困惠企、就业补助、困难救助、教育补助及农业生产发展等方面。在保基层运转方面,下达增值税留抵退税及其他减税降费资金6.61亿元,用于保障街道正常运转及医疗卫生、新冠疫情防控工作。拨付2022年区基本财力保障机制奖补资金420万元,用于区中心医院和区中医院设备购置。支付计划生育转移支付资金135万元、医疗卫生服务补助资金5181.62万元、就业补助资金429万元、高校毕业生租房租赁补贴255万元,用于落实社会保障补助政策。支付学生资助补助经费193万元、城乡义务教育补助经费1451万元,弥补学校教师经费及学校基础设施建设经费不足。下达农林发展补助资金3940.91万元,用于农田建设、林业改革、农村危房改造补助等,助力乡村经济发展。

【债务风险防范化解】 系统谋划年度债务化解计划方案,落实化债主体责任,梳理分析存量债务具体情况,多措并举落实化债资金来源。完善政府投资决策程序,突出事前论证,出台《浦口区进一步规范融资平台公司公益性项目投融资行为管理办法》,从源头防范违法违规举债行为。制订《贯彻落实进一步加强融资平台公司经营性债务管理工作重点任务及分工方案》,从清理债务底数、规范举债行为、控制债务规模、降低债务率和债务成本、防范债务风险5个方面,加强融资平台经营性债务管控。

【加强财政制度规范】 规范政府购买服务,对政府购买服务行为开展专项检查,出台《浦口区规范政府购买服务工作管理办法(试行)》。出台《浦口区区级行政事业单位国有资产评估管理办法》,确保资产安全完整。印发《关于持续加强全区行政事业性国有资产管理的通知》,促进资产管理提质增效。加强国有房产管理,摸清房产底数,开展各园区、集团持有不动产统计工作、全区各单位持有公房统计工作。出台《关于进一步加强浦口区事业单位房产管理的实施办法》。开展全区国有出租房产清查以及国有资产管理秩序专项整改,重点检查新冠疫情期间国有房产减免租金落实情况和出租情况。加强政府投资项目管理,规范招标文件编制,出台《浦口区财政性资金政府投资项目施工招标文件审核工作实施细则》。通过购买第三方咨询服务的方式,对纳入浦口区政府投资计划、计划投资额1000万元以上、由区级财政性资金全部或部分出资建设的政府投资项目,实施施工招标文件编审工作。

【重大项目和重点产业保障】 坚持把重点工程项目建设放在高质量发展突出位置,支付省、市重大项目资金24.01亿元,其中过江通道资金11.9亿元,北沿江高铁、宁淮城际铁路、地铁11号线等重大轨道交通资金6.9亿元,356省道、312国道扩建、312国道景观提升一期、312 国道环境整治提升、312 国道新建辅道、沿山大道一期等干线公路资金5.21 亿元。推动全区产业健康发展,加大对集成电路、高端交通装备、文旅健康等重点产业资金投入力度,引导社会资本向重点产业和关键领域集聚,支持提升产业基础能力和产业链水平,一般公共预算安排各类产业发展专项资金5.66 亿元。

【统筹城乡建设】 推进老旧小区改造和城市更新,出台机关事业单位房产管理实施办法,开展全区国有房产专项整治,梳理问题15 个,涉及房产3292 处,整改完成率90%以上。审核整组搬迁处置资金,审核房源处置3874 套,资金总量31.4 亿元。加大对老旧小区改造资金审核力度,严审合同和审计报告,紧盯项目推进情况,确保资金合规支付。加速乡村振兴发展,支持全国农业科技现代化先行县创建,安排乡村振兴10 项行动类资金27.98 亿元,涵盖现代农业提质增效、美丽宜居乡村建设、农村乡风文明建设等方面。推进生态环境质量改善,投入资金0.58 亿元,支持开展“提质增优”六大专项行动,集中力量打好突出环境问题百日攻坚战。聚焦生产生活、扬尘等领域,加强空气质量治理,强化土壤污染风险管理和生态修复,支持创建幸福河湖,统筹治理河道和两岸生态环境,提升水环境质量。

【增强民生保障】 做好新冠疫情常态化防控资金保障工作,开辟资金拨付“绿色通道”,投入资金2.2 亿元,保障疫苗接种、核酸检测、隔离酒店及防疫物资保供。投入15.92 亿元,优先保障教育经费,支持中华中学、南京一中等优质教育资源供给,巩固城乡义务教育保障机制,促进教育公平。投入6.27 亿元,加强卫生基础设施建设,助力省人民医院浦口分院三期工程裙楼结构封顶,区中医院儿童中心启用,6 家街道社区卫生服务中心建成投用,改善群众就医环境。 (吴敏)

税务

【概况】 2022 年,区税务局组织完成各项收入186.13 亿元,增收49.63 亿元,同比增长36.36%。其中,税收收入56.95 亿元,减收42.74 亿元,降幅42.87%;社保费收入40.12 亿元,增长21.24%;其他非税收入89.06 亿元,增长2285.8%。完成一般预算收入37.28 亿元,减收24.36 亿元,降幅39.52%。累计退税8.1 万笔,退税金额42.2 亿元。

表11 2022 年浦口区税收收入完成情况统计表

税种名称	税收收入(万元)		增减(万元)	增幅(%)
	2022 年	2021 年		
增值税	73644.25	353881.88	-280237.63	-79.19
消费税	20815.62	27667.31	-6851.69	-24.76
企业所得税	157107.63	213868.27	-56760.64	-26.54
个人所得税	67530.68	67466.37	64.31	0.10
车辆购置税	4095.47	6364.21	-2268.74	-35.65
资源税	679.52	926.78	-247.26	-26.68
城市维护建设税	26997.30	31651.25	-4653.95	-14.70
房产税	25864.77	25915.14	-50.37	-0.19
印花税	8156.87	10586.92	-2430.05	-22.95
城镇土地使用税	8830.29	9719.61	-889.32	-9.15
土地增值税	94491.38	107159.08	-12667.70	-11.82
车船税	729.24	41.08	688.15	1675.04
耕地占用税	4703.90	1633.48	3070.42	187.97
契税	70982.62	134397.62	-63415.00	-47.18
环境保护税	4869.24	5570.79	-701.55	-12.59
税收收入合计	569498.78	996849.80	-427351.02	-42.87

注:车船税增减和增幅数据、2021 年税收收入合计数据均按四舍五入前的精准数据计算

【纳税服务】 开展“我为纳税人缴费人办实事”暨便民办税春风行动，为企业定制个性化税收优惠政策辅导，统筹做好税费服务一体化工作，116条便民办税措施全面落地。开展实地走访、现场座谈、纳税人学堂等活动，成立局长服务队，走访重点企业，摸清企业发展情况和困难，落实各项减税降费政策，助力企业复工复产。局长服务队走访重点企业和小微企业14次，召开专题推进会12次，收集意见建议32条，解决问题84个。运用数字化税企服务智能平台，向不同类别企业推送宣传辅导信息60万条，推送红利账单提醒1.95万条。通过纳税人学堂发布政策、指南等文件2次，发布优惠政策讲解视频1次。制订“税事好商量”议事会工作方案，明确工作内容、议事流程和工作要求，形成制度化工作模式，发挥团队服务聚合效应，让纳税人在议事厅享受到“一站式”高效服务。开展年度综合评定2.8万余户，后续补复评动态调整19户，其中集体审议3户。

【税源税户基础管理】 开展“外地来宁”建安企业预缴税款综合治理工作，与区财政局、街道、园区、集团等15家单位召开综合治理工作会议，核实未办理报验登记的疑点数据3521个，督促企业办理报验登记并预缴税款。严格落实欠税公告制度，分析欠税情况、欠税管理工作，欠税纳税人4398户次，欠税金额2.6亿元。制定大企业税收管理政策，按期报送财务数据，360家大企业申报率和准确率均达100%。制订《浦口区局委托代征协议清理规范工作方案》，在取消“乡镇街道”“工贸市场”“邮政网点”“私房出租”等8个代征单位委托关系基础上，规范“建筑业”类型代征工作要求，确保税源税户基础管理工作落细落实。

【减税降费政策红利释放】 建立退税减税政策落实协调机制，实行增值税留抵退税集中办理模式，加强和人民银行、区财政局等部门协作，推动各项退税以最快速度直达企业。全区累计退税、减税、缓税、降费46.1亿元。其中，办理增值税留抵退税1619户次，金额37.3亿元；为制造业中小微企业办理缓缴税费、社保费4亿元；新增减税、降费4.8亿元。（卢欣）

金融监管

【概况】 2022年，浦口区地方金融从业机构有农村小额贷款公司2家、融资担保公司1家、融资租赁公司1家、典当行2家、交易场所1家；各类投资公司599家，其中从事股权投资业务273家、从事投资管理和资产管理等业务34家、从事咨询和顾问业务的中介类公司15家、实业投资和其他类277家。

【金融风险点化解】 南京笛卡尔投资管理有限公司完成P2P网贷风险专项整治数据报送管理系统信息更新，实现退出类网贷机构存量业务全面出清目标。地方交易场所华鼎文化艺术产权交易中心有限公司平稳可控。全区4个在业农民资金互助合作社2632名社员、9928万元互助金提前清退完毕，合作社涉众涉稳风险基本清零，全区农民资金互助合作社风险防范化解处置集中攻坚专项行动取得决定性成果，省、市农民资金互助合作社监管联席会议办公室分别转发浦口区农民资金互助合作社清理清退工作经验。

【普惠金融助企纾困】 创新“浦惠贷”（“浦惠保”）产品，政银企担合作增信，发挥1亿元规模风险补偿资金作用，引导金融机构加大对区内符合产业发展方向的重点企业信贷支持力度，至年末，26家驻区银行开展“浦惠贷”（“浦惠保”）业务，新增授信276笔，授信总额11.67亿元，惠及企业253家。引导企业在省综合金融服务平台南京市子平台注册，全区注册企业7606家，839家企业依托该平台获得授信1035笔，授信金额30.85亿元。帮助指导企业用好用活南京市民营企业转贷互助基金，307家企业使用市民营企业转贷基金422笔，转贷金额14.16亿元。（刘月婷）

【人民银行浦口支行】 落实稳健货币政策，稳住辖区经济大盘。信贷支持持续增加，12月末，辖区金融机构各项贷款余额同比增长29.85%，各项存款余额比年初增加336.68亿元。助企纾困成效显著，落实落细总分行、营管部以及地方政府助企纾困各项举措，推动保市场主体。12月末，辖区基础设施行业贷款余额1599.12亿元，同比增长41.71%；制造业贷款余额122.72亿元，同比增长42.67%；涉农贷款余额119.14亿元，同比增长33.98%；绿色贷款余额456.83亿元，同比增长97.37%;房地产贷款余额1254.47亿元,同比增长19.29%。政策工具充分运用,发放首笔以央行内部评级资产做质押的支小再贷款、首笔支持薄弱领域设备更新贷款,向地方法人银行提供延期激励资金400万元、零利率资金2400万元,推动金融机构和企业就基础设施建设项目达成合作意向,签约金额62亿元。

推进金融改革创新,深耕自贸试验田。推进外汇管理改革政策落地,在全市率先开通"数字外管"平台外债登记功能,为华天科技(南京)有限公司获取急需融资1.5亿元,实现南京市首批企业外债在线审批试点。加大对无跨境融资额度或额度较小、有跨境融资渠道的高新技术和专精特新企业支持力度,为南京南环水务科技有限公司办理便利化试点额度800万美元。护航南京自贸区首批QFLP基金落地使用,推进QDLP试点。推动2支QFLP基金——"南京成为叶健""南京成为国际"注册,并办理开户和结算托管,促进南京自贸区外资股权投资基金发展壮大。

紧绷风险防控之弦,维护区域金融稳定。提升金融风险监测、预警和处置能力,成立打击电信网络诈骗和跨境赌博"资金链"工作专班,力求从源头上消除各类非法金融活动。牵头建立金融稳定工作协调小组,制定金融生态区创建管理办法,组织推进新一轮金融生态优秀县申报工作,为金融要素集聚、金融资源倾斜、招商引资等提供支撑。

增进民生福祉,提升管理和服务质效。提高银行开户服务效率,至12月末,开立银行账户1.15万户,开户时间控制在1小时内。聚焦普惠金融服务点建设,全区建成农村普惠金融服务点55个。牵头建立浦口区退税减税协调工作机制,办理留抵退税业务1619笔,金额17.61亿元。强化征信人员学习教育和代理查询点监督检查,提升征信业务服务水平,提供个人、企业信用报告约1.9万份。深耕农村信用体系建设,牵头制定信用户、信用村(社区)、信用街道评定长效机制,累计评定信用农户142户、信用街道2个、信用社区26个。联合区金融监管局等部门开展征信修复整治工作,指导7家机构注销、64家机构转变经营方向,将71家机构纳入异常名录。配合公安部门防范和打击假币违法犯罪行为,累计收缴金融机构、公安机关假币2158张,面额20.3万元。（常博聪）

审　计

【概况】 2022年,开展计划内审计项目13个,完成省审计厅交办项目1个、市审计局新增项目1个、区领导交办事项3个。查出问题123个,涉及金额15.89亿元,提出审计建议35个,推动区政府及相关部门出台制度16项,出具审计专报6篇,向主管部门移送事项2条。

【财政审计】 采用大数据分析和单位自查相结合方式,审查58家一级预算单位、95家二级预算单位2021年预算执行情况,对区文化和旅游局、浦口规划和自然资源分局及其所属15家二级预算单位进行重点延伸。运用审阅法、抽查法、数据分析等方法,查出问题九大类,督促相关部门出台财务管理、往来款管理、资产管理等制度8项,上缴应缴未缴财政资金387.93万元,规范部门预算管理,强化预算执行约束,促进财政资金提质增效。

【经济运行审计】 贯彻落实国有企业改革和国有资本审计监督要求,对珍珠泉度假区、浦口高新区2019—2021年经济运行情况开展审计。重点关注珍珠泉度假区税收、财务、国有企业经营发展、招商引资、产业发展、重大项目推进等方面,客观评价园区发展质效,揭示发展中存在的问题,查出问题14个,提出审计建议3个,推动修订和出台政策制度2项。重点关注浦口高新区国企改革、资产管理和风险防范、债务管理和风险防范、园区经营管理、招商引资及投后管理等事项,分析园区发展制约因素,提供合理建议,查出问题15个,提出审计建议3个。

【专项审计调查】 开展浦口区2019—2021年全域旅游发展专项资金管理和使用情况专项审计调查,查出问题8个,提出审计建议4个。重点关注全域旅游发展规划和体系建设、旅游资源配置、全域旅游发展专项资金预算管理和使用、重大旅游项目建设、优化旅游营商环境等情况,对重要事项进行必要的延伸和追溯。推动修订出台《区文旅局采购管理办法》《求雨山文化名人纪念馆合同管理制度》《浦口区现代农业发展项目和资金管理办法》等文件。

【政府投资审计】 督促建设单位及时办理审计结果备案，完成政府投资建设项目审计结果备案414个，送审金额35.59亿元，审定金额28.5亿元，核减金额7.09亿元，平均核减率19.92%。完成浦口科学城第一小学、第一幼儿园建设工程全过程审计，重点关注项目建设管理、建设资金来源及使用、工程实施过程、竣工验收交付和结算审计等方面，查出问题8个，涉及问题资金4721.72万元。提出促进南京浦口科学城建设发展有限公司规范建设程序、完善内部管理制度、保障国有资金安全等对策和建议。

【经济责任审计】 聚焦权力运行的制约和监督，融合式开展领导干部经济责任审计和自然资源资产审计，开展经济责任审计3家、领导干部自然资源资产审计1项，揭示问题48个，查出问题资金3.29亿元，提出审计建议14个。审计重点关注国有企业贯彻执行党和国家经济方针政策和决策部署、企业发展战略规划，以及重大经济事项的决策、执行和效果等9个方面。对审计中发现的会计核算不规范、往来款项长期挂账、内控制度不健全等问题，坚持边审边改，向被审计单位提出整改建议，督促其立即整改，及时堵塞管理漏洞，发挥审计监督和服务作用。

【审计整改】 督促整改问题403个，其中省委巡视49个、市委督查17个、区内项目涉及问题330个、往年审计整改“回头看”问题7个。挽回经济损失15.97亿元，督促收回财政资金6.12亿元，推动出台制度10项。印发《浦口区审计局审计整改跟踪检查办法》，明确销号管理、责任和流程，规范审计整改检查工作，将审计整改关口前移，坚持“边审计、边提醒、边整改”，实现审计发现问题、揭示问题与整改问题同步推进，出具风险提示函10份，指导被审计单位对照审计提醒事项自行纠偏整改。2022年审计发现的问题，有21个在审计过程中完成整改，涉及资金5.94亿元。 （尚燕）

统　计

【统计监测】 跟踪全区月度、季度经济运行趋势及涉及地区生产总值核算相关重要指标的运行态势，科学研判和预测经济运行形势，为区委、区政府决策提供咨询服务。针对数据完成度、位次波动性较大及短板弱项指标开展调研，做好职能部门、板块的反馈提醒和及时预警，履行统计监督职能，助力全区高质量发展。紧扣各领域主要指标预计、上报、定案时间节点，做好全区主要经济指标全流程监测调度。加强对基层和重点企业调研走访和业务指导，强化部门间互动合作机制，按季度召开部门统计工作例会，牵头开展多部门相关行业指标沟通交流，掌握各行业数据（指标）走势。协助相关职能部门做好农业农村现代化监测、乡村振兴、文明城市创建、全面从严治党、群众安全感等第三方测评。编发统计年鉴、统计公报、统计月（季）报等统计资料，为区委、区政府各类会议、调研、督查、考核等提供统计数据资料。

【统计信息分析】 发布经济社会类统计信息55篇，被省政府网、市政府网采用6篇，被《浦口快报》采用13篇。发布统计政务信息259篇。关注各行业、专业主要指标变动情况，撰写经济社会发展进度分析90篇。围绕产业结构、共同富裕、美丽乡村、新冠疫情影响等全区重点、难点、热点问题，撰写专题分析18篇。《一季度浦口区经济运行情况分析》等2篇统计情况简报分获区委书记和区长批示，7篇专业分析在市统计局专业分析评比中获奖。

【统计调查普查】 开展住户调查大样本轮换工作，完成全区4171户大样本框的入户摸底，开展住户记账宣传，200户新记账户进入试记账阶段。做好2022年人口变动抽样调查，完成样本核实、住户单位核查、入户登记、人员去向核查、生育核查等工作。完成新冠疫情对农民工就业影响、高温干旱天气对居民生活影响、全面从严治党等45项专项调查。组建浦口区第五次全国经济普查筹备领导小组及办公室，为2023年第五次全国经济普查工作奠定基础。建立健全基本单位名录库动态更新维护机制，加强“准四上”单位梳理监测，开展季度、年度数据审核评估。取得区税务局、区市场监管局行政数据并做好与名录库数据的比对梳理工作，协同各部门、板块走访企业，审核把关申报材料，确保达规质效好的企业“应入尽入”。全区新增“四上”单位64家、法人单位4292家、产业活动单位487家。

【统计执法和诚信建设】 制订2022年度统计监督检查计划，在对2020、2021年度“双随机”执法检查情况进行专项治理清查基础上，对全区50家统计调查对象开展统计执法监督检查。采取随机抽选的方式对7个统计专业170余家企业进行实地统计数据质量核查，加大统计数据质量检查频度和深度。强化新增联网直报企业统计数据质量自查、承诺书签订和统计公务人员统计数据质量诚信承诺书签订，引导统计调查对象和统计公务人员依法履职、依法统计、诚信统计。 (沈加青)

7月6日，浦口区质量基础设施“一站式”服务工作站IP形象品牌发布会举行 区市场监管局供图

市场监督管理

【概况】 2022年，区市场监管局以“稳经济增长 保市场主体”为主线，构建现代化市场监管体系。“‘食安浦公英’志愿服务开辟社会共治新路径”项目获评第四届市场监管领域社会共治优秀案例、首届食品安全社会共治优秀案例。质量工作获省政府、市政府督查激励，质量小站建设经验得到国家市场监管总局认可，相关专报、直报信息获省、市领导批示。知识产权工作获市政府督查激励。获评“全省食品安全工作先进集体”“南京市药械化安全风险检测先进单位”“2021年南京市市场监管系统执法稽查工作先进集体”“南京市市场监督管理系统政务信息工作先进集体”“全市消协系统2022年度先进集体”“南京市‘扫黄打非’工作先进集体”。1人被省食品安全委员会评为“全省食品安全工作先进个人”，1人被市市场监管局评为“2021年南京市场监管系统执法稽查工作先进个人”，1人被市消费者协会评为“全市消协系统2022年度先进个人”。获第二届江苏省市场监督管理系统执法办案电子数据取证大比武团体一等奖、个人二等奖。

【质量工作】 根据《南京市浦口区质量基础设施“一站式”服务工作实施方案》，结合街道、园区实际，设计制作质量小站IP形象，在全省首批试点建设质量基础设施“一站式”服务工作站。7月6日，浦口区质量基础设施“一站式”服务工作站IP形象品牌“浦小智”“浦小靓”上线。7月8日，浦口区召开2022年质量工作暨食安委全体(扩大)会议。9月1日，召开2022年全区质量发展委员会工作会议。组织质量管家、企业管家、质量服务志愿者、市监专员等企业服务队伍，走访企业2115家次，帮助企业解决质量管理提升、试点项目申报、优惠政策争取等问题1180个。为270家企业制作数字画像，建立信息库，提供质量提升解决方案。组织政策解读、业务培训、行业座谈和商业秘密保护等交流培训130场。帮助企业新研发产品顺利投产，实现销售额600余万元。联合金融机构发布南京市首个“质优贷”质量品牌金融产品，为辖区企业提供总额度20亿元，为1家集成电路企业解决5000万元信用授信难题。组织银行为67家中小微企业发放知识产权质押融资贷款4.77亿元。南京老山药业股份有限公司、南京依维柯汽车有限公司等6家企业获得省级以上质量方面的荣誉。指导20家企业通过江苏省质量信用等级认定，其中南京依维柯汽车有限公司、江苏久吾高科技股份有限公司获江苏省质量信用体系AAA级认定，南京老山药业股份有限公司通过江苏省质量信用体系 AA 级认定。

【标准化建设】 出台《南京市浦口区贯彻落实〈国家标准化发展纲要〉行动方案(2022—2025)》《浦口区支持产业技术标准研制实施细则 2022》。推荐申报省、市地方标准 6 项,开展"标准化+"专题研究,指导中路交科科技股份有限公司《超高韧性树脂材料及铺装技术》申报省级标准化试点项目并立项,指导区行政审批局研制政务服务地方标准,指导区政府办研制信息安全地方标准。指导辖区企事业单位参与南京市标准化活动优秀案例评比,南京三乐集团有限公司获二等奖,南京浦江工程检测有限公司获三等奖。为农芯(南京)智慧农业研究院有限公司兑现标准制定激励资金 15 万元,为南京老山药业股份有限公司兑现质量强省专项奖补 10 万元。

【特种设备监管】 重点开展涉危化品、涉民生类特种设备安全整治,突出医院、科研机构、学校等重点场所特种设备安全隐患排查治理,检查特种设备使用单位 467 家,出动执法人员 950 余人次,发现隐患 474 个,整改 474 个,办理特种设备案件 26 件。推广运用省特种设备安全智慧服务平台,通过该系统进行设备超期未检排查,确保"应检尽检"。定期开展浦泗路市场特种设备安全检查,通过约谈负责人、组织培训等方式强化市场主体责任,消除隐患 11 个。

【药械监管】 开展 5 个药品专项整治,完成疫苗接种单位全覆盖检查 10 家次、药品零售企业检查 98 家次、医疗机构检查 68 家次。开展 7 个医疗器械专项整治,完成医疗器械经营企业检查 268 家次、医疗器械使用单位检查 70 家次。开展药品抽检 80 批次、快检 70 批次,合格率 100%。完成药品不良反应监测审核工作,审核上报药品不良反应 491 例、医疗器械不良反应 231 例、化妆品不良反应 52 例。完成 213 件药械化投诉举报核查工作,办结率 100%,答复满意率 96.2%。受理办结药品行政许可及备案 130 件、医疗器械行政许可及备案 181 件。举办全省首站化妆品安全科普宣传周活动。发布《浦口区全面加强药品监管能力建设实施意见》。

【食品安全监管】 开展食品安全"守底线、查隐患、保安全"专项行动,全区有食品经营企业 6290 家,检查 6308 家次,发现问题 32319 个,处置率 100%。发挥快检平台作用,全区有农贸市场 11 个、生鲜超市快检室 5 个、街道快检中心 5 个,完成食用农产品和普通食品快速检测 24.01 万批次,检出疑似阳性样品 900 批次,快检合格率 99.63%。推进食品安全监督抽检工作,完成食品采样检验 2196 批次,其中普通食品 1713 批次、食用农产品 483 批次,发现不合格食品 71 批次,其中普通食品 39 批次、食用农产品 32 批次。推进"名特优"小作坊创建工作,指导南京市浦口区朱正振卤菜加工作坊获"江苏省'名特优'食品小作坊"称号,指导浦口区徐姑娘当家食品加工部、浦口区双山雨滕食品中心获"江苏省食品安全示范小作坊"称号。

【广告管理】 创新广告非现场"双随机"智慧监管模式,扩大房产、金融等重点领域广告监测关键词库,互联网各类广告载体监测范围由 20 余家扩大到 500 余家。突出房地产领域虚假广告监测,监测房产类户外广告 760 条次、互联网房产广告 2240 条次,现场整改不符合规范的广告 9 条次。加大对校外培训机构广告活动监管,严格培训广告管理,使用《中小学生校外培训服务合同(示范文本)》,强化消费者权益保护。

【消费者权益保护】 收到投诉、举报、咨询、求助、表扬、建议等工单 10897 件,其中"12345"工单 2711 件、"12315"工单 8186 件,全部办结。"12345"首办不满意(含基本满意)工单量较上年同期下降 31.3%。收到区行政审批局感谢信 3 封、表扬工单 10 件。完善工单诉求信息收集、研判、预警机制,编发日报 248 期、月报 12 期。在线下实体店推行"线下七天无理由退货承诺"和"放心消费六项承诺",新发展"线下七天无理由退货承诺"经营商户 500 余家、"美丽乡村放心消费六项承诺"经营商户 60 余家,消费者通过"线下七天无理由"达成退货 950 余次,退货金额 140 余万元。发展 ODR(在线消费纠纷解决)企业和基层消费维权服务站,推进消费维权便捷化,累计发展 ODR 企业 29 家、基层消费维权服务站 22 家,在线完成消费纠纷调解 24 件,企业自主解决消费纠纷 300 余件。举办 2022 年度"3·15"国际消费者权益日线上直播活动，点击量2万余次。以美丽乡村作为浦口区放心消费示范创建重点和特色，重点培育40余家单位(区域、村)申报2022年度省、市放心消费示范创建单位，江浦街道不老村，汤泉街道瓦殿村，星甸街道后圩村、九华村，永宁街道联合村、大埝社区和云幽谷旅游区获“2022年省级放心消费创建示范”荣誉，其中云幽谷旅游区成为南京市唯一入选省级放心消费创建示范的景区。

【公平竞争审查】 将机关内部集中审查试点范围扩大至全区29家公平竞争审查工作联席会议小组成员单位，建立公平竞争审查定期报告工作制度。新增政策性文件58件，暂未发现违反公平竞争审查文件情况。组织区财政局、区商务局、区文化和旅游局召开消费券发放公平竞争审查工作会，发放《关于浦口区消费券发放的提醒函》，针对区文化和旅游局上半年发放的文旅消费券相关政策性文件及公平竞争审查自查材料进行督查。

【市场主体监管】 深化“双随机”监管机制，抽查市场主体5230家(户)。开展“信用+双随机”监管，对全区A、B、C、D四类企业按照不同比例进行随机抽查，联合区农业农村局开展全区农村专业合作社分级分类部门联合抽查。强化信用监管，列入经营异常名录企业1869家。开展“稳企强链 助企塑信”信用修复指导服务专项行动，帮助1268家企业完成信用修复，帮助5家严重违规企业向省市场监管局提出申请，4家行政处罚信息提前停止公示。结合“一业一证”登记改革，在全市率先推行综合许可证行业“一业一抽”部门联合“双随机”抽查，对已领取综合许可证的行业采取部门联合“双随机、一公开”抽查方式，加强许可审批后的事中事后监管。发放建筑垃圾运输行业综合许可证4万余张，联合区城市管理局、浦口公安分局开展建筑垃圾运输行业“一业一抽”部门联合“双随机、一公开”执法检查，实现“进一次门、查多项事”，推进“审管分离”行政审批与事中事后监管有效衔接、协调运行。

2022年，区市场监管局推行“美丽乡村放心消费六项承诺”。图为2022年省级放心消费创建示范景区——云幽谷旅游区 区市场监管局供图

【市场监管执法】 开展长江禁渔、打击传销、电动车整治、商业秘密保护、公平竞争、打击侵犯知识产权犯罪和制售假冒伪劣商品等专项整治行动，立案714件，入选省、市典型案例3件。开展市场监管领域养老诈骗专项整治，对445家重点单位实行全覆盖检查，约谈保健食品经营单位7家，办理保健食品类一般案件19件，罚没金额12.3万元，办理保健食品不规范经营简易案件26件，全部规范到位。

【“‘食安浦公英’志愿服务开辟社会共治新路径”项目获评第四届市场监管领域社会共治优秀案例】 9月4日，全国食品安全宣传周部委主题活动——第四届市场监督管理领域社会共治大会和首届食品安全社会共治论坛在北京举办，区市场监管局“‘食安浦公英’志愿服务开辟社会共治新路径”项目获评第四届市场监管领域社会共治优秀案例、首届食品安全社会共治优秀案例。2020年8月，浦口区组建“食安浦公英”志愿服务队，是由三股志愿力量(党政领导干部、基层党组织、群众)、三级组织架构(1个支队、10个大队、X个小队)组成的新时代文明实践食品安全志愿服务支队，包括“食”话实说、“食”力担当、眼鉴为“食”、舌尖“食”尚、“浦食”无华五大服务项目，包含

2022 年，区市场监管局实行农贸市场摊位“三包”责任制。图为凡星农贸市场　区市场监管局供图

志愿服务、宣传学习、社会监督、礼遇回馈四大线上功能。“食安浦公英”志愿服务队发展到 1800 余人，累计开展志愿服务活动 620 余场，组织巡查 1000 余次。

【全市首推农贸市场摊位“三包”责任制】 2022 年，区市场监管局会同文明城市创建成员单位、属地街道设计制作《南京市浦口区农贸市场摊位“三包”责任书》，以凡星农贸市场为试点，在摊位悬挂“三包”责任牌。制定《浦口区农贸市场摊位“三包”信用等级评定指导意见》，设定基本分值和三档评价机制，由市场方对照摊位“三包”责任内容，结合日常管理实际，定期开展信用等级评价，以信用积分定量化分析刻画经营户主体的信用形象，生成市场、区域信用指数。至年末，全区 11 个市场 1000 余户完成摊位“三包”责任书签订和挂牌。

（孙玥）

价 格 管 理

【价格监测】 落实国家和省、市发展改革委价格监测报告制度，坚持现场采价与电话采价相结合原则，完成价格监测数据采集、整理及上报工作，监测数据上报率 100%。完成价格监测数据 700 期，其中农贸市场主副食品价格监测、超市主副食品价格监测日报各 308 期，生猪、鸡蛋类周报 48 期，房产、餐饮、农家乐和民宿监测数据月报各 12 期。启动新冠疫情防控应急日报价格监测，3 月 11 日—5 月 14 日，每日汇总农贸市场 73 个品种价格、苏果超市 104 个品种价格，并及时上报市价格监测中心；6 月 28 日，再次启动应急日报价格监测，加大市场巡查力度，加密价格监测频次，确保第一时间发现市场异动并作出预警；10 月 27 日，第三次启动应急日报价格监测，每日按时保质保量完成价格监测内容，及时上报变化情况。加强价格监测预警预报工作，落实节日期间应急监测值班制度，加大对民生商品价格监测力度，坚持市场巡查，密切关注商品价格走势，上报价格动态信息，做好价格突发事件应急准备。加强敏感时期价格监测和预警，针对恶劣天气、新冠疫情防控期间等不利形势，跟踪监测粮、油、肉、禽、蛋、奶、菜等市场价格，分析市场行情和形成原因，预测走势，形成材料上报市价格监测中心。（卢正川）

【价格监管】 关注重要时间节点，规范市场价格秩序。重大节假日期间，深入农贸市场、大型超市（平价商店）、宾馆酒店、商业综合体、旅游景点开展巡查，建立重要时段每日巡查和应急处置机制，及时处置群众反映的价格问题。中秋节期间，加强对高价月饼和蟹卡蟹券的价格监管，鼓励引导销售物美价廉的盒装月饼，提醒经营者不得以任何形式搭售其他商品，对单价超过 500 元的盒装月饼实行重点监管，劝导合理定价。

关注防疫用品价格，确保市场价格平稳。加强核酸检测费、口罩、防疫用品的价格监管，每次下调核酸检测费，第一时间发布在价格监管联动群中，提醒告诫各核酸检测点更换明码标价公示内容，全覆盖检查核酸检测点 9 个。检查药店、农贸市场、水果店、商超 2154 家次，发放价格政策提醒告诫函 458 份。

关注企业生存，助力企业纾困解难。重点抓好水电气优惠政策的落实，推进涉企收费治理。制订《浦口区 2022 年涉企违规收费专项整治工作方案》，开展供水公司、转供电商业体等涉企违规收费环节检查，南京浦口自来水有限公司减免 30 万用水户水费 28 万元。加强转供电收费治理，联合召开 2022 年转供电环节收费专项治理工作推进会，深入转供电企业开展政策宣传。加强对商贸体、园区检查，立案查处江苏诺睿商业有限公司、南京宇豪工贸实业有限公司违规收费，责令当事人退款 270 余万元，保障 400 多家中小企业合法权益。

关注粮食安全，规范粮食市场秩序。日常监管中，每月开展流通领域粮食经营单位检查不少于一次。夏粮收购时，与区发展改革委、区粮食和物资储备局联合下发夏粮收购联合检查工作方案。根据2022年秋粮收购粮价下行的现实,组织开展秋粮收购检查,提醒粮食收购储备库落实国家规定的秋粮收购价格,保护粮农合法权益。（孙玥）

【收费管理】 根据省、市《关于开展教育收费专项检查的通知》,会同区教育局、区市场监管局对行知幼儿园、行知中学、滨江实验学校等10家单位收费情况进行专项检查,指导自查自纠。完成2021年度收费情况报告及收费统计工作。对31家收费单位的收费情况进行统计和分析,通过江苏省收费动态监管服务系统汇总审核。加强对收费年报和日常收费变更情况的指导监督,对收费单位收费过程中发现的问题及时予以指导和纠正。贯彻落实《关于进一步加强和规范民办幼儿园和民办中小学校教育收费管理的通知》,规范民办幼儿园、民办中小学校教育收费。落实国家"双减"政策,严格执行义务教育阶段学科类校外培训收费省定标准。关注社会民生热点,落实教育、停车、养老、殡葬等领域价费政策。贯彻落实降本减负政策,全面清理涉企收费,优化营商环境,激发市场活力。

【价格调控】 完成2022年度全区价格调控目标责任制分解落实工作,针对房地产市场价格波动情况,会同相关部门稳定房价。深入楼盘销售现场,落实首开项目现场核查制,开盘销售前对存在问题的项目开展联合检查指导,做好商品房装修价格备案、商品房销售明码标价以及申报备案价格指导规范工作,促进全区房地产市场健康稳定发展。通过备案35件4845套,总建筑面积55.96万平方米,其中普通商品房平均备案价格28449.83元/平方米。会同区住房保障和房产局、浦口康居集团对滨江嘉园共有产权房、桥林制造业基地产业人才共有产权房价格问题进行先期协商部署。规范转供电环节收费行为,落实国家电价改革政策、省市水资源费减征政策、水费缓交政策等。完成农户购买农资情况专项调查、油菜籽成本预测与收益底线调查、油菜籽成本直报、农本调查信息收集与报送工作。办理紫京熙院、润堂府、雅居乐滨江花园、天曜府、西江瑞府等"12345"工单100余件。（刁筠锁）

【价格认证】 按照国家认证中心《关于进一步做好涉刑事价格认定工作的通知》要求,执行国家和省制定的涉案、涉纪价格认定技术规则和行为规范,加强与公安机关、纪检监察部门沟通协调,为公安机关处理盗采黄砂、盗窃钢板、汽车打砸等案件提供价格服务。涉案财产认定55件,认定值161.69万元。推进涉政府事项价格认定工作,配合街道做好拆迁扫尾及重点项目的苗木价格认定,参与查扣一批侵权建材商品的价格认定。完成涉政府事务价格认定144件,认定值16739.68万元。全区受理价格认定案件228件,认定值16910.71万元。

【价格争议调解】 贯彻落实《江苏省价格争议调解处理办法》《南京市价格争议调解处理实施意见》,推进价格争议调解站规范化建设。按照《关于深入开展价格争议纠纷调解工作意见》要求,提升价格争议调解在多元化纠纷解决协作机制中的职能作用,推进大调解体系建设。优化价格争议调解网络,有调解服务站8个,重点推进价格争议高发区域、多发领域的调处工作,维护社会和谐稳定。参与价格争议调解29件,调解值9.34万元。

（区价格认定中心）

知识产权管理

【概况】 2022年,浦口区获批国家知识产权强县建设试点县。区政府出台《浦口区国家知识产权强县建设试点县工作方案(2022—2025年)》《南京市浦口区知识产权奖励办法》。区政府办出台《浦口区"十四五"知识产权发展规划》。建设南京集成电路产业知识产权联盟数据智慧平台,建成集成电路专利数据库,构建21家企业知识产权"数字画像"。完成有效发明专利1445件,发明专利授权418件,高价值发明专利拥有量578件,高维持年限发明专利量(10年以上)155件,实施知识产权质押融资7.36亿元,"贯标"备案企业46家,"贯标"合格企业16家。知识产权工作站获南京市知识产权局首批授牌。知识产权联盟建设项目申报2022年度南京市知识产权区域能力提升特色亮点项目,联盟课题"产业知识产权联盟运行机制研究——以南京集成电路产业知识产权联盟为例"获2022年度江苏省知识产权软科学研究计划项目课题立项。浦口开发区申报南京市2022年度专利转化专项计划项目并获立项，浦口开发区获批首批国家级专利导航服务基地。

【知识产权保护】 依托南京市知识产权维权援助中心浦口区分中心，设立南京市农创中心和浦口开发区知识产权维权援助工作站，联合质量小站等开展知识产权维权援助宣传。接受投诉、咨询72次，调解知识产权司法案件32件，处理电商咨询案件32件，入驻展会3次，开展宣传培训4次。依据《南京市创建省知识产权保护示范城市实施方案》，制订《浦口区2022年知识产权行政保护工作实施方案》。部署北京2022年冬奥会和冬残奥会奥林匹克标志知识产权保护专项行动，出动执法人员334人次，检查经营主体819家（户）。

【企业知识产权项目申报】 指导企业知识产权项目申报，南京宏泰半导体科技有限公司、南京华瑞微集成电路有限公司申报南京市企业专利导航项目并获立项。江苏九天高科技股份有限公司申报第二十三届中国专利，获优秀奖。南京依维柯汽车有限公司申报南京市优秀专利，获优秀专利奖。“星甸青虾”注册地理标志证明商标。 （孙玥）

【浦口开发区获批国家知识产权试点园区】 1月25日，省知识产权局公布2022年国家知识产权试点园区期满验收结果，浦口开发区通过验收，获批国家知识产权试点园区。国家知识产权试点园区建设期内，园区企业知识产权指数87，每万人有效发明专利拥有量87.14件，PCT专利申请量56件，万人注册商标量140.24件，每百万R&D经费发明专利授权数0.26件，发挥知识产权对园区创新发展的支撑引领作用。 （浦口开发区）

【浦口区知识产权工作站获南京市知识产权局授牌】 4月21日，浦口区知识产权工作站获南京市知识产权局授牌，成为南京市首批知识产权工作站。工作站创新运营模式，形成“1+6”（1个总站+6个联络点）工作格局。设置知识产权服务专员和服务经理，负责日常运维管理；由专业知识产权服务人员组成服务规划师，为企业提供专业知识产权服务；由园区、企业相关工作人员组成联络员，作为工作站和企业沟通的桥梁。创新专业支撑，聚合区市场监管局、浦口开发区、中国（南京）知识产权保护中心、南京理工大学知识产权学院、南京理工大学世界知识产权组织——技术与创新支持中心（WIPO－TISC）、国家知识产权大数据产业应用研究基地等资源，共同为企业提供知识产权综合服务，编辑《知识产权早报》20期，向企业推送《知识产权前沿信息》18期。创新服务模式，搭建网上办事处理平台，开展走访辅导、互动宣传、专家指导等活动，实地走访企业13家，制作“数字画像”13家，指导1家企业申报南京市高价值专利项目、1家企业申报专利导航项目、1家企业申报南京市专利奖，辅导5家企业填报“贯标”备案，提升企业知识产权创造能力、科技创新能力和市场竞争力。

【知识产权宣传周活动】 4月22日，在浦口开发区智慧谷启动知识产权宣传周主题活动。活动由区政府主办，区市场监管局（区知识产权局）、浦口开发区管委会承办，以“全面开启知识产权强国建设新征程”为主题。省市知识产权局、浦口区、南京理工大学、南京集成电路产业知识产权联盟等领导、嘉宾出席。南京集成电路产业知识产权研究基地揭牌，基地由区市场监管局（区知识产权局）、浦口开发区管委会、南京理工大学知识产权学院三方共建。发布浦口集成电路产业专利导航运用成果。宣传周期间，通过线上知识产权管理标准化工作培训、有奖知识竞答等方式，宣传知识产权法律法规和基本知识，强化全社会尊重和保护知识产权意识，推进知识产权强区建设。

【浦口区入选国家知识产权强县建设试点县】 8月29日，国家知识产权局公布国家知识产权强县建设试点县名单，浦口区入选。浦口区以知识产权高质量发展为主题，围绕“十四五”知识产权发展规划目标，狠抓知识产权大保护，提升知识产权运用服务，以建设知识产权强区为主线，以强化知识产权保护和运用为主攻方向，研究突破知识产权强区建设的瓶颈问题。 （孙玥）

社会信用体系建设

【概况】 2022年，归集双公示信息2000余条，其中行政许可信息1700余条、行政处罚信息300余条。归集法人行政审批类信用承诺信息7000余条、自然人信用承诺信息3万余条。实施个人信用审查427人次、企业信用审查3348家。开展“信易贷”用电、用水、用气等信用信息归集工作。

【政务诚信建设】 在建筑施工、建筑监理、垃圾分类、律师行业、食品安全等11个行业和领域制订信用分级分类监管方案。在政府采购、招标投标等领域应用信用报告,督促企业通过“信用南京”“我的南京”App等在线渠道自主申请并出具信用报告。加强政府工作人员诚信建设,在干部提拔、评先评优中应用信用审查。与区委组织部联合开展公务人员政务诚信教育活动,邀请专家授课。将政务诚信建设纳入街道综合考核体系,在政务、财政、就业、物业、公共卫生、养老、拥军优属、便民服务、扶贫、教育10个方面建立公开承诺制度,“南京市浦口区率先推行教师资格认定个人告知承诺制”创新举措在全省勤政高效领域推广。

【农村社会信用体系建设】 街道围绕社会信用体系建设要求,优化农村信用环境,提升金融服务水平。根据《中国人民银行浦口支行、浦口区发展和改革委员会、浦口区农业农村局关于开展信用户、信用社区和信用街道评定试点工作的通知》,经各主体自主申报、街道推荐,由浦口区“三信”评定工作领导小组审议,评出2021—2022年度信用街道2个、信用社区26个、信用户143户。

【失信专项治理与修复】 与区法院、区市场监管局等部门对接,建立优化营商环境执行联动机制,对失信企业进行专项治理,将失信治理纳入信用体系建设考核指标体系,一手抓处罚部门,一手抓属地街道、园区,共同推进失信专项治理工作。对接信用服务机构,部署信用修复培训和信用修复指导工作,开设信用修复培训班2期,参训企业130余家,委托第三方信用服务机构,答复企业在修复过程中出现的问题咨询。企业在修复过程中遇到问题时,由信用服务机构及时跟进、个别指导,提高修复成功率。推行信用修复告知和失信行为认定“两书同达”工作机制。督促区城市管理局、区交通运输局等重点部门,加强对行业领域失信主体诚信宣传教育,在对市场主体进行失信行为认定的同时,告知企业关于信用修复的相关政策、办理流程、提交资料等事项,引导企业提升信用意识,主动修复失信行为,加快重塑企业良好信用,累计指导企业完成信用修复329家。

【融资信用服务】 联合区金融监管局召开融资信用服务工作专题推进会,引导中小微企业在南京市融资信用服务平台注册,选用产品及服务,动员中小微企业在金融平台授权注册,做好“信易贷”政策宣传。浦口区在南京市融资信用服务平台新增注册企业3600余家。

【信用场景创新】 联合区应急管理局推行安全生产领域首次轻微违法行为不予行政处罚及信用豁免工作,制定《南京市浦口区应急管理局安全生产领域首次轻微违法行为不予行政处罚事项清单(暂行)》,建立以“风险+信用”为基础的新型监管机制。联合区行政审批局创新探索政务服务热线“只投诉一次”工作机制,聚焦“程序已办结、但评价不满意”的合理诉求,创新探索政务服务热线“只投诉一次”改革,以区级文件的形式出台相关工作机制,将“12345”工单处置和“全员大走访”“每月一办”等专项行动衔接,推动“一次投诉、一跟到底,问题不解决、服务不断线”,解决人民群众“急难愁盼”问题。接处“12345”工单10.27万件,办结率100%,满意率98.99%,浦口区连续两年被市委、市政府评为“全市政务热线工作先进区”。

【信用“贯标”和示范创建申报】 组织企业申报贯彻江苏省企业信用管理标准企业、市级信用示范企业、省级信用示范企业。30家企业参加信用管理培训,并全部达到培训合格要求。南京特沃斯清洁设备有限公司、南京溯远基田科技有限公司、江苏润邦智能车库股份有限公司3家企业创成市级示范企业,晶美晟光电材料(南京)有限公司、南京香山湖餐饮管理有限公司林公堤分公司2家企业通过市级示范企业复核评价。 (郎平)

·文稿编辑 周世泉·

经贸合作

招商引资

【概况】 2022年，浦口区坚持招商引资工作"一盘棋"，实行全员招商，区领导召开全员招商专题培训会，举办全员招商座谈会3场，评选全员招商先进单位18家。举办2022年浦口区招商技能竞赛暨南京市招商技能竞赛选拔赛，评选"招商能手"6人、"招商标兵"7人。在全市职工职业（行业）技能大赛暨招商技能竞赛中，浦口区获VCR环节第一名，获决赛最佳组织奖。全区65个部门及个人上报招商项目信息872条，基迈克高性能靶材、半导体陶瓷核心零部件、科利德空白光掩膜版和图形光掩膜版研发生产、云程半导体等64个项目签约，总投资106.07亿元。对标产业发展定位，落实全年重点招商活动计划，赴深圳、北京、上海等地开展"一把手"招商、小分队招商40次，举办2022年南京市重大招商项目暨央企区域总部项目签约活动（浦口区分会场）、2022 IC·中国扬子江峰会、2022浦口区文旅健康产业推介会等重点招商活动23场，在"金洽会"活动中，19个重大项目达成合作意向，总投资近600亿元。把好项目入口关，出台《浦口区产业招商项目联审工作实施方案》，开展项目联审14次，对报送市级的100个项目提前预审，实现"应审尽审"。亿元以上签约项目102个，总投资827.7亿元，完成市目标的124.3%。招商引资三项指标完成进度保持全市组内第一名，上半年获全市擂台赛目标任务进度奖。跟踪审核上汽商用车新车型等10亿元以上制造业项目，提升签约项目落地率。（刘梦坤）

【4个项目在南京市重大招商项目签约活动中签约】 4月21日，市委、市政府举办2022年南京市重大招商项目暨央企区域总部项目签约活动，浦口区4个项目签约，总投资38.9亿元，分别为六英寸硅基器件专业代工项目、中闽在线科技集团总部项目、微思自动驾驶研发测试及交付中心项目、交通工业化建造总部基地项目，涵盖半导体、文化创意、人工智能、交通装备等领域。（区融媒体中心）

【数字经济重大项目签约】 6月25日，举行2022浦口区数字经济重大项目签约暨"智改数转"应用场景发布仪式。慧与（中国）南京创新中心、区块链分布式智慧电箱等12个数字经济重大项目集中签约，浦口区制造业、数字大田等68个年度"智改数转"项目集中发布，涵盖人工智能、智慧农业、大数据、区块链等产业细分领域，总投资123.7亿元。

（《江苏经济报》）

【2022 IC中国·扬子江峰会】 9月5日，举行2022 IC中国·扬子江峰会暨浦口区重大项目签约仪式。国内外集成电路头部企业高层及行业专家聚焦集成电路产业发展现状、面临机遇、未来前景等进行交流探讨，国内集成电路细分领域企业负责人、浦口区重点企业代表作技术趋势、产业研判和实践经验分享。南京云程半导体、江苏新构智制造等13个产业项目集中签约，总投资超60亿元，涉及集成电路、轨道交通、智能制造装备等重点产业领域。

（《新华日报》）

【2022中国南京金秋经贸洽谈会浦口区文旅招商专场推介会】 9月9日，举行2022中国南京金秋经贸洽谈会浦口区文旅招商专

场推介会暨第二届珍珠泉同学节启动仪式。南京市、江北新区相关部门负责人、区领导、重点项目签约嘉宾、知名企业代表、金融机构代表等100余人参会。龙之谷二期、万客隆超市等5个项目集中签约,总投资44亿元,涉及大型旅游综合体、度假主题酒店、文旅商业街区等类型。现场推介浦口区8个街道、园区和集团16个招商项目,涉及投资近83亿元。珍珠泉度假区和市工商银行签订战略合作协议。珍珠泉度假区智慧旅游系统发布,打造信息化、数字化、智能化的旅游综合平台。发布“极美南京·珍珠泉同学情”活动成果,举行第二届珍珠泉同学节启动仪式。文旅行业专家学者及文旅企业围绕“疫情后度假区文旅产业复苏与发展”等话题展开研讨,中科院地理科学与资源研究所研究员刘家明就珍珠泉度假区文旅产业复苏及品牌创建献计献策。 (区融媒体中心)

对外贸易

【概况】 2022年,外贸进出口总额295.8亿元,同比增长36.5%,完成市目标的132.5%,增速和进度全市排名双第一,总量再创历史新高。跨境电商初具规模,跨境电商企业6家,进出口交易额12.4亿元。跨境电商招商引资三项指标完成进度保持全市前列。实际使用外资及港澳台资3亿美元,完成市目标的100%。实际利用内资123.6亿元,完成市目标的106.5%。加快国际消费中心城市建设,列入南京市2022年创建国际消费中心城市重点项目4个。

【自贸试验区建设】 印发《浦口版块自贸试验区投资贸易便利化措施》,省政府赋予自贸区南京片区2批次省级管理事项清单221项,在浦口区域1.44平方千米范围无发生可能性21项,其余200个事项均进驻区政务服务大厅,基本实现与江北新区同权办理。推进“一照多址”全域自贸模式,引导有自贸政策需求的企业入园注册,60余家企业注册自贸试验区浦口板块。联合江北新区推动自贸联动发展重点项目“优势互补打造集成电路产业‘强核心’”建设,统筹两区招商资源要素,协同推进“芯片之城”建设,推动两区融合发展。新增南京伟测半导体科技有限公司、南京长芯检测科技有限公司等外贸主体28家,其中南京伟测半导体科技有限公司进出口额超10亿元。鼓励企业发展跨境电子商务,全区跨境电商进出口交易额12.4亿元,跨境电商孵化基地初具规模。挖潜外资项目,对未分配利润在1000万元以上的13家企业进行利润再投资政策宣传,鼓励外资企业增资扩股,促成江苏威克多体育用品有限公司、东爵有机硅(南京)有限公司等企业利润再投资2333万美元。南京锦湖轮胎有限公司、南京禄存半导体有限公司等项目到资7000多万美元。组织申报跨境电商、进口贴息、外经扶持资金,拨付进口贴息、出口信用保险、展会补贴等5批资金1716.13万元,惠及项目40个。做好企业服务,宣传RCEP相关政策,组织企业参加线上政策培训,3家企业申领RCEP原产地证书。便利经贸往来,协助南京锦湖轮胎有限公司等企业55名外籍人员取得来华邀请函。

【国际消费中心城市建设】 根据《浦口区加快推进国际消费中心城市建设实施方案》,围绕吃、住、行、游、购、娱六大领域,聚焦美食、住宿等场景,实施美食寻味、住宿提质等行动,发挥区域特色消费品牌作用,加快集聚国际消费资源,加快品牌首店引进,跟踪服务谊品生鲜等骨干企业,完成克茗冰室、笑西西等12家首店引进工作。结合南京国际消费节,市、区联动开展“购物+”“美食+”“夜间+”“线上+”等主题活动。组织开展销售竞赛,举办2022年“社企通”中小商贸企业进社区、浦口区美食节暨首届地标菜技能大赛、浦口消费节等活动20余场,联动虹悦城等大型商超开展重点时段、热点商品促销,发放百万元消费券。结合全市“夜之金陵”活动,围绕“夜食、夜购、夜游、夜宿”,打造林公堤夜间经济集聚区,推出夜间特色市集、夜间美食节等活动。推荐不老村、龙之谷等参加市级消费新场景评选,获城市度假消费场景授牌。走访服务企业566家次,对121家零售、住宿、餐饮等企业发放纾困补贴326万元。根据《南京市创建国际消费中心城市三年行动计划》,浦口区列入南京市2022年创建国际消费中心城市重点项目4个,分别为大悦城商业综合体、金陵星图商业、龙湖浦口天街、第三届南京老山国际文化旅游节。6月17日,第三届南京老山国际文化旅游节开幕,大悦城、金陵星图、龙湖浦口天街项目完成年度建设任务。 (刘梦坤)

浦口经济开发区

【概况】 2022年,浦口开发区实现地区生产总值115.46亿元,可比价增长10.7%;一般公共预算收入8.63亿元,同比增长2.71%;规模以上工业总产值365.5亿元,同比增长25.68%;全社会固定资产投资200.38亿元,同比增长15.9%,其中工业固定资产投资155.76亿元,同比增长58.16%;外贸进出口总额260.8亿元,同比增长40.87%。新增"四上"企业52家。浦口开发区是全市打造集成电路产业地标、江北新区打造"芯片之城"的重要板块,产业规模持续保持全市第一位,继续保持省级经济开发区第一方阵,通过国家知识产权试点园区验收,成为首批国家级专利导航服务基地。

【基础设施建设】 浦口开发区基础设施建设项目28个,计划总投资209.66亿元,当年投资46.12亿元。其中,道路建设项目15个,计划总投资79.46亿元,当年投资21.32亿元;公共基础设施建设项目2个,计划总投资98.05亿元,当年投资4.18亿元;生态环境建设项目3个,计划总投资9.43亿元,当年投资6.3亿元;安居保障房建设项目8个,计划总投资22.72亿元,当年投资14.32亿元。

【产城融合发展】 编制浦口开发区产业布局规划,开展工业园区城市更新一体化咨询,牵头制定《浦口区低效工业用地再开发实施意见》。南一路、秋萌路完工,省消防基地基本完工,智慧新城一期、桥林老工业园区一期等拆迁项目完工,沿山大道西延等8条骨架路、建兰路等10条支路加快推进,金穗路中学、桥林一小、江苏开放大学等教育配套加速建设,芯城荟、兰桥汇、上江府等5个总建筑面积7.8万平方米的商业载体招商率75%。丝兰湖二期、琼花湖一期2个人才公寓建成投用,科学城菁创人才公寓办理竣工验收手续,3个人才公寓有房间2971套。扬子公交投入429循环线,开通完善园区接驳线路7条,月均载客量约3万人次。

【招商引资】 坚持项目为王,签约亿元以上项目94个,亿元以上制造业项目77个,其中10亿元以上重大产业项目7个(含1个百亿级龙头项目),签约项目投资总额606.4亿元。实际利用内资158.49亿元,实际利用外资1.63亿美元。深耕北上广深等地区,线上线下相结合,加大"云招商""云签约"力度,实地拜访在手在谈招商项目。参与、举办2022年南京市重大招商项目暨央企区域总部项目签约活动、浦口—深圳企业家座谈会、2022世界半导体大会、2022 IC中国·扬子江峰会、2022浦口科创企业资本对接峰会等招商活动10余场。

表12　2022年浦口开发区签约5亿元以上项目一览表

单位:亿元

序号	项目名称	项目内容	总投资	投资方/注册公司
1	上汽商用车新车型项目	定位为国内中高端中型多功能宽体轻客市场,新车型与同级别产品对比,具有造型新颖、车内空间优、承载能力高、整车经济性好等优势,传统动力和新能源动力配置同步开发	15.00	南京依维柯汽车有限公司
2	首年高端晶圆盒清洗设备研发生产项目	致力于半导体生产中晶圆移载搬送专用盒(FOUP)清洁,主要技术为离心清洗及红外干燥控制技术	6.00	首年科技(深圳)有限公司
3	精加工器械生产制造项目	从事精加工刀具器械生产制造以及跨境电商业务	5.20	BRAND FIDELITY INTERNATIONAL LIMITED
4	新型高科技基础材料研发运营项目	立足光电行业的液晶显示、汽车结构连接、片式陶瓷电容等领域基础材料的研发和生产,产品用于液晶面板、激光防伪、生物医药、电子包装及高速铁路机车和新能源机车等行业	5.00	江苏长江新材料科技有限公司

(续表)

单位:亿元

序号	项目名称	项目内容	总投资	投资方/注册公司
5	台积电扩产及新建生产线项目	扩产16纳米生产线,新建28纳米生产线	254.61	台湾积体电路制造股份有限公司
6	6英寸晶圆及外延片研发生产基地项目	新建6英寸晶圆研发生产及集成电路外延片生产线,产品包括稳压二极管、肖特基、MOS-FET等功率半导体产品	50.00	南京长芯顺联电子有限公司
7	大功率半导体硅基芯片、器件研发生产项目	硅基晶圆、器件的研发、设计、制造、销售	30.00	桑德斯微电子器件(南京)有限公司
8	南京轨道交通产业发展有限公司总部基地项目	智慧城轨技术研究与产业孵化,智慧城轨建设、应用、改造及配套设备研发、销售,智慧城轨平台开发及应用,智慧城轨项目总包及大机电系统集成总包管理,中低运量智慧城轨建设、运营、维保等	30.00	南京轨道交通产业发展有限公司
9	江苏新构智能制造科技有限公司项目	研发、生产、销售高性能新型钢混组合结构构件及UHPC新型材料,主要产品为UHPC桥面板、UHPC墩柱、盖梁、UHPC新材料	15.00	江苏新构智能制造科技有限公司
10	六英寸硅基器件专业代工项目	建立六英寸硅基器件专业代工,承接国内外IDM与Design House的委托制作订单,串接国内上下游产业链,达到半导体芯片国造目标。产品主要应用于5G基站、雷达、快速充电器等	10.00	南京宽能半导体有限公司
11	生物可降解高阻隔薄膜研发生产项目	研发、制造、销售食品药品包装用生物可降解高阻隔薄膜和集成电路封装材料、高强度塑料、橡胶、油漆、环保新材料	9.43	南京森奇新材料科技有限公司
12	CIS晶圆测试智能工厂及车规级芯片全流程测试研发中心项目	主营业务为高性能CMOS图像传感器芯片的研发、设计和销售。产品被广泛应用于安防监控、机器视觉、智能车载电子等高科技应用领域,向智能化和信息化方向发展	7.68	思特威(上海)电子科技股份有限公司
13	高性能靶材、半导体陶瓷核心零部件研发、生产项目	研发、生产、销售溅射靶材、半导体设备部件、有色金属,提供相关技术服务	7.00	基迈克精密技术(南京)有限公司
14	速骏光通信前端收发IC芯片设计研发项目	专注于光通信前端收发IC芯片设计,开发高速收发芯片组,提供光通信智能收发芯片及应用方案	6.50	南京速骏微电子科技有限公司
15	人工智能检测设备生产基地项目	自主研发智能化检测设备、机器人、大数据云平台等,通过整套软硬件集中控制系统、开发设计总控主板,实现智能检测设备及数据分析统一控制管理	6.00	南京研华智能科技有限公司
16	半导体材料总部基地项目	总部办公、销售,半导体材料和电子元器件研发	5.00	南京苏煜新能源科技有限公司
17	中海外智荟港项目	定位为产业综合体,引进中海外建设集团,结合区域主导产业,吸引相关高新技术产业,形成上下游高端产业集群	5.00	中海外建设集团有限公司、南京炯华照明电器制造有限公司
18	空白光掩膜版和图形光掩膜版研发生产基地项目	通过真空溅射、旋转涂胶生产制造空白光掩膜版,通过激光直写生产制造图形光掩膜版	5.00	深圳市科利德光电材料股份有限公司

（续表） 单位：亿元

序号	项目名称	项目内容	总投资	投资方/注册公司
19	Wi－Fi 6/Wi－Fi 7无线通信芯片项目	从事Wi－Fi 6/Wi－Fi 7无线通信芯片的研发、销售	5.00	南京云程半导体有限公司
20	电子元器件研发生产项目	开展集成电路电子元器件产品的研发生产，产品包括晶体谐振器、晶体振荡器、压控振荡器等，形成月产2亿只电子元器件的规模	5.00	江苏浩都频率科技有限公司

注：前4项为2021年年末签约项目，列入2022年招商统计

【项目建设】 浦口开发区重点产业建设项目47个，其中新开工项目28个、续建项目19个，计划总投资549.43亿元，当年投资189亿元，涵盖现代农业、先进制造业、社会事业及其他，包括芯爱集成电路封装用高端基板一期项目、华天存储及射频类集成电路封测产业化项目、长晶年产200亿颗新型元器件项目、志卓轨道交通辅助供配电和控制系统研发生产项目等市、区重点项目。

【科技创新】 有效期内高新技术企业113家，新增科技型中小企业243家，36家企业通过省民营企业备案。摸排“智改数转”诊断服务规模以上企业78家，“智改数转”项目64个。南京志卓电子科技有限公司、南京宏泰半导体科技有限公司获批国家级专精特新“小巨人”企业，华天科技（南京）有限公司入选“江苏制造突出贡献奖”优秀企业，江苏宁亚特新能源科技有限公司、欣铨（南京）集成电路有限公司、南京南车电气科技有限公司获批2022年南京市“瞪羚”企业，江苏芯德半导体科技有限公司、南京方生和医药有限公司、中茵微电子（南京）有限公司获批2022年南京市培育“独角兽”企业。12人申报国家重点人才计划，5人入选。11人申报省“双创计划”，8人入选省科技副总项目，5家企业入选2022年《南京市浦口区促进集成电路产业高质量发展》人才政策项目。筹建南京原子制造研究所，清研华科新能源研究院（南京）有限公司获批江苏省汽车工程学会科普教育基地和南京市博士后创新实践基地，江苏集萃精密制造研究院有限公司入选江苏省重点研发计划项目，江苏集创原子团簇科技研究院有限公司入选南京市重大科技专项，南京浦世环境科技发展有限公司作为南京大学参与方入选2022省碳达峰碳中和科技创新专项资金重大科技示范项目，华天科技（南京）有限公司入选江苏省科技成果转化专项资金项目。江苏九天高科技股份有限公司、南京金正奇交通设备有限责任公司通过省工程技术研究中心验收，南京同凯兆业生物技术有限责任公司、南京中电熊猫照明有限公司通过省工程技术研究中心绩效考评，南京特沃斯清洁设备有限公司新建省工程技术研究中心，华天科技（南京）有限公司、南京大吉铁塔制造有限公司等6家企业获批市工程技术研究中心。发明专利授权量173件，有效发明专利拥有量637件，高维持年限发明专利（10年以上）71件。新型研发主体及82家孵化企业总营业收入3.11亿元，8家科技服务业企业营业收入2.45亿元，6家重点研发企业完成研发投入7.56亿元。

【营商环境】 坚持“专家＋管家”全生命周期服务模式，依托服务经理团队，针对园区重点企业定制服务包。组织229家企业申报省、市、区奖补项目，帮助企业争取扶持资金1.55亿元。走访26所高校、21所高等职业院校，举办就业环境推介会2场、校园专场招聘会20场，帮助企业招聘员工2000余人。与中国新高教集团、兰州大学、吉林大学等签订校地企就业合作服务框架协议，与兰州大学、安徽工程大学揭牌大学生就业实习基地。做好常态化疫情防控工作，成立重点产业供应链、重点地区货运、重点企业服务3个工作专班，累计保障货运车辆2654辆次，解决企业生产经营相关问题379个。省工业和信息化厅、浦口开发区推动大中小集成电路企业集群融通创新做法入选全国“大中小企业融通创新典型模式案例集”。

【地标产业发展壮大】 聚焦两大主导产业链的细分领域扩展和薄弱环节补强，推动重点产业项目早开工、快投产。引进落地长

芯、桑德斯、宽能等重大项目，第三代半导体特色产业链加快布局。华天存储、睿芯峰、伟测等11个项目投产，其中睿芯峰、伟测项目实现当年开工、当年投产、当年升为规模以上企业。清研华科、浦世、可莱威3个项目试生产，瑞吾、紫气源、毅达、依维柯4个项目完成土建施工，可成、宝湾、省消防基地等10个项目主体完工或部分封顶，长晶、IC研创园、空气化工等11个项目加快建设。引进轨道交通产业发展有限公司总部基地、上汽商用车新车型、海德、苏美达等项目。集聚集成电路产业链上下游企业260余家，其中规模以上企业85家，全产业链实现产值229.83亿元，同比增长50.57%；集聚高端交通装备产业链上下游企业90余家，其中规模以上企业39家，全产业链实现产值72.94亿元。

【重大产业项目集中开工】 2月18日，2022年浦口区重大产业项目集中开工仪式在浦口开发区举行。61个省、市、区重大产业项目集中开工，总投资613亿元，接近70%项目、超过70%投资集中在集成电路、高端交通装备、新型材料等战略性新兴产业和先进制造业领域，具有集聚度高、推进率快、带动性强的特点。其中，华天存储及射频类集成电路封测产业化项目总投资15.06亿元，对15.6万平方米厂房进行装修改造，新建1条存储及射频类集成电路封测生产线；南京依维柯中型多功能宽体轻客技术改造项目总投资15亿元，总建筑面积2.43万平方米，在厂区内扩建及新建厂房、辅助用房及相关附属设施，对原生产线进行技术改造升级。

【重大产业项目竣工投产运营仪式暨“双亮行动”】 5月21日在浦口开发区举行。全区21个重大产业项目竣工投产运营，总投资336亿元，其中百亿元以上项目1个、10亿元以上项目5个，7成以上为制造业项目。全面达产后，预计可实现年产值200亿元、税收17亿元，带动就业近1.9万人。其中，总投资5亿元的集成电路芯片晶圆级及成品测试基地项目一期工程完成厂房装修改造0.51万平方米，搭建集成电路晶圆测试、芯片测试线，购置进口设备120余台（套）。达产后，预计晶圆年测试量60万片，成品年测试量4亿颗。

【桑德斯硅基芯片研发生产项目开工】 9月1日开工。桑德斯硅基芯片研发生产项目计划建设2.5万平方米生产厂房和配套设施，用于研发、生产大功率半导体硅基芯片、器件等产品。投资主体桑德斯微电子器件（南京）有限公司专业从事大功率半导体芯片和器件的研发、设计、制造、销售，是三星、LG的一级供应商，也是波音、空客、特斯拉和通用电气的重要供应商，拥有专利27项。项目建成后，预计年实现工业总产值25亿元，可带动就业500人。（浦口开发区）

【入选全国“大中小企业融通创新典型模式案例集”】 9月8日，2022全国专精特新中小企业发展大会大中小企业融通创新论坛在南京国际博览中心举行。省工业和信息化厅、浦口开发区推动大中小集成电路企业集群融通创新做法入选全国“大中小企业融通创新典型模式案例集”。浦口开发区鼓励大企业建设公共服务平台，构筑集成电路产业创新链，如华天科技集成电路先进封测产业基地、南京（浦口）集成电路产业技术创新中心等，形成园区产业集聚“平台＋技术”“专家＋管家”的服务品牌。搭建校地产才融合平台，构建产业人才培育新模式，通过组织人才招引、注重人才储备、锻造人才高地，打造全市集成电路产业地标。建立互联互通合作机制，发挥区域优势，打破行政隶属和行政边界，实现错位发展、配套发展，让要素跨区域更高效流动，为产业成长和大中小企业创新融通发展留足发展空间。

（区融媒体中心）

【第三届商用车电动化与智能化论坛】 11月25日举办。论坛由浦口区政府、江苏省产业技术研究院主办，南京浦口经济开发区管委会、清研华科新能源研究院承办，江苏省汽车工程学会协办。采用线上会议形式，累计在线观看8000多人。中国科学院院士、清华大学教授、清研华科新能源研究院首席科学家欧阳明高，浦口经济开发有限公司副总经理徐青，长三角国家技术创新中心暨江苏省产业技术研究院首席专家罗本进，以及来自新能源汽车产业链的企业、机构和高校代表线上讨论，共同探索商用车产业电动化、智能化转型方向。会后，清研华科新能源研究院孵化项目融资路演通过网络直播在线举行，70多家投资机构和金融机构参加，达成投资意向10余个。

【浦口开发区入选国家级专利导航服务基地名单】 12月29日，国家知识产权局办公室公布首批国家级专利导航服务基地名单，浦口开发区上榜。浦口开发区以《知识产权强国建设纲要(2021—2035年)》为指引，聚焦知识产权赋能主导产业发展和优化营商环境，出台一系列知识产权扶持政策，组建集成电路产业知识产权联盟、南京市首批知识产权工作站、集成电路产业产学研协同创新基地和专利导航发展试点实验区，提高知识产权创造、保护、运用、管理和服务水平。 (浦口开发区)

浦口高新技术产业开发区

【概况】 2022年，浦口高新区锁定“一区一中心”战略定位，加快数字经济特色产业布局，主导产业集聚效应初步凸显，软件信息服务业等优势行业对全区经济贡献度稳步提升。完成地区生产总值30.95亿元，同比增长4.1%；一般公共预算收入9.24亿元；全社会固定资产投资83.02亿元，其中工业固定资产投资1.1亿元；规模以上工业总产值7.35亿元，同比增长19%；软件信息服务业营业收入25亿元，同比增长37.2%；外贸进出口额19.07亿元，同比增长66.2%。浦口高新区服务业集聚区入选省级现代服务业高质量发展集聚示范区认定名单，获江苏省绿色金融与双碳战略实践基地授牌。

【基础设施建设】 重点基础设施建设项目25个，计划总投资82.93亿元，当年投资20.81亿元。其中，道路工程项目10个，计划总投资13.12亿元，当年投资6.31亿元；企业房屋建设项目5个，计划总投资36.2亿元，当年投资4.18亿元；社会事业类项目9个，计划总投资22.41亿元，当年投资6.32亿元；安置保障房项目1个，计划总投资11.2亿元，当年投资4亿元。

【产城融合发展】 浦口高新区以产业空间布局和城市功能协同发展为主线，锚定“以产兴城、以城聚产、产城互促”目标，推进高质量发展。以园区产业及空间策划、区域环评、核心区策划为着眼点，研究产业人口需求，形成产业业态组合模块，打造新经济引领下的活力标杆。着眼产业布局，发挥区域生态优势、区位交通优势、区划协同优势，构建南北生态廊道串联、东西创新链条融合的新空间。聚焦形象提升，以“自然城市”理念对接老山、三桥廊道，打造智慧化园区和三桥滨水门户形象。取得产业规划环评批复，产业空间策划通过区级层面审查，核心区发展策划启动，园区产城融合理论指导体系相对完备，结合具体项目建设，推进园区向产城深度融合迈进。推进卓溪路体育中心、文化中心、南京艺术学院附属中等艺术学校建设，园特路幼儿园、海桥路高中、海科新寓E区开工建设。

【招商引资】 聚焦主导产业精准招商，建立“四个一”(一个招商图谱、一套政策支持体系、一批龙头企业培育、一支专业招商队伍)招商工作机制，强化“一把手”“顶格”招商引领行动，创新全员服务举措，优化招商引资项目洽谈、研判、决策工作机制，推动重大项目快速落地。签约亿元以上项目46个，总投资210.24亿元。其中，5亿元以上项目14个，总投资114.68亿元。

表13 2022年浦口高新区签约5亿元以上项目一览表

单位：亿元

序号	项目名称	项目内容	总投资	投资方
1	荣燕通总部基地项目	建设总部行政中心、投融资中心、营销中心、研发中心、核算中心、采购中心、物流云平台、智能云仓等总部基地产业园，建设新型供应链商业平台、区块链金融平台，逐步与新零售、社交电商、直播电商、跨境电商等融合发展	9.92	江苏荣燕通农业科技有限公司
2	宏锐星通雷达对抗装备产业总部项目	建设研发中心、组装测试中心、实验中心和院士工作站等	9.80	北京宏锐星通科技有限公司

(续表)　　单位:亿元

序号	项目名称	项目内容	总投资	投资方
3	鼎华总部项目	公司是国内领先的企业信息化、数字化解决方案服务提供商。因上市需要,在浦口高新区投资建设鼎华总部	9.80	南京鼎华智能系统有限公司
4	明德云计算总部项目	投资建设云计算总部项目,打造集总部办公、超算中心、智慧城市大脑平台、AI 算法平台及科技研发等功能于一体的创新型产业化中心	9.73	南京明德投资有限公司
5	北斗星通智联科技研发总部项目	建设北斗星通智联科技研发总部项目,设立独立法人机构,重点服务合资及海外汽车厂商客户,承接国家及省、市级重点项目,为海内外客户提供智能终端操作系统平台技术及解决方案,助力智能物联网、智能汽车等领域的产品化与技术创新	9.60	北斗星通智联科技有限责任公司
6	中车城市交通设计研究院总部项目	为轨道交通企业提供"设计+资本+产品+建设+运营"轨道交通全产业链战略服务。采取"设计+施工"的 EPC 模式,参与全国乃至国外重大轨道交通项目全过程建设	9.43	中车建设工程有限公司
7	谷崎润农业物联网研发总部项目	建设江苏谷崎润农业物联网研发总部项目,设计研发农业物联网技术以及农业区块链技术,包括智能温室、大田种植、畜牧业、水产养殖、农产品和仓储管理等数字化农业云平台	8.80	江苏谷崎润农业科技有限公司
8	微思自动驾驶研发测试及交付中心项目	建设柔性产线、室内标定间、室外试验场等,打造面向长三角、辐射全国的自动驾驶(含 Robotaxi 系列、扩展货车、无人小巴及无人物流车等整车及汽车零部件)研发、测试、算法开发服务及交付运维总部基地	8.40	微思技术有限公司
9	中闽在线科技集团总部项目	以企业级 SaaS 服务为核心,布局会员权益产业链及生态圈,打造"AI+云计算+大数据+互联网服务"的企业级"一站式"会员权益服务平台,建设集团总部、财务结算中心、研发中心、数据中心、展示中心、培训基地等	7.50	中闽在线(厦门)科技集团股份有限公司
10	星起源新材料总部项目	在浦口高新区设立总部,作为未来融资上市主体,苏州公司及其他子公司将作为南京总部的子公司、分公司。南京总部专注于吸波材料、航空航天复合材料的研发、生产和销售	7.50	苏州星起源新材料科技有限公司
11	车载/工业网络芯片全套解决方案设计及销售总部项目	公司注入团队及技术,联合深圳某工业互联网行业上市公司,设立合资项目公司,独立融资、运营。致力于成为全球领先的车载及工业芯片全套解决方案供应商,主营车载、工业芯片的设计及销售	7.00	芯河半导体科技(无锡)有限公司
12	英诺森能源行业提供智能软件科技产品和服务项目	公司为客户提供数字化整体解决方案、智慧供应链一体化解决方案、超级自动化解决方案,帮助客户改进管理流程,驱动业务增长,实现数字化转型	6.50	南京英诺森软件科技有限公司
13	南京智远海运总部项目	新设海运公司,购置货轮,拓展船运业务。主营业务为海上货物运输代理、信息系统集成服务、船舶租赁等	5.70	东海县鲲巢电子商务有限公司
14	臻泰固态微波能量半导体技术应用及产业化项目	依托项目核心团队开发经验,建设微波消融微创介入治疗技术服务平台和新型肿瘤微波消融技术研发及产业化基地	5.00	南京臻泰微波科技有限公司

【科技创新】 净增高新技术企业28家，新增科技型中小企业301家，完成技术合同交易额11.45亿元。有效发明专利拥有量436件，发明专利授权量130件，高维持年限发明专利(10年以上)23件，知识产权融资项目10个，知识产权质押融资10231.6万元，“贯标”备案企业10家，“贯标”达标企业5家。K空间获2021年度南京市众创空间绩效评价优秀(A类)。

【人才聚集】 入选江苏省外国专家工作室2家，入选南京最具成长潜力留学人员创业企业1家。入选国家高端外国专家项目2人，入选江苏省双创博士3人、江苏省外专百人1人、江苏省科技副总3人，入选紫金山英才先锋计划外国人才项目4人、紫金山英才先锋计划区级高层次人才11人、南京留学人员科技创新项目择优资助计划2人。

(庞明柳)

【浦口高新区地区生产总值增速4.1%】 浦口高新区实现地区生产总值30.95亿元，同比增长4.1%，高于全区0.9个百分点，增幅居街道、园区第二位。其中，第二产业增加值2.05亿元，同比增长9.2%，高于全区2.9个百分点，增幅居街道、园区第二位；第三产业增加值28.9亿元，同比增长3.7%，高于全区2.5个百分点，增幅居街道、园区第三位。主导产业软件信息业集聚效应显现，实现行业增加值13.22亿元，占地区生产总值比重42.7%，比2021年同期提升10.1个百分点。

【浦口高新区服务业集聚区入选省级现代服务业高质量发展集聚示范区】 3月17日，省发展改革委认定第一批省级现代服务业高质量发展集聚示范区，浦口高新区服务业集聚区入选。集聚区总规划面积22.61平方千米，包括南京海峡两岸科技工业园、江北新区服务外包产业园、浦口国际企业研发园、求雨山文化创意产业园4个片区。作为全区服务业发展的重要平台和阵地，浦口高新区打造新一代信息技术产业高地，以软件和信息服务及人工智能为主攻方向，重点发展软件测试、信息安全、集成电路(IC)设计、无人机四大细分领域，实行合理布局和错位发展，推进现代服务业高质量发展。园区培育国家级专精特新“小巨人”企业1家、省级“小巨人”企业4家，培育“独角兽”企业5家、“瞪羚”企业3家。

【中国AI芯片及应用新赛道研究报告发布会暨南京数字芯城启动大会】 8月31日在浦口举办。活动以“数字赋能 创芯未来”为主题，世界500强、“独角兽”“瞪羚”企业等50余家行业代表探讨数字经济产业发展趋势和关键领域。长城战略咨询发布《2022中国AI芯片及应用新赛道研究报告》。南京数字芯城建设启动。易程新能源江苏总部、中铁广州工程局集团华东区域总部、济高智慧医疗创新谷等13个项目集中签约，总投资50亿元，数字经济成为浦口经济增长新动能。

【紫光云数入选第四届江苏民营文化企业30强】 4月20日，江苏省文化产业高质量发展推进会公布第四届江苏民营文化企业30强名单，紫光云数科技有限公司入选。该公司是浦口高新区重点发展的规模以上服务业企业，主要从事IT投融资、智慧城市建设与运营、云计算/大数据等新IT运营服务，践行“平台+生态”战略，发展新平台、新生态、新模式，致力于成为产业互联网运营领导者。2021年，实现营业收入9亿余元，同比增长33%。 (浦口高新区)

【浦口高新区获江苏省绿色金融与双碳战略实践基地授牌】 7月15日，在2022年江苏绿色金

8月31日，中国AI芯片及应用新赛道研究报告发布会暨南京数字芯城启动大会举办　　浦口高新区供图

融发展大会暨长三角绿色金融与碳中和高峰论坛会上，浦口高新区获江苏省绿色金融与双碳战略实践基地授牌。2021年，浦口高新区编制完成全省首个园区级《碳达峰·碳中和实施路径研究报告》，为园区“双碳”工作开展提供科学指导意见。坚持科学减碳减排、绿色发展原则，以低碳产业与技术创新为支撑，以增强园区和企业碳资产管理能力为手段，以政策综合集成和机制创新为保障，统筹绿色体制机制构建与创新、清洁能源运用与能源优化管理、产业绿色化转型升级和绿色企业技术引进与落地、绿色金融实践、绿色建筑与绿色交通构建、绿色技术研究、绿色消费与生活推广等方面全面升级，通过政府引导、市场主导方式，探索产业高度集聚、行业特色鲜明、碳生产力高的低碳园区发展新模式，推动园区双减、零碳目标早日实现。

【明发浦口通兴计算机科技创新大厦等4个项目完工】 12月31日，明发浦口通兴计算机科技创新大厦、南京集成电路国际城研发园一期、人工智能产业园、审计大数据中心4个项目完工。明发浦口通兴计算机科技创新大厦项目2018年5月18日开工，计划总投资9亿元，2022年投资0.28亿元，总建筑面积15.8万平方米，建设加速器、孵化器及各类科技研发平台等。南京集成电路国际城研发园一期项目2018年3月12日开工，计划总投资8亿元，2022年投资0.2亿元，总建筑面积13万平方米，建设企业总部、展示中心、办公楼、研发用房等。人工智能产业园项目2020年3月5日开工，计划总投资7.7亿元，2022年投资1.2亿元，总建筑面积9.47万平方米，建设企业总部办公、公共配套、人才公寓、地下停车场等，投产后实现年产值1.5亿元。审计大数据中心项目2020年8月6日开工，计划总投资6.5亿元，2022年投资1亿元，总建筑面积6.3万平方米，建设以科研及办公、高新技术研发、高科技服务、产业转化与人才孵化为主导的专业化科技楼。 （庞明柳）

街道园区

【江浦街道总部经济园】 位于浦口区新浦路120号，总用地面积3.58万平方米，总建筑面积12.7万平方米。年底，园区有企业5家，分别为南京灿唐会计服务有限公司、大润发超市（南京轩润超市有限公司）、南京江北东南公寓管理有限公司、南京锦季酒店管理有限公司、南京同心众创企业管理有限公司。其中，大润发超市有员工180人，营业额1.63亿元；南京江北东南公寓管理有限公司有客房386间，实现营业收入1800万元；南京锦季酒店管理有限公司有客房88间、床位113张。 （吴诗诗）

【星甸街道工业园区】 分星甸、石桥2个园区，建成使用地块面积161.17万平方米。有购地企业74家（实际落地企业109家）、高新技术企业22家（注册企业10家）。新增规模以上工业企业2家。规模以上工业企业27家，实现总产值15.21亿元、销售收入15.44亿元、利税1.02亿元。其中，星甸园区建成使用地块面积90.75万平方米，产业定位为智能制造、新型材料产业，有江苏润邦新型材料有限公司、南京星佛管业有限公司、南京大地建设有限公司等新型建材企业。有购地企业41家，其中规模以上企业15家，实现工业总产值8.94亿元、销售收入8.95亿元、利税7513万元，年产值亿元以上企业4家。石桥园区建成使用地块面积70.42万平方米。围绕中铁桥机、金惠凯、北岳电气打造产业链，重点发展装备制造、新材料等产业，承接浦口开发区部分装备制造转移升级项目。有购地企业33家，其中规模以上企业12家，实现工业总产值6.27亿元、销售收入6.49亿元、利税2689.6万元，年产值亿元以上企业1家。

（戴贤梅）

【永宁街道工业集中区】 分东、西、北3个片区，总面积90.4万平方米，其中东片区71万平方米、西片区6.55万平方米、北片区12.85万平方米。有物流仓储用地68.13万平方米、浦厂预留用地152.4万平方米。建成使用工业用地（工业园区）呈“整体零散，小范围聚集”的特征，总面积约58.83万平方米。园区有企业61家，其中在地企业21家、厂房出租企业8家，以电力电气、建材制造、配件加工为主，职工2000余人。净增规模以上工业企业3家，有规模以上工业企业11家、高新技术企业7家，规模以上工业企业实现总产值17.3亿元、税收3001万元。 （庄成慧）

·文稿编辑　卢仕松·

制 造 业

综 述

【概况】 2022年，浦口区出台《南京市浦口区促进集成电路产业高质量发展若干政策》《浦口区集成电路产业链工作推进机制》《浦口区科技创新平台引进培育支持办法(试行)》等政策措施，推进制造业载体壮大、重点企业培育、地标产业提升、营商环境优化，打造高质量发展增长极。全区204名领导干部牵头走访企业426家次，办理企业问题诉求1200件，累计向企业发放奖补资金1.62亿元。鼓励银行、金融机构落实普惠金融政策，推动“浦惠贷”“浦惠保”项目落实，撬动银行授信10亿元，拓展中小企业融资渠道。全区制造业呈现稳中有进发展态势，净增规模以上制造业企业53家，累计276家。完成“智改数转”诊断企业120家，实施“智改数转”项目119个，完成工业投资182.6亿元，同比增长64%。列入市“双百工程”13家，当年完成投资96.76亿元。新增国家级专精特新“小巨人”企业3家，申报省级专精特新“小巨人”企业59家，向省、市争取资金1亿元。规模以上制造业企业实现总产值440.5亿元、主营业务收入426.28亿元、利税37.54亿元。浦口区申报江苏省促进制造业创新转型和高质量发展工作成效明显地区，获省政府真抓实干激励表彰，区工业和信息化局入选“江苏制造突出贡献奖”先进单位。

(区工业和信息化局　区统计局)

表14　2022年浦口区主营业务收入2000万元以上规模制造业企业主要经济指标统计表

产业分类	年报企业数(个)	总产值(亿元)	主营业务收入(亿元)	利税总额(亿元)
一、交通运输制造业	28	53.10	49.41	-0.73
1. 汽车制造业	9	46.22	42.52	-1.07
2. 铁路、船舶、航天航空和其他制造业	19	6.88	6.89	0.34
二、电子信息制造业	76	224.71	218.72	30.19
1. 计算机通信和其他电子设备制造业	66	222.10	216.06	30.01
2. 仪器仪表制造业	10	2.61	2.66	0.18
三、医药食品制造业	14	9.71	10.36	0.56
1. 医药制造业	4	2.13	2.13	0.13
2. 农副食品加工业、食品制造业	10	7.58	8.23	0.43
四、新材料制造业	11	28.18	27.03	0.61
1. 化学原料和化学制品制造业	4	14.77	13.41	0.03
2. 橡胶和塑料制品制造业	7	13.41	13.62	0.58

(续表)

产业分类	年报企业数(个)	总产值(亿元)	主营业务收入(亿元)	利税总额(亿元)
五、机电电器制造业	103	79.10	73.89	4.55
1. 机电(含金属制品、专用通用设备制造业)	76	60.28	56.82	3.74
2. 电气机械和器材制造业	27	18.82	17.07	0.81
六、其他制造业	44	45.70	46.87	2.36
1. 纺织服装制造业	3	2.31	2.27	0.04
2. 非金属制品制造业	28	37.05	39.87	2.07
3. 废弃资源综合利用业	2	1.62	1.59	0.06
4. 造纸和纸品制造业	2	0.38	0.36	0.02
5. 印刷和记录媒介复制业	1	0.31	0.30	0
6. 石油、煤炭及其他燃料加工业	1	1.00	1.53	0.20
7. 其他制造业	7	3.03	0.95	-0.03
合　计	276	440.50	426.28	37.54

表 15　2022 年浦口区新增规模以上制造业企业一览表

单位:万元

序号	企业名称	总产值
1	南京灏通半导体科技有限公司	18513
2	天芯电子科技(南京)有限公司	13050
3	聚辰半导体(南京)有限公司	10672
4	南京道测电子有限公司	7493
5	南京伟测半导体科技有限公司	6538
6	南京浦园机械制造有限公司	5962
7	南京绮悦纺织科技有限公司	5591
8	江苏乾江环境科技有限公司	5085
9	友和正信生物科技(南京)有限公司	5047
10	南京芯海威科技有限公司	4939
11	江苏哲越新材料有限公司	4834
12	南京溯远基因科技有限公司	4687
13	南京睿芯峰电子科技有限公司	4462
14	南京百纳福生物科技有限公司	4372
15	南京轨道交通产业发展有限公司	4185
16	南京银泰电力设备有限公司	4094
17	南京慧感电子科技有限公司	3790
18	江苏正屿船舶重工有限公司	3688
19	南京澳林生物科技有限公司	3562
20	基本半导体(南京)有限公司	3396
21	南京晨旭新电力设备有限公司	3244
22	江苏新构智能制造科技有限公司	3240

（续表） 单位：万元

序号	企业名称	总产值
23	南京浦镇鸿利轨道车辆装备有限公司	3155
24	江苏百楚电力科技有限公司	3031
25	南京汇丰消防设备实业有限公司	2949
26	南京硒德新零售科技有限公司	2820
27	南京彤进建设工程有限公司	2778
28	南京安运精密科技有限公司	2765
29	江苏翰坤服饰集团有限公司	2685
30	南京百纳汇智自动化系统有限公司	2655
31	江苏衡羽电力有限公司	2483
32	江苏雨润肉品科技发展有限公司	2474
33	江苏釜鼎干燥工程有限公司	2440
34	南京思威博环保科技有限公司	2438
35	南京华伟医疗设备有限公司	2393
36	南京兆达半导体材料有限公司	2329
37	南京叶舟电气有限责任公司	2303
38	南京嘉沃德能源科技有限公司	2296
39	南京清研电气技术有限公司	2294
40	江苏福瑞科技有限公司	2291
41	江苏集萃精密制造研究院有限公司	2183
42	南京贝爱特自动化科技有限公司	2173
43	南京怡润新材料科技有限公司	2102
44	南京亚翔电子衡器有限公司	2090
45	南京浦晶光电科技有限公司	2087
46	南京众怡泰成科技有限公司	2057
47	江苏都灵物流设备有限公司	2055
48	代勒（南京）电气有限公司	2037
49	江苏创翎智能科技有限公司	2030
50	江苏亚琛材料科技有限公司	2030
51	江苏华懋健生物科技有限公司	2012
52	南京百识电子科技有限公司	2005
53	南京宁智捷兴橡胶制品有限公司	2003

（区统计局）

【专精特新企业培育】 浦口区培育中小企业走专精特新发展道路，引导中小企业增强核心竞争力，通过强化政策落实、搭建服务平台、优化营商环境，加强专精特新企业培育。强化企业创新主体地位，按照《优质中小企业梯度培育管理暂行办法》，加大对规模以上工业企业、高新技术企业等优质企业摸排力度，分级分类建立专精特新、单项冠军培育库，专精特新培育基础库（江苏省千企升级培育库）在库企业151家。组建服务专员，按照“分级服务、属地管理”原则，挂钩为专精特新企业及培育企业提供专项服务。联合市工业和信息化局、市企业服务中心、街道（园区），发挥市、区、街道三级服务体系作用，举办专精特新中小企业申报专题培训会，为180家培育企业及意向企业答疑解惑、逐级把关，提高企业申报成功率。南京志卓电子科技有限公司、中路交科科技股份有限公司、南京宏泰半导体科技有限公司3家企业入选国家级专精特新“小巨人”企业,累计培育国家级专精特新“小巨人”企业6家、省级专精特新“小巨人”企业23家、单项冠军企业1家。

【产业创新生态完善】 举办产能对接、技术交流、校企合作等系列服务品牌活动,建立江北新区、浦口区集成电路产业协同发展联席会议制度,加快推进产业跨区域联动发展。实施校地企战略合作,搭建校企产学研合作交流平台,推进集成电路专业技术证书浦口区授权点建设,打造集成电路产业人才培养体系。深化与南京大学、东南大学等7所高校战略合作,每年向高校提供100个以上专业实习岗位,向140名优秀学子发放“浦芯精英”奖学金。深化与南京邮电大学合作,签订“浦芯精英”人才定制战略合作协议,开展“浦芯精英”非全日制研究生定向培养,共建“浦芯精英”研究生工作站、人才定制实验室等联合培养基地。

(刘海浪)

【工业经济绿色发展】 区工业和信息化局发展主导产业,推进绿色制造体系建设,引导企业提高效能、节约发展。全区每万元规模以上工业产值能耗0.11吨标煤,同比下降7.9%,规模以上工业单位增加值能耗同比下降6.82%。发展集成电路主导产业,带动全区综合能源消费升级,45家集成电路规模以上企业完成产值165.14亿元,同比增长51.6%,高于全区规模以上工业总产值增速37.4个百分点,规模占全区比重的38%。推进绿色制造体系建设,邀请省、市专家开展绿色发展专题培训,帮助企业梳理节能路径,提升能效水平。建立绿色工厂企业培育库,推动南京依维柯汽车有限公司、江苏久吾高科技股份有限公司获评“省级绿色工厂”,推进浦口开发区国家级绿色园区创建。鼓励企业采取节能技术改造、生产工艺优化、高效能设备升级等措施,控制能耗总量,降低能耗强度。联合市节能监察中心对华天科技(南京)有限公司、江苏信宁新型建材有限公司等企业开展节能监察,邀请市节能技术服务中心对东爵有机硅(南京)有限公司、华天科技(南京)有限公司等企业进行免费节能诊断,助力企业挖掘节能潜力,实现节能减排、绿色发展。

(区工业和信息化局)

【获“江苏制造突出贡献奖”】 12月7日,省委、省政府表彰“江苏制造突出贡献奖”优秀企业、先进个人和先进单位,区工业和信息化局入选“江苏制造突出贡献奖”先进单位,华天科技(南京)有限公司入选“江苏制造突出贡献奖”优秀企业。区工业和信息化局聚焦工业经济主战场,在推进制造业高质量发展、先进制造业集群培育、制造业创新转型等方面,把握现代化新浦口发展定位,践行新发展理念,发展壮大工业经济,狠抓重大产业项目和自主创新能力建设,优化企业服务体制机制,促进浦口制造业高质量发展。华天科技总公司是全国半导体封测行业领军企业,全球集成电路封装行业排名第六位,拥有大直径晶圆减薄技术、大尺寸芯片粘片技术、薄形大面积塑料包封技术、外引线锡化技术等集成电路高端封装技术,具有自主知识产权,具备晶圆中测、成品电路测试及DIP/SDIP、SOT、SOP、SSOP、TSSOP/ETSSOP、QFP/LQFP/TQFP等系列集成电路规模生产能力。

【3家企业入选国家级专精特新“小巨人”企业】 9月7日,省工业和信息化厅公布江苏省入选国家级第四批专精特新“小巨人”企业名单,浦口区南京志卓电子科技有限公司、中路交科科技股份有限公司、南京宏泰半导体科技有限公司3家企业入选。3家企业均具备专业化、精细化、特色化、新颖化四大特点,在经济效益、专业化程度、创新能力、经营管理等层面达到行业领先水平,是专注于细分市场、创新能力强、市场占有率高、掌握关键核心技术、质量效益优的企业。其中,南京宏泰半导体科技有限公司是专业研发半导体集成电路测试设备并提供测试解决方案的新技术企业,主要业务包括半导体测试系统(ATE)和动分选系统(Handler)的研制、生产和销售,主要产品包括集成电路测试系统(IC-Tester)、分器件测试系统(DiscreteTester)、转塔式分选机等。公司拥有发明专利、实用新型和外观专利、软件著作权、商标等知识产权180项,其中授权发明专利50余项。2022年,有员工102人,实现工业总产值2亿元。

(刘海浪　刘昕)

电子信息产业

【概况】 2022年,全区电子信息制造业规模以上企业76家,实现总产值224.71亿元、主营业务收入218.72亿元、利税30.19亿元。其中,计算机通信和其他电子设备制造业规模以上企业66家,实现总产值222.1亿元、主营业务收入216.06亿元、利税30.01亿元;仪器仪表制造业规模以上企业10家,实现总产值2.61亿元、主营业务收入2.66亿元、利税0.18亿元。集成电路产业成为浦口区经济增长快、工业占比多、在全市份额大、项目集聚度高的产业。华天科技(南京)有限公司成为国内集成电路封测行业领军企业,在封测行业排名全球第六位、国内第二位。

(区工业和信息化局　区统计局)

【华天科技(南京)有限公司】 2022年,实现工业产值17.93亿元。公司主营集成电路高端封测业务,产品主要包括BGA、LGA、DFN、QFN、FC、MEMS、Memory等,其中冠军产品BGA类封装技术产品国内市场占有率25%。

【江苏芯德半导体科技有限公司】 2022年,加快2万平方米标准化厂房建设,开展芯片级高端封装研发生产业务,建成投产后可实现年生产先进凸块工艺能力24万片,WB/QFN、FC/QFN、WLCSP等先进封装生产能力35亿颗。公司主要为客户提供Bumping、WLCSP、Flip Chip PKG、QFN、BGA、SIP、SIP－LGA的封装产品设计和服务,有员工1300人,实现工业总产值3.03亿元。

【南京志卓电子科技有限公司】 2022年,实施"智改数转"战略,为中国高速铁路车辆、普通铁路客车车辆、城轨车辆、机车车辆、出口车辆等项目设计、开发和交付多种辅助电气产品和控制技术产品。线束智能制造车间获批2022年度江苏省智能制造示范车间。7月,公司入选国家级第四批专精特新"小巨人"企业。有员工400人,实现工业总产值2.03亿元。

(刘海浪)

【芯爱集成电路封装用高端基板项目一期开工】 3月在浦口开发区开工建设。项目总投资100亿元,致力于打造国内量产高端基板工厂,是浦口区集成电路产业材料领域首个旗舰型项目。总建筑面积13万平方米,建设办公楼、生产厂房及相关配套,新建CPU、GPU、AI、FPGA、5G、自动驾驶和网通产品等高端封装制程生产线,当年投资3.5亿元。项目建成达产后,可达年产量145万片,年产值10亿元,可带动就业2400人。

【长晶新型元器件项目开工】 3月在浦口开发区开工建设。项目总投资9.5亿元,占地10万平方米,总建筑面积12.9万平方米,建设生产性用房、动力中心、废水处理站等,生产表面贴装的半导体分立器件和功率器件,涉及二极管、三极管、MOSFET、LDO等半导体器件类型。项目满产后,年产新型元器件200亿颗,实现产值12亿元。

【伟测集成电路测试车间项目竣工】 8月竣工投产。项目位于辉瑞产业园,1月开工建设,厂房面积5100平方米,总投资5亿元,建设集成电路晶圆测试、芯片测试线,进口设备120余套。项目建成后,预计实现晶圆年测试量60万片,成品年测试量4亿颗,年销售额1亿元。

【华天科技存储及射频类集成电路封测产业化项目投产】 11月投产。项目位于丁香路16号华天科技厂区内,总投资15.06亿元,当年投资5亿元,对15.6万平方米厂房进行装修改造,购置减薄机、划片机、打线机、植球机等设备1448台(套),新建存储及射频类集成电路封测生产线1条,可年生产BGA、LGA系集成电

华天科技(南京)有限公司　　浦口开发区供图

路芯片13亿只。（浦口开发区）

高端交通装备产业

【概况】 2022年，出台《浦口区高端交通装备产业链专班工作推进机制和高质量发展实施方案》《浦口区加快培育独角兽瞪羚企业实施办法》等文件，促进高端交通装备产业稳步发展，形成轨道交通、汽车整车、航天航空三大框架，高端交通装备产业链上下游企业90多家。交通运输制造业规模以上企业28家，实现总产值53.1亿元、主营业务收入49.41亿元。其中，汽车制造业规模以上企业9家，实现总产值46.22亿元、主营业务收入42.52亿元；铁路、船舶、航天航空和其他制造业规模以上企业19家，实现总产值6.88亿元、主营业务收入6.89亿元。

（区工业和信息化局　区统计局）

【南京依维柯汽车有限公司】 2022年，公司拥有依维柯产品平台和"温馨360"服务平台，产品覆盖物流、客货两用、专业改装等五大领域，是国内用途广泛、承载力强、耐久性好的欧系轻客。下设整车厂、动力总成厂、改装厂3个制造单元，拥有冲压、焊装、涂装、总装整车四大工艺及发动机、车桥、变速箱核心动力链。推出南京依维科智慧定制平台，针对餐饮、商超、工程、货运、物流、房车等细分市场客户需求，支持上千种专用车改装方案。轻客销售量2.71万辆，位居行业第五名，市场份额8.49%，同比提升0.37个百分点。至年末，有员工2600人，实现工业总产值41.41亿元。（刘海浪）

【南京锦湖轮胎有限公司】 2022年，锦湖轮胎南京工厂升级为中国车企原配轮胎智造中心，成为一汽大众、吉利汽车、北京现代等车企的原配优选。锦湖轮胎以298.9分的成绩位居2022年中国品牌力指数SM(C—BPI Ⓡ)汽车轮胎品牌榜第五名。至年末，有员工600人，实现工业总产值10.89亿元。（刘海浪　刘昕）

【中车城市交通设计研究院落户】 2月23日，在南京市轨道交通产业合作项目签约仪式上，浦口高新区和中车建工、南京地铁签署合作框架协议，中车城市交通设计研究院项目落户浦口，这是中车集团在全国建立的第一个城市交通设计研究院。项目总投资9.43亿元，以智慧城轨、中低运量、绿色低碳为核心竞争力，为中车集团提供"设计+资本+产品+建设+运营"的轨道交通全产业链战略服务，为全球用户提供城市轨道交通系统解决方案。项目将引进轨道交通上下游关联企业，在浦口形成颇具规模的轨道交通产业集群。（区融媒体中心）

【南京依维柯中型多功能宽体轻客技术改造项目投产】 12月建成投产。项目位于浦口开发区百合路8号，总建筑面积2.43万平方米，总投资15亿元，在现有厂区内扩建、新建厂房、辅助用房及相关附属设施，对原有生产线进行技改升级。新车型传统动力和新能源动力配置同步开发，具有造型新颖、车内空间优、承载能力高、性能好等优势。建成后预计年产中型多功能宽体轻客2.3万辆，新增年产值20亿元，新增就业岗位1500个。

（浦口开发区）

新材料产业

【概况】 2022年，全区新材料制造业规模以上企业11家，实现总产值28.18亿元、主营业务收入27.03亿元、利税0.61亿元。其中，化学原料和化学制品制造业规模以上企业4家，实现总产值14.77亿元、主营业务收入13.41亿元、利税0.03亿元；橡胶和塑料制品制造业规模以上企业7家，实现总产值13.41亿元、主营业务收入13.62亿元、利税0.58亿元。

（区工业和信息化局　区统计局）

【东爵有机硅(南京)有限公司】 2022年，加快主要生产设备和工艺改造，延伸有机硅产业链，形成从生胶、混炼胶、绝缘胶、气相胶到硅橡胶制品等完整的产品链，年产硅橡胶15万吨，硅橡胶制品18大类500多个品种。至年末，实现工业总产值11.58亿元。

【江苏久吾高科技股份有限公司】 2022年，加快技术创新，投入研发资金4216.34万元，占营业收入的5.69%。建有国家地方联合工程研究中心、江苏省企业技术中心等科研平台。发明专利73项，实用新型专利121项，外观设计专利5项，113项专利申请获得受理。公司有专业技术人员101人，其中本科学历50人、硕士30人、博士3人，研发人员数量占比19.57%。实现工业总产值9.33亿元，同比

增长19.92%。（刘昕　刘海浪）

【生物可降解高阻隔薄膜研发生产项目落户】　11月31日落户浦口开发区。项目总投资9.43亿元，主要从事食品药品包装，生物可降解高阻隔薄膜和集成电路封装材料、高强度塑料、橡胶、油漆、环保新材料研发、制造和销售。（浦口开发区）

智能电网产业

【概况】　2022年，全区智能电网制造业规模以上企业25家，实现总产值17.79亿元、主营业务收入16.15亿元、利税0.76亿元。规模以上智能电网企业以南京大吉铁塔制造有限公司和南京乾鑫电器设备有限公司为代表，相关配套企业近30家，以生产输变电设备为主。

（区工业和信息化局　区统计局）

【南京大吉铁塔制造有限公司】　2022年，投入研发资金4241.59万元，占营业收入的3.6%。新增授权专利6项。自主研发“五元素合金镀锌”技术，理化指标通过中科院金属腐蚀研究所验证，抗腐蚀能力是传统工艺的一倍以上，达到美国、英国、欧盟镀锌标准要求，技术水平处于国内外领先水平。生产铁塔11.31万吨，产品出口亚、非、欧、美洲40多个国家。公司获“江苏省专精特新中小企业”“江苏省民营科技企业”称号，是江苏省技术改造协会理事单位。至年末，有员工1000人，其中科技人员90人。实现工业总产值10.92亿元。

（刘昕　刘海浪）

【南京乾鑫电器设备有限公司】　2022年，加大设备投入力度，购置真空氦检漏设备、机器人焊接设备、激光切割设备、全套数控钣金加工设备、检测设备、150～1250吨注塑机、多工位铜排加工机等生产和试验设备200多台（套）。产品用于国家电网电力输配电工程、地铁5号线、市政重点工程、南医大四附院、香格里拉国际花园、雅居乐、通宇象山墅院等工程以及农村用电领域。获“江苏省2022年AAA级资信企业”“江苏省高新技术企业”等称号。至年末，有员工160人，其中工程技术人员占30%，大中专以上学历占50%。实现工业总产值1.21亿元。（庄成慧　刘海浪）

【紫气源绿色智能环网柜及电力产品研发、生产基地项目投产】　4月竣工投产。项目位于浦口开发区，东至百合路，南至金鼎路，2020年4月开工建设，总投资7亿元，占地3.33万平方米，建筑面积6.6万平方米，建设厂房、办公楼、研发楼及部分辅助设施，购置数控液压设备、多功能母线加工开关柜生产线、空压机等12台（套）。建成后预计年生产高低压环网柜、中置柜、户外环网柜等配电设备5万套，产值2亿元。（浦口开发区）

机电电气产业

【概况】　2022年，全区机电电气制造业规模以上企业103家（含智能电网规模企业），实现总产值79.1亿元、主营业务收入73.89亿元、利税4.55亿元。其中，机电（含金属制品、专用设备、通用设备）制造业规模以上企业76家，实现总产值60.28亿元、主营业务收入56.82亿元、利税3.74亿元；电气机械和器材制造业规模以上企业27家，实现总产值18.82亿元、主营业务收入17.07亿元、利税0.81亿元。

（区工业和信息化局　区统计局）

【南京恒威防护设备有限公司】　2022年，加快地铁隔断门和国防工程、人防工程等防护设备研制、生产、销售、安装。获得专利45项，其中发明专利4项、实用新型专利41项。公司自主研发的“综合管廊落实防护要求智能化系列装备”通过国家鉴定。拥有大型生产设备100多台（套），固定资产2800万元。完成南京、南昌、徐州等地地铁防护设备的生产和安装任务。至年末，有员工116人，实现工业总产值1.58亿元。（刘海浪　戴贤梅）

【南京瑞吾电气智能制造基地竣工】　4月竣工投产。项目2019年1月开工建设，总投资5.2亿元，占地6.2万平方米，建筑面积约11.7万平方米，建设厂房及综合楼，购置剪板机、数控冲床、激光切割机、折弯机等设备，建成后可年产110千伏二次设备舱1000台。至年末，有员工126人，实现工业总产值4300万元。

（浦口开发区）

医药食品产业

【概况】　2022年，全区医药食品制造业规模以上企业14家，实现总产值9.71亿元、主营业务收入10.36亿元、利税0.56亿元。其中,医药制造业规模以上企业4家,实现总产值2.13亿元、主营业务收入2.13亿元、利税0.13亿元;农副食品加工业、食品制造业规模以上企业10家,实现总产值7.58亿元、主营业务收入8.23亿元、利税0.43亿元。

(区工业和信息化局　区统计局)

【南京正济医药研究有限公司】 2022年,完成药品生产0.96吨,销售药品11.17吨。投入研发资金3133.93万元,占营业收入的26.75%。申请发明专利10项,授权专利6项。通过联合开发、自主开发等方式进行创新药物研究,获得一类新药发明专利4项。公司专注于药物创新结构发明、新技术研究与应用、特色仿制药物研究与制造,研发与制造的产品集中在抗病毒类、抗肿瘤类、心脑血管类以及消化系统领域类。抗病毒类包括瑞德西韦、帕拉米韦、索非布韦、雷迪帕韦、维帕他韦等,抗肿瘤类包括艾日布林、艾乐替尼、帕布昔利布等,心脑血管类包括硫酸氢氯吡格雷、胞磷胆碱钠等,消化系统类包括西咪替丁、瑞巴派特等。至年末,有员工110人,其中专业科研及技术人员66人,拥有硕士、博士学位20人。实现工业总产值1.15亿元。

【梯尔希(南京)药物研发有限公司】 2022年,公司从事与药物相关的稳定同位素标记药物、药物代谢产物和药物原料药中的杂质研发外包服务,拥有授权发明专利41项。至年末,有员工150人,90%为本科以上学历,其中博士8人、硕士11人。实现工业总产值2亿元。　(刘海浪)

【江苏波杜农牧股份有限公司】 2022年,公司以"重构牛羊养殖模式,推动秸秆饲料应用,助推草原生态恢复,增加牛羊肉类供应"为使命,以"颠覆性重构反刍动物饲养新模式"为目标,加快数字化转型步伐,采用新技术和创新解决方案,加大研发和创新投入力度,产品销量及销售额年增长100%以上。至年末,有员工40人,其中科研人员10人。实现工业总产值5036万元。

(戴贤梅)

其他产业

【概况】 2022年,全区其他制造业规模以上企业44家,实现总产值45.7亿元、主营业务收入46.87亿元、利税2.36亿元。其中,纺织服装制造业规模以上企业3家,实现总产值2.31亿元、主营业务收入2.27亿元、利税0.04亿元;非金属制品制造业规模以上企业28家,实现总产值37.05亿元、主营业务收入39.87亿元、利税2.07亿元;废弃资源综合利用业规模以上企业2家,实现总产值1.62亿元、主营业务收入1.59亿元、利税0.06亿元;造纸和纸品制造业规模以上企业2家,实现总产值0.38亿元、主营业务收入0.36亿元、利税0.02亿元;印刷和记录媒介复制业规模以上企业1家,实现总产值0.31亿元、主营业务收入0.3亿元;石油、煤炭及其他燃料加工业规模以上企业1家,实现总产值1亿元、主营业务收入1.53亿元、利税0.2亿元;其他制造业规模以上企业7家,实现总产值3.03亿元、主营业务收入0.95亿元、利税－0.03亿元。

(区工业和信息化局　区统计局)

【南京卓越环保科技有限公司】 2022年,公司为南京及周边地区企事业单位提供工业废物综合利用,焚烧、物化处理及安全填埋等服务,焚烧废物规模2万吨,废液物化处理规模3万吨,安全填埋规模2.5万吨。完成污水处理、消防泵房、废气处理等工程建设。至年末,有员工134人,实现工业总产值1.1亿元。(浦口开发区)

【江苏润邦智能车库股份有限公司】 2022年,公司提供集智能立体车库产品研发、生产、销售、服务于一体的停车设备供应服务,涵盖九大类30项子产品。投入研发经费672万元,占营业收入的12%。获国家科技进步三等奖、江苏省机械工业科技一等奖,获得国家专利4项。至年末,有员工88人,其中科技人员20人。实现工业总产值8249万元。

(戴贤梅)

【中润智慧立体车库建设项目开工】 4月开工。项目北至江星桥线,南至人众公司和润邦智能车库公司,西至规划地块,东至星球公司,由南京中润泊车设备科技股份有限公司投资2亿元,总建筑面积3.2万平方米,建设厂房、办公楼、研发楼及辅助设施,购置机器人自动焊接生产线、边梁成型冲孔生产线、精密激光切割机、波浪板自动成型等自动化智能生产设备160多台(套)。

(浦口开发区)

·文稿编辑　卢仕松·

都市农业

综述

【概况】 2022年,实现农林牧渔业总产值81.26亿元,较上年现价增速4.5%。粮食总产量32392吨,增长0.07%,其中夏粮实现面积、单产、总产"三增长"。强化主体培育,新增产业化联合体4个,新培育省级农业产业化龙头企业2家,新增省级示范家庭农场3个、市级12个,新增国家级示范合作社3个、省级4个、市级8个,纳入省级追溯管理平台农产品生产经营主体373家。发挥南京国家农创中心在现代农业发展中的引领作用,推进江苏生物种业产业创新中心、长江经济带粮食产业示范基地等项目建设,加快打造永宁青虾园、星甸现代农业产业园(瓜果)、永宁大桥叶菜保供基地。开展"三品一标"(农业品种培优、品质提升、品牌打造,标准化生产)提升行动,绿色优质农产品占比68.6%。培育农产品电子商务网站、网店和微网店等电商主体186个,农产品网络销售额8.27亿元。推进农业农村领域改革试点工作,在全国农业科技现代化先行县共建工作考评中获优秀等次,3个案例入选江苏省农业数字化建设优秀案例,新型农村社区数字乡村治理机制改革入选2022数字江苏建设优秀实践成果,苗木转型升级工作入选浦口区"百名干部破百题"优秀案例。 (钟倩)

【高效设施农业】 扶持部、省、市、区级设施农业(蔬菜、园艺)项目15个,总投资2366.94万元,其中市级财政补助资金879.24万元、区级财政补助资金297.62万元、项目建设单位自筹资金1190.08万元。新建连栋塑料温室12个,面积11.17公顷。新建"8332"大棚2个,面积4.67公顷。新增水肥一体系统1个,面积3.87公顷。新增设施蔬菜、园艺面积87.45公顷,完成率100.9%。全区高效设施蔬菜、园艺总面积6571.05公顷,占比27.05%。 (佟莹)

表16 2022年浦口区农林牧渔业总产值、增加值统计表

分行业	总产值		增加值	
	绝对值(万元)	增长(%)	绝对值(万元)	增长(%)
农业	437743	5.9	328882	5.2
林业	66327	6.2	37934	6.4
牧业	35590	0.1	15066	0.1
渔业	200431	-0.5	103030	-0.6
农林牧渔专业及辅助性活动	72526	12.3	44933	14.4
农林牧渔业	812617	4.5	529845	4.7

【智慧农业】 围绕农业转方式、调结构的高质量发展要求,实施农业物联网建设行动。采取政策扶持和项目引导等方式,支持设施农业、畜禽、水产等规模经营主体建设物联网信息技术体系,推动物联网技术在农业生产各行业各领域广泛应用。投资300万元,实施永宁街道丽铭农庄水产养殖、乐水庄园家庭农场葡萄种植、星甸街道万成生态园蔬果种植等农业物联网技术应用示范点建设项目6个,覆盖面积28公顷。通过传感器、数字高清视频监控、智能控制设备等,实现智能处理、全流程生产控制,提高亩产和农产品质量,示范引领同行及周边种植户。

(郑爱霞)

【农产品品牌培育】 组织龙头企业、基地大户等开展绿色食品申报,新增绿色食品获证企业5家、绿色食品15个,南京万成生态园林有限公司获"2022江苏最美绿色食品(蔬菜)企业"称号,绿色优质农产品比重70%。"两品一标"企业37家,其中绿色食品企业35家、有机食品企业1家、地理标志农产品企业1家。绿色有机产品123个,地理标志农产品1个。培育具有代表性的农产品品牌8个,分别为浦桥玉剑茶叶、老山蜂蜜、永宁青虾、名文大米、福联富硒大米、老山不老茶、本草龙虾、守兴西甜瓜。国家级农产品地理标志产品永宁青虾入选2022年江苏农业品牌目录,南京老山药业股份有限公司获2022年江苏省首届农产品品牌营销促销创意赛铜奖。区域公用品牌"浦食浦味"实体展示店拓展至4家,分别为黎家营店、雨山路集散中心店、白马广场"一家墨店"、紫金文创园店。

【农产品质量安全监测】 强化农产品质量安全意识,加强区级层面监督抽检和风险监测。区级检测量1520批次,完成市定食品千人抽检任务,并通过江苏省农产品质量追溯管理平台实时报送监测数据。其中,区级监督抽检160批次,合格率97.5%;风险监测1360批次,合格率99.9%。健全农产品质量安全快检体系,提高基层快检能力和监测覆盖面。举办胶体金快检培训班1期,区、街道共同完成胶体金快检2028批次,农残仪速测抽检种植业样品5560个,抽检覆盖率99.5%,全部合格。配合部、省、市农业农村部门抽检26次,抽检样品457批次,全区没有发生一起农产品质量安全事件。

【农产品质量安全监管】 坚持"质量兴农、绿色兴农、品牌强农",围绕不发生重大农产品质量安全事件目标,落实农产品质量安全监管责任,建立区、街道、村三级农产品质量安全监管网络体系,配备独立检测室以及快检设备。配备专职检测人员、监管人员37人,村级协管员71人,每季度巡查网格监管主体不少于1次,确保监管无死角,巡查各类生产经营主体5312家次,巡查覆盖率100%。开展生产经营主体信用评价入网监管1090家,其中A级诚信生产主体25家、B级1036家、C级28家、D级1家,严格按照评价结果实施分级分类监管。举办入网监管专题培训,指导入网主体开具食用农产品合格证、追溯标签199.26万张,入网主体常态化开具合格证或追溯标签比例达75%以上。打造星甸街道农产品质量安全监管站,建设标准化村级服务站2个,将网格化监管体系向村级辐射。

(朱威)

【农业综合行政执法】 围绕乡村振兴和综合执法改革目标,落实行政执法"三项制度"(行政执法公示制度、执法全过程记录制度、重大执法决定法制审核制度),开展农资打假、农产品质量安全、渔政执法、动物卫生监督、农机安全生产、森林资源保护、野生动物保护等执法工作。办结行政处罚案件215件,其中渔政141件、农资3件、农产品质量14件、动物卫生监督6件、农机40件、林业和野生动物保护11件,罚没款21万元,案件数量较上年增长105%。检查农资单位128家次,出动执法人员691人次,发现问题8个,责令整改6个。街道、专项组渔政执法出动执法人员10635人次,查获违规垂钓案件138起,罚款4.7万元,劝导钓鱼爱好者规范垂钓1584人次,没收非法捕捞渔网、地笼、钓具等71套。组织农机手安全知识培训4期,参加培训300人,开展法规集中教育300人,发放宣传资料800余份,发放长江禁捕宣传材料8000余份,悬挂横幅500余条。6月,区农业综合行政执法大队获"第四批全国农业综合行政执法示范窗口"称号。 (刘方旭)

【农业科技创新体系建设】 按照"示范推广到位、培训指导到位、产业引领到位"要求,建设全国基层农技推广体系改革与建设补助项目农业科技示范基地2个(南京福联种植专业合作社、南京市浦口区林涛怀善家庭农场)、省级现代农业产业技术体系示范基地5个(克氏原螯虾、河蟹、青虾、稻麦、蔬菜)、市级农业科技产学研合作示范基地4个(浦口黄庄水稻机插缓混一次性施肥技术产学研合作示范基地、南京乐水葡萄高效生产产学研合作示范基地、南京丽铭特色鱼高效养殖产学研合作示范基地、南京万成设施番茄绿色栽培产学研合作示范基地)、技术攻关产学研合作创新基地6个(南京养生园地方优质丝瓜种质保护及选育技术攻关产学研合作创新基地、浦桥玉剑茶园无人采摘装备攻关产学研合作创新基地、浦口十里茶场提质生物肥技术攻关产学研合作创新基地、浦口邵贤豹柑橘丘陵地区种植技术攻关产学研合作创新基地、浦口周其海草莓优质种苗培育技术产学研合作创新基地、南京福联谷物烘干机空气能涡扇热源泵技术攻关产学研合作创新基地)。打造"一区一中心"平台3个(南京国家农创中心公共技术服务中试检测平台、孵化展示基地平台、农业科技成果转化综合服务平台),对接农业科研教学单位和专家团队,开展主推技术示范推广、农民教育培训,提高基地科技含金量。 (吴佳慧)

【新型农业经营主体发展】 以培育"六美"家庭农场、"双优"农民合作社标杆为引领,加强家庭农场、农民专业合作社梯度培育,推动新型农业经营主体由数量增长向量质并举转变。出台《浦口区扶持新型农业经营主体贷款贴息资金管理办法》,用好用活中央、省、市专项资金,支持示范家庭农场、示范合作社创建。新增省级示范家庭农场3个、市级12个、区级69个,家庭农场总数(含种养大户)796个。新增国家级示范合作社3个、省级4个、市级8个,工商登记注册农民专业合作社总数320个,其中国家级6个、省级10个、市级15个、区级45个。新增省级农业龙头企业1家、区级15家,农业龙头企业总数63家,其中国家级1家、省级4家、市级17家、区级41家。

【农业产业化联合体发展】 聚焦优质稻米、现代茶、精品蟹虾等优质主导产业链,推动联合体"六化"(组织一体化、生产订单化、技术标准化、经营集约化、效益扩大化、服务全程化)模式纵深发展,完善现代农业经营体系,促进农村一、二、三产业融合发展和农民持续增收。新增市级产业化联合体4个(江苏青云蔬果产业化联合体、南京北城圩名文稻米产业化联合体、江苏十里清峰茶产业化联合体、南京养生园特色果业产业化联合体),联合体总数11个,其中省级3个、市级8个。11家牵头龙头企业联合17个专业合作社、64个家庭农场、4家公司、4户种植大户共同发展。联合体年经营总收入5.6亿元,带动农户3000余户。江苏青云蔬果产业化联合体入选江苏省农业产业化联合体。 (赵永胜)

【农业保险】 强化农业保障,扩大农业保险覆盖面。新增水产、苗木、茶叶、夏季保淡绿叶菜价格等气象指数保险,在全市率先开办生猪"保险+期货"价格保险、野生动物伤害政府救助责任保险,农业保险险种增至29个,其中政策性农险22个、商业性农险7个。涉及种植养殖业、设施大棚、园艺、农机具保险等,实现保费收入5520.27万元,其中政策性农险保费4872.62万元、商业性农险保费647.65万元。三大主粮(水稻、小麦、玉米)保险承保总面积3875.73公顷,覆盖面94.5%,高效设施农业保险涵盖设施大棚、蔬菜园艺、林果、水产、畜禽养殖、公益林等22个险种,保费总额5266.45万元,区级以上财政承担70%。受理农业保险案件1279件,理赔金额5681.4万元。涉及农户4076户次,户均理赔1.39万元,支付到户率100%。 (滕宏飞)

【浦口区家庭农场服务联盟】 围绕发展高产、优质、高效、生态、安全农业总体要求,按照"高标准规划、多元投入、规范化管理、社会化服务"发展思路,加强政策引导、资源整合,开展家庭农场产品购销、物流、金融、宣传等服务工作。举办技术培训,把"科技强农"落到实处,创新农业科技和种植模式结合,联盟购置电脑、电子显示屏等设备,建设培训场地。定期组织联盟成员理论授课、实地考察,加强交流合作。加大金融产品宣传力度,精准匹配贷款需求,对接区内各大银行,根据经营主体需求匹配贷款额度户均50万元、贷款贴息户均5万元。选取部分联盟单位建立"双龙虾"轮养模式试验示范点,推行普通小龙虾与澳洲淡水龙虾轮养,促进增产增效。"双龙虾"轮养塘口实现亩均纯利润1.42万元,比单纯养殖小龙虾每亩增效1万多元。浦口区邵贤豹、十里、尹广红3个家庭农场入选2022江苏省“百佳家庭农场”名单。

(赵永胜)

【全国农业科技现代化先行县共建工作】 与南京农业大学攻关团队分层分类开展踏查调研30余次、专家现场指导431人次,精准剖析各基地、合作社、涉农企业生产经营问题及技术需求,培育一批扎根基层的“土专家”。聚焦瓜果、蔬菜、青虾、水稻等特色产业以及林下种养模式,推进胡守兴家庭农场等4个产业核心基地建设。在基地开展科学试验、技术示范推广和科技成果转移转化,形成优质瓜果和蔬菜绿色生产综合技术规程、优质大米全产业链绿色质控平台、《青虾冷链保活贮运技术规程》《林—草—鸡生态复合种养技术规范》。破解产业关键技术难题,“消减杂草群落精准生态控草”技术被省农业农村厅作为关键技术列入江苏省杂草防控三年行动计划。浦口区和对口技术单位南京农业大学在2021年全国农业科技现代化先行县共建工作考评中获优秀等次。

(吴昊)

【“浦食浦味”农产品区域公用品牌】 浦口区坚持绿色、环保、健康核心理念,整合当地具有一定规模的家庭农场、优质农业企业等授权主体25家,其中获得国家农产品地理标志企业1家、有机食品企业1家、绿色食品企业12家。重点围绕老山蜂蜜、精品蟹虾、南京鸭、绿色果蔬、现代茶、桥林茶干等特色主导产业,加强农产品质量安全体系和监管能力建设,保障优质农产品放心供给。

(区农业农村局)

【区农业综合行政执法大队获“全国农业综合行政执法示范窗口”称号】 6月27日,区农业综合行政执法大队被农业农村部评为“全国农业综合行政执法示范窗口”。区农业综合行政执法大队聚焦执法办案主责主业,依法严查严处各类违法违规行为,开展农资打假、农产品质量安全、动物防疫、农机安全、春季护鱼等执法专项行动,推进农业综合执法,保障全区农业生产、农产品质量和农业生态环境安全,成立以来办理涉农各领域行政处罚案件170余件。聚焦重点领域执法,围绕长江十年禁渔、种业监管执法年活动、服务种子和耕地两个要害等部署安排,聚焦重点地区、重点产品、重点企业和重要节点,在日常巡查基础上,开展“中国渔政亮剑2022”系列、春季护鱼、农产品质量安全执法等执法专项行动。强化“检打联动”,按照“双随机、一公开”原则,加大农资产品和农产品质量安全执法抽检力度,集中整治农业领域安全隐患。

【3个案例入选江苏省农业数字化建设优秀案例】 10月31日,省农业农村厅公布江苏省农业数字化建设优秀案例名单,“南京市浦口区汤泉农场数字大田试点基地示范应用”“南京通威智慧渔业园”“农业农村大数据驱动的都市近郊型数字乡村建设”3个案例入选。

南京汤农现代农业科技发展有限公司建设的“南京市浦口区汤泉农场数字大田试点基地示范应用”入选智慧种植方向优秀案例。该项目围绕汤泉农场稻米生产加工基地,通过智能信息化系统实现基地定位、定时、定量的农事信息记录、管理及农情、农机、农水整体情况的全面掌控,提高农机作业效率50%以上,节约水、肥、药10%~20%,亩均增收80元,实现生产过程可视化、数据化、标准化管理。

南京通威水产科技有限公司建设的“南京通威智慧渔业园”入选智慧渔业方向优秀案例。项目以突出数字信息、智慧管理、高效设施、优质良种等为主题,由传统渔业向以高产、优质、高效、生态为主的现代渔业转型升级,年产绿色优质水产品468.5万千克,年产值9370万元,年节水788.4万吨,年减排化学需氧量118.3吨、总氮31.5吨、总磷0.8吨。

农芯(南京)智慧农业研究院有限公司建设的“农业农村大数据驱动的都市近郊型数字乡村建设”入选农业农村大数据方向优秀案例。项目围绕智慧种业、大田精准农业、智慧设施园艺、畜禽水产养殖、农产品智慧供应链、数字农服等数字乡村场景化应用布局,探索“1(数字乡村大数据中心)+2(制度保障体系、技术保障体系)+3(数字产业、数字治理、数字服务)+N(多个信息化应用系统)”的浦口都市近郊型数字乡村建设实施路径,形成全国数字乡村建设样板。

(区融媒体中心)

种植业

【概况】 2022年,全区农作物(粮食作物、经济作物)播种总面积10936.47公顷。小麦以扬麦30、扬麦33、宁麦13等高产专用品种为主,占小麦总面积的90%以上。水稻以徽两优丝苗、Y两优17、南粳46、宁香粳9号、南粳3908、南粳5055等优质高产品种为主栽品种。主要农作物病虫害专业化统防统治面积3069公顷,覆盖率82.8%。实施水稻绿色高质高效千亩核心示范片建设4个,涉及街道2个、社区5个。机插核心面积273.33公顷,占水稻总面积的11.99%。4个水稻核心示范片平均理论亩产712.46千克,实产验收平均亩产641.2千克,比全区水稻平均亩产增加70.2千克,增长12.3%。

【粮食生产】 落实国家强农惠农政策,印发《关于印发〈浦口区2022年再次发放实际种粮农民一次性补贴实施方案〉的通知》,应对农资市场价格上涨形势,保障种粮农民合理收益。粮食种植面积4885公顷,总产量32392吨。其中,夏粮种植面积1300公顷,总产量6450吨;秋粮种植面积3585公顷,总产量25942吨。小麦种植面积1260公顷,总产量6345吨,增长4.24%。水稻种植面积2280公顷,总产量19519吨,增长3.2%。玉米种植面积561公顷,总产量3659吨。大豆种植面积580公顷,总产量1572吨。实施粮食生产"无人化"建设,建成数字化无人农场5个,"汤泉农场数字大田试点基地示范应用"入选江苏省农业数字化建设优秀案例。依托"金陵味稻"区域公用品牌,做大做强"浦口味稻",加强新品种、新技术、新模式、新机械等集成推广应用,全区绿色优质稻米产品供给稳定,优质稻米销售额5457.66万元,带动农户751户。

【油料生产】 油料作物种植面积1424.9公顷,总产量3419吨。其中,油菜面积1391公顷,总产量3322吨。深挖农业资源旅游价值,依托永宁街道张圩高标准农田片区,打造油菜花海,5年来种植面稳定在133.33公顷,筛选适合油菜多功能产业发展的专用品种,同时保存南京地方油菜品种种质资源,丰富油菜花农旅功能,打造南京油菜多功能产业链新品种、新技术、新模式示范展示基地。聚焦产业精深加工,研发油菜苔鲜食、脱水蔬菜、油菜花面膜等新产品,增加产业附加值。吸引240余家商铺进驻花海,带动村民创业50余人,临时用工80人。拉动周边休闲、游乐、餐饮等收入4000余万元,集体经营收入370余万元。浦口区油菜产业链产值530万元,带动农户181户。 (朱巨云)

2022年,浦口区粮食种植面积4885公顷,产量32392吨。图为汤泉农场插秧季 滕宏飞摄

【瓜果生产】 西(甜)瓜播种面积400.13公顷,年产量2.03万吨。其中,西瓜种植面积336.33公顷,年产量1.71万吨;甜瓜种植面积63.8公顷,年产量0.32万吨。特色产业提档升级,建设星甸街道万亩优质果蔬基地,培育"守兴""赭洛山""浦桥乡果"等高净值品牌,西(甜)瓜销量占南京市场的20%。浦口中大果型西瓜、小果型西瓜获第四届江苏"好西(甜)瓜""瓜王"称号,获特等奖、金奖;甜瓜获特等奖。"妮娜皇后""金手指"分获第五届江苏省葡萄产业技术体系鲜食葡萄新品种展示及优质果评比金奖、银奖,"阳光玫瑰""巨峰""金手指"分获2022年南京市优质葡萄评比大赛特等奖、金奖。"红颜""红霞""天使8号"分获2022年南京市优质草莓评比大赛金奖、特等奖。"金妃""金宝贝"分获市农业农村局举办的"科金兴农"小果番茄组特等奖、金奖,"丰桥君"获中果番茄组金奖,"普罗旺斯"获大果番茄组

金奖。（佟莹）

【"金陵味稻"区域公用品牌】落实《关于印发〈2022年南京市优质稻米产业提升项目"金陵味稻"基地与品牌建设申报指南〉的通知》《2022年南京地产优良食味稻米产业提升项目资金使用方案》，培育"金陵味稻"区域公用品牌，在永宁街道、桥林街道、汤泉农场等地实施南京市优质稻米产业提升项目。建立"金陵味稻"核心订单基地133.33公顷，其中生产基地100公顷、母子品牌基地33.33公顷。采用"稻—油(绿肥)"轮作等绿色高效模式，选用优质抗病品种，精确定量栽培理论，塑造高光效群体结构，根据品种特性精确定量栽培、测土配方定量施肥、定量调水控苗，通过盘育标准化秧苗、休耕培肥、机械化插秧、适期烤田、病虫害综合防治等措施，实现水稻高质增效目标。在南京汤农、南京泽康、南京福联等水稻种植专业合作社实施"金陵味稻"母子品牌基地建设，实行统一订单生产、统一种植良种、统一绿色生产标准、统一投入品管理、统一技术服务、统一监督检测等种植生产和管理，执行"金陵味稻"品牌相关标准和制度，"金陵味稻"母子品牌精品包装产品(小包装米)销售350吨。（滕宏飞）

【小麦产量再攀新高】区农业农村局加强小麦苗情、墒情、病虫情和灾情监测，科学制定田间管理技术意见，强化分类指导，结合有利天气，落实小麦生长关键环节管理措施，立足早管勤管巧管，抓好肥水管理、病虫害防控和自然灾害防御，促进弱小苗苗情升级，力争苗全苗匀苗壮，实现小麦面积、单产、总产"三增长"。小麦播种面积1260公顷，增加40公顷，增长3.28%；平均单产336千克，增加3千克，增长0.9%；总产量6345吨，增加258吨，增长4.24%。亩穗数、穗粒数、千粒重均实现增长。亩均穗数30.3万穗，增加0.2万穗，增长0.7%；穗均粒数33.2粒，增加0.2粒，增长0.6%；平均千粒重37.3克，增加0.1克，增长0.3%。全区平均理论亩产375.2千克，增加5.7千克，增长1.5%。收购价、亩产值、总产值均实现增长。平均收购价3元/千克，增加0.8元/千克，增长36.4%；亩产值1013.1元，增加280.5元，增长38.3%；总产值2056.6万元，增加717.5万元，增长53.6%。（区农业农村局）

蔬菜园艺业

【概况】2022年，全区蔬菜播种面积6053.33公顷，总产量21.5万吨。茶园种植面积933.33公顷，茶叶总产量102.5吨，其中绿茶产量102.4吨、红茶产量0.1吨。果树种植面积493.33公顷，总产量1.16万吨。苗木花卉种植面积10499.05公顷，销售收入11.02亿元。

【蔬菜园艺业高质量发展】提高产学研能级，聚合院士团队支撑。借助全国农业科技现代化先行县共建契机，沈其荣院士团队在星甸街道立项建设细胞工厂，建立番茄种植基地3000平方米，通过生物有机肥施用突破番茄重茬治理关键技术和小番茄青枯病防控技术瓶颈，形成番茄优质高产绿色生产综合技术规程。邹学校院士团队选育新海青375青菜新品种，开辟青梗菜推广市场。沐兴家庭农场推广青椒新品种"萧新至尊"，十里家庭农场推广茶叶新品种中茶108，邵贤豹家庭农场推广甜瓜新品种哈密瓜抗裂25。沐兴、十里、邵贤豹3个家庭农场被评定为南京市蔬菜园艺"四新"示范基地。成立江苏青云蔬果产业化联合体。（佟莹）

【苗木产业转型发展】加快推进苗木产业转型升级，制定《浦口区苗木产业提质增效转型发展指导意见》，明确"十四五"期间苗木产业发展方向、目标任务、转型措施和政策保障。通过政策引导和政府扶持，全区苗木生产品种、生产方式迭代升级。星甸街道樱海园林、凤凰泉苗圃、森林大世界等30多家苗木企业和种植农户实现苗木升级转型3333公顷，占全区苗木花卉种植面积的32%，苗木品种从传统品种向彩色树种转变，销售模式向"互联网+"电商销售模式转变，星甸街道建成为市级苗木特色镇，建成苗木特色村10个。培育示范窗口1个、示范基地10个、示范村10个。浦口区苗木转型升级工作入选浦口区"百名干部破百题"优秀案例。

【浦口区首家蔬果产业化联合体成立】2月18日，由江苏青云农业高科技有限公司牵头，联合1个农民专业合作社、2家农业企业、6个家庭农场共同成立江苏青云蔬果产业化联合体，是浦口区首家蔬果产业化联合体。采用统一农资采购、统一运输销售等管理方式，保持成员运营独立性和自主性，通过签订协议、制定章程等形式，协同开展蔬果生产经营，形成“公司＋农民合作社＋家庭农场＋农业企业”经营模式，发挥新型农业经营主体优势和农业龙头企业示范作用，实现产业联动、主体融合，提高蔬果经营主体的经济效益和竞争力。（赵永胜）

林　　业

【概况】　2022年，全区绿化造林面积60.07公顷，其中新增成片造林2.77公顷。森林抚育面积733.33公顷。林木覆盖面积36820.71公顷，林木覆盖率42.75%，保持全省首位。推进城乡沿道路、沿水体、美丽乡村示范片区绿化，新建及完善农田林网控制面积1133公顷，四旁植树10万株。强化林业资源保护，严格审批制度，审批建设征占用地24件，面积70.18公顷；审批采伐林木17件，采伐蓄积量1679立方米。办理林业案件11件，其中毁坏林木案件3件、非法占用林地案件7件、野生动物保护案件1件，涉案金额12.4万元。（弓义）

【林业有害生物防治】　区林业站采购3WDY－20多旋翼烟雾无人飞机1台、6HW－50IY高射程喷烟喷雾机2台、3WZ－45担架式喷雾机2台、高枝剪60把、油锯2把、测报工具箱2只、电钻4把，开展美国白蛾和杨树食叶害虫综合防控。通过政府招标平台，选定有防治经验的防治专业队，制订防治方式、技术、实施方案，优化防治措施和时间安排，向涉林单位发出林业有害生物防控信息简报5期，安排技术人员深入林间开展现场指导。根据测报结果，在全区重点区域集中开展美国白蛾幼虫防治4次，利用无公害生物农药苦参碱、灭幼脲进行防治，防治面积942.2公顷。采购周氏啮小蜂、花绒寄甲和肿腿蜂2亿头，在重点绿化区域、苗圃园和老山林场人工释放，实施生物防治，减少化学防治环境污染。杨树食叶害虫防治面积8400余公顷，美国白蛾防治面积9933.33公顷。加强国家级林业有害生物中心测报点建设，公开招标镇江市森润生态林业有限公司为测报服务专业队，布设林业有害生物固定监测点138个，增加临时监测点120个，林业有害生物测报调查时间455天次。制作一批重要林业有害生物标本，采购负吸式智能测报灯2套，远程测报重点地区的美国白蛾。与南京林业大学、南京国家农创中心相关科研单位、省外科技团队合作，开展美国白蛾、杨树食叶害虫和松褐天牛的虫情调查、监测工作。

【绿美村庄建设】　坚持村庄绿化因地制宜、科学节俭、体现特色，整体推进公共绿地、宅前屋后绿化及环村林带、进村道路林网、水系林网建设，栽植乔木3000多株，宜林地绿化率95%以上，村庄绿化覆盖率35%以上。永宁街道永宁社区侉刘组，汤泉街道高华社区边埂组、新金社区赵湖组，桥林街道周营村芦庄组创成省级绿美村庄，栽植树木13820株，成活率90%以上。（郑爱春）

养　殖　业

【概况】　2022年，强化生猪养殖场标准化建设，实行养殖科学化、设施高效化，稳定能繁母猪生产。在全市率先启动生猪“保险＋期货”政策性农业保险。全区生猪规模饲养场（户）5个，生猪出栏1.95万头，年末存栏1.9万头。家禽规模饲养场（户）4个，家禽出栏7.42万羽，存栏4.04万羽。水产养殖面积2413.33公顷，水产品总产量20064吨，渔业总产值20.04亿元，其中特色水产养殖面积2166.67公顷，占比90%。建设“太湖品系”青虾、“长江品系”河蟹苗种基地5个，养殖池塘生态化改造面积366.67公顷。

【畜禽养殖】　落实《江苏省“生猪＋保险”项目试点方案》，启动生猪“保险＋期货”政策性农业保险试点，强化生猪市场保供。加大生猪规模养殖场标准化建设扶持力度，规模猪场存量稳定，能繁母猪存栏0.24万头。推进畜禽养殖污染治理及粪污资源化利用，建成生态化标准化养殖场2个。投入资金615万元，实施畜禽粪污种养结合资源化利用与示范项目3个。建设畜禽粪污资源化综合利用监管平台，对畜禽粪污的源头、处理、运输、利用等实施远程监控，提高畜禽粪污综合治理法治化、规范化、常态化水平，畜禽粪污综合利用率99.97%。推进畜牧业现代化，落实质量兴牧、绿色兴牧，提升畜牧业质量效益，获市级以上规模畜禽养殖场示范

场称号 12 个,其中部级 1 个、省级 3 个、市级 8 个。 (兰朋云)

【水产养殖】 坚持以“生态、高效、安全”为导向发展生态渔业,推广水产绿色健康养殖技术“五大行动”(生态健康养殖模式示范推广、养殖尾水治理模式推广、水产养殖用药减量、配合饲料替代幼杂鱼、水产种业质量提升),特色水产养殖面积 2166.67 公顷,占比 90%。投入资金 8006 万元,池塘生态化改造面积 722 公顷,其中新增投资 3700 万元,新增改造面积 333.33 公顷。以省级农业产业技术体系青虾、河蟹、克氏原螯虾基地为引领,引进太湖青虾、长江河蟹新品种,建设虾蟹苗种品系扩繁基地(示范点)5 个,培育苗种 8.8 万千克,可覆盖养殖水面 1600 余公顷,占比 66%。围绕精品虾蟹产业链,实施池塘生态化改造,建设永宁丽铭农庄冷链物流中心、永宁青虾交易市场,结合全国农业科技现代化先行县共建、江苏省现代农业产业技术体系推广,打通青虾冷链物流环节,青虾电子商务销售量占比 10%。

(史先阳)

【畜禽免疫和监测】 免疫家禽禽流感 185.2 万羽、新城疫 154.8 万羽、生猪猪瘟 4.8 万头、猪繁殖与呼吸综合征 4.51 万头、猪口蹄疫 4.2 万头、牛口蹄疫 135 头、羊口蹄疫 3158 只、羊小反刍兽疫 1772 只,免疫率 100%。免疫城市犬 1330 只、农村犬 7882 只。建立健全动物血吸虫病查治基础档案,监测牲畜 101 头(只)、“一粪三检”303 头次,均为阴性,预防性服药 101 头。制订 2022 年重大动物疫病监测方案,免疫抗体检测 3243 份,其中禽流感 1371 份、鸡新城疫 322 份、猪瘟 271 份、高致病性猪蓝耳病 271 份、猪口蹄疫 570 份、小反刍兽疫 438 份;病原学检测 2205 份,其中非洲猪瘟 407 份、禽流感 235 份、羊布病 1563 份,均达省、市合格标准。 (胡永玉 杜君)

2022 年,浦口区水产品产量 20064 吨。图为星甸街道后圩村水产养殖基地 滕宏飞摄

【水生动物疫病监测】 重大水生动物疫病专项监测样品 9 个,检测结果均为阴性。完成病害样品检测 86 例,其中白斑综合征样品 56 例、细菌性疾病样品 30 例。检测寄生虫样品 4 例,开展药敏试验 30 批次。保存菌株 20 株,上交江苏省水生动物疫病预防控制中心。举办水生动物疫病监测技术培训 84 人次,开展规范用药科普宣传活动,发放水产养殖资料 394 份。

【水产品质量安全监管】 完成产地水产品检测 197 例,其中省、市水产品监督抽检 47 例,区级快速检测 150 例,抽检合格率 99%。开展水产养殖投入品专项整治行动 3 次,出动执法人员 110 人次,检查养殖生产单位 81 家,出具水产养殖“三项纪录”(生产记录、用药记录、销售记录)不完整、“白名单”以外投入品使用行为等问题整改意见 21 条,全部整改到位。 (邹涛)

【渔政监督管理】 举办长江禁渔宣传培训 4 次,印发宣传资料 7000 份,更新禁捕宣传指示牌 36 块。长江(浦口段)重点区域和重点时段巡航 26 次,查办禁渔违法案件 141 件,没收禁用渔具网具约 800 具,配合公安部门证据认定涉渔刑事案件 19 件,配合区检察院出具长江生态资源补偿修复公益性材料 10 份,接受公安部门移送案件 13 件,与区市场监管局每月联合开展水产市场、餐饮市场和渔具市场专项检查2 次。

(刘方旭)

南京国家农创中心

【概况】 2022 年,南京国家农创中心一般公共预算收入 1700 万元。实际使用外资及港澳台资513万美元，实际利用内资到账2.4亿元。签约项目57个，总投资超10亿元。新增注册落地企业53家，注册资本8.8亿元。新增发明专利授权12件，发明专利拥有量27件。新增商标注册量184件。知识产权质押融资2250万元。技术合同成交额7550万元。认定“瞪羚”企业2家、省科技民营企业9家、科技型中小企业74家。高新技术企业认定17家，净增11家。认定区级农业龙头企业8家。入选江苏省农业数字化建设优秀案例1个，入选江苏省数字农业建设服务优质资源库企业4家，入选南京市工程技术研究中心培育库企业2家。南京国家农创中心获“江苏省资源共享助力疫情防控表现突出单位”称号。

【设施建设】 科创中心A地块幕墙和公共区域装修施工，6.5万平方米熹禾公寓式酒店投入运营，被确定为2022全国农业科技创新工作会议举办场地。西江口孵化展示基地新增温室植保机、墒情虫情监测仪、无人投饵船等装备，引进“大粒蚕豆”“新矮白”等新品种，推广水稻田、水产养殖、阳台农业等新场景，获评“江苏现代农业（蔬菜）产业技术体系浦口推广示范基地”“浦口区科普教育基地”。完成智慧农业技术集成与应用创新农业农村部重点实验室装修改造，绿色肥料、叶菜类蔬菜、家禽养殖3个重点实验室进场施工。百企成果展厅升级改造为国家现代农业产业科技创新中心成果展厅。

【招商引智】 落实科技振兴、人才振兴战略，坚持招商引资、引才并举，举办“智慧农业”产业集群招商会、教授项目招商会、数字农业发展战略合作会、农银企“直通车”服务对接会、科技创新联盟会等，对接客商300余批次，签约项目57个，总投资超10亿元。其中，亿元以上项目5个，总投资7.2亿元，分别为砾德农业科技项目、金南农科技集团项目、江苏舜鑫达供应链科技有限公司区域运营总部项目、江苏藻汇生物科技研究院有限公司新研项目、农业农村污染治理循环生态建设项目。引进江苏省水韵苏米产业研究院院长王才林，南京农业大学作物遗传育种学教授张红生，江苏开放大学特聘教授、长江大学教授张学昆，引进南京农业大学王福政博士团队等创业人才9人。对接在手在谈项目53个，包括数字化农机农艺融合项目等高端人才团队项目、江苏蓝天蔬菜集团水产养殖项目等总部型项目、蛋黄科技有限公司项目等科技类项目，集聚更多创新资源。

【注册落地企业】 新增沈其荣院士工作站等注册落地企业53家，注册资本8.8亿元，落地运行企业总数109家。南京思农检测有限公司通过CMA资质认定。北京农业信息技术研究中心、北京农业智能装备技术研究中心、农芯（南京）智慧农业研究院共同研制的国家标准《GB/T41187－2021农业物联网应用服务》发布，填补农业物联网领域国家标准空白。江苏青云农业高科技有限公司牵头成立江苏青云蔬果产业化联合体，入选江苏省农业产业化（蔬果类）联合体。江苏思威博生物科技有限公司项目“畜禽粪污高效处理及资源化利用关键技术集成与推广”、农芯（南京）智慧农业研究院有限公司项目“畜禽水产集约养殖数字化关键技术集成与推广应用”分获2019—2021年度全国农牧渔业丰收一等奖、二等奖。

【科技创新】 组织入园企业申报项目近50个，获奖补资金1200万元。举办协同发展、大田农业、农业电商等“农创人分享派”系列沙龙12场，促成合作意向17个。运用博睿迪液态芯片技术，解决史记生物固相芯片开模成本高、进口技术封锁风险问题，通过点点赞电商平台为小田园艺提供抖音营销模块服务。加快4个农业农村部重点实验室建设，新获批兽用疫苗分子设计与制剂、农药风险监测与创新应用2个农业农村部公共研发平台，获得中央财政资金3172万元。与区农业农村局、相关街场合作，初步建立兰花塘高标准农田、数字化无人农场等5个农业高标准示范样板项目，其中兰花塘高标准农田项目应用张洪程、赵春江、沈其荣等院士团队创新科技和产品，数字化无人农场项目入选江苏省农业数字化建设优秀案例。发挥江苏深农智能科技有限公司、农纷集信息科技（江苏）有限公司、江苏青云农业高科技有限公司等入园企业科技赋能效用，打造智慧养猪项目、“农业物联网＋大数据”农业综合服务平台、智慧太阳光型植物工厂等10多个高科技应用场景。推广“十大技术、十大产品、十大服务”,赋能现代农业发展。沈其荣院士团队的生物有机肥推广面积533公顷,邹学校院士团队的叶菜新品种推广面积66.67公顷,江苏多农多收技术研究有限公司的“爱增多”提质增产组合包应用面积666.67公顷。推动汤泉农场和港华农业电商平台合作、南京思农生物有机肥研究院与星甸街道对接细胞工厂项目。

【“一中心一区”联动发展】 加强与南京国家农高区对接合作,推动“一中心一区”联动发展。建立干部挂职交流机制,落实互派人员常态化进驻机制,发挥联动发展工作小组成员“桥梁纽带”作用,形成信息资源互通互享的合作氛围。建立双方企业定期互动互访交流机制,促进资源整合、人才汇聚。落实招商资源共享、主题活动共办机制,在基金共建、项目互投等方面开展实质性探索。组织互访调研活动10次,联合申报资金项目12个,其中市级立项5个,资金支持300万元,形成设备共享、产业联动、基金共建、合作共赢格局。

【南京思农检测有限公司通过CMA资质认定】 2月7日,南京思农检测有限公司获得农林环境项目和农业投入品项目CMA资质认定,具有向社会出具检验检测数据和结果的资格,检验检测范围涵盖土壤、肥料类别。公司主要从事土壤、肥料、植株、农作物、农业微生物等农业相关领域检测服务,为生产企业提供专业化、系统化、信息化、数据化服务,为各级农业检测中心、农业科研院校和农资经营、农技服务、种植基地客户提供环境样品检测服务。

【国农(南京)检测科技有限公司入选江苏省科技创新券服务机构入库名单】 2月10日,江苏省科技资源统筹服务中心公布2022年度首批江苏省科技创新券服务机构入库名单,国农(南京)检测科技有限公司入选。公司作为南京国家农创中心公共技术服务平台的运营主体,旨在打造“从田间地头到餐桌的全链条‘一站式’检验检测服务平台”,拥有ICP—MS、气质联用、液相色谱仪、荧光定量等仪器设备200余台(套),可提供大型仪器设备机时共享服务、科研检测服务,以及农残分析、营养品质评价、土壤肥料检测、基因表达分析等技术服务。公司联合江苏省农科院共同运营农业农村部农产品及加工品监督检验测试中心(南京),具备CMA和CATL检测资质。

【南京农业国际合作座谈会】 2月22日在南京国家农创中心召开。市政府外事办公室副主任介绍中法农业交流合作背景及进展情况。市农业农村局副局长回顾农业国际交流、中法合作重要指示精神,介绍南京农业对外交流合作现状。与会高校、科研院所介绍各自开展国际合作情况,对南京农业国际合作(重点欧洲方向)、参与南京农业国际合作及中法农业合作项目发表意见和建议。

【江苏省智慧农业研究会第一次会员代表大会】 3月5日在南京国家农创中心召开。会议采用“线上+线下”形式召开,在南京国家农创中心设置主会场,在江苏省农科院、南京农业大学、金陵科技学院、苏州农业职业技术学院、江苏农林职业技术学院、江苏农牧科技职业学院设置6个分会场,参会会员300多人。选举产生江苏省智慧农业研究会第一届理事会,选出理事87人,江苏省农科院、南京农业大学、南京农创园科创投资集团有限公司等15家单位当选为副理事长单位。聘请南京国家农创中心入驻院士赵春江,江苏省现代农业科技产业研究会会长,江苏省农业科学院党委书记、院长,南京农业大学党委书记,浦口区政协副主席为名誉理事长。

【“智慧农业”产业集群招商会】 4月26日在南京国家农创中心举办。活动由南京国家农创中心、江苏省智慧农业研究会、区农业农村局主办,采取“线上+线下”形式,线上观众近10万人次,北京、上海、广东、海南等地200多家智慧农业领域企业300多位代表在线参会。南京国家农创中心与江苏舜鑫达供应链科技有限公司、盛庄农产品电子商务交易平台等5个项目签订合作协议,项目涵盖物联网、大数据、智慧温室等产业,总投资3亿元,打造智慧农业产业高地,促进产业集群高质量发展。

【农芯(南京)智慧农业研究院入选2022年江苏省大数据产业发展试点示范项目】 7月9日,省工业和信息化厅公布2022年江苏省大数据产业发展试点示范项目入选企业名单,农芯(南京)智慧农业研究院申报的农业农村大数据平台及场景化应用项目成为55个省级大数据产业发展试点示范项目之一。该平台在江苏、安徽、云南等地推广应用,建成的浦口数字乡村大数据中心对接20余个省、市、区信息化系统,整合区内47家相关单位涉农数据,梳理600余项数据表单,数据量4000余万条,初步打造浦口特色都市近郊型数字乡村示范窗口。农业农村大数据场景化应用系统的建设和示范推广,将大数据技术与农业传感器、智能装备和农业机器人进行融合应用,提升农业生产智能化、经营网络化、管理高效化、服务便捷化水平,加速农业农村数字化转型。

【2个教授团队落户】 8月15日,王才林、张红生教授团队项目签约仪式在南京国家农创中心举行。江苏省水韵苏米产业研究院院长王才林、江苏省种业科技工程研究中心主任张红生分别作项目介绍,南京国家农创中心相关负责人介绍项目合作内容。王才林将在南京国家农创中心成立江苏才林高科技种业产业研究院并进行实体化运营,开展优良食味水稻及功能性水稻新品种选育和开发等九大板块业务。张红生将在南京国家农创中心挂牌成立江苏省种业科技工程研究中心,依托南京农业大学相关团队,开展种质资源收集与评价、种质创新与育种等工作。

【全国农业科技创新工作会议】 8月24—26日,全国农业科技创新工作会议暨2022全国农业高新技术成果交易活动在南京国家农创中心举办。活动集中展示中国农业科技工作成果,聚焦现代种业、智能装备和绿色低碳等领域,搭建线上线下技术交易服务平台,打通技术创新场景、产业应用场景、商业运营场景之间的“断点”和“梗阻”。征集具有孵化潜力的项目700多个,签约项目600多个,其中成交额1000万元以上项目占一半,总交易额120多亿元。其中,农芯(南京)智慧农业研究院、江苏思威博生物科技有限公司、史记生物技术(南京)有限公司分别完成技术服务、战略合作等重大农业科技成果项目签约。

【南京—巴西农业交流推介会】 9月2日在南京国家农创中心举行。会议由省政府外事办公室、省农业农村厅、巴西驻上海总领事主办,市政府外事办公室、区政府承办。南京国家农创中心与马托格罗索州科技创新厅签署友好合作备忘录,双方将在农业跨境路演、企业对接、农业创新、人才培养等领域开展交流合作。农芯(南京)智慧农业研究院介绍公司在智慧农业领域的新技术、新应用,向参会中巴企业表达技术交流与产业合作意愿。

【2家企业被认定为“瞪羚”企业】 10月,市发展改革委认定江苏思威博生物科技有限公司、江苏深农智能科技有限公司为“瞪羚”企业。江苏思威博生物科技有限公司是从事种植养殖废弃物无害化处理及资源化利用的生物科技型服务企业,在职员工426人,其中研发人员56人,是国家级高新技术企业。2021年2月,注入南京创投、金沙江资本、慧悦天使投资、蚂蚁金服等风投机构资本,完成“A+”轮投资。江苏深农智能科技有限公司是中国最早从事智慧家禽养殖技术研究和产品应用开发的企业,是国家级高新技术企业,为中小养殖户向工业化、数智化、无人化转型提供综合服务,拥有400多栋舍智慧牧场建设经验,通过CFM云上牧场监控一体化云平台实时监管智慧牧场家禽养殖,年出栏家禽1.5亿羽。

(南京国家农创中心)

现代农业园区

【星甸现代农业园区】 2022年,实施农业重点项目6个,争取各级财政资金9000万元,新建连栋塑料温室8万平方米,搭配外遮阳系统、内保温系统、滴灌系统、物联网智能系统等,用于王村村西(甜)瓜和葡萄等特色园艺生产。新建智能玻璃育苗温室5184平方米、仓储物流及电商中心1个。生态化改造养殖池塘面积333.33公顷,配建生态沟渠、生态塘、潜流湿地等养殖尾水处理设施,用于水产健康化养殖。整治提升地力低下地块50公顷、高标准农田110公顷。新增设施蔬菜大棚项目6个、绿色防控项目2个、高效特色园艺项目1个。提高农产品有效注册商标拥有量、绿色优质农产品比重、水产标准化健康养殖比重,农业结构更加优化。新增南京市蔬菜园艺“四新”(新品种、新装备、新模式、新技术)示范基地3个,新增绿色有机农产品23个,南京万成生态园林有限公司建成为江苏省

最美绿色食品企业。(金鹏)

【汤泉现代农业园区】 围绕"做强苗木产业,促进富民增收"主题,推动苗木产业转型升级。征求苗木产业发展意见33条,梳理285户苗木种植现状,确定建立苗木转型升级示范基地。投资579.71万元,建设泉西村设施草花基地3.77公顷,配建塑料温室2.2万平方米。引进浦口园林工程有限公司,建设高标准苗圃基地10.73公顷,培育观叶乔木、景观工程常用苗木和桩景。引进南京福裕农业科技公司,建设新金社区小浆果标准化基地5.67公顷,种植黑莓6000株。建设陈庄村桃园、梨园基地2.13公顷。凤凰泉苗圃场转型升级,培育福建山樱花210株、黄连木1.8万株。引导苗农向种植精品乔木、精品景观大苗转型发展。

(吴非可)

【永宁现代农业园区】 聚焦农业特色产业,打造永宁青虾产业链,促进青虾产业提质增效。坚持绿色健康养殖,推进池塘生态化改造,完善青虾养殖基础设施配套。围绕全国农业科技现代化先行县共建工作,与南京农业大学青虾团队对接青虾养殖技术,开展智能化饲养攻关、包装运输瓶颈攻关、产品精加工技术攻关。购置特种无人机设备,实现饵料自动投喂。围绕活体青虾物流冷链运输,研发青虾快递包装,打包10小时青虾成活率90%以上。研发冻鲜虾、虾膏等系列产品,打造口味多样、款式多元的青虾精加工产品。建成产业技术体系核心主基地1个、示范点5个,示范面积109.33公顷。建成新品种"太湖2号"青虾扩繁点2个,面积5.53公顷,培育青虾苗种4000千克,覆盖青虾养殖面积800公顷。建成永宁丽铭农庄冷链物流仓储运输中心6336平方米,建设青虾交易市场,拓宽青虾销售渠道,扩大永宁青虾品牌效应。(庄成慧)

农业资源开发

【概况】 2022年,立项建设高标准农田项目5个,其中国家级高标准农田建设项目1个、市级高标准农田改造提升项目3个、区级高标准农田置换补建项目1个。建设总面积618.2公顷,总投资4989.61万元。打造桥林街道兰花塘地铁水稻公园、汤泉农场数字化示范无人农场高标准农田样板区,兰花塘高标准农田项目被省农业农村厅授予"全省高标准农田示范项目"称号,"汤泉农场数字大田试点基地示范应用"入选江苏省农业数字化建设优秀案例。

【国家级高标准农田建设项目】 实施汤泉街道山北片高标准农田零散地治理,改"小田"为"大田",改零散种植为集约经营,发展集体经济。建成国家级高标准农田86.67公顷,高效节水面积33.33公顷,总投资972万元。实施填沟塘、土地平整工程28.68万立方米,新建一体化泵站2座,配套变压器2台,新增高效节水干管3.58千米、闸门井27个。新建灌溉渠道、沟道13.01千米。新建渠系配套建筑物292座、衔接管0.06千米。新建肥水收集池塘2座、生态调蓄塘3口、生态拦截沟0.2千米。新建田间道路8.63千米、混凝土路面3.03千米。土壤改良88.73公顷,碎石清障44.71公顷。打造"艺术稻田"打卡点、农旅融合发展基地。

【市级高标准农田改造提升项目】 立项建设市级高标准农田改造提升项目3个,建设总面积488.73公顷,总投资3141.07万元。其中,汤泉农场建设面积149.73公顷,总投资708.07万元,建成数字大田试点基地80公顷,配置智能信息化系统,实现稻麦耕种管收"无人化"自主作业,入选江苏省农业数字化建设优秀案例。星甸街道整治地力低下地块,建设高标准农田110公顷,总投资995万元,改建灌溉泵站7座,配建灌溉管道、灌排沟渠系统及建筑物,平整土地,改良土壤,增设智能化灌溉控制系统,打造高效特色设施蔬果园艺,促进现代农业园区高质量发展。启动桥林街道周营片高标准农田改造提升项目229公顷,总投资1438万元。

【区级高标准农田置换补建项目】 审核批复区级高标准农田置换补建项目,补建西埂莲乡高标准农田42.8公顷,总投资876.54万元。新建灌溉站2座、U形防渗渠道2.52千米,拆建旧渠道0.17千米,开挖土质农沟0.46千米,沟渠清淤0.47千米。新建生态挡墙1.3千米、生态护坡0.61千米、过路涵7座、机耕路1.83千米,田埂修筑0.52万立方米。12月底完工,进入扫尾验收阶段。(邢忠振)

农业机械化

【概况】 2022年，贯彻落实国务院《关于加快推进农业机械化和农机装备产业转型升级的意见》，紧扣乡村振兴战略要点，巩固提升粮食全程机械化水平，推进畜牧水产养殖、经济林果种植、特色园艺蔬菜种植等机械化发展，推广信息化、智能化、绿色化农机装备与技术应用，创建省级农业生产全程全面机械化示范区。全区农机总动力26.32万千瓦，新增田园管理机械4台、收获机械5台、耕整地机械18台、种植施肥机械5台、其他机械6台，拥有大型联合收割机310台、大中型拖拉机670台、小型拖拉机1510台、水稻插秧机704台。产地烘干机在役数量79台，烘干点17个，批次烘干能力1096吨，全区产地机械化烘干能力100%。

【农机购置补贴】 落实国家农机购置补贴政策，向特色化、无人化、数字化农业产业倾斜。受理农机购置补贴申请38份，受益16户，购置补贴农机具38台，总补贴资金67.87万元。其中，植保无人机2台、插秧机4台、辅助驾驶系统2台、轮式拖拉机11台、旋耕机7台、喷雾机2台、谷物联合收割机5台、育秧（苗）播种设备1台、埋茬起浆机3台、撒（抛）肥机1台。 （徐硬）

【农机社会化服务】 全区注册登记拖拉机、联合收割机324台，其中拖拉机303台。拖拉机和联合收割机驾驶证766本。协调太平洋保险公司下乡开展“一站式”保险服务，农机政策性保险投保率100%。农机专业合作社作业服务面积23504.5公顷，农机跨区作业面积1349公顷。新增智能农机装备应用示范基地、设施农业全程机械化示范基地、省级“全程机械化＋综合农事”服务中心各1个，通过农机化技术路线制定、农机具选型推广和特色农业机械化项目实施，提升农机化水平。主要农作物耕种收综合机械化率99%，机插秧机械化率95%，高效植保机械化能力和产地烘干能力100%，秸秆处理机械化率97%，粮食生产全程机械化率96.5%，特色农业机械化水平72.31%。其中，设施农业机械化水平64.98%，畜牧养殖机械化水平85.31%，渔业机械化水平74.37%，果茶桑生产机械化水平68.45%，农产品初加工机械化水平68.44%。 （刘方旭）

【秸秆机械化还田】 全区6个涉农街场稻麦申报面积3610.58公顷。完成小麦、水稻机械化还田作业面积3538.98公顷，秸秆机械化还田率95.61%。其中，上半年完成麦秸秆机械化还田1333.2公顷，秸秆还田率98.51%；下半年完成稻秸秆还田2205.8公顷，秸秆还田率93.94%。 （徐硬）

·文稿编辑　杨万友·

房地产业

土地收储与出让

【概况】 2022年,浦口区土地市场出让商品住宅用地10幅,出让面积41.15万平方米,出让面积位列全市第五位。供地节点主要集中于集中供应的前两批次,第一批次挂牌4幅,全部出让,地块均位于江浦街道,总出让面积12.8万平方米,可形成总建筑面积23.27万平方米。第二批次出让的6幅地块中,仅1幅位于桥林街道,其他均位于江浦街道,出让面积28.35万平方米,可形成建筑面积58万平方米。

表17 2022年浦口区经营性用地成交情况一览表

序号	成交时间	地块编号	用地性质	出让面积(万平方米)	建筑面积(万平方米)	起拍楼面地价(元/平方米)	容积率	拿地企业	位置
1	4月22日	NO.2022G12	住宅	1.86	4.10	16355	2.20	山东颐养健康集团置业(集团)有限公司、中垠地产有限公司	江浦街道
2	4月22日	NO.2022G13	住宅	1.52	3.05	17052	2.00	中粮地产(集团)股份有限公司	江浦街道
3	4月22日	NO.2022G14	住宅	2.60	5.21	17095	2.00	中粮地产(集团)股份有限公司	江浦街道
4	4月22日	NO.2022G15	住宅	6.82	10.91	16222	1.60	上海中建东孚投资发展有限公司	江浦街道
5	7月12日	NO.2022G54	住宅	2.72	6.52	7742	2.40	南京地铁资源开发有限责任公司	江浦街道
6	7月12日	NO.2022G55	住宅	1.63	3.26	15964	2.00	青岛海信房地产股份有限公司	江浦街道
7	7月12日	NO.2022G56	住宅	7.67	8.82	6804	1.15	南京金基睿创房地产开发有限公司	桥林街道
8	7月12日	NO.2022G57	住宅	2.68	5.37	14902	2.00	南京名泉置业有限公司(龙湖地产)	江浦街道
9	7月12日	NO.2022G58	商住	6.66	18.64	11482	2.80	南京嘉旭置业有限公司(龙湖地产)	江浦街道
10	7月12日	NO.2022G59	住宅	6.99	15.39	15469	2.20	南京大村建设投资有限公司(浦口国资)	江浦街道

注:出让面积不含地下出让面积

(陈燕)

【土地储备工作】 2022 年，区土储中心把握土地收储出让主线，统筹土地供给规模，完成地块出让 9 幅，总出让面积 38.47 万平方米，总成交价款 103.2 亿元，新增收储地块 17 幅，总面积约 63.6 万平方米。推进土地指标平台交易，按照《浦口区林地指标交易管理暂行意见》，新增林地指标交易职能。完成八里奶牛场等 12 幅地块及七里桥北路等 18 幅往年拆迁地案成本审计工作，实现储备资金良性循环。优化储备地块周边配套建设，统筹城南片区电力供给能力，与市供电公司、大悦城签订临河 110 千伏变电站三方协议，启动土建工程。 （蒋爱晶）

【城南中心 5 幅居住用地出让】 4 月 22 日，市规划和自然资源局公开出让 20 幅地块，其中浦口 4 幅（NO. 2022G12、NO. 2022G13、NO. 2022G14、NO. 2022G15），3 幅地块位于城南中心。NO. 2022G12 地块经 3 轮竞拍，被山东颐养健康集团置业（集团）有限公司、中垠地产有限公司以 6.8 亿元拍得，楼面地价 16599 元/平方米，毛坯房限价 28188 元/平方米，山东健康、中垠地产首次进驻江北；NO. 2022G13 地块经 1 轮竞拍，被中粮地产（集团）股份有限公司以 5.2 亿元拍得，楼面地价 17052 元/平方米，毛坯房限价 29120 元/平方米；NO. 2022G14 地块经 5 轮竞拍，被中粮地产（集团）股份有限公司以 9.1 亿元拍得，楼面地价 17479 元/平方米，毛坯房限价 29120 元/平方米。

7 月 12 日，市规划和自然资源局公开出让 44 幅地块，其中浦口 6 幅（NO. 2022G54、NO. 2022G55、NO. 2022G56、NO. 2022G57、NO. 2022G58、NO. 2022G59），2 幅地块位于城南中心。NO. 2022G55 地块经 1 轮竞拍，被青岛海信房地产股份有限公司以 5.2 亿元拍得，楼面地价 15964 元/平方米，毛坯房限价 3.1 万元/平方米；NO. 2022G59 地块经 1 轮竞拍，被南京大村建设投资有限公司以 23.8 亿元拍得，楼面地价 15469 元/平方米，毛坯房限价 3.05 万元/平方米。

表 18 2022 年 4 月 22 日浦口区出让地块（NO. 2022G12、NO. 2022G13、NO. 2022G14）信息一览表

指标名称	地块基本情况及交易信息		
公告编号	2022 年宁出第 01 号	2022 年宁出第 01 号	2022 年宁出第 01 号
地块编号	NO. 2022G12	NO. 2022G13	NO. 2022G14
地块名称	江浦街道科新路以北、团结路以东地块	江浦街道丰子河路以北、康健路以东 03 地块	江浦街道丰子河路以北、康健路以东 04 地块
四至	东至科新路，南至团结路，西至新南路，北至现状	东至浦滨路，南至康健路，西至现状，北至现状	东至现状，南至康健路，西至新南路，北至现状
出让面积	18621.31 平方米	15247.26 平方米	26031.3 平方米
出让年限	70	70	70
规划用地性质	R2 二类居住用地	R2 二类居住用地	R2 二类居住用地
容积率	1 < Far≤2.2	1 < Far≤2	1 < Far≤2
建筑高度	≤60 米	≤60 米	≤60 米
建筑密度	≤20%	≤20%	≤20%
绿地率	≥30%	≥35%	≥35%
出让起始价	6.7 亿元	5.2 亿元	8.9 亿元
最高限价	7.65 亿元	5.9 亿元	10.1 亿元
加价幅度	500 万元或其整数倍	500 万元或其整数倍	500 万元或其整数倍

(续表)

指标名称	地块基本情况及交易信息		
竞买保证金	1.34 亿元	1.04 亿元	1.78 亿元
挂牌日期	2022 年 3 月 24 日	2022 年 3 月 24 日	2022 年 3 月 24 日
成交日期	2022 年 4 月 22 日	2022 年 4 月 22 日	2022 年 4 月 22 日
成交价格	6.8 亿元	5.2 亿元	9.1 亿元
成交楼面地价	16599 元/平方米	17052 元/平方米	17479 元/平方米
摘牌单位	山东颐养健康集团置业(集团)有限公司、中垠地产有限公司	中粮地产(集团)股份有限公司	中粮地产(集团)股份有限公司

表 19　2022 年 7 月 12 日浦口区出让地块(NO.2022G55、NO.2022G59)信息一览表

指标名称	地块基本情况及交易信息	
公告编号	2022 年宁出第 03 号	2022 年宁出第 03 号
地块编号	NO.2022G55	NO.2022G59
地块名称	江浦街道浦云路以南、康安路以西地块	江浦街道科新路以北、团结路以西地块
四至	东至现状,南至现状,西至迎江路,北至康安路	东至团结路,南至科新路,西至现状,北至现状
出让面积	16286.75 平方米	69936.7 平方米
出让年限	70 年	70 年
规划用地性质	R2 二类居住用地	R2 二类居住用地
容积率	1＜Far≤2	1＜Far≤2.2
建筑高度	≤60 米	≤80 米
建筑密度	≤20%	≤20%
绿地率	≥35%	≥35%
出让起始价	5.2 亿元	23.8 亿元
最高限价	5.9 亿元	27.2 亿元
加价幅度	500 万元或其整数倍	1000 万元或其整数倍
竞买保证金	1.04 亿元	4.76 亿元
挂牌日期	2022 年 6 月 11 日	2022 年 6 月 11 日
成交日期	2022 年 7 月 12 日	2022 年 7 月 12 日
成交价格	5.2 亿元	23.8 亿元
成交楼面地价	15964 元/平方米	15469 元/平方米
摘牌单位	青岛海信房地产股份有限公司	南京大村建设投资有限公司

【五桥板块3幅地块底价出让】 4月22日，市规划和自然资源局公开出让20幅地块，其中浦口4幅，1幅地块位于五桥板块。NO.2022G15地块经1轮竞拍，被上海中建东孚投资发展有限公司以17.7亿元拍得，楼面地价16222元/平方米，毛坯房限价2.8万元/平方米。

7月12日，市规划和自然资源局公开出让44幅地块，其中浦口6幅，2幅地块位于五桥板块。其中，NO.2022G54地块经1轮竞拍，被南京地铁资源开发有限责任公司以5.05亿元拍得，楼面地价7742元/平方米，毛坯房限价2.3万元/平方米；NO.2022G58地块经1轮竞拍，被南京嘉旭置业有限公司以21.4亿元拍得，楼面地价11482元/平方米，毛坯房限价28280元/平方米。

【桥林片区1幅居住用地底价出让】 7月12日，市规划和自然资源局公开出让44幅地块，其中浦口6幅，1幅地块位于桥林街道。NO.2022G56地块经1轮竞拍，被南京金基睿创房地产开发有限公司以6亿元拍得，楼面地价6804元/平方米，毛坯房限价2万元/平方米。

【江浦老城1幅居住用地底价出让】 7月12日，市规划和自然资源局公开出让44幅地块，其中浦口6幅，1幅地块位于江浦老城。NO.2022G57地块经1轮竞拍，被南京名泉置业有限公司以8亿元拍得，楼面地价14902万元/平方米，毛坯房限价3万元/平方米。

表20　2022年4月22日浦口区出让地块(NO.2022G15)信息一览表

指标名称	地块基本情况及交易信息	指标名称	地块基本情况及交易信息
公告编号	2022年宁出第01号	绿地率	≥30%
地块编号	NO.2022G15	出让起始价	17.7亿元
地块名称	江浦街道卓溪路以南、山林路以东地块	最高限价	20.2亿元
四至	东至现状，南至现状，西至山林路，北至卓溪路	加价幅度	1000万元或其整数倍
出让面积	68192.4平方米	竞买保证金	3.54亿元
出让年限	70年	挂牌日期	2022年3月24日
规划用地性质	R2二类居住用地	成交日期	2022年4月22日
容积率	1＜Far≤1.6	成交价格	17.7亿元
建筑高度	≤35米	成交楼面地价	16222元/平方米
建筑密度	≤25%	摘牌单位	上海中建东孚投资发展有限公司

表21　2022年7月12日浦口区出让地块(NO.2022G54、NO.2022G58)信息一览表

指标名称	地块基本情况及交易信息	
公告编号	2022年宁出第03号	2022年宁出第03号
地块编号	NO.2022G54	NO.2022G58
地块名称	江浦街道五华路以东、基隆路以南地块	江浦街道台北路以南、兰源路以东01号地块
四至	东至现状，南至现状，西至五华路，北至基隆路	东至光明路，南至基隆路，西至现状，北至台北路
出让面积	27178.85平方米	66562.72平方米
出让年限	70年	住宅70年，商业40年
规划用地性质	R2二类居住用地	Rb商住混合用地
容积率	1＜Far≤2.4	1＜Far≤2.8

(续表)

指标名称	地块基本情况及交易信息	
建筑高度	≤80 米	≤80 米
建筑密度	≤20%	≤35%
绿地率	≥35%	≥30%
出让起始价	5.05 亿元	21.4 亿元
最高限价	5.75 亿元	24.5 亿元
加价幅度	500 万元或其整数倍	1000 万元或其整数倍
竞买保证金	1.01 亿元	4.28 亿元
挂牌日期	2022 年 6 月 11 日	2022 年 6 月 11 日
成交日期	2022 年 7 月 12 日	2022 年 7 月 12 日
成交价格	5.05 亿元	21.4 亿元
成交楼面地价	7742 元/平方米	11482 元/平方米
摘牌单位	南京地铁资源开发有限责任公司	南京嘉旭置业有限公司

表 22　2022 年 7 月 12 日浦口区出让地块(NO. 2022G56)信息一览表

指标名称	地块基本情况及交易信息	指标名称	地块基本情况及交易信息
公告编号	2022 年宁出第 03 号	绿地率	≥30%
地块编号	NO. 2022G56	出让起始价	6 亿元
地块名称	桥林街道浦乌路以南、南湾街以西 03 地块	最高限价	6.85 亿元
四至	东至南湾街,南至现状,西至现状,北至浦乌路	加价幅度	500 万元或其整数倍
出让面积	76678.39 平方米	竞买保证金	1.2 亿元
出让年限	70 年	挂牌日期	2022 年 6 月 11 日
规划用地性质	R2 二类居住用地	成交日期	2022 年 7 月 12 日
容积率	1 < Far≤1.15	成交价格	6 亿元
建筑高度	≤18 米	成交楼面地价	6804 元/平方米
建筑密度	≤25%	摘牌单位	南京金基睿创房地产开发有限公司

表 23　2022 年 7 月 12 日浦口区出让地块(NO. 2022G57)信息一览表

指标名称	地块基本情况及交易信息	指标名称	地块基本情况及交易信息
公告编号	2022 年宁出第 03 号	绿地率	≥35%
地块编号	NO. 2022G57	出让起始价	8 亿元
地块名称	江浦街道珠泉路以北、同心路以东地块	最高限价	9.1 亿元
四至	东至珠泉路,南至同心路,西至环宇路,北至环宇西路	加价幅度	500 万元或其整数倍
出让面积	26842.88 平方米	竞买保证金	1.6 亿元
出让年限	70 年	挂牌日期	2022 年 6 月 11 日
规划用地性质	R2 二类居住用地	成交日期	2022 年 7 月 12 日
容积率	1 < Far≤2	成交价格	8 亿元
建筑高度	≤60 米	成交楼面地价	14902 元/平方米
建筑密度	≤22%	摘牌单位	南京名泉置业有限公司

(徐源)

房地产开发

【云和滨雅苑】 推广名“金陵星图”，位于江浦街道浦滨路以北、城南河路以西。1月27日首次开盘，推出2栋204套房源，户型面积为89平方米、113平方米、139平方米，销许均价29528元/平方米。

项目前身为NO.2021G53地块，2021年5月20日经1轮竞拍，被南京银城房地产开发有限公司以总价42亿元拍得，楼面地价6068元/平方米，最高毛坯销售限价2.8万元/平方米。项目是86万立方米复合式文化综合体，物业涵盖住宅、酒店式公寓、五星级酒店、总部办公及矩阵商业等，其中住宅部分拟建设16栋25～26层楼，由银城和融创分别操盘。

【臻璟苑】 推广名“龙湖天玺”，位于桥林街道双峰路和东垅路交界处。3月27日首次开盘，推出3栋124套房源，户型面积为85平方米、105平方米，销许均价26290元/平方米。

项目前身为NO.2021G99地块，2021年9月26日经1轮竞拍，被南京嘉腾置业有限公司（龙湖）以总价4.45亿元拍得，楼面地价12043元/平方米，最高毛坯销售限价2.45万元/平方米。项目将打造10栋8～11层低密住宅，规划设计方案总建筑面积约5.24万平方米，其中地上建筑面积约3.69万平方米，主要功能为住宅及其配套用房；地下建筑面积约1.55万平方米，主要功能为车库。

【璟原府】 推广名“国贸璟原”，位于双峰路和晓年丰路交会处。4月28日首次开盘，推出2栋132套房源，户型面积为89平方米、114平方米，销许均价26489元/平方米。

项目前身为NO.2021G102地块，2021年9月26日经1轮竞拍，被南昌国贸地产有限公司（厦门国贸）以总价4.6亿元拍得，楼面地价12057元/平方米，最高毛坯销售限价2.45万元/平方米。项目规划6栋11层低密住宅，总建筑面积约5.48万平方米，其中地上建筑面积约3.81万平方米，主要功能为住宅及其配套用房；地下建筑面积约1.67万平方米，主要功能为非机动车库、车库等。

【江悦兰园】 推广名“能建城发·江境”，位于桥林街道杜英路以南、檀香路以西。5月31日首次开盘，推出2栋108套房源，户型面积为89～103平方米，销许均价25424元/平方米。

项目前身为NO.2021G101地块，2021年9月26日经1轮竞拍，被中国葛洲坝集团房地产开发有限公司以总价4.55亿元拍得，楼面地价12020元/平方米，最高毛坯销售限价2.45万元/平方米。项目为低密住宅，规划8栋建筑，面积约89～143平方米。

【天悦风华东苑】 位于浦口区康健路与浦滨路交叉口。9月29日首次开盘，推出2栋120套房源，户型面积为89平方米、105平方米，销许均价30494元/平方米。首开有166组客户报名参与公证摇号，中签率72.3%。

项目前身为NO.2022G13地块，2022年4月22日，被中粮地产以总价5.2亿元拍得，楼面地价17052元/平方米，毛坯房销售限价29120元/平方米。项目规划建设5栋15～17层住宅，总建筑面积约4.31万平方米。其中，地上建筑面积约3.05万平方米，主要功能为住宅及其配套用房；地下建筑面积约1.26万平方米，主要功能为车库。

【瀚林雅境园】 推广名“中建翰林雅境”，位于卓溪路9号。11月23日首次开盘，推出3栋172套房源，其中人才房52套、无房户52套，户型面积为93～165平方米，销许均价29294元/平方米。

项目前身为NO.2022G15地块，2022年4月22日经1轮竞拍，被中建东孚公司以总价17.7亿元拍得，楼面地价16222元/平方米，毛坯房销售限价2.8万元/平方米，规划建设17栋8～11层低密住宅。

表24　云和滨雅苑基本情况一览表

指标名称	基本情况	指标名称	基本情况
项目地址	江浦街道浦滨路以北、城南河路以西	建筑类别	高层
总用地面积	221841.79平方米	物业类别	住宅、酒店式公寓、办公及商业

（续表）

指标名称	基本情况	指标名称	基本情况
建筑面积	260246.81 平方米	土地使用年限	住宅 2021 年 12 月 20 日—2091 年 12 月 19 日
规划用地性质	R2 二类居住用地，Bb 商办混合用地，A2 文化设施用地	产权年限	住宅 70 年，商业 40 年
容积率	3.12	首次开盘时间	2022 年 1 月 27 日
建筑密度	≤65%	首批交付时间	2024 年 6 月 25 日
建筑高度	≤180 米	主力户型	89 平方米三房两厅一卫 113 平方米三房两厅两卫 139 平方米三房两厅两卫
绿地率	30%	交付标准	全装修
开发企业	南京银浦房地产开发有限公司	总户数	约 1600 户
建筑设计单位	中哲国际工程设计有限公司	机动车位数	1864 个
施工单位	江苏泽丰建设集团有限公司	物业费	2.6 元/平方米·月
物业管理公司	南京银城物业服务股份有限公司		

表 25　臻璟苑基本情况一览表

指标名称	基本情况	指标名称	基本情况
项目地址	桥林街道双峰路和东垅路交界处	建筑类别	小高层
总用地面积	24634.8 平方米	物业类别	住宅
建筑面积	52518.6 平方米	土地使用年限	2021 年 11 月 16 日—2091 年 11 月 15 日
规划用地性质	R2 二类居住用地	产权年限	70 年
容积率	1＜Far≤1.5	首次开盘时间	2022 年 3 月 27 日
建筑密度	≤25%	首批交付时间	2023 年 12 月 31 日
建筑高度	≤35 米	主力户型	85 平方米三房两厅一卫 105 平方米三房两厅两卫
绿地率	≥35%	交付标准	精装修
开发企业	南京嘉旭置业有限公司	总户数	386 户
建筑设计单位	江苏浩森建筑设计有限公司	机动车位数	425 个
施工单位	江苏成章建设集团有限公司	物业费	1.7 元/平方米·月
物业管理公司	龙湖物业服务集团有限公司		

表 26　璟原府基本情况一览表

指标名称	基本情况	指标名称	基本情况
项目地址	浦口区双峰路和晓年丰路交会处	物业管理公司	厦门国贸城市服务集团股份有限公司
总用地面积	25433.88 平方米	建筑类别	小高层
建筑面积	5.48 万平方米	物业类别	住宅
规划用地性质	R2 二类居住用地	土地使用年限	2021 年 11 月 12 日—2091 年 11 月 11 日

（续表）

指标名称	基本情况	指标名称	基本情况
容积率	1＜Far≤1.5	产权年限	70 年
建筑密度	≤25%	首次开盘时间	2022 年 4 月 28 日
建筑高度	≤35 米	首批交付时间	2024 年 3 月 31 日
绿地率	≥35%	主力户型	89 平方米三房两厅两卫 114 平方米四房两厅两卫
开发企业	南京贸悦房地产开发有限公司	交付标准	精装修
建筑设计单位	南京长江都市建筑设计股份有限公司	总户数	396 户
环艺设计单位	上海季相景观设计有限公司	机动车位数	418 个
施工单位	中国建筑第四工程局有限公司	物业费	2.6 元/平方米·月

表 27　江悦兰园基本情况一览表

指标名称	基本情况	指标名称	基本情况
项目地址	桥林街道杜英路以南、檀香路以西	物业管理公司	葛洲坝物业管理有限公司
总用地面积	25236.71 平方米	建筑类别	小高层
建筑面积	54907.07 平方米	物业类别	住宅
规划用地性质	R2 二类居住用地	土地使用年限	2021 年 12 月 23 日—2091 年 12 月 22 日
容积率	1＜Far≤1.5	产权年限	70 年
建筑密度	≤25%	首次开盘时间	2022 年 5 月 31 日
建筑高度	≤35 米	首批交付时间	2023 年 12 月 31 日
绿地率	≥35%	主力户型	89 平方米三房两厅一卫 103 平方米三房两厅两卫 123 平方米四房两厅两卫
开发企业	南京葛洲坝汀悦房地产开发有限公司	交付标准	精装修
建筑设计单位	南京金宸建筑设计有限公司	总户数	354 户
环艺设计单位	南京市园林规划设计院有限责任公司	机动车位数	332 个
施工单位	中国能源建设集团安徽电力建设第一工程有限公司	物业费	低密:1.9 元/平方米·月 高层:2.6 元/平方米·月

表 28　天悦风华东苑基本情况一览表

指标名称	基本情况	指标名称	基本情况
项目地址	浦口区江浦街道康健路与浦滨路交叉口	物业管理公司	中铁建物业管理有限公司
总用地面积	15247.26 平方米	建筑类别	高层
建筑面积	4.31 万平方米	物业类别	住宅
规划用地性质	R2 二类居住用地	土地使用年限	2022 年 8 月 4 日—2092 年 8 月 3 日

(续表)

指标名称	基本情况	指标名称	基本情况
容积率	2	产权年限	70 年
建筑密度	≤20%	首次开盘时间	2022 年 9 月 29 日
建筑高度	≤60 米	首批交付时间	2025 年 6 月 30 日
绿地率	≥35%	主力户型	89 平方米三房两厅一卫 105 平方米三房两厅两卫
开发企业	南京京悦房地产开发有限公司	交付标准	全装修
建筑设计单位	南京长江都市建筑设计股份有限公司	总户数	308 户
环艺设计单位	笛东规划设计(北京)股份有限公司	物业费	2.6 元/平方米·月
施工单位	中铁建设集团有限公司		

表 29　瀚林雅境园基本情况一览表

指标名称	基本情况	指标名称	基本情况
项目地址	浦口区卓溪路 9 号	物业管理公司	上海中建东孚物业管理有限公司
总用地面积	68192.4 平方米	建筑类别	小高层
建筑面积	157421.5 平方米	物业类别	住宅
规划用地性质	R2 二类居住用地	土地使用年限	2022 年 10 月 27 日—2092 年 10 月 26 日
容积率	1＜Far≤1.6	产权年限	70 年
建筑密度	≤25%	首次开盘时间	2022 年 11 月 23 日
建筑高度	≤35 米	首批交付时间	2024 年 11 月 30 日
绿地率	≥30%	主力户型	93 平方米三房两厅两卫 128 平方米四房两厅两卫 165 平方米四房两厅两卫
开发企业	南京孚城置业有限公司	交付标准	精装修
建筑设计单位	江苏省建筑设计研究院股份有限公司	总户数	884 户
环艺设计单位	广州怡境景观设计有限公司	机动车位数	1142 个
施工单位	中国建筑第八工程局有限公司	物业费	2.6 元/平方米·月

(徐源)

房地产经营

【商品房供应】 12 月,浦口区商品房上市 5.81 万平方米,环比增长 74.43%,同比下降 60.93%。商品房上市面积及同比增速分别位列全市各区第八位、第七位,位列新六区(江北新区、浦口区、江宁区、六合区、溧水区、高淳区)第三位、第四位。其中,商品住宅上市 5.11 万平方米、378 套,环比分别增长 53.53%、26%,同比分别下降 51.24%、57.81%。

1—12 月,浦口区商品房上市 77.32 万平方米,同比下降 49.52%,上市面积及同比增速均位列全市各区第七位,位列新六区第三位、第二位。其中,商品住宅上市 45.58 万平方米、3942 套,同比分别下降 65.39%、66.64%。

【商品房销售】 12月，浦口区商品房成交4.65万平方米，环比增长11.71%，同比下降59.57%；成交金额10.41亿元，环比增长11.74%，同比下降64.12%。商品房销售面积及同比增速分别位列全市各区第七位、第十一位，位列新六区第四位、第六位。其中，商品住宅成交3.96万平方米、323套，环比分别增长16.81%、24.71%，同比分别下降63.88%、65.75%。

1—12月，浦口区商品房成交72.02万平方米，同比下降56.89%；成交金额171.21亿元，同比下降61.74%。商品房销售面积及同比增速分别位列全市各区第七位、第十二位，位列新六区第三位、第六位。其中，商品住宅成交63.38万平方米、4858套，同比分别下降60.29%、66.33%。

【商品房去化】 12月，浦口区上市商品住宅按套数去化率为3%，低于全市平均值，位列各区末位。商品住宅去化率环比下降43%，低于全市平均水平。

1—12月，浦口区上市商品住宅按套数去化率为49%，低于全市平均水平，位列全市各区第七位。

【商品房均价】 12月，浦口区商品住宅成交均价24041元/平方米，环比下降2.85%，同比下降7.1%。成交均价及同比增速分别位列全市各区第九位、第六位，位列新六区第三位、第二位。

1—12月，浦口区商品住宅成交均价25302元/平方米，同比下降7.54%。成交均价及同比增速分别位列全市各区第八位、第十二位，位列新六区第二位、第六位。

【二手房交易】 12月，全区二手房交易2.21万平方米，环比下降32.75%，同比下降40.11%。交易金额3.34亿元，环比下降33.53%，同比下降37.8%。其中，二手住宅交易2.16万平方米、212套，环比分别下降31.5%、32.27%，同比分别下降40.56%、42.86%；成交均价15232元/平方米，环比下降2.38%，同比增长4.19%。

1—12月，浦口区二手房交易34.65万平方米，同比下降32.61%；交易金额55.03亿元，同比下降39.77%。其中，二手住宅交易33.56万平方米、3258套，同比分别下降32.39%、31.5%；成交均价16053元/平方米，同比下降10.9%。

表30　2022年浦口区商品房上市情况统计表

物业类型		12月			1—12月	
		上市面积（万平方米）	环比（%）	同比（%）	上市面积（万平方米）	同比（%）
商品房		5.81	74.43	-60.93	77.32	-49.52
其中	商品住宅	5.11	53.53	-51.24	45.58	-65.39
	办公	0	—	—	9.25	621.67
	商业	0	—	—	6.72	-22.29
	车库及其他	0.70	—	-83.19	15.77	36.66

表31　2022年浦口区商品房成交情况统计表

物业类型		12月			1—12月	
		成交面积（万平方米）	环比（%）	同比（%）	成交面积（万平方米）	同比（%）
商品房		4.65	11.71	-59.57	72.02	-56.89
其中	商品住宅	3.96	16.81	-63.88	63.38	-60.29
	办公	0.32	-13.85	321.84	4.29	60.70
	商业	0.18	19.36	505.76	1.10	-28.31
	车库及其他	0.19	-24.52	-55.62	3.25	0.96

表32　2022年12月浦口区商品住宅成交前十名项目一览表

序号	项目名称	开发企业	成交套数（套）	成交面积（平方米）	成交均价（元/平方米）
1	天悦风华东苑	南京京悦房地产开发有限公司	43	4192.60	29872
2	语山棠花园	南京矿利金房地产开发有限公司	36	4335.99	25420
3	江山府	南京世荣置业有限公司	32	3710.37	25272
4	紫京叠院	金隅嘉华南京置业有限公司	31	5574.77	19980
5	天悦锦麟府·逸境苑	南京悦锦成房地产实业有限公司	26	2862.97	28839
6	熙元府	南京孚翔置业有限公司	23	2832.37	27189
7	臻璟苑	南京嘉旭置业有限公司	21	1950.87	18978
8	云和滨雅苑	南京银浦房地产开发有限公司	15	1374.21	27596
9	瀚林雅境园	南京孚城置业有限公司	13	1348.79	27356
10	江悦兰园	南京葛洲坝汀悦房地产开发有限公司	12	1126.00	18859

表33　2022年12月浦口区开盘项目当月销售情况统计表

项目名称	上市量		认购量		成交量		去化率（按套数）（%）	成交均价（元/平方米）
	套数（套）	面积（平方米）	套数（套）	面积（平方米）	套数（套）	面积（平方米）		
嘉品美寓	108	9471.24	0	0	0	0	0	—
景鄰悦府	36	6867.24	3	650.67	2	319.69	14	17352
鹭语源墅	30	9426.63	0	0	0	0	0	—
天悦风华东苑	60	5844.60	0	0	0	0	0	—
云颂府	144	19536.84	5	721.36	0	0	3	—
合　计	378	51146.55	8	1372.03	2	319.69	3	—

注：去化率为截至2023年1月8日数据

表34　2022年12月浦口区二手住宅成交前十名项目统计表

序号	小区名称	成交套数（套）	成交面积（平方米）	成交均价（元/平方米）	挂牌均价（元/平方米）
1	滨江嘉园	15	1097.96	14808	16436
2	滨江馨园	15	1214.03	13029	17202
3	亚东滨江和园	10	881.19	14425	17554
4	海科新寓	10	992.16	10119	15108
5	融侨观城	9	1014.99	21237	25904
6	江佑铂庭	8	861.39	25093	26108
7	万锦花园	7	658.44	20670	24189
8	滨江桂园	7	696.81	14516	15788
9	西山南苑	7	753.07	8136	10993
10	华府国际花园	6	708.33	20570	22261

【住房租赁】 据贝壳找房数据显示，12月，浦口区挂牌租赁房源3455套，环比下降3.73%。其中，江浦街道3245套，环比增长0.49%，占全区总挂牌房源量的94%。全区住房租赁挂牌均价31.14元/平方米·月，环比下降4.24%，套均租金2127元/月。

（陈燕）

房地产管理

【概况】 2022年，通过举办网上房展会、应用政策工具箱，加快商品房库存去化。全覆盖走访摸排全区43家房地产开发企业，了解房地产项目运营状况、存在困难及后续上市计划，向10家房地产企业发放纾困资金70万元。制订《浦口区房地产开发项目综合联动管理工作方案》，实行房地产开发经营各环节联合监管，推行上市前指导服务，缩短上市周期，开展联合服务15次。推行交付前“一张表单、全面覆盖、集中服务”模式，牵头召开联席会5次，现场调度12次。开展新冠疫情防控、安全生产、市场规范销售检查100余次，每周全覆盖检查全区在售楼盘，对于部分楼盘现场公示不规范、疫情防控不严、预售资金未及时进入监管账户等问题，要求及时整改到位。开展养老产品防诈行动，梳理全区在售项目养老用房情况，配合区委政法委、浦口公安分局等部门开展专项宣传、检查工作。开展中介租赁市场常态化检查600余次、“双随机、一公开”检查3次以及各类专项检查，检查范围覆盖全区170余家中介机构和12家住房租赁企业，新增房地产经纪机构备案32件。推进租赁属地化管理，创新实施“租赁+物业”管理模式，将住房租赁管理和服务延伸至小区物业服务企业，在全区所有成型小区和27个社区窗口统一开展常态化租赁政策宣传，筛查、排重获取租赁房源信息1.5万余条。核发商品房预售许可证37件，面积57.37万平方米。核发商品房现售备案证22件，面积19.24万平方米。

【房屋安全管理】 受理房屋安全管理投诉案件212件，结案率100%。受理房屋结构变动行政许可102件，合格率100%。开展房屋安全宣传3次、房屋安全培训5次。整治城镇隐患建筑64栋，其中彻底消险35栋、落实“人房分离”等阶段性消险措施29栋。排查全区17595栋城镇既有建筑，其中城镇自建房6374栋（经营性自建房1155栋）、城镇非自建房11221栋。开展建筑幕墙使用情况及现状等基本信息统计和安全隐患排查，排查建筑幕墙103处，排查面积76.76万平方米，发放整改通知58份。做好自然灾害城镇房屋风险普查工作，完成23198栋城镇房屋调查工作，调查总面积3755.1万平方米。

【老旧小区改造管理】 编发《浦口区“十四五”老旧小区改造规划》，制定《南京市浦口区老旧小区改造管理实施细则》，完善目标范围、实施流程、长效管理等要素。按照文明城市标准，统筹解决通讯、电力等管线杂乱问题，做好屋面、外立面、公共基础设施等主体工程改造项目，在改造中预留增梯基坑位置，做好管线迁移避让，便于后期电梯增设。引入区城乡建设局质监站监督行为、资料、实体，安监站监督新冠疫情防控、安全生产、文明施工。实施老旧小区改造项目11个，总投资约5.51亿元，涉及65个小区，建筑面积约218万平方米，居民1.88万户，完工项目3个。其中，2个市目标任务项目争取中央补贴资金336.1万元、省级补助资金109万元。

【维修资金管理】 收缴维修资金23989笔2.02亿元，收缴电梯、消防专项维修资金18笔2259.69万元，收缴物业保修金25笔1.06亿元。维修资金使用审批拨付107笔217.33万元，其中一般申请84笔164.58万元、应急申请23笔52.75万元。

【白蚁防治工程规范施工】 加强对工程施工的过程管理，建立现场勘查、开工告知、项目跟踪等制度，严格按照白蚁防治工程规范要求施工，确保工程质量。完成新建房屋白蚁预防项目122个，施药量9020升，施药面积约25万平方米。施工275次，其中基础部位施工146次、室内回填21次、室外回填及散水108次。受理前期勘查项目44个，勘查结果均为在建。竣工归档52份，竣工面积约570万平方米。接受白蚁灭治咨询23户，推荐使用“房帮宁”系统进行灭治。回访2013年、2017年竣工项目290个，总面积1000万平方米。（陈燕）

物业管理

【概况】 2022年,全区住宅小区282个,总建筑面积2328.94万平方米。其中,成型小区165个(商品房小区78个、保障房小区71个、老旧小区16个),建筑面积2230.01万平方米;零散片区117个,建筑面积98.93万平方米,均实现市场化物业服务。海都嘉园、君誉澜山苑获评“省级示范住宅小区”,凤凰花园、金珠花苑获评“省级宜居示范居住区”,建熙嘉园、鑫宁府、兰桥雅居一期、傅云小区获评“市级示范住宅小区”。

【文明城市创建物业管理】 对照住宅小区文明城市建设36条标准,指导街场、园区、物业服务企业做好现场落实、问题整改。通过重点小区督查、包干查、第三方查相结合方式,对全区282个小区实施全覆盖检查9轮。针对住宅小区飞线充电、堵塞消防通道等顽疾问题,结合物业星级评比、“四清、四拆、四整治”环境整治行动、安全生产检查等工作,指导督促属地街道和物业服务企业坚持常态化长效管理。

2022年,金珠花苑获评“省级宜居示范居住区” 徐源摄

【物业星级评比】 每季度开展住宅小区星级评比工作,创新以奖代补模式,加大对项目负责人和服务人员的奖励比重,提高从业者积极性,以常态考核促长效管理。对全区282个住宅小区实施物业星级评比,累计评选三星级以上物业项目524个次、物业服务主体100余个次、项目负责人及物业服务人员1000余人次。推行物业服务管理项目红黑榜制度,上红榜项目54个次,上黑榜项目32个次,加强上榜结果运用。落实末位淘汰制,梳理上年度4次被评为一星级住宅小区,完成9个项目物业主体更换。

【“1+X”定点帮扶】 区住房保障和房产局将星级评比中评定为二星级及“12345”工单较多的5个住宅小区纳入“1+X”定点帮扶范围,聘请仁恒、银城、万科3家物业企业作为帮扶企业,根据项目现状,制订小区品质提升方案,从管理能力提升、基础设施硬件改善等方面强化辅导,改善5个被帮扶小区基础设施和管理水平,帮扶后季度居民满意值均分同比上升1分。 (陈燕)

·文稿编辑 徐 源·

旅　游　业

综　　述

【概况】　2022年，浦口区旅游接待量1542.78万人次，实现旅游收入64.75亿元，同比分别增长55.5%、19.9%。浦口区获评“中国旅游高质量发展区”“中国天然氧吧”，首次跻身全国旅游综合实力百强区。浦口“微度假”品牌被写入文化和旅游部工作要点。永宁街道获评“第二批全国乡村旅游重点镇（乡）”，珍珠泉度假区获“国家级避暑旅游目的地”称号，南京环老山体育旅游景区获评“中国体育旅游精品景区”，“金黄的田野之旅”被文化和旅游部评为“全国乡村旅游精品线路”，响堂“我们的节日”南京端午系列文化活动暨响堂山谷生活季启动仪式在中央电视台《新闻联播》播出。

【国家全域旅游示范区创建】　争创国家全域旅游示范区，成立国家全域旅游示范区创建领导小组，全域旅游工作纳入全区高质量发展综合考核。加大资源整合力度，以打造千亿级文旅产业集群为目标，出台《关于促进浦口文旅健康产业高质量发展的若干政策》，特别是对投资额500万元以上的项目给予5%～30%的梯度奖补，外出招商6次，上报信息25条。发挥老山联席会议作用，建立“一支队伍管运营，因地制宜抓管理”模式，实施5个珍珠村运营划转，实现老山112平方千米文旅一体化发展。加速高质量创建，永宁街道获评“第二批全国乡村旅游重点镇（乡）”，永宁街道联合村被评为“2022年江苏省乡村旅游重点村”，星甸街道王村村入选中国传统村落名录，象山湖水利风景区获评“国家水利风景区”。“文旅浦口”入选全国县级文化和旅游新媒体传播力指数前十名。浦口区获评首批国家数字乡村试点区。培育百里老山智慧旅游、龙之谷星际之旅等2批16项智慧文旅应用新场景矩阵项目。

【全域旅游大数据系统打造】　区文化和旅游局打造浦口区全域旅游大数据系统，与省文化和旅游厅“苏心游”智慧平台实现相连互通。打造全域旅游大数据中心展示平台，实现景区实时游客量、入境客源数等旅游基础数据和酒店入住数、涉旅行业消费数等OTA或银联数据的对外展示，合理分析游客来源地、年龄、性别、消费习惯四类信息，为浦口旅游产品开发、旅游营销策划等提供数据支撑。建立全域旅游智慧监测指挥平台，在24家景区、景点主要出入口设置视频监控系统，实时监测游客出入情况及道路拥堵情况，依托大联勤管理平台，打造一体受理、分流交办、处置反馈的景区闭环管理模式，为旅游旺季景区合理引导游客分流、提升旅游舒适度提供实时依据。推出全域旅游创新应用平台，打造“乐游浦口”小程序，配备线下触摸屏设备，导入景区、酒店、民宿等文旅资讯和浦口全域全景图，提供精准导航服务，方便游客快速搜寻公共服务设施，提升游客体验感。

【浦口区入选全国旅游综合实力百强区】　7月14日，文化和旅游部机关报《中国文化报》刊发《2022年中国市辖区旅游研究报告》，浦口区首次参评并位居全国旅游综合实力百强区。浦口区出台《关于促进浦口文旅健康产业高质量发展的若干政策》《区文旅局落实〈浦口区应对疫情影响支持企业稳定发展八条措施〉的实施细则》，对六大领域给予5

万~1000万元的梯度资金奖补，为全区283家中小微企业申报纾困资金450万元，发放2021年度全域旅游专项资金882万元，在全市率先助力行业复苏。紧扣后疫情时代短途游、近郊游消费需求，在老山、珍珠泉等景点布局露营基地，综合预订率超80%。培育发展不老村夜间经济，打造华飞滑翔伞、倚山俯江台等网红产品，华昌龙之谷风暴水世界、松鼠部落夏季狂欢水世界等项目端午节前开放，整体营业收入占全区19个景点的51%，其中龙之谷网络预售票排名华东地区第一、全国第二。启动第三届南京老山国际文化旅游节，与美团合作发放文旅消费券，推出“栀香莲海”“江河田野”“林下泉影”3条乡村旅游精品线路。推进不老村乡村歌会、篝火晚会、观星露营等常态化特色夜经济内容，解锁龙之谷GOGO表演秀、水飞演绎等新玩法，以活动吸引力带动市场消费力。

（朱圆迪）

旅游资源

【概况】 2022年，浦口区有A级景区6家，其中AAAA级景区2家（南京珍珠泉风景区、南京云幽谷生态旅游区），AAA级景区4家（南京老山国家森林公园、求雨山文化名人纪念馆、草圣书乡、水墨大埝）。拥有全国乡村旅游重点镇1个（永宁街道）、全国乡村旅游重点村2个（江浦街道不老村、永宁街道大埝社区）、省级乡村旅游重点村4个（永宁街道侯冲社区、永宁街道联合村、星甸街道后圩村、星甸街道九华村），上线旅游民宿25家。

（朱圆迪）

不老村夜景　　滕宏飞摄

【南京老山国家森林公园】 2022年，接待游客15.07万人次，实现营业收入540万元。与南京苏砾博科技有限责任公司签订项目合作协议，新增网红桥、网红秋千等10余个游乐项目。与南京金甲虫商业管理有限公司合作开展老山森林市集活动，丰富旅游业态。升级改造烧烤区域，建设老山亲子营地旅游项目。组织开展主题活动12场，2万余人次参与。深耕研学文旅市场，开办老山研学课堂10余场，200多组家庭参加。

（章冬进）

【南京珍珠泉旅游度假区】 2022年，完成地区生产总值2.22亿元，一般公共预算收入4011万元，全社会固定资产投资8.42亿元，社会消费品零售额2.84亿元，限额以上销售额47.97亿元，服务业（文化娱乐业）营业收入10250万元，实际利用内资6.65亿元。直管区累计接待游客201.38万人次，实现旅游收入1.87亿元。创建区累计接待游客354.3万人次，实现旅游收入2.27亿元。列入全区重点项目5个，其中产业A类2个、城建类3个，计划总投资8.98亿元，当年投资3.68亿元，二号路（高架桥）完工。珍珠泉度假区举办第二届珍珠泉同学节活动，华昌龙之谷举办国风派对活动，佛手湖郊野公园举办星空露营节等活动。

（赵益得）

【江苏省南京汤泉旅游度假区】 2022年，汤泉度假区有国家AAAA级景区云幽谷生态旅游区、江苏省四星级乡村旅游区楚韵花香以及4个省级传统村落，打造惠济寺公园、九龙湖亲水公园等核心景区、景点，建成天泉路、木兰路等景观道路，拥有大吉度假村、得山水情温泉酒店等度假酒店和云栖林舍、一院香泉等精品民宿。接待游客157.45万人次，实现旅游收入2.97亿元。汤泉度假区重要门户节点及主要道路提升工程完工，乐活公园对外开放。整合全链旅游资源，实现“一部手机游汤泉”。“智惠汤泉”旅游小程序上线运营，为游客提供“一站式”、全方位、智慧化服务。签约松鼠部落二期、大吉综合商业街区等亿元以上项目，引进宽坐·桃花源项目。新路文化创意中心开工建设，滴水观堂酒店、九龙湖野奢帐篷营地开业运营，松鼠部落二期水上乐园和酷玩营地建成运营。举办“艺术点亮乡村”“吃村宴、看春晚”、亲子运动会等活动，松鼠部落等景点人气高涨，赵湖组、茶壶店遗址成为新晋乡村休闲打卡点。新金社区获“2022 中国最美村镇（最美康养小镇/基地）”称号，陈庄村入选江苏省生态文明建设示范村（社区），陈庄村张二乐组入选第九批次江苏省特色田园乡村，瓦殿村获评“2019—2021 年度江苏省文明村”“美丽家园省级示范点”，新金社区、龙华社区、龙井社区获评“2022 年省健康社区”。楚韵花香景区创成南京市中小学生研学实践教育基地、南京市乡村特色体育基地，大吉度假村获江苏研学旅行基地授牌，松鼠部落营地入选市文化和旅游局首批推荐的 12 家露营地。

【南京云幽谷生态旅游区】 位于汤泉度假区内，面积 267 公顷，以科技、文化、生态、休闲为主题，是一个集休闲度假、生态观光、主题娱乐、特色演绎、农业科普、亲子研学及拓展培训于一体的多功能旅游景区，先后获“国家 AAAA 级旅游景区”“全国休闲农业与乡村旅游示范点”“江苏省现代农业产业示范园区”“江苏省四星级乡村旅游景点”“南京市农业科技示范园区”等荣誉。2022 年，推出“国潮伞烁遇见非遗”、西双版纳彩虹泼水节、光影秘境公园灯光秀等文旅活动，接待游客 30 万人次，实现营业收入 3446.28 万元。

（方龙凤）

【美丽乡村】 2022 年，浦口区新增省级特色田园乡村 3 个、市级特色田园乡村 7 个，建成省级生态宜居村 5 个、市级生态宜居村 45 个。永宁街道获评“第二批全国乡村旅游重点镇（乡）”“2022 中国最美村镇（乡村振兴榜样奖）”“2022 年度江苏省生态宜居美丽示范乡镇（街道）”，桥林街道高汤村获评“2022 中国最美村镇（生态宜居成就奖）”，汤泉街道新金社区获评“2022 中国最美村镇（最美康养小镇/基地）”，永宁街道联合村获评“2022 年江苏省乡村旅游重点村”，桥林街道林蒲社区，星甸街道后圩村、九华村，永宁街道大埝社区、联合村获评“2022 年度江苏省生态宜居美丽示范村（社区）”。（浦鉴）

【江河湿地】 浦口区长江、滁河湿地资源禀赋独特，总面积 9353.33 公顷，其中自然湿地 3380 公顷、人工湿地 5973.33 公顷，建有沿江绿水湾国家级湿地公园、七坝长江十里风光带、滁河风景区以及张圩花海、西埂莲乡等湿地景区、景点。

（区农业农村局）

旅游项目建设

【概况】 2022 年，全域旅游重点项目 38 个，总投资 46.64 亿元，当年计划投资 13.52 亿元。其中，建设类项目 17 个，总投资 31.23 亿元，当年计划投资 12.68 亿元，完成投资 9.25 亿元，开工 16 个。智慧度假区系统设计及建设项目、不老村夜景提升项目、南京华飞滑翔伞飞行营地建设项目、水墨大埝创建 AAAA 级景区改造提升工程、水墨大埝综合馆花海集市综合提升工程、大悦城综合体文娱中心、桥林街道 2022 年省级特色田园乡村建设项目、四方艺术湖区景观提档升级工程、浦口区体育中心、浦口区文化中心 10 个项目完工。推出“栀香莲海”等 3 条精品线路、“奇幻蝶梦”等 10 款“民宿 + 露营 + 景点”组合产品。响堂特色田园乡村项目入选 2022 年南京市重点文旅项目。

【露营旅游项目】 区文化和旅游局紧扣后疫情时期短途游、近郊游消费需求，督促各主体在老山、珍珠泉等景点布局露营基地。立足“微度假”理念，设计推出“奇幻蝶梦”等 10 款“民宿 + 露营 + 景点”组合产品，在莱斯乡村、抖音、小红书等 OTA 平台售卖，吸引亲子、研学、康养等目标游客，带动各主体实现旅游收入近 1200 万元。联合美团举办“向往浦口 活力自然”首届浦口文旅消费季活动，发放景区、民宿、酒店、营地消费券 3 万张。隐札迹、欢心创造营等营地品牌洽谈项目投资，丰和投资的汤泉桃花渡、雪峰团队的高端户外露营基地等 3 个项目有序推进。

（朱圆迪）

【响堂特色田园乡村项目】 位于江浦街道华光社区响堂组，由浦口文旅集团和江浦街道共同打

9月23日，文化和旅游部发布“乡村四时好风光——稻花香里说丰年”全国乡村旅游精品线路，浦口区“金黄的田野之旅”入选。图为老山秋色　滕宏飞摄

造。2022年，完成村庄硬件设施配备和安装、兴隆及村内环境整治、泄洪渠改造、游客中心改建、部分业态工程建设和提档升级，上线统一收银系统，开发整体智能化管理平台，景区接驳系统投入运营。34号楼王克震的“打做”工作室、50号楼万俊的“桐月春至”和“乡村讲习所”、51号楼陈卫新的“新文房”开业。大马营、花迹签约。开展微信公众号、小红书等社交媒体运营以及栀子花品牌化包装和线上售卖。举办响堂“我们的节日”南京端午系列文化活动暨响堂山谷生活季启动仪式、第三届南京老山国际文化旅游节开幕式暨2022响堂栀子花大会、响堂乡村讲习所、《向山的窗》诗歌展、“平凡人音乐”“山谷里的精灵”主题插画艺术展、“复古杂志”封面展等活动。

【西埂莲乡休闲农业项目】 结合景区特色及市场需求，在荷博园开展休闲娱乐项目试点，改造睡莲荷花池，引入“摸鱼钓虾”项目，推出“蛙藕学堂”主题活动。对接国际新品种申报登录平台，申报荷花新品种4个，其中2个通过审批，反季节荷花培育试验首次引进碗莲新优品种14个。西埂莲乡获评“南京最美赏花基地”。优化疗休养基地配套功能，打造以房车营地为核心，周边特色景点、餐饮项目串联的疗休养休闲康养线路，与老山国家森林公园、水墨大埝、珍珠泉度假区等合作，为康养团队提供多元化、特色化的度假体验。

（浦口文旅集团）

【“金黄的田野之旅”被评为“全国乡村旅游精品线路”】 9月23日，文化和旅游部发布“乡村四时好风光——稻花香里说丰年”全国乡村旅游精品线路，浦口区“金黄的田野之旅”秋季乡村线路(珍珠泉风景区—老山国家森林公园—不老村—张圩葵花朵朵园—星甸嵘里人家—万成生态园）被评为“全国乡村旅游精品线路”。其中，珍珠泉风景区是AAAA级景区，以“山秀、石美、泉奇”著称，秋日的珍珠泉谷深幽静，碧水涟涟，万株秋桂飘香；张圩葵花朵朵园是农业经济作物和旅游融合的样板，与周边滁河风光、美丽乡村相映成趣；嵘里人家盛产螃蟹，打造嵘蟹品牌，连续4年举办金秋水产丰收节，农旅融合吸引游客观光游玩。

【“栀香莲海”等3条精品线路推出】 2022年，浦口区推出“栀香莲海”“江河田野”“林下泉影”3条旅游精品线路，包含响堂、不老村、老山、西埂莲乡等景区。“栀香莲海”线围绕响堂栀子花和西埂莲乡莲花海构建，反映浦口乡村自然风光和优质生态资源，是具有时令特色的夏日赏花线。“江河田野”线包含春江十里、林蒲社区、嵘里人家、滁河风光带等景点，串联长江、滁河两大水系生态资源，游客可近距离体验浦口乡村的村落格局和农家风貌。“林下泉影”线包含云幽谷生态旅游区、九龙湖、松鼠部落等景点，囊括一院香泉等温泉民宿，是老少咸宜的夏日家庭游、亲子游路线。　（朱圆迪）

旅游业态

【文化旅游】 围绕“全民艺起来”主题，以“嗨玩浦口·乐享文旅”为品牌，开展“微演艺＋微展览”进景区活动12场。在景区举办“全民艺起唱、全民艺起舞、全民艺起传、全民艺起赏”系列活动，让乐队、舞蹈、非遗、展览打破界限，走进景区、亲近游客，促进文旅深度融合。创新开展夏日演出季、音符计划、戏曲文化季等“艺悦浦口”系列活动50余场，以多点、高频、流动的舞台打造城市艺术景观，引进高端剧目和展览进剧场、景区、商圈，对标定位市民亲子互动、青年社交、陪伴父母等生活情境，与省、市专业文艺院团签署合作协议，在小剧场面向群众免费开展演出，入座率100%。夏日演出季期间，汇集近200名优秀表演者，推出儿童剧、青年戏剧等近10种剧目，每场入座率100%，服务群众2万余人次，线上同步直播“艺悦浦口”等文艺演出26场，实现公共数字文化服务覆盖率100%。开展“文化赋能乡村振兴”“百场公益”“送戏下乡”等品牌惠民演出活动10场，以城乡留守老人、儿童为主要服务对象，采取“请进来、走出去、种下去”的公益文化服务方式，把深受农民喜爱的地方戏、文艺演出、书画展览等送到群众家门口。

（夏天）

【体育旅游】 全区创成省级体育产业基地1个、省级体育服务综合体2个。西埂莲乡钓鱼运动基地、水墨大埝自行车运动基地、楚韵花香定向运动基地3个景点入选市级乡村特色体育基地。华飞户外滑翔伞营地、龙之谷乐园、汤泉ORT卡丁车等12个景点入选市级体育消费新场景。以“律动之春”体育休闲季为重点赛事品牌，举办2022年全国山地自行车锦标赛暨全国青年山地自行车锦标赛等赛事。

（周晨）

不老村民宿——悠山　　区文化和旅游局供图

【生态旅游】 浦口区是首批国家生态示范区，境内有112平方千米的老山横贯东西，林木覆盖率42.75%，负氧离子含量是市区500倍，被誉为“金陵绿肺”。江河岸线60余千米，地表水环境质量位居南京市第一名。境内温泉遍布，其中珍珠泉、琥珀泉、汤泉“三泉”经世界温泉协会检测，水质全球顶级，日涌量近万吨，是全国首批、全省首个“中国温泉之乡”。珍珠泉度假区获评“国家级避暑旅游目的地”。

【康养旅游】 浦口区立足“一山两水三泉”（老山，长江、滁河，珍珠泉、琥珀泉、汤泉）生态资源优势，把文旅健康产业作为主导产业，以国家全域旅游示范区创建为龙头导向，打造以生态自然为核心、以文化为内涵、以乡村为载体、以康养为特色的长三角都市“微度假”旅游目的地。建有库珀有氧基地、国家级有氧运动示范基地。作为青奥会自行车赛场的水墨大埝景区，拥有环形骑行道1万米。春江十里健身步道获“2022年南京‘最美健身步道’”称号。汤泉街道新金社区获评“2022中国最美村镇（最美康养小镇/基地）”。

【“老山美宿”品牌打造】 浦口区依托国家全域旅游示范区创建契机，推动形成具有鲜明地方特色的民宿品牌——“老山美宿”。统筹乡村民宿规划发展，将乡村民宿产业发展列入《浦口区全域旅游发展规划》《十四五文旅产业融合发展规划》，推进崾里、瓦殿、不老村、水墨大埝、响堂、九华茶坊6个主题民宿村建设。黎家营民宿获“2021—2022年度江苏省精品民宿”称号，西埂莲乡民宿入选南京市职工疗休养基地（第二批）。印发《关于联合推出服务保障浦口民宿发展十二条措施》，免费安装住宿系统，鼓励发展等级民宿，对民宿给予梯度奖补和一次性奖励。“线上＋线下"联动宣传营销,推出"老山美宿"盲盒,串联浦口民宿、景点及购物。邀请6名长三角知名旅游达人到浦口拍摄民宿推介短视频,抖音、微博、小红书等全网点击量20万次。发放民宿消费券,制作民宿宣传画册、浦口旅游导览手册,宣传浦口旅游资源。加强与专业院校对接,与南京旅游职业学院酒店管理学院共建,邀请高校师生到浦口开展暑期社会实践合作,重点提升民宿服务标准及质量。围绕民宿宣传营销、产品提升等方面,邀请业内专家举办民宿业主培训班2期。

(刘芳芳)

【永宁街道获评"第二批全国乡村旅游重点镇(乡)"】 11月15日,永宁街道被文化和旅游部评为"第二批全国乡村旅游重点镇(乡)"。永宁街道位于浦口区西北部,老山山脉以北,总面积109.35平方千米,是现代农业主导型街道。境内古迹众多,大古堆和大城基遗址距今3000多年,有百年津浦铁路、东葛驿站等历史古迹。被誉为"江南一绝"的手狮舞,曾获首届中国农民艺术节最高奖——精粹奖。境内滁河长16.7千米,占全区1/3,清流河、朱家山河、永宁河穿境而流,琥珀泉与珍珠泉毗邻,位于老山景区总体规划范围内,沿滁河风光带打造约35平方千米的农业大地景观,拥有三合圩、张圩、复兴圩、草场圩、北城圩、蒿子圩六大圩区,拥有优质粮油种植区、高效设施蔬菜种植区、设施园艺经济林果种植区、高效水产养殖区、规模畜禽养殖区五大种养区。

(庄成慧)

【新金社区获"2022中国最美村镇(最美康养小镇/基地)"称号】 12月,汤泉街道新金社区在"中国最美村镇"评选活动中获"2022中国最美村镇(最美康养小镇/基地)"称号。新金社区以建设美丽乡村宜居村、推动乡村振兴为目标,打造生态美、村庄美、产业美、生活美、风尚美的"五美"乡村。依托赵湖组传统村落基底,链接多方资源,通过艺术创作方式,展现乡村景观和民间文化。推进苗木产业转型发展,以3.33公顷精品苗木基地、4.8公顷盆景基地及5.33公顷小浆果基地为样本,打造集采摘、研学、产品深加工于一体的观光农业示范区。

【南京环老山体育旅游景区获评"2022中国体育旅游精品景区"】 2022年,南京环老山体育旅游景区被国家体育总局体育文化发展中心授予"2022中国体育旅游精品景区"称号。浦口区发挥体育旅游资源优势,通过打造环老山体育旅游景区,引入高端知名赛事活动,推动体育与文化、旅游融合发展。南京环老山体育旅游景区总面积112平方千米,以环老山23千米青奥会公路自行车赛道为主轴,打造青奥会公路自行车体验道、穿越老山徒步登山道、江苏最美跑步路线(七珍线)、不老村环象山湖健身圈、水墨大埝自行车主题公园等环老山体育旅游景点。

(朱圆迪)

江苏最美跑步路线——七珍线　　滕宏飞摄

宣传促销

【概况】 2022年,打响浦口"微度假"旅游品牌,成立两省五地全域旅游营销联盟。打造集微博、抖音、腾讯视频等平台于一体的"文旅浦口"新媒体矩阵群,宣传浦口特色文化、旅游线路、体育赛事等资源,推出《航拍浦口》《乡村旅游看浦口》《小众线路》等专题栏目,打造老山观景平台、珍七路骑行、不老村夜生活等季节爆点,以达人视角挖掘老山小众景点,拍摄打卡视频41个,全网阅读量2000余万次,兰溪谷、华飞滑翔伞基地等10余处景点成为网红打卡点。策划第三届老山国际文化旅游节暨2022响堂栀子花大会、都市圈“微度假”浦口文旅推广周、2022南京浦口第四届莲文化节、2022年全国山地自行车锦标赛等大型文旅活动19场,开发“旅游+文化”“旅游+农业”“旅游+体育”等场景。推动文旅创作者大会、全域旅游攻略大赛等营销活动升级,全网点击量6亿多次。不老村、黎家营等景区、景点被中央电视台报道6次。

【文旅品牌影响力提升】 加强区域合作,推进和南谯、和县、来安、天长区域旅游一体化发展,由浦口区文化和旅游局发起,五地文旅主管部门牵头,联合A级旅游景区、重点文旅企业等,成立非营利、公开性的两省五地全域旅游营销联盟。联合街道、集团、度假区等属地管理部门和A级景区、重点文旅企业等27家单位,形成区(县)文化和旅游局牵头、属地监管、企业参与的三级文旅宣传大格局,促进信息互通、渠道共享、整体营销。开展精准营销,推出文旅消费季等消费促进活动,联合31家景区、民宿,向当地客流发放50万元文旅消费券,以门票折扣、满减兑换方式提振市场信心、促进消费增长。

【网红爆款旅游产品打造】 立足“从美丽风景到美好生活”营销思路,突破单一宣传景区、景点局限,利用“资源+创意+新媒体”,拓宽浦口全域旅游知名度。借势女子半程马拉松、江苏省乡村旅游节等赛事和活动,开展“2022美丽中国行”浦口采风、乡村旅游节媒体采风等活动,《中国旅游报》《新华日报》等30多家媒体报道浦口“都市微度假”、黎家营疗休养基地。推进地铁专列、公交车身广告宣传,开拓上海广电、高铁《旅伴》杂志等渠道。联合马蜂窝、抖音等平台,开展“四季浦口fun肆玩”等话题营销,全网关注度10亿余次,佛手湖、响堂、老山龙洞等成为网络爆款打卡点。以推介民宿为主题,开展“老山美宿”盲盒、民宿体验官等话题营销,举办文旅创作者大会、短视频挑战赛、全域旅游攻略大赛,新增浦口乡村民宿类旅游笔记1356篇,打开南京都市圈及长三角亲子游、情侣游市场。和30余名网红达人合作,在抖音、小红书、美团、微博等平台打造老母猪沟、佛手湖、象山湖、珍珠泉梅花岛、老山西线露营地、匪集场等网红产品,其中老母猪沟成为清明期间全市网红景点,活跃度、热度、流量度跃居全市前五名。

【响堂“我们的节日”南京端午系列文化活动】 6月3日,响堂“我们的节日”南京端午系列文化活动暨响堂山谷生活季启动仪式在江浦街道华光社区响堂组举办。活动以村庄和山谷为文艺载体,在稻田设置云朵空飘布、知名诗人的诗歌节选等文艺装置,供游客拍照打卡。响堂新村民代表陈卫新、王克震、万俊等和现场观众共话新时代、新乡村、新民俗。现场首发响堂村歌。中国作家协会副主席、江苏省作家协会主席、作家毕飞宇发布响堂山谷生活文化主题“念念不忘 唯有响堂”。响堂山谷生活季打造响堂村民理事会茶会、稻田插秧、响堂诗歌文艺季三大主题内容,展现“文化赋能乡村”新场景。

【第三届南京老山国际文化旅游节】 6月17日,“遇见老山,遇见你”第三届南京老山国际文化旅游节开幕式暨2022响堂栀子花大会启动仪式在江浦街道华光社区响堂组举行,中央电视台、新华社、抖音等平台同步线上直播。现场发布莲文化节、珍珠泉同学节、浦口女子半程马拉松等18项重点文化旅游体育活动,“活力自然·向往浦口”首届文旅消费季和响堂山谷生活季开启,发放文旅消费券1万张,推出“栀香莲海”“江河田野”“林下泉影”3条乡村旅游精品线路。开幕式上,浦口区被授予“中国旅游高质量发展区”和“中国天然氧吧”称号,浦口区政府和南京艺术学院签订“艺术赋能乡村”战略合作协议,现场发布浦口文旅健康产业扶持政策。18家南京旅行社与西埂莲乡、松鼠部落等景点达成意向合作协议20个。新东方旗下行知资本与浦口文旅集团签约,拟打造环老山片区系列营地、教育、研学项目。

【2022南京浦口第四届莲文化节】 7月6日—10月上旬举办。西埂莲乡景区有荷花品种600余个、睡莲品种近200个、其他水生植物50余种,以“规模大、数量多、造型美、花期长以及品种丰富”的特点成为南京及周边市民青睐的赏荷休闲打卡地。景区围绕“莲”这一主题,开展科普研学、廉政教育、童心绘荷、垂钓比赛、夏日市集、精品荷花展、七夕

荷灯会等活动,吸引市民游览观摩。

【都市圈“微度假”浦口文旅推广周】 8月举办。邀请镇江、扬州、淮安、合肥、芜湖、马鞍山、滁州、宣城、溧阳、金坛10地旅行商及媒体参加“百名旅行商看浦口”“百车千人游浦口”活动,康辉国际旅行社、上铁国旅、安徽万达环球国际旅行社等118家旅行商,去哪儿、携程、马蜂窝、同城等10家OTA平台参加活动,与芜湖、淮安、马鞍山等7地达成协议,拟打造宣城—龙之谷周末游、合肥—不老村、松鼠部落二日游等40余条线路,设计开发合肥至浦口、铜陵等50余条自驾游线路产品,合肥、淮安、扬州等7地80多家旅行商和浦口辖区景点达成合作意向。 (朱圆迪)

旅游公共服务与管理

【概况】 2022年,实施老山景区体制机制改革,推进老山文化旅游资源整合。牵头制定老山体制机制改革“1+8”系列文件,推进112平方千米旅游资源全域一体化管理。建立招商服务机制,梳理全球前100强精品酒店、高端民宿、温泉会所等招商名录30家,并下发至相关平台、街道,推介招商有效信息11条,规整招商项目29个,涉及商业综合体、农旅康养、休闲旅游等领域。全区文旅健康产业总规模203亿元。建立巡查和执法监督检查、行政执法信息互通工作机制,依托度假区综合行政执法大队,实现“一支队伍管全域”。开展资源普查和审核评级工作,实地调查5个街道、2个度假区,收集资源基础信息并录入资源普查系统,编制浦口区文旅资源普查名录和普查报告。

【旅游市场监管】 区文化和旅游局依法行政,建立健全旅游市场综合治理体系,完善旅游行政执法责任制。开展五一、中秋、国庆等黄金周旅游综合执法大检查。要求各旅游企业严格按照《南京市旅游条例》依法、及时、公正处理旅游投诉,涉及旅行社有效投诉12起,受理12起,为游客挽回损失17250元。狠抓旅游安全管理工作,每季度对全区旅游企业开展1次全面检查,全年出动检查人员149人次,发现隐患140处。制发《浦口区旅游行业2022年安全生产工作实施意见》,与全区35家旅游企业签订安全生产责任书,确保安全生产责任到人,形成“纵向到底,横向到边”的旅游安全生产管理责任体系。 (吴凯黎)

【旅行社管理】 2022年,全区有旅行社12家、旅行分社1家、服务网点18家。举办“智慧旅游”App培训、旅行社行业法治专题培训、旅行社投诉处理专题培训、浦口区旅行社以及景区导游(讲解员)培训、浦口区旅游安全知识宣讲会等。开展文明旅游检查170余次、旅游质监检查120余次、疫情防控检查80余次、病媒防控检查6次、节前各类检查30余次。

【旅游人才队伍建设】 2022年,全区旅行社有导游证人员18人,新领导游证人员3人,新增中级以上导游证持有人2人,新增研学旅游导师证书2人。新建导游词11篇。设立18家旅行社场所、3家星级旅游饭店场所,作为全域旅游示范点。培训全域旅游宣讲人18人、“智慧旅游”操作人员35人、全国旅游监管服务平台操作人员22人。推荐5名讲解员参加南京市金牌导游(讲解员)培训班。

【安全生产】 组织开展景区、民宿安全生产检查197次,发现问题281个,督促立查立改。开展安全生产演练2次,提升工作人员应急救援能力。开展疫情防控检查,组织1019名工作人员每月开展核酸检测工作,组织25家民宿、6家等级景区开展落地检工作,举办旅游重点行业从业人员疫情防控培训6次。

(区文化和旅游局)

·文稿编辑 袁 铭·

金融业

银行业

【概况】 2022年年末，浦口区金融机构人民币各项存款余额3109.15亿元，比年初增加336.68亿元。其中，非金融企业存款1245.19亿元，增加31.15亿元；住户存款1126.83亿元，增加231.65亿元。各项贷款余额3445.39亿元，比年初增加791.97亿元。其中，短期贷款443.61亿元，增加99.11亿元；中长期贷款2964.74亿元，增加703.76亿元；票据融资34.11亿元，减少5.28亿元。

（唐博）

【工行南京江北新区分行】 12月9日，经中国银保监会江苏监管局批准，浦口、江北新区2个支行合并，成立中国工商银行股份有限公司南京江北新区分行，下辖16个网点，布局南北纵横约50千米。坚持金融产品创新，运用基金贷款、债务、股权、银团等融资模式，以超100亿元的信贷投放规模为区域新基建注入金融活水。围绕专精特新产业链、“制造强国”企业，助力集成电路、生命健康产业发展。贯彻落实政府和监管部门支持实体经济和小微企业发展的政策，通过“e抵快贷”等创新产品助力中小微企业精准纾困，其中运用“线上+产业链+普惠”金融服务新模式，支持涉农占主要份额的某供应链上下游实体600户。善用工行全球化、全渠道优势，通过资金汇兑、单证结算、跨境资金池等一体化服务，为外资外贸企业量身定制综合服务方案。践行金融为民服务理念，拓宽和提升市民在创业、就业、住房、教育、医疗、养老等重点领域的服务渠道和质量。至年末，本外币存款余额436.99亿元，较年初增加65.05亿元。其中，储蓄存款168.22亿元，公司存款175.55亿元，机构存款66.02亿元，同业存款10.84亿元，外币存款16.36亿元。人民币各项贷款余额590.06亿元，较年初增加137.34亿元。其中，公司贷款469.16亿元，个人贷款120.9亿元。 （李晓璇）

【农行南京江北新区分行】 2022年，统筹抓好业务经营和新冠疫情防控工作，完成上级行下达的各项目标任务，保持执行人民银行政策A类行等级，获评“浦口区推动‘一三五六’总体发展布局先进集体”“南京市放心消费示范单位”“中国农业银行运营基础管理先进单位”，建成江苏省分行信贷管理“三化二优”单位。狠抓资产业务发展，回归金融服务实体经济本源，审批项目22个204.72亿元，新增制造业贷款20亿元，服务国家级、省级专精特新企业面分别为100%、62.5%。银保监口径普惠贷款14.5亿元，较年初净增4.23亿元，率先在区域内29家银行中实现“浦惠贷”首单落地。加强内部控制管理，不良贷款余额3521万元，不良率0.085%，较年初下降0.02%，不良贷款占比连续4年下降。未发生重大责任性操作风险事件和案件。至年末，本外币各项存款余额281.12亿元，较年初增加33.33亿元。其中，对公存款154.94亿元，增加13.87亿元；个人存款126.18亿元，增加19.46亿元。人民币日均存款265.22亿元，较年初增加26.83亿元。人民币各项贷款余额413.84亿元，较年初增加79.87亿元。其中，对公贷款277.09亿元，增加72.46亿元；个人贷款136.75亿元，增加7.41亿元。人民币贷款总量率先在全市农行系统突破400亿元。实现营业收入11.27亿元、拨备后利润7.07

亿元、中间业务净收入1.77亿元。（葛忠明）

【中行南京江北新区分行】2022年,立足浦口区和江北新区“3+3”产业体系,聚焦新一代信息技术、生物医药、新材料、轨道交通设备等战略性新兴产业领域企业,加大金融支持力度,储备集成电路、生物医药重点行业,求雨山和桥林城市更新,以及软件园、智能制造产业园、芯爱封装基地等项目34亿元,年内投放新项目17个近23亿元,其中首笔科技金融新模式投放1500万元、城市更新项目投放5亿元。与江北新区科创局、教育局合作开发预付式消费监管系统,解决预付消费行业监管难、消费者维权难问题,获南京市金融创新奖,是区内唯一连续2年获此奖项的银行。与区财政局开展区块链系统合作,解决财政资金拨付流程长、各层截留等问题,提高预算单位资金使用效率。与区行政审批局合作“一体化自助证照打印机”项目,为企业注册提供“一站式”服务,助力优化区域营商环境。至年末,本外币存款余额341.42亿元,比年初增加20.22亿元。其中,储蓄存款119.5亿元,增加15.2亿元;公司存款221.92亿元,增加5.02亿元。本外币贷款余额400.36亿元,比年初增加66.96亿元。其中,个人贷款183.11亿元,增加20.81亿元;公司贷款217.25亿元,增加46.15亿元。（孙帆）

【建行南京江北新区分行】2022年,结合国家战略、建行特色和江北新区经济社会发展特点,通过综合化服务及差异化竞争,发挥优势,以新金融实践助推区域高质量发展。紧跟国家住房制度改革步伐,配合政府培育租赁市场,投放住房租赁贷款21.63亿元,支持软件园人才公寓三期、丝兰湖一期、琼花湖二期项目建设,落地琼花湖一期存房、二期人才公寓保租房托管等业务。利用建行总行300亿元住房租赁基金,促成南京市签约,将专项资金引入江北新区,与扬子国投计划设立南京市住房租赁子基金,推动住房金融业务向覆盖租购两端、服务存量转型,形成集股权投资、资产并购、信贷支持、租赁运营、REITs发行等于一体的全方位住房金融服务体系,盘活存量资产,优化市场主体资产负债结构。依托江苏省分行创业者港湾旗舰店,组织“港湾+”主题活动,与江北新区宣传与统战部联合为民营企业家打造同创会客厅,与江北新区科创局联合打造“灵雀计划”金融服务站,协助江北新区经发局为高成长性企业提供“企航江北”系列金融服务,吸引企业“入港”1000余家,提供普惠金融贷款超5亿元。为3800家小微企业普惠贷款余额超45亿元。实施建行手机银行、建行生活App“双子星”战略,为600多家批零企业提供线上线下收单服务,利用建行生活平台承办江北地区汽车消费节。在建行系统内率先尝试NRA客户网银批量汇款业务,创新线上化、便利化的“自贸区企业NRA外币掉期+跨境融资”双联动服务模式,落地全省首单外籍人才薪酬购付汇。至年末,一般性存款余额470.6亿元,比上年增加83.2亿元,新增同业占比34.45%。其中,企业存款254.2亿元,增加62.9亿元;个人存款216.4亿元,增加20.3亿元。各项贷款余额485.2亿元,比上年增加102.5亿元,新增同业占比22.81%。其中,企业贷款291.7亿元,增加86.5亿元;个人贷款193.5亿元,增加16亿元。（吴丽娜）

【交行浦口支行】11月22日,经中国银保监会批准,交通银行

7月,交行南京江北新区分行在南京审计大学举办反假货币知识宣传活动　交行浦口支行供图

南京金源支行更名为交通银行南京浦口支行，为二级支行，属交通银行南京江北新区分行下辖网点。交行浦口支行围绕江苏省分行战略部署，做好稳就业、稳金融、稳生产、稳预期各项工作，促进高新技术企业、专精特新“小巨人”企业发展壮大，做足资产业务，扩大贷款规模，其中投放浦口开发区及开发区内制造业企业贷款13.5亿元、浦口交通集团及下属企业贷款2.2亿元、浦口科投及下属小微企业贷款6.8亿元、浦口城建集团贷款3亿元。至年末，本外币存款余额38亿元，比上年增加2.2亿元。其中，对公存款23亿元，增加0.7亿元；个人存款15亿元，增加1.5亿元。本外币贷款余额37亿元，比上年增加1.2亿元。其中，单位贷款35.7亿元，增加1亿元；个人和小微贷款1.3亿元，增加0.2亿元。　（余洋）

【农发行浦口支行】　2022年，服务经济社会发展大局，以党建引领业务发展，守住“三农”基本盘，采取前期梳理贷款业务流程、“实物+电子PPT”相结合方式，在粮食购销公司开展粮棉油信贷业务培训，严格各项制度，落实粮棉油贷款规定，确保国家粮食安全，投放地方储备粮贷款10708万元，完成10395.5吨小麦、7391.49吨稻谷储备轮换计划。创新存贷营销思路，同步推进贷款投放和项目储备工作，牵头组织江苏省分行和江北新区签订战略合作协议书，向江北新区5家平台企业累计授信1000亿元。加强为“三农”服务，向浦口国资公司投放8亿元农业科技发展贷款，向南京江北医学资产管理有限公司投放100万元城乡一体化建设贷款，向南京江北建投公司投放574万元改善农村人居环境贷款，向浦口文旅集团投放首笔支持响堂特色田园乡村项目建设1亿元贷款。跟进项目储备和同业存款营销工作，获批南京国家农创中心二期15亿元农业科技发展贷款、保障房公司安置房4亿元城乡一体化建设贷款。探寻以推进结算性同业存款为营销增长点，营销南银理财有限责任公司和江苏省国际信托有限责任公司，实现同业结算性存款零的突破。至年末，各项存款余额9.76亿元，较上年增加2.24亿元，增幅29.79%；各项贷款余额45.19亿元，较上年增加8.63亿元，增幅23.61%。

（朱顾玥）

【邮储银行浦口支行】　2022年，贯彻落实中央和省、市、区关于普惠金融和服务“三农”、中小企业的决策部署，围绕“强富美高”新江苏总目标，找准职责定位，惠企助农为民，为浦口区推进乡村振兴提供金融服务。为17万名城乡居民代发养老保险、医保、退休、征地养老待遇和代缴自由职业者养老保险等资金（费）约9.15亿元。创新线上金融产品服务，客户经理到农户经营场所现场收集资料、现场放款。以“极速贷”“产业贷”“创业担保贷”和“农易贷”等产品为依托，借助网络金融服务设备，提高金融服务效率，办理个人经营性贷款2.16亿元。推动普惠金融发展，助推乡村振兴战略实施，在普通农户和新型农业经营主体中打造农户信息大数据平台，推进农村信用体系建设，累计创建信用村98个，采集信用户信息3471条。对接区域平台，给予企业资金支持，其中向浦口区国有资产投资经营有限公司放款2亿元、南京浦口城乡建设集团有限公司放款1亿元、南京浦口经济开发有限公司放款5000万元、南京中建未来城市投资建设有限公司放款200万元、光大工业废水处理南京有限公司放款5000万元、南京扬子国资投资集团有限责任公司放款5亿元。投放南京扬子国资投资集团公司债2亿元、南京江北新区产业投资集团有限公司美元债1500万美元。至年末，存款余额54.43亿元，比上年减少7.55亿元。其中，个人存款22.84亿元，增加1.36亿元；公司存款31.59亿元，减少8.91亿元。贷款余额135.83亿元，比上年增加32.23亿元。其中，个人贷款98.53亿元，增加3.1亿元；小企业贷款4.01亿元，增加0.4亿元；公司贷款33.29亿元，增加28.73亿元。　（何翠胜）

【华夏银行浦口支行】　2022年，面对平台客户存款和招标资金流失的双重困境，以及浦口地区银行业竞争日益激烈的外部环境、内部“商行+投行”转型的复杂态势，转变营销思路，寻求突破路径，加大实体和平台客户开发力度，重点围绕浦口开发区和智能制造园两大园区内制造业企业开展分组营销，拓展新客户群体，营销对公账户36户，其中基本存款账户19户、一般户14户、农民工工资代发账户2户、商品房监管账户1户。结合总行、分行下发的白名单，筛选重点营销客户，跟踪客户需求，通过金市、投行、贸金业务等表外产品组合运用,增强为客户金融服务能力,新批对公风险授信客户4户,其中3户为新开发制造业企业;新开发产业数字金融客户2户,实现产品池业务零的突破;新开发贴现客户2户,贴现金额600万元。打通对公条线和普惠条线壁垒,实现双条线联动,对公条线开发制造业上下游客户,为普惠条线拓展优质客群;普惠条线反哺对公条线,拉动对公活期结算存款。至年末,各项存款余额8.1亿元,较上年减少6.55亿元。其中,对公存款4.87亿元,减少6.85亿元;个人存款3.23亿元,增加0.3亿元。各项贷款余额16.99亿元,较上年减少19.98亿元。其中,公司贷款11.74亿元,减少20.52亿元;个人贷款4.27亿元,减少0.44亿元;普惠贷款0.98亿元。（费雁）

【江苏银行南京江北新区支行】 2022年,坚持以客户为中心的金融理念,把服务实体经济放在首要位置,助力企业新一轮转型升级。首笔债券承销业务落地,债券承销业务实现突破。公司条线结算有效账数、企业网银有效户分别完成39户、95户,绿色信贷较年初新增16.47亿元。完成中小企业贸易融资有效户6户,国际结算量11亿美元。率先落地100万美元卖出看涨期权,形成新的代客业务增长点。强化拓客营销,教育、社团、农业农村等机构客户41户(1亿元以上4户、1000万元以上8户)。其中,财政类5户,存款6.58亿元,占比34.61%;拆迁类2户,存款10.33亿元,占比54.34%;物业管理类1户,存款8163万元,占比4.29%;医院类12户,存款9257万元,占比4.87%。优化“随e融”平台,支持“税e融”“人才风补贷”“线上快易贷”(“抵押贷”)等产品线上审批,增强放款等功能。新增“投融贷”“专精特新贷”“‘卡脖子’贷”等信贷产品,为有进出口业务的中小微企业增加上线“出口贸e融”信用产品。优化“税e融”产品政策,为更多中小微企业提供信用类贷款。重点支持芯片、生物医药行业,开发“科创贷”“投融贷”“‘卡脖子’贷”等授信产品,其中为某医药公司办理无需提供授信资料的“出口贸e融”业务,依据企业出口海关数据,在线扫码秒批300万元贸易融资;为某微电子科技有限公司办理内存内贷+套期保值业务,收到节省财务成本、在美元汇率结汇高点锁定未来三个月价格、提升结汇收益的效果,获得企业好评。拓宽服务市民零售业务渠道,代发拆迁款1.5亿元。至年末,各项存款余额120.48亿元,较年初新增7.23亿元。其中,公司存款100.87亿元,新增2.42亿元;储蓄存款19.61亿元,新增4.81亿元。日均余额17.34亿元,新增3.1亿元。各项贷款余额148.91亿元,较年初新增43.54亿元。其中,公司贷款128.29亿元,新增42.64亿元;个人贷款13.72亿元,减少0.8亿元;普惠贷款6.9亿元,新增1.7亿元。制造业贷款余额12.03亿元,绿色信用贷款余额25.56亿元。对公授信户新增12户,规模以上企业开户新增32户。代发工资4332户,新增1211户。国际结算量14.6亿美元,外汇存款新增8600万元,资产托管中收244.39万元,票据直贴20.88亿元,资本口径贷款新增1.86亿元,普惠涉农贷款新增2.52亿元。（潘菁）

【南京银行江北新区分行】 8月30日、10月28日,南京江山路支行、南京新华西路支行分别开业,营业网点由10个增至12个,内设部门由17个增至18个,年末有员工437人。分行获评“浦口区银行业金融机构执行人民银行政策A类行”“浦口区推动‘一三五六’总体发展布局先进集体”“南京市模范职工之家”“南京江北新区‘三星’级绿色银行”。坚持稳字当头、稳中求进,围绕“一个中心、两条主线”工作要求,应对各类经营困难和风险挑战,统筹抓好新冠疫情防控和业务发展。优化存款结构,活期存款余额143.03亿元,占比35%。储蓄存款规模站稳100亿元,占比由年初23%提升至30%。推动“浦惠贷”业务落地,和5个街道、3个园区对接,普惠金融净增11.3亿元。深耕绿色金融,实体客户新增20户,累计91户,贷款余额56.9亿元,新增16.6亿元。倾斜信贷资源,支持先进实体制造业和产业集群,制造业贷款余额33.23亿元,新增7.17亿元。实现公募代销中收561万元。个人经营性贷款体系初步形成,新增贷款余额1.94亿元。自贸区业务量21亿元,创造利润750万元。至年末,各项存款余额411.55亿元,较年初增加35.81亿元。其中,对公存款288.48亿元,个人存款123.07亿元。各项贷款余额317.03亿元,较年初增加36.3亿元。其中,对公贷款280.85亿元,个人贷款36.18亿元。不良贷款余额0.58亿元，不良贷款率0.2%，资产质量总体保持稳定。位于浦口境内的营业部、江浦支行、桥林支行存款规模分别为59.8亿元、63.7亿元、19.38亿元，贷款规模分别为70亿元、6.57亿元、17.67亿元。

（肖晓彬）

【紫金农商银行浦口支行】 2022年，坚持“服务三农、服务中小、服务城乡”市场定位，践行普惠金融理念，服务地方经济社会发展。首笔“浦惠贷（保）”投放20144万元，在全区银行业中排名第一。与街道经发办、税源办等部门建立快速响应机制，确保开户企业2天或半天办结全部手续，首次“一站式”服务开设非学科类教培机构监管账户109户。走访区内注册科技型企业，为沐鼎、鳄鱼节能、乾鑫电气、汤泉建设等企业办理知识产权质押贷款。新冠疫情期间，为中小微企业、个体工商户“送贷上门”10643次，向小微企业、40户科技企业及批发零售行业发放贷款分别超43.5亿元、3亿元和4.5亿元，为绿色、环保产业和制造业企业发放贷款2.3亿元、2.5亿元，投放浦口保障房建设、污水治理等贷款超8.5亿元。开办“支农支实、做小做散”业务，当好普惠金融主力军，涉农及小微贷款55.22亿元，占比64.61%，授信1000万元以下经营贷款户均120万元。完成68个村（社区）4万余户农民“金陵惠农小额贷”评议，用信586户6800余万元。改进便民服务方式，30个金融服务点与村民交易4.26万笔2051万元。帮助资金周转较为困难的客户申请政府转贷基金，降低财务成本，年用转贷87笔2.65亿元。推出“银企e+”产品，为中小微客户提供“线上金融+企业办公”服务，其中1户从事手机批发零售业务的客户使用“银企e+”节省手续费10余万元。至年末，各项存款余额174亿元，比上年增加12亿元。其中，公司存款96亿元，增加1亿元；储蓄存款78亿元，增加11亿元。各项贷款余额85亿元，比上年增加10亿元。其中，公司贷款55亿元，增加8亿元；零售贷款30亿元，增加2亿元。纳税总额3240万元。（孙海燕）

【浦口靖发村镇银行】 2022年，践行普惠金融理念，新增贷款户116户，累计700户，以“浦惠贷（保）”“富民创业贷”“金陵惠农贷”“绿能贷”“润农贷”“流水贷”等信贷产品为主，重点授信1000万元（含）以下小微企业（实体经济），涉农贷款余额4364.45万元，较年初增加1233.35万元；小微企业贷款余额58921.96万元，较年初增加5972.95万元，占各项贷款的92.68%，增幅11.3%，贷款利率6.31%，较上年下降0.38%。做好金融支持乡村振兴工作，推进永宁街道大桥社区、大埝社区整村授信活动，按照市农业农村局、区金融监管局发布的“金陵惠农贷”和“浦惠贷”白名单，有重点、有选择地上门走访，确定金融支持企业名单，新增“浦惠贷”15笔3670万元、“金陵惠农贷”8笔600万元。至年末，各项存款余额40508.55万元，比上年增加3076.12万元。其中，单位存款22404.41万元，增加551.88万元；储蓄存款17785.88万元，增加2317.29万元；保证金存款217.84万元，增加108.35万元；应解汇100.42万元，增加98.6万元。各项贷款余额63572.6万元，比上年增加6250.57万元。其中，个人贷款29899.5万元，增加2537.47万元；公司贷款33673.1万元，增加3713.1万元。实现各项收入4210.42万元、利润1162.42万元、净利润758.66万元。资本充足率22.23%，贷款拨备比2.76%，拨备覆盖率270.59%，流动性比59.03%。

（李玉娟）

证 券 业

【概况】 2022年，浦口区有证券营业部4家，即申万宏源证券凤凰大街营业部、华泰证券浦口大道营业部、南京证券浦口大道营业部、中信证券浦口大道营业部。证券交易额累计2305.37亿元。

表35　2022年浦口区证券机构交易额统计表

序号	名　　称	证券交易额（亿元）	增长（%）
1	华泰证券浦口大道营业部	1182.21	-1.86
2	中信证券浦口大道营业部	868.53	-4.24

(续表)

序号	名　　称	证券交易额(亿元)	增长(%)
3	申万宏源证券凤凰大街营业部	230.79	-18.88
4	南京证券浦口大道营业部	23.84	13.79

表36　2022年浦口区企业上市情况统计表

单位:家

指标名称	数　量	当年新增
上市企业	1	0
拟上市企业(在会在辅)	2	1
新三板挂牌企业	3	-2
江苏股权交易中心企业	36	9
其中:南京联合产权(科技)交易所企业	13	5

【申万宏源证券凤凰大街营业部】 增强责任意识,突出盈利能力和专业业务能力,以“线上+线下”方式,为个人和非专业投资者提供多样化金融产品,包括证券经纪、期货经纪、融资融券、股票质押式融资、金融产品销售等财富管理服务。以“投资+投行”方式,为企业和政府提供投资银行与本金投资,包括股权融资、债权融资、新三板、财务顾问、股权投资、债券投资、其他投资等覆盖全生命周期的综合金融服务。至年末,有员工13人,实现业务净收入1039.3万元,证券交易额230.79亿元。

【华泰证券浦口大道营业部】 由财富管理主导的财富中心升级为机构业务为主、财富为辅的专业化投行机构中心,以服务企业为原点,围绕“揽人+揽活”方略,聚焦“股权+债权”两大业务条线,强化“政府+资本+企业”三位一体模式,由政府搭桥,联合各类创投基金、中介机构、金融机构形成服务团队,为优质企业提供全产业周期债权、股权融资综合金融服务。实施集团“双轮驱动”战略,坚持分公司“沉浸式认真”理念,做到机构和财富不分家,以“双轨并行、一体推进”机构业务带动财富管理业务增长。至年末,有员工13人,实现营业收入约1530万元,证券交易额1182.21亿元。

【南京证券浦口大道营业部】 落实分公司“坚定信心、保持定力、深化管理、稳中求进”工作主基调,在做好经纪业务的同时,拓展机构业务,打造特色投资顾问业务模式,坚持走多元化发展道路。建设核心竞争力团队,夯实工作作风,提高为客户服务水平,促进业务发展。至年末,有员工5人,实现营业收入219.34万元,证券交易额23.84亿元。

【中信证券浦口大道营业部】 发扬“守正、创新、卓越、共享”企业文化,信守“以人为本、诚信立业、合规经营、创新发展”经营理念,坚持经纪业务和企业业务并重、个人业务和机构业务齐抓,做好涵盖证券经纪、证券投资咨询、与证券交易和证券投资活动有关的财务顾问、证券承销与保荐、证券资产管理、融资融券、证券投资基金代销、为期货公司提供中间介绍业务、代销金融产品与保险等业务。至年末,有员工26人,实现考核收入1243万元,证券交易额868.53亿元。　(吴亚楠)

保　险　业

【人保财险浦口支公司】 2022年,践行“人民保险 服务人民”使命,在全省率先启动浦口区野生动物致害政府救助责任保险,被人民网、《新华日报》、“学习强国”学习平台等媒体报道。开创“保险+期货”新业务,办理全省首个生猪期货价格保险,在资金端、价格端、销售端全方位为农户提供保障。贯彻上级公司风险减量管理理念,向某社区提供电梯维护维修保险服务,成为南京推广电梯“保险+科技+服务”新模式以来开出的首单。开办精神疾病障碍者保险业务。至年末,实现保费收入53910万元,比上年增长10.28%。其中,车险43970万元,增长7.01%;农险4577万元,增长34.73%;个人非车险2479万元,增长449.15%;团体非车险2884万元,下降26.91%。赔付支出32183万元。(李霖)

【人寿财险浦口支公司】 2022年,以"稳住车险基本盘、打好非车险突破战"为经营指导思想,调整经营策略。互动渠道强化队伍建设,配置互动团队7人、职场力量690人、有效人力220人,实现保费收入4459万元,渠道占比43.87%,比上年增长43.13%。车行渠道与利星行集团、天泓集团、冠松集团等22家车行、专修厂保持合作关系(保费规模100万元以上的8家),获得保费收入3406万元,渠道占比33.5%,比上年增长8.82%。重客渠道业务量与上年持平,承保浦口区部委办局及下属企业车辆300余辆,保费规模300万元。农村渠道保费收入447万元,因政策性农险区域经营限制,比上年减少550万元,与区财政局、区农业农村局接洽,签单政策性"生猪+期货"保险,保费42.37万元;5个街道农业保险服务站、63个村(社区)农业保险服务点不变,聘用代理人30人,负责保费收缴工作。至年末,实现保费收入10163万元,超指标3.69%,比上年增长9.93%。其中,车险8226万元,增长22.8%;非车险1937万元,下降23.92%。理赔8085件,赔款总支出6308万元,实现承保利润1980万元。(杨洁)

【人寿险浦口支公司】 2022年,应对宏观形势变化,迎接严峻挑战,加快转型升级,坚持队伍驱动业务为核心,强化合规经营,促进高质量发展。个险渠道以目标引领开拓创新,推进扩量提质;团险渠道升级产品,创新业务拓展模式,加强失能保险日常监管和运营维护,与13个评估机构、38个照护机构签约,累计为3000余人办理失能保险,并常态化驻点巡点,参与社区日常防疫宣传,及时处理居民理赔事项,实现团短险保费3130万元;银保渠道探索业务发展新模式,重点业务质量稳中有升。至年末,持证人员583人,保费收入55118.99万元,其中寿险首年保费11006.06万元、续期保费39308.03万元、大短险保费4804.9万元。理赔17469件,理赔金额7050.62万元。(陈萍)

【太平洋财险浦口支公司】 2022年,从业人员10人,为浦口居民提供环境污染责任险、建筑意外伤害险、精神疾病监护人责任险、学生平安险等保险服务。为客户提供保前检查、保中风险控制及出险理赔"一揽子"服务,因理赔流程简化、案件定损和赔付迅速、服务能力强获得客户好评。至年末,实现保费收入4550万元,其中车险4150万元、非车险400万元。(雷恒)

·文稿编辑 杨宇金·

商贸服务业

综　述

【概况】 2022年,浦口区实现社会消费品零售总额148.6亿元。完成限额以上销售额(营业额)305.62亿元,同比增长27.3%,增幅全市排名第一位。外贸进出口总额295.8亿元,同比增长36.5%,完成市目标的132.5%,增速和进度全市排名双第一位,总量再创历史新高。跨境电商进出口交易额12.4亿元,跨境电商企业6家。联动江北新区开展秋季消费节活动,发放消费券100万元。发展首店经济,引进品牌首店12家。推进夜间经济及特色消费场景建设,不老村、龙之谷、虹悦城入选市级消费新场景。

表37　2022年浦口区社会消费品零售总额统计表

单位名称	2022年实现额(万元)	2021年实现额(万元)	同比增长(%)
江浦街道	848349	868691	-2.3
桥林街道	215898	199536	8.2
星甸街道	121185	123784	-2.1
汤泉街道	110967	130452	-14.9
永宁街道	106808	98805	8.1
浦口开发区	25222	25290	-0.3
浦口高新区	29206	26943	8.4
珍珠泉度假区	28398	27542	3.1
合　计	1486033	1501043	-1.0

表38　2022年浦口区限额以上商贸企业销售(营业)额统计表

业别	2022年实现额(万元)	2021年实现额(万元)	同比增长(%)
一、批发业和零售业销售额	3009578	2342294	28.5
1.批发业	2610893	1873127	39.4
2.零售业	398685	469167	-15.0
二、住宿业和餐饮业营业额	46607	58272	-20.0
1.住宿业	15389	13265	16.0
2.餐饮业	31218	45007	-30.6
销售额(营业额)合计	3056185	2400566	27.3

【消费能级提升】 开展系列消费促进活动,结合南京国际消费节,举办浦口消费节、浦口区首届地标菜技能大赛等重点活动20余场。加强浦口特色消费品牌宣传推介,组织"爱尚浦口'浦'获精彩"浦口消费亮点视频拍摄推广12期。协同虹悦城等大型商超开展重点时段、热点商品促销活动,联动江北新区开展秋季消费节活动并发放商超、餐饮消费券100万元。发展首店经济,丰富消费品类,引进品牌首店12家,其中克茗冰室、笑西西为南京首店。推进"一刻钟便民生活圈"建设,指导江浦街道八里社区农贸市场规范化建设,完善消费配套平台。

【夜间经济】 结合全市"夜之金陵"活动,围绕"夜食、夜购、夜游、夜宿",打造白马生活广场、林公堤等夜间经济集聚区,推出夜间特色市集、夜间美食节等,全年举办活动12场,营造更有烟火气的城市氛围。开展特色消费新场景评选,不老村、龙之谷、虹悦城入选市级消费新场景,获城市度假消费场景授牌。

【"一刻钟便民生活圈"建设】 推进江浦街道同心社区、烈士塔社区、人民桥社区"一刻钟便民生活圈"试点建设。建成便民生活圈2个,完善基本保障类业态、品质提升类业态,服务居民近2.5万人。建立区商务局、街道、社区联动建设机制,制订"一刻钟便民生活圈"建设改造方案,在社区现有商业业态布局基础上,统筹推进社区商业设施配套化、便民服务多元化,挖掘文化底蕴,形成具有特色的"一刻钟便民生活圈"建设模式。同心社区"一刻钟便民生活圈"获市级优秀等级,被南京电视台、《江苏经济报》等报道。

【惠企助企】 根据全区应对疫情助企发展八条措施,制定政策实施细则,对121家零售、住宿、餐饮等企业发放纾困补贴326万元,对进口货物闭环管理企业给予疫情防控补贴20万元。落实市场主体倍增计划,推进虹悦城等43家商贸企业纳入限额以上统计库,对新增入库企业及销售逆势上扬企业累计拨付奖励资金920余万元,惠及企业95家。组织申报跨境电商、进口贴息、外经扶持资金,拨付进口贴息、出口信用保险、展会补贴等5批资金1716.13万元,惠及项目40余个。组织企业参加全市销售竞赛活动,南京信中信商业管理有限公司获得市竞赛奖励15万元。开展市级服务业资金申报,南京香山湖餐饮管理有限公司获20万元重点餐饮奖励资金。宣传RCEP政策,组织企业参加线上政策培训,3家企业申领RCEP原产地证书。调研全区210家重点限额以上企业、6家跨境电商企业、30余家外贸企业、45家外资企业,精准有效服务企业发展。 （刘梦坤）

商业街区建设

【概况】 2022年,全区有大型商超6家,分别为白马生活广场、虹悦城江北店、大润发超市、金盛田广场永辉超市、苏果超市、悦购超市。26家零售额5000万元以上企业实现零售额约33亿元,同比增长70%,占全区社会消费品零售总额比重22.2%;69家销售额5000万元以上企业实现销售额229亿元,同比增长47%,占全区限额以上销售额的74.9%。强化消费新场景建设和品牌首店引进,大悦城商业综合体、金陵星图商业综合体、龙湖雨山天街项目有序推进。强化林公堤、幸福里、金盛田等主要商业街区营商功能,赋能夜间消费提质。通过文明城市创建,整改商业街区标识标牌、环境卫生、文明接待,整治商业街区路面、绿化带、卫生死角等重点区域,提升商业街区整体形象。 （刘梦坤）

【龙湖雨山天街】 位于江浦街道。项目于2021年6月开工,占地90余万平方米,总投资32.1亿元,2022年计划投资9.4亿元,主体建设基本完成,建设内容包括大型购物中心、街区型商业、酒店式公寓及配套设施。

【大悦城商业综合体开工】 位于浦口城南中心板块。5月开工,占地9万余平方米,总投资47.48亿元,2022年完成投资20亿元。建设内容包括高端购物中心、商务办公楼、主题商街、文娱中心及配套设施,建成后将以"潮流文化综合体+文娱中心"双文化IP的影响力,满足年轻一代丰富多元的消费需求。

【金陵星图商业综合体开工】 位于江浦街道浦滨路以北、城南河路以西。6月开工,总投资96亿元,总用地面积19.46万平方米,总建筑面积87.4万平方米,其中地上建筑面积60.9万平方米、地下建筑面积26.5万平方米。建设地标办公、五星级酒店、文化场馆、公寓、配套商业、高档住宅等,打造以图书馆、演艺中心和市民中心为主的文化地标。（区商务局）

住宿餐饮业

【概况】 2022 年,限额以上住宿业和餐饮业实现营业额 4.66 亿元,其中住宿业 1.54 亿元、餐饮业 3.12 亿元。客房收入 9109 万元,餐费收入 29548 万元,商品销售额 4830 万元,其他营业收入 3121 万元。客房 6205 间,床位 9849 张,餐位 8769 个。其中,民宿 33 家,客房 700 间,床位 1100 张,接待客流量 3.4 万人次,入住率 20.56%,销售额 1778.16 万元。连锁门店年末零售营业面积 87956 平方米。（区统计局）

【特色主题酒店】 2022 年,全区有特色主题酒店 38 家,以隐居田园、乡村生活美学、亲子度假、温泉度假、传统文化为主题,以民宿酒店居多,有民宿酒店 33 家。在市文化和旅游局备案上线的民宿酒店 22 家,客房 467 间,床位 933 张,订单量 2.3 万笔,销售额 1393.46 万元。（浦口公安分局）

【未来芯厨美食广场开业】 8 月 1 日开业。未来芯厨美食广场位于浦口开发区丝兰湖芯城汇商业综合体一楼,总面积近 700 平方米,入驻品牌有悸动烧仙草、阿江撸串东北烧烤、胡小轩麻辣烫、合福记手作水饺、袁记淮南牛肉汤等。（浦口开发区）

【2022 年浦口美食节暨浦口区首届地标菜技能大赛】 11 月 22 日在永宁街道举办。活动由区商务局主办,区餐饮商会、姚徐印象承办,省烹饪协会指导,南京香山湖餐饮管理有限公司、金陵食府、南京浦口姐妹餐饮管理有限公司等 22 家餐饮企业参加,62 名选手 62 道菜品参赛。永宁街道葱油青虾等 15 道菜被评为“浦口地标热菜”,桥林街道卤肚等 8 道卤菜被评为“浦口地标卤菜”,金陵萝卜糕等 7 道点心被评为“浦口地标名点”。（区商务局）

11 月 22 日,2022 年浦口美食节暨浦口区首届地标菜技能大赛在永宁街道举办　区商务局供图

供销合作

【概况】 2022 年,供销系统销售总额突破 3 亿元,其中电子商务销售额 9692.63 万元,完成全年任务的 106.51%。农产品电子商务销售额 5138.33 万元,完成全年任务的 265.92%。

【基层供销社发展】 区供销社加强与基层供销社对接,强化供销体系建设,吸纳民营企业、农民专业合作社加入供销体系,新建为农服务社 2 家,领办专业合作社 1 家,新增各类开放办社单位 16 家,社有企业实现营业收入 627 万元、利润 321 万元、所有者权益 1336 万元,净资产收益率 16.92%。供销社组织不断发展壮大,经济效益不断增加。

【农药零差率统一配供】 区供销社发挥在乡村振兴战略中的作用,加快推进配供体系建设,开展农药零差率统一配供,向全区各街场有资质的农药农资经营网点公开申请渠道,经过筛选和考察,建成基层网点 6 个。全年销售农药 1.78 吨,销售金额 15.25 万元。回收农药废弃包装物 46.93 万件 6.68 吨,占全区回收处置总量的 36.75%。（刘梦坤）

电子商务

【概况】 2022 年,成立浦口区电子商务协会,整合 30 家电商企业资源，实现抱团成长，壮大电商行业规模。跨境电商孵化基地初具规模，为4家跨境电商企业申报扶持资金80万元，实现跨境电商进出口交易额12.4亿元。走访跨境电商企业6家。组织跨境电商线上线下培训8场，参与人数1000余人，3家企业申领RCEP原产地证书。为9家电商企业争取助企纾困补助资金51万元。

【电商企业发展】 南京六小狐电子商务有限公司获评“2022年市级数字商务企业”。申报农村电子商务建设专项资金40万元。组织南京老山药业股份有限公司等7家企业参展2022中国江苏电子商务大会暨产业互联网博览会，集中宣传展示电子商务发展成就，推介特色产业和产品，开展项目对接合作。与市商务局、市供销社等部门对接，依托线上农产品销售帮扶电商平台，助力星甸西瓜等特色农产品网上展销。助力“四新”供销直播进百村活动，组织系统内企业参加农产品展示展销，拓宽区内农产品流通渠道，提升品牌知名度，促进富民增收。对接大润发超市、盒马鲜生、苏果超市等大型超市，打通资源壁垒，畅通销售渠道。推介永宁青虾等滞销农产品，拓展农产品销路。会同市中小商贸流通企业服务中心，走访调研南京映鱼文化传媒有限公司、南京六小狐电子商务有限公司等电商企业，了解企业需求，向上争取资金，兑现各级助企纾困政策。结合“一刻钟便民生活圈”建设，打造“弘商圈”青创直播基地等社区电子商务网络。引导苏宁小店、谊品生鲜部分店铺实现网订店取、店送等社区服务功能。依托“社企通”中小商贸流通企业进社区等活动，借助“线上＋线下”“短视频＋直播”营销模式，促进老山蜂蜜、二哈奶茶、星甸穆氏牛肉等当地特色产品销售，打通产业链上下游，挖掘社区经济消费潜力。组织区内电商企业参加“百城品质购·南京专场”线上培训等活动，助力电子商务人才培养，提升电商人才技能水平，壮大电子商务发展基础。 （刘梦坤）

粮食流通

【概况】 2022年，区粮食和物资储备局以涉粮巡视巡察问题整改为抓手，落实市、区两级地方粮储备任务，储备原粮5.3万吨、成品粮600吨。落实粮食补贴政策，全区农业支持保护补贴（耕地地力保护）面积21102公顷，实际发放资金3798.36万元，惠及农户4.5万户。稻谷补贴资金329.83万元，补贴面积2199公顷。及时足额拔付地方储备粮保管费用、贷款利息和轮换补贴1444.28万元。

【粮食购销】 2022年，收购入库小麦1.04万吨、稻谷1.56万吨。抓好腾仓并仓、收购资金、机械维护、人员培训等工作，区级储备粮轮出13批次、轮入19批次，其中轮出小麦8722吨、籼稻11664吨，轮入小麦8722吨、稻谷28593吨。市级储备粮轮入小麦1673吨、稻谷6000吨，轮出小麦673吨、稻谷6999吨。腾并仓容3.7万吨，做到“有钱收粮、有仓收粮、有人收粮”，守住农民种粮“卖得出”底线。

【粮食储备】 落实《南京市市级储备粮管理办法》，承担市、区两级5.3万吨原粮储备和600吨成品粮储备任务，其中市级储备1万吨（小麦4000吨、稻谷6000吨）、区级储备4.3万吨（小麦1.95万吨、稻谷2.35万吨）。坚持每月必查与随机抽查相结合，重点检查区粮食购销有限公司3个库点，做到逢仓必进、有粮必查，确保检查到位、储粮安全。制订2022年度市、区两级地方储备粮轮换计划，严格执行地方储备粮轮入、轮出报批制度。通过市场竞价交易、公开招标、竞争性谈判等方式，组织开展储备粮轮换。

【粮食安全管理】 1月14日，市粮食和物资储备局组成联合考核组，对区粮食购销有限公司承储的市级储备粮开展规范化考核。5月29日，常州市粮食和物资储备局受托对2022年政策性粮油库存进行省级交叉检查。6月9日，市粮食和物资储备局对夏粮收购暨安全生产开展督查。全年不间断对粮食生产经营企业收购、储备、加工、销售各环节安全生产工作进行检查，市级储备粮规范，库存粮食账实相符、数量真实、储存安全。

【物资储备资源整合】 整合区内物资储备资源，规范应急物资库管理，提高应急处置能力。应急救灾物资储备库面积1200平方米，其中防汛物资品类30个，价值114.48万元；防疫物资品种25个，价值约400万元。应急救灾物资储备库由陡岗粮库整体搬迁至芯浦科创中心，整合应急救灾储备和公共卫生防疫物资储备库,安排专人做好物资采购和日常管理工作。落实应急物资储备库值班值守制度,建立应急物资储备台账,补充购置防灾减灾救灾物资,保证应急物资关键时刻“拿得出、用得上”。(何虹)

烟草专卖

【概况】 2022年,浦口区卷烟销售1.98万箱,同比增长5.88%。卷烟销售结构199.61元/条,同比增长5.25%。年销售收入9.86亿元,同比增长5.43%。区烟草专卖局(分公司)强化区域卷烟市场监管,查处涉烟违法案件262起。完成6户加盟终端和20户新现代终端改造建设任务,21户次入围全省优秀“金丝利·通”终端店铺Top100。

【营销网络建设】 分公司营销条线推进“四大体系”(高标准烟草市场体系、科学化品牌培育体系、数字化信息应用体系、现代化终端建设体系)、“三大阵地”(线上阵地、渠道阵地、组织阵地)落地落实,开展营销网络建设工作。构建“线上线下贯通、工商零消贯通、前台后台贯通、数据业务贯通”的品牌培育新模式,助推重点品牌做强做优做大。增强客户黏性,挖掘“智能找店”“婚庆营销”“卷烟包装个性化定制”等功能模块,开展主题直播、会员营销等活动。累计通过现代终端店铺码发展“金丝利”微信公众号会员2万余人,建成吸烟区4个、吸烟点65个,完成“金陵洞察”试点项目第一阶段工作。

【卷烟市场执法】 2022年,区烟草专卖局落实专卖专营职责,维护专卖专营体制主体责任,加大烟草执法力度,查处涉烟违法案件262起,查获违法卷烟485.5万支,总案值1306.8万元,查获5万元以上案件47起,拘留17人、逮捕7人、判刑10人。深化打假打私体系建设,保持对涉烟违法犯罪的高压打击态势,“1·06”非法经营雪茄烟案件收网,是全省查获数量最多、案值最大的非法经营雪茄烟案件。

(黄萌)

邮政

【概况】 2022年,区邮政分公司设部(室)7个,下辖支局21个、营投部4个、农村投递部2个。投递段道122条,投递里程7387千米。其中,城市段道93条,投递里程4962千米;农村段道29条,投递里程2425千米。实现营业总收入2.75亿元,完成年计划的107.81%,同比增长21.68%。处理“11185”工单739张、“95580”工单348张(其中表扬工单1张)、“12345”政府热线工单143张(其中表扬工单1张),处理率均达100%。

【代理金融业务】 2022年,分公司代理金融收入2.02亿元,完成全年收入计划的110.27%,点均960万元,同比增长22.17%,点均收入及全年计划完成率均排名全市第三位。其中,代理保险收入8549万元,同比增长35.12%,完成全年指标的111.02%,金融有效收入占金融收入比为90.37%。存款余额规模108.71亿元,价值存款85.39亿元,价值存款占比79%。新增金融总资产23.28亿元,同比多增3.36亿元。理财销售6.84亿元,其中90~180天中长期理财销售4.25亿元。

【寄递业务】 2022年,实现寄递业务收入3576.2万元。助力政务、商企、高端电商、生鲜等重点市场、重点项目高速发展。其中,高端电商市场特快累计收入410.36万元,同比增长194%;生鲜市场累计收入156万元,同比增长41%。整合仓储资源,创新业务发展,引进义乌健泰、大可家网络仓配一体项目入驻,累计业务收入约150.7万元。加快散户市场开发,累计揽收散户16.44万件,实现散户业务收入238.31万元,同比增长33%,完成全年指标的103.6%。

【邮务业务】 2022年,实现邮务业务收入1481万元,同比增长36%。集邮文传板块以封片定制、媒体宣传、福礼销售、定制项目、文化消费、党建学习等为重点项目,开发南京麦安文化传媒有限公司、江苏大唐注意力广告有限公司、江苏韵润文化传媒有限公司、南京十里岸乡旅游发展有限公司等客户,投放媒体收入近60万元。中国南车集团南京浦镇车辆有限公司生肖、年册和南京工业大学120周年纪念邮折、珍珠泉文创、“润邦30周年”定制等项目收入约65万元。政务图书销售收入92.09万元。渠道平台板块结合时效热点、共建活动等策划,重点挖掘政企客户需求,参与福利市场招标,福利业务销售额近350万元。

【助力乡村振兴】 贯彻"互联网+"农产品出村进城方案要求,打造区域特色农产品永宁青虾项目,实现永宁青虾销售2163单,助农销售额32万元。累计销售星甸甜瓜1.26万箱,助农销售额40万元。推动与盘城葡萄品牌融合合作,开展盘城葡萄专场助农直播、社区团购、食堂品鉴等营销活动,拓宽盘城葡萄销售渠道。"9·19"电商节期间,盘城葡萄项目成为全省首个万单农产品项目,累计销售1.4万余单,实现助农销售额30多万元。为农户提供"融资E贷款"2182万元,信用村建村8户,为汤泉街道新金社区、永宁街道大埝社区3000户村民提供贷款便利。与星甸街道签订党建联建共建协议和助产助销协议,联合举办"助农惠农·国企有为"爱心认购活动,现场认购滞销果蔬1.5万千克。 (何芳)

中介服务

【概况】 2022年,全区有各类中介服务组织816个,比上年增加86个。从业人员3812人,增加106人。中介服务组织成分多元,政府公益性惠民服务组织占比26.3%,民间组织占比73.7%。服务业态齐全,涵盖农副产品购销、房产、商业、投资、劳务、家政、公共服务等领域。其中,农产品销售中介服务组织91个,占比11.2%;房产中介174个,占比21.3%;家政及婚姻中介302个,占比37%;劳动就业中介43个,占比5.3%;其他206个,占比25.2%。

【家政服务】 家政服务业多种成分并行,主要有街道和社区妇联、工会、劳动等部门兴办的创业实体,民营家政注册公司,依托房产中介等介体的民间联合体,以及自谋雇主和业务的个体经营者。家政服务业有家庭保洁、家务(洗涮、烧饭)、月嫂、育儿嫂、接送儿童上学(入园)、护工等多种业态,集中在江浦街道及人口相对集中的市镇。从业人员多为城镇闲散劳力和农村富余劳力,以中壮年女性居多。至年末,全区有家政服务组织(公司、代理点)317个。其中,街道、社区家政服务实体114个,占比36%;注册民营公司(门店)57家,占比18%;房产中介等代办家政服务业务机构146家,占比46%。家政服务从业人员2382人,增长1.36%。 (浦鉴)

【广告服务】 2022年,浦口区有广告服务企业(门店)113家,当年新增24家。其中,注册广告企业77家,新增从业人员102人,新增注册资金5000万元。制作架设户外广告50处(块),推送电子屏视频广告信息2万条,新增住宅楼电梯间广告电子屏200块。 (区市场监管局)

【公证服务】 2022年,浦口公证处以拓展和规范公证法律服务为首任,以加强行业自律为重点,以争取公证工作的一流服务为目标,发挥公证工作证明、监督、服务、沟通职能,为全区经济社会发展提供优质高效快捷的公证法律服务。办理各类公证服务5783件,其中国内民事4773件、国内经济537件、涉外民事473件。民事类公证服务涉及内容广泛,保全证据类69件,遗嘱类50件,继承类658件,委托类709件,合同(协议)类100件,声明、承诺类3061件。配合江浦、永宁2个街道开展安置房回购公证工作,办理安置房回购承诺公证2000余件。协助区政府对江浦街道向阳组、南庄片区、龙华路项目等全区重大项目拆迁工作现场监督9次。在市司法局组织的2022年公证质量检查中,浦口区公证质量检查合格率100%。被评为"浦口区青年文明号集体",被南京市列为"青年文明号重点培育集体"。

【律师服务】 2022年,全区律师事务所和执业律师以开展小微企业法律服务月、中小企业法律服务月活动为契机,推进"产业链+法律服务"。为60余家小微企业现场提供法律服务。为48家中小企业开展法律讲座27场,审核合同240余份,解答法律咨询570余个。走访集成电路企业40余家,开展专利培训3场,解答法律咨询100余个。全区有律师事务所27家,其中合伙所24家、个人所3家。律师488人,增加53人。其中,各级人大、政协委员4人;29岁以下98人,30~49岁325人,50岁以下占比86.7%;博士生8人、硕士生129人,硕士以上占比28.1%。办理各类法律事务16747件,接受和办理法律援助案件504件、法律帮助案件22件。区公共法律服务中心和各分中心服务站点解答来访来电咨询8529人次,其中解答来访咨询2015人次、来电咨询6514人次。 (杨灿)

·文稿编辑 刘廷峰·

城乡建设

城乡规划

【概况】 2022年,浦口规划资源分局强化规划引领和资源保护,坚持节约集约用地,管控违法用地,为重大项目做好服务保障。浦口区获"江苏省自然资源节约集约利用综合成效好的地方""江苏省自然资源节约集约利用模范县(市、区)""江苏省土地执法先进县(市、区)"称号。侯昌盛被评为"江苏省打好污染防治攻坚战先进个人"。 (林晓露)

【国土空间规划编制】 浦口区围绕省、市、区重大项目、安置房保障、违法用地整改,合理分配上级预支的86.67万平方米新增指标和20.6万平方米购买"三合一"指标,保障各项经济社会发展用地和重大项目落地。全区使用用地计划185.87万平方米,其中使用国家计划用地127.67万平方米,使用增减挂钩指标58.2万平方米。推进浦口区国土空间总体规划编制工作,"三区三线"方案获自然资源部批复。推进传统村落保护规划及实用性村庄规划编制,完成桥林街道乌江社区、林蒲社区,汤泉街道泉西社区、九龙社区等9个实用性村庄规划编制,完成汤泉街道陈庄村张二乐组、泉东村吴林组等4个传统村落保护规划编制。编制完成浦口区2022年度预支空间规模指标落地上图方案。组织召开浦口区规划委员会会议15次、浦口区规划委员会办公室专题会15次、专家会审会85次,保障项目落地。

【重大项目规划保障】 浦口区保障省级重大项目1个(江苏开放大学)、市级重大项目1个(江苏宁亚特绿色环保电力设备研发生产基地)、安置房项目10个(棉场四期、林山雅苑三期、桥林中心城区3号地、柳岸听莺、民旺嘉园、林山雅苑五期、泰来家园安置小区三期、龙山南街农民集中居住区、高新1号地、高新3号地)、教育类项目6个(萱草路幼儿园、金穗路配建中学、狮山路配建小学、海桥路配建高中、城南中心5号地配建中学、北花园路规划中小学)、民生类项目93个,保证全区重点项目用地审批通过。华天科技(南京)有限公司晶圆级先进封测基地项目用地通过市规划和自然资源局审核、市政府审批,11月底取得征地批文。

【基础地理信息服务】 完成各类勘测定界808件。其中,征地类161件,涉及北沿江高铁、宁淮铁路、235国道、356省道、地铁11号线、江苏开放大学二期、江苏宁亚特绿色环保电力设备研发生产基地、安置房补办证等省、市、区重点项目;完成划拨、"招拍挂"、抵押、转让等供地类勘测定界429件;临时用地120件;两库项目30件;违法用地54件;设施农用地7件;农业农村一、二、三产融合项目7件。完成浦口区2021年度国土变更调查工作,变更调查更新图斑25279个,涉及面积21373万平方米,完成4次报省、报部工作,为规划和自然资源管理及经济社会发展提供基础数据。完成地形图免费供图项目92个,面积3116平方千米;管线免费供图项目116个,管线长度25238千米,其中现势性管线免费供图项目38个,管线长度845千米。 (林晓露)

【桥林新城规划编制】 2022年,浦口区开展《桥林新城战略规划》《桥林新城总体城市设计》《桥林新城竖向、水系及排水专项规划》编制工作。《桥林新城战略规划》放眼长江经济带、南京都市圈，聚焦苏皖交界地区以及江北新区和浦口区融合发展，从区域协作的视角，将桥林新城定位为“江北之芯、未来之城”。从目标导向和问题导向出发，制定七大发展策略，贯彻落实与江北新区融合发展战略，打造产、城、港融合发展的现代滨江新城。《桥林新城总体城市设计》规划立足地区现状及发展诉求，研究桥林新城的组织结构、空间特色及形态特征，提出城市空间形态优化策略。面向远期，对边缘空间与门户、开敞空间、特色意图区、斑块肌理类型等方面提出总体形态管控原则；面向近期，编制先期集中建设区地段城市设计图则，策划启动项目，对形态结构和要素进行精细化控制与引导，将桥林新城塑造成“在山水林田间成长的低碳智慧新城”。《桥林新城竖向、水系及排水专项规划》结合区域特点，提出竖向、水系及排水规划原则、防洪等级及排涝标准，优化排水分区、泵站布局、河道断面及河道蓝线，结合战略规划和城市设计研究阶段成果，形成初步方案。（桥林新城建设指挥部）

新城建设

【概况】2022年，浦口区加快城市建设步伐，重点开展新城新市镇建设和桥林新城建设。建设类重点项目164个，其中新建项目89个、续建项目75个，当年计划投资135.86亿元。开工162个，开工率98.8%。完工79个，累计完成投资129.5亿元。市城建计划项目6个，均完成年度任务目标，累计完成投资1.51亿元，完成率100%。完成市级精细化年度建设任务21个，当年完成投资8.15亿元，占年计划的100.2%。

【新城新市镇项目建设】城镇建设以道路建设、环境改造、景观提档升级为主，江浦街道新建浦云路、北庄东一路、北庄北二路、海院西路4条道路，总长1642千米，总投资1.31亿元，道路等级为城市次干路、城市支路，实施道路、路灯、绿化、排水、综合管线及其他附属配套工程。对蚕丝楼巷等城市道路实施“白改黑”，摊铺沥青路面，总投资550万元。实施凤凰大街、浦口大道、凤凰山瀑布及其周边环境综合整治工程和江浦街道14个零散片区改造等工程，总投资2.26亿元。实施文昌路片区道路综合整治工程，全长约1200米。连通石碛河至高旺河水系工程，结合浦乌路改造，对浦乌路旁河道按照规划建设到位，实施河道清淤、管道铺设，改善联合圩整体水环境。主城区9座城市公厕建成使用，总建筑面积875平方米，总投资2000万元。

（杨旻　陈欢）

【桥林新城建设】浦口区加快征地拆迁进度，5个拆迁项目进场签约，2个拆迁项目完成入户调查。其中，老城片区综合开发环境整治二期（百合路）、智慧新城一期、桥林老工业园区一期、老城综合开发（火神庙）、356省道（西江路—苏皖省界段）5个项目完成房屋签约85户、企业1家，拆迁面积7.8万平方米，大田青苗签约174户38.71公顷，石碛河东岸整治、石碛河西岸整治2个项目完成入户调查工作。自2021征迁扫尾攻坚清零行动以来，累计完成毅达数据中心、南湾街等14个遗留项目清零，遗留户签约105户（家），其中房屋92户、企业13家，完成率85%，确保上汽项目等5个地块征收净地，保障林西路、秋江路等重点道路建设。推进城建项目建设，开工建设重点项目21个。其中，骨架道路8条（沿山大道西延、丁香路北延、丁香路南延、紫峰路南延、百合路南延、丰子河路一期、秋江路、林西路）、支路10条（建兰路、兰北路、云实路、双浦路、春藤路、杜英路、青柳路、紫苑路、晓年丰路、双联路）、基础教育设施项目2个（金穗路中学、桥林一小）、文化体育设施项目1个（琼花湖文化体育中心）。当年计划投资25.19亿元，完成投资20.67亿元，完成全年计划的82.06%。

（桥林新城建设指挥部）

【海绵城市建设】区城乡建设局印发《关于进一步做好2022年度海绵城市建设工作的通知》，各部门、街场、园区做好海绵城市建设推进实施方案，细化责任任务。强化项目管控，建立规划方案审查、施工图专篇审查、专项验收监督等管控机制，兰溪河—银雀湖滨水区景观工程（B区、C区）、桥林自来水厂一期建设工程、谢营1号地租赁住房3个项目入选南京市海绵城市建设示范项目。其中，兰溪河—银雀湖滨水区景观工程项目（B区、C区）工程造价1.08亿元，包含儿童乐园、青年运动广场、园林绿化、景观硬装、河道堰坝、生态护坡、大型土石方、景观桥、道路、水电安装等工程,施工总面积21.4万平方米。海绵城市建设内容包括雨水湿地8040平方米、植草沟9993平方米、下凹式绿地1.28万平方米、透水铺装3.47万平方米、雨水花园7013平方米。桥林自来水厂一期建设工程完成LID设施建设,包括植草沟500平方米、下凹式绿地8400平方米、蓄水设施6930.5立方米、生态停车厂1808平方米、透水步道1.2万平方米。谢营1号地租赁住房项目总用地面积3.67万平方米,建设LID设施,包括透水地面7621.67平方米、雨水花园808.74平方米、雨水花坛161.29平方米、下凹式绿地505.6平方米、蓄水池304立方米,5月竣工。区城乡建设局被评为“2022年度南京市海绵城市建设表现突出集体”。 (陈欢)

【浦口大道环境综合整治工程完工】 12月完工。浦口大道环境综合整治工程位于江浦街道,北起沿山大道,南至龙华路,全长2320米,总投资7000万元,按照城市主干路标准建设,设计速度70千米/小时,由浦口城建集团实施市政道路整治、绿化提档升级、夜景亮化打造、杆件清并等综合整治。

【文昌路片区道路综合整治工程完工】 12月完工。由浦口城建集团建设的文昌路片区综合整治工程位于江浦街道。文昌路南起凤凰大街,北至公园北路,全长570米;一条巷西起文昌路,东至文德东路,全长315米;二条巷西起文昌路,东至文德东路,全长300米。总投资3000万元,主要实施市政道路整治、园林绿化提档升级、夜景亮化打造、杆件清并等综合整治。 (杨旻)

旧城改造

【概况】 2022年,浦口区完成拆迁征收居民533户、企业17家,征收面积97.33万平方米。其中,新开工项目完成征收居民496户、企业10家,征收面积68.37万平方米(含街道自干项目面积17.57万平方米);扫尾项目完成征收居民37户、企业7家,征收面积28.96万平方米。老旧小区出新全面铺开,实施5个街道、10个片区、64个小区出新工作,涉及居民1.68万户、房屋建筑面积193.8万平方米。区拆管中心做好征收领域信访维稳工作,接待来访群众51批172人次,受理上级转交信访件23件、和谐信访系统转办25件,均办结。向国有土地遗留户作出征收补偿决定7件,履行协议催告2件,履行协议决定2件,涉及房屋征收补偿行政诉讼案件17件(包含上年结转3件)、行政复议5件、民事诉讼1件,向区法院申请强制执行1件,推动6个扫尾项目清盘。做好拆除工地安全隐患排查工作,召开安全生产工作专题会议4次,组织安全生产专题培训2次,组织各实施单位对全区拆除工地开展“四清、四拆、四整治”专项行动,全年累计巡查370余次,发现问题15处,全部整改到位。

(邵晓娟 杨旻)

【重点项目征收】 4月28日,江浦街道西门大排档片区征收工作启动。项目北至双桥路,东至规划路,南至江森路,西至文德西路,涉及征收居民132户、企业4家,征收房屋面积1.85万平方米。7月22日,白马路规划小学(九一地块)、公教村地块房屋征收签约工作启动。其中,九一地块位于江浦街道白马路以南,涉及征收居民70户,征收房屋面积0.88万平方米;公教村地块位于江浦街道公园北路以南、黄山岭路以东,涉及征收居民50户、企业2家,征收房屋面积0.33万平方米。

【征收资金监管和结算审计】 2022年,区拆管中心收到征收资金4.87亿元,拨出资金9.65亿元,通过科学合理调配征收资金使用,做到项目资金专款专用。完成16个征收项目审计工作,完成无人机倾斜摄影及建模项目7个,逐渐形成科学技术服务征收监管的新模式。完成2022年度超期过渡费审核工作,审核认定征收项目115个,涉及居民23299户,拨付征收超期过渡费3.39亿元,维护被征收人的合法权益。

(邵晓娟)

【城市更新工作】 年初,编制《浦口区建设管理精细化城市品质再提升三年行动计划(2022—2024年)》,编排历史文化保护传承、重点片区整治、老旧小区改造等十大类任务106项,总投资169.61亿元,三年内计划投资99.61亿元。开展2022年城市体检工作,形成评估报告并上报市建委。推进文昌路片区城市更新试点项目,12月,文昌路片区(文昌路、一条巷、二条巷)综合整治工程完工,总投资3000万元。实施老旧小区改造工程，建筑面积193.8万平方米。打造集文化、生活、展示功能于一体的“城市窗口”，建设凤凰山公园、求雨山、云园3个“梧桐语”小型城市客厅。

【老旧小区改造】 2022年，浦口城建集团负责实施江浦街道文昌路片区、桥林街道乌江片区、星甸街道星兴片区、汤泉街道龙山片区、永宁街道侯冲片区等10个片区老旧小区改造工程，涉及小区64个、房屋429栋、居民1.68万户，总建筑面积193.8万平方米，总投资4.7亿元。排查改造涉及的区域，建立违章搭建情况台账。将城镇老旧小区改造与城市更新、电力、通信、供水、排水、供气等市政管网设施建设，以及养老、文化、教育、文旅、社区服务等公共服务设施建设有机结合，统筹安排海绵城市、治污、雨水资源化利用、市政建设等工程，优化空间布局和建设时序。以居民需求为导向，收集居民诉求，建设充电桩、晒衣架等，推动老旧小区改造工作落实落细，提升群众满意度。

（浦口城建集团）

【“梧桐语”小型城市客厅建设】 2022年，浦口区启动建设凤凰山公园、求雨山、云园3个“梧桐语”小型城市客厅。凤凰山公园翩翩“梧桐语”小型城市客厅建筑面积174.84平方米。求雨山“梧桐语”小型城市客厅建筑面积228平方米，内设物品寄存区、母婴室、医疗室、文创展示区、阅读空间等，每周开放时间不少于60小时。云园“梧桐语”小型城市客厅位于江浦街道城樾路2号，建筑面积220平方米，设阅读区、休息区、茶水区、“浦食浦味”绿色农产品展销区。“梧桐语”小型城市客厅是展现浦口城市形象、传承历史文化的重要窗口，兼具便民服务、文化展示等功能，每年计划开展文化科普、亲子育儿、健康养生、园艺茶道、书画艺术类公益活动20余场。

（陈欢）

【石碛河滨水景观带二期工程（朱石桥—横江大道段）竣工】 7月20日竣工。石碛河是浦口境内主要通江支流，发源于西南山丘区的天井山和三岔水库，流经桥林街道集镇区，至七坝港处汇入长江。石碛河滨水景观带二期工程（朱石桥—横江大道段）是浦口开发区桥林老城片区综合开发PPP项目子项目，具有行洪、供水和景观等功能，是桥林新城的生态景观廊道。项目3月开工建设，总投资约1.72亿元，建设内容包括石碛河两岸迎水坡和背水坡草皮铺设及灌木栽植、石碛河两岸仿木护栏安装等，施工总长3.5千米。石碛河滨水景观带分为4个部分：新滨河宜居游憩区、石碛河古今商贸展示区、明因友谊体验园、水乡湿地区。

（浦口开发区）

云园“梧桐语”小型城市客厅内部　　区城乡建设局供图

公共事业

·供　水·

【概况】 2022年，浦口区加强供水场站建设，完善桥林水厂管网配套，桥林自来水厂一期建成供水，完善浦口开发区、桥林街道等区域安全优质供水，桥林西供水增压站竣工，浦口区水资源综合调度研发中心投入使用。至年末，浦口城建集团下辖水源厂1座、水厂3座（江浦水厂、三岔水厂、桥林水厂，其中三岔水厂为应急备用水厂）、增压站7座。供水总量8345万吨,单日最高供水量27.8万吨。按照国家标准,对水源水、出厂水、工艺过程水、管网水、二次供水等开展全过程跟踪检测,检测结果达到国家《生活饮用水卫生标准》(GB5749—2022)规定。 (李媛媛 杨旻)

【桥林自来水厂一期建成供水】 5月21日建成供水。桥林自来水厂一期工程由浦口城建集团建设,2018年11月开工,2021年10月竣工,进行设备安装调试,总投资10.22亿元。一期供水规模20万吨/日,服务人口23万人,供水区域主要为桥林新城、浦口开发区及周边区域;二期将建成供水规模40万吨/日,服务人口47万人。项目采用超滤膜深度净水工艺,通过江苏省绿色示范工程中期验收。

【浦口区水资源综合调度研发中心建成】 9月6日建成。浦口区水资源综合调度研发中心位于江浦街道,由浦口城建集团建设,2021年2月开工,占地面积1.21万平方米,建筑面积2.68万平方米,总投资3.3亿元,是区政府2022年民生工程,由水资源综合调度研发中心、水质化验中心、水质科普馆和供水服务大厅组成。

【二次供水泵房智能监控管理云平台建成】 11月建成。二次供水泵房智能监控管理云平台总投资45.3万元,以通信技术为手段,通过对泵房各类运行数据采集、分析、处理、反馈,达到对泵房设备24小时不间断全面监测、监控,实现二次供水泵房管理科学化、规范化、精细化。

5月21日,桥林自来水厂一期建成供水　　浦口城建集团供图

【桥林西供水增压站工程竣工】 12月竣工。桥林西供水增压站工程2020年9月开工,总投资2.3亿元,实施范围为浦口区桥林街道西山社区,建设内容为增压泵房1座和配电闸、清水池2座、次氯酸钠加注间及机修车间、营业厅、仓储及抢修中心等配套设施。 (杨旻)

【桥林街道二期自来水厂配套管网建设工程、永宁街道一期供水管网改造工程竣工】 12月竣工。桥林街道二期自来水厂配套管网建设工程2021年9月开工,总投资1.4亿元,铺设桥林街道规划横江大道等供水管道3千米。永宁街道一期供水管网改造工程2021年9月开工,总投资1亿元,实施永宁街道范围内5千米老旧供水管道改造。 (罗涛)

·供　电·

【概况】 2022年,浦口供电服务中心管辖配网线路255条,总长2639.4千米,其中电缆长1649.47千米、架空线路989.93千米,公共变压器3780台,总容量179.31万千伏安。社会用电量36.96亿千瓦时,同比增长6.89%。业扩报装申请容量108.28万千伏安,业扩报装完成容量115万千伏安,同比增长40.05%。加强电力线路和设备运行动态监控,优化调整电网运行方式50次,最大程度释放供电潜力。

表39　2022年浦口区各行业电力供应情况统计表

指　　标	用户（个）	用电装接容量（千伏安）	用电量（万千瓦时）
一、全行业用电合计	86580	4133664	242557.48
（一）按产业分			
第一产业	2143	65778	2092.37
第二产业	3422	1182470	154575.02
第三产业	81015	2885416	85890.09
（二）按行业分			
1. 农林牧渔业	4831	137304	3582.76
2. 工业	2563	1037542	148197.07
3. 建筑业	883	146354	6481.48
4. 交通运输、仓储和邮政业	321	209185	9854.02
5. 信息传输、计算机服务和软件业	6382	138871	6983.98
6. 商业、住宿和餐饮业	18957	438639	19150.81
7. 金融、房地产、商务及居民服务业	31956	1179178	19165.85
8. 公共事业及管理组织	20687	846591	29141.51
二、城乡居民生活用电合计	710161	6016783	127044.41
城镇居民	565919	4868874	97620.94
乡村居民	144242	1147909	29423.47
全社会用电总计（供电量）	796741	10150447	369601.89

【重大项目（活动）、重要时段供电服务】 2022年，浦口供电服务中心对接区土储中心等部门，梳理3月1日以后取得土地使用权的商品房项目，明确需求用电时间，优化电源方案，跟踪资金落实。对低压小微企业用电申请，由浦口供电服务中心出资151.5万元，建设到户电表箱303个；对高压电力用户建筑区划红线连接至公共管网部分发生的电缆、电力杆线和环网柜等设施建设费用，由浦口供电服务中心投资1.2亿元建设。建立专人服务机制，完成存储及射频类集成电路封测产业化、南京国家现代农业产业科技创新示范园区、芯爱集成电路封装用高端基板一期3个省级重大项目送电工作，完成华天科技（南京）有限公司集成电路先进封测产业基地等18个区级重大项目送电工作。完成党的二十大、全国农业科技大会等重要时段和重大活动保供电任务。为医院等防疫重点单位提供24小时用电安全服务。为春节保供电筹措近100万元应急保供物资，投入抢修车20辆、抢修人员100人。

【“开门接桩”专项行动】 浦口供电服务中心实施住宅小区充电桩建设和改造项目，完成70个小区充电桩配套设施建设，投入电力电缆35千米、计量表箱2177个，布电线8.9万米，累计投资1000多万元。优化低压业扩配套建设，为小区居民提供充电桩“插座式”服务，居民出行更加绿色低碳。

【水、电、气、通信联办窗口设立】 浦口供电服务中心在政务中心和供电营业厅同步设立水、电、气、通信联办窗口，安排专业工作人员4人，方便居民交纳水电费，提升市政公用设施报装便利度。至年末，配合区行政审批局完成南京名华置业有限公司NO.2020G115地块等5个项目联合报装案例。　（黄红蓝）

·供　气·

【概况】 2022年,浦口区有燃气经营企业4家,其中管道天然气企业1家、瓶装液化石油气企业3家,燃气场站18个。管道天然气工商服务用户1098户,居民在册户数15.63万户,点火户数12.14万户,管道天然气用量6719万立方米,天然气调压柜389座,调峰站1座,中低压管线541千米。瓶装液化石油气用户46042户,其中实名制用户23377户(含非居民用户1639户)。

【城镇燃气及地下管线安全整治】 区城乡建设局加强燃气行业隐患排查治理,重点检查及抽查非居民燃气用户1300余户(含餐饮商户)、养老院9家。发出责令整改通知书6份、执法检查通报1份,督促企业完成整改146处。联合浦口公安分局、区市场监管局开展打击"黑气"行动10次,取缔无证供气点6家,暂扣钢瓶94只。开展燃气场站安全检查62家次,发现并整改隐患36条。委托第三方安检机构对全区燃气场站进行安全检查,督促整改隐患77条。立案查处违规操作导致的燃气管线破坏事件5起,收缴处罚金19万元。发生瓶装液化气泄漏事故6起,均由使用人操作不当引起,无伤亡事故。

【瓶装液化气居民用户"安心管"免费升级】 全区有瓶装液化气实名制用户23377户,其中仍在使用无熄火保护装置、不合格劣制灶具或超期服役灶具的用户占86%,使用液化气输送管是橡胶软管甚至是塑料软管的用户占98%。开展液化气用户"安心管"免费升级行动,将橡胶软管更换为燃气专用金属软管10044米,配套减压阀6696个,更换灶具5759户,补贴234.37万元。

(陈欢)

·排　水·

【概况】 2022年,浦口区推进长江入河排污口整治工作,落实长江岸线段格化管理,实施超标排口专项整治工程,结合农村生态河道、农村污水治理等工作,实现排口整治、监管一体落实。完成261个长江入河排污口整治,完成率97.8%,提前完成市定80%年度目标。开展水环境问题巡察整治,实施建成区河道专业化管养、水库"专业化+社会化"管护模式,省级季度劣Ⅴ类水体监测达标比例达到省定目标。在第二轮中央环保督察中,未发现旱天河道污水直排问题,无水环境问题主办件,4件涉水协办件均完成整改及"回头看"。

【污水收集处理】 区水务局完善污水收集系统,团结路0.5千米污水管网建设、康健路0.1千米污水管网改造、珠江污水处理提质增效精准攻坚工程竣工。城镇污水处理厂正常运行,出水稳定达标,污泥无害化处置率100%,污水处理管理信息系统填报率及完整率100%,城镇排水设施考核位列全市郊区组第一名。开展市政排水窨井设施专项整治行动,排查市政排水管道检查井9800座,发现问题点42处,均完成整改。加强排水许可"应办尽办",办理排水许可手续513件,排水许可批后监管率100%。加强对农村污水设施的运维管理,保障设施正常运行,达到农村污水"双60"治理要求,设施正常运行率保持在95%以上。

【珠江污水厂中水厂厂外配套管网二期、三期工程竣工】 7月23日,珠江污水厂中水厂厂外配套管网二期工程竣工。工程2021年7月开工,总投资6000万元,中水主管道沿江心洲长江大桥连接线—浦乌路—雨山河北侧—嘉义路北侧—五华路东侧—沿山大道(五华路—光明路)敷设,总长6.8千米,管径DN600~DN800。建设珠江污水厂厂外五华路等中水管道、浦云路加水机与公厕中水利用试点工程。12月,三期工程竣工。工程2021年10月开工,总投资9500万元,实施中水管道、加水站点、公厕接管改造、河道补水口、无负压增压泵站及现状中水管道修复等工程。其中,中水管道工程沿沿山大道(宁淮高速—五华路、光明路—浦口大道)、城南河路(浦云路—新南路),过城南河、上河街(珠泉西路—南门桥)、珠泉西路(上河街—团结路)敷设,总长11.3千米,管径DN300~DN800。

(杨旻　罗涛)

【街道污水处理提质增效攻坚工程竣工】 桥林、星甸、汤泉、永宁4个街道污水处理提质增效攻坚工程2021年9月开工,2022年9月竣工,总投资9000万元,实施污水系统缺失管道整改,污水管网及附属设施清疏、排查、修复,以及永宁、汤泉、星甸、石桥、乌江5座污水处理厂升级改造。江浦街道珠江污水处理提质增效精准攻坚工程 2021 年 9 月开工，2022 年 11 月竣工，总投资 5000 万元，对江浦街道范围内排水管网实施检测、清疏、修复、雨污分流修缮、节点井改造等。（罗涛）

·城市公共交通·

【概况】 2022 年，扬子公交浦口公司有车队 8 个。运营线路 70 条，其中进城线路 10 条（含夜班线路 1 条）、城乡公交线路 26 条、镇村公交线路 31 条、省际线路 3 条。运营车辆 643 辆，其中可用车辆 583 辆、校车 49 辆、停驶待报废车辆 11 辆。运营线路长 1241.9 千米，公交场站 20 个。实际运营里程 3018.88 万千米，营业收入 3279.81 万元，客运量 2682.24 万人次。

南京江北绿航智慧交通有限公司是浦口交通集团全资子公司，有职工 27 人。全区建成公共自行车投运站点 358 个，投放公共自行车 1.45 万辆。部分站点管理权限于 2019 年 11 月 15 日移交江北新区后，浦口区在运营站点 133 个。至年末，累计售卡 61696 张，其中实体卡 30089 张、扫码租车 31607 张，骑行总量 155.48 万人次。

（徐思奕　张萍）

【重大节日及大型活动公交保供】 扬子公交浦口公司做好春运、五一等重大节假日公交保供工作，其中春运期间运送乘客 315.96 万人次，收入 387.28 万元。组织车队开展疫情防控应急演练，做好员工询问、体温测量、乘客佩戴口罩乘车、运营车辆消毒保洁等工作，公交场站消毒率 100%。（徐思奕）

【公共自行车服务进社区】 3 月 5 日，浦口区新时代文明实践志愿服务总队在浦口市民广场举办“文明实践，志愿同行”2022 年度浦口区学雷锋集中活动日暨志愿服务展示交流活动，绿航公司开展公共自行车服务进社区志愿服务活动。志愿者们解答公共自行车业务办理相关咨询及市民在租还车过程中遇到的问题，接受现场咨询 20 人次。专业维保志愿者免费对各类非机动车辆进行检修和维保，包括生锈部位除锈喷漆、刹车系统检修、零器件上油润滑等，检修车辆 12 辆。

【公共自行车春秋季大保养】 3—5 月，绿航公司对全区在运营车辆开展春季车辆大保养工作；10—12 月，开展秋季大保养工作。分 2 个阶段实施，第一阶段进行站点“地毯式”检查维护，开展流转车辆的刹车调试、除锈润滑、简单维修等保养工作；第二阶段集中进入仓库保养，对仓库储备自行车及站点故障返修车辆进行集中维修保养。成立大保养工作专项督导小组，重点检查维修保养后车况。全年完成自行车大保养 5879 辆次，更换站脚 209 只、刹车线 60 根、刹车包 28 个、钢丝 1850 根、脚踏 57 副。

【公共自行车站点更新改造】 4—11 月，绿航公司对全区 133 个公共自行车站点设备开展维修保养工作。专项维保小组逐项检查站点的锁止器、POS 机，排除故障，消除骑行安全隐患。完成锁桩检修 3743 个次、POS 机故障维修 63 个、断电站点电力恢复 67 次。6 月，开展公共自行车老旧站点更新改造工作，调研站点运营现状，制订解决方案，完成 8 个站点更新改造，更换底板 210 块。11 月，启动公共自行车后台系统云升级工作，12 月通过验收，公共自行车系统服务更加稳定，市民租还车服务更加流畅。

（张萍）

【401、D51 路公交线路开通】 5 月 1 日，新辟由石桥客运站至双垅地铁站的 401 路公交线路。首班车发车时间 6:00，发车间隔 50～120 分钟，末班车 18:30 返回，票价 2 元，与地铁 S3 号线无缝对接。5 月 28 日，新辟由江浦客运站南（1 站台）至南京站·北广场西的 D51 路公交线路。首班车发车时间 6:00，发车间隔 8～10 分钟，末班车 23:10 返回，票价 3 元。（徐思奕）

城市管理

【概况】 2022 年，浦口区聚焦“全域改革突破年”工作要求，以“四清、四拆、四整治”环境整治行动为主线，以项目建设精品化、城市管理精细化为突破口，开展海峡大道、老山板块、宁合高速、南京江心洲长江大桥周边等重点区域环境专项整治，依法取缔违规菜地、违建披棚 3.3 万平方米，修复道路坑洼等病害 6000 平方米。拆除新增违建面积 4.3 万平方米，治理存量违建面积 3.41 万平方米。招商雍宁府、融创臻园等 7 个小区创成市级“无违建小区”。推进道路街巷“增光补亮”工程，重点对 5 条道路干线 1975 盏路灯进行节能化改造。推进城市街头绿地“微更新”精品化工程,南京工业大学地铁站3号口、公园南路2处绿地游园建成开放,18座城乡公厕经新建改建后全部纳入长效管理。利用闲置地块,建成临时停车场15处,新增停车泊位3251个。党政机关、企事业单位试点“办公+”共享车位84处,开放泊位2210个,“全域共享”治理模式被中央广播电视总台报道。在全市城市治理考核中连续排名新区组第一名。

3月,区城市管理局对南京工业大学地铁站3号口周边绿地进行提档升级,改造面积7859平方米　　陈瑶摄

【“四清、四拆、四整治”环境整治行动】 浦口区把“四清、四拆、四整治”环境整治行动作为工作主线,推动环境提升由“抓常规”向“提质量”发力、由“补短板”向“创亮点”转变。涉及城市环境类投诉较上年同期下降40.23%,9个属地板块“12345”等政务热线投诉有6个板块明显下降,最高降幅49.15%。开展主次干道零散垃圾、背街小巷废弃垃圾、城乡结合区域积存垃圾等六大垃圾清零行动。重点解决流动摊点、倚门出摊等动态性、反复性市容管控难题。编制河湖管护标准化守则,水源地水质达标率保持在100%。清理积存垃圾3.2万吨、水系漂浮物等垃圾3447吨,清理乱堆乱放11.8万余处、乱贴乱挂7万余处。开展老旧建筑安全隐患排查整治三年行动,全年治理违法建筑1030处8.78万平方米,其中拆除1028处8.64万平方米(拆除危房33栋1.79万平方米、拆除破旧建筑65处4521平方米)。修整破损设施,消除市政安全隐患,实行快速巡查和应急抢修机制,公共设施运行良好率达95%以上。整治酒驾醉驾、超员超载、骑乘电动车不戴头盔等违法行为。抓好在建工地扬尘污染防治,对178个在建工地巡查2000余次。查处机动车闯红灯、机动车违停、酒驾等交通违法行为31.1万起,整治住宅小区282个、在建工地194个,开展宣传活动853场,设置宣传展板3364个。

【渣土车专项整治】 联合交管部门,召开全区15家渣土运输企业安全运输工作会议,传达全市道路交通安全暨重点车辆管理工作会议精神,落实《南京市渣土运输管理办法》,发放《致全区渣土运输企业、渣土车驾驶员的一封信》,与相关单位签订安全运输承诺书。组织执法队员检查安全规章制度、驾驶员安全教育开展情况及安全台账,告知建设单位、施工单位及运输单位提交建筑垃圾处置申报材料和注意事项。实施信用考核机制,每月通报渣土运输违规行为,倒逼企业及时整改车身不洁、抛洒滴漏、带泥上路等违规行为。联合开展渣土运输企业复检行动4次,整改存在标识模糊、车身不洁等问题的渣土车76辆。依托工地出口监控、道路卡口抓拍、车辆GPS卫星定位等科技化手段,加大打击渣土运输车辆违规运输行为力度。全年开展各类渣土车整治360余次,出动执法人员5400人次、执法车辆1440车次,检查渣土运输车辆9000余车次。办理渣土类案件406件,累计罚款165.45万元。办理渣土处置核准事项26件,渣土回填备案28件。

【停车资源共享】 浦口区打造警网融合新机制,构建“一网统管”新格局。成立浦口区停车整治办公室,推进“公安+城管”停车整治联防联动模式,抽调城管、公安、街道执法人员42人,整合341人的管理力量,分布到5个街道,开展治安管理联防联护、停车整治联勤联动。区城市管理局指挥中心建设共享视频监控3900路,其中接入公安部门高点监控3500路,覆盖全区2万个公共停车泊位实时信息,为市民提供停车缴费、查找车位、共享停车、预约停车、包月服务、汽车充电等13项便民功能，提高停车资源利用效率。建立完善停车问题发现、受理、处置、报告、反馈机制，将停车管理工作下沉到基层网格，实现停车需求在网格发现、停车信息在网格采集、管理服务在网格开展、停车难题在网格解决，开展“线上听意见，线下督落实”工作，解决“12345”工单落实难问题，实现停车管理工单每日清零。停车收费类工单满意率99.2%，公共停车场建设需求类工单下降70%，违停类投诉工单下降40%。

【清洁家园】 浦口区打好污染防治攻坚战，建设清洁美丽家园。针对老山景区周边环卫责任主体复杂、权限归属不明等问题，组织属地街道、珍珠泉度假区、浦口城建集团等部门召开专题协调会，健全老山片区环卫保洁长效管理机制。3月1日，根据中央环保督察和春季污染防控工作部署，启动老山片区环境整治提档升级专项行动，出动人员1954人次、车辆825车次，清理乱堆乱放637处，清运垃圾388吨。加强道路节点治理，紧盯宁合高速、南京江心洲长江大桥等重点区域，开展“清盲点、治脏点”环境整治行动，清拖生活、建筑垃圾59车次，拆除违规披棚35处，铲除违规菜地2.43万平方米。针对康盛路与盛景路交叉口高架桥下车轮带泥上路问题，开展托底整治，完成160平方米路面改造，投入碎石39吨，修整路牙65米，出动机械车辆12车次。严抓城市“牛皮癣”治理，净化小区环境，清理“牛皮癣”小广告2.1万余处，立案查处502件。6月，区城市管理局开展城市井盖隐患排查整治行动，排查主次干道和背街小巷52条、窨井1408座，更换破损及老旧井盖11块，排除道路污水，保持道路整洁。

【农贸市场周边市容环境整治】 浦口区推进全国文明城市创建工作，整改农贸市场及周边薄弱环节，规范农贸市场周边市容环境秩序。成立工作专班，对江浦街道珠泉菜场等4个主要农贸市场周边进行督查，强化问题整改。发挥数字城管监督指挥系统优势，将农贸市场周边环境整治与城市治理考核相结合，每日安排专人采集农贸市场周边环境卫生和市容秩序等问题，通过列出清单、挂牌督办、销号整改，推动农贸市场周边环境全面达标。发挥“机械+人工”清扫联合作业优势，加大机械化清扫作业频次和生活垃圾清运力度。依托网格化定人定岗巡查和错时执法管控，重点解决倚门出摊、占道经营、乱设摊点等市容管理“顽疾”。取缔流动摊点占道经营1万余处，规范倚门出摊8000余处，办理门前“三包”、占道经营等市容案件378件，罚款3.32万元。加强农贸市场门前停车管理，通过外包模式加强对非机动车停放引导及管理。采取“劝离+处罚+曝光+清拖”等方式，集中开展违停乱象治理。劝离违停车辆34013辆，抓拍违停车辆41897辆，清拖违停车辆及“僵尸车”80辆。

【城市绿道场景打造】 区城市管理局落实30千米步行绿道新建改建任务，总投资1000余万元，新建浦云路、珍珠泉、凤凰山、象山湖、九龙湖公园等绿道32.2千米。按照《南京市绿道规划设计导则》等技术规范，围绕“优空间、强服务、增活力、塑特色”目标，整合沿线景点、文化资源特色，建设浦口全域公园体系、城市绿道体系和生态绿地系统。浦云路绿道以“落樱缤纷”为主题，致

8月，汤泉街道九龙湖公园绿道完工　　汤泉街道供图

力于打造集锻炼、休闲、娱乐于一体的“一路一品”健康绿道，被列入省级“乐享园林”项目。珍珠泉度假区绿道与环湖风景、游乐体验、生态自然、动物互动融为一体，满足游客多层次、多样化需求。结合绿化美化、体育公园和美丽乡村建设，完善硬件配套，增加服务设施，凤凰山绿道增设智能座椅、智能打卡标牌、距离步数指引、功能解说等智慧化元素，增强市民娱乐性和体验感。

【垃圾分类】 浦口区根据《南京市生活垃圾管理条例》规定，在全市首家推行参与垃圾分类志愿服务不予处罚活动，通过“搜集违法证据—开展岗前培训—志愿普法宣传”三步走，对保障房小区乱扔垃圾居民进行普法宣传，对其他居民乱扔垃圾行为进行宣传引导，全区有11个小区133人签订承诺书并完成志愿服务，宣传引导小区居民4460人次，现场制止随意倾倒垃圾行为1664人次。4月26日起，联合公安、城建、房产、交运部门及各街场、园区，开展渣土、建筑垃圾偷倒乱倒专项整治行动，查扣违法渣土车辆141辆，办结案件137件，罚款45.76万元。7月起，抽调220人成立执法组与志愿服务队，围绕小区居民、商户随意丢弃垃圾、不分类投放等重点难点问题，开展生活垃圾分类“净城”整治行动，出动人员6150人次，下发责令改正通知书324份，办案507件，罚款8.64万元，其中现场处罚219起，现场纠正居民乱扔垃圾、未分类投放4373起，协助物业清理垃圾2420处。强化重点小区、重点区域夜间执法检查，第一时间核实违法线索，依法立案查处，全年召开垃圾分类执法保障工作推进会63次，送达整改通知书1107份、行政处罚告知书935份，办理垃圾分类案件1382件，罚款29.04万元，专项指标位居全市郊区组第一位。

【“补光增亮”微实事】 1月，区城市管理局开展“我为群众办实事”实践活动，实施“点亮夜行路”攻坚项目，对照城市精细化管理要求，组织巡查人员对各区域照明设施进行网格化“体检”，做到“即坏即修”。将浦虹路、104国道等45条道路和街巷普遍存在的灯头破损、支架锈蚀、电缆老化、照明亮度不够等问题列入整治菜单，保障市民夜间出行安全。完善路灯照明规划，推广LED节能光源。建立城市照明智慧监控系统，通过无线通信及自动化控制等对城市照明设施实施远程控制和故障监测，发现问题主动报警，做到精准维护。通过发放问卷、入户走访等形式征集民意，将群众诉求纳入工程改造方案。通过电话、信箱、投诉平台等受理群众投诉，解答群众疑惑，回复城市照明等热点难点问题，小问题当天解决，大故障不超过3天。修理破损灯头668盏，更换锈蚀支架3根、老化电缆740米，安装智能路灯控制器2438个。城市照明设施完好率100%，亮灯率98%以上。 （方陈）

建筑管理

【概况】 2022年年末，全区有建筑企业613家(规模以上建筑企业15家)。其中，总承包企业209家(特级1家、一级7家、二级21家、三级180家)，专业承包企业251家(一级26家、二级143家、三级82家)，劳务企业153家。新申办企业69家，资质增项企业51家，注册地迁入企业35家，注册地迁出企业13家，企业全资子公司间重组、分立33家。职称人员录入审核116家189人，技术工人录入审核186家367人，调动解聘人员279家439人。新办理施工企业信用手册25家201人，施工企业信息变更24家331人。新办理监理企业信用手册1家9人，审核监理企业信息变更2家104人。信用手册在册的建筑施工企业213家，监理企业7家。实现建筑业产值256.61亿元，代征税收入2.41亿元。

【建筑市场检查管理】 完成建筑市场及工地执法检查259次，下发整改通知书54份、停工通知书7份。处理清欠投诉425起，其中工程款投诉4起，涉及金额270.85万元；处理民工工资投诉421起，涉及金额8947.82万元，涉及民工3136人，全部处理完毕。通报表扬施工单位12家，通报批评施工单位10家。行政处罚立案3起，处罚金额95391.51元。简易处罚1起，处罚金额1000元。办结涉及清欠和建筑市场行为的“12345”及各部门工作联系单986份。

【清欠专项行动】 年末，浦口区开展拖欠工程款和民工工资专项整治行动，对全区在建工程项目、民工工资专用账户建立、工程款支付及农民工工资发放情况开展集中排查梳理。督促项目参建单位落实工程款、工人工资支付保障工作,对存在问题的项目实行重点监控,领导干部进行跟踪处理。通报表扬建筑企业7家,通报批评建筑企业5家,限制在浦口区建筑市场准入行为的企业7家,并在年度信用考评扣20分,记入企业不良信用系统,对3家企业项目给予停工整改、暂停验收处理。

【房屋质量监管】 至年末,全区登记新建单位工程403栋,建筑面积311.75万平方米;竣工备案单位工程501栋,建筑面积508.5万平方米。开展工程安全生产专项整治,完成项目巡查1802个次,发出整改通知书829份、停工通知书37份、抽查记录单936份,市建委申请红牌12个、黄牌4个。查处各类违法违规行为193起,处罚金额137.7万元。获“扬子杯”项目4个、“金陵杯”项目20个、“优质结构工程”项目52个。

【建筑工程招投标监管】 浦口区开展江苏省委第十巡视组巡视浦口反馈问题整改工作,明确建筑工程围标串标项目及涉案单位,对涉嫌违法的由司法机关追究刑事责任。完成市建委招投标大数据异常项目核实工作,其中涉及大数据异常的40个标段均核实整改。完成2021年度江苏省工程建设领域整治任务,核实在建工程标段86个,其中房屋建筑标段64个、市政基础工程标段22个。完成《浦口区开展严厉打击建筑工程发包与承包违法行为专项整治行动》任务分解,发现设置不合理条件、排斥潜在投标人案件5起,做到备案不通过,即发现即改正。夯实招标人主体责任,提升招标代理从业能力,改善全区房屋建筑和市政基础设施工程招投标营商环境,举办建设工程招标投标业务知识培训会,发放招标人主体责任自查表,收到13家建设单位情况反馈。全年完成招投标监管标段279个,交易金额168.8亿元。

【农村自建房建筑安全隐患排查整治】 开展农村自建房建筑安全隐患排查整治工作,排查出隐患房屋299栋,完成危房整治146栋。对所有D级危险房屋均采取停止使用、人房分离、张贴警示标识、设置警示区域等阶段性消险措施。督促街道安排专人每日巡查监管隐患房屋,确保不发生安全事故。

【管线缆线专项整治】 全年完成管线缆线整治1199处,完成率100%。其中,道路缆线问题点位997处,小区、建筑物缆线问题点位176处,农贸市场及周边缆线问题点位26处。缆线整治专班会同区工业和信息化局、区通管办、区住房保障和房产局召开调度会19次,开展现场督查74次,针对各街场、园区发出空中缆线问题工作提醒单、整改通知单等67份,编发简报4期、通报1份。

（陈欢）

·文稿编辑　卢仕松·

乡村振兴

综　述

【概况】　2022年,出台《浦口区关于做好2022年全面推进乡村振兴重点工作的实施意见》《浦口区贯彻2022年中央和省委一号文件重点举措项目化清单》等文件。以农业农村重大项目为着眼点,加快产业链强链、补链、延链,列入市农业农村重大项目25个,年度投资21.11亿元,保持项目数和投资额"双增长"。位列国家数字乡村试点区建设中期评估全国第三名,位列市级乡村振兴战略测评全市第一名。农村人居环境改善工作获省政府督查激励。举办全国农业科技创新工作会议暨2022全国农业高新技术成果交易活动。浦口区获评"全国旅游综合实力百强区",永宁街道获评"第二批全国乡村旅游重点镇(乡)",入选省级特色田园乡村3个。

【农业农村现代化建设】　坚持科技赋能农业农村现代化建设,建成浦口数字乡村大数据中心,基本实现涉农数据"一屏全览""一网统管"。搭建数字大田、数字温室、数字渔场、数字猪场4类典型应用场景,实现智能化控制、精准化运行、科学化管理。打造"我的浦口"一站式服务平台,实现政务服务"一网通办"。建成"浦惠民生"服务平台,实现救助帮扶高效对接、全面覆盖。对接南京农业大学专家智库,围绕瓜果蔬菜、青虾、"金陵味稻"等特色产业园区建设,打造林下种养模式,组建工程团队4个,提供技术支持,攻克一批农业生产技术瓶颈。创新运用"充氧+低温"保鲜技术,提高青虾远距离物流运输成活率,对接中国邮电、紫金农商银行等农产品助销平台,与盒马鲜生、叮咚买菜等生鲜电商平台合作,打通农产品出村进城渠道。网销大米650吨,比上年同期增长45%;完成青虾线上销售订单4716笔,平均单价236元/千克。　(钟倩)

【农村高质量发展评价】　根据市委农村工作领导小组统一部署要求,在2022年度南京市实施乡村振兴战略涉农区街镇高质量发展评价中,永宁街道和江浦街道分别获得现代农业主导型和现代服务业主导型街镇综合奖,桥林街道获发展奖。浦口区在2022年度全省乡村振兴战略实绩考核中继续保持区县级综合排名第一等次。　(陈瑛瑛)

【数字乡村建设】　在全国数字乡村建设现场推进会上,浦口区作为南京市唯一的国家级数字乡村试点区作典型发言,重点介绍浦口区数字乡村建设工作推进情况和试点经验。南京国家农创中心入园企业农芯(南京)智慧农业研究院作为浦口区国家级数字乡村试点区建设项目承建单位,根据"1+2+3+N"顶层架构,打造具有浦口特色的都市近郊型数字乡村体系。数字乡村一期建设工程基本完工,搭建完成浦口数字乡村大数据中心,打造汤泉农场数字大田、绿丰源谷数字温室、永宁街道联合村数字渔场、星甸街道数字猪场4类智慧农业应用场景,搭建永宁街道东葛社区乡村治理综合服务平台1个、"透明农场"10家以及一站式"三农"服务平台等,使数字化成为浦口乡村振兴的最强引擎。

(南京国家农创中心)

【农村产权交易】　围绕"抓规范、强标准、拓范围、提效益",组织开展农村产权交易工作,提升全区农村产权交易市场标准化、规范化水平。规范运作交易平台，与南京农村产权交易中心合作，确保农村集体资产资源流转交易应进必进，并按平台要求规范发包。规范信息化操作流程，实行集体资产资源动态闭环管理，实行线上交易，扩大交易品种。规范制度化管理交易行为，按照《浦口区农村产权流转交易管理办法（试行）》，强化主体责任，确保交易规范运行。与金融机构对接拓展产权交易抵押融资权能。全区通过农村产权交易平台发布标段512个，成交标段473个，成交总金额7443.85万元，溢价总金额1456.09万元，溢价率24.3%。交易品种9个，分别为土地经营权、水面经营权、“四荒”使用权、林权、集体资产、设施设备、涉农项目、宅基地使用权及其他。其中，土地经营权流转面积574.8公顷，成交金额1533.78万元，溢价金额27.23万元。（邹旻桦）

【高素质农民培育】 根据《关于做好2022年省级高素质农民培育项目实施工作的通知》《关于印发〈2022年南京市“智汇三农”人才工程项目实施指导意见〉的通知》精神，结合浦口区实际，制订高素质农民培育项目实施方案和培训计划。全年举办高素质农民培训10期，培育高素质农民799人。（蒋莉）

脱贫攻坚成果巩固

【概况】 2022年，落实“四个不摘”要求，动态跟踪原建档立卡低收入农户“三保障”情况，完成原帮促对象动态核查与帮促工作。开展动态监测，按月动态更新信息，并录入阳光惠民监管系统。省、市、区、街道拨付危房改造补助资金28.5万元，新增农村危房改造5户，低收入群体危房改造动态清零。建档立卡低收入农户脱贫巩固率100%。拓展黎家营民宿示范点功能，民宿赋能村级集体经济发展，经济薄弱村（欠发达村）脱贫巩固率100%。在星甸街道、永宁街道开展乡村公益医疗互助试点工作，42180人参与，筹集资金337.44万元，申请报销1957人次，报销金额193.82万元，平均减负31%。强化防止返贫长效机制，推进市级衔接补助资金项目建设，探索建立联农带农机制，完成总投资4500万元，重点支持星甸街道王村片区瓜果产业、永宁街道青虾产业链、4个乡村振兴重点村（经济欠发达村）特色农业产业等发展，带动辖区低收入人口就业增收。（程赵洁）

【农村金融扶持服务】 管好用足“金陵惠农贷”，完善年度贷款贴息兑现机制，惠及农业经营主体98户，涉及资金287.36万元。举办浦口区第二届农银企“直通车”金融服务日活动，搭建金融机构与新型农业经营主体之间的沟通桥梁，现场签约授信贷款1750万元。实施科技森林培育行动，组织农业银行、南京银行等，开展精准服务30余次，协助17家企业获得融资贷款约2800万元。（赵永胜）

【省级“互联网+”农产品出村进城】 推进省级“互联网+”农产品出村进城改革试验区建设，构建“N+1+N”市场化运营机制。成立由区政府主要领导担任组长、相关部门主要负责人为成员的领导小组，联合南京农业大学、江苏省农业科学农产品加工研究所进行顶层设计，邀请江苏省青虾产业技术体系岗位专家进行技术指导，以“强链、补链、固链、延链”为导向，针对产业链薄弱环节重点突破，优化升级产业链。编制完成《青虾冷链保活贮运技术规程》《青虾分等分级标准技术规程》，构建青虾、稻米、鲈鱼产业联合体，实行统一标准、统一管理、统一销售“三统一”，依托“1”家龙头企业南京丽铭农业生态发展有限公司的组织优势，网联科研院校、数字化企业、电商销售平台等“N”个资源主体，对接散小农户、生产合作社等“N”个生产主体，拓宽农产品上行渠道，打造贯穿生产与销售全流程的高质量供应链。创建“名文大米儿时味道”抖音号，采用“直播带货+源头直发+同城寄递”“直播带货+社区服务团购+源头直发+落地配送”模式，形成订单5756笔，助农销售57.16万元。（吴旻）

【新型农村集体经济发展】 推广黎家营民宿模式，引导有条件的村打造不同主题的民宿产业集聚村，打造“吃、住、行、游、购、娱”乡村旅游全产业链。开展“共同富裕 百村实践”新型农村集体经济发展活动，采用“党支部+合作社+农户”模式，发展农村集体经济，带领农民共同富裕，江浦街道白马社区、星甸街道双山村、永宁街道大埝社区3个村（社区）入选全省“共同富裕百村实践”新型农村集体经济发展典型案例。（钟倩）

【3个村(社区)入选全省“共同富裕 百村实践”新型农村集体经济发展典型案例】 2月18日,省委农办、省农业农村厅公布100个全省“共同富裕 百村实践”新型农村集体经济发展典型案例,浦口区江浦街道白马社区、星甸街道双山村、永宁街道大埝社区3个村(社区)入选。

江浦街道白马社区入选农旅融合型新型农村集体经济发展典型案例。白马社区以不老村为着眼点,开创“旅游+”发展模式。不老村民宿群位于老山脚下,2015年10月引进专业团队设计打造。自2016年6月开村以来,创新运营模式,坚持以民宿、客栈为核心业态,开创以农趣体验为主的乡村旅游3.0管理模式。不老村先后获“南京最美乡村——最佳休闲地”“中国最美村镇50强”“江苏省五星级乡村旅游区”“全国乡村旅游重点村”“江苏省水美乡村”等称号。村内8家原住民开设的农家乐和便利店自主经营,其余30家民宿、客栈和商户成立“客栈联盟”,统一管理。引入国内知名品牌民宿、客栈,建成悠山、老友记、侘寂、逸度山居等20家特色民宿,其中悠山、老友记获“2017年江苏十大特色民宿”称号。2022年,接待游客50余万人次,实现旅游收入3500万元、村级集体经济收入530万元。

星甸街道双山村入选资产盘活型新型农村集体经济发展典型案例。该村通过“村党支部+合作社”模式,将党建工作与合作社经营发展深度融合,成立青创农产品销售合作社,创办“双山拾珍”农产品品牌。深化“一村一品”建设,利用6.67公顷低收入增收项目区,培育壮大景观花卉产业,形成产业优势,与南京金禾家庭农场联建合作经营,每年以租金、收益分成等方式带动村集体经济发展和周边村民就业。结合粮食保供,在驷马山河沿岸200公顷土地种植玉米、大豆、小麦、水稻等作物,用好国家惠农政策。2022年,村级集体经济收入865.09万元。

永宁街道大埝社区入选农旅融合型新型农村集体经济发展典型案例。以乡村休闲旅游为主导产业,走出一条“社区+景区+合作社+农户”的创新建设路子,着重发展乡村休闲度假、运动休闲旅游、文化体验旅游、乡村民俗旅游等新产业、新业态,并在政府支持、外来投资主体、村集体、村民之间建立协同互利发展机制,通过水墨大埝乡村振兴示范建设,实现村集体增收,带动村民致富。依托青奥自行车文化资源,以骑行为主题,初步打造“优美环境+乡土文化+运动休闲”为特色的大都市近郊休闲美丽乡村形象。2021年,社区着重打造职工疗休养民宿示范点黎家营,通过盘活农民闲置房屋,统一对外招商引进民宿等旅游项目,构建大埝社区整体旅游服务保障体系,让村民在家门口实现就业创业,带动农民实现共同富裕。2022年,黎家营民宿营业收入398.6万元,村民户均年纯收入10万元。 (区融媒体中心)

农村综合改革

【新型农村社区数字乡村治理机制改革】 2022年,浦口区探索制定的“基于农业农村大数据的都市近郊型数字乡村综合解决方案”列入2022中国(南京)数字乡村博览会板块,入选2022数字江苏建设优秀实践成果。2021年11月,浦口区“探索新型农村社区数字乡村治理机制改革”被列入第四轮江苏省农村改革试验任务,由数字乡村试点区建设工作领导小组统筹做好全区基层治理数字化转型工作。围绕党建引领、政务服务、村务监督、综合治理、应急管理、生态治理、网络文化七大功能板块,研判数字化转型需求及可行性分析,编制形成《浦口区数字乡村治理过程机理与优化对策研究报告》《浦口区新型农村社区乡村治理数字化解决方案》。在试点社区永宁街道东葛社区搭建数字乡村综合治理平台,通过规范化数据使用、精细化网格管理、高效化平台运行、智能化工单处理,加快构建基层社会多元共治治理格局,提升基层治理透明化与智能化程度,实现“小事不出网格,大事不出村社”。东葛社区“12345”工单由月均11件下降到6件。人民网、《南京日报》、浦口发布等媒体报道10余篇,中国热带农业科学院调研小组到东葛社区考察调研数字乡村治理建设经验。

【农村产权制度改革】 加强农村产权制度改革善后管理,在全区68个涉农村(社区)全面完成清产核资、股民身份确定、股权量化,在成立股份经济合作社、“村社分账”基础上,做好农村产权制度改革后续管理工作。完成31个村(社区)集体经济组织法人变更,完成重复股民身份筛查与确认62人。7—8月,组织涉农村(社区)完成农村集体经济组织登记赋码信息核对工作，修改、完善58个村（社区）相关信息，夯实农村产权制度改革基础。

【“村社分账”管理】 按照全市“一年试点、两年整体推进、三年完善提升”总体部署，指导村（社区）规范“村社分账”账务处理和会计科目核算。以农村集体资产财务管理信息化为着眼点，将资金、资产、资源等集体资产全要素纳入南京市集体资产监督管理综合平台管理。联合纪检监察部门督查5个街道农村集体“三资”管理工作，实行实时、动态、闭环监督管理。推广E阳光信息公开平台，加强后台管理，实行财务公开。引入第三方审计机构，完善村集体经济组织主要负责人任期和离任审计，促进农村财务管理水平提升。

（张夏）

【数字乡村试点区建设经验在全国数字乡村建设现场推进会上交流】 7月20日，全国数字乡村建设现场推进会在浙江湖州召开，浦口区作典型发言。浦口区紧扣“都市近郊型数字乡村”发展定位，探索特色数字乡村发展新模式，数字产业、数字治理、数字服务落地生根，数字化成为浦口乡村振兴的最强引擎。实施基础设施数字化升级，加快城乡网络一体化建设，推动全域数字化，5G网络覆盖率95%以上，固定宽带家庭普及率100%。建成浦口数字乡村大数据中心，整合42个部门655类资源，对接省、市、区20余个信息化系统，归集数据量2.3亿余条，基本实现涉农数据“一屏全览”“一网统管”。聚焦产业数字化水平提升，搭建数字大田、数字温室、数字渔场、数字猪场4类典型应用场景，实现智能化控制、精准化运行、科学化管理，农机作业效率提高50%以上，水、肥、药作业效率提高10%～15%，节省人工30%～40%。聚焦产业透明化模式重组，通过生产端、流通端、消费端全环节数字化，打造青虾订单生产、透明供应、信任消费的赋能体系，实现产值每亩提高近2000元。深化拓展“大数据+网格化+铁脚板”机制，依托大联勤网格化社会治理体系，整合融合110指挥中心、大联勤网格化指挥中心资源，打造联勤巡防、联动指挥、联合执法的“多网合一”新型乡村大数据治理模式。自主研发大联勤网格化综治平台、“联勤通”移动终端，纵向串联区、街道、村、网格4个层面，横向联通70个职能部门，实现快速受理、实时指挥、分流处置和解决反馈。紧抓政务服务在线化，搭建“汇浦”一站式信息服务平台，融合农业、文化、教育、医疗、民政、社保等惠民功能板块，实现政务服务“一网通办”。紧抓农村教育信息化，中小学光纤宽带覆盖率达94%，开办名师网络课堂，为农村学生提供优质线上学习资源。紧抓农村医疗信息化，构建互联互通的区、街道、村三级全民健康信息网络，乡镇医疗机构远程医疗覆盖率达100%。紧抓农村文化信息化，打造“文旅浦口云”平台，以“云”的方式打通线上线下双渠道，为群众提供“一站式”休闲文旅体生活服务。（区融媒体中心）

美丽乡村建设

【概况】 2022年，挖掘地方特色，坚持个性化塑造，打造美丽乡村品牌特色。完善基础设施建设，投资989万元，实施“四好”农路及乡村道路“白改黑”13千米。桥林春江十里入选2022年南京10条“最美健身步道”。张圩葵花朵朵园被列入“乡村四时好风光——稻花香里说丰年”全国乡村旅游精品线路重要节点，黎家营民宿获评“2021—2022年度江苏精品民宿”。强化特色田园乡村建设，新增省级特色田园乡村3个、市级7个。建成省级生态宜居村5个、市级宜居村45个。桥林街道林蒲社区入选江苏省美丽家园省级示范点。汤泉、桥林、高旺、乌江入选南京市第一批地名文化遗产保护名录。美丽乡村建设综合发展水平进入全省第一方阵。（浦鉴）

【特色田园乡村建设】 星甸街道九华村山滕组、汤泉街道陈庄村张二乐组、江浦街道华光社区响堂组3个村被命名为江苏省特色田园乡村，当年命名数排名全市第一位。12月，江浦街道华光社区兴隆组，汤泉街道龙山社区孙垄子组、陈庄村茆家洼组，永宁街道青山村河北组、侯冲社区牌坊组，桥林街道周营村小营组，星甸街道王村村王村组7个村入选首批市级特色田园乡村。

（区融媒体中心）

【农村人居环境改善】 以省级生态宜居示范镇村创建为着眼点，以农村厕所革命、生活污水和

11 月 10 日，江浦街道华光社区响堂组被命名为第十批次江苏省特色田园乡村。图为响堂稻田

响堂乡村讲习所

江浦街道供图

垃圾治理、村容村貌提升为重点，提升农村人居环境质量。汤泉街道完成省级生态宜居示范街道建设，桥林街道林蒲社区，星甸街道后圩村、九华村，永宁街道大埝社区、联合村 5 个村(社区)建成省级生态宜居村，建成市级宜居村 45 个。星甸街道投资 3500 余万元，实施美丽乡村建设，完善农村配套基础设施，建成市级宜居村 14 个。永宁街道投资 3750 万元，实施联合、侯冲、东葛、高丽、大桥 5 个村(社区)15 个组美丽乡村市级宜居村建设，涵盖园路改造、村庄绿化、生态水体治理、基础设施完善、村内重点节点打造。浦口区获得改善农村人居环境成效明显地区省级激励。（朱玉清）

【3 个村入选江苏省特色田园乡村】 7 月 6 日，江苏省农村住房条件改善和特色田园乡村建设工作联席会议办公室命名第九批次江苏省特色田园乡村，浦口区星甸街道九华村山滕组、汤泉街道陈庄村张二乐组上榜。11 月 10 日，公布第十批次江苏省特色田园乡村，江浦街道华光社区响堂组上榜。

九华村山滕组位于九华村中心区域，西靠赭洛山，东临驷马河，形成富有特色的山水田园景观。依托地理优势、茶叶产业等资源，开发飞行营地、赭洛山茶文化园等休闲农业项目，呈现“青山为脊、田间茶园、美丽苗圃、绿水绕人家”的美丽乡村画卷。

陈庄村张二乐组位于汤泉街道西部，以苗木种植、水稻种植和水产养殖为主要产业。有冷泉 6 处、温泉 1 处，打造“饭米粒”冷泉稻米品牌，发展“温泉保冬”罗非鱼养殖及冷泉种植养殖产业，建有冷泉乐园和高下泉居等乡村旅游项目。

华光社区响堂组位于老山脚下，依托山、水、林、田、园自然生态优势，以“艺术重构乡村”为主题，打造生态宜居的农文旅融合村庄，涵盖村庄更新与空间改造、商业运营、产业振兴、生态恢复、文化复兴等内容，举办栀子花大会、响堂生活季系列艺术展等活动，将响堂建设成为浦口都市“微度假”的重要目的地。

（区融媒体中心　区城乡建设局）

·文稿编辑　杨万友·

基础设施

交　通

·综　述·

【概况】 2022年年末，浦口区公路总里程970.22千米，公路网密度135.69千米/百平方千米（以国土面积计算）。其中，国道87.72千米（国家高速公路16.86千米），省道16.97千米，县道225.2千米，乡道369.39千米，村道270.94千米。高速公路21.82千米，一级公路89.61千米，二级公路118.13千米，三级公路184.08千米，四级公路556.58千米。一级客运站1个，农村客运站6个，公交首末站6个，公交站台407个。桥梁249座16793.78延米，其中小桥186座3094.08延米，中桥47座2153.26延米，大桥13座4749.52延米，特大桥3座6796.92延米。铁路里程79.82千米，其中京沪铁路（浦口段）14.28千米、沪蓉高铁（浦口段）25.02千米、京沪高铁（浦口段）22.68千米、永全铁路（浦口段）17.84千米。地铁线路2条，分别为10号线和S3号线，区内里程15.3千米。航道总里程69.96千米。　（狄成阳）

【重点项目建设】 2022年，区交通运输局牵头城建重点项目20个，其中续建10个、新开工10个，开工20个，开工率100%，完成投资16.91亿元。完成沿山大道与绕城公路连接线工程等续建项目4个。7个街场“白改黑”养护工程开工，至年末，完成养护110千米。浦口交通集团承建各类重点项目22个，其中续建7个、新开工15个，总投资156.7亿元，当年完成投资11.17亿元。竣工项目12个。续建项目中，完成九峰山旅游公路、城南中心配套道路、104国道汉河大桥等结转项目6个；新开工项目中，完成亭子山万寿园外部疏解道路、干线公路路灯照明设施提升改造工程、绿道建设工程、312国道新建辅道工程先导段等项目6个。

（狄成阳　张萍）

·公路建设与运输·

【概况】 2022年，投资4500万元，实施城乡道路大中修工程15.27千米，涉及县道石石线、江星桥线、沿山线、浦合线。投资1500万元，实施农村公路交通桥梁安全隐患整改，改造、加固桥梁8座，其中拆除重建2座、维修加固6座。投资500万元，实施江浦街道、桥林街道、星甸街道、永宁街道、老山林场、汤泉农场等17条道路安全生命防护工程，增设护栏、标志、标线、道口标注等设施，长75.64千米。浦口区有公交线路70条，扬子公交浦口公司完成客运量2682.24万人次。新辟、优化调整公交线路28条，其中新辟2条、优化调整26条。

【农村道路提档升级】 至年末，全区农村公路总里程865.53千米，其中县道225.2千米、乡道369.39千米、村道270.94千米。实现县道达三级及以上标准、行政村道路全部达双车道四级及以上标准。农村公路安全隐患治理率100%，农村公路经常性养护率100%。投资1.2亿元，实施“四好”农村路提档升级及重点乡村道路“白改黑”工程175.6千米。其中，永宁街道提档升级农村公路2.6千米，“白改黑”江浦街道20.8千米、桥林街道47千米、星甸街道14.3千米、汤泉街道51千米、永宁街道19.1千米、老山林场19.3千米、汤泉农场1.5千米。

【312国道龙华立交至张店枢纽段新建辅道工程开工】 9月开工。路线起于龙华立交浦口大道,止于五华路东侧,沿主线高架利用桥下空间建设,全长5.58千米,总投资11.8亿元,由浦口交通集团建设,新建双向六车道辅道,实施综合管线、线内绿化等工程。

【2022年城乡道路大中修及隐患整治养护工程开工】 9月开工。项目总投资4500万元,包括县道石石线、江星桥线、沿山线、浦合线,由区交通运输局建设。其中,石石线铣刨沥青面层,凿除并清运基层破碎水泥混凝土板块,重新浇筑C30水泥混凝土,重铺沥青面层。江星桥线(汤泉街道—瓦殿)在与汤盘公路共线段路面破损严重处铣刨沥青面层与上基层,对老路部分底基层病害处治后重新浇筑水泥,稳定碎石上基层并摊铺沥青面层;汤泉街道段铣刨沥青面层,对老路部分基层病害处治后重铺沥青面层。沿山线(林巷—桥林街道)挖除原水泥板块,清除路侧淤泥,重新填筑路基、水稳碎石基层后加铺沥青面层。浦合线(磁碑营—汤盘公路)铣刨沥青面层与上基层,对老路部分底基层病害处治后重新浇筑水泥,稳定碎石上基层并摊铺沥青面层。

【2022重要道路路域环境整治工程开工】 11月开工。项目总投资2亿元,由浦口交通集团建设,对南京江心洲长江大桥至南京大胜关长江大桥范围内主要道路、高绰线、浦合线、江星桥线、新陈线、亭子山万寿园路等重要道路周边进行绿化提升、标志标线出新、监控系统附属设施及环境整治。 (狄成阳)

【汤盘公路主体维修工程完工】 1月15日完工。汤盘公路作为南京公路三环的浦口段,贯通浦口区星甸、汤泉、永宁3个街道及江北新区等外围城镇,承担区域过境交通功能。项目2021年10月25日开工,投资2800万元,起于汤盘公路与江星桥线交叉口,跨越朱家山河,路线全长22千米,在原路范围内实施路面维修、标线恢复等改造工程,采用沥青混凝土路面,对汤盘公路基层、面层病害处及沿线16个平交口水稳沥青进行铣刨加铺。 (张萍)

【沿山大道与绕城公路连接线工程完工】 4月完工。工程起于沿山大道,向南与侯庄互通C匝道平交后,继续向南上跨宁合高速,在龙锦路交叉口位置顺接绕城公路。由区交通运输局立项,市公共工程建设中心建设,实施道路、桥梁、交通安全、绿化、照明等工程,2020年9月开工,总投资2.4亿元。工程作为板桥汽渡连接线的组成部分,引导桥林新城产业统筹发展,是沿线经济开发与产业集聚的发展轴线。项目南连七坝港,北连宁合高速,途经京沪高铁江浦站,将成为服务七坝港区和高铁站的重要集疏运通道,同时实现宁合高速、沿山大道、绕城公路的快速交通转换功能。

【汤泉互通下穿道路改造工程完工】 4月完工。汤泉互通是宁合高速与江星桥线的衔接节点,工程北起汤泉中桥南侧桥头,南至宁合高速F匝道平交口,总投资7000万元,由市公共工程建设中心建设,实施道路、排水、交通安全、监控、照明及泵站等工程。 (狄成阳)

【干线公路路灯照明设施提升改造工程完工】 6月完工并亮灯使用。工程投资799.59万元,包括岔珑路、宁滁快速通道、汤盘公路、浦合线(犀牛望月段)、星甸绕城公路等交通要道,总长40.9千米,涉及路灯2000余盏、箱变20座,更换路灯LED光源,增加单灯控制器,增设路灯铭牌,出新路灯杆件,检测维修箱变控制柜。改造后的干线路灯均接入浦口区智慧路灯平台系统,路灯故障自动报警,后台远程调控亮灯灭灯时间。 (张萍)

【南一路(浦乌路—丰子河路)完工】 7月27日完工。南一路(浦乌路—丰子河路)建设工程2020年6月开工,总投资7200万元,全长1.44千米,红线宽度35米,设计速度40千米/小时,双向四车道,为城市次干路兼二级公路,实施路基、路面、箱涵、排水、照明、交通安全设施、绿化等工程。 (浦口开发区)

【亭子山万寿园外部疏解道路完工】 9月9日完工。亭子山万寿园外部疏解道路起于江星桥线,终于亭子山万寿园,全长4.3千米,其中新建路段2.2千米、利用原路段2.1千米,路基宽8米,路面宽7米,4月1日开工,总投资3600万元,主要实施路基、路面、排水、交通安全设施及绿化等工程。

【康华路通车】 7月15日通车。康华路位于城南中心片区，西起浦云路，东至浦滨路，全长740米，道路宽24米，3月底开工，投资3100万元，主要实施道路、排水、交通安全设施、路灯及绿化等工程。 （张萍）

【光明路通车】 7月18日通车。光明路位于浦口高新区，为城市主干道，起于沿山大道，终于建设路，全长3.3千米，连通园区和雨山路地铁口、南京江心洲长江大桥。设计速度50千米/小时，道路横断面标准宽度37米，为双向六车道，主线采用沥青砼路面，人行道为透水混凝土，道路两侧分别设计绿化用地，宽10～55米，投资37887万元。 （庞明柳）

【九峰山旅游公路通车】 7月通车。九峰山旅游公路位于星甸街道，起于351县道小李岘，穿越九峰山，止于高绰线，全长9.07千米，道路宽7米，最大高差180米，回头曲线10处。按四级公路标准建设，包含道路施工、排水、桥涵、路灯、交通安全设施及绿化等工程，施工过程中实施爆破作业20次。 （张萍）

【基隆路通车】 8月28日通车。基隆路位于浦口高新区，为城市主干道，起于五华路，终于光明路，全长1.5千米，是连接汉开书院、海科新寓、雨山路地铁口、南京江心洲长江大桥的重要道路，也是贯穿园区东西方向的主干路，采用透水铺装实现"海绵城市"理念，设计速度50千米/小时，道路规划红线宽度35米，为双向四车道，投资30988万元。 （庞明柳）

7月18日，光明路通车　　浦口高新区供图

·轨道交通建设·

【概况】 至年末，途经浦口区建成铁路4条，分别为京沪铁路、沪蓉高铁、京沪高铁和永全铁路。其中，京沪铁路途经永宁街道（k1116+666～k1130+941），区内里程14.28千米；沪蓉高铁途经江浦街道（k323+920～k330+293）、桥林街道（k323+558～k323+920、k330+293～k330+750）、汤泉街道（k330+750～k342+320）和星甸街道（k342+320～k348+600），区内里程25.02千米；京沪高铁途经江浦街道（k997+783～k1004+552）、汤泉街道（k988+285～k997+783）和汤泉农场（k981+874～k988+000，含老山林场，此处为安徽铁路站段管辖，行政单位间里程未分劈），区内里程22.68千米；永全铁路途经永宁街道（k325+526～k329+682）、汤泉街道（k329+682～k341+200）和星甸街道（k341+200～k343+363），区内里程17.84千米。地铁线路2条，其中地铁10号线设雨山路、文德路、龙华路、南京工业大学（一半权属）、浦口万汇城（一半权属）5个站点，区内里程5.3千米；地铁S3号线设马骡圩、兰花塘、双垅、石碛河、桥林新城、林山、高家冲7个站点，区内里程10千米。北沿江高铁项目开展征地工作，完成现状调查、征地稳评等工作。宁淮城际铁路开展征地工作，发布拟征地公告。 （区交通运输局）

【南京地铁11号线建设】 一期工程线路全长26.7千米，跨江北新区和浦口区，设车站20座，总投资229.64亿元。其中，浦口区设置西江口站、马骡圩站2个站点及石塘南车辆段，辖区内里程4.9千米，涉及拆迁总占地面积约40公顷。年内西江口站（石塘公园站）实质性开工，进行车站主体结构施工，其余站点、车辆段开展征地拆迁工作。 （狄成阳）

·航道建设与运输·

【概况】 2022年,境内航道总里程69.96千米。其中,驷马山干渠(建设村—切岭山)四级航道里程9.43千米,滁河(小河—张家湾)六级航道里程20.28千米,城南河(入江口—浦滨路桥)六级航道里程4.68千米,滁河(张家湾—陈浅)七级航道里程23.15千米,城南河(浦滨路桥—拦河坝)七级航道里程0.92千米,石碛河(七坝—桥林)等外级里程5.5千米,高旺河(西江口—高旺桥)等外级里程6千米。水运企业4家,运输船舶16艘,总载重11.89万吨。

【航道巡查】 制订年度巡航工作计划,开展航道航政巡查,巡查航道136次,巡航里程6045千米。加强航道安全检查,重点检查通航水域导助航标志配备、桥区航道维护、桥涵警示标志及航标设置。开展航道、航标巡航103天次,巡航里程1600千米。未发生因管理不善造成的航道24小时以上堵航事故。

【港口源头企业监管】 开展源头检查24次,发现疑似超限车辆6车次,现场督促问题车辆返场卸载后重新过磅。对4家水运企业资质保持和安全生产工作开展检查21次,未发现违法违规行为。水运企业安全生产形势稳定,信誉等级全部达AA级以上。

【船舶碰撞桥梁隐患治理】 开展船舶碰撞桥梁隐患治理三年行动。纳入部平台的省干线航道驷马山干渠涉及隐患桥梁驷马山河大桥,隐患3处,通过设置警示和助航标志、加装防撞设施完成隐患整改。 (狄成阳)

·行业监管·

【路政管理】 采用路面治超与非现场治超结合、路面定点检查与流动巡查结合、跨部门联合治超的工作机制,强化超限超载治理,保障道路运输安全,路警联合检查、检测货运车辆29.6万辆,查处超限超载车辆662辆,对符合卸驳载条件的超限超载车辆实施卸驳载,卸驳载货物1.2万吨。非现场执法系统采集违法信息并通过交通部门审核后向交警部门推送869条,交警部门确认违法并立案查处477条。

【公路执法】 对辖区公路、公路用地、公路附属设施、公路限高限宽设施、公路建筑控制区、公路安全保护区等区域开展执法巡查,围绕保畅通、保安全、防事故目标,排查涉路安全隐患,清理路边堆积、路障和占道经营的流动摊点,确保干线公路安全畅通。巡查里程4.3万千米,清理非标41块,清除摊点、路面堆积物87处,保障道路通行安全。

【运输行业管理】 检查“两客一危”车辆830辆,办结危险货物运输类案件5件、长途客运类案件2件。9月23日,与滁州市交通运输综合行政执法支队筹建的联合执法点揭牌成立,提升联合、协同执法成效。落实网约车、出租车监管,检查网约车、出租车300余辆,查处出租汽车类案件2起。对高家冲地铁站黑车和异地经营行为开展专项整治,提升乘客出行环境。

【机动车维修及驾培管理】 制订《浦口区机动车维修行业治理工作方案》,开展维修企业专项整治,全区工商登记维修企业844家,经执法人员网格化实地摸排,实际从事维修经营企业321家,出动执法人员376人次,开展备案宣传240次。完成一类维修企业备案1家、许可有效期内企业备案1家、二类维修企业备案8家、三类维修企业备案61家,备案企业数量较专项工作开展前增长100%。举办驾培行业学时对接工作推进会,完成全区驾培机构计时终端安装和调试。根据有关驾培投诉工单,深入企业做好沟通协商,妥善解决投诉问题。

【运输市场管理】 办理道路普通货运许可125件,新增货运车辆188辆,新增驾驶员从业资格证80个。年审经营业户724户、车辆2457辆。机动车维修经营备案50件。实施大气污染防治,老旧柴油车报废19辆,自愿退出运输市场38辆。

【交通工程监管】 开展在建项目质量监督,检查项目124个次,发出质量抽查意见书35份,全部完成整改,每季度完成全覆盖质量监督检查1次。开展在建项目安全监督,检查项目268个次,出动人员725人次,发现安全问题673条,其中内业431条、外业242条,下发交通工程安全监管抽查意见书57份。做好在建项目交工验收质量核验和竣工验收质量鉴定,交工验收质量核验项目17个,竣工验收质量鉴定项目

13个,交(竣)工项目质量合格率100%。督促在监项目扬尘管控,检查项目111个次,发现问题74条,发出扬尘环保抽查意见书19份,全部督促整改到位。

【路域环境整治】 完成路面灌缝13.9万延米,沥青摊铺98481平方米,整修路肩、边坡5.4万平方米,割除高草332万平方米,清理边沟11.8万米,安装标志标牌280个,维修、安装护栏4274米,修补护栏、更换立柱623根,机械清洗护栏388.24万米,补植绿化1218株,铺设草坪940平方米,乔木修枝3866株,灌木球修剪17967株,灌木绿篱修剪15345平方米,清理枯死绿化9727株,清洗公交站台1241座,维修公交站台6座,更换公交站台橱窗玻璃25块,更新站台画面1250张。干线公路MQI值94,优良路率100%。

(狄成阳)

水利建设

【概况】 2022年,区水务局牵头实施水务建设重点项目24个,总投资21.45亿元,当年投资11.94亿元。推进农村水利工程建设,完成石桥中型灌区续建配套与节水改造工程、年度农村生态河道建设工程,沿滁小流域建设工程完成95%,综合治理水土流失面积12平方千米,更新改造农村重点泵站2座,综合治理重点塘坝3座。瓦殿冲小流域被认定为国家水土保持示范工程(生态清洁小流域)。加大农村水利工程长效管护力度,推进农村水利公共基础设施管护体制改革。巩固农业水价综合改革和水务站改革成果,推进基层水务服务机构能力建设。加强生产建设项目水土保持事中、事后监管,现场检查15件,验收核查6件,查处不合规项目并整改销号6个。

【幸福河湖建设】 印发《浦口区幸福河湖建设行动计划(2022—2023年)》,按照"河湖长+责任部门"分解落实,构建区级幸福河湖储备库。完成32条幸福河湖年度创建任务,其中城市特色幸福河道7条、乡村田园幸福河道14条、生态美丽幸福湖泊11个,28条创成市级示范幸福河湖,位居全市第一名。推进七联溢洪河、孙垄河农村河道整治工程,对照"一河一策"问题清单和整治方案,针对性实施拟建水体提档升级工程,结合农村生态河道、水美乡村建设、高标准农田建设、城建重点工程建设,提升幸福河湖品质。挖掘长江、滁河、象山水库、珍珠泉水库等河湖历史人文,加快实施河道文化景观建设,推进5个河长制主题公园(滁河、驷马山河、兰溪、石碛河、东龙山)创建以及标识标牌规整工作。在全省率先试点实施"社会化+专业化"水库管理养护一体化模式,采取专家巡检和水下机器人、超声波探伤仪等智能化管理举措,水库管理水平明显提升,象山、平坦等10座水库创成江苏省精细化管理二级工程。《骨干河道管理与养护规范》成为南京市地方标准。完成《南京象山湖水利风景区规划》编制并通过区政府批复同意。

【水利工程监管】 对农村水利重点工程严格执行项目法人制、招标投标制、施工监理制、合同管理制和竣工验收制,提升工程建设管理水平。加强工程建设管理,落实招投标主体责任,开展招投标监管项目22个,其中市级3个、区级19个。开展项目稽察监管,完成周营河消险工程、珠江污水厂中水厂厂外配套管网二期建设工程、街道供水管网改造工程一期稽察项目3个。落实部门监管和企业主体责任,组织开展排水管网、供水管网等市政设施专项检查37次,检查管线长3200千米,发现一般隐患41处,全部完成整改。利用水利部安全生产信息系统和"181"平台开展风险隐患排查,上报危险源220个、隐患276条,全部完成整改。

【芝麻河东段一期综合整治工程开工】 9月开工。芝麻河东段一期综合整治工程位于江浦街道,计划总投资9500万元,实施南门泵站至南京江心洲长江大桥连接线2.6千米河道清淤,对南门泵站至团结路1千米实施河道拓宽、排口整治、生态排口改造、智能监控系统安装、补水口建设和景观提升等工程。

【10座水库创成江苏省精细化管理二级工程】 11月4日,市水务局对浦口区象山、平坦等10座水库开展江苏省精细化管理工程评价。象山水库位于江浦街道白马社区,建于1976年,汇水面积4.6平方千米,总库容141.97万立方米,属小(1)型水库,水库洪水标准采用30年一遇设计、500年一遇校核,汛限水位49米(吴淞高程,下同),水库建有1座宽28米、堰顶高程49米的溢洪道;平坦水库位于汤泉街道九龙社

区,建于1958年,汇水面积4.6平方千米,总库容113.05万立方米,属小(1)型水库,水库洪水标准采用30年一遇设计、500年一遇校核,汛限水位37米,水库建有1座宽19.6米、堰顶高程37米的溢洪道。专家组一致认为浦口区水库工程运行状况良好,安全管理措施落实到位,人员和经费投入充足,同意10座水库通过江苏省精细化管理二级工程评价。 (罗涛)

信息化建设

【概况】 2022年,区信息中心落实《浦口区信息化项目管理办法》要求,重点做好17个信息化项目推进工作,指导各部门、园区利用大数据、云计算等信息技术手段,高标准建设信息化项目。加强数据共享整合,抓好项目立项、方案审核、项目建设、项目验收等环节。

【城市数字化助力疫情防控】 开发浦口区疫情防控应急处置平台,实现涉疫人员精细化管理,涉疫人员转运隔离统一线上管理,解决防疫信息流转不及时、多部门协作困难、涉疫人员监管不到位等问题。利用融合通信技术,将5个街道76个村(社区)视频会议终端、6个隔离酒店"三区两通道"53路疫情防控视频监控、50个应急人员单兵设备、移动布控球等资源接入"一网统管"平台。为全区一线信息核查人员开通"来电名片",居民在接到标注过的信息核查电话时,手机会同步弹窗,提示居民该电话来自区疫情防控指挥部,打消接听疑虑,提高接听效率。基于微信小程序,开发返浦登记功能,返浦人员通过小程序进入填报页面,填写个人信息和返浦行程信息,方便社区工作人员了解返浦人员相关信息,实现返浦人员精准管控。开发教育系统疫情健康数据填报小程序,教职工、学生或学生家长通过扫描二维码实现快速填报、实时统计汇总、智能预警等功能,实现"一人一档"。

【"一网统管"平台建设】 制订《浦口区城市运行"一网统管"建设工作方案》,按照"城市可感知、问题可获取、管理可闭环、系统可学习"总体要求,规划具体重点工作任务26项。建成综合指挥中心,面积320平方米,划分为大屏区域、指挥调度区、坐席操作区,指挥调度区席位21个,坐席操作区席位36个,接入"12345"、网格指挥调度、自来水、供电、燃气、卫健、公安、应急管理等专线14条,实现"一网统管"、统一调度。启用政务云计算中心,统一提供计算资源,加强安全防护,实现全区信息系统集中管理。通过接口对接、数据导入、人工上报等接入方式实时归集城市运行数据,全年归集部门49个资源735类5.13亿条数据,建成社会治理、城市管理等11大类城市资源主题库。搭建"一网统管"平台,包含城市生命体征展示、城市运行态势分析、综合指挥调度、应急处置等功能。"统览全域一大屏":大屏展示城市生命体征,包括城市公共服务、公共安全、城市治理、市场监管、生态环境、经济发展宏观指标6个方面80余项,城市运行态势分析包括党建引领、公共安全、公共服务、生态环境、城市管理、社会治理指标6个专题300多项;"指挥调度一平台":整合民生诉求,将"12345"、大联勤、数字城管、信访、"110"非警情等事件信息汇入大数据库,通过线上线下联动,实现业务及时派发、任务高效执行的闭环管理,达到事项统一受理、统一派发、统一办理、统一监督、统一考评要求。 (黎义清)

【医疗信息系统建设】 建立以居民电子健康档案和电子病历为核心的医疗信息系统,开展以综合医院为核心的医疗协同服务。通过卫生大数据基础平台同步开展数据采集和转换,实现辖区医疗和公卫机构数据互联互通,构建一套较为完善的医疗信息化服务体系。建设以互联互通为核心的区域卫生健康大数据信息平台,依托区、街道、村(社区)三级卫生专网,构建浦口区卫生资源数据交换平台,向上与省、市人口健康信息平台对接,向下与7家基层医疗卫生机构互通,横向与2家区级医院和1家公卫机构系统实现互联互通与资源共享,推动居民健康管理,实现数据集中存储、综合分析。2家公立医院建立以电子病历为核心的医院信息系统,完成医疗信息系统、智慧医疗系统建设,实现医院业务信息现代化,电子病历系统功能应用水平达四级以上。基层社区医院依托区域信息资源建立区域统一的HIS、医学临床心电监测系统,完成江苏省妇幼保健信息管理、南京市分级诊疗系统对接使用。建立区域电子健康档案系统,健康档案重点人群34万人,实现医疗检验检查结果、就诊记录、预防接种等信息区域内跨机构共享共用。与市智慧医疗平台对接，完成家庭医生签约系统建设，实现登记、解约、续约、变更等业务在线办理、查询和统计信息化管理，助力签约服务连续协同、基础数据交互共享。依托医共体核心医院，建成影像、心电远程医学诊断中心及远程会诊中心，实现基层卫生机构和综合医院之间联合门诊、远程问诊，推动分级诊疗体系建设。实现医疗机构缴费窗口移动支付功能全覆盖，减少患者结算等候时间。对接市智慧医疗系统，将综合性三甲医院专家号源下放至社区卫生服务中心，基层全科医生和家庭医生首诊后，通过健康信息平台优先为患者预约合适的医院和专家。（马东隅）

【中国电信浦口区分公司】 2022年，中国电信浦口区分公司坚持问题导向，提升服务能力，扩大接应覆盖面，制订处理方案，做到服务接应24小时不间断。接应各类服务需求1063次，闭环处理1063次，闭环率100%。实施“爱心翼站”民生公益微实事项目，服务户外劳动者、老年人等群体。泰山支局获评中国电信集团公司“‘四小’建设示范标杆单位”，分公司员工胥传健获评“江苏公司劳动模范”，分公司获“市级公司年度‘三优基层党组织’”称号。

网络能力提升 移动网聚焦重点场景，扩大商超、校园、居民区覆盖面，新开通小区覆盖优良率均超过95%，用户投诉量同比下降16.75%。聚焦区域发展，提升光网覆盖广度和深度，光缆建设保障周边新建楼宇接入需求，实现区域内局点具备相对充裕的空闲端口能力，减轻千兆无资源压力，满足客户需求。

重大活动保障 保障区域内各类重大活动、重要赛事、政务会议及招生考试等。完成全国农业科技创新工作会议、中高考、全媒体新闻行动启动仪式、区信息中心防疫演练等通信保障33次，保障天数88天，出动人员305人次。（黄益民）

【中国移动浦口分公司】 2022年，中国移动浦口分公司推进各项业务开展，无重大投诉和安全生产事故。分公司获评“南京移动公司优秀基层党组织”，销售服务部获评“南京移动公司先进集体”，张静获评“江苏公司优秀共产党员”，周叶获评“江苏公司工会积极分子”。

疫情防控 组织抗疫护网先锋队，支持区政府隔离点建设。提供桥林街道疫情防控点监控点位13个，提供星甸街道“防疫卫士”，提供汤泉街道防疫隔离门磁100台、扫码测温仪22台，提供永宁街道防疫隔离门磁100台、扫码测温仪26台。向区疫情防控指挥部、区民政局、区卫生健康委、各街道发送防疫短信500万条。

社会责任履行 响应南京移动“全球通蓝色梦想公益计划”，采购价值12万元的物资，捐赠给区特殊教育学校。提供浦口区重点区域防疫扫码测温、平安浦口现代化智治平台、浦口区智慧停车建设一期、浦口区智慧殡葬监管平台等项目集成服务。在全区空中缆线整治行动中完成整改1201处。在老旧小区出新改造工程中，承担最为困难的区域改造工程14个。（周慧兰）

【中国联通浦口区分公司】 2022年，中国联通浦口区分公司落实居民小区深度覆盖及新国标小区接入要求，实现近100个小区、乡村覆盖，新增覆盖用户7.68万户。提升用户感知，实施小区改造覆盖用户3.99万户。落实新国标“应接尽接”要求，新增覆盖用户2.05万户。新增5G站点794个，5GMR覆盖率提升6.1pp，5G室分对齐率61%。L900站点建设达260站，改善偏远地区网络信号覆盖差问题。为江苏互联网大会提供服务保障，确保各会场4G/5G信号覆盖、后台各项指标正常。（雷洁）

·文稿编辑　杨　友·

科学技术

综　述

【概况】 2022年,科技型中小企业评价入库990家,完成全年目标的185%。净增高新技术企业66家,完成全年目标的254%。净增规模以上工业高新技术企业26家,完成全年目标的217%。技术合同成交额19.7亿元。重点监测企业研发支出10.14亿元,同比增长25.79%。获省、市立项科技项目15个。加快涉企政策直达快享,通过高新技术企业减免税、研发费用加计扣除等政策,累计为区内企业减退税3.3亿余元。兑现科技型中小企业评价、高新技术企业认定、人才评定等政策奖励近1亿元。强化"宁科贷"政策运用,审核推荐贷款金额12.3亿余元,增长75.7%。

【科技体制改革】 浦口区首次系统集成全区科技创新政策,出台《关于推进全区科技创新工作高质量发展的若干政策措施》,率先在省内区县一级探索建立《浦口区高新技术企业积分制管理办法》,编制《高新技术企业培育行动指南》,构建全链条高新技术企业培育工作机制。一系列科技成果被《科技日报》《新华日报》《中国高新技术导报》等报刊深度报道。 (鲁思汎)

【高新技术企业突破300家】 2022年,浦口区申报高新技术企业209家,其中139家通过认定,净增高新技术企业66家,有效期内高新技术企业总数301家,较2017年净增270家,年平均增长率57.5%。全区高新技术产业产值264.24亿元,同比增长46.6%。高新技术企业成为浦口区关键核心技术攻关的主力军、高层次人才的集聚地、经济高质量发展的重要引擎。 (区科技局)

科技创新平台

【概况】 2022年,浦口区致力于涵养科技企业和企业家精神,培育孵化科技型企业,打造南京先进计算服务平台,发展新型研发机构,引进和培育科创载体,鼓励和引导企业建设工程技术研究中心、院士工作站,推动产业链、创新链深度融合,促进高水平成果产生、转化、应用,提升区域自主创新能力。全区有市级以上科技企业孵化载体23家。中科曙光先进计算中心纳入市级科技公共技术服务平台管理,实现全区科技公共技术平台建设零的突破。新型研发机构及孵化引进企业实现营业收入49.51亿元,清研华科新能源研究院(南京)有限公司、南京浦蓝大气环境研究院有限公司获市级绩效考核奖励。墨尔本海外协同创新中心连续两年获市级考评优秀等级认定。

【科技创新载体】 全区拥有市级以上科技创新载体23家,其中科技企业孵化器10家、众创空间13家。建成国家级载体2家、省级载体9家、市级载体12家,建成载体面积约15.5万平方米。科创载体运营主体中,民企14家,国企9家,以市场化运营为主的科创载体运营模式初步形成。拥有专业型科创载体7家,涉及电子信息、现代农业、新能源与节能领域。

【新型研发机构】 全区有新型研发机构20家,其中市级17家、区级3家。按照行业领域分类,软件信息服务和人工智能5家、节能环保3家、高端智能装备3家、新材料3家、新型电子信息3

表 40　2022 年浦口区新型研发机构承担省、市科技项目情况一览表

序号	机构名称	承担项目
1	南京航空航天大学浦口先进制造研究院	2022 年江苏省科技计划专项资金(重点研发计划产业前瞻与关键核心技术)
2	南京浦蓝大气环境与绿色发展研究院	2022 年江苏省创新能力建设项目(新研奖补)
3	南京澳博流程工业智能化研究院	2022 年江苏省创新能力建设项目(新研奖补)
4	南京北星空间信息技术研究院	2022 年江苏省重点国别产业技术研发合作项目
5	江苏集创原子团簇科技研究院	2022 年度南京市重大科技专项
6	南京大学浦口资源环境创新研究院	2022 年度南京市碳达峰碳中和科技创新专项资金项目
7	清研华科新能源研究院孵化企业	2022 年度南京市碳达峰碳中和科技创新专项资金项目
8	南京澳博流程工业智能化研究院	2022 年度南京市碳达峰碳中和科技创新专项资金项目
9	南京思农生物有机肥研究院孵化企业	2022 年度南京市碳达峰碳中和科技创新专项资金项目

家、现代农业 2 家、生物医药 1 家。17 家市级新型研发机构在岗人员 464 人,其中硕士以上学位 199 人;申请专利 732 件,其中发明专利 302 件;新增研发投入 8257.5 万元;2 家机构获市场化融资,累计到账 9950.75 万元;9 家机构承担省、市科技项目。

【工程技术研究中心】　新增市级以上工程技术研究中心 7 家,其中省级 1 家、市级 6 家。全区累计建有市级以上工程技术研究中心 47 家,其中省级 13 家、市级 34 家,涉及电子信息、环境保护与资源综合利用、社会事业、生物医药、现代农业、新材料、新能源与高效节能、智能电网、装备制造等领域。　(鲁思汛)

【芯德先进封装研究院成立】　6 月 27 日揭牌成立。芯德先进封装研究院由江苏芯德科技半导体技术有限公司自主成立,研究领域为半导体高端封装互连材料、高端封装工艺等,国家特聘专家、广东省科学院半导体研究所学科带头人胡川受聘担任研究院首任院长,于大全、李明、肖斐、郭跃进、蔡坚等专家共同组建特聘顾问团队,发挥专家顾问团委员在高科技研究开发、芯德科技在成果转化和产业化应用方面的优势,加速科研成果转化,推动形成更多标志性成果,提升自主创新能力。

(区融媒体中心)

【南京先进计算中心二期建设完成】　12 月,完成二期扩容建设。2018 年 6 月,中科曙光南京研究院和浦口区政府签订战略合作协议,共建南京先进计算中心。中心依托计算能力、技术融合和系统集成能力,完善虚拟形象生态,形成融人工智能、物联网、5G、区块链等新兴技术于一体的服务管理系统,通过云服务形式满足生物基因、气象、智能制造、人工智能等领域算力需求。

(鲁思汛)

科技人才

【科技人才计划】　10 月,开展浦口区高层次创新创业人才申报、评审工作,139 人(含直进 10 人)申报,入选 30 人,推荐 9 人参加市级评审。申报创新型企业家培育计划 31 人,经过技术评审、综合答辩,推荐 12 人参加市级评审,其中 2 人直进。申报科技顶尖专家集聚计划 10 人,经遴选,推荐 4 人参加市级评审。

【海外人才引进】　入选国家外国专家项目 2 人,入选省外国专家百人项目 1 人。实施紫金山英才先锋计划外国人才项目,入选高端专家项目 1 人,申报引智项目 8 人并全部入选。入选省、市国际合作项目各 1 个,省国际合作项目为近三年首次入选。

【人才走访服务】　加强科技人才走访服务,举办科技人才企业训练营,提高科技人才企业培育和服务水平,集中走访人才企业 30 余家,邀请行业专家在企业管理、营销管理、研发管理、投融资对接等领域集中授课 6 次,赴滁州市南谯区开展结对共建活动。加强人才资金兑现,累计发放顶尖专家、创新型企业家、高层次创新创业人才、集成电路产业人才、外国人才等各类人才补贴 5447

万元,惠及各类人才 122 人次。

(鲁思汛)

【14 家企业科技人才入选省科技副总项目】 7 月 25 日,省科技厅发布《关于确定 2022 年江苏省科技副总项目入选对象的通知》,浦口开发区南京顶基科技有限公司黄娅、南京可莱威生物科技有限公司何晓芳、南京观海微电子有限公司荆彦婷、南京航天国器智能装备有限公司索欣诗、南京启智浦交科技开发有限公司齐玉军、南京三乐集团有限公司刘云鹏、南京苏试广博环境可靠性实验室有限公司夏遵平、南京冷热疗医用材料有限公司蔡源,浦口高新区北星空间信息技术研究院(南京)有限公司王潜心、南京迪赛佳特信息科技有限公司刘威、南京御龙航空科技有限责任公司张鹏高,南京国家农创中心南京振旭生物科技有限公司陆桂华,星甸街道江苏润邦智能车库股份有限公司周君,汤泉街道南京夏泰科学器材有限公司郑波 14 人入选。

(区科技局)

科技成果

【概况】 2022 年,浦口区贯彻落实引领性国家创新型城市建设部署要求,坚持创新驱动发展战略,强化科技项目申报服务,激发企业研发活力。通过深化产学研合作,提高企业自主创新能力,促进科技成果转化。获省、市立项科技项目 15 个。其中,华天科技(南京)有限公司获省科技成果转化专项支持资金 1500 万元,其成果国产高端存储芯片先进封装技术获南京市企业科技创新成果十大典型案例;江苏集创原子团簇科技研究院有限公司获市级重大科技专项支持资金 500 万元;南京菌库生物工程有限公司、南京康恒再生资源利用有限公司、南京浦世环境科技发展有限公司、南京澳博工业智能科技研究院有限公司、海德氢能源科技(江苏)有限公司 5 家企业获市“双碳”项目支持资金 400 万元;江苏中路工程技术研究院有限公司“超长超宽堰筑法隧道抗裂防渗与绿色建造关键技术”、江苏思威博生物科技有限公司“优异功能菌选育与微生物肥料创制”分别获江苏省科学技术一、二等奖。

【产业关键核心技术】 聚焦集成电路、高端装备制造、新材料、智慧农业等产业领域,推进技术攻关、成果转化、应用示范协同联动。南京长空科技有限公司“面向低空智联网的谱区块链关键技术研发低空智联网频谱共享与监管系统集成”、江苏集装精密制造研究院有限公司“航空发动机闭式整体叶盘复合特种加工关键技术研发”获省产业前瞻与关键核心技术攻关项目,华天科技(南京)有限公司“国产高端存储芯片先进封装技术研发及产业化”获省科技成果转化专项资金项目,北星空间信息技术研究院(南京)有限公司“空—天—地一体化智慧农业多元大数据平台联合研发”获省国际合作项目重点国别产业技术研发合作项目,江苏集创原子团簇科技研究院有限公司被立项为市级重大科技专项。

【民生科技成果】 聚焦乡村振兴战略目标任务,推进应用技术研发攻关和农业科技服务载体建设,南京新创蔬菜分子育种研究院有限公司“南京地方特色丝瓜种质资源挖掘与创新利用”、南京汤农现代农业科技发展有限公司“南京市汤泉农场优质多抗专用型小麦扬麦 33 新品种应用示范”获南京市品种选育与应用示范科技专项计划立项项目,南京思农生物有机肥研究院有限公司“防控土传病害的功能性肥料智造工艺与施用技术研发及应用示范”、江苏南京农大动物药业有限公司“固体过氧化氢在虾养殖中提质增效方案的研究与开发”获南京市“一区一中心”联动专项计划立项项目。南京国家农创中心星创天地和浦口区主要农作物产业分店年度绩效考评优秀,获 2022 年度省创新支撑计划(乡村产业振兴)项目申报资格,2 家单位获立项奖补。推动绿色技术创新和民生科技进步,获南京市“双碳”科技创新专项计划立项扶持项目 5 个,扶持资金 400 万元。区级社会事业科技发展项目支持 7 家单位研发攻关和课题研究,扶持经费 80 万元。

(鲁思汛)

【“环境中新污染物监测关键技术突破与示范应用”项目获江苏省科学技术二等奖】 2 月,2021 年度江苏省科学技术奖励揭晓,浦口开发区高新技术企业南京科略环境科技有限责任公司参与的“环境中新污染物监测关键技术突破与示范应用”项目获江苏省科学技术二等奖。该项目由常州磐诺仪器有限公司和江苏省环境监测中心、中国环境监测总站、中国科学院生态环境研究中心、中国科学院大连化学物理研究所、南京大学、南京科略环境科技有限责任公司联合承担。创新突破新污染物高通量非靶标筛查、新污染物的高精准定量监测、色谱定量干扰下化合物分离、高灵敏度氢火焰离子化检测器、高精度流量控制比例阀、VOCs 及臭氧污染源解析的在线化等关键技术，解决江苏省环境中新污染物底数不清、情况不明，新污染物监测标准缺乏且溯源困难，VOCs 监测设备过度依赖进口等“卡脖子”问题。经行业专家鉴定，项目研究和应用达国际领先水平，首次形成新污染物筛查和履约调查、监测方法国家标准化、监测设备及污染溯源软件平台国产化相结合的新污染物监测体系，制定国家标准 11 项（发布 7 项），获发明专利授权 14 件，形成产品 4 个，发表学术论文 100 余篇。

【“一种提高丙酮加氢生产异丙醇收率的工艺及装置”专利获中国专利优秀奖】 4 月 29 日，国家知识产权局公布第二十三届中国专利奖评审结果，浦口开发区企业江苏九天高科技股份有限公司“一种提高丙酮加氢生产异丙醇收率的工艺及装置”专利（ZL201310364054.1）获中国专利优秀奖。该专利技术实现丙酮加氢生产异丙醇工艺流程再造，优化异丙醇的生产环节，过程简单易操作，降低生产耗能和成本，减少碳排放，提高异丙醇收率，且过程不引入第三种组分，避免环境污染，在江苏、山东等地建立多套工业装备。与共沸精馏、萃取精馏等传统工艺相比，能够更有效地分离异丙醇中的水分，丙酮转化率可达 99.9%，异丙醇收率可达 99.5%。

（浦口开发区）

【浦口交通集团获发明专利授权】 8 月，浦口交通集团浦江工程检测公司“一种基于生活垃圾焚烧炉渣的道路基层及其摊铺装置”获国家知识产权局发明专利授权，这是浦江工程检测公司在炉渣资源化利用领域的第 2 项发明专利授权。该发明涉及道路基层摊铺技术领域，在将生活垃圾焚烧后产生的炉渣作为道路基层的基础上，合理提升道路基层的性能。自 2015 年起，浦江工程检测公司开展生活垃圾焚烧集料在道路工程中的资源化利用技术研究，炉渣材料在农村公路中累计实施里程 225.1 千米，使用炉渣近 41 万吨，节约处置用地约 43 万平方米，节约工程造价约 1230 万元。公司拥有炉渣相关技术授权发明专利 2 项、实用新型专利 10 项、软件著作权 3 项，形成江苏省地方标准 2 个，成果进入交通运输行业重点节能低碳技术推广目录和江苏省科技成果推广目录。

（浦口交通集团）

科技服务

【概况】 2022 年，区科技局聚焦企业科技创新短板，提升科技服务水平，通过大走访活动、组织线上培训会、面对面讲解等方式，提供政策推送、业务指导等服务，强化主体培育服务，优化科技创新环境，助力企业纾困解难，激发企业创新活力。开辟“创新浦口”微信平台，服务创新主体，扩大科技创新工作宣传效应。线下组建科创服务联盟，促进科技资源加速转化，发布 4 期 26 项科技成果。开展“科技大讲堂”活动 7 场、“科技兴区下午茶”5 场，组织科技人才训练营 10 余场，初步构建科技创新服务体系。开展“深化全员大走访 科技服务零距离”活动，发放创新政策细则 3000 余册。组织科技科普志愿服务活动 70 余场，惠及群众 6 万余人次。

【高新技术企业培育】 区科技局摸排申报高新技术企业 220 家，组织面上辅导 6 场，“一对一”专家走访辅导 270 余家次，编制《高新技术企业培育行动指南》，增设专家“回头看”环节，基本形成高新技术企业培育辅导的闭环链条。强化高新技术企业预审机制，举办高新技术企业申报材料预评审会，邀请技术专家、财务专家与企业交流，为申报企业答疑解惑。申报高新技术企业 209 家，通过高新技术企业认定 139 家，通过率 66.5%。50 家规模以上工业企业参与高新技术企业申报，40 家通过认定，规模以上工业企业申报通过率 80%，超额完成规模以上工业高新技术企业净增数量目标任务。

【技术合同登记】 结合大走访活动，在系统摸排辖区企业整体情况的基础上，增设培训辅导讲座，提升企业业务登记水平。登记技术合同 499 份，技术合同成交总额 19.73 亿元。

【创新创业支持】 强化科技金融扶持，助力科技型企业渡难关，审核贷款申请651笔，贷款额度15.4亿余元，惠及企业183家。加大企业创新创业支持力度，组织企业参加创新创业大赛，3家企业在市级比赛中获奖，获奖企业数位列全市第三位，其中中茵微电子(南京)有限公司在省级比赛中获初创企业组二等奖，在全国总决赛中获“创新创业50强”。

【科技创新服务联盟成立】 7月26日，浦口区科技创新服务联盟(浦科派)成立并召开第一次代表大会。首批成员单位包括南京大学、东南大学、南京航空航天大学、南京理工大学、南京工业大学5家高校，北星空间信息技术研究院、江苏集创原子团簇研究院、清研华科新能源研究院、南京浦蓝大气环境研究院、南京思农生物有机肥研究院5家新型研发机构，以及华天科技(南京)有限公司、江苏芯德半导体科技有限公司、南京伯凯科技有限公司、江苏鑫合易家信息技术有限责任公司、农芯(南京)智慧农业研究院有限公司5家科技型企业。浦科派从服务会员单位开始，挖掘会员单位技术、人才、市场、金融等方面需求，解决会员单位实际困难。开展《数字经济与产业融合发展》《知识产权管理与政策》等专题培训，定期现场走访，密切联系成员单位，发布符合浦口区产业定位的科技成果，辅助企业提升科技创新能力。 (鲁思汛)

科技交流与合作

【科技招商】 立足产业结构，拓展招商渠道，开创科技招商新模式。报送招商信息35条，组织、配合召开招商工作会议、招商活动、接待客商15次，与区商务局、各园区招商部门保持紧密联系，及时跟踪招商信息落地情况，推荐落地项目4个，投资金额0.28亿元。区科技局被区政府表彰为“全员招商成绩突出单位”，获“浦口区招商引资先进单位”称号。

11月21日，举办2022中国(南京)低空智联网与无人机应用融合创新高峰论坛 浦口高新区供图

【校地融合】 聚焦科技成果转移转化体系的薄弱环节和关键症结，搭建企业与高校院所合作桥梁。推进浦口区科技创新服务联盟专业化运作，发布2期13项南京大学科技成果，通过签订科技合作协议、召开产学研合作交流会等形式与南京师范大学、南京工业大学加强资源共享，共同推进科技成果转移转化。 (鲁思汛)

【“浦芯精英”人才定制战略合作协议签订】 11月14日，浦口区政府与南京邮电大学签订《“浦芯精英”人才定制战略合作协议》。省委教育工委、省工业和信息化厅、南京邮电大学、江北新区及浦口区相关领导出席签约仪式。南京邮电大学每年为浦口区企业培养集成电路等相关主导产业非全日制专业学位硕士研究生，依托学科优势和浦口区驻区企业，共建“浦芯精英”研究生工作站、人才定制实验室等联合培养基地，为浦口区集成电路产业建强人才储备库，助力打造国内知名的集成电路产业创新集聚地。

【2022中国(南京)低空智联网与无人机应用融合创新高峰论坛】 11月21日举办。论坛是2022世界智能制造大会分会场，以“开启低空智联 数聚赋能未来”为主题，旨在聚焦低空智联网与无人机产业融合的发展趋势、关键领域进行探讨，推动无人机产业高质量发展。江苏省国防科工办发布《2022江苏省无人机产业发展白皮书》《江苏省无人机产业发展行动计划》。江苏省无人机产业技术标准委员会、南京民用无人驾驶航空运行管理中心揭牌。浦口高新区与南京信息工程大学气象科学技术研究院等6家无人机企业签订低空智联应用场景合作协议，与江苏泰赋星信息技术有限公司等6家无人机相关企业签订产业项目协议。 (区融媒体中心)

·文稿编辑 袁 铭·

教　育

综　述

【概况】 2022年,浦口区有各级各类学校82所,其中幼儿园40所(另有办园点4个)、小学20所、初中10所、九年一贯制学校6所(浦口区实验学校、浦口区永宁学校、浦口区乌江学校、金陵中学浦口分校、南京审计大学实验学校、南京苏杰学校)、十二年一贯制学校2所(南京汉开书院学校、南京书人实验学校)、普通高中1所、中职类学校2所、特殊教育学校1所。教师发展中心1个,街道成人教育中心校5所。小学教育集团7个,初中教育集团6个,实现义务教育集团化办学全覆盖。幼儿教育集团2个,综合教育集团1个。

全区各级各类学校教职工5783人,其中全国教书育人楷模1人、全国"五一劳动奖章"获得者1人、全国优秀教师3人、省特级教师11人、省优秀教育工作者6人、省教学名师2人、市"陶行知奖"6人、市"斯霞奖"11人、市学科带头人44人、市优秀青年教师74人、区学科带头人305人、区优秀青年教师219人。在校学生51704人,其中幼儿园12878人、小学22703人、初中7908人、高中4472人、中职3641人、特殊教育学校102人。

引进中华中学、南京一中、南京师范大学等优质教育资源,开办中华中学浦口城南中学,加大与江北新区协同合作力度,与区外学校"手拉手"结对共建。学前教育普及普惠发展,深化与南京晓庄学院学前教育合作,推进课程游戏化项目建设。优质均衡监测结果逐年提升,32项指标达标率96.9%,位居全市第一位。江苏省江浦高级中学获评首批"江苏省高品质示范高中市级创建培育学校"。中等职业教育高考本科达线率蝉联全市第一名、全省前列。校企合作成效明显,获省政府督查通报表扬。浦口区被评为首批"南京市劳动教育实验区建设单位"。杨瑞清被授予"全国教书育人楷模"称号,余晓燕被选为省职业教育旅游跨业融合"双师型"名师工作室领衔人,王红兵被选为省网络名师工作室领衔人,冯怀勇被评为"江苏省教学名师",3人入选"宁教名家"培养对象。2项省规划课题、12项市规划课题结题,3项市基础教育前瞻性教学改革实验项目结项,39项南京市第十一期"个人课题"通过结题鉴定。在2022年度南京市优秀教育案例叙事和论文评比活动中,343篇文章获奖,其中一等奖29篇、二等奖110篇、三等奖204篇。

【教育设施设备建设】 "十四五"期间,浦口区规划建设中小学和幼儿园40所。2022年,全区实施学校类重点工程A类项目11个,包括新建高中1所、中等职业学校1所、中小学4所、幼儿园4所,改扩建项目1个,计划总投资32.94亿元,当年计划投资9.86亿元。新办幼儿园1所(浦口区珠泉幼儿园)、初中1所(中华中学浦口城南中学)。立新路幼儿园、园特路幼儿园、城南中心4号地幼儿园、汤泉街道幼儿园、狮山路小学、北花园路中小学、金穗路中学、海桥路高中、南京艺术学院附属中等艺术学校加快建设。加快城南中心九年一贯制学校、浦口中专校创业中心食堂与风雨操场综合体前期手续办理。实施校舍出新、运动场地改造、厕所提升等校园环境改造提升项目48个,总投资约6500万元。投入4500余万元,完成教育技术装备建设。全区学校课桌椅适配提升工程被列为2022年浦口区民生微实事,并在全市范围率先完成。投入约1900万元,实施校园环境提升改造工程,完成浦口区永宁学校、浦口区汤泉小学、浦口区大桥小学等10所中小学校舍改造出新工程。安排专项资金约2000万元,对浦口区江浦实验小学、浦口区江浦实验小学滨江分校、南京审计大学实验学校、南京浦口中等专业学校、浦口区陡岗小学5所中小学运动场地进行标准化改造出新。投入约430万元,完成南京广播电视大学浦口分校、南京浦口中等专业学校、南京审计大学实验学校厕所提升工程。（刘超）

【教师队伍建设】 通过公开招聘,新增教师242人。其中,公开招聘备案制教师210人,含街道幼儿园备案制教师13人;校园公开招聘教师8人;招聘乡村定向师范生16人;公开招聘高层次教师5人;公开招聘名校长、名园长3人。以集团化办学为载体,探索城乡教师交流机制,义务教育学校中小学教师(校长)流动164人,流动比例25.3%。在交流的中小学教师(校长)中,骨干教师56人,占比34.1%。其中,城市学校之间交流66人,城乡学校之间交流81人,乡村学校之间交流17人。

教师培训工作成果丰硕,已获批的第一批市级"四有"好教师重点培育团队4个,全部通过终期考核,其中浦口区江浦实验小学获评优秀,浦口区新世纪小学创成第二批市级"四有"好教师重点培育团队。职初教师参加南京市义务教育阶段职初教师专业基本素养考核,全部合格,均分和优分率高于全市平均水平。在第六届省乡村骨干教师培育站学员优秀论文及市级优秀课评选中,获论文一等奖2人、二等奖3人、三等奖7人,获赛课一等奖1人、二等奖1人。

获评南京市优秀教育工作者6人、第十届南京市学科教学带头人9人、第三届南京市德育优秀青年教师9人,评选表彰浦口区优秀教育工作者105人、第十一届浦口区优秀青年教师100人、第四届浦口区德育工作带头人20人,认定区级德育名师工作室3个,夏光清德育名师工作室获评"市级德育名师工作室",浦口区行知小学、浦口区大桥中学家长学校获评"江苏省优秀家长学校"。（赵莉莉）

【教育教学质量提升】 完成省、市教育督导委对区政府2021年度履行教育职责的督政工作,获省、市考评专家组好评。在江苏省义务教育优质均衡发展监测中,浦口区达标率96.9%,和雨花台区并列全市第一名。在江苏省义务教育优质均衡发展区创建专家现场评估中成绩优异,37项指标中35项为A、1项为B、1项为C。学前教育普及普惠占比93.45%,义务教育入学率、巩固率均达100%,高考名校录取人数显著增多,考入"双一流"大学人数不断增加,1人超北京大学录取分数线,38人被"211"以上高校录取,江苏省江浦高级中学获首批"江苏省高品质示范高中市级创建培育学校"称号。南京浦口中等专业学校职教高考连续三年蝉联全市"双第一"。12项省、市级教研课题立项,其中省级4项、市级8项。浦口区第三中学、浦口区行知小学获2022年"江苏省教育科研先进集体"称号,浦口区凤凰幼儿园莫健骑获"江苏省教科研工作先进个人"称号。加快实施"学有优教"行动,与江苏省教育学会、南京晓庄学院等合作,《扎根乡村40年的行知教育实验》获省基础教育教学成果特等奖。（刘超）

【特色教育】 书法、绘画、合唱、小器乐等艺术项目健康发展,推进校园足球、花样跳绳、武术、啦啦操等体育特色项目建设,参加省、市级竞赛活动并取得优异成绩。浦口区行知中学女子足球队获江苏省第二届运动会青少年部足球(14~15岁组)比赛亚军,获"省长杯"江苏省青少年校园足球联赛季军。浦口区江浦实验小学滨江分校艺术体操队在由国家体育总局、中华全国体育总会、中国体操协会联合举办的全民艺术体操魅力展示赛中获最具人气奖。在2022年南京市青少年阳光体育节乒乓球比赛中,江苏省江浦高级中学、浦口区永宁小学获团体一等奖、体育道德风尚奖,浦口区第三中学获初中组混合团体一等奖、精神文明奖。浦口区实验学校获江苏省校外童声合唱比赛二等奖。南京书人实验学校小学部获南京市小学生校园集体舞比赛一等奖、优秀创作奖。浦口区江浦实验小学、浦口区实验学校小学部获南京市课堂小乐器合奏比赛一等奖。浦口区乌江学校创成江苏省中国书法特色学校。浦口区首届小学生"水火箭"科技竞赛被评为江苏省优秀科技活动。（张朝骞）

【师德建设】 围绕立德树人根本任务,推进师德三年提升计划,制定《浦口区教育系统师德专题教育任务清单》，常态化开展党纪党规和师德师风警示教育，巩固师德专题教育成果。组织“浦口教育好故事”系列评比活动，评选表彰第八届浦口区最美教师30人、第四届浦口区优秀中青年教师40人。结合庆祝第38个教师节开展尊师重教主题月活动，在全系统组织学习杨瑞清先进事迹活动，依托“爱满天下”师德教育基地、“爱的呼唤”师德实践基地开展师德实践活动，增强教书育人责任感和使命感。坚持把师德师风作为第一标准，组织新入职教师签订拒绝有偿补课公开承诺书，新任校（园）长制定师德履职目标，100%上传至师德师风监督平台，对有违师德行为的教师实行“一票否决”。在全市教育系统师德师风建设过程性评估中，区教育局被授予“管理机制奖”和“宣传教育奖”。在南京市师德建设创新案例评选中，浦口区实验学校“塑‘惠童人师’精神，展‘仁爱先锋’风采”被评为师德建设十佳创新案例，江苏省江浦高级中学“‘四史’育人志愿服务工作创新案例”、浦口实验幼儿园“‘四有’好老师建设创新案例”等6个案例被评为优秀创新案例。在南京市教育系统第十五届师德先进集体和师德先进个人评选中，浦口区实验学校获“师德先进集体”称号，南京审计大学实验学校高艳等5人获“师德先进个人”称号，浦口区实验幼儿园陈丽娜获“师德工作先进个人”称号。在2022年“南京教育好故事”系列评比活动中，1篇征文获一等奖，4人获演讲比赛二等奖。3月，江苏省江浦高级中学教师黄志坚被市委宣传部、市文明办评为第六批“南京市岗位学雷锋标兵”。9月，行知教育集团校长杨瑞清被中央宣传部、教育部评为“2022年全国教书育人楷模”。

（叶万全）

【教育公共服务】 加大教育公共服务保障力度，构建优质均衡的基本公共服务体系，提升公共教育服务水平。完成各级各类学生资助工作，受益学生2817人，资助金额472.71万元。完善各项管理制度，建立预算绩效管理体系，加强内部审计监督，做好资产管理和财务管理。落实学前一年基本免费资金1205.52万元。全区学校全面开展课后服务，参加课后服务学生28163人，拨付专项经费1023.43万元。建成区级特殊教育融合资源中心20个，涵盖幼儿园、小学、初中、中专各学段，南京审计大学实验学校被评为“江苏省融合教育示范校培训对象”，浦口区新浦实验小学、浦口区汤泉小学、浦口区石桥小学被评为“南京市融合教育示范校”，8所学校为市级随班就读实验学校，认定区级随班就读实验学校15所，残疾儿童入学率100%。保障农村偏远地区学生上下学交通安全，区财政支出800余万元，维护47辆校车正常运行，惠及学生2070人。

【教育对口支援与协作】 完成与滁州市南谯区、陕西省镇安县及新疆维吾尔自治区伊宁市的教育对口帮扶工作，搭建结对合作学校10对。派出支教教师16人，其中赴陕西8人、赴新疆8人。接待镇安来访校长50人、跟岗教师8人、教育访问团50余人。组织开展各类教育教学研讨活动30多次。（区教育局）

表41　2022年浦口区教师获南京市教育系统师德工作荣誉一览表

称　号	姓　名	学　校
师德先进个人	高　艳	南京审计大学实验学校
	谭学云	南京市浦口区行知中学
	燕红林	南京市金陵中学浦口分校
	卢　靖	南京市浦口区新浦实验小学
	杨　梅	江苏省江浦高级中学
师德工作先进个人	陈丽娜	南京市浦口区实验幼儿园

学前教育

【概况】 2022年,开办浦口区珠泉幼儿园。全区有幼儿园40所,其中公办园20所、民办园20所,另有办园点4个。在园幼儿12878人,其中公办园就读幼儿6605人、民办惠民园就读幼儿5429人、民办非惠民园就读幼儿844人。实施学前一年基本免费政策,申请学前一年基本免费资金1205.52万元,惠及幼儿4066人。浦口区实验幼儿园第一分园创成省级优质园,浦口区江浦街道中心幼儿园、浦口区永宁街道中心幼儿园余家湾分园、浦口区青苗幼儿园创成市级优质园,浦口区阳光凤悦天晴幼儿园通过江苏省优质幼儿园复审。全区累计有省、市级优质园35所,省、市级优质园在园幼儿就读占比92.17%。（郭悦）

表42　2022年浦口区幼儿园基本情况一览表

所属街道	幼儿园(分园、办学点)名称	办学性质	班级数(个)	在园幼儿数(人)
江浦街道	浦口区实验幼儿园	区级教育部门	12	400
	浦口区实验幼儿园第一分园		12	363
	浦口区实验金穗幼儿园		11	311
	浦口区凤凰幼儿园		12	379
	浦口区凤凰幼儿园第一分园		12	382
	浦口区凤凰幼儿园第二分园		12	355
	浦口区珠泉幼儿园		2	55
	浦口区江浦街道中心幼儿园	集体	10	272
	浦口区新世纪幼儿园		11	357
	浦口区行知幼儿园		9	299
	浦口区康华幼儿园	民办	7	243
	浦口区霞光幼儿园		12	395
	浦口区城东幼儿园		16	555
	浦口区高旺幼儿园		8	260
	浦口区揽月山庄幼儿园		8	275
	浦口区同心幼儿园		13	460
	浦口区海科幼儿园		17	503
	南京书人金色半山幼儿园		13	332
	浦口区霞光幼儿园滨江分园		15	501
	浦口区青苗幼儿园		9	255
	南京市乐贝加滨江幼儿园		15	479
	南京市中海幼儿园		10	236
	浦口区阳光凤悦天晴幼儿园		10	320
	浦口区碧云山庄幼儿园		8	274
	浦口区井德幼儿园		12	395
	南京市书人阅景龙华幼儿园		9	213
	南京市苏麟幼儿园		6	131
	南京市育才东方幼儿园		8	175
	浦口区江佑娃德福幼儿园		7	205

（续表）

所属街道	幼儿园(分园、办学点)名称	办学性质	班级数（个）	在园幼儿数（人）
桥林街道	浦口区桥林街道兰花中心幼儿园	集体	12	330
	浦口区桥林街道兰花中心幼儿园茶棚办学点		5	101
	浦口区桥林街道陡岗幼儿园		9	197
	浦口区桥林街道乌江幼儿园		6	178
	浦口区桥林街道中心幼儿园		13	460
	南京市苏杰幼儿园	民办	4	66
汤泉街道	浦口区汤泉中心幼儿园	集体	15	420
	浦口区汤泉街道龙山幼儿园		5	117
星甸街道	浦口区星甸街道中心幼儿园	集体	18	505
	浦口区星甸街道石桥幼儿园		14	378
永宁街道	浦口区永宁街道中心幼儿园	集体	12	314
	浦口区永宁街道中心幼儿园高里点		3	75
	浦口区永宁街道中心幼儿园车站点		3	84
	浦口区永宁街道中心幼儿园张云小区办园点		1	24
	浦口区永宁街道中心幼儿园余家湾分园		9	249
合　计	44		435	12878

【浦口区实验幼儿园教育集团】 2022年，浦口区实验幼儿园教育集团在南京市幼儿基本体操比赛中获金奖8项，6名教师被评为“优秀教练员”。在南京市幼儿园优秀自制玩教具评比中，5项作品分获一、二、三等奖，浦口区实验幼儿园陈丽娜获“自制玩教具能手”称号。51名教师分别在浦口区首届融合教育绘画、“童心绘食安”等比赛中指导幼儿获奖。集团在研省级课题1个、市级规划课题3个、区级规划课题6个。个人在研市级课题7个、区级课题13个，结题市级课题4个、区级课题12个，个人课题获市级一等奖2个、市级二等奖2个、区级一等奖5个、区级三等奖2个，151篇论文、案例在省、市、区获奖，6篇文章在国家、省、市级期刊上发表。浦口区实验幼儿园通过“四有”好教师终期考核；浦口区实验幼儿园第一分园被评为“南京市园林式校园”，创成江苏省优质幼儿园；浦口区实验金穗幼儿园通过南京市平安校园创建验收和卫生保健复审，并接受省级区域课程游戏化现场视导，专家对幼儿园课程游戏化开展的理念、实践和成效等给予充分肯定。（郭悦）

【浦口区凤凰幼儿园教育集团】 2022年，浦口区凤凰幼儿园教育集团实施艺体生命涵养工程，开展足球、武术、美术、舞蹈、轮滑、体操、平衡车、空竹、扎染等社团活动，在南京市幼儿基本体操比赛中获金奖4个、银奖2个，浦口区凤凰幼儿园获优秀组织奖，6名教师被评为“优秀教练员”。在浦口区首届融合教育绘画比赛“童心喜迎二十大 绘声绘色绘成长”中获优秀组织奖。幼儿舞蹈《小白翎》获第十届“我的中国梦”南京市少儿才艺大赛舞蹈表演幼儿组三等奖。实施德育奠基工程，“家园联动学‘四史’、乘风破浪担使命”被评为南京市青少年“四史”学习教育创新案例，“倾尽丹心育桃李、奉献韶华铸师魂”被评为南京市师德建设优秀创新案例。在2022年浦口区幼儿园本土课程优质课评比中，8名教师获一、二、三等奖。集团在研省级课题3个、市级课题3个、区专项课题6个、区前瞻性项目1个，结题市级课题1个。个人在研市级课题11个、区级课题14个，结题区级课题18个，获区级个人课题一等奖2个，163篇论文、案例在省、市、区获奖，莫健骑被评为“江苏省教科研工作先进个人”。集团被评为2022年“浦口区学科基地学校”“浦口区推动‘一三五六’总体发展布局先进集体”,浦口区凤凰幼儿园被评为“南京市学校卫生工作先进集体”,浦口区凤凰幼儿园第一分园被评为“南京市首批劳动教育特色学校”,浦口区凤凰幼儿园第二分园通过南京市卫生保健复验。

【浦口区珠泉幼儿园开园】 9月开园。浦口区珠泉幼儿园位于江浦街道珠泉西路7号,总投资3400余万元,占地面积4325平方米,建筑面积3686平方米,绿化面积1505平方米,户外活动面积3260平方米,办园规模为3轨9个班。该园按省优质园标准建设,践行陶行知教育思想,以“生活育人、幸福成长”为办园宗旨,坚持“润心养真”办园理念,秉承“让每一个生命如珍珠般闪闪发光”培养目标,办好人民满意的幼儿教育。11月,加入陶行知教育思想幼教联盟,成为陶行知思想实验研究基地幼儿园。 (郭悦)

9月,浦口区珠泉幼儿园开园 区教育局供图

小学教育

【概况】 2022年,浦口区人民小学更名为浦口区实验学校海院路分校并异地办学,浦口区龙山学校(小学部)更名为浦口区龙山小学。全区有小学20所、九年一贯制学校6所、12年一贯制学校2所。班级615个,学生22703人,专任教师1682人。依法保障入学权利,符合政策条件的外来务工随迁子女入学率100%,具有学习能力的残疾儿童少年义务教育入学率100%,义务教育巩固率100%。推进优质均衡发展,深化全域集团化办学,实现优质教育资源覆盖率100%。做好教育惠民实事,实施课后服务,为2.3万余名小学生提供课后服务,社会满意度100%。

表43 2022年浦口区小学基本情况一览表

集团名称	学校名称	班级数(个)	学生数(人)	专任教师数(人)
江浦实验小学集团	浦口区江浦实验小学	36	1542	101
	浦口区江浦实验小学滨江分校	33	1447	88
	浦口区永宁小学	14	418	43
	浦口区永宁小学车站分校	6	159	15
	浦口区永宁学校(小学部)	8	263	20
浦口区实验学校集团	浦口区实验学校(小学部)	36	1549	98
	浦口区乌江学校(小学部)	24	919	51
	浦口区乌江小学	4	90	14
	浦口区实验学校海院路分校	33	1414	81
新世纪小学集团	浦口区新世纪小学	32	1361	83
	浦口区大桥小学	15	557	41
	浦口区大桥小学高里分校	6	160	16

（续表）

集团名称	学校名称	班级数（个）	学生数（人）	专任教师数（人）
汤泉小学集团	浦口区汤泉小学	22	829	66
	浦口区星甸小学	23	894	56
	浦口区龙山小学	6	183	21
南审附小集团	浦口区珠江小学	18	641	55
	金陵中学浦口分校（小学部）	16	576	43
	南京市游府西街小学浦口分校	21	732	51
	南京审计大学实验学校（小学部）	34	1352	83
新浦实验小学集团	浦口区新浦实验小学	33	1325	87
	浦口区桥林小学	33	1306	82
	浦口区陡岗小学	11	280	25
行知教育集团	浦口区行知小学	25	969	61
	浦口区高旺小学	11	287	31
	浦口区石桥小学	21	831	56
	南京苏杰学校（小学部）	33	874	113
	南京汉开书院学校（小学部）	22	605	81
	南京书人实验学校（小学部）	39	1140	120
合　计	28	615	22703	1682

【浦口区实验学校教育集团】 2022年，浦口区实验学校秉承“惠童文化”，探索国学传承新路径，有省品格提升工程“乐耕阅享：阳光儿童的新劳动教育实践”、省级规划课题“中华优秀传统文化下劳动教育课程基地的建构研究”和“基于单元整体教学的小学数学教师课程建构力研究”。浦口区乌江小学科技教育特色明显，以“一个核心、两大策略、三种渠道、四个转变、五个结合”理念构建科技教育特色学校的教育体系和运行机制，有市级规划课题“提高农村小学生数学阅读能力的实践研究”。浦口区乌江学校（小学部）从师生教育教学成长规律出发，建设“恒诚文化”，发掘师生生命潜力，有市级规划课题“整合社区文化资源，在中小学写字教学中书法艺术美育的教学”“利用中国传统节日文化进行小学德育的实践研究”。

【江浦实验小学教育集团】 2022年，江浦实验小学教育集团教科研获奖671人次。在研省级信息化课题1个、南京市基础教育前瞻性教学改革实验项目1个、市级规划课题3个，1个市级党建课题“‘三服务’志愿行动的实践研究”结题，1个市级规划课题“发展学生核心素养的小学语文国学启蒙微课程建设的研究”准备结题，4个市级个人课题立项，53个区级个人课题在研。浦口区江浦实验小学教师竞赛获奖74人次，其中省级1人次、市级7人次、区级66人次。浦口区江浦实验小学滨江分校获奖86人次，浦口区永宁小学获奖120人次，浦口区车站小学获奖73人次，浦口区永宁中学（小学部）获奖37人次。

【浦口区行知小学】 2022年，浦口区行知小学传承发扬陶行知教育思想，开展行知教育实验，以“还能更精彩”为校训，坚持“让行知陶娃享受精彩教育，让行知精神得到精彩弘扬”办学理念，把“尊重每一个、温润每一个、绽放每一个”作为行知良师的教育追求。构建大情怀育人体系，探索新的教改之路，形成对外交流、艺体涵养、德育奠基、书香校园四大特色项目。学校获江苏省教学成果特等奖、“江苏省教科研工作先进集体”“江苏省优秀家长学校”“江苏省优秀少先队集体”“南京市2022年图书与阅读教学共建示范校”“南京市网络安全建设先进学校”“浦口区推动‘一三五六’总体发展布局先进集体”等荣誉。学校协同承办江苏省基础教育课程与教学改革展示(南京专场)活动,陶娃足球、少儿书法、手工制作、小器乐等多次获省、市、区奖项。总校长杨瑞清被中央宣传部、教育部授予"2022 年全国教书育人楷模"称号。（张朝骞）

中学教育

【概况】 2022 年,开办中华中学浦口城南中学,撤并浦口区龙山学校(初中部),南京书人实验学校由九年一贯制学校改为十二年一贯制学校。全区有初中 10 所、普通高中 1 所(含江浦高级中学文昌校区)、九年一贯制学校 6 所、十二年一贯制学校 2 所。班级 311 个,学生 12380 人,专任教师 1435 人。浦口区第三中学通过全市第六批教育现代化初中培育学校项目认定,浦口区乌江学校、南京苏杰学校被认定为南京市第十批推进素质教育示范初中,江浦高级中学文昌校区、浦口区汤泉中学成为全市大数据背景下的精准教学保障立项建设学校,南京市金陵中学浦口分校被认定为南京市多样化发展特色项目建设学校,实施"科技创新发展项目人工智能嵌入式科技 + 课程"研究。推进 9 项行动计划,提升育人质量,启动大情怀育人体系下"善学"课堂教学改革,初中学校贯彻落实《浦口区关于深入推进义务教育集团化办学的实施方案》,以"名校 + 普校""城市 + 乡村""总校 + 分校"等模式统筹城乡教育发展。

表 44　2022 年浦口区中学基本情况一览表

学校名称	班级数(个)	学生数(人)	专任教师数(人)
高中小计	94	4472	418
江苏省江浦高级中学	76	3963	358
南京汉开书院学校(高中部)	13	375	41
南京书人实验学校(高中部)	5	134	19
初中小计	217	7908	1017
浦口区第二中学	7	212	44
浦口区第三中学	28	1150	126
浦口区第四中学	20	843	83
浦口区行知中学	12	466	54
中华中学浦口城南中学	6	232	23
浦口区大桥中学	12	358	54
浦口区汤泉中学	8	268	54
浦口区星甸中学	9	283	47
浦口区石桥中学	12	475	61
浦口区桥林中学	12	493	62
浦口区永宁学校(初中部)	7	181	34
浦口区实验学校(初中部)	19	799	73
浦口区乌江学校(初中部)	12	446	45
南京市金陵中学浦口分校(初中部)	14	529	55
南京审计大学实验学校(初中部)	5	203	28
南京苏杰学校(初中部)	7	121	35
南京书人实验学校(初中部)	15	418	55
南京汉开书院学校(初中部)	12	431	84
合　　计	311	12380	1435

【江苏省江浦高级中学】 2022年，在校学生3963人，教职工411人，其中专任教师358人。开展南京市普通高中新课程新教材实施示范校建设，申报实施高品质示范高中市级创建培育学校项目建设。高考再创佳绩，1人超北京大学录取分数线，38人被“211”以上高校录取，新疆班连续在全省“民考民类”高考学校中名列前茅。在2021—2022学年度南京市普通高中教育发展性评估中，江苏省江浦高级中学和文昌校区共同获规范办学奖、素质教育奖、内涵发展奖、质量优秀奖、突出贡献奖、推进发展奖、学校教学管理奖，江苏省江浦高级中学再获民族教育奖，获奖面全市第一名。3人获普通高中教育先进个人奖，10人获普通高中教学先进个人奖。

（张朝骞）

【南京市中华中学浦口教育集团成立】 5月25日，浦口区政府与南京市第一中学、南京市中华中学签订合作共建协议，成立南京市中华中学浦口教育集团。南京市中华中学浦口教育集团辖中华中学浦口城南中学、中华中学浦口雨山小学2所学校，师资由面向全国招聘的优秀成熟教师、中华中学委派的名师以及区内选拔的优秀教师构成，其中江苏省“333高层次人才培养工程”培养对象1人，市学科带头人4人，市优秀青年教师、区学科带头人、区优秀青年教师等15人。

（区融媒体中心）

【中华中学浦口城南中学开学】 9月开办。学校占地面积4.4万平方米，有智能化教室、运动场、图书阅览室、体育馆等设施设备。当年开设班级6个，有学生232人、专任教师23人，其中区级及以上骨干教师10人。学校依托南京市中华中学江苏省批判性思维课程基地、江苏省生命·生活·生态·生物课程基地、江苏省哲学践行课程基地和江苏省儒雅少年教育课程基地4个省级课程基地的教育资源，与南京市博物院开展“观文物展览 与时空对话”馆校合作社团课程、古诗词吟诵课程、初中生生涯规则课程、家校共育课程、劳动教育课程基地建设，打造现代化精品课程，构建以学生全面成长为核心的特色文化体系。 （张朝骞）

特殊教育

【概况】 2022年，浦口区有特殊教育学校1所、区级特殊教育融合资源中心20个，涵盖幼儿园、小学、初中、中专各学段。有江苏省融合教育示范校培育对象1所、南京市融合教育示范校3所、南京市随班就读实验学校8所、浦口区随班就读实验学校15所。全区27名教师参加江苏省特殊教育专职教师上岗培训，并取得省级教育部门认定的特殊教育专业考核合格证。浦口区特殊教育学校教师张琳、芮代琴、赵敏作为南京市教研室特殊教育学科核心组成员，参加《普通学校特殊需要学生课程评估手册》和《普通学校特殊需要学生课程评估材料》研制工作。张琳、芮代琴为南京市各区、苏州市、广东省佛山市等地教师开展融合教育课程评估专题培训。浦口区特殊教育学校推进志愿服务，开展送教上门、手语翻译、随班就读等工作，该校“小水滴”服务队为10名极重度不能到校上学的残疾儿童提供送教（康）上门服务，保障每一个残疾儿童公平接受教育的权利，浦口区残疾儿童入学率100%。

【浦口区特殊教育学校】 2022年，在编教职工35人，其中专任教师27人。全国“特教园丁奖”获得者1人，南京市“斯霞奖”获得者1人，区德育及学科带头人、区优秀青年教师14人。设学前教育、小学教育、初中教育和职业教育4个学段11个班级，招收智力残疾、肢体残疾、精神残疾、言语残疾以及多重残疾等类别残疾儿童，在校及送教上门学生119人。学校与南京特殊教育学院合作，成立专家工作室，采用校内教研组自研、区内特教学科组互研、市内核心组引领的层级式教研模式，开展基于课标的课堂观察、教学反思、案例分析等研究，形成“一引二学加三练”（以评估为起点引学习内容、以目标为导向学知识与方法、以生存为核心练生活技能）的课堂教学模式。学校生活适应学科优秀课例“学包春卷”获南京市特殊教育教师基本功展示一等奖。 （张朝骞）

职业教育

【概况】 2022年，南京浦口中等专业学校占地面积12.17万平方米，建筑面积10.55万平方米。有全日制大中专在籍生3641人，在编教职工282人，备案制教师10人，专任教师272人，其中硕士以上学历95人，高级职称129

人。有“苏教名家工程”培养对象1人、省特级教师2人、省职业教育领军人才4人、正高级讲师3人、省级产业教授2人、市区名优教师46人,有省教学创新团队1个、省市级名师工作室3个、市优秀教学团队3个。职教高考本科率72.53%,五年制高职转本率72.46%,位居南京市第一位,综合高中和“3+4”录取线连续三年领跑全市,位居全省前列。创成江苏省优秀中等职业学校建设单位、教育部数字化校园试点单位,获江苏省职业院校技能大赛团体优秀奖、南京市职业学校质量管理评估一等奖等荣誉。

【教学科研】 校长余晓燕领衔的旅游跨业融合名师工作室获评“首批江苏职业教育‘双师型’名师工作室”。江苏省“十四五”规划课题“全域旅游背景下中职旅游专业改革实践研究”开题。机电教学团队获批省职教教学创新团队。江苏省职业教育吕桃电气控制技术名师工作室通过省级考核验收。立项江苏省教育科学规划课题1个、南京市教育科学规划课题2个、市级五年制高职课程思政示范课程1个,参与教材编写16人次。获市职业院校课程思政教学案例比赛评比二等奖1个,获省文明风采大赛“最佳作品”2个。教师获江苏省教学能力大赛二等奖2个、三等奖5个,获班主任能力大赛省一等奖1个、市一等奖1个。

【学科建设】 旅游服务与管理专业被认定为省中职优质专业,高职增加增材制造技术、集成电路技术2个专业,装备制造专业群创成南京市首批五年制高职高水平专业群立项建设单位,旅游虚拟仿真实训基地创建为江苏联合职业技术学院示范性虚拟仿真实训基地建设项目。获年度技能大赛国赛酒店服务项目一等奖1个,省赛一等奖4个、二等奖2个、三等奖8个,获省职业院校创新创业大赛金牌。

【合作共建】 学校在成立南京智能制造职业教育集团基础上,合作打造南京集成电路职业教育集团。新增南京大吉集团等8家合作企业,有现代学徒制试点项目2个,合作企业南京依维柯集团被确定为南京市产教融合型企业。落实宁滁一体化建设、东西部“组团式”帮扶工作,选派干部、教师实施援疆、援陕、援滁帮扶工作,帮助陕西镇安职业高级中学在国家技能大赛、省级教学大赛中斩获荣誉。 (葛华云)

普通高等教育

【南京审计大学】 2022年,学校有浦口、莫愁2个校区,占地面积120万平方米,中共审计署党校、审计署审计干部教育学院位于浦口校区。有全日制在校本科生、研究生、留学生1.8万余人,专任教师1200余人,其中正高职称200余人,博士学位760余人。设政府审计学院、会计学院等18个学院(教学部),设国富中审学院、经济与金融研究院等5个特色研究院,有润园、泽园、澄园、沁园4个书院,实行书院和学院“双院制”育人模式。有本科专业37个,其中国家级一流本科专业建设点18个,省级一流专业建设点11个,教育部特色专业建设点3个,教育部专业综合改革试点项目2个,江苏省“十二五”重点专业(类)5个,江苏高校品牌专业3个,江苏省特色专业5个。有国家级在线精品课程2门、国家级一流本科课程5门、国家级课程思政示范课程1门、国家级虚拟教研室1个。有国家级教学团队1个、国家级课程思政教学名师8人、国家级课程思政教学团队1个、江苏省高校“青蓝工程”优秀教学团队4个。获批博士学位授予单位,入选江苏高水平大学建设高峰计划B类建设高校。

获批国家社科基金20个(含重点项目2个),其中后期资助项目9个(排名全国高校第24位、全国财经类高校第三位)。获批立项国家自然科学基金25个(含外国学者研究基金1个)。获批江苏省社科基金重点项目4个、江苏省软科学重点项目2个。4月,召开学校审计领域首个国家社科基金重大项目“中国共产党领导的百年审计理论与实践研究”开题论证报告会。余德建教授、刘莉副教授入选爱思唯尔(Elsevier)2021年“中国高被引学者统计(高校)”榜单。11月,金融学院石岿然教授著作《共享经济下道德风险控制与信任机制构建研究》首次入选由全国哲学社会科学工作办公室发布的2022年度《国家哲学社会科学成果文库》。政府审计学院陈汉文教授分别在国际顶级期刊美国《会计评论》、国际权威期刊*Journal of Corporate Finance*(*JCF*)、*Journal of Business Ethics*(*JBE*)、*Accounting and Finance* 连续发表论文4篇。资源环境审计团队多位教师连续在国际顶级期刊发表高水平论文。

社会审计学院2019级ACCA班学生赵雨馨在ACCA全球统考中获《高级财务管理AFM》中国内地单科第一名。在第八届中国MPAcc学生案例大赛中,本科生团队“Brains trust”在全国571个本科参赛队伍中以85.22分的成绩位列全国第二名。在首届江苏省金融学类(含保险)研究生教学案例大赛中,获特等奖2个、一等奖3个、二等奖2个,金融学院特等奖获奖数量位列参赛高校第二位。获“正大杯”第十二届全国大学生市场调查与分析大赛全国总决赛(研究生组)一等奖。在2022年全国高校商业精英挑战赛品牌策划竞赛全国总决赛暨(新加坡)全球品牌策划大赛中国地区选拔赛中,4支队伍参赛,3支队伍获一等奖,1支队伍获二等奖,前2支队伍入围(新加坡)全球品牌策划大赛,南京审计大学获最佳院校组织奖。在第十三届中国大学生服务外包创新创业大赛中,“Pumpkin”团队获全国一等奖。在2022年全国大学生数学建模竞赛中,获全国二等奖2个、江苏省二等奖3个、江苏省三等奖8个。 (袁珍)

【江苏卫生健康职业学院】 2022年,学校有专兼职教师1000余人,其中高级职称人员占教师总数的55.1%,硕士、博士占专任教师的65.3%,“双师”素质教师超90%。全日制在校学生1.1万余人,成人教育学生3000余人。设有马克思主义学院、公共卫生管理学院、护理学院、临床医学院、药学院、中西医结合学院(康复学院)、公共基础部(综合素质部)、体育部8个教学单位,开设临床医学、中医学、预防医学、针灸推拿、护理、助产、药学、中药、康复治疗技术、中医康复技术、卫生信息管理、医学影像技术、放射治疗技术、医学检验技术、智能医疗装备技术等20多个专业。与徐州医科大学开展康复治疗学、信息资源管理“4+0高职与普通本科联合培养”项目。护理、药学专业与南京医科大学、徐州医科大学开展“3+2高职本科分段培养”项目。康复治疗技术专业为全国职业院校养老服务类示范专业、江苏省高校品牌专业;助产、护理、药学、卫生信息管理专业为江苏省高水平高等职业教育骨干专业;康复治疗技术、药学、护理、卫生信息管理(医院病案管理)为省级示范性高职院校重点建设专业;医学影像技术、医学检验技术、医学美容技术、医学营养、中药学为校级特色专业;中医学、康复治疗技术专业群为江苏省高水平专业群。学校获批教育部首批急救教育省域培训基地、江苏省“十四五”第二批高校国际化人才培养品牌专业建设项目、江苏省职业教育技艺技能传承创新平台建设单位、江苏省示范性虚拟仿真实训基地、江苏省首批“高校银龄学习中心”、江苏省高校统一战线同心教育实践基地。牵头成立江苏卫生健康养生养老职教集团。学生资助工作连续7年获评全省优秀等级。《中国肿瘤外科杂志》入选2022年中国科技核心期刊。

江苏卫生健康职业学院　　江苏卫生健康职业学院供图

(武家磊　冯晓然)

社会教育

【概况】 2022年,全区社会教育以完善终身教育体系、促进全民终身学习为目标,以提高居民综合素质、服务人的全面发展为宗旨,提升社区教育内涵品质。

社区教育办学体系建设　形成以社区学院为龙头、5个街道社区教育中心为主体、76个村(社区)学习点为分校的社区教育办学体系,为居民提供“家门口的学习圈”。33万名城乡居民参与各类社区教育活动,城乡居民社区教育活动年参与率达82%以上。完成各类职技培训

8.34万人次，终身学习网络覆盖率99%。参与市委、市政府民生实事项目建设，以社区学院为平台，利用老年大学，辐射社区老年学习点，满足老年人多元化学习需求，老年教育受众面占老年人口的30%。整合各类人才资源，充实社区教育队伍，对社区教育专兼职教师、社区教育网络成员开展培训，打造专兼职与志愿者相结合、适应社区需要、具有奉献精神的社区教育者队伍。

社区教育品牌建设　加大市级终身学习品牌项目和教育服务乡村振兴项目培育力度，争取创建更高级别的社区教育品牌。浦口区社区学院形成“韵彩龙华”社区教育品牌，完成职业技能培训0.33万人次、社区教育培训1.16万人次，“诗歌大讲堂”创成市级社区教育终身学习品牌项目。永宁街道“小龙虾变大产业系列服务培训”项目被评为南京市教育服务乡村振兴战略实施优秀项目，汤泉街道《茶山会》立项为市级老年教育特色课程，星甸街道社区教育案例“深入挖掘茶文化内涵　助推地方茶产业发展”获江苏省成人教育协会乡村振兴优秀案例评比一等奖，江浦街道创新案例“玩转柔力球‘红梅’展风采”获评省级“能者为师”专题典型工作案例。各街道加强社区教育理论研究，申报课题、案例、论文等，总结社区教育成功经验，提升社区教育理论引领水平和服务能力。

学习型社会建设　发挥网络教育优势，构建智能学习等新型教育体系，助推南京市申报联合国教科文组织“全球学习型城市”工作，宣传浦口区在推进学习型城市建设工作中的典型经验。柯传华获“江苏省社区教育优秀志愿者”称号，李桂英获“江苏省百姓学习之星”称号，史明洁、张艳等获“南京市百姓学习之星”称号，朱长平、张露露等获“浦口区百姓学习之星”称号。举办全民终身学习活动周，推动各类学习型组织建设。落实《中华人民共和国家庭教育促进法》，组织中小学、幼儿园教师和社区工作人员参加家庭教育指导师资能力提升线上培训，深化家风家教建设，社会教育与学校教育、家庭教育紧密结合、良性互动。

【南京市广播电视大学浦口分校】　2022年，学校有南京城市职业学院全日制五年大专班15个，在籍学生464人；国家开放大学成人本科、专科在籍学员585人；奥鹏远程教育本科、专科在籍学员81人；教职工39人。学校获南京市青少年阳光体育节排球联赛高中职校男子组二等奖、女子组二等奖，获南京市青少年阳光体育节校园羽毛球联赛高中职校二等奖。学生获中职助学金32人、国家助学金33人、励志奖学金5人。2022届学生就业率100%，学生协议率100%。　（葛华云）

【浦口区老年大学】　2022年，春季学期在籍学员1203人、1602人次，秋季学期在籍学员1350人、1929人次。开设专业学科26个，教学班级55个，在职教师29人。深化教学管理改革，创建以教研例会、跟班巡课、听课评课、定期报告4项制度为主要内容的教学管理一体化机制。校本教材《旅游英语》《手风琴》获评全省老年大学优秀校本教材，论文《浅谈智能化时代老年大学线上教学发展趋势及对策》获全国老年大学协会论文比赛三等奖，论文《老年大学发展“两线”教学的客观必然性》获江苏省老年大学协会论文比赛二等奖。完成线上课录制300课时，以学校微信公众号“空中课堂”为教学平台，推送32期，播放教学视频课件256个，学员上线跟学率85.4%，社会受众上线收看逾35.1万人次。举办“喜庆二十大，礼赞新时代”线上书画、摄影作品展。

（叶维娜）

·文稿编辑　袁　铭·

文　化

公共文化

【概况】　2022年，浦口区有图书馆、文化馆2个国家一级馆，求雨山文化名人纪念馆1个国家三级博物馆，5个街道文体站，76个村（社区）综合文化服务中心，建有江苏省最美公共文化空间4个、24小时自助图书馆8个、馆外流通服务点26个、无界阅读点位100个、少儿图书室5个，形成区、街道、村（社区）三级公共文化服务体系。举办文化惠民活动1200余场，送书7500册。区图书馆、“一家墨店”入选2022年度江苏省最美公共文化空间。

【文化馆】　完善公共文化服务体系，加强文艺精品创作生产，丰富高质量文化产品和服务供给，构筑“文化为民、文化育民、文化惠民、文化乐民”的现代公共文化服务体系。围绕全民艺术普及工程和“四个100”专项行动，开展文艺演出、艺术比赛、交流展示、书画展览、艺术培训等文化活动100余场，惠及群众26万人次，形成“年有大型活动、季有创作成果展演、月有文艺演出、周有公益培训”体系。创新开展“艺悦浦口”三大系列品牌活动，引进高端剧目、展览进剧场、景区、商圈，与省、市专业文艺院团签署合作协议，面向群众免费演出，入座率100%，市民家门口看高端演出成为群众文化生活新常态。开展“文化赋能乡村振兴”“送戏下乡”等品牌惠民演出活动，把深受农民喜爱的地方戏、文艺演出、书画展览等送到群众家门口。进驻江苏省公共文化云，开通活动预约、资源鉴赏、在线直播等功能，公共数字文化服务覆盖率100%。创新开展资源鉴赏、活动直播等线上服务，累计服务307万人次。

【图书馆】　2022年，区图书馆接待读者咨询1.4万次，持证读者14.83万人次。新增图书7246种1.89万册，对外借阅图书22.72万册，书刊外借15.14万人次。开展阅读活动361场，发布微信推文586篇，发布抖音短视频83个，总浏览量13.98万人次。新建、改造阅读空间面积近2.1万平方米，送书下乡7500册，点位图书补给、维护近150次。创新打造“军旅文化＋阅读”“中医文化＋阅读”2个特色主题分馆，新增区行政审批局、浦口城建集团2个馆外流通服务点，新建区社保中心、永宁街道侯冲社区、区中医院儿童中心、水墨大埝游客中心、可创科技园5个无界阅读点，优化维护无界阅读点位100个。选送作品参加2022“阅美”南京市公共图书馆读书节系列活动，获各类荣誉27个。区图书馆入选2022年度江苏省最美公共文化空间，“阅读储蓄·智慧人生”项目获评2021年度江苏省公益阅读推广活动。

（朱圆迪）

【求雨山文化名人纪念馆】　2022年，举办展览12场，其中“浦邑名家”“雨山问道”品牌展览2场。开展“雨山研学”公教研学主题活动12场、馆际间文化交流活动3场。教学课例“书法文化进课堂”获南京市博物馆教育精品课例优秀奖。论文《扎根学术挖掘史料——浅析求雨山名人馆“金陵四家”生平史料抢救性收集工作》收录于《南京市博物总馆馆刊》。收集整理“金陵四家”生平史料采访稿6万余字，制作访谈视频5期，出版资料汇编《林散之与故土桥林》，整理馆藏林散之诗稿原作释文260件，文字量3万余字，《馆藏林散之先生诗稿墨迹》出版发行。接待游客30余万人次,接待团体100余批。

(求雨山文化名人纪念馆)

【群众文化活动】 全年开展各类文化活动1200余场。启动《浦口区文化育人专项行动方案》,辅导培育群众文化团队100支、文化志愿者100人。开展"夏日演出季""音符计划""戏曲文化季"等"艺悦浦口"系列文化活动,举办"阅见"品牌中秋、国庆等系列文化活动,结合"喜迎二十大",开展"幸福浦口、快乐每周""雨山讲堂""书法进校园"等品牌文化活动。 (朱圆迪)

【特色阅读品牌创新】 区图书馆围绕2022年南京市公共图书馆市区联动共建共享工作部署,深化特色阅读品牌建设。"雨山讲堂"结合江苏公共文化云平台,开设线上直播讲座,受众近15万人次;"阅读储蓄·智慧人生"品牌研发线上积分平台,将该馆设计的"特色+阅读类"文创产品作为线上兑换内容,回馈新老读者,增加受众群体;"阅享浦图"展览项目利用实物、影像展示方式,拓展展览形式、展览空间及展览内容,让市民沉浸式观展;"无界阅读"项目引入数字资源"扫码阅读",市民、游客可以"随时、随走、随看、随借",同时利用点位资源优势,下沉特色品牌阅读活动;首次启动"阅见"品牌,将阅读、文创、展陈、乡村旅游等融为一体,以特色文旅产业赋能乡村振兴,开展"阅见"国庆系列活动,涵盖名家讲座、主题展览、趣味培训、创意手工、志愿服务进景区等内容,展示"阅读+旅游"文化魅力。(郭青青)

9月8日,浦口区文旅融合消费季暨首届"阅见"启动仪式在江浦街道不老村举行 区文化和旅游局供图

【"艺悦浦口"文化品牌创立】 5月创立。"艺悦浦口"文化品牌包括"艺悦浦口 乐享文旅"微演艺进景区、"艺悦浦口 剧梦仲夏"夏日演出季、"艺悦浦口 汇梦梨园"戏曲文化季三大活动。全年开展活动80余场,受众20万人次。

【第十七届文津图书奖获奖图书展】 7月8日在区图书馆开展。展览由国家图书馆主办,区图书馆承办,分为图文展和"文津图书专架"主题书展两部分。图文展展示获奖图书19种、推荐图书31种,每种获奖图书另附书籍简介及书评二维码,读者扫码可阅览完整书评。"文津图书专架"主题书展展出第十七届文津图书奖获奖图书。获奖图书有《许渊冲百岁自述》《诗仙酒神孤独旅人》《红船启航》《仅此一生 人生哲学八讲》《身体的秘密:从细胞到不可思议的你》等。

(朱圆迪)

【浦口区文旅融合消费季暨首届"阅见"启动仪式】 9月8日在江浦街道不老村举行。活动由区委宣传部、市文化和旅游局主办,区图书馆承办。市文化和旅游局、区委宣传部、区全民阅读活动领导小组成员单位相关领导,以及景区景点、乡村旅游点、重点文旅企业、76个村(社区)图书室管理员、文旅达人、市民代表参加。发布华昌龙之谷、江北虹悦城等六大夜间文旅消费空间,举办星空露营节、草坪音乐会等八大秋季夜间文旅消费活动,推出首届"阅见"品牌系列活动34场,对悠山、不老居等8个"浦口最美文旅阅读空间"进行授牌。活动现场设中秋夜市集分会场,开展手工花灯、绢花首饰、胭脂水粉、汉服体验、点茶体验等国风创意活动,举办五马渡后备箱集市。

(区文化和旅游局)

文学艺术

【概况】 2022年,区文联获国家级奖项3个、省级奖项29个,在市级平台发表和获奖作品150余个。徐亚慧美术作品《盼归》入选第三届“香凝如故”全国美术作品展览；陈思文学作品《美丽的响堂》组诗获“最美中国”诗词作品一等奖，《漫游林散之纪念馆》获“喜迎党的二十大——极美南京之新时代乐章”全国诗词大赛现代诗三等奖；刘家勤《南京长江大桥咏》获“百城杯”全国诗词大赛优秀奖；张顺摄影作品《雨中即景》获江苏省第二届“身边的自然 乐享的园林”摄影和微视频征集活动一等奖。区文化和旅游局选送的曲艺作品《较量》获第十五届江苏省“五星工程奖”。（陈思）

【“雨山雅集”系列活动】 4月29日在求雨山文化名人纪念馆启动。展览由浦口文旅集团主办，分为“束筠翰墨”名家书法作品特邀展及“春雨润墨”百名青年艺术家“奋斗的青春”主题邀请展，展出书画作品100余件，展览时间分别持续至5月4日和5月15日，线上直播参与人数突破10万人次。“束筠翰墨”名家书法作品特邀展探索“书法＋生态”办展新模式，将书法元素融入竹林景观，营造文人雅集的和谐文化氛围，展出名家书法作品40余件。“春雨润墨”百名青年艺术家“奋斗的青春”主题邀请展由浦口文旅集团和团区委共同打造，展出专业艺术院校出身、在南京生活发展的艺术家群体以及浦口区书法特色学校学生作品60余件。现场非物质文化遗产雨花茶制作技艺代表性传承人陈盛峰对雨花茶进行专业介绍。

（求雨山文化名人纪念馆）

【“奋进新征程 建功新时代”主题展】 5月26日在凤凰山公园开幕。展览由浦口文旅集团主办，区档案馆协办，求雨山文化名人纪念馆、凤凰山公园和江城诗社承办。主题展览分为成就展和诗书画联展。成就展位于凤凰阁外廊，展出图片90多幅，展示浦口区20年来的发展成就和“十四五”发展蓝图。诗书画联展位于凤凰阁内，展出区书法家协会、区美术家协会、江城诗社会员书法、绘画、诗词作品50件。作品以中华优秀传统文化为底色，融入艺术家对新时代美好生活的细致观察与感悟，展现浦口的时代气象。（王孜孜）

【“江山多娇”全国摄影名家风光佳作公益展】 5月28日—6月13日在区文化馆开展。展览由区文化和旅游局、市文化馆、南京金像摄影艺术研究院主办，区文化馆承办，特邀中国知名摄影家自荐表现中国自然风光的精品佳作，展出作品80幅，赞美祖国大好河山，彰显华夏风采。

【《较量》获第十五届江苏省“五星工程奖”】 7月8日，区文化和旅游局选送的曲艺作品《较量》获第十五届江苏省“五星工程奖”，该局连续2年获江苏省群众文艺政府最高奖。南京白局《较量》以王荷波带领浦镇机厂工人集体卧轨，支援京汉铁路工人大罢工事件为重点，把历史事件的真实性、红色题材的教育性运用曲艺艺术呈现，歌颂王荷波“品重柱石”的精神品质。

（朱圆迪）

【迎二十大·新翔书展】 9月2—4日在林散之纪念馆举办。展览由江苏省书法家协会、江苏省中华文化促进会主办，求雨山文化名人纪念馆承办，展出李新翔近12年精品书法作品53件，展览内容以毛主席诗词及古今诗

4月29日，启动“雨山雅集”系列活动　　浦口文旅集团供图

词为主,以魏碑及魏碑变化的行书写成。

(求雨山文文化名人纪念馆)

【江苏省艺术摄影展】 9月8日,“记录新时代·奋进新征程”——喜迎党的二十大江苏省艺术摄影展在区文化馆开展。展览由省艺术摄影学会、区文化和旅游局主办,区文化馆承办,收到摄影作品1000多幅,经过专家评审,评出入展摄影作品100幅。摄影作者用镜头记录江苏“强富美高”的时代风貌,展现江苏政治、经济、文化、社会、生态文明建设和人民小康生活的美丽图景,展示全省群众奋发进取、共创未来的时代风采。

(朱圆迪)

【浦邑名家——“兴象”刘春艺术作品展】 9月17—24日在林散之纪念馆举办。展览由浦口区政府、南京艺术学院主办,南京浦口文化旅游发展集团有限公司承办,求雨山文化名人纪念馆执行承办,展出刘春近年来创作的山水画、书法、篆刻作品约80件,以反映浦口自然山水、地域新风貌的作品为主,彰显浦口山水生态之美。

【“大笔书怀——纪念萧娴诞辰120周年书法·文献展”】 11月27日在省美术馆举办。展览汇集书法经典和珍贵文献,精选萧娴代表作品130余件,用“书怀”“研道”“游艺”3个板块表现萧娴书法的家学渊源、康门学艺、自出机杼、博采众长,反映萧娴在艺术追求中奋斗终身,在授书育人中为师如母,在书法、教育、文化等方面的独特贡献,呈现萧娴传承古法、自新变法、教育后世的整体艺术风貌。

(求雨山文文化名人纪念馆)

文化遗产

【概况】 2022年,南京市浦口区文物局挂牌。新增不可移动文物4处,有各级文物127处。开展文物巡查45次、各类文物防火防盗等专项检查12次、安全排查整治及督查5次。排查文物类宗教场所10处,开展宗教场所专项检查20余次。联合消防、公安等单位开展打击文物犯罪专项行动,查办文物案件3件。开展省名碑石刻文物资源摸底调查、市非文物类红色文化资源调查认定15处。开展文物修缮3处。补充设立不可移动文物标志碑牌15处。有非物质文化遗产项目60个,其中省级3个、市级7个、区级50个。

【文化遗产保护】 更新《浦口区文化遗产发展规划》《浦口区文物巡查工作管理办法》,编发《浦口区考古工作要点》,编制《区博物馆展陈方向研究》《区博物馆展陈大纲》。重新核定区级文物保护单位保护范围和建设控制地带。完成考古勘探项目30余个、发掘项目5个。推进区博物馆选址和2家民办博物馆备案。专业修复林散之手稿近300件(套)。开展文博公教展览活动70场。编制完成《浦口区国有收藏单位和可移动文物名录》,完成构建全区各级文物“四有档案”(有保护范围、有标志说明、有记录档案、有专门机构或专人负责)体系。

【非物质文化遗产传承】 申报市级非物质文化遗产项目5个,新增市级非物质文化遗产保护传承基地1处、区级非物质文化遗产项目5个、非物质文化遗产传承人7人。设立非物质文化遗产大师工作室1个,遴选南京市对外交流伴手礼8件(套),召开浦口区非物质文化遗产进校园专题座谈会2次,提升市级非遗《茶山会》等项目。指导5个非物质文化遗产项目进课堂,开设课程60节。公布浦口区首批非遗类乡土人才3人。

【文化和自然遗产主题活动】 6月,区文化和旅游局在江浦街道不老村举办“人民的非遗 人民共享”2022文化和自然遗产主题活动。展演浦口民歌《八老鸽子》、传统魔术、古琴等非遗节目,展出省级非物质文化遗产项羽故事、江浦手狮舞和石桥门笺、星甸清真五香牛肉、面塑等非遗项目。举办浦口区“连接现代生活,绽放迷人光彩”文化和自然遗产日系列活动暨非遗购物节,开展“让世界了解浦口、让浦口走向世界”在宁外籍商务人士看浦口对外文化交流系列活动。全年举办文化遗产主题展会、市集等活动80余场。

【文物资源区域评估试点】 9月,区文化和旅游局启动浦口区文物资源区域评估试点工作;邀请省、市专家学者勘察调研、反复论证,选定浦口开发区2.1平方千米试点区域范围。9月27日,浦口开发区向省文物局递交区域评估申请。10月12日,省文物局向市文物局下发《文物资源区域评估委托函》,浦口开发区2.1

平方千米文物资源区域评估项目立项。12 月底，确定项目实施单位——南京大学。项目立项实现了浦口区文物资源区域评估零的突破，节约用地成本 4000 余万元，缩减开发建设时间 5 年以上。（杜万钧）

社科研究

【概况】 2022 年，区社科联选取党建工作、经济发展、社会治理等方向课题，形成成果 90 余篇。开展社科活动 100 余场。确立“浦言朴语”理论宣讲为“一区一基地一品牌”社科普及项目。开展社团创新案例推荐，“‘弘商圈’直播青创基地，学习贯彻二十大精神‘学深、说透、做实’”获 2022 年度省社科联系统工作创新案例。举办区社科联二届二次理事会，完成区社科联主席、副主席变更，审议二届二次理事会工作报告，表彰 2021 年度区社科联优秀调研成果。

【资政调研】 着眼创建国家“两山”理论实践创新基地、南京国家农创中心引领现代农业发展等全区高质量发展重点，形成《领导参考》7 篇，推动各类问题解决。《对全员招商工作的总结思考》等 2 篇调研报告获区委领导批示。调研全区 14 个重点板块和国有平台，形成调研报告 14 篇。与市委研究室、南京工业大学等单位开展课题合作，形成“乡村振兴背景下浦口发展村集体经济的对策与路径”等 6 个重点课题，相关成果运用于区委全会报告等重大活动中。参与市第十六次哲学社会科学优秀成果奖、宁镇扬一体化论坛征文等评选活动。省社科应用研究精品工程市县专项课题“数智化引领浦口产业现代化战略与对策研究”结题，《浦口区与江北新区高质量一体化联动发展》一文入选《南京市经济社会发展蓝皮书（2021—2022）》，《浦口区以“三重”路径打造综行政执法“三大共同体”》等成果在《江苏改革》《南京改革》等省、市重点刊物上发表。

【社科普及】 将“浦言朴语”理论宣讲确立为“一区一基地一品牌”社科普及项目，紧扣“阐时代强音、说群众语言、讲百姓故事、聚浦口力量”工作主旨，推进“浦言朴语”成为浦口标识。1 名宣讲员获江苏省“百姓名嘴”风采展示活动总决赛一等奖。《“走进科技，你我同行”之老山生物多样性保护》获省年度社科普及项目支持。在省、市第十九届社科普及宣传周期间，联合开展“喜迎二十大，奋进新征程”理论宣讲进社区、“争做新时代好少年”文明礼仪伴我行等活动。建立街道联络员制度，加强与板块联系互动，了解各板块社科活动开展情况。（黄文杰）

档案 史志

【概况】 2022 年，区档案馆获评“江苏省示范档案馆”，区委党史办获评“全省党史部门先进集体”，区志办获“全省方志文化宣传工作优秀单位”称号，《乡音乡情：五里村的集体回忆》《江浦埤乘精校今译》获评 2022 年度江苏省史志作品优秀成果。

【档案法治建设和业务指导】 利用“6·9”国际档案日、法治宣传月等节点，加强档案执法队伍建设，完成执法人员全国统一行政执法证件申领更换。开展疫情防控、精准扶贫、重大活动、出生医学证明、苏陕协作援建、长江流域禁捕退捕等档案工作规范化建设业务指导。推进党政机关档案规范化建设，印发《浦口区机关团体企业事业单位档案工作检查评价方案》，对全区 78 家单位档案规范化建设开展检查、指导和评价工作。

【档案接收保管和开发利用】 接收 15 家单位文书和专业档案 21194 卷、72657 件。开展第 12 批档案鉴定划控工作，完成江浦县原乡镇 13 个全宗 4842 卷档案的划控开放工作，开放档案 132 卷。创新档案利用服务模式，在“江苏智慧人社”App 开通查档功能，在区政务中心窗口开通江苏省民生档案便民服务平台及长三角民生档案跨区域查询系统。接待查档 4800 余人，取证复印 7200 多页，接待电话咨询 1200 余次，其中区政务中心档案窗口实现远程查档利用出证 1300 多份。完成 1986—1991 年度档案目录电子化工作。“浦口档案史志”微信公众号进入全国档案微信公众号 100 强榜单。完成 2021 年度《浦口区新闻报道剪辑》整理。联合江北新区档案馆举办“传承奋斗精神 开启伟大征程——2022 年国际档案日系列读档活动走进南京江北新区”活动。在全区开展“喜迎二十大·档案颂辉煌”主题征文活动，举办“档案见证发展”新浦口 20 年成就图片展，举办“档案服务社区、共建幸福十里”图片展。征集书法作品4幅、民国门笺6张、明代城墙砖1块。

【档案信息化建设】 加强档案数字资源建设,完成区档案馆、机关档案室115万页(条)增量纸质档案数字化,完成目录数据和全文数据系统挂接及异质三套备份。指导、检查、接收区委办、区卫生健康委等13家单位电子档案1.8万卷、3.9万件及婚姻登记电子档案3.5万件。核对全区2003—2014年出生医学证明档案目录和原文18971条并挂接到区档案馆档案管理系统。推进国家级档案科技项目“基于区块链技术的电子档案长期保存研究”,完成长期安全可信保存各类电子档案的区块链实现途径研究,并根据理论成果开发实施电子档案长期保存系统,研究成果上报国家档案局验收。

【党史征编研宣】 承办“传承奋斗精神 开启伟大征程”读档活动,协同开展以“庆祝南京解放 传承红色精神”为主题的南京红色文化资源点寻访阅读行动第29站活动。用好用活“三浦战役”史料陈列室红色资源,200批次近万人次进场参观,举办艺术点亮乡村(第五季)——“迎新春、看红展、写福送春联”文艺志愿活动、“喜迎二十大 争做好队员”红领巾诵读学传红色档案故事活动、“德法助力新生,红色引领‘未’来”主题帮教活动,申报第六批南京党史教育基地。开展2处非文物类红色文化资源点调查与认定。与区政协文史委联合编纂出版《浦口文史》专辑,编纂出版2021年度《中共南京市浦口区委执政纪事》。

【地方志编纂】 争创中国精品年鉴,《浦口年鉴(2022)》创建中国精品年鉴工作一次性通过中指办专家评审,成为全国16部参评区县级年鉴中一次性过审的3部年鉴之一。启动镇村志编纂文化工程,记述全面建成小康社会历程,反映浦口区城镇化进程和美丽乡村建设成就。出版《民国江浦县政点注》,传承弘扬历史文脉。开展方志理论研究和地情宣传,《坚持守正创新 走精品年鉴内涵化发展道路》《〈江浦县政点注〉出版,呈现民国初期一个省属自治县的县情概貌》等8篇文章在“方志中国”微信公众号、《南京文史》等刊物发表。开展史志馆资源摸底调查,求雨山文化名人纪念馆、“三浦战役”史料陈列室、集成电路创新馆3家场馆加入南京地区史志馆联盟。

(李彦)

【《民国江浦县政点注》出版】 5月11日,区志办、区档案馆联合整理的《民国江浦县政点注》由方志出版社出版。民国《江浦县政》手抄稿,原为中国国民党中央政治学校组织编写的《江浦县实习报告》,成稿于1935年7月,以1932—1935年江浦行政区域为记述范围和时限,设置县政府之组织及人事管理、民政、公安、教育、建设、财政6编,记述民国时期江浦县县情概貌。2020年年初,区志办、区档案馆启动《江浦县政》点注工作。根据古籍整理的通例,撰写点注说明,确定点注原则、方法、注意事项等,进行规范化标点、校勘和注释,向读者提供易读、易懂、易用的版本。《民国江浦县政点注》48.6万字,它的出版,为深化近代江浦地方史研究提供新的资料和视角。

(刘海东)

【浦口区镇村志编纂文化工程启动】 8月15日,区政府办印发《浦口区镇村志编纂文化工程实施方案》,浦口区正式启动镇村志编纂文化工程。浦口区街镇志

5月11日,《民国江浦县政点注》出版

区档案馆供图

首轮编修工作于2004年启动，2011年全面完成11部街镇志编纂工作，浦口区成为南京市第一家全面启动并全部完成街镇志编修工作的区。其中永宁街道、星甸街道于2018年编纂出版《侯冲社区志》和《石窑社区志》，记载2个社区的历史变迁和乡音乡情。2022年起，浦口区在5个街道启动二轮修志工作，在有条件的村（社区）开展村（社区）志编修，同时鼓励基础较好的街道、村（社区）申报中国名镇志、名村志和江苏名镇名村志等系列名志文化工程。（徐源）

【区档案馆获评“江苏省示范档案馆”】 11月，省档案馆公布全省县（市、区）国家综合档案馆业务建设评价结果，区档案馆获评“江苏省示范档案馆”。区档案馆依据《江苏省市县级国家综合档案馆业务建设评价办法》，围绕建筑与设备、馆务建设、档案基础业务、开发利用服务4个方面统筹推进，加强国家综合档案馆规范化现代化建设，推动档案事业高质量发展。（周驰）

文化传媒

【概况】 2022年，区融媒体中心围绕“推进媒体深度融合，实施全媒体传播工程，做强新型主流媒体”目标任务，做好新闻宣传工作。在《浦口新闻》栏目开设《学习贯彻党的二十大精神》《学习贯彻党的二十大精神·社区书记说》《新时代新征程新伟业》等专题专栏。《南京浦口：打造集成电路产业集群 助力经济高质量发展》登上新华社客户端，在海外版英文、日文多语种首屏推荐。视频新闻《新农人爱上玩机器 夫妻档携手“上天入地”》入选《中国三农报道》，获央视号每日优质稿件前10名。用稿260余条，其中“学习强国”学习平台用稿31条，《周兆琴：抗“疫”有我》等稿件被“学习强国”学习平台首页推送，20余条新闻在中央广播电视总台多频道（频率）播出，广播消息《麦收时节：我在粮仓等你》在中国之声《新闻和报纸摘要》及《新闻纵横》栏目播发，电视新闻《南京浦口烈士塔社区：“小社区”里“大民生”》在中央电视台《新闻联播》播出。

【共享平台建设】 2月，江苏省县级广播电视节目共享平台2022年度获奖单位和作品名单公布，区融媒体中心连续4年获共享平台最佳贡献奖。由区融媒体中心牵头，溧水区、盱眙县融媒体中心联合制作的广播专题栏目《经典诵读》；由仪征市融媒体中心牵头，浦口区等14家融媒体中心联合制作的广播专题栏目《美文时间》；由沛县融媒体中心牵头，浦口区等12家融媒体中心联合制作的广播专题栏目《好人力量》获共享平台最佳栏目奖。

【“浦口发布”】 “浦口发布”微信视频号发布原创短视频100余个，重点打造《非凡十年 再“浦”新篇》《我看这十年》《新时代新农人》《极美人物·浦口》等品牌栏目，入选2022年一、二、四季度省广播电视创新创优节目2个，入选省优秀广播电视新闻作品2个，获奖作品数量位居全省64家县级媒体第一名。“浦口发布”微博、微信、视频类在第七届南京融合传播峰会上被评为“2022年度优秀政务新媒体账号”，“浦口发布”获2022南京市“走好网上群众路线”优秀新媒体账号优秀奖，区融媒体中心获“宁聚新力量”融媒技能展示赛团体奖。“浦口发布”微信公众号连续3年位列全市政务新媒体账号第一名。

【“影像浦口”平台建设】 4月，区融媒体中心依托“浦口发布”移动客户端打造“影像浦口”平台，汇聚全区重大工程项目、地标景观、街场风貌图片、短视频等影像数据，利用软件平台技术将浦口形象系统化、创新化、直观化呈现。（区融媒体中心）

文化产业

【概况】 2022年，浦口区文化产业实现增加值22.99亿元，同比增长7.2%，文化产业增加值占地区生产总值比重4.49%，同比提升0.12个百分点。全区有规模以上文化企业46家，增加10家。“文艺赋能乡村”项目获2022年全市宣传思想文化工作创新奖，3人获评“南京市百名优秀文化人才”。

【文化企业发展】 浦口区企业江苏稻草熊影业有限公司、紫光云数科技有限公司入选第四届江苏民营文化企业30强。影视类头部企业南京爱奇艺影视文化有限公司落户浦口，公司出品的首部电视连续剧《大考》入选中央宣传部、国家广电总局“礼赞新

时代 奋进新征程”优秀电视剧展播剧目，实现浦口企业出品作品在中央电视台综合频道黄金时间首播。江苏稻草熊影业有限公司影视作品《我的砍价女王》获2021年度江苏省优秀文艺成果奖。

【参加2022中国(南京)文化和科技融合成果展览交易会】 11月24—26日，浦口区和江北新区参展2022中国(南京)文化和科技融合成果展览交易会。浦口区立足生态资源禀赋和人文底蕴优势，以美丽乡村为载体，推动数字技术与文化艺术融合赋能。展会现场，汤泉街道新金社区赵湖组“我为乡亲画像”活动，将自信、幸福的新农村生活展现在一幅幅肖像画中。传统村落响堂、凤凰剧社、环球旅行情报局等带来文化和科技赋能乡村振兴的生动案例。浦口宣传视频《听见老山》首发。 (张俊)

文化市场管理

【文化市场执法】 2022年，区文化和旅游局出动执法人员34人次，检查私人影院文娱场所6家，查处安全类、规范类、防疫类问题近30条。采用首次发现备案登记、责令限期整改等措施规范经营。联合区委宣传部、区网信办、浦口公安分局等6家部门，对前期执法检查情况进行专项联合执法，其中4家私人影院未完全整改到位，区文化和旅游局下发责令整改通知书，要求其落实整改。

【文化市场整治】 区文化市场综合执法大队加大对网吧、娱乐场所、电影院、营业性演出场所、旅行社、景区景点、实体及网络书店、剧本杀及密室逃脱经营场所、艺术培训机构监管力度，核查交办线索，查处违法行为。清查文娱活动和产品禁止性内容，严查歌舞娱乐场所曲目和屏幕画面、游戏游艺设备、营业性演出活动等含有禁止内容的行为，加强印刷市场有害出版物传播整治，打击电商平台销售非法出版物行为，查处印刷、复印、传播含有禁止性内容的出版物等违法违规行为。出动执法人员1000余人次，检查场所500余家次，行政处罚16件。

【校园周边点位检查】 开展校园周边点位检查400余家次，举办法律宣传活动10次，网络巡查500余家次，接到上级交办、受理举报线索27条。结合日常行政执法检查，每月开展网吧、KTV、游戏游艺场所、旅行社、书店、营业性演出等文旅市场执法检查，对违法违规行为从严依法查处。与区新闻出版局、区市场监管局开展联合检查，出动300余人次，检查全区出版物经营单位(个人)、印刷企业150余家次，出版类案件结案3件。对江浦实验小学、江浦高级中学等11所中小学周边出版物市场开展集中检查5次，重点查处侵权盗版的教辅教材及少儿读物、有害未成年人身心健康的出版物。针对5家场所涉嫌擅自从事娱乐场所经营活动，区文化市场综合执法大队对其中2家多次组织突击检查，均未发现营业，1家责令改正后“回头看”，未发现开展经营活动，2家多次责令改正。

(朱圆迪)

·文稿编辑 周世明·

卫生健康

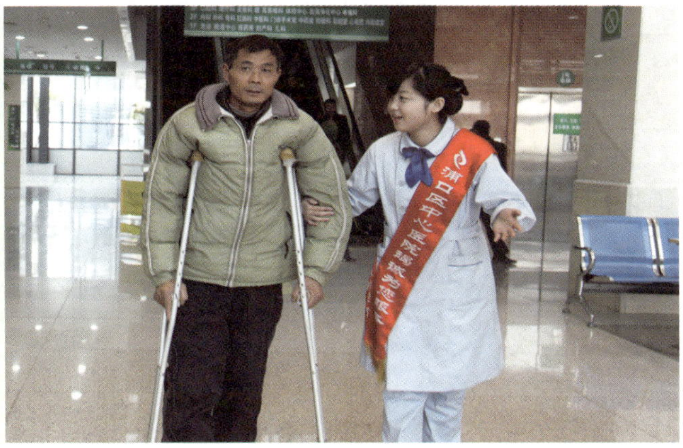

综 述

【概况】 2022年，浦口区有各级各类医疗机构143个，其中三级医疗机构1个，二级医疗机构1个，社区卫生服务中心7个，社区卫生服务站57个，专业公共卫生机构4个，民营医院4个，护理院4个，门诊部、诊所42个，医务室、护理站21个，检验机构2个。医疗机构编制床位2081张，其中医院床位1737张、社区卫生机构床位344张。卫生人员3583人，其中卫生技术人员3089人，内含执业(助理)医师1255人、注册护士1371人。平均每千人口拥有编制床位5.13张、医师3.09人、注册护士3.38人。社区卫生服务中心省级标准化建设达标率100%，服务站达标率100%。基本公共卫生人均补助经费标准100元，居民健康档案建档率96.43%。浦口区获2021年省政府“落实基层卫生服务能力和队伍建设真抓实干成效明显地方”激励表彰。区疾控中心获南京市“五一劳动奖状”。

【综合医改】 “院府合作、院院合作”引领综合医改纵深发展，推动区域医疗卫生服务能力快速提升。建立医共体绩效考核细则，优化合作内涵，打造江浦眼科、永宁康复科、汤泉消化内科等特色科室。出台晋升职称下基层服务方案，优化专家工作室、联合病房考核方案，推动医疗卫生资源下沉，加快建立分级诊疗制度。成立区级质控管理委员会，加强业务技术指导，通过技术备案、加大设备购置力度等措施，提升基层综合实力。区中心医院细化二级分科，推进定点医院救治。组建省人民医院和浦口区双组长制联合专班，协商新一轮合作框架协议。省人民医院派驻专科25个、专家60余人，专家门诊接诊1.54万人次。建成南京市首批“脑心同治”防治慢性病临床基地。统一中草药目录，建设共享中药房，实现医共体内药品供应保障同质化管理，争创国家级基层中医药示范区。永宁、桥林街道社区卫生服务中心创成省级五级中医馆，评选区级中医特色中心4个、服务站20个。区中心医院创建市级重点专科2个(骨科、妇科)。区中医院建成市级重点专科1个(检验科)，创成省级重点专科2个(骨伤科、肛肠科)，与苏州市中医院建立骨科专科联盟，成立吴门医派骨伤龚正丰名中医传承工作站。推进公立医院开展DRG支付方式改革，促进医院标准化管理和信息系统建设。完成国家医疗健康信息互联互通标准化成熟度测评，获评四级甲等，上线医疗健康公众服务系统，实现家庭医生签约、预约挂号、健康信息查询等互联网健康功能。

【公共卫生服务】 落实基本公共卫生人均补助经费100元标准。60岁以上老年人78732人，建档78322人，建档率99.48%，体检42712人，体检率54.25%；65岁以上老年人5.85万人，建档58343人，建档率99.73%，体检37481人，体检率64.07%。全区健康档案建档率96.43%，档案更新率87.83%，居民健康档案开放率81.42%。高血压管理3.43万人，糖尿病管理1.09万人，严重精神障碍患者实际规范管理1473人，肺结核患者管理127人。登记传染病病例1231例，传染病疫情报告率、及时率均为100%。卫生监督协管实地巡查1268次。

优化家庭医生签约服务管理，规范基本公共卫生、基本医疗健康、个性化服务3个服务包内容。与区残联共同制定残疾人个性化服务包,签约2053人,落实履约服务。设立家庭医生工作室12个,调整家庭医生团队,有家庭医生团队64个480余人,其中二级以上医院38名医共体专家进驻。常住居民签约12.8万人,续约9.03万人,首诊签约5.72万人。建有专家工作室8个,诊疗2400余人次。联合病房7个,开放床位122张。对40名离休干部分片包干、上门服务,脱贫人口、计划生育特殊家庭应签尽签、应检尽检。

【智慧医疗】 完成国家医疗健康信息互联互通标准化成熟度测评,通过测评文审、数据标准验收、现场软硬件测评,获评四级甲等。推进区域影像、心电升级项目建设,做好项目招标实施,建成区域PACS、超声、内镜、影像会诊、静态心电、动态心电、动态血压、心电会诊、云影像等系统,完成省影像平台对接工作,实现影像数据上传与共享调用。完成区域基层中医辅助诊疗系统建设,做好区中医院、基层医疗机构中医诊断、共享药房数据对接调试,提升基层中医诊断能力。完成医疗健康公众服务系统建设,召开新闻发布会,做好推广宣传,实现家庭医生签约、预约挂号、健康信息查询等互联网健康功能,增强居民获得感。

推进基层信息系统应用建设,开展基层卫生健康信息化建设提档升级扩大试点工作,完成数据标准化建设,实现数据上传,质量分数91.26分,完成永宁街道社区卫生服务中心先期部署试点。做好基层排队叫号及智能发布系统建设工作,完成基层异地新建单位排队叫号点位铺设、系统对接调试、屏幕及系统安装运行工作。完成基层LIS系统接口升级、自助机部署、自助机一键收费、病房呼叫系统接口、康复设备接口等工作。完成医保贯标及支付接口改造,做好基层药品、检验检查、耗材等信息的对标管理,实现基层医疗系统新医保上线。

【人才队伍】 坚持党管人才原则,做好区委巡察办关于编外用人专项巡察工作,制定《浦口区卫健系统编外人员管理办法》,规范编外人员管理。制定《浦口区医疗卫生机构备案制人员管理办法》,克服疫情防控压力,完成全年卫生人才招聘计划,招聘编内人员26人、备案制人员31人、编外人员109人。强化高层次人才激励和服务保障,引进高层次人才6人,落实人才引进经费,制订《卫健委党委联系服务专家"高层次人才""两代表一委员"工作方案》,加强对高层次人才的结对联系,为高层次人才干事创业提供支持。 (刘颖奇)

新冠疫情防控

【春节前后疫情防控重点工作部署】 1月11日,区委召开应对新冠肺炎疫情领导小组会议,部署全区春节前后疫情防控重点工作。区疫情防控指挥部落实应急演练、能力建设、闭环管理等工作,督促各工作组、板块、园区开展应急演练。1月22日,在桥林街道林山雅苑小区开展新冠肺炎聚集性疫情应急处置演练,模拟封控小区疫情防控应急处置,查找应急处置中可能存在的薄弱环节。落实集中隔离点储备管理,加强"三区两通道"(污染区、半污染区、清洁区,污染通道、清洁通道)改造、储备人员专业培训,确保一旦发生应急情况,储备隔离点能及时启用,储备人员1小时内到位。截至27日,全区启用集中隔离场所3个、储备隔离场所3个,可使用房间391间。通过"提前预告、滚动预约"方式,发动全区人员开展核酸检测预约登记,在康华家园采集点进行实战演练,截至22日演练结束,全区常住人口预约完成率95.78%,暂住人口预约完成率67.06%。1月24日,区中心医院启动PCR实验室改扩建方案,加强医疗救治能力,购置负压救护车4辆,满足180项应急处置要求。

抓牢重点人群管理,截至28日9时,在管人员137人。按照"部门负责,属地配合"原则,做好重点人员应检尽检工作,截至27日,重点人群核酸检测累计完成32.65万人次,结果均为阴性;校外培训机构、幼儿园、中小学完成一轮核酸检测全覆盖,累计检测9.67万人次,结果均为阴性。落细落实闭环管理,细化高风险岗位人群闭环管理工作方案,成立闭环管理工作专班,强化各工作组、板块闭环管理督查指导、协同配合能力,确保高风险岗位闭环管理工作落到实处。全区闭环管理162人,其中隔离场所122人,商务8人,社区组8人,高风险岗位转运专班10人,核酸采样、检测、转运等高风险岗位14人。开展加强针、各类人群疫苗接种工作。截至27日，累计接种加强针15.72万剂次，任务完成率83.65%；60岁以上人群累计接种5.43万人，首针接种率68.99%，二针接种率66.67%。

【区卫生健康委疫情防控处置】 2022年，区卫生健康委全系统3000余名医务人员参与一线疫情防控，200名医务人员支援上海、江宁等地。迅速做好龙之谷、虹悦城等涉阳场景处置，第一时间做好现场采样、流调溯源及风险人群管控工作，切断传播途径。流调密接、次密接4293人次，完成集中隔离医学观察1.2万人。完成2022年南京市（浦口区）新冠肺炎疫情应急处置演练。推进区中心医院第三顺位定点医院改造工作。健全区、街道、社区三级疫情监测预警机制，储备应急保障、采样和消杀队伍。重点人群应管尽管，47类重点人群应检尽检，开展规模核酸检测86轮，累计检测3078.41万人次。完成各类人群疫苗接种39.8万人、107.55万剂次，全人群首针接种率99.16%，二针接种率95.31%。完成全国农业科技创新大会、中考高考等会议、活动备案指导和卫生保障。

【区疾控中心疫情防控处置】 5月，区疾控中心建成日检5000管核酸检测PCR实验室和日检3万管区级核酸检测基地。对全区具有核酸检测资质的检验人员完成一轮培训带教。调查处置核酸检测单靶阳性4起、发热门诊可疑病例2人，后均予以排除。货物阳性1起，调查阳性病例100人。调查区内密接、次密接3071人，异常结果待排人员281人，次密接1222人，一般接触者81人，其他87人，排除密接8人、次密接1人，涉疫场所暴露人员65人，处置非接函737起。系统核查转出密接、次密接5248人，异常结果待排人员886人，次密接1585人，一般接触者140人，其他19人，涉疫场所暴露人员14人。大数据协查2人，高中风险地区7人。调查处置社区上报、公安部门等指令推送协查834人。完成核酸采样45768人次、环境样本2410份，新冠核酸检测18.59万管，转运样本16.65万管。采集和检测重点人群980.2万人次、冷链食品及包装物2579份、重点环境3747份，采集公共场所和农村地区环境5067份，采集和检测集中隔离点环境样品17731份。完成集中隔离场所消毒督导131次，开展组内集中学习12次，消毒技能跟班学习与实践39人，集中隔离场所驻点保障人员岗前消毒技能培训9次，医疗机构、高速服务区等场所消毒技能培训2次，全区消杀队伍培训1次，阳性病例环境终末消毒指导和评价84次，消毒面积27.09万平方米。累计上报新冠疫苗相关AEFI 6例。

【驰援上海、西藏开展核酸采集】 3月31日，浦口区派出医护人员50人，其中区中心医院21人、区中医院29人，驰援上海开展核酸采集，并于5月7日完成任务。8月11日，浦口区派出医务人员2人，加入江苏援藏医疗队，参与援藏核酸检测工作，于10月28日返回南京。

（区疫情防控指挥部）

2022年，浦口区开展规模核酸检测86轮。图为市民广场核酸检测点　滕宏飞摄

疾病预防与控制

【传染病防控】 全区报告甲乙丙类传染病病例1231例，报告发病率为329.15/10万，与2021年同期相比下降21.83%。报告甲乙类传染病579例，发病率为

144.27/10万,与2021年同期相比上升18.16%。处理学校传染病聚集性疫情108起,核实、处理传染病预警系统预警信息267条。审核传染病报告病例1235例,没有迟审和漏审现象,审核率100%。因病缺课日上报率99.57%,非零上报率61.06%,撰写学生因病缺课监测数据周分析36期。报告腹泻病例853例,在2家二级及以上医疗机构开展霍乱检索181例,检索率21.22%。完成霍乱外环境采样105份,未发现阳性标本。完成禽流感外环境采样2次,采集样本40份。

【血吸虫病防控】 查螺3530.8万平方米,灭螺460万平方米。解剖钉螺2415只,未发现阳性钉螺。开展血清学查病5903人。其中,常住人口查病5456人,阳性16人;流动人口查病447人,均为阴性。开展粪检查病151人,均为阴性。

【结核病防治】 登记治疗结核病127例,其中病原学阳性86例、病原学检查阴性33例、单纯结核性胸膜炎2例、肺外结核5例、非结核分枝杆菌1例。辖区非结核病防治机构报告疑似肺结核病例62例,报告率、转诊率均为100%。对秋季入学前学生开展肺结核菌素(PPD)试验筛查,筛查2047人,PPD强阳57人,发现肺结核1例。处置结核病散发疫情6起,涉及6所学校6个病例。

【职业病防治】 牵头制定《浦口区"十四五"职业病防治规划》。和雨花台区共同承担全市职业健康在线培训试点工作,浦口区在库企业487家,在库学员991人,完成试点任务。开展健康企业建设,推进职业危害因素监测。5家企业申报健康企业,均通过区级评估,2家企业被评为"市级健康企业",5人被评为"市级健康达人"。对符合要求的50家工业企业开展危害因素检测,检测率、信息录入率和任务完成率均达100%。联合开展专项整治,完成90家石材加工、水泥搅拌等卫生重点行业执法计划,推进职业病危害专项整治行动,夯实职业卫生监管。部署浦泗路市场职业健康治理工作,联合开展职业卫生专项整治行动215家次,检查发现5家经营户未签订职业病危害因素检测合同和人员体检合同,向永宁街道移交案件3件,倒逼企业落实职业健康主体责任。

【艾滋病防治】 新报告现住址病人30人,完成新发病例CD4检测、病毒载量检测、溯源问卷调查和抗病毒治疗转介工作,26人入组接受抗病毒治疗。累计开展吸毒人群干预84人,检测80人,未发现抗体阳性。开展男男性行为人群干预190人,检测183人,发现阳性2人。开展暗娼人群干预2490人,检测661人,未发现抗体阳性。开展艾滋病自愿咨询检测工作,对高危人群进行HIV、性病诊断及治疗,VCT门诊接诊71人,2人HIV单阳,1人HIV及梅毒检测均为阳性,均对其进行健康宣教并转介治疗。

【慢性病管理】 *高血压和Ⅱ型糖尿病患者健康管理* 全区高血压患者健康管理任务完成率102.11%(34309/33600),规范管理率73.56%(25239/34309),随访血压控制达标率73.12%(25086/34309)。Ⅱ型糖尿病患者健康管理任务完成率109.02%(10902/10000),规范管理率75.17%(8195/10902),随访血糖控制达标率68.1%(7424/10902)。

严重精神障碍患者管理 全区登记在册1502人,报告患病率3.74‰。在管1473人,管理率98.07%,服药率76.43%,规律服药率70.91%。精神分裂症服药率84.43%,规律服药率79.32%。面访率91.88%,累计新建及纳入管理70人。

肿瘤登记随访和心脑血管病报告 审核肿瘤病例报告卡2216张,审核率100%,随访肿瘤病例2338例。审核冠心病报告卡1016张、脑卒中报告卡1738张,审核率均为100%。

(区疾控中心)

医疗服务

【医疗卫生综合监管】 落实《江苏省改革完善医疗卫生行业综合监管制度实施方案》,开展信用和记分管理。将医疗机构和医务人员依法执业行为纳入信用评价体系,按分级分类管理进行信用监管和记分处理,对20家医疗机构进行不良行为记分,并将记分情况推送给区行政审批局,落实对审批、校验时的惩戒。压实医疗机构依法执业主体责任,督促医疗机构开展依法执业自查810户次。加大对非法行医打击力度,医疗类行政处罚立案58件,结案55件,罚没款12.48万元。深化执法全过程管控,推动"互

联网 + ”监管，推进“数字监管”信息化建设走深走实。在线监督监测涉及酒店、二次供水、医疗机构放射、游泳池水质、医疗机构视频监控等七大类 39 个布点，根据反馈的数据和问题开展执法检查。建立行政执法全过程记录制度，为现场执法人员配置行政执法记录仪 10 台，记录行政执法全过程，全面系统归档保存，做到执法全过程留痕和可回溯管理。推进移动执法信息系统使用，提升执法终端 App 使用效率，保障并完善与其他业务、政务信息的数据对接。推进赋权街道事项培训和综合执法改革，协助区行政审批局对街道便民服务中心受理办件人员开展 14 项赋权街道权力事项业务培训，配合区司法局将 41 项行政处罚和 1 项行政强制权力划转街道。对市级下放的 87 项行政处罚（强制）和 1 项许可（麻醉药品和第一类精神药品购用许可）事项进行认领。

【医疗服务能力满意度提升】 完善卫健系统制度建设，规范医疗服务体系建设。结合“两新”行动，开展义诊、讲座进社区等医疗服务活动 840 余场，受众 8.5 万人次。制作《生命至上》视频，宣传医疗服务典型人物的先进事迹。举办第三届“浦口好医生”评选和“‘医’心向党、踔厉奋进”庆祝 2022 年中国医师节暨第三届“浦口好医生”故事分享会。在全区上半年“双亮行动”评比中，区卫生健康委位列第五名。区人大对 2022 年民生实事“提升医疗服务能力”项目测评满意度 100%。

【医疗保障服务】 浦口医保分局联合区社保中心、区卫生健康委、区市场监管局，通过“双随机、一公开”检查、日常稽核检查、病案审查、智能系统数据筛查、专项检查等方式，对全区 195 家定点医药机构开展全覆盖检查，对 99 家定点医药机构处以通报批评、拒付或追回医保基金等处理，涉及违规金额 15.97 万元。做好困难群众医疗救助待遇保障工作，救助平台动态调整 1272 人次，在保医疗救助对象 9364 人，与市医保局结算 2021 年第四季度和 2022 年一至三季度救助资金 1881.13 万元，其中区级承担 1568.57 万元、街道配套 312.56 万元，零星报销 14.15 万元。贯彻落实市医保局关于失能人员照护保险制度相关要求，加强失能保险服务机构日常监督管理，规范失能等级评估和照护服务行为，提升失能人员照护服务质量。全区有失能保险定点评估机构 9 家，评估人员 251 人，定点照护机构 21 家，护理人员 447 人。失能保险服务中心发放评估结论书 446 份，照护服务签约 433 人。根据市医保局关于医保基金智能监管系统接口改造的通知要求，督促各定点医疗机构对现有 HIS 接口进行改造，区一级及以上定点医疗机构接口改造基本完成。推进电子医保凭证激活使用，全区所有医保定点机构均支持电子医保凭证使用。创建“15 分钟医保服务圈”省、市示范点，江浦街道、桥林街道成为省级示范点创建单位，汤泉街道、星甸街道、永宁街道成为市级示范点创建单位。完成 5 家便民药店建设，实现国家组织集中采购药品、国家医保谈判药品零差价销售。

【医养结合服务】 以落实省、市医养结合高质量发展方案为目标，提升医养结合服务水平，规范医养结合机构签约工作，签约率 100%。开展老年人健康体检工作，完成全区老年人健康体检。老年人智能机培训 2247 人次。完成国家老年人心理关爱行动项目和老年人健康素养调查。实施“安康关爱行动”老年人意外伤害保险工作，投入 44 万元，为全区 80 岁以上老年人购买保险，覆盖率 100%。

【健康素养提升讲座】 7 月 20 日，区卫生健康委、区教育局联合举办教育系统线上健康素养提升讲座，18 所初中 3276 名在校师生参加。活动分为健康知识讲座和健康素养问卷调查 2 个部分。区疾控中心专家围绕《中国公民健康素养 66 条》，重点讲解合理膳食、适量运动、戒烟限酒、心理平衡、预防近视、口腔健康和“三减三健”等健康知识与技能。师生们通过小程序填写健康素养知识问卷，问卷围绕传染病及慢性病防治、健康生活科学防病小百科、安全与急救素养等内容，强化“每个人都是自己健康第一责任人”理念，倡导健康生活方式，增强健康管理能力。 （刘颖奇）

基层卫生

【概况】 推进“优质服务基层行”活动，全区 7 个社区卫生服务中心有 6 个通过推荐标准，通过率 86%。浦口区获 2021 年省政府"落实基层卫生服务能力和队伍建设真抓实干成效明显地方"激励表彰。桥林、汤泉2个街道社区卫生服务中心达到二级医疗机构基本标准,通过省级区域性农村医疗中心验收。江浦、星甸、汤泉3个街道社区卫生服务中心通过江苏省社区医院评估。全区累计建成区域性农村医疗中心2个、社区医院5个。以特色科室、优质服务示范站、骨干人才、基层能力提升(务实进修)为联动,汤泉街道社区卫生服务中心等3个中心、江浦街道高旺社区卫生服务站等9个站点分别通过省标准化建设验收,星甸街道石窑社区卫生服务站通过甲级村卫生室验收。汤泉街道社区卫生服务中心中医骨伤科纳入2022年省级基层特色科室试点,乌江、石桥社区卫生服务中心妇科建成市级基层特色科室,实现每个中心有2个市级基层特色科室。完成1个星级家庭医生工作室(桥林街道石碛社区星级家庭医生工作室)、2个区级特色科室(江浦街道社区卫生服务中心超声诊断科、汤泉街道社区卫生服务中心针灸推拿科)、5个优质服务示范站(汤泉街道龙华社区卫生服务站,永宁街道大埝社区卫生服务站、高丽社区卫生服务站、青山村卫生服务站,星甸街道石村村卫生服务站)建设,推进省级基层卫生信息化提档升级试点工作。遴选新一轮基层卫生骨干人才55人,落实国培3人、省培6人,开展基层医疗卫生机构全科医生(乡村医生)轮训200人次,组织基层人员参加各类培训,提高专业知识和服务能力。

【汤泉、星甸2个街道社区卫生服务中心入选全国"优质服务基层行"名单】 2月9日,国家卫生健康委办公厅、国家中医药局办公室联合发布《关于通报表扬2021年"优质服务基层行"活动中表现突出、服务优质机构的通知》,浦口区星甸、汤泉2个街道社区卫生服务中心入选全国"优质服务基层行"名单。星甸街道社区卫生服务中心建筑面积1.23万平方米,床位113张,购置CT机、DR、彩超、全景牙片机等医疗设备。与市中医院签订合作协议,开设赵扬名中医工作室。与区中心医院合作,开设樊勤工作室。中心连续两年获评市级家庭医生服务模式创新试点单位,口腔科、妇科为市级特色科室,石窑社区卫生服务站为省级甲级卫生室。2022年,门诊15.46万人次。汤泉街道社区卫生服务中心占地面积约1.73万平方米,建筑面积约2.2万平方米,设床位100张,购置西门子超声诊断系统、奥林巴斯170内窥镜系统、塞特力口腔全景机、GE螺旋CT机等设备。与区中心医院、区中医院建立专家坐诊制度,推广中医药适宜技术的学习与临床应用。糖尿病专科、骨伤科为市级特色专科,针灸推拿科为区级特色专科。和中大医院消化内科、康复科对接,开展胃肠镜检查,带教康复技师。2022年,创成南京市四级中医馆。门诊17.8万人次,住院575人次。

【爱国卫生月活动】 4月,区新时代文明实践志愿服务总队、区爱国卫生运动委员会办公室、区城市治理委员会办公室组织开展"清洁家园 爱卫有我——浦口区第34个爱国卫生月活动"。以街场、园区为单位,对全区主次干道、背街小巷、居民小区、社区进行全面整治、清扫、消杀,集中消除一批脏乱差问题。区卫生健康委印发《2022年浦口区爱国卫生工作要点》,建立健全爱国卫生组织机构1865个,建成率90%,组建专兼职爱国卫生人员

4月,开展"清洁家园 爱卫有我——浦口区第34个爱国卫生月活动"

区卫生健康委供图

队伍172个，建成率100%。完成省级卫生街道全覆盖，其中国家级卫生街道3个、省级健康街道2个，省级健康社区6个。根据《2022年浦口区"四害"防制工作方案》，开展"四害"孳生地整治专项行动，孳生地治理率98%以上。制定《浦口区病媒生物防制应急处置预案》，以街道为主体组建应急处置指导队和现场处置预备队。加大控烟宣传力度，联合华东健康教育研究会、江苏省健康教育协会、南京市健康教育协会在汤泉街道开展"烟草威胁环境"现场主题宣传和线上直播活动，加大公共场所和医疗机构控烟执法力度，定期开展控烟督查，并下发督查通报，督促整改。

【桥林街道乌江社区卫生服务中心开工】 9月6日开工。乌江社区卫生服务中心总投资约7730万元，总建筑面积8750平方米，其中地上建筑面积6418平方米、地下建筑面积2332平方米，拟建设门诊部、急诊部、住院部、医技科室、后勤保障用房、行政管理用房、感染用房及地下停车场等，开设中医科、针灸推拿科、疼痛科、口腔科、康复科、CT室、妇科手术室、门诊手术室等临床医技科室。项目建成后可提供床位50张，日门诊量200人次，院内机动车位33辆。

（刘颖奇）

妇幼保健

【概况】 2022年，区妇幼保健与计划生育中心深化与区中心医院、省妇幼保健院的妇幼健康共同体合作，新增儿童听力筛查门诊及孕妇25羟维生素检测、口腔保健氟保护漆治疗等项目。孕妇系统管理率94.46%，提升0.64个百分点。儿童中心启用，儿童免疫规划疫苗接种率保持在98%以上，新生儿建卡率100%。

【妇女保健】 全区宫颈癌检查10585人，其中结案6239人，宫颈异常/可疑转出254人；乳腺癌检查10861人，其中结案6906人，乳腺异常/可疑转出231人。孕产妇保健管理率98.89%，早孕建卡率93.82%，产后访视率96.83%，系统管理率94.46%，住院分娩率100%。新增叶酸服用人数551人，服用依从率100%，叶酸知识知晓率100%。孕产妇艾滋病、梅毒、乙肝检查率均达100%。婚检率81.76%，检出疾病359人，疾病检出率30%。

【幼儿保健】 活产儿2084人。新生儿先天性心脏病筛查1023人。新生儿听力筛查1088人，转诊率100%。新生儿建卡率100%。免疫规划疫苗接种5.85万剂次，非免疫规划疫苗接种8.84万剂次，免疫规划疫苗接种率保持在98%以上。7岁以下儿童健康管理率88.76%。完成12570名幼儿体检。开展儿童预防接种副反应调查，报告儿童预防接种副反应58例，均为一般反应。

（刘颖奇）

健康促进

【概况】 谋划建设省级健康促进区，成立浦口区建设江苏省健康区工作领导小组办公室，制订《浦口区建设江苏省健康促进区工作方案》，明确工作目标和职能分工，实行挂图作战，邀请省级专家进行专题培训，制定公共政策健康审查制度，成立相关领域、部门38名专家组成的健康专家委员会，收集整理重点领域行动与政策147条。启动健康促进基线调查，完成全区5种场所6类人群现场问卷调查和访谈工作，针对5类需要优先应对的健康问题，提出干预策略和措施，制订健康行动实施方案，并形成基线调查报告上报省卫生健康委。联合开展浦口区居民健康素养水平提升系列活动14场，通过"浦口发布"App开展2轮线上健康素养提升及有奖答题活动。在"浦口发布"App增设健康促进专栏，定期发布健康区建设情况和健康资讯。

【健康促进教育宣传】 与区融媒体中心联合拍摄健康区建设宣传片，展现全区上下"共谋健康、共建健康、共管健康、共享健康"的健康新生态。在浦口电视台设置《中医有道》《美小护话健康》《神奇的中医》《健康有约》等健康科普专家访谈和每月宣讲专栏，定期发布健康科普知识。

【健康促进安全生产专项整治】 深化健康促进领域安全生产专项整治三年行动，推进安全生产大检查和百日攻坚行动，围绕重点时段、重要节日、重大活动等关键节点，深入基层单位开展安全生产"四不两直"、专项督导以及"回头看"检查。累计带队检查38次，发现隐患251处，督促整改251处。在"双随机、一公开"监督检查中，区卫生监督所针对

5家公共场所违法违规行为,移交街道综合行政执法局立案查处。2个行政执法案卷获2021年南京市卫生行政执法案例案卷评查优秀案卷二等奖。

【区疾控中心与江苏卫生健康职业学院校外实践教学基地签约】 6月15日,区疾控中心与江苏卫生健康职业学院共同建立的预防医学专业校外实践教学基地签约揭牌仪式在区疾控中心举行。校外实践教学基地是浦口区打造的首家预防医学专业教学基地,采用实践教学、医教协同模式,区疾控中心发挥教学基地平台作用,以规范的管理和严格的教学质量提高实践教学水平,帮助学生将理论知识与疾控实践技能相结合。 (刘颖奇)

重点医疗机构

·江苏省人民医院浦口分院(浦口区中心医院)·

【概况】 2022年,门诊核酸检测点检测137.95万人次,发热门诊接诊14366人次。PCR实验室承担院内外核酸检测样本10.29万管。派出医务人员1075人次,累计核酸采集44.16万人次。参与全区疫苗接种工作,完成接种33897人次。新增省级限制类技术项目4个、人员18人。非限制类四级手术技术备案33项,新增备案人员3人。成为南京市首批“脑心同治”防治慢性病临床基地。入围省、市、区级科研项目26个,立项15个。发表SCI论文51篇,获得专利26项。以科室融合推动院区融合,以人员交流推动团队融合,院府合作融合发展成果更加巩固。落实分级诊疗制度,推进医共体建设,医共体内双向转诊57814人次。门急诊70.57万人次,住院2.59万人次,手术14406人次,业务收入5.71亿元。上半年出院患者满意度位列全市第三名。

【基础设施建设】 8月25日,区中心医院三期工程地下室结构施工基本完成,建筑面积约7.58万平方米。地上是综合病房楼主楼部分,共19层,建筑面积约17.57万平方米,建筑内容包括门(急)诊综合病房楼、感染楼、高压氧舱、垃圾站、液氧站、污水处理站等建筑,总投资31.6亿元,建成后将新增病区24个,增加床位1080张,累计近2000张。至年底,三期工程裙楼封顶。

【医学教学与科研】 省、市、区级科研项目入围26个,立项15个。院内科研立项23个,总资助金额100.7万元。发表SCI论文51篇,影响因子合计296.59,其中影响因子最高为11.788;以第一作者或者通讯作者发表核心期刊28篇,其中中华系列期刊1篇。获得专利26项,其中发明专利1项。修订完善教学管理制度,组织教师参加试讲比赛、省级助理全科师资培训等。接收江苏卫生健康职业学院临床驻点班学生88人,其中陈思钰同学获“江苏省三好学生”称号,并获国家奖学金。骨科、妇科通过南京市医学重点专科创建,神经外科、血液科、病理科通过2022年中期评审。参加2022国际卫生合作大会暨中非医院对口合作论坛,承办城市医联体—医共体建设分论坛。与南京护理学会联合举办“静脉输液治疗中等长度静脉导管置管技术”培训班。

【老年医学科开科】 9月13日开科。组建老年医学团队,配备神经病学专业医生2人、心脏专业医生1人、康复技师1人,任命老年医学科副主任1人。设置床位11张,配有肌电图监测仪1台。至年末,病房收治老年患者135人次,开展系列爱老义诊活动15次。

【南京市首批“脑心同治”防治慢性病临床基地成立】 9月23日成立。基地面积3510平方米,建立以脑病为中心,内科、外科、康复科兼容的全流程、一体化、系统化诊疗平台,开展心脑血管病等慢性病的高危筛查、一级预防,并规范二级预防,第一时间为患者建立绿色通道,为慢病患者提供医疗保障。有肌电图仪、脑电图机、眼震电图仪、TCD、无创颅内压检测仪等设备。有神经内科、心脏内科医生、护士65人。

(刘颖奇)

·南京市中医院浦口分院(浦口区中医院)·

【概况】 2022年,抽调医务人员5500余人次参加疫情防控,配合完成全员核酸检测46轮,完成全员核酸采集295万人次,PCR实验室累计完成核酸检测89.21万管。参与集中隔离点医疗保障工作,累计为集中隔离人员免费提供预防中药汤剂34410袋。门急诊65.73万人次,住院2.07万人次,手术8100人次,业务收入4.25亿元。

【基础设施建设】 儿童中心启用,原区中医院第二门诊部儿科门急诊搬迁至儿童中心。中心为独立建筑,建筑面积3.8万平方米,儿童检查区设DR检查室、检验科、心电图室、B超室等科室,日门诊接诊量1000人次。

【医学教学与科研】 印发《南京市浦口区中医院科技活动管理办法》《南京市浦口区中医院医学科研诚信行为管理办法》。召开2022年教学工作布置会议,接收实习生94人。举办科研素养提升系列课程培训班、中医素养提升系列课程培训班。2022年江苏省中医药管理局课题通过市级评审2个,入围南京市中医药科技专项项目4个,申报立项区科技局科研项目11个。举办国家级学术会议1场、省级学术会议1场、市级学术会议2场。举办中医经典学习班及针灸推拿高级研修班4期,150余人参加学习。

【三级甲等医院创建】 制定科室中医优势病种43个。推进院内制剂研发,筛选出7个协定方进行院内制剂申报。加强与施瑞华教授团队合作,整合内镜中心、脾胃科、肛肠科、外科胃肠腔镜组医疗资源,成立消化中心。挂牌赵建宁专家工作室,助推骨伤科整体发展。加强院校合作,建立南京中医药大学针灸推拿养生康复学院中医康复基地,与苏州市中医院建立骨科专科联盟,成立吴门医派骨伤龚正丰名中医传承工作站。新开设儿童发育门诊及多动症门诊,首次开展小儿内镜检查。加强急诊科建设,开设急诊病房。外科增至2个病区,泌尿外科独立成科。骨伤科扩增至3个病区。加强省、市重点专科建设,肛肠科、骨伤科创成省级中医重点专科,急诊科、肺病科、内分泌科通过市级中医重点专科验收,检验科建设成为市级重点专科。引进专科带头人4人,其中骨伤科1人、儿科1人、外科1人、肛肠科1人,外科引进博士1人。新增市级名中医1人(朱正萍)。DRGs管理信息系统、OA系统上线。加强医联体、医共体建设,下派专家50人,坐诊1512人次,下派专家查房334人次,涵盖学科19个。共享中药房开出处方1084张,总金额26.6万元。

【消化中心成立暨施瑞华教授专家团队签约】 4月19日在区中医院举行签约仪式,这是中大医院和区中医院医联体合作的又一成果。区中医院为做强做精消化系统疾病诊疗品牌,整合内镜中心、消化内科、肛肠科、普外科等学科医疗资源,成立消化中心,聘请中大医院消化内科主任施瑞华教授为中心主任。中心整合多学科医疗资源,加强学科间的联系性、综合性与协调性,建设符合省、市级医学重点专科标准的专科,为浦口群众提供优质医疗服务。

【南京中医药大学针灸推拿养生康复学院中医康复基地挂牌暨王磊教授签约】 5月10日在区中医院举行。区中医院聘请南京中医药大学康复医学系主任、南京鼓楼医院康复医学科副主任王磊,发挥中医药在中医康复治疗上的优势,促进教学、临床、科研同步发展,培养康复医学科的青年医师、康复治疗师,打造康复医学领域新高地。

【吴门医派骨伤龚正丰名中医传承工作站成立】 10月9日,苏州市中医医院和南京市浦口区中医院骨伤科联盟签约及吴门医派骨伤龚正丰名中医传承工作站揭牌仪式在区中医院举行。龚正丰是苏州市中医医院骨伤科主任医师、南京中医药大学教授、博士生导师、全国老中医药专家学术经验继承工作指导老师、江苏省名中医。区中医院骨伤科将发挥以龚正丰教授为核心的专家团队作用,探索名老中医经验传承和中医药人才培养模式,继承发扬“葛氏伤科”的学术思想与诊疗经验,为江北及周边地区群众提供更加优质便捷的中医药服务。区中医院医师桑宝权拜龚正丰为师。 (刘颖奇)

·文稿编辑　周世泉·

体　育

综　述

【概况】　2022年，浦口区以“构建更高水平全民健身服务体系，推进‘健康浦口 体育强区’建设”为主线，推动群众体育、竞技体育、体育产业、体育文化等工作高质量发展。有大型体育场馆2个、体育公园5个、社会足球场地16片、多功能运动场和健身小绿园53个、健身步道190千米、健身路径417套、群众健身晨晚练点400余个，人均体育场地面积6.9平方米。建成省级国民体质监测站，国民体质检测合格率96.2%，每千人拥有社会体育指导员5.6人。组织开展健身培训20余场、健身活动130余场，经常参加体育锻炼人数比例达44%。承办全国山地自行车锦标赛等国际国内知名体育赛事，女子半程马拉松获批2022年国际田联标牌赛事。南京环老山体育旅游景区被国家体育总局评为“2022中国体育旅游精品景区”。区体育局获评“2021年度江苏省县级体育工作先进单位”“2018—2021年度江苏省群众体育先进单位”。

【体育设施】　丰富城市社区“10分钟体育健身圈”内涵，推进华飞滑翔户外飞行基地体育公园建设，建成健身步道15千米、百姓健身房2个，更新、新建健身路径22套，提档升级篮球场6片。全区人均体育场地面积6.9平方米，全市领先。

【体育产业】　体育彩票销售8600万元，筹集体彩公益金600万元，体彩发行费75万元。体育类市场主体1021家，增加130家。体育产业总规模39.07亿元，增加4.11亿元。体育产业增加值11.27亿元，占地区生产总值的2.3%。

【体教旅融合发展】　体教融合　推进实施青少年“5621”计划，选送80余名运动员参加全国国际式摔跤锦标赛、全国少年(U16)拳击锦标赛等四大赛事，获金牌21枚、银牌6枚。1名队员入选全国2007年龄段女子足球精英训练营，8名队员入选江苏省青少年校园足球夏令营。向省、市运动队输送跆拳道、柔道、摔跤、空手道、体适能、射击、足球等项目运动员30人。

体旅融合　南京环老山体育旅游景区总面积112平方千米，以环老山23千米青奥会公路自行车赛道为主轴，打造一批环老山体育旅游景点。在水墨大埝景区举办2022年全国山地自行车锦标赛。云幽谷体育公园建成运营，华飞滑翔户外飞行基地体育公园部分建成。南京不老村体育旅游景区获评“第五批省级体育服务综合体”，南京环老山体育旅游景区获评“2022中国体育旅游精品景区”。　(区文化和旅游局)

全民健身

【概况】　2022年，组织举办以“美丽乡村”“服务群众 你点我送”“互联网+线上”为主题的健身跑、广场舞、健身气功等各级各类健身活动130余场，全区经常参加体育锻炼人数比例达44%。建成永宁街道运动促进健康站，基本形成运动促进健康中心、站、点三级机构服务体系。为3000名市民免费检测体质，国民体质合格率达96.2%。举办全民健身科学大讲堂2期、健身培训20余场，把健身指导服务送进街道、社区、学校和机关企事业单位。培育壮大社会体育指导员队伍，参与承办江苏省户外运动项目一线社会体育指导员培训2场,每千人拥有社会体育指导员5.6人。

【环湖跑线上赛】 6月10—20日举办。活动是“发展体育运动 增强人民体质”题词70周年全民健身主题活动暨2022年江苏省“长江经济带”全民健身大联动浦口区分会场,由区体育局、区体育总会主办,区路跑运动协会承办。以象山湖生态运动广场为起终点,完成5千米环湖跑或徒步,以耗时长短作为比赛成绩。247名选手完成比赛并上传数据,成绩前100名选手获得完赛奖品。

【2022年浦口区青少年阳光体育节“3对3”篮球比赛暨浦口区青少年冬(夏)令营】 6月27日分别在金陵中学浦口分校、游府西街小学浦口分校、南京审计大学实验学校、南京汉开书院学校开赛,由区教育局、区体育局举办。新浦实验小学、南京汉开书院学校(小学部)、江浦实验小学分获小学男子组、小学女子组前三名,南京汉开书院学校(初中部)、浦口区实验学校(初中部)、行知中学分获初中男子组前三名,南京汉开书院学校(初中部)、南京审计大学实验学校(初中部)、浦口三中分获初中女子组前三名。

【浦口区广场舞大赛】 7月26日—8月8日,“喜迎二十大 幸福舞起来”2022年江苏省“全民健身日”浦口分会场暨2022年浦口区广场舞大赛举办。活动由区体育局主办,区体育总会承办。80支队伍参加预赛,选取10支队伍参加决赛。江浦街道民间艺术团《拔根芦柴花》获一等奖,江浦康华灵动舞蹈队《游牧时光》、永宁中国美舞蹈队《独一无二》获二等奖,桥林欢歌笑语民间艺术团《我的祖国》等3支舞曲获三等奖,汤泉开心快乐健身队《我的中国》等3支舞曲获优秀奖。

【2022年浦口区区级机关体育活动暨社区运动会乒乓球比赛】 9月3—4日在浦口市民中心举办,由区级机关工委、区体育局联合举办。全区27家机关单位100多名选手参赛。区农业农村局获团体第一名,区教育局、浦口公安分局分获团体第二名、第三名。

【2022年浦口区青少年阳光体育节羽毛球比赛】 11月19日在南京青奥公园体育中心举行,由区体育局、区教育局主办,浦口区各中小学250多名选手参赛。新世纪小学何光耀、江浦实验小学陈云祺分获小学男子甲组、乙组冠军,江浦实验小学何尹轩、新世纪小学赵瑞涵分获小学女子甲组、乙组冠军,浦口三中张程、浦口区实验学校(初中部)杨凯祺分获初中男子组、女子组冠军,城市职业学院徐蔚然、南京汉开书院学校(高中部)周语凡分获高中男子组、女子组冠军。

(区文化和旅游局)

竞技体育

【概况】 2022年,浦口籍运动员洪可新在2022年国际式摔跤全国锦标赛中获女子组57公斤级冠军。在第20届江苏省运动会青少年部摔跤、空手道、举重等比赛中,浦口籍运动员吴镇宇、宋子怡、杜墨涵等获佳绩。在2022年江苏省青少年跆拳道、举重(县组)锦标赛中,浦口区分获团体总分第一名、第七名,并获体育道德风尚奖。行知中学女足在“省长杯”足球赛初中女子组比赛中获季军。

【在第20届江苏省运动会中获佳绩】 7月7日,在泰州姜堰举办第20届江苏省运动会青少年部摔跤比赛,浦口籍运动员吴镇宇获男子乙组古典式57公斤级冠军,王佳琪获女子甲组自由式69公斤级冠军,郑毅媛获女子甲组自由式53公斤级季军,刘紫莹获女子甲组自由式73公斤级季军。

7月8日,在泰州医药高新区体育文创中心举办空手道比赛,浦口籍运动员宋子怡获女子甲组 -53公斤级冠军,翟静怡获女子甲组 +59公斤级冠军,张展翔获男子乙组 -57公斤级冠军,徐昊获男子甲组 -68公斤级亚军,张明旺获男子甲组 -68公斤级季军。

8月11日,在泰州兴化举办举重比赛,浦口籍运动员杜墨涵获女子81公斤级U17~18组冠军。

9月3日,在青少年部14~15岁组足球比赛中,浦口区市队区办女子足球队小组赛先后战胜镇江、扬州和无锡队,半决赛战胜盐城队,代表南京市荣获亚军。

【洪可新获2022年国际式摔跤全国锦标赛女子组57公斤级冠军】 7月22—30日,2022年国际式摔跤全国锦标赛在浙江温州举办,全国58支代表队、1000余名运动员参赛,分自由跤、女子跤和古典跤3个项目30个级别,浦口籍运动员洪可新获女子组57公斤级冠军。

【2022年全国山地自行车锦标赛暨全国青年山地自行车锦标赛】 8月6—7日在水墨大埝举办。赛事由中国自行车运动协会、省委宣传部、省体育局主办,省体育竞赛管理中心、市体育局、区政府承办,区体育局、区体育总会协办。赛道长4.5千米,整体为高速赛道,技术点颇多。首日进行成年男子组越野赛、青年男子组越野赛、成年女子组越野赛、青年女子组越野赛4个组别的比拼。连云港市车手封宽杰以超过1分钟的领先优势率先过线,蝉联成年男子组越野赛冠军。次日进行成年男子淘汰越野赛、青年男子淘汰越野赛、成年女子淘汰越野赛、青年女子淘汰越野赛4个组别的赛事,淘汰赛道全长700米。陈明润、绍云凯、马彩霞、王婷分获4个组别冠军。

【在2022年江苏省青少年举重、跆拳道(县组)锦标赛中获佳绩】 9月8—10日,2022年江苏省青少年举重(县组)锦标赛在宜兴举办,24支代表队参赛。浦口区代表队获金牌3枚、铜牌1枚,团体总分全省第七名,并获体育道德风尚奖。

9月26—27日,2022年江苏省青少年跆拳道(县组)锦标赛在海安举办。浦口区代表队10名运动员在品势和竞技2项比赛中获金牌7枚、银牌5枚、铜牌5枚,全省金牌数第一名,团体总分第一名,并获体育道德风尚奖。

(区文化和旅游局)

8月6—7日,2022年全国山地自行车锦标赛暨全国青年山地自行车锦标赛在水墨大埝举办 滕宏飞摄

公共体育服务

【概况】 2022年,建成健身步道15千米、百姓健身房2个,城市社区“10分钟体育健身圈”内涵更加丰富。通过政府购买方式,投入60万元,区体育场全年免费开放。经营性体育场馆开展元旦、五一、十一、“全民健身日”等节庆日免低收费及补贴活动,惠及群众10万人次。对体育场馆开展疫情防控和安全生产检查,建立体育健身服务企业监管工作机制,加强对青少年(幼儿)体育类校外培训机构和体育类非学科校外培训机构准入审批管理,群众享受公共体育服务的获得感明显提升。

【体育市场监管】 按照“横向到边、纵向到底”要求,对体育场馆、体育类培训机构进行梳理备案。建立体育健身服务企业监管工作机制,明确监管工作分管领导、牵头科室、联系人,形成体育部门与体育企业沟通顺畅的工作机制。开展疫情防控,针对监管服务对象一星期至少巡查一次,疫情突出时每三日巡查全覆盖,做到发现隐患立整立改。落实《江苏省青少年(幼儿)体育类校外培训机构管理办法(试行)》《江苏省体育局关于做好体育类校外培训机构准入审批工作的通知》《南京市体育类非学科校外培训机构准入管理指引(试行)》等文件精神,前置审核体育类非学科校外培训机构33家,并发放审核意见书。加强体育健身市场预付卡消费行业监管,及时掌握预付卡经营者的经营动态,会同有关部门协同监管、联合执法,调解处理举报投诉,全年受理投诉工单300多件。

【游泳救生员测试和比赛】 6月28日,区体育局在浦口市民中心游泳馆开展游泳场所溺水救生技能测试,全区9个游泳馆40名救生员参加测试。技能测试设个人25米定向游、溺水事故急救测试(含CPR急救)2个项目。集中测试救生员的游泳速度、入水拖带、岸上急救等技能,增强救生员安全意识,提高救生员专业素质和职业技能,保障游泳健身者安全。测试结果全员合格。

9月8日,2022年南京市救生员职业技能大赛在梅钢职工游泳馆开赛。比赛设50米自由泳带救生浮标技能竞速、50米蛙泳潜泳过障碍技能竞速、团体100米联合游泳救生接力、心肺复苏+除颤仪技能竞赛4个项目,浦口区6名选手参赛,获团体三等奖。

【江苏省户外运动项目一线社会体育指导员技能培训在浦口举办】 9月16—18日在汤泉街道龙井社区举办。培训由省体育局主办,省社会体育管理中心、省社会体育指导员协会、省户外和登山运动协会、区体育局承办,南京、无锡、宿迁、苏州、泰州5市103名社会体育指导员参加,设置户外安全课程、户外运动理论和实践、户外运动急救包扎实操、野外环境及常见风险预防等课程。浦口区路跑协会60人参加,获得社会体育指导员证书。

【体育场馆疫情防控和安全生产检查】 9月23日,市体育局到浦口区开展体育场馆疫情防控和安全生产检查,实地查看浦口市民中心游泳馆、奇迹健身房和区体育场,要求体育场馆坚持“管行业必管安全、管行业必管疫情”原则,严把安全关,定期对高危场所进行风险排查,及时整改安全隐患,防止安全事故发生。区业余体育学校对校内外场馆开展巡查消杀、体温监测、人员登记等工作,实地巡查30多家体育场馆100多次,现场勘查体温监测、实名登记、“行程码”和“苏康码”等落实情况。设置体校运动员专用通道,开设隔离室,安排专人24小时值守并做好体温记录,明确定人定时消杀,确保住训环境安全。

(区文化和旅游局)

体育协会

【概况】 2022年,成立区户外房车露营协会。全区有单项体育运动协会(含体育总会)30个,其中AAA级10个、AA级12个。体育社团85个,其中体育俱乐部55个。

【浦口区老年人体育节开闭幕式暨老年气排球展演】 5月15日,“喜迎二十大 健身我先行”2022年浦口区老年人体育节开幕式暨浦口区老年气排球展演在江浦街道举行。开幕式由区体育总会、江浦街道和区老年人体育协会主办,开展浦口区老年气排球展演活动。11月11日,区老年人体育协会在老山森林公园举办全国老年人健步走大联动(浦口分会场)暨2022年浦口区老年人体育节闭幕式,区体育总会、区老年人体育协会、街道老年人体育协会等近200人沿老山森林公园珍七路徒步6千米。 (区文化和旅游局)

【区户外房车露营协会成立】 10月9日成立。协会邀请市户外运动协会副会长、江苏户外运动露营第一人、土人部落创始人蔡明担任会长,发起人郭丽泉担任秘书长(法人)。公布《南京市浦口区户外房车露营协会章程(草案)》。12月18日,区户外房车露营协会与汤山温泉度假区、汤山街道在龙尚村龙尚湾露营地联合举办“要有光”野营篝火音乐诗会,成为第十四届汤山温泉节、龙尚“共振村声”系列活动之一。 (郭丽泉)

·文稿编辑 周世泉·

社会生活

人口·家庭

【人口监测】 办理生育登记2425人,其中一孩1733人、二孩654人、多孩38人。抓好生育登记审核,审核20批近1000人次。开展三孩生育政策和配套政策宣传,做好计生重点人员家庭医生签约工作。实施“连心家园”关爱工程,依托社会组织对计生特扶对象开展关爱活动,开展座谈、慰问、出游等主题活动15场。抓细抓实“三个全覆盖”(对计划生育特殊家庭的联系人制度、就医“绿色通道”以及家庭医生签约服务3个方面工作全覆盖)。出生人口数量和2021年基本持平。 (刘颖奇)

【婚姻登记】 全区办理婚姻登记4881件,其中办理结婚登记2965件、办理离婚登记1086件、补办结婚登记623件、补办离婚登记207件。 (汪敏)

【婴幼儿早期发展工作】 开展“5·20”母乳喂养日、“9·12”预防出生缺陷日等主题宣传活动,普及优生优育知识,将优生优育理念、知识、服务送进家庭。区妇幼保健计划生育服务中心联合省妇儿基金会开展“母乳喂养促进 健康教育先行”进社区义诊活动,通过发放宣传折页、现场指导等方式,向孕妈和新手妈妈宣传母乳喂养注意事项,为社区居民答疑解惑。发放宣传折页3000余份,参加活动500余人。

【普惠托育服务体系建设】 全区婴幼儿照护服务工作重点围绕普惠托育服务体系建设,出台《浦口区普惠托育服务体系建设工作方案》《浦口区关于明确婴幼儿照护服务工作联席会议成员的通知》等文件,选址建设区级托育综合服务中心,新增备案社会办机构2家,其中通过市级普惠评估1家,新建社区亲子室3个,新增母婴室7个,全区可提供托位数约1600个。开展托育机构专项督查4次,印发处罚决定书9份,化解社会风险2起,发放托育机构纾困补助12.2万元。

【帮扶政策落实】 落实帮扶政策,对2699名奖扶人员发放奖扶金257.5万元,对515名特扶人员发放特扶金436.27万元。向计生特扶人员发放公交、游园补贴23.06万元,发放公益金113户33.5万元。对1717名退休职工发放一次性奖励618.12万元。

【计生协会作用发挥】 参与协会项目建设,建成国家级项目2个(汤泉街道新金社区向日葵亲子小屋、桥林街道百合社区向日葵亲子小屋)、省级项目1个(汤泉街道龙井社区向日葵亲子小屋)、市级项目4个(桥林街道林山村家庭健康服务中心、江浦街道巩固社区向日葵亲子小屋、汤泉街道龙井社区向日葵亲子小屋、星甸街道山西村青春健康俱乐部)。发挥保险兜底保障作用,区计生协会投入20万元,为全区失独家庭成员471人办理“同享大爱”计生扶助保险和特扶保险,为14名计生并发症人员办理计生扶助保险,提高失独家庭抵抗疾病风险能力。浦口区获全市家庭健康保险工作二等奖及市级“双百”活动先进单位奖。 (刘颖奇)

【殡葬工作】 按照“全国领先、全省一流”总体定位,投入6亿余元,新建亭子山万寿园综合性殡葬园区,总建筑面积5万多平方米,包括新殡仪馆、守灵中心、6

万格位的城市公益性骨灰纪念堂等功能区域，12月底试运行。浦口殡葬事务监管应用场景基本建成，开启“线上+线下”殡葬服务新模式。强化教育宣传，倡导移风易俗、厚养礼葬、文明殡葬新风尚。开展殡葬业价格秩序、公益性安葬设施建设经营专项整治行动，健全行业监管体系。结合“活人墓”及“两沿”（沿公路、沿河流主干道两侧）范围散坟排查整治专项行动，推动散坟整治工作。7月，浦口区获市殡葬综合改革真抓实干督查激励。（王敏）

就业创业

【概况】 2022年，新增城镇就业4682人，城镇失业人员就业3766人，大学生就业参保8440人，援助困难人员就业1355人，支持成功自主创业1213人，引导大学生创业154人，扶持农民自主创业893人。开展各类补贴性职业技能培训9503人次，职业鉴定取证10920人，新增取得高级工以上职业技能等级证书1193人，新增技师以上职业技能等级证书58人，新增数字技能人才928人，新生代农民工职业技能培训2998人，企业新型学徒制培训260人。新招收博士后2人，新增留学回国人员160人。申报人力资源社会保障部高层次留学人才回国资助4人，申报留学人员回国创业启动支持计划1家，入选2022年度南京市最具成长潜力留学人员创业企业2家，入选南京市最具影响力留学人员4人。南京福联种植专业合作社获评“南京市乡土人才传承示范基地”，张思洋乡土人才大师工作室获评“南京市乡土人才大师工作室”。开展线上线下招聘会219场，举办“浦聚力量 智引英才”系列推介和招聘活动，收到简历1万余份，开展直播带岗活动9场。围绕民生领域，开展母婴护理、中西式茶点、农家乐菜肴制作等主题培训活动32场，助力美丽乡村提档升级。

【重点人群就业】 联合区农业农村局、区总工会等五部门举办浦口区2022年“春风行动”启动仪式暨专场招聘会，承办江苏省暨南京市2022年“春风行动”现场招聘会浦口专场活动，线上线下开展专场招聘28场，累计提供就业岗位5139个，发放“春风行动”宣传品3218份。开展就业援助月、暖心活动等专项行动，组织村（社区）劳动保障协理员对辖区就业困难人员家庭进行入户调查，了解困难群体的生活情况、技能水平、就业需求和意向，建立帮扶台账，制订援助帮扶计划，开展“1311”（为有需求的劳动者提供1次政策宣传、3次岗位推荐、1次职业指导、1次职业技能培训）就业服务。对于通过市场渠道难以实现就业的城乡困难人员，开发26个养老服务、残疾人之家等基层公益性岗位予以兜底安置。做好离校未就业高校毕业生就业服务，根据省一体化信息平台分配人员名单，依托人社服务基层平台，通过走访摸排、电话采访、数据比对等方式，了解辖区未就业毕业生的基本情况、求职意向、培训需求等信息，开展各项就业服务工作。全区应调查525人，实际调查525人，调查率100%，就业率95.5%。

【就业扶持】 审核发放外地高校毕业生来宁面试补贴393人39.3万元、招用毕业生奖励31.9万元、小微企业招用高校毕业生社保补贴207家次198.5万元。审核发放灵活就业人员社保补贴16145人次3737.8万元、各类用人单位岗位补贴和社保补贴30家次17万元，发放公益岗岗位补贴和社保补贴72.9万元。审核发放富民创业担保贷款36笔1064万元、贴息57笔134.8万元，审核发放场地租金补贴、优秀创业项目奖励等创业补贴210万元，为62名青年大学生创业者提供零成本创业场地。审核发放高校毕业生租房补贴8223人次1360万元。

【大学生就业创业】 搭建平台，实施全方位就业服务。结合学生就业意愿推送岗位，分析近三年在浦口就业的高校毕业生生源构成情况，在安徽理工大学、西南交通大学等30所高校设立浦口区企业线上招聘专栏，辐射皖、晋、陕、甘、川、渝、云、贵等地100余所高校，获得来自全国200余所高校的6000余份应聘简历。立足重点产业需求，开展线下招聘，组织区内主导产业重点企业走进南京工业大学、南京师范大学、南京交通职业技术学院等13所院校，举办校园线下招聘会23场，收到简历3500份，达成意向1131人。组织“感知体验行动”活动，邀请东南大学成贤学院30余名大学生深入浦口开发区集成电路创新馆、华天科技（南京）有限公司、同心大学生创业园以及龙之谷等地参观交流，让高校毕业生更好地认识浦口,增强大学生就业首选浦口意愿。对接高校就业管理部门,结合高校专业特色,通过设立“一个主会场和多个院校、地区分会场”模式,举办集成电路产业、高端交通装备产业、专精特新和重点企业专场直播带岗活动9场。举办2022第五届“赢在浦口 创启未来”浦创杯青年大学生创新创业大赛。开展系列活动,营造创业氛围,邀请天使投资人、创业导师开展“浦创学院”“创聚金陵”等创业宣讲活动12场,与创业者面对面交流,宣讲浦口区就业创业优惠政策。选树创业典型,对接青年大学生优秀创业项目,鼓励青年大学生参加各项赛事和奖项评比,4人获评“第四届南京市创业潜力新星”,7人获南京市青年大学生优秀创业项目资助,5人获江苏省优秀创业项目资助。

【人社服务】 建设“社银联合”城乡一体化社会保障卡综合服务体系,签约银行21家,建成制卡网点8个。优化企业退休跨部门“一链通”退休办理流程,受理退休事务2888件。开通政务服务“跨省通办”通道,受理人社通办事项700余件。牵头开发“人才服务一件事”审批服务综合窗口,办理相关服务事项30余件。

【和谐劳动关系创建】 开展和谐劳动关系送法进企业活动,设置企业急需的政策课题10个,组织培训会8场,培训300多人次。扩大和谐企业创建覆盖面,评定劳动关系和谐企业159家,推荐申报南京市和谐劳动关系示范企业17家,推荐申报江苏省优秀劳动关系和谐企业2家。对全区102家劳务派遣单位进行年度核验,合格89家,合格率87%。对辖区内劳务派遣企业进行信用等级评价,评定A级19家、B级65家、C级18家。完成人力资源社会保障部25家、省人力资源社会保障厅10家、市人力资源社会保障局5家样本企业薪酬调查。围绕全区统筹发展和安全“大走访、大排查、大攻坚”行动,成立全区劳动关系重点涉稳领域工作专班,出台劳动关系应急预案,落实劳动关系动态日报告、周研判、月分析和季调度工作机制,及时有效化解矛盾风险。办结国务院、部级舆情、省“12333”等各类欠薪线索1423件1758人,追讨欠薪2995万元,劳动保障书面审查3212户,劳动保障拖欠农民工工资举报投诉案件结案率100%。市对区保障农民工工资支付工作考核获得A级等次,实现三连冠。组织“双随机”检查,开展整顿人力资源市场秩序专项检查、高温期间劳动者权益保护专项检查、女职工权益及未成年工权益保护专项检查,检查企业157家次。联合区城乡建设局,就在建工程项目保障农民工工资支付工作开展专项检查,检查企业17家。联合区社保中心,开展社会保险费缴纳情况专项检查,检查企业65家。强化裁审衔接,推进多元化调解,成立浦口区劳动人事争议联合调处中心。受理劳动仲裁案件742件,结案704件,涉案金额1686万元。案前调解160件,调解成功117件,涉案金额265万元。南京乾鑫电器设备有限公司劳动争议调解委员会获评“市级金牌调解组织”。 (董回春)

【江苏省暨南京市2022年“春风行动”现场招聘会浦口专场活动】 2月18日在浦口市民中心举行。招聘会以“春风送温暖 就业送真情”为主题,旨在帮助返乡农民工、高校毕业生、脱贫劳动力、退捕渔民、农村低收入人口等重点帮扶对象实现就业,50余家企业进场招聘,涉及酒店服务、机械制造、餐饮、医疗等领域1786个就业岗位。近千名求职者进场,初步达成就业意向350余人。现场发放《就业创业政策汇编》、人社部门惠企政策、农民工安全教育等宣传材料500余份,设立就业服务、劳动维权、法律援助等咨询区,为求职者解答各项就业创业政策。

(区融媒体中心)

【2022第五届“赢在浦口 创启未来”浦创杯青年大学生创新创业大赛】 4月7日—8月30日举办。南京信息工程大学、南京工业大学、南京审计大学、南京林业大学、南京农业大学、东南大学成贤学院等高校的就业创业社团参加大赛高校动员会,区人力资源社会保障局在各园区、南京工业大学和集美大学开展线上线下赛事宣讲。海内外170余所高校272个项目报名,涵盖智能科技、现代农业、文旅健康等领域。评选出10个获奖项目晋级第十届“赢在南京”青年大学生创业大赛,获一等奖1个、二等奖1个、三等奖2个、优秀奖1个,其中5个项目落地浦口,分别享受市级优秀创业项目资助待遇和市级相应人才待遇。 (董回春)

社会保险

【概况】 2022年,城乡居民基本养老保险参保缴费26574人,城乡居民基本医疗保险缴费15.3万人。浦口区尚未纳入市级统筹的各项社保基金收入9695.15万元(含老农保、基本生活保障、老年困难补助、特殊人员医保、农民工大病医保等险种),支出2.96亿元,年度结余-1.99亿元,期末滚存结余6.15亿元。

【养老保险】 2022年,全区城镇职工基本养老保险净增4854人,新增参保单位1782家,中断缴费人员续保3369人。全区34146名企业退休人员领取养老金7855万元,完成31249名退休人员养老金调整,补发养老金2252万元。全区城乡居民基本养老保险参保缴费26574人,为34890名城乡居民基本养老保险参保人员发放养老金24170.4万元,基础养老金由每人每月500元上调至535元。

【医疗保险】 2022年,全区参加城镇职工基本医疗保险15.2万人,职工医保参保人员门诊就诊207万人次,基金支付35219万元,住院24397人次,基金支付24174万元。城乡居民基本医疗保险参保15.3万人,基金收入2.46亿元,统筹基金支出2.16亿元,民政救助支出1299.21万元,大病保险支出1312.61万元。

【工伤保险】 2022年,全区工伤保险各项待遇申报1502人次,其中医疗待遇申领695人次、一次性伤残补助金申领517人次、一次性医疗补助金申领278人次、工亡待遇申领12人次,工伤保险基金支付5107万元。工伤保险定期待遇领取1459人次。其中,供养待遇1068人次,发放金额183万元;1~4级伤残津贴及护理费384人次,发放金额150万元;新就业形态职业伤害7人次,发放金额10.4万元。

【失业保险】 2022年,全区办理失业金申领2961人次,发放失业保险金12870.42万元。失业补助金申请3595人次,发放失业补助金626.55万元。技能提升补贴5878人次,发放技能补贴734.73万元。为1663名失业人员发放困难家庭慰问金118.09万元。

表45 2022年浦口区社保基金收支情况统计表

单位:万元

类别	险种名称	2021年结余	2022年收入	其中 保险费收入	其中 财政补贴收入	2022年支出	2022年结余	期末滚存结余
养老保险	1.机关事业养老保险	1210.20	62.88	61.68	—	87.51	-24.63	1185.57
	2.老农保	9120.56	155.57	—	—	785.55	-629.98	8490.58
	3.基本生活保障	48610.65	13.90	—	—	24671.92	-24658.02	23952.63
	4.老年困难补助	101.84	1859.80	—	1859.24	1658.85	200.95	302.79
	小计	59043.25	2092.15	61.68	1859.24	27203.83	-25111.68	33931.57
医疗保险	5.特殊人员医保	233.75	1140.57	61.50	1063.00	1189.27	-48.70	185.05
	6.农民工大病医保	22151.00	6462.43	6461.48	—	1221.64	5240.79	27391.79
	小计	22384.75	7603.00	6522.98	1063.00	2410.91	5192.09	27576.84
各项基金合计		81428.00	9695.15	6584.66	2922.24	29614.74	-19919.59	61508.41

【生育保险】 2022年,全区参加生育保险8.4万人,生育保险零星报销271人次,发放生育保险待遇274万元,其中生育津贴234万元、营养费18万元、医疗费22万元。

【社保体系完善】 实施社会保障提质工程,将“社会保险参保人数”指标分解至各街道、园区,深化领导联系点制度,开展常态化业务指导与跟踪督导,按月调度指标任务推进情况。落实“宁保无忧”行动,推进新就业形态群体参保,全区235个建设工程项目工伤保险参保,38个征地项目858人进保,为1994名困难人员代缴城乡居民养老保险,为9772名困难人员代缴城乡居民基本医疗保险。宣传延续实施社保费降费、特困及扩围行业缓缴社会保险费政策,全区8700家用人单位累计减征失业保险费3730万元、医疗保险费7454万元,25家用人单位申请缓缴养老、失业、工伤3项社保费439.48万元。

【基金风控加强】 开展全区社保基金管理提升年行动,以“六防”(人员防、制度防、技术防、机构防、数据防、资金防)为重点开展风险防控交叉检查、岗位权限管理自查、专项整治“回头看”、基金安全警示教育等。常态化开展享受社保待遇人员资格认证信息比对,完成数据比对57320条,追回131人、基金14.8万元。核查稽核风控系统反馈的疑点数据520条,追回基金43.34万元。与200家医药机构签订医保定点服务管理协议,优选18家定点药店挂牌医保便民药店,对191家定点医药机构开展全覆盖检查和专项稽核,常态化开展DRG支付病例稽核、智能监控等。

【二级以上医疗机构推行医保DRG支付方式改革】 1月1日起推行。建立以总额预算管理下的按疾病诊断相关分组(DRG)点数法付费为主,按床日、服务项目付费等为辅的复合式住院费用结算管理机制,规范优化临床路径管理,集约节约医疗资源,支持分级诊疗制度,实现全天候智能化动态指引,推动医保支付方式从“数量付费”向“质量付费”“价值付费”转变,规范医疗服务行为,控制医疗费用不合理增长。

【省医保信息平台上线】 6月27日,省医保信息平台191个功能模块在浦口上线运行。省医保信息平台将在医保业务经办、基金监督管理、公共服务等方面为全区参保企业和群众提供标准化、智能化、便捷化的医保服务,满足全区参保人员就医购药需求。

【首批18家医保便民药店建成】 11月16日,区社保中心和符合资质的18家便民药店签署专项服务协议,实现5个街道全覆盖运营。18家药店集中采购、集中结算所售医保集采药品和国家医保谈判药品,涉及慢性病用药、血液用药、肿瘤用药和其他常规药品30多种,药价均有不同比例降幅,平均降幅42%以上,最大降幅达91%,单品降价最高1088.5元。医保便民药店提供24小时购药服务,设有夜间售药标志及售药窗口,方便群众随时购药。

【“15分钟医保服务圈”示范点通过验收】 11月24日,江浦街道、桥林街道“15分钟医保服务圈”省级示范点和汤泉街道、星

11月16日,浦口区首批18家药店挂牌“医保便民药店”

区社保中心供图

甸街道“15分钟医保服务圈”市级示范点以省级标准通过省级验收组验收，永宁街道市级示范点通过“回头看”考核，实现“15分钟医保服务圈”示范点全覆盖。区社保中心将省级32个医保公共服务事项中的24个事项下放到街道、4个事项下放到社区，参保群众可以就近办理医保服务事项。（谭丹丹）

社会救助

【概况】 2022年，印发《浦口区补充医疗困难救助基金实施方案》。最低生活保障标准提高至1030元/月，特困对象、困难残疾人等群体保障标准相应增长，受益困难群众6085人。全区有低保对象1367户1849人、特困对象750人，领取困难残疾人生活补贴3545人、护理补贴3802人，困境儿童234人，实施临时救助756人次，累计发放各类基本生活保障金7167.4万元。慈善救助支出1896.3万元。

（郑荣祥　高雅）

【慈善募集】 拓展冠名捐助、项目化捐助、定向捐助等募捐渠道，全区募集慈善款物总额2100万元，慈善救助支出1896.3万元。在全区企事业单位开展“慈善一日捐”活动，定向用于“春节济困送温暖”活动，收到捐款210.95万元，增长8%。发展网络募捐，江浦街道同心社区开展“暖心行动”，对“幸福家园”20个公益项目进行认捐，网上捐款20万元；星甸街道石窑社区对道路改造公益项目进行认捐，网上捐款96万元；开展腾讯“99公益日”网络众筹活动，其中“爱心互助”“校校助学金”“乡村振兴 志愿同行”“阳光相伴 助童成长”等筹集资金120万元。区慈善中心获南京市慈善中心腾讯“99公益日”优秀组织奖，“助残百万提升工程”项目获市政府表彰的第三届“南京慈善奖”最具影响力慈善项目。

【红十字“三救三献”】 围绕红十字“三救三献”核心业务，推进全区红十字事业发展。在社区便民服务中心、学校等人员密集场所安装自动除颤装置42台。开展腾讯“99公益日”网络众筹活动，居民自筹资金购置自动除颤装置11台。完成2022年度“千人导师”培训计划，82名学员通过考核成为南京市CPR+AED救护培训师资。培训初级救护员1623人、CPR+AED救护员1.05万人，普及培训11872人。无偿献血志愿者公益平台入库登记1884人，完成全年目标的188.4%。周壮、朱值健、刘璇3名造血干细胞捐献志愿者成功捐献造血干细胞。开展器官遗体捐献宣传活动7场，登记器官遗体捐献志愿者36人，4人成功实现捐献。在南京审计大学、江苏卫生健康职业学院成立红十字会。区红十字会在2022年红十字生命教育防灾避险知识竞赛活动中获单位组织一等奖。

（高雅）

【残疾人保障和救助】 做好困难残疾人家庭临时救助工作，救助49人，救助金额3.54万元。春节期间，走访慰问困难残疾人2867人，发放慰问金239万元。投入经费352万元，为1969名三、四级残疾人办理居民合作医疗保险，为864名三、四级残疾人办理养老保险，为583名灵活就业残疾人发放医疗、养老保险补贴，投入10.4万元为10396名残疾人购买人身意外伤害保险，实现残疾人社会保险全覆盖。联合区扶贫基金会、区慈善中心，投入资金39.5万元，开展“情暖浦口·助残康复行动”，对符合条件的0～17岁在训残疾少年儿童在国家救助资金基础上进行资金补助。为600户贫困残疾人家庭提供生活小家电，为66名残疾人机动轮椅车车主发放燃油补贴1.76万元。加大疫情期间盲人按摩机构纾困解难工作力度，对法人为盲人的7家按摩机构补贴2.8万元，对法人为非盲人的5家盲人按摩机构补贴1.3万元。

（王振兴）

【“情暖浦口”慈善项目】 助困项目　开展“情暖浦口”慈善春节慰问活动。联合市慈善中心在江浦街道同心社区举行启动仪式，下拨慈善春节慰问资金204万元，下拨米、油等物资价值3.6万元，用于各街场重病、残疾等困难家庭慰问。开展困难党员关爱救助，发放春节慰问资金116万元、临时性救助41.55万元。开展定向困难救助活动，发放救助金149.52万元。

助学项目　实施乡村学校“校校建助学金”项目，在石桥中学、石桥小学、高旺小学、汤泉中学、汤泉小学开展困难学生帮扶和优秀学生奖励活动，发放帮扶、奖励资金19.78万元。支持特色学校实施足球公益项目，在大桥中学、大桥小学设立“金基·大唐”奖学金，发放助学资金41.39

万元。配合区教育局开展困难家庭、支教教师慰问,慰问46名教师,慰问金6.5万元。对全区低保户、低保边缘户等7类困难群体家庭的高中、中专职校生及大学新生、在校生给予资助,资助171人,共计69.88万元。

助老项目　与区民政局联合对9家民办养老机构进行资金扶持,下拨提档升级改造费用50万元。开展重阳慈善助老慰问活动,为全区742名特困供养老人发放"爱心礼包",价值22.26万元。

助医项目　联合区中医院、区中心医院开展金基集团关爱血透患者和精神病患者项目,其中关爱血透患者项目50万元、关爱精神疾病患者项目20万元。向200名困难群体发放救助金70.7万元。

助残项目　为区特殊教育学校学生提供每天20元标准的午餐和下午茶,发放助残补助58.38万元。推进"助残百万提升工程",与区残疾人康复中心开展"一米阳光"公益活动,与汤泉街道"残疾人之家"开展"出彩人生　活出自我"残疾人文艺表演队项目。

助孤项目　支持"梦想小屋"项目,联合团区委对42名困境青少年家庭进行环境改造,提供资金支持48.51万元。为72名事实无人抚养儿童及孤儿发放慰问金和暖心卡,价值7.24万元。

【大桥社区"乡邻苑"项目试运营】　7月试运营。项目由金基集团投资697万元,对永宁街道大桥社区敬老院进行升级改造,占地面积3000余平方米。整合社会组织力量,开展养老助餐服务,为辖区困难老人、独居老人等提供免费午餐和送戏下乡志愿服务。　(高雅)

残疾人事业

【概况】　2022年,浦口区有持证残疾人10406人。做好残疾人"两项补贴"审核发放工作,惠及残疾人84516人次,其中享受生活补贴38854人次、享受护理补贴45662人次。发放"两项补贴"3678.04万元,其中生活补贴3038.77万元、护理补贴639.27万元。

【残疾人康复服务】　推进残疾人精准康复服务行动,残疾人基本康复服务率100%。新增0~17岁在训残疾少年儿童55人,累计有223名孤独症、智力残疾、肢体残疾儿童在全市24家康复机构和4家外市康复机构得到有效康复,投入资金328.59万元。做好省级残疾儿童早期干预试点工作,试点干预0~6岁儿童7人,为每一名儿童订立个性化的训练方案,提升残疾儿童重建生活自理、学习及社会交往的能力。投入资金26.65万元,为33名残疾儿童适配矫形器、助行器、助视器、轮椅等辅具,为25名成年残疾人适配假肢,为150名肢体残疾人适配轮椅,为42名视力残疾人适配低视力辅具。投入资金26.84万元,为291户困难残疾人家庭实施"四进家庭"服务及家庭无障碍环境改造。为2424人次精神疾病患者提供免费服药。创新家庭医生签约暨重点人群个性化精准康复服务工作模式,联合区卫生健康委完成9301名残疾人的家庭医生签约工作,与区残疾人康复中心签订《重点人群个性化精准康复服务协议》,为140名重点康复人群定制"个性化服务包",依托街道、社区康复室(站),采取居家康复与机构站点康复相结合的模式,涉及康复训练评估、家庭康复指导、肢体综合训练等27个康复项目,实现零距离"一站式"康复服务。

【残疾人就业培训】　通过就业形式创新、就业岗位开发、职业技能培训等推动残疾人就业增收。举办残疾人就业援助月活动、残疾人招聘会,举办盲人按摩、电商、种植养殖、非物质文化遗产、烘焙、羽毛球加工等培训班15场,新增残疾人实名制培训113人,新增残疾人实名制就业89人。推动辅助性就业,在"残疾人之家"开发公益性岗位6个,以13个街道、社区"残疾人之家"为依托,打造"一街一品"辅助性就业项目,为精神残疾、智力残疾和重度肢体残疾等就业最困难残疾群体提供就业支持,形成菜鸟驿站、帆布包制作、纸制品加工、残疾青年原生绘画等10多个辅助性就业项目,实现辅助性就业176人。开展按比例安排残疾人就业年审工作,年审用人企业119家,审核在岗用工残疾人597人。对达比例和超比例安排残疾人就业的12家用人单位给予28万元补助和奖励,提高企业招用残疾人的积极性。

(王振兴)

养老服务

【概况】 2022年，以落实省、市医养结合高质量发展方案为目标，提升医养结合服务水平，规范医养结合机构签约工作，签约率100%。开展老年人健康体检工作，完成37481人体检，体检率64.07%。完成老年人智能机培训2247人次。完成国家老年心理关爱行动项目和老年人健康素养调查工作。开展"安康关爱行动"老年人意外伤害保险工作，投入44万元，为80岁以上老年人购买保险，覆盖率100%。新建省级标准化农村区域性养老服务中心2个。新增智慧养老院1个、医养结合型居家养老服务中心1个，开展养老护理员培训160人次。

（郑荣祥　刘颖奇）

【机构养老】 2022年，浦口区有养老机构9个，其中公办养老机构（含街道敬老院）3个、民办养老机构6个。新增养老机构床位100张，有养老床位3417张，每千名老年人拥有养老床位46张。

（江海萍）

【居家养老】 2022年，新建三级社区居家养老服务中心24个、老年人助餐点19个，全区有三级社区居家养老服务中心61个、老年人助餐点63个。城乡社区覆盖率均达80%，"15分钟社区养老服务圈"进一步优化。80岁及以上高龄、经济困难失能老年人服务保障覆盖率超过90%，开展80岁及以上老年人居家上门照护服务1.1万余人，为282名困难家庭半失能、失能老年人提供政府购买上门照护服务，完成适老化改造145户，开设家庭养老床位65张。"时间银行"服务订单量约1.2万单，注册志愿者约2800人，街道、社区"时间银行"站点建成率100%。提升社区银发助餐服务品质，依托康颐养老服务有限公司、星甸邻里居家养老服务中心，建成市级示范性社区老年人助餐点2个。

（郑荣祥）

住房保障

【概况】 2022年，区住房保障和房产局新开工保障房23.31万平方米，竣工保障房98万平方米，筹集保障性租赁住房6214套，拆迁安置回购5053套。出台房票征求结算安置政策，符合条件的被征收人可持房票在浦口区范围内购买新建商品房，在办理不动产权证后，可申请获得房票购房奖励。浦口康居集团保障房竣工项目11个，总面积约160万平方米，提供房源10785套。南京住房公积金管理中心浦口分中心归集住房公积金13.47亿元，提取住房公积金7.61亿元，发放住房公积金贷款12.65亿元，支持2082户家庭使用住房公积金贷款购房。

（陈燕　沈江涛　董登峰）

【租赁补贴】 2022年，完成62户公租房（租赁补贴）保障家庭年审工作。30户家庭由于收入超标、人员死亡、家庭人口发生变化、退出低保等原因退出保障，新增公租房（租赁补贴）26户。货币补贴实际在保70户，发放补贴68.54万元。历年累计保障1164户，累计发放补贴2070.03万元。

【保障性住房】 上市收益金"应收尽收"，完成经济适用房上市20户，收缴上市收益金1294万元。完成145户公租房（实物配租）保障家庭年审工作。5户家庭退出保障，新增公租房（实物配租）17户，实际在保163户，历年累计保障391户。分配共有产权保障房14户。

【房改后续工作】 受理复核131人房改补贴材料，审核资金623.4万元。累计审批房改补贴资金约4.5亿元，涉及180多家机关企事业单位，保障覆盖约1万多人。

【人才安居保障】 人才安居租赁补贴实际在保3319人次，发放补贴761.93万元。人才安居购房补贴在保74人次，发放补贴738.02万元。

（陈燕）

【住房公积金管理】 3月，推出线上申请公积金贷款业务。9月，实现住房公积金带押过户贷款。10月，实现住房公积金提取跨行结算。将首次使用公积金贷款购买第二套住房的最高可贷额度提高至50万元/人、夫妻双方100万元/户。保障组合贷款资金配比，加大"公转商"贴息贷款发放力度，全年发放0.88亿元。打造"数字公积金"，公积金智能客服平台上线，公积金链上可信数据平台建成，实现低保、全国死亡、社保批量缴存等数据共享利用，完成就业登记"一件事"、退休"一件事"和企业开办"一件事"等主题集成服务,实现提取、贷款申请、账户信息变更等12项公积金服务事项在"苏服办"App的标准化应用场景全覆盖。

(董登峰)

【丝兰湖二期人才公寓项目竣工交付】 5月15日交付。丝兰湖二期人才公寓又名芯宁雅舍,东至景天路,南至步月路,西至百合路,北至丝兰湖。总建筑面积14.26万平方米。其中,地上建筑面积10.24万平方米,包含8栋18层住宅和4栋2~3层商业楼,共有公寓1227套;地下建筑面积4.02万平方米。

【琼花湖保障房项目竣工】 5月30日竣工。琼花湖保障房项目位于浦口开发区金鼎路以南,桥语路以北,紫峰路以东,东侧紧邻琼花河。项目由6栋19层住宅、2栋商业和地下车库组成,总建筑面积15.42万平方米。其中,地上建筑面积11.18万平方米、地下建筑面积4.24万平方米,提供1296套住宅及其他商业用房。 (浦口开发区)

基层治理

【社区治理创新】 鼓励各村(社区)推进"一站式服务"和全科社工队伍建设,有持证社工515人。落实区级层面"三张清单"要求,减轻社区工作者负担。推进浦口区公益服务地图上线运行,搭建社区治理和服务线上供需对接平台。按照《"十四五"城乡社区服务体系建设规划》要求,完成6个社区党群服务中心提档升级工作。推进区、街道、社区三级社工站服务体系建设,区、街道两级社工站实现专业化服务购买全覆盖,新建社区社工室10个,累计有社区社工室41个,初步建成三级社工站服务体系。

【社区治理能力提升】 开展"五社联动"(社区、社会组织、社工、社会资源及社区自治组织联动)工作,推进楼栋长志愿服务队伍建设。通过市级公益创投项目,支持志愿服务项目开展,实施志愿服务项目2个,投入资金18万元。用实用好"志愿江苏"系统,全区登记注册志愿者14.8万人,注册志愿团队643个,累计开展志愿服务项目32899个。

【社会组织管理】 2022年,新注册社会组织20个,其中民办非企业单位(组织)13个、社会团体7个。清理"僵尸型"社会组织31个,其中民办非企业单位(组织)24个、社会团体7个。全区有社会组织552个,其中民办非企业单位(组织)437个、社会团体115个。建成浦口区社会组织服务资源交易中心。 (韦思阳)

民族宗教事务

【概况】 2022年,浦口区制定推进民族工作高质量发展、做好新时代党的宗教工作等实施意见,建立宗教工作协调机制,强化部门联动,形成工作合力。开展民族宗教领域专项排查整治工作,依法依规管理民族宗教事务,完成安全隐患整改159处,劝散非法宗教活动场所8处,清理非法使用清真标识餐饮场所31处。

【民族团结进步创建】 开展"铸牢中华民族共同体意识民族团结进步宣传月"活动,将学习贯彻习近平总书记关于加强和改进民族工作的重要思想纳入全区党建考核指标,把铸牢中华民族共同体意识作为重要内容列入区委党校和中小学教育课程,与南京审计大学、江苏卫生健康职业学院建立共学共建共享机制,强化宣传教育引导,巩固团结奋斗思想基础。依托江浦高级中学国家级示范基地和省、市"红石榴家园",常态化开展各类民族特色活动。将民族团结进步创建工作与基层党建、新时代文明实践中心建设等工作结合起来,形成相融相促、共进双赢的良好局面。

【宗教事务管理】 完善区、街道、社区三级管理网络和街道、社区两级工作责任制,全区5个街道、2个场、珍珠泉度假区、79个村(社区)和林管区全部建立民族宗教工作专门队伍,分别明确民族宗教工作第一责任人和工作职责。将宗教场所日常活动纳入网格监管,坚决打击和取缔非法场所聚会,建立定期排查、问题反馈、督查通报等工作制度,建成"横向到边、纵向到底"的民族宗教工作管理体系。指导各宗教场所开展"五公开"(法律法规公开、规章制度公开、财务管理公开、人员公开、安全生产情况公开)活动,推进各项管理制度落实,规范宗教场所管理。

【"大走访、大排查、大攻坚"行动】 开展民族宗教领域统筹发展和安全"大走访、大排查、大攻坚”行动,以区级抽查督查、街道日常检查、社区网格巡查、场所自查相结合的方式,定期全覆盖、无盲区、零死角“拉网式”排查安全生产、非法活动、新冠疫情防控等情况3次,下发清单3期,整改到位率100%。区级层面落实“双随机、一公开”监管要求,会同浦口公安分局、区消防大队等开展跨部门联合检查6次。与属地街道每半月调度1次,完成29处宗教场所C、D级建筑隐患整改27处。(周业山)

星甸街道新时代文明实践所　　星甸街道供图

精神文明建设

【文明城市创建】 加强创建文明城市工作组织体系建设,制订“1+N”创建工作推进方案,开展区级测评2次,发现并整改问题2760个。举办“文明有‘宁’ 携手同行”市民行为规范宣讲宣传近150场。文明城市创建测评成绩和乡风文明测评成绩均保持在全市前列。

【文明品牌打造】 4月,星甸街道双山村被中央宣传部、中央文明办评为2021年度“全国学雷锋志愿服务‘四个100’先进典型(最美志愿服务社区)”。桥林街道百合社区、星甸街道“星梦空间”志愿服务项目被评为“南京市学雷锋志愿服务先进典型”。浦口公安分局江浦警务工作服务站被命名为第六批南京市学雷锋活动示范点。

【文明实践培育】 制订《关于深化拓展浦口区新时代文明实践中心(所、站)建设的实施方案》,增挂新时代文明实践志愿服务促进中心牌子,结合喜迎党的二十大主题,开展理论宣讲、文艺演出、便民服务、科学普及等组合式活动以及经常性、面对面、广大群众喜闻乐见的文明实践活动。举办“文明实践,志愿同行”学雷锋活动、青少年阅读分享会、暑期夏令营等特色文明实践活动2068场,受众1.5万余人次。

【先进典型选树】 4人登上“江苏好人榜”,6人获“南京好人”称号,16人获评第二十届“南京好市民”。评选产生区级“新时代好少年”40人、“最美家庭”100户。江浦街道白马社区茆钺家庭被授予“第三届江苏省文明家庭”称号,江浦高级中学教师黄志坚获评“第六批南京市岗位学雷锋标兵”。(高倩)

·文稿编辑　王孜孜·

生态环境

环境质量

【概况】 2022年,全区大气环境质量$PM_{2.5}$平均浓度全市排名第一位,连续6年保持全市最优。1—12月,全区水环境质量状况总体优良,地表水环境质量全省排名第六位,4个省考断面水质优Ⅲ比例100%。生态环境损害赔偿案件3件,赔偿资金23.9万元,用于环境修复。浦口区某建筑公司生态环境损害赔偿磋商案入选江苏省第二批生态环境损害赔偿磋商十大典型案例。

【大气环境质量】 大气环境质量总体保持稳定,除二氧化硫(SO_2)上升66.7%,细颗粒物($PM_{2.5}$)上升3.4%,臭氧(O_3)上升3.1%,其他各污染浓度均有所下降。可吸入颗粒物(PM_{10})下降10.7%,二氧化氮(NO_2)下降13.3%,一氧化碳(CO)持平。臭氧超标54天,同比增加6天。降尘浓度同比下降28.4%。环境空气质量综合指数3.46,较上年改善3.1%。空气质量达标天数293天,达标比例80.3%,同比下降2.7个百分点。

【声环境质量】 全区城市区域环境噪声、交通噪声和功能区噪声的平均声级均控制在国家标准以内,城市声环境质量总体有所好转。区域环境噪声上升0.5分贝(A),道路交通噪声下降0.6分贝(A),功能区居民居住区噪声下降1分贝(A),功能区交通区噪声下降0.8分贝(A)。

【水环境质量】 根据省生态环境厅年度地表水环境质量排名,1—12月,浦口区地表水环境质量在全省63个县(市、区)中排名第六位,全市排名第一位。地表水11个监测断面水质优Ⅲ类占90.9%,龙王庙、天桥等4个省考断面累计均值水质达标率100%,各单月水质达标率100%。7个市考断面累计均值水质达标率100%。 (黄丹蕾)

【地表水环境质量排名全市第一位】 2022年,浦口区地表水环境质量在全省63个县(市、区)中排名第六位,全市排名第一位。推进石碛河流域综合整治,实施坝西河、孙垄河等5条支流农村生态河道建设,建设玉莲河生态安全缓冲区,纾解城南河断面达标与内河排水困境,实施芝麻河东段一期综合整治工程,定期开展沿河泵站前池清淤。开展水系"四清、四拆、四整治"行动,累计出动管养人员6.84万人次,处理河湖问题1913个,清理杂物、垃圾5383吨。完成长江入河排污口整治261处,完成率97.8%,提前完成市定80%年度目标。长江岸线整治保护、珠西支河暗涵改造作为生态环境保护典型案例,在国家级、省级媒体上宣传报道。5个街道污水处理厂进水化学需氧量浓度较上年提升10%以上。城镇排水设施考核位列全市郊区组第一名。强化农村污水设施运维管理,达到农村污水"双60"治理要求,设施正常运行率保持在95%以上。 (罗涛)

资源保护

【水资源保护】 2022年,全区万元GDP用水量34.77立方米,用水总量约1.95亿立方米,地下水用水总量约15.86万立方米,控制在考核目标红线内。取水工程(设施)全部完成管理规范化建设,落实生态流量(水位)管控,完成取水电子证照转换及陈桥河、亭堂水库溢洪河河湖(库)生态状况评估。深化节水型社会载体建设,创成省级节水型载体2个、市级节水型载体10个、工业企业节水技术改造项目1个,浦口开发区通过省级节水型工业园区验收。加强水源地监管,通过定期巡查、专项巡查和重点巡查等方式,实施水源地长效管护,长江桥林水源地、三岔水库应急水源地达标建设通过省级验收。江北地区原水系统全线通水,完成水源切换。（罗涛）

【耕地资源保护】 落实耕地保护责任,开展耕地后备资源调查评价,明确全区18.02公顷宜耕资源。开展耕地非粮化图斑排查整改,实施土地复垦项目30个,新增耕地1.29公顷。区和街道签订年度耕地保护责任书,明确各级耕地和永久基本农田保护责任。依据国土空间规划,按照“应保尽保、量质并重、集中成片”原则,对原永久基本农田实行优进劣出,妥善处理永久基本农田与城镇开发边界、生态红线的关系,优先将集中连片长期稳定利用耕地划入永久基本农田,守住耕地保护红线,全区划定永久基本农田119.22公顷,通过自然资源部审查。发放耕地保护补贴0.96亿元。

【矿产资源保护】 强化露采矿山监管,通过制订开采计划、监理核实、智能化监管等方式,确保及时恢复环境、落实安全生产以及矿产资源利用“三率”(矿产开采回采率、选矿回收率、综合利用率)达标。争取省、市支持,下放采矿权出让收益征收权力至浦口规划资源分局,完成1家露采矿山资源储量核实和评估工作。完成废弃矿山生态修复项目5个,修复面积1.92公顷,超额完成打好污染防治攻坚战市对区考核矿山生态修复任务。开展生态管控区不可避让论证及调整,完成龙之谷、宁滁、235国道等管控区论证批复项目8个。（林晓露）

【森林资源保护】 加强建设项目使用林地监管,执行审核批准制度,对项目选址、用地规模实行事前论证、事中监督,落实“占一补一”规定,确保林地面积“只增不减”。完成建设项目征占用林地审核审批23件,涉及林地面积69.09公顷。执行限额采伐管理制度,结合森林资源总量、森林资源生长量、森林抚育任务及历年消耗情况,合理分配采伐限额,控制主伐,鼓励开展抚育、更新采伐,提高林分质量和森林健康度。完成采伐审批17件,采伐蓄积1679立方米。结合春节、清明等重要时节及春耕农忙、跨区作业高峰期,林业执法人员深入林间、地头开展大检查。办理林业案件11起,其中毁坏林木案件3起、非法占用林地案件7起、野生动物保护案件1起,涉案金额12.4万元。（蒋益杰　刘方旭）

【湿地资源保护】 10月12日,启动长江岸线桥林段0.8公顷湿地生态修复施工和滁河支流万寿河湿地保护小区建设施工前期准备工作。结合浦口区湿地特点,全面巡查区域内重要湿地安全保护工作。利用户外电子显示屏,宣传第26个世界湿地日主题“珍爱生命——人与自然和谐共生”。在长江、滁河、城南河、浦口市民中心周边悬挂横幅,宣传贯彻《中华人民共和国湿地保护法》。

【动植物资源保护】 加大中华虎凤蝶栖息地建设投入力度,保护老山林区内杜蘅苗,做好保护小区防护栏维修加固、监控网络体系建设,在核心保护区周边开展中华虎凤蝶栖息地调查,聘请固定人员巡查看护保护小区。区林业站和南京中华虎凤蝶自然博物馆合作,市生态环境局、省动物协会和浦口区中华虎凤蝶协会协作,在老山周边低山、丘陵山区开展中华虎凤蝶数量、栖息地和伴生动植物等科普宣传和调查。开展秤锤树栖息地保护建设,制作、安装栖息地保护小区铭牌,维修受野猪损坏的护栏网,升级改造栖息地保护小区远程监控和林业有害生物测报系统。办理野生动物保护案件1起,野生动物保护案件实现零的突破。开展联合执法3次,救助野生动物6次。（郑爱春）

【瓦殿冲小流域入选国家水土保持示范工程(生态清洁小流域)名单】 12月26日,水利部公布2022年度国家水土保持示范名单,浦口区瓦殿冲小流域入选生态清洁小流域示范工程。瓦殿冲小流域位于汤泉街道西南部、老山国家森林公园西麓,属于浦口区“十四五”时期拟创建的“老山北麓—汤泉—星甸水土保持生态文明示范区”组成区域,属于滁河水系。结合地形地貌及土地利用情况,瓦殿冲生态清洁小流域分森林保护区、人居环境治理区和水系综合整治区。通过实施小流域生态建设工程,瓦殿冲水土保持率、森林覆盖率由2013年的

98.49%、28.32%上升到99.78%、42.7%，林草面积占流域宜林宜草面积、卫生厕所覆盖率、生活污水集中处理率、生活垃圾集中收集处理率、畜禽粪污综合利用和无害化处理率均为100%，垃圾分类正确率85%以上。（罗涛）

长江大保护

【长江桥林水源地达标建设工程通过省级验收】 2月16日，长江桥林水源地达标建设工程通过省水利厅、省生态环境厅、省住房和城乡建设厅验收组验收。长江桥林备用水源地由《省政府关于全省县级以上集中式饮用水水源地保护区划分方案的批复》划定，水源地保护范围上起新济洲，下至子母洲，全长6千米。随着江北地区应急水源地及桥林水厂建成，桥林水源地由备用水源地转为正式水源地，为江北新区、浦口区提供供水水源。2021年，浦口区实施长江桥林水源地达标建设工程，主要建设水源地隔离防护工程、水质监测与水源地监控工程，沿一级保护区设隔离网2125米，在各级保护区边界设立饮用水水源保护区界标、警示牌、宣传牌等标志34个。在水源地取水口上游约2千米处新建水质在线自动监测设施1套，在水源地取水口等重要节点设置监控摄像头6个，工程10月完工，投资305.35元。（罗涛）

【长江禁捕】 对全区涉及长江、滁河禁捕水域的5个街道、1个农场、24个社区划定网格管理，开展不定时、不定点明察暗访，对巡查发现的问题打分通报，下发督办通知8期，督促有关部门立行立改。区农业农村局、浦口公安分局、区渔政监督大队、区市场监管局等部门联合开展春季护渔、夏秋季长江禁渔等专项执法行动，查获违规涉渔案件60起，罚款2.05万元。街道、专项组出动执法人员8110人次，巡查重点水域23015次，劝导钓鱼爱好者规范垂钓912人次，清理渔网、地笼66套，巡查农贸市场及水产品店4551家次、餐饮单位17031家次。禁捕水域基本实现“四清”（清船、清网、清江、清河）、“四无”（无渔船、无渔具、无渔网、无捕捞行为）。完善长江禁捕“电子围栏”智慧监控系统应用，通过高清智能摄像头、雷达、无人机等科技手段，实现禁捕监测实时化、可视化、精细化，通过“人防+技防”，提升禁捕监管执法效能。发放宣传材料3600份，悬挂横幅18条，张贴宣传画122张，电子屏宣传18处，媒体宣传11次。（钟倩）

【长江渔业资源增殖放流】 4月2日在南京大胜关长江大桥江豚观测点开展增殖放流活动。活动由区农业农村局主办，以“增殖水生生物、促进绿色发展”为主题，增殖放流鲢鱼、草鱼、鳊鱼及长吻鮠4个品种75.15万尾鱼苗。（滕西）

节能减排

【概况】 2022年，全区挥发性有机物削减量6.42吨，氮氧化合物削减量23.93吨。规模以上工业企业265家，综合能源消费49.68万吨标准煤。万元工业产值能耗强度0.11吨标煤/万元。规模以上工业单位增加值能耗同比下降6.82%，超额完成市工业和信息化局目标任务。（黄丹蕾　刘海浪）

【工业节能减排降耗】 促进绿色制造建设，推进工业节能减排降耗。以清洁生产、绿色工厂创建为重点，选择工作基础条件好、具有发展潜力的企业开展绿色制造体系建设。甄选江苏润邦智能车库股份有限公司、南京尧盛包装制桶有限公司、江苏双龙集团有限公司双猴混凝土分公司3家企业开展自愿性清洁生产，引导企业走绿色发展道路。指导企业创建和申报省级绿色工厂，将江苏信宁新型建材有限公司、江苏久吾高科技股份有限公司、江苏芯德半导体科技有限公司、南京志卓电子科技有限公司4家企业纳入绿色工厂培育库，推荐江苏信宁新型建材有限公司、江苏久吾高科技股份有限公司为省级绿色工厂，南京依维柯汽车有限公司创成省级绿色工厂。（刘海浪）

【污水减排】 珠江污水处理厂和珠江污水处理厂中水厂设计日处理能力12万吨，实际日处理水量9.79万吨，采用“预处理+CAST/MSBR+ABFT+高效澄清池+纤维转盘滤池+紫外消毒”处理工艺，处理居民生活污水。浦口开发区污水处理厂设计日处理能力2.5万吨，实际日处理水量2.3万吨，采用“AAO+MBBR+反硝化滤池+臭氧接触池+高效沉淀池+滤布滤池+加氯消毒”处理工艺，处理居民生活污水和部分工业污水。汤泉、星甸、石桥、永宁、乌江5个污水处理厂设计日处理能力1.45万吨，实际日处理水量0.88万吨，采用A2/O处理工艺，处理居民生活污水。浦口开发区工业污水处理厂设计日处理能力1万吨，实际日处理水量0.86万吨，采用"预处理+水解酸化+AAO+高效澄清池+V型滤池+接触氧化+吸附滤池+调节消毒"处理工艺，处理工业污水。

【玉莲河生态安全缓冲区完工】6月完工并通过省、市验收，获江苏省生态安全缓冲区示范项目奖补资金276万元。玉莲河生态安全缓冲区项目起于金鼎路，止于石碛河，全长约1.53千米，2月开工，总投资1000万元，建设曝气增氧、生态浮岛、水下森林（沉水植物系统）、生态护坡及岸带修复、雨水排口预处理设施、滨岸植物缓冲带、多孔介质生态滤床、水生动物群落恢复、清淤疏浚等工程。化学需氧量、氨氮、总磷削减量分别为42.31吨/年、2.53吨/年、0.29吨/年，经过缓冲区后的水质优于Ⅳ类，部分水质指标优于Ⅲ类。（黄丹蕾）

【三岔灌区、侯家坝灌区创成全国节水型灌区】12月26日，水利部印发《关于公布节水型灌区复核结果的通知》，授予全国182处农业用水管理规范、节水效益明显、在节水型灌区建设方面具有较好推广意义的灌区"节水型灌区"称号，浦口区三岔灌区、侯家坝灌区入选全国节水型灌区。在灌区节水配套改造建设过程中，加强与高标准农田建设、高效节水灌溉等项目衔接，统筹灌排骨干和田间工程，形成完整的灌排体系，提高供水保障和防汛抗旱能力。围绕现代化、规模化、科技化的农业发展主旋律，完善水利基础设施网络，提升管理能力，治理和修复生态环境，推动中型灌区标准化、规范化建设，打造"设施完善、节水高效、管理科学、生态良好"的美丽灌区，同时加强灌区信息化建设，提升灌区信息化覆盖率。

（罗涛）

环境治理

【概况】2022年，排查、梳理国控点周边各类污染源及短板弱项，属地街道每周开展全覆盖巡查，巡查重点管控区域餐饮店3125家次，区污染防治领导小组办公室、区餐饮业环保专项整治领导小组办公室不定期组织督查，动态更新各类清单。利用主次干道积尘走航监测、大气激光雷达风场探测等科技手段，锁定扬尘污染热点区域，采用机扫冲洗、雾炮喷淋等措施压尘降污。完成长江排污口分类整治排污口262个，完成率98.1%，超标完成80%年度目标，其中超标排口50个，完成整治45个，完成率90%。生活污水收集率60.13%，提升14个百分点。完成南京长江沿岸造船带退役场地及其他退役工业场地（浦口片区）土壤环境现状调查，纳入中央生态环境资金项目储备库，获得中央资金支持。完成16块建设用地土壤污染状况评审。实施7个高风险退役场地土壤污染状况详查，完成制度管控。完善全区土壤环境监测网络，推进化肥、农药减量化和农用地污染治理，打好农业农村污染治理攻坚战。

【大气污染防控】完成挥发性有机物无组织排放治理项目63个，3家企业完成水性漆替代。完成柴油大货车路检1800辆，柴油大货车入户检查1952辆，非道机械检查1916辆。省、市督查和检查交办浦口问题443个。其中，省级交办79个，完成整改79个，整改率100%；市级交办364个，完成整改364个，整改率100%。淘汰国Ⅲ柴油车277辆。围绕国控点环境空气质量管控，加强与江北新区联动执法巡查，疏导周边道路交通，减少机动车怠速尾气排放。

【扬尘治理】各责任单位核查在建工地，巡查检查项目7000余个。区污染防治领导小组办公室现场检查项目800余个，发现立查立改问题150个，向属地单位和职能部门派发问题菜单316份，均整改回复到位。按照《浦口区工地扬尘管理挂牌考核实施办法（试行）》考核评分细则，考核挂牌12期，考核挂牌工地109个，其中绿牌19个、蓝牌55个、黄牌33个、红牌2个。新挂牌项目69个，升牌项目40个。与建设、城管部门推进在建项目差别化进程，现场联合验收差别化管理工地30个，其中通过市建委验收17个，浦口区累计通过市建委验收合格的差别化管理工地65个。联合开展执法检查5次，现场检查扬尘点位20余个。根据联合执法检查及日常巡查情况，对存在问题的点位制作扬尘专项曝光视频4期，曝光通报扬尘问题点位22个。（黄丹蕾）

【污水治理】完善污水收集系统，完成团结路污水管网建设

0.5 千米、康健路污水管网改造 0.1 千米。城镇污水处理提质增效,完成珠江污水厂提质增效精准工程、文德路达标区创建,建成区 78% 面积建成污水处理提质增效达标区。加大污水收集系统管网排查整治力度,珠江污水处理厂、浦口开发区污水处理厂进水化学需氧量浓度较上年分别提升 25%、44%,运行负荷率分别为 85.7%、86.6%,5 个街道污水处理厂进水化学需氧量浓度均较上年提升 10% 以上。开展市政排水窨井设施专项整治行动,发现问题 42 处,均完成整改。(罗涛)

【地质灾害隐患防治】 更新 25 处隐患点防治人员信息,完善群测群防网络,编制实施年度地质灾害防治方案,落实地质灾害专业服务机构和专家驻守制度,保障地质灾害防治技术支撑。召开全区地质灾害防治动员部署会,开展业务培训,提升各级防治人员防灾能力。组建地质灾害应急抢险队伍,落实汛期值班值守制度。投入 3.4 万元,完成中型地质灾害隐患点江浦街道第二家具厂宿舍楼西侧滑坡专业化监测。布设裂缝自动化监测设备,自动采集数据并实施传输、处理和预警预报,同步接入南京市突发地质灾害监测预警系统,实时掌握隐患点变化情况。通过坡面清理、人工清危和挡土墙、主动被动防护网、截排水系统、绿化栽植等工艺,完成老山林场狮子岭分场狮平路大洼口和狮平路沿线崩塌地质灾害隐患点治理,工程投入 266 万元。(林晓露)

【农业面源污染治理】 开展化肥减量增效行动,促进农业绿色高质量发展。建设省级化肥减量增效示范区 1 个,实现化肥使用量较 2020 年削减 1.3%。围绕绿色发展理念,夯实病虫监测预警基础,加强重大病虫疫情防控,强化绿色防控集成示范,推进农药减量增效,保障农产品质量安全和生态环境安全。建设省级农作物绿色防控示范区 3 个、市级水稻绿色防控示范片 2 个,全区主要农作物绿色防控覆盖率 62.2%。推进废旧农膜回收处置工作,新增废旧农膜集中回收示范点 10 个,全区有回收点 40 个。每个回收点均配置集中回收箱、回收桶、回收袋、灭火器,统一制作标识牌和制度牌,由第三方服务主体对 40 个临时回收点的废旧农膜进行集中回收和处置。截至年底,废旧农膜回收量 31.72 吨,废旧农膜回收率 90% 以上。(金鹏)

环境宣传

【概况】 2022 年,开展纪念国际生物多样性日暨 2018—2022 南京中华虎凤蝶同步调查成果展宣传活动,邀请相关单位、学校、群众 100 多人参观中华虎凤蝶自然博物馆,现场展示浦口区生物多样性保护成果及南京中华虎凤蝶同步调查成果。开展"5·22"生物多样性保护日、"6·5"世界环境日宣传教育月系列主题活动,开展南京市首次线上线下生态环境保护科普进校园系列直播宣传活动,在南京审计大学实验学校开展"我与秤锤树种共成长"培育种植直播活动。浦口生态环境监测监控中心站石波当选为南京市第二届"最美生态环保人",石波、赵芬、朱梦悦获"南京市女环保卫士"称号。完成攻坚勇士、攻坚故事及治污攻坚微电影拍摄。(黄丹蕾)

6 月 5 日,浦口生态环境局、区农业农村局、区教育局、区融媒体中心、南京审计大学实验学校联合举办"6·5"世界环境日暨"我与秤锤树种共成长"培育种植直播活动　浦口生态环境局供图

【“世界水日”“中国水周”宣传】 3月22—28日“世界水日”“中国水周”期间，区水务局制作电子海报、微视频，利用社区人防大屏和市民广场、企业、酒店等电子大屏滚动播放宣传语3000条次。在学校开水间、宣传栏等公共场所张贴“世界水日”“中国水周”主题宣传海报50余份，在“学习强国”学习平台、人民日报网等平台发布主题宣传作品4篇。参与水利部《习近平法治思想学习纲要》、省水利厅《地下水管理条例》知识竞赛，在“浦口发布”微信公众号科普地下水专题知识。 （罗涛）

【“5·22”生物多样性保护日活动】 5月20日，浦口生态环境局、区农业农村局、区教育局联合开展“5·22”生物多样性保护日活动。生态环境科普志愿者走进南京审计大学实验学校，通过线下科普课堂与线上直播相结合的方式，讲解保护生物多样性相关知识，带领学生云参观南京市首批生态环境教育基地——中华虎凤蝶自然博物馆，并连线第二现场，科普浦口区生物多样性保护备份培育物种、国家二级濒危保护物种——秤锤树，增强学生的生态文明意识。 （黄丹蕾）

环境监管

【环境执法】 2022年，环境违法立案88件，下达行政处罚决定书74份，罚款396.63万元。监管重点企业从生产到排放全过程，对大气重点企业安装配电系统监控，完成南京市污染源用电监控系统企业联网79家，验收备案77家。污染源自动监控安装任务涉及废气、废水的19家重点排污单位均完成监控点位安装联网和验收备案，站房及排污口均安装视频监控并与市监控中心联网。编制浦口开发区、石碛河、驷马山河、滁河突发水污染事件应急防范体系实施方案，上传至生态环境部平台“南阳实践”模块。与江北新区生态环境和水务局、六合区生态环境局开展以滁河突发水污染事件为背景的区级联合环境应急演练。

【环境信访】 受理环境信访投诉1019件，下降34.4%。其中，办结“12345”工单924件，办结微信举报、阳光信访等其他信访件95件，办结率100%，信访满意率93.3%。开展企业环境信访接待日活动3场，不满意件二次办理21件，领导带案下访37件，未发生因环境信访处置不到位而导致的重大群体性事件。

【环保项目审批】 制定《浦口生态环境局2022年优化营商环境十条举措》，以“流程精简、管理精细、服务精准”为原则，提升生态环境系统服务水平。在浦口开发区组织开展环保手续培训，解读企业从落地到生产所需办理的环保手续。与环评编制单位、建设单位三方现场核对项目环评，明确项目主要生产设备、原辅材料中污染因子物料平衡及去向、排污口设置位置等问题，核实废水、废气等排放标准，分析危废产生及处置可行性。联合会审项目环评，结合项目环境风险等级，统筹考量项目环境可行性。根据《南京市产业园区规划环评与项目环评联动改革试点工作实施方案（试行）》，推行环评审批告知承诺制。助推审批环节减负，从办结前层层审核环境影响评价报告到办结后2个月内复核环评报告，审批人员仅需对企业报送的报批承诺书、申请书、总量指标申请表及环评报告初步审查即可受理报告。助推审批时间减负，从环评报告表受理到审批由10个工作日缩减为1个工作日。全年办理环评审批告知承诺项目4个。

【环境监测】 设置大气环境质量自动监测国控点1个、街道国标小型站点5个、小微站点57个，实现辖区大气监测全覆盖。发布空气质量日报，通报国控点监测数据和变化情况。出具空气质量日报365份、月报12份、周报41份、专题报告20份、环境质量报告12份。围绕省考、市考重点断面水质目标，对省考断面石碛河水质每月连续15日跟踪预警监测，对重点河流城南河主要监控断面隔月每日开展调查监测。对国考、省考断面关联排涝泵站每月开展晴雨天水质监测1次。对193个入河排污口开展溯源监测2次，对区级以上17条河长制河流每季度开展水质监测1次，对10条建成区水体河流每季度开展监测1次。保障国家、省、市大气、水自动监测站基础设施建设和正常运行。落实省级以上自动监测站点、降尘点巡查制度，杜绝雾炮车喷淋等人为干预监测数据行为，开展巡查95次，出动人员212人次。 （黄丹蕾）

·文稿编辑 杨 友·

应急管理

安全生产监督管理

【概况】 2022年,浦口区安全生产工作围绕防风险、保安全、护稳定,推进专项整治三年行动、安全发展示范城市创建、安全生产大检查和重点行业领域百日攻坚行动等重点工作,防范化解重大安全风险。出台区委、区政府领导安全生产重点工作清单,设置街场、园区和安委会成员单位考核指标,采用条块共进、联动督导等方式开展专项督导巡查,联合区纪委监委完成重点时段专项督导和街场、园区、区属集团季度巡查督导,强化“守土有责、守土担责、守土尽责”的政治责任。在全市首创编发《生产经营单位落实安全生产主体责任清单(法律法规)》,开展“百团进百万企业千万员工”、安全生产月等宣讲活动,强化安全生产意识,守牢安全生产底线。全区未发生较大以上安全生产事故,安全生产形势总体平稳可控。

【安全整改】 对标国务院安委会安全生产15条硬措施和省50条、市66条任务分工,细化落实全区大检查具体任务66条,推进7个重点行业领域百日攻坚行动46条重点事项和党的二十大召开前后安全生产大排查落实。成立区级安全生产督导组3个,对街场、园区和行业部门开展安全督导,检查单位、企业和现场138家(个),发现并移交问题隐患451条,全部完成整改。

【应急处置】 统筹完成应急系统、森林火灾、气象灾害、水旱灾害、房屋建筑等调查,推进风险评估、区划和普查成果应用系统建设。探索建立应急联动合作新模式,与江北新区供电分公司签署战略合作协议,与区气象局签署气象防灾减灾救灾联动合作协议。举行南京市2022年全国防灾减灾日广场宣传活动,组织全区小型场所、单位开展应急处置线上公益培训,指导开展校园防灾减灾主题班会、社区地震科普宣传员演讲比赛、防灾减灾小课堂进社区活动。引导社会力量成立浦安应急救援服务中心,与5支救援队伍签订应急救援协议,健全全区“1+14”(应急管理总指挥部及生产安全事故、消防安全、公共卫生安全、重大自然灾害、防汛防旱、护林防灭火、城建领域、食品安全和特种设备、道路交通、校园安全、宗教场所安全、生态环境事件、文化旅游领域、扫雪防冻应急管理指挥部)应急管理指挥体系,选优配强网格队伍,提升应急处置能力。

【安全执法监管】 3月,成立区应急管理局综合行政执法大队,推进应急管理综合行政执法改革,探索建立浦口特色安全生产监管执法模式。深化“精准执法+优质服务”,建立完善分级分类差异化执法和安全生产跨部门综合研判联合检查机制,推行包容审慎监管,对轻微违法行为采取“微处理”,针对企业28条首次轻微违法事项制定首次违法不罚清单,探索失信豁免机制,制定信用豁免清单,帮助失信企业开展信用修复。通过行政相对人履行信用承诺,豁免行政处罚主体108家,减罚金额316万元。

【重点行业领域百日攻坚行动】 7—10月开展。聚焦危化品、自建房、燃气、“两客一危一货”、消防、粉尘涉爆和非煤矿山7个重点行业领域46项重点整治事项,坚持小切口抓关键,除大隐患防大事故。推动国务院安委会安全生产15条硬措施及浦口区66项重点工作任务落地落实。派出检查组8418组次，排查企业、场所29029家(个)次，发现一般隐患33318条、重大隐患34条，全部完成整改。

【浦小安·安全服务驿站建成】 9月建成。浦小安·安全服务驿站位于浦口开发区政务服务中心，推出安全生产助企纾困措施，重点抓住审批、宣传、执法、服务4个环节，将安全服务从"等企业找上门"变成"送服务上企业门"，帮助企业守牢安全生产底线。安全服务驿站承担开展安全生产宣教培训、推进重点企业安全体检、延伸安全生产审批服务、创新生命周期安全服务、探索下沉力量派驻执法5项服务职能。根据园区企业实际需要和执法计划，区应急管理局每周统筹安排业务骨干、安全专家、行业先锋驻站服务1次。至年末，为重点企业开展安全体检112次，开具无事故、无行政处罚证明12家次，派驻开展行政执法39次，通过需求对接、跟踪督办、前置咨询等形式，指导落地重点企业7家，帮助扩建项目企业3家。（祁伟）

防灾减灾

·气象灾害防御·

【主要灾害性天气】 2022年，汛期强降水天气集中，局地性强。6月23日入梅，24日凌晨普降大暴雨，并伴有短时强降水，浦口站降水量141.6毫米。大暴雨导致各地出现不同程度的灾情。江浦街道部分小区车库、门面房、100余辆汽车被淹，部分墙体、房屋、板房发生坍塌；星甸街道后圩村0.15公顷雪松树被淹；永宁街道、汤泉农场等多处农田、果园受淹。8月，出现持续性高温天气，高温(≥35℃)持续时间22天，创浦口站有气象记录以来历史极值，部分茶园、农田旱情严重。（刘圆　吴自越）

【公共气象服务】 做好灾害性天气监测预警服务，印发《浦口区气象局重大气象灾害叫应工作实施细则(试行)》。落实岗位责任，加强业务培训和应急演练。汛前，区气象局开展汛期气象服务动员部署，气象网络、仪器、电力、各业务平台运行正常。调整汛期气象服务小组成员，执行24小时领导带班和值班值守制度。全年发布预警信号94条，手机短信受众600万人次，发布重要天气报告38期、决策服务专报43期、天气周报52期、森林火险气象等级预报30期、空气污染扩散气象条件趋势预测52期、农业气象服务专报54期、全国农业科技工作会议暨全国农业高新技术成果交易活动专项气象服务42期。

【气象社会管理】 完成防雷安全重点监管单位行政检查30家，开展跨部门联合检查3次、单部门"双随机"检查1次。开展防雷安全主体责任清单落实宣传工作，编制《防雷安全重点单位落实主体责任告知书》，编印《防雷安全自查操作手册》。加强防雷检测中介企业管理，完成行政检查1家、质量考核2家。做好防雷安全宣传，通过手机短信、微博、气象多媒体终端等发布防雷宣传信息18条，受众10余万人次。

【气象防灾减灾】 更新区领导、部门责任人和联络员、防汛责任人、街道分管领导和气象协理员、社区气象信息员、种植养殖大户等服务对象名单，更新服务对象567人。通过省突发事件预警信息发布平台，与区城市管理局、区应急管理局等部门联合发布预警信息7次。在全区127个多媒体气象预警服务终端、3块户外电子显示屏发布灾害预警信息1855条。开展气象科普广场宣传2次、进社区宣传10次，发放宣传资料5000余份。开展"一社区一案例"行动，为江浦街道人民桥社区安装气象防灾科普电子屏2块。印发《关于印发〈浦口区推进气象灾害防御工作纳入基层网格化社会治理工作实施方案〉的通知》，组织全区网格员开展气象防灾专题培训1次。完成九类气象灾害风险区划图集、风险评估报告编制。做好大气污染防控、农业抗旱气象服务，开展火箭弹增雨作业3次。新建焰炉作业点2个，作业5点次。（刘圆）

·防汛抗旱·

【概况】 2022年，完善防汛、防台风等区级预案方案6个，部署街场制订防汛抢险专项方案，完成全区防汛知识培训及抢险实战演练，组建区、街道两级防汛抢险专家库。规范防汛物资储备管理，印发《浦口区防汛物资储备管理导则》，全区储备"三袋"(草包、编织袋、麻袋)57万条、土工布5.4万平方米、块石3.7万吨、木材236立方米、城市排涝移动泵车11台。组建各级抢险巡查队伍40支3686人。防范“6·24”强降雨及台风“梅花”。应对7月份以来旱情,通过调水翻水等举措,控制缓解旱情。

【水旱灾害防御】 2月,区防汛抗旱指挥部开展全区汛前检查,通过街场自查、区级联合抽查、重点区域专题检查等形式,梳理出河道堤防、泵站、水库塘坝、易积淹水点等险工隐患八大类73处,其中区级重点险工隐患8处,逐一明确责任单位、责任人,落实整改措施或度汛方案。针对防汛薄弱环节和汛期防御情况,推进防汛消险工程建设,主汛期前完成蒿子圩堤防等防汛消险工程17个,完成大渔塘、珍珠泉水库库容恢复及生态清淤工程。强化汛期24小时值班和领导带班制度,执行防汛调度指令,科学调度水务工程,及时处置强降雨期间城区部分路段短时积淹水。加强全区23座小水库及4座中型闸站管理,推进水库监测设施建设,完成实施方案编制。

【抗旱减灾】 7月以来,浦口区持续高温少雨,江河水位下降。8月9日,长江南京站水位最低潮位3.92米,列历史同期第二低水位,区内出现不同程度旱情。区防汛抗旱指挥部密切关注雨情、水情和旱情,及时掌握旱情发展趋势及影响程度,针对出梅后持续高温少雨天气,加强各类水务工程的统一管理和调度,在不超汛限水位原则下,做好水库、塘坝等蓄水保水工作,重点保障农业灌溉用水。8月5日,区防汛抗旱指挥部办公室印发《关于全力做好当前抗旱工作的通知》,部署各项抗旱应对准备,实地检查指导河道补水、圩区引水、高标准农田片区灌溉用水等情况。8月10日,按照市防汛抗旱指挥部办公室统一部署及《浦口区抗旱预案》,区防汛抗旱指挥部办公室启动抗旱Ⅳ级应急响应,确保饮水安全,保障工农业生产用水需求。通过泵站、底涵、临时架机等措施,做好抗旱引水调水工作,全区出动抗旱人员2743人次,灌溉泵站开机76台(套),开启引水底涵18座,架设机动抗旱设备21台,引水量、翻水量1613万立方米,投入抗旱电费、人工费、设备费等资金约500万元。

【2022年防汛消险工程完工】 2月开工,12月完工。总投资5230万元,针对全区各类水利工程汛期出现的险情及排查的薄弱环节进行消险处理,建设长江四新涵拆建涵洞、沿山河1100米河道清淤拓宽、周营河左岸1200米堤防加固、蒿子圩1000米堤防防渗处理等17个工程。

【滁河防汛道路维修工程完工】 3月开工,12月完工,投资2400万元。滁河防汛道路维修工程位于滁河(永宁段)右岸大堤,维修滁河堤顶部分防汛道路病害。第一段位于高陈庄附近,长440米;第二段位于玫瑰庄园,长580米;第三段位于滁河管理所北侧,长200米;第四段起于草场路,止于余高路交叉口,长3570米。维修滁河管理所北侧损毁路段275米。 (罗涛)

·防震减灾·

【地震监测预报】 2022年,浦口区数字测震台网运行率99.87%,位列全市第一名。区地震办获评“全省市县防震减灾工作综合考核优秀单位”。做好季度、年度台网中心和螃蟹眼泉的仪器设备维护、通信线路检查、雨量筒标记、防雷接地电阻测量等工作。配合市地震局,完成螃蟹眼泉水化观测点通信专线改造。

【震害应急防御】 印发《浦口区2022年地震灾害防范应对工作方案》,以防为主、防抗救结合,提升全民防震减灾意识,增强应急避险和自救互救能力。定期更新灾情速报员名单和联系方式,参加全市地震灾情信息员培训、演练。开展溧水大金山国防园应急实训。通过“12322”灾情速报平台,对部门、街场、园区24名市级地震灾情速报员开展地震模拟演练8次。

【防震减灾依法行政】 规范地震管理相关权限,梳理综合窗口改革涉及防震减灾事项的办理指南、申请表格、注意事项等材料,确定并认领12项事项(11项处罚、1项强制),在系统中维护到位。在江苏省投资项目在线审批监管平台对全区新建、改建、扩建申报项目抗震设防进行行政审批,确保建设工程全部达到抗震设防要求,审批设计参数均符合《中国地震动参数区划图》(GB18306—2015)要求的项目295个。完成抗震设防信息采集275条,全部审核通过并上报市采集办。

【防震科普宣传】 永宁街道东葛社区、游府西街小学浦口分校通过市防震减灾示范项目审批。在江浦街道求雨山社区、华光社区和星甸街道山西村、永宁街道东葛社区开展防灾减灾小课堂活动，通过科普讲座和现场演示向居民普及防震减灾知识和自救互救技能。永宁街道东葛社区地震科普宣讲员刘文丽代表浦口区参加南京市第八届社区地震科普宣传员比赛，获第二名。联合行知教育集团，选送5幅作品参加南京市小学生防震减灾手抄报大赛，获三等奖2个、优秀奖3个。紧抓“5·12”全国防灾减灾日、安全生产月、“7·28”唐山地震纪念日、“10·13”国际减灾日等节点，采取广场集中宣传、科普知识讲座、“六进”宣传、电视及广场大屏播出动漫片、指导地震逃生演练等方式，开展防震减灾宣传教育，发放宣传品、宣传册5000份。 （杨勇）

消防救援

【概况】 2022年，接警666起，出动消防车辆1707辆次、消防人员9685人次，抢救被困人员54人，疏散人员124人，抢救和保护财产价值457.1万元。其中，开展火灾扑救270次、抢险救援248次、社会救助96次、其他52次。接警数、出动消防车辆及消防人员数分别上升34.3%、53.1%、54.7%。全区发生火灾272起，其中住宅火灾104起、草坪垃圾火灾90起、车辆火灾42起、单位火灾16起、其他火灾20起，直接财产损失151.5万元，火灾起数上升5.4%，直接财产损失下降47%。开展大型商业综合体、小型经营场所、居民住宅、“三合一”场所、自建房等消防风险隐患排查整治，检查社会单位2382家次，督促整改火灾隐患5341处。全区未发生有影响的火灾事故，火灾形势总体保持稳定。针对单位消防安全责任人、村(居)委会工作人员、网格员等重点人群，组织消防宣传“五进”专题宣讲813场，入户宣传7390家次，发放《火灾预防及处置指导手册》，在江北虹悦城幸福蓝海影城设立消防主题影厅，印发宣传册、海报12万份，推广使用全民消防安全学习云平台，约4万人注册。

【消防基层基础建设】 明确区消防安全委员会各成员单位年度任务清单及工作规则，推动形成齐抓共管消防工作格局。召开成员单位联席会议4次，发送重大活动、重要节日等消防工作建议函17份，组织多部门联合检查193次，督改隐患664处。调整明确二级消防安全重点单位146家、三级消防安全重点单位86家，全部应用社会单位消防安全管理系统。在独居老人家庭、居民住宅、高层建筑、“九小场所”“三合一”场所等安装独立式感烟火灾探测报警器300只、电气火灾监控96套、独立式压力传输装置136套、液位传输装置25套。

【基层监管力量建设】 建立“有人员、有机构、有职责、有场地”的街道消防安全委员会办公室，在江浦街道试点基础上，印发《浦口区各街场、园区消防安全委员会实体化实施方案》，街场、园区10个消防安全委员会全部挂牌并实体化运行。联合街道、派出所等基层监管力量开展“九小场所”巡查，配备“九小场所”专兼职消防安全员5889人。

【重大火灾隐患整改】 市政府挂牌督办存在重大火灾隐患的浦口区聚森洗浴中心、浦口区同心幼儿园、桥林街道社区卫生服务中心3家单位。区消防大队成立隐患整治技术服务组，按照“一隐患一专班、一隐患一方案、一隐患一督办”方式，多次约谈隐患单位负责人，指导修订整改方案，细化落实整改措施。10月底，3家重大火灾隐患单位均提前整改完毕并销案。

【区域性火灾隐患整治】 区消防大队成立浦泗路市场隐患整治工作专班，建立日巡查、周检查和隐患整改督办机制，及时发现并消除火灾隐患。清理“三合一”违规住人900余人，搬迁“三合一”商户300余家，加强市场基础设施建设，指导华东石材城改造原有室内外消火栓系统泵房、水池及管网，指导发启装饰城建设消防室外管网。印发消防安全告知书1000余份，督促市场经营方加强消防安全管理。

【商场、市场和小型经营场所隐患整改】 区安全生产委员会办公室、区消防安全委员会办公室联合印发商场、市场和小型经营场所隐患综合治理方案，区领导多次召开会议部署推动，区长一周一调度，区消防安全委员会办公室半月一汇报，区政府常务会每月听取一次汇报。区消防安全委员会办公室建立周通报机制，推动治理工作开展，各街场、园区、部门排查大型商业综合体5家,2万平方米以下具有一定规模的商场、市场29家,小型经营场所5691家,整改隐患1.4万余处,5家大型商业综合体全部达标。

【居民住宅、电动自行车隐患治理】 按照“以块为主、条块结合”原则,发动街道、社区等基层网格力量,对辖区内住宅小区开展拉网式排查,重点整治住宅小区疏散通道堵塞、电动自行车“飞线充电”隐患。会同区住房保障和房产局、街道开展季度居民小区物业星级评比消防工作,倒推物业单位落实消防安全主体责任,加强居民住宅小区消防安全管理。将电动自行车充电设施建设、消火栓增补、建筑消防设施修复等纳入全区老旧小区改造内容。联合浦口公安分局、区市场监管局印发《电动自行车销售、维修行业消防安全告知书》,强化电动自行车源头治理。排查住宅小区276个,整改隐患400余处,新增电动车集中充电装置170组,在电动自行车销售、快递、外卖企业及新建、老旧居民小区、消防安全重点单位创建电动自行车火灾防范试点14个,开展现场警示教育350场。

【高层建筑整治攻坚】 开展高层建筑重大风险专项整治,排查高层建筑827栋,其中高层公共建筑53栋、高层住宅建筑774栋,重点整治建筑外墙采用易燃可燃保温材料、消火栓管网无水或水压不足等隐患。按照“先急后缓、标本兼治”原则,优先整治消防管网无水问题,解决新理想佳园、领域花园高层小区消防管网无水问题建筑21栋。

11月9日,举办“11·9”消防宣传月启动仪式暨大型商业综合体消防应急演练　区消防大队供图

【自建房隐患排查】 针对违法建设经营、使用夹芯彩钢板搭建、电气线路私拉乱接、电动自行车入户充电等六类整治重点,联合街道、派出所排查村(居)民自建房消防安全隐患,排查自建房住宿10人以下1341家、10人以上12家。区领导召开专题调度会,协商推进隐患治理工作,区消防大队督促隐患整改,减少住宿人员。经整治,住宿人员均降至10人以下,自建房全部配备灭火器等消防设施。

【消防应急处置】 完善大型商业综合体、仓储物流企业、高层建筑、环保产业园、医院等重点单位应急处置预案,逐一测试建筑消防设施,对室内外消火栓系统、自动灭火系统、防烟排烟系统、防火分隔设施、安全疏散设施、消防应急广播系统、登高作业面等关键设施进行实地测试,掌握实际效能和火灾条件下的使用方法。组建水域救援、山岳救助、地震救援专业队,提高专业救援能力,适应“全灾种、大应急”需要。建立多部门应急救援机制,完成江北虹悦城大型商业综合体火灾事故综合应急救援演练,提高对突发事件的预知、预警、预防和应急处置水平。将企业专职队、单位微型消防站纳入联勤联训体系,实地拉动,开展“863”(八必看:消防水源必看、重点部位必看、安全出口必看、疏散楼梯必看、防火分隔措施必看、消防控制室必看、周边道路必看、消防水泵房必看;六必测:消火栓系统必测、水泵接合器必测、防排烟系统必测、消防通信必测、建筑供水必测、消防电梯必测;三必练:进攻路线必练、救生通道必练、消防车辆停靠必练)熟悉演练400余次。

【消防宣传月活动】 11月,围绕“抓消防安全,保高质量发展”主题,丰富宣传形式,开展消防宣传月系列活动。举办“11·9”消防宣传月启动仪式,形成集中宣传效应。联合区教育局、区应急管理局开展“我心中的火焰蓝”中小学绘画作品评选,征集绘画作品2300余幅。举办“火灾灰烬”主题展6场,受众5000余人次,在大型商业综合体等场所设置火灾现场残骸物专题展区,标明起火时间、原因等情况,让群众感受真实火灾现场,深刻意识消防安全的重要性。　(崔荣蓉)

·文稿编辑　杨　友·

街道 林场 农场

江浦街道

【概况】 2022年,江浦街道面积98.4平方千米。辖社区居委会15个,居民小组259个。户籍总户数52084户,总人口14.28万人,其中男性70362人、女性72406人。被评为“全省人大系统先进集体”,获2022年度全市实施乡村振兴战略涉农区街镇高质量发展评价现代服务业主导型街镇综合奖。

【经济发展】 实现地区生产总值197.82亿元,增长0.4%。其中,第一产业增加值9407万元,下降5.4%;第二产业增加值32.31亿元,下降0.9%;第三产业增加值164.57亿元,增长0.7%。三次产业比重为0.48∶16.33∶83.19。一般公共预算收入16.44亿元,下降6.8%。全社会固定资产投资186.06亿元,增长9.4%。全体居民人均可支配收入60462元,增长4.6%。

农林牧渔业总产值19990万元,下降6%。其中,农业7227万元,增长0.5%;林业4115万元,下降6.8%;牧业78万元,下降61.2%;渔业6600万元,下降10.3%;农林牧渔专业及辅助性活动产值1970万元,下降6.5%。粮食作物种植面积220公顷,产量1177吨。油料面积78.67公顷,产量169.2吨。蔬菜面积200.13公顷,产量7157吨。实有林地面积2928.2公顷,其中果园10公顷、茶园106.67公顷。家禽存栏6350羽,出栏9313羽。

工业企业60家。列入统计限额以上规模企业6家,实现工业总产值6.5亿元,下降10.4%;销售收入8.57亿元,下降10.4%;利税7909万元,增长317.6%。资质以上建筑业企业32家,从业人员4671人,建筑业总产值145.61亿元。

新增金陵星图等亿元以上落地项目5个,实际使用外资及港澳台资9090万美元。

实现社会消费品零售总额84.83亿元,下降2.3%。新增限额以上贸易企业13家,总数29家。农贸市场7个,服务业重点企业21家,限额以上批发零售企业58家,限额以上住宿餐饮企业12家,房地产在建企业32家。建成并运营民宿15家,接待床位180余张,配套商业空间20个、农家乐8家,带动村民就业200人,不老村年接待游客50万人次,实现旅游收入3500万元。

【村镇建设】 乡村道路22条,其中乡道9条、村道13条,道路总里程51.43千米。“四好农路”总里程15.9千米,三级以上农村公路里程8.48千米。投资1250万元,提升老虎桥社区朱冲组和高旺社区大林组、应山组、月塘组、花园组环境质量,完善村庄道路、水系清洁、广场、绿化等基础设施建设。投资172.6万元,消除汤家北塘、汤家新塘配套水利工程安全隐患。办理农村不动产登记社区6个,发证1478本。以公厕周边为切入点,利用和整合辖区“夹角空间”,施划补划非机动车停车线18220米,新增城区停车泊位221个、机关大院路边共享车位19个。巩固环境治理成果,常态清理流动摊点39090起、倚门出摊18785起、乱堆乱放57636起、违规晾晒9089起、违规灯箱及广告牌6523起、乱贴乱画35412起,违停贴单15709起,规范非机动车15.16万辆。办理执法案件841件,罚款31.12万元。

【社区建设】 新增AAA级居家养老服务中心2个、AAAA级居家养老服务中心1个,新增社区老年人助餐点3个。6个小区建成垃圾分类收集点10个,开发商和物业自建2个小区垃圾分类收集点6个。实施新型农村社区数字乡村治理机制改革,大数据中心整合38个部门,汇聚18项主题、105类资源,数据资源更新率90.28%,资源共享开放率94.4%。通过网格机器人服务219个小区、1370个微信群、11万余人,调解成功2297起,联勤办结问题23987件,办结率100%。"12345"热线受理量31206件,办结满意率98.05%。

【社会事业】 九年义务教育普及率、入学率、毕业率均为100%。新建西江口社区综合文化服务中心,有社区综合文化服务中心15个,街道图书室、8个社区农家书屋藏书6.9万余册。举办文化惠民活动225场,惠及52785人次。开展新时代文明实践活动1021场,惠及46885人次。新增全民健身路径4处。街道社区卫生服务中心及10个社区卫生服务站有医务用房8800平方米、专职医生72人,家庭医生签约60175人,门诊量23.8万人次。婴幼儿疫苗预防接种46968人次,妇女保健服务1944人次,儿童保健服务12908人次,血吸虫查病2200人。

【社会保障】 坚持稳就业促共富,培训"宁姐月嫂"40人,新增就业1783人,大学生就业2189人,新政用地安置548人。城乡居民养老保险参保1896人,基本医疗保险参保40233人。城乡居民最低生活保障制度、残疾人"两项补贴"制度、优抚对象抚恤政策落实率100%。发放尊老金3418人、困境儿童补贴88人。计划生育手术免费289人,慰问失独家庭、计生贫困家庭和农村"三留守人员"家庭184户。办理"同享大爱"计生扶助保险43人,计生特殊家庭保险207人,关爱女性、男性特定疾病保险1415人,0~3岁婴幼儿康健保险1976人。补助"两癌"患病妇女药费50人,发放"两癌"及单亲贫困母亲子女助学金5人。项目化帮扶单亲贫困母亲47人、困境儿童2人。走访慰问驻街部队及困难退役军人、现役军人、烈士遗属,发放退役军人、优抚对象优待证。

(吴诗诗)

桥林街道

【概况】 2022年,桥林街道面积181.6平方千米。辖社区居委会11个、村民委员会9个,村(居)民小组277个。户籍总户数23552户,总人口73337人。4月,百合社区被中国计划生育协会办公室授予中国计生协会第二批"向日葵亲子小屋"称号。

【经济建设】 实现地区生产总值39.66亿元,增长0.4%。其中,第一产业增加值6.81亿元,增长2.4%;第二产业增加值15.22亿元,下降2%;第三产业增加值17.63亿元,增长1.9%。三次产业比重为17.1∶38.4∶44.5。一般公共预算收入3亿元,增长14%。全社会固定资产投资3.83亿元,增长13.2%。全体居民人均可支配收入56145元,增长4.7%。

农林牧渔业总产值12.33亿元,增长4%。其中,农业5.07亿元,增长6.3%;林业2.79亿元,增长6.3%;牧业0.72亿元,下降6.6%;渔业2.54亿元,下降2.5%;农林牧渔专业及辅助性活动产值1.21亿元,增长11.9%。粮食作物种植面积1502.4公顷,产量10094吨。其中,小麦426公顷,产量2147吨;水稻679公顷,产量5843吨;玉米245.8公顷,产量1629吨。油料面积407.3公顷,产量969吨。蔬菜面积493公顷,产量15618吨。苗木花卉面积1882公顷,销售收入1480万元。水牛存栏52头,出栏17头;生猪存栏290头,出栏226头;羊存栏775只,出栏252只;家禽存栏2万羽,出栏18万羽。

工业企业58家(不含浦口开发区托管企业)。规模以上工业企业7家,实现规模工业总产值17.53亿元,下降45.3%;销售收入17.98亿元,下降45.1%。资质以上建筑业企业17家,从业人员2844人,实现产值8.88亿元。实际使用外资及港澳台资300万美元。

社会消费品零售总额21.59亿元,增长8.2%。大中型超市5个,农贸市场1个,个体工商户5530户,从业人员8643人。农业电商主体16家,电商销售额17915万元。旅游接待量24.61万人次,旅游总收入18997.4万元。

【村镇建设】 乡村道路总里程84.69千米,"四好农路"率100%。农村翻建住房3户,安置2016年前整组拆(搬)迁农户住房5481套。新开地案14个,涉及农户1110户,涉拆面积427万平方米,完成拆迁面积41.36万平方米。委托第三方公司运行维护12个村级污水处理点，每季度检测水质，确保达标排放。拆除违法建筑57处，面积4145平方米；拆除危房4处、破旧建筑1处、乱搭乱建37处，面积2076平方米。建成宜居村、示范村5个，总数38个。

【社区建设】 建有居家养老服务中心4个，林山村创成AAAA级居家养老服务中心。建立“家庭+社区服务+专业化服务机构”模式的社区养老服务体系，实现居家养老区域全覆盖。新建垃圾房2座，新增新能源厨余车1台，兰桥雅居创成省级垃圾分类达标小区。强化社区网格化数字乡村治理，打造社区治理一体化平台，“五统一”网格创建达标率100%。网格报送工单30807条，办结率100%。上报矛盾纠纷排查70条，结案率100%。

【社会事业】 兰花中心幼儿园创成南京市城市治理标准化示范单位，茶棚办园点被认定为南京市足球特色幼儿园，苏杰幼儿园获“南京市平安校园”称号。举办文化活动310场、体育赛事15场，维修体育设施13处，更新设施5套，打造场地24.1万平方米，春江十里入选2022年南京“最美健身步道”。桥林街道社区卫生服务中心迁址，新建规模达二级医疗机构基本标准；乌江社区卫生服务中心异地新建；社区卫生服务站总数16个，年门诊量17.3万人次，住院271人次，出院168人，医疗营业收入3366.66万元。

【社会保障】 举办线下招聘会5场、线上招聘会12场，累计提供就业岗位1500余个。新增城镇就业624人，大学生就业603人，援助困难人员就业190人，农村劳动力转移就业302人，培育自主创业者105人，培育大学生创业者26人。完成离校未就业大学生调查88人，回访率及政策宣传率100%。发放社保补贴4688人次，补贴金额2913万元。城镇居民养老保险续保6513人，城镇企业职工基本养老保险扩面1417人。参加城乡居民医疗保险39150人，参保率100%。发放独生子女父母奖励金617人、奖励扶助金5204人、特别扶助金118人、特扶家庭公交游园补贴74户、公益补助金32户，政策兑现率100%。

【兰花塘地铁水稻公园建设】 兰花塘地铁水稻公园位于桥林新城及中心城区两大发展核心区之间，紧邻京沪高铁、地铁S3号线、地铁S11号线，占地5.33公顷。利用兰花塘高标准农田283.2公顷，应用张洪程、赵春江、沈其荣等院士团队创新科技和产品，布局优质稻米试验基地33.33公顷、无人农场66.67公顷、糯玉米品种试验区36.67公顷。配备主题观光车，发展特色稻田景观、稻田艺术装置、稻田舞台、稻田缆车、农趣营地、水岸餐厅等，打造农业生产、农田观光、农业科普、农事体验等七大主题体验区。11月，被省农业农村厅认定为江苏省高标准农田示范项目。

【周营村特色产业发展】 深化“一村一品”建设，立足资源禀赋，采取“党建+个性企业+农户”模式，村级领办成立农林生态发展有限公司，注册“沁浦营坊”绿色商标，创新“菜园认养+亲子研学”农业项目，盘活撂荒地0.67公顷，打造菜园认养试验田，首批53户家庭参与菜园认

兰花塘高标准农田实现首次丰收　　桥林街道供图

养。开发“沁浦营坊”微信公众号及小程序,同步实现线上认养。开展主题亲子研学活动3场,举办人防课堂2期,40余户家庭70多名青少年参加。村集体通过认养租金增收5.6万元,周边村民通过做劳务工人均增收1000余元。（梁姗姗）

星甸街道

【概况】 2022年,星甸街道面积141.92平方千米。辖社区居委会5个、村民委员会9个,村(居)民小组327个。户籍总户数15871户,总人口47615人,其中男性24030人、女性23585人。获“2022年度江苏省机构节能低碳示范单位”“全省工商联商会组织先进集体”称号。

【经济发展】 实现地区生产总值46.09亿元,增长2.5%。其中,第一产业增加值15.51亿元,增长5.1%;第二产业增加值10.64亿元,增长3.9%;第三产业增加值19.94亿元,下降0.1%。三次产业比重为34∶23∶43。一般公共预算收入3.71亿元,增长35.7%。全社会固定资产投资5.6亿元,下降5%。全体居民人均可支配收入55069元,增长5%。

农林牧渔业总产值25.41亿元,增长7.9%。其中,农业13.81亿元,增长7.5%;林业0.23亿元,增长22.6%;牧业1.56亿元,下降6.9%;渔业7.09亿元,增长9.3%;农林牧渔专业及辅助性活动产值2.72亿元,增长18.26%。粮食作物种植面积706公顷,产量4983吨。油料面积260公顷,产量900吨。有林地面积4200公顷,其中果园57公顷,水果产量10324吨。水牛存栏74头,出栏48头;生猪存栏14033头,出栏20331头;羊存栏830只,出栏107只;家禽存栏33.35万羽,出栏53.7万羽。水产养殖面积851公顷,产量2837吨。

规模以上企业13家,实现总产值14.1亿元、销售收入16.05亿元、利税1.23亿元。新增南京大地建设科技责任有限公司、南京汇凯顺电子科技有限公司、南京嘉豪环保科技有限公司3家高新技术企业,复审认定高新技术企业6家,总数9家。实现产值1.12亿元、销售收入1.22亿元、利税488.28万元。有效发明专利63件,发明专利授权11件,高维持年限(10年以上)专利5件。新增江苏鑫立莱绿色建筑产业发展有限公司1家建筑业企业,限额以上规模建筑业企业35家,建筑业产值31.33亿元。

招商引资亿元以上项目5个,注册率100%。实际使用外资及港澳台资211万美元,增长0.96%。

社会消费品零售总额12.12亿元,下降2.1%。减免59家中小微企业、个体户租金约50万元。农贸市场2个,超市10个,限额以上餐饮企业1家,小餐饮店120家。新增在营商户92户。旅游接待量12.73万人次,旅游收入1342.87万元。

【村镇建设】 乡村道路总里程123千米,四级道路率100%,10余条公交线路覆盖全域。投资

万亩蟹田　　星甸街道供图

2500万元，实施小邰线、石老线、小石线等9条“四好农路”建设和“白改黑”14.25千米。整组搬迁安置房回购签约1160户1553套，安置房分房105户109套。发放不动产权证4232本。危房改造2户，财政补助每户5.7万元。实施后圩村“百村千塘”改造和山西河等3条农村生态河道整治，7条主要河道水质均达Ⅳ类及以上标准。出新机动车泊位50个，新增共享开放小区、机关企事业单位停车泊位9个。出新改造老旧小区2个，新建改建农村公厕2座。投资3500万元，实施省级传统村落保护，改善九华村山滕组、王村村王村组、石村村驷马组人居环境。实施美丽乡村宜居村建设，完善村庄基础设施配套，建设市级宜居村14个。

【社区建设】 投资800万元，完善娄子小区秋枫苑、海棠苑基础设施配套。投资25万元，出新山西小区楼宇2座、背街小巷1条。投资20余万元，实施街道便民服务中心硬件设施集中改造。推进垃圾分类工作，建成省级达标小区1个、“除差”小区3个。新建AAA级社区居家养老服务中心2个，总数10个。新增AAA级老年人助餐点1个，总数11个。助老服务覆盖面80%，80岁以上老年人上门服务覆盖率90%。率先在全区开展乡村公益医疗试点，“福村宝”App注册使用率49.47%，引进专业社会组织，服务困境儿童和残障人员。实施“精网微格”工程，将56个综合网格细分成203个微网格，配置微网格员203人，明确制度和任务。网格上报工单8027件，涉及民生服务、城市管理、公共安全、环保巡查、平安法治、群众工作、基层党建等，化解邻里纠纷70余起，工单结案率100%。

【社会事业】 举办科普日、科普周、消防减灾等主题科普活动86场，举办防疫科普宣传活动15场，发放宣传资料1万余份，受教育6000余人。义务教育普及率、入学率、毕业率均为100%。举办文化体育活动560场，放映电影110次。石桥铁器锻打技艺、蟹壳画申报成为区级非物质文化遗产。星甸、石桥社区卫生服务中心医务用房面积12283.4平方米，年门诊量22.68万人次，住院335人次，出院355人次，纯医疗收入2519.3万元。社区卫生服务站9个，医务用房2500平方米，年门诊量19668人次。建档立卡46057人，家庭医生签约服务10602人，育龄妇女“两癌”筛查1629人。石桥社区卫生服务中心妇科创成南京市基层特色科室，增设康复医学科、妇产科，床位增至15张。石窑社区卫生服务站创成甲等基层卫生室。

【社会保障】 劳动力创业培训、技能培训340人次，新增城镇就业310人，失业人员再就业182人，新增大学生就业863人，困难人员就业130人，自主创业118人，其中大学生自主创业20人，公益性岗位安置就业困难人员5人，农村劳动力转移就业323人。巩固脱贫攻坚成果，发放小额担保贷款150万元、贴息贷款25万元，发放特殊困难群体救助金1019.23万元。企业职工养老保险扩面1245人，城乡居民养老保险参保7370人，实现60岁以上老年人意外伤害综合保险全覆盖。城乡居民医疗保险参保率100%，医疗保险个人缴费由街道财政全额承担。0～6岁婴幼儿康健保险、计生特殊家庭“同享大爱”扶助保险由街道财政全额补贴。（戴贤梅）

【第一届议政代表会成立大会】 6月20日，星甸街道召开第一届议政代表会成立大会，这是浦口区成立的首家议政代表会。街道议政代表会是在街道党工委领导下，由街道人大工委召集，以人大代表为骨干，社会各界代表性人士组成的街道居民议事组织，是人民代表大会制度在街道的延伸和拓展，对于推进街道依法行政，助推街道经济社会高质量发展，实现群众和政府有效沟通、良性互动具有重要作用。会议作《星甸街道第一届议政代表会成立大会暨第一次全体会议筹备情况报告》，宣读《星甸街道党工委关于成立星甸街道议政代表会制度的通知》《关于聘任马楠等43名同志为星甸街道议政代表会议政代表的通知》，为议政代表颁发聘任证书，通过《星甸街道第一届议政代表会议政代表分组名单（草案）》，区人大常委会人代联委相关领导、星甸街道主要领导为星甸街道议政代表会揭牌。在43名议政代表中，既有“两代表一委员”、街道领导班子，又吸纳企业代表、种植大户、老干部、老党员、道德模范等社会各界优秀代表。（区融媒体中心）

【十里清峰茶产业联合体成立】 8月23日成立。十里清峰茶产业联合体由南京市农业产业化市级龙头企业南京十里清峰农业科技有限公司牵头,与南京十里清峰茶叶专业合作社以及浦口区琪浩、茗韵、长宏、柠凰、杨瑞翠5个家庭农场联合,共同制定章程制度和发展规划。联合体拥有固定资产120万元,带动种植户237户,茶叶种植面积74.07公顷,辐射周边茶叶种植面积133.33公顷,年销售总收入380万元。 (戴贤梅)

汤泉街道

【概况】 2022年,汤泉街道面积110.21平方千米。辖社区居委会9个、村民委员会5个,村(居)民小组213个。总户数15285户,总人口43731人,其中男性21288人、女性22443人。新金社区获"2022中国最美村镇(最美康养小镇/基地)"称号,新金、龙华、龙井3个社区入选2022年江苏省健康社区,龙山社区孙坌子组入选第六批江苏省传统村落,金泉社区获"江苏省第十五批民主法治示范社区"称号,陈庄村入选第四批江苏省生态文明建设示范村,陈庄村张二乐组入选第九批江苏省特色田园乡村。

【经济发展】 实现地区生产总值35.55亿元,增长1.5%。其中,第一产业增加值7.94亿元,下降0.4%;第二产业增加值5.97亿元,下降0.2%;第三产业增加值21.64亿元,增长2.6%。三次产业比重为22:17:61。一般公共预算收入3.86亿元,增长30.9%。全社会固定资产投资9亿元,增长12.5%。全体居民人均可支配收入58028元,增长4.8%。

农林牧渔业总产值12.69亿元,增长0.5%。其中,农业7.42亿元,增长4.5%;林业2.32亿元,增长12%;牧业0.31亿元,下降15.8%;渔业1.58亿元,下降25.2%;农林牧渔专业及辅助性活动产值1.06亿元,增长8.8%。粮食作物种植面积310.2公顷,总产量2069吨。其中,小麦52.33公顷,产量252吨;水稻122.4公顷,产量991吨;玉米46.33公顷,产量250吨。油料面积121.93公顷,产量157吨。蔬菜面积983.07公顷,产量23928吨。有林地面积5259公顷,其中果园16.6公顷,水果产量452吨;茶园37.1公顷,茶叶产量9.92吨。生猪存栏423头,出栏948头;羊存栏65只,出栏45只;家禽存栏99113羽,出栏92882羽。渔业养殖面积118公顷,产量1588吨。

街道工业企业36家(不含托管园区)。限额以上规模企业8家,实现总产值5.91亿元、销售收入5.75亿元。高新技术企业11家,实现产值29756万元、销售收入28233万元、利税1236万元。规模以上建筑业企业16家,从业人员4102人,实现产值57.28亿元。

新增落地企业1家,合同利用资金2.1亿元。外贸进出口总额1.61亿元,增长24%。亿元以上项目签约4个,总投资5.1亿元,其中松鼠部落森林假日公园二期投资2亿元、汤泉廿捌宿温泉民宿投资1.1亿元、九龙湖野奢帐篷营地投资1亿元、大吉综合商业街区项目投资1亿元。

社会消费品零售总额11.1亿元,下降14.9%。大中型超市10个,农贸市场1个。农业电商主体42家,电商销售额20540万元。开放惠济寺、松鼠部落森林假日公园等景点26个,旅游接待量157.45万人次,旅游总收入2.97亿元。

【村镇建设】 新建"四好农路"6条,全长9千米。更新改造农路30条,全长32千米。乡村道路88条,总里程116千米。设公交站点53个,实现公共交通覆盖全域。改建、新建住房101户,面积6060平方米。危房消险43户,其中C级7户、D级36户。拆迁安置住房958套,其中安置房回购344套。入选江苏省美丽宜居小城镇建设试点项目。促进垃圾分类精分细管,开展"争优除差"工作,实现垃圾分类小区A、B两级优良指数运行率90%以上,瓦殿社区吴庄小区创成省级垃圾分类达标小区。建成美丽庭院示范户1327户、示范片1个。

【社区建设】 新建AAA级居家养老服务中心3个,总数11个,其中AAAA级居家养老服务中心2个、AAA级居家养老服务中心9个。上门服务3000余人,占老年人总数的30%,全年服务10万余人次。上门服务"三类老人"(80岁及以上老人、低保/特困失能老人、低保/特困半失能老人)1400余人,适老化改造29户。实施社区数字乡村治理机制改革,推进"精网微格"4.0工程建设,打造龙郢小区微网格工作站。上报问题17988个,处置率100%,"12345"政务热线办理工单2621件,社区居民满意率98.99%。跨部门联勤联动8起,处置治安类盗窃37起,居民安全感99%。

【社会事业】 义务教育普及率、入学率、毕业率均为100%。打造“清泉课堂”公益文化品牌，开展文化惠民展演20场，举办培训讲座31场。体育文化公园更新健身路径5套，新增室内外健身器材10套。举办“喜迎二十大 健康我先行”2022年浦口区老年人体育交流比赛12场。汤泉街道社区卫生服务中心迁址，总建筑面积2.3万平方米，医务用房1.6万平方米，设诊疗室64间，床位165张，辖社区卫生服务站12个。年门诊量17.84万人次，住院584人，医疗营业收入876.53万元。龙华社区卫生服务站被市卫生健康委认定为农村区域性医疗卫生中心和社区医院。献血222人，招募造血干细胞捐献者16人。创建中国计生协会第二批“向日葵亲子小屋”项目试点1个，创建省级健康社区3个、市级亲子活动室1个。

【社会保障】 开发公益岗位5个，失业人员技能培训120人，培育自主创业者134人，其中大学生自主创业20人，新增就业451人，再就业225人，办理创业者小额担保贷款170万元。低保户282户376人，特困人员116人，发放保障金173万元。临时救助93人，发放救助金13.8万元。发放80岁以上老年人尊老金130万元。城乡居民养老保险参保5480人，灵活就业人员参加企业职工养老保险750人。城乡居民基本医疗保险参保2.42万人，参保率100%。残疾人“两项补贴”、城乡居民计划生育政策性奖励和补贴落实率100%。救助困境儿童20人。

【省级美丽宜居小城镇建设试点项目】 推进美丽宜居小城镇建设，实施绿道建设工程、重要门户节点及主要道路景观提升项目、水星大道雨污水工程、银杏路建设工程4个重点工程。至12月底，12个省级美丽宜居小城镇建设工程全部完成，累计投资1.37亿元。建成宜居村6个，宜居村总数33个。

【苗木产业转型升级】 推进苗木产业转型升级，优化种植品种，向常用景观苗木和观叶乔木转型。在泉西社区投资579.71万元，新建4栋2.2万平方米连栋塑料温室，建设设施草花基地3.77公顷。引进南京浦口园林工程有限公司，新建高标准苗圃基地10.73公顷，培育观叶乔木、景观工程常用苗木和桩景。引进南京福裕农业科技有限公司，在新金社区建设小浆果标准化种植及科研转化示范基地5.76公顷，种植黑莓6000棵。在陈庄村桃园、梨园建设现代梨园示范基地1.13公顷、现代桃园示范基地10公顷。提升改造凤凰泉苗圃场，栽植福建山樱花210株，成活率90%，培育黄连木苗1.8万株。打造新优特色苗木品种培育基地，种植苗木2666.67公顷，实现销售收入1.15亿元。

【映泉红农业发展专业合作社成立】 9月20日注册成立并投入运营。映泉红农业发展专业合作社由泉西社区党支部领办，发展新型党建型集体经济。支部主要负责人任组长，社区相关部门为成员，成立项目开发、资源资金筹措、技术支持、运营管理、市场开发、人力及政策开发6个专班，吸收低收入户及农户15户。整合社区人力、土地等资源，建成草花基地4公顷，培育草花种苗45万株，销售草花50万盆。泉西社区入选南京市首批60个“一社区一案”重点培育项目。

（吴非可）

永宁街道

【概况】 2022年，永宁街道面积109.35平方千米。辖社区居委会8个、村民委员会3个，村(居)民小组191个。户籍总户数13992户，总人口41075人。获“全国乡旅游重点镇(乡)”“江苏省乡村振兴先进集体”“江苏省农业品牌名录区域公用品牌”“南京市都市现代农业示范园区”等荣誉。

【经济发展】 实现地区生产总值44.08亿元，增长3%。其中，第一产业增加值17.02亿元，增长5.2%；第二产业增加值7.21亿元，下降6.2%；第三产业增加值19.85亿元，增长4.7%。三次产业比重为39∶16∶45。一般公共预算收入2.75亿元，增长46.3%。全社会固定资产投资7.56亿元，增长12.8%。全体居民人均可支配收入52462元，增长4.9%。

农林牧渔业总产值28.32亿元，增长8.3%。其中，农业16.37亿元，增长11.2%；林业0.87亿元，增长11.7%；牧业0.96亿元，增长33.4%；渔业8.04亿元，下降0.5%；农林牧渔专业及辅助性活动产值2.08亿元，增长13%。粮食作物种植面积1518公顷，产量10119吨。油料面积614公顷,产量1554吨。蔬菜面积2373.6公顷,产量82129吨。有林地面积4374.56公顷,其中果园34.67公顷,水果产量890吨;苗木花卉1255.2公顷,销售额7918万元。生猪存栏7227头,出栏13745头。羊存栏105只。家禽存栏86868羽,出栏92460羽。水产养殖面积1381公顷,产量15050吨。

工业企业66家(其中园区企业61家)。规模以上企业13家,实现工业总产值17.56亿元、销售收入18.36亿元。新增高新技术企业2家,总数13家,税收1176.6万元。外贸企业9家,外贸出口额11707万元,增长37.34%。

社会消费品零售总额10.68亿元,增长8.1%。农产品电子商务经营主体69家,销售额4.24亿元。有农贸市场1个、旅馆15家、餐饮单位130家、专业市场1个,从业人员6300人。加强"农业+"融合发展,张圩葵花朵朵园被列入"乡村四时好风光——稻花香里说丰年"全国乡村旅游精品线路重要节点,联合村被授予"省级乡村旅游重点村"称号,大埝社区黎家营民宿获评"2021—2022年度江苏精品民宿",2022金色永宁·乡村旅游月活动被《新华日报》《中国文化报》等20余家媒体和人民网等10余家网络平台宣传报道。旅游接待量147.47万人次,旅游总收入1.28亿元。

【村镇建设】 乡村道路79条,总长143.87千米,道路硬化率100%,"黑色化"占比79.84%。投资1200万元,实施大桥社区绿一路提档升级工程。新建、改建住房35户,面积3613平方米。拆迁安置房89套,面积7320平方米。日均收集处理污水2000余立方米。第三方环保检测单位每月抽检区域内主要河流、泵站沟水样氨、氮、总磷等指标,做到不达标不排放。投资3750万元,实施联合、侯冲、东葛、高丽、大桥5个村(社区)15个组美丽乡村市级宜居村建设,涵盖园路改造、村庄绿化整治、生态水体治理、基础设施完善、重要节点打造。大埝社区、联合村创成省级生态宜居村。

【社区建设】 创建省级"智慧养老"示范街道,新增银城康养集团养老机构1家,新增床位100张。新建高丽社区AAA级居家养老服务中心,升级改造大桥乡邻苑居家养老服务中心,实现11个村(社区)居家养老服务中心全覆盖,床位498张。建成垃圾分类中心13个、垃圾分类转运亭108个,以及大件拆解中心、餐厨处理站、垃圾宣教中心各1个,设置住户小桶和公共有色大桶1.5万个,实现垃圾分类全覆盖。优化综合网格53个,划分微网格180个,优选专职网格员53人、微网格员180人,网格达标率100%。紧扣网格数字乡村治理机制,建设智慧云平台,录入居民数据2.3万条,采集重点信息7029条,上报工单21369条,工单办结率100%。

【社会事业】 新增社区科普教育示范基地3个,组织参加2021—2022年度江苏省全民科学素质大赛、2022年全国全民科学素质网络知识竞赛活动。永宁中心幼儿园获"南京市足球特色幼儿园"称号,余家湾分园获评"南京市优质幼儿园"。新建大埝社区综合文化服务中心。举办、参与大中型文化活动266场,受惠群众32.83人次。永宁街道社区卫生服务中心辖社区卫生服务站10个,门诊量25.42万人次,住院318人次,出院315人次,医疗营业收入2400万元。育龄妇女"两癌"筛查1400人,家庭医生签约服务1.5万人。

【社会保障】 举办线上线下招聘会18场,180家企业提供就业岗位3600个。城乡劳动力职业技能提升岗前培训120人,新增城镇就业450人,大学生就业500人,困难人员失业再就业200人。新增城乡居民养老保险52人,养老保险参保5338人。城乡居民医疗保险参保21440人。138名失能或半失能老人、1326名80岁以上老人享受政府购买服务,服务覆盖率90.2%。发放80岁以上老人尊老金约118万元。发放独生子女父母奖励金、奖励扶助金、特别扶助金131.62万元,政策兑现率100%。走访慰问特扶人员41人,发放慰问金和慰问品价值5.34万元。发放残疾人"两项补贴",为46户残疾人家庭提供康复服务,助残服务30次,困难残疾人家庭无障碍改造16户,辅具适配84件。

(庄成慧)

【2022年"苏韵乡情"乡村休闲旅游农业专场推介】 9月28日,2022年"苏韵乡情"乡村休闲旅游农业专场推介暨2022年中国农民丰收节南京庆祝活动·第七届永宁河岸花海农旅嘉年华在永宁街道张圩葵花朵朵园开幕。省

农业农村厅副厅长，市农业农村局局长，南京艺术学院党委副书记、副校长，南京农业大学科研院院长，区领导，省、市、区“三农”战线工作人员，农业农村乡土人才，重点项目签约主体代表及休闲农业经营主体代表参加。表彰20名浦口区农业农村乡土人才。推介兰花塘地铁水稻公园、永宁叶菜保供基地等4个浦口区重点农业项目。现代种业研发、永宁青虾交易市场运营、红色研学农业旅行基地等6个现代农业项目签约。展示浦口现代农业成果，拓展农业发展新赛道，营造农业消费新场景。主会场举办2022浦口永宁·向阳而行花海田园跑、滁河（永宁）乡村美食活动、金秋星夜电影展映等活动。（区融媒体中心）

【北城圩名文大米产业化联合体入选南京市农业产业化联合体】 12月12日入选。北城圩名文大米产业化联合体由南京北城圩名文农业发展有限责任公司牵头，与南京众鑫丽种植专业合作社以及施文虎、曹孝金、名文、徐龙宝、徐桂忠5个家庭农场联合组成，共同制定章程制度和发展规划。采用“龙头企业+合作社+农户+基地+标准化”经营模式，种植“金陵味稻”340公顷，选用南粳46号优质品种，从耕整地、育秧供秧、机插秧、植保、适时收获、低温烘干，到秸秆还田全程采用农机化服务，粮食总产量3100余吨。建立大米加工厂，进口大米加工设备1台（套），加工能力60吨/日。开办江苏农村科技超市浦口分店，配套电子商务和信息化管理室，设立局域网，通过社区团购、抖音、淘宝商城、五星电器、银行信用卡积分兑换商城、“广电猫猫”“食礼秦淮”“金陵味稻”“浦食浦味”等平台，销售大米1000余吨，年销售收入524.95万元。（庄成慧）

老山林场

【概况】 2022年，老山林场面积62平方千米。辖东、中、西林业管理区和岔路口社区。户籍总户数911户，总人口1245人。4月，老山森林消防专业队获“全国工人先峰号”称号。12月，获江苏省第十三届林业系统森林防火技能赛三等奖。

【经济建设】 全社会固定资产投资2330万元，增长76.52%。职工人均收入17.17万元，增长1.12%。林业经营面积5740公顷，其中公益林5406.67公顷，林木蓄积量56.07万立方米，森林覆盖率98.6%。启动石龙路、狮平路、平司路沿线林相改造，打造森林公园。生态修复废弃矿山、露天矿山5个。做好美国白蛾、麻栎潜叶蛾、黄脊竹蝗监测工作，清理松材线虫病死树615.95吨，投放肿腿蜂3000管、花绒寄甲2000管，生物防治松材线虫病，“加拿大一枝黄花”防治26公顷。

【村镇建设】 投资2000万元，实施龙王路、张冲路、狮平路、太平线、平司路、平湖线、平匪线“四好农路”提档升级及重点乡村道路“白改黑”养护工程19.26千米。“四好农路”19条，总里程51.18千米。其中，乡道3条，长19.34千米；村道16条，长31.84千米。沥青路面42.16千米，水泥路面9.02千米。实施危旧房改造，搬迁3户，落实住房补贴145户，发放补贴621万元。翠云山废弃矿山生态修复、PK15和PK74地质灾害隐患点治理、森林消防队采石场矿地质环境治理、狮平路沿线局部消险等工程通过竣工验收。推进后圩片区废弃露天矿山8号宕口生态修复，推进9号宕口和山林矿、丁脑赵建矿复垦。开展文明城市创建工作，清理垃圾60余吨，拆除违建12处680平方米，处置交通秩序、小区管理等问题270余起。巩固“散乱污”企业整治、餐饮企业污染治理成效，检查企业531家次，整改安全隐患83条，处置公共风险源工单80余条。

【社区建设】 落实生态红线管控、固体废物非法倾倒、扬尘管控、秸秆禁烧、垃圾分类处置等措施，整治小广告“牛皮癣”、车辆乱停乱放和飞线充电等问题。完善大联勤机制，推进“精网微格”工程建设，设置综合网格2个、专属网格3个、微网格19个，数字网格达标率100%。常态化开展“两巡”（巡更、巡夜）工作，推进积案化解，接待群众来访23批34人次，回复阳光信访平台信件22件，办结“国治件”和省“攻坚件”各1件，办结“12345”工单140余件，群众满意率100%。

【社会事业】 利用文化长廊、电子显示屏、宣传栏，开展森林防火、生物多样性、疫情防控等科普宣传。每周免费开放社区文化活动室30小时。开展“迎春纳福”、助老便民、健康义诊、“3·5”学雷锋日、移风易俗、清洁家园、爱国卫生等志愿服务50余次。落实文物保护属地责任,每季度网络巡查兜率寺、摩崖石刻文物1次,定期巡查独峰寺、隆兴庵、七佛寺、响铃庵、真武行宫不可移动文物。

【社会保障】 稳定职工就业,就业率100%。职工养老保险、医疗保险按政策规定落实到位。发放补助补贴24.87万元,其中低保金44277元、“三无”人员补助金48360元、尊老金77586元、残疾人补助金78427.5元。春节期间慰问离退休老干部、生活困难人员、残疾人员等群体,发放慰问金16.55万元。成立居家养老服务中心,上门服务老年人90人。为498名60~79岁退休职工购买安康意外伤害保险。

【森林防火】 落实林长制,划分责任区6个、管理网格34个,压实四级防火责任。投入550万元,更新森林防火设施设备,无人机巡查复杂地形和重点区域火灾隐患70架次。推广“防火码”普及使用,在林区13个重点卡口安装“防火码”,落实进山扫码登记制度。依托森林防火电子监控指挥系统、森林资源综合管理平台,实时掌握人员密集重点林区人情火情,科学调配防火人员。开展全员岗位大练兵,老山森林消防专业队获“全国工人先锋号”称号。实施引水上山二期工程266.67公顷,布设林长制公示牌41块。制订老母猪沟等重点林区联合保障方案,完善森林火灾联防联控和应急救援联动机制,筑牢森林防火屏障。开展“清网搜山”行动,打击盗采盗猎、侵占林地等行为。

【野生动物保护】 境内分布野生动物155科597种,其中国家二级保护野生动物2种——中华虎凤蝶和拉步甲。7月,老山林场开展“巡山清套”行动,开展《中华人民共和国刑法》《中华人民共和国野生动物保护法》等法律法规宣传活动,发放宣传资料200份,向群众讲解野生动物保护政策。出动车辆1300余台次、巡护检查人员2400余人次,在野生动物活动频繁区域及重点区域开展“地毯式”检查清理,清缴鸟网、猎套、猎夹、毒饵等非法猎具14套、电网3000余米。联合森林公安、林业管理区等部门开展执法督查和野生动物救助,严厉打击野生动物猎捕行为,救助受伤、迷路等野生动物6种30余头(只)。 (陶盼盼)

汤泉农场

【概况】 2022年,汤泉农场面积10平方千米。辖汤农社区居委会。户籍人口2622人,其中常住人口654人。10月31日,入选江苏省农业数字化建设优秀案例。12月23日,农业发展服务中心被认定为2022年省级数字农业农村基地。

【经济发展】 实现地区生产总值2743万元,其中第一产业增加值2726万元、第三产业增加值17万元。一般公共预算收入2289万元。农林牧渔业总产值5156万元,其中农业3771万元、渔业1315万元、农林牧渔专业及辅助性活动产值70万元。粮食作物种植面积484.5公顷,产量3360吨。其中,小麦227.8公顷,产量1162吨;水稻253.3公顷,产量2190吨;大豆3.4公顷,产量8吨。蔬菜温室大棚种植面积4.2公顷,种植大蒜、矮脚黄、莴笋等,产量35吨。苗木面积182公顷,种植雪松、冬青、紫薇、红叶石楠等。水产养殖面积43.33公顷,产量600余吨。

【村镇建设】 投资450万元,实施新河路、新水路、泰来河路3条

汤泉农场优质水稻生产基地 滕宏飞摄

农路“白改黑”，“四好农路”率100%。推进居民区环境综合整治二期拆迁扫尾，涉拆面积6.5万平方米，完成率85%。新建安置房31栋1644套，占地面积10.39公顷，建筑面积23万平方米。常态化开展场区环境整治，完成跃进河、胜利河等6条河道清淤治理。清理枯枝杂草16吨、白色垃圾2.8吨、水面漂浮物52吨，清理乱堆乱放170余处、乱贴乱挂160余处。

【社区建设】 新建社区AAA级居家养老服务中心，上门服务80岁以上老人144人。落实《南京市生活垃圾管理条例》，设立厨余垃圾收集点2处、其他垃圾收集点3处，培训生活垃圾收集人员2人。强化社区数字乡村治理机制，完善网格化社会治理大联勤体系，加强网格长联勤事项处置。借助“12345”政府热线平台，开展“户户进、人人访”集中走访，走访职工312户643人，收集问题23条，问题化解率100%。

【社会事业】 开展新时代文明实践站阵地规范化建设，举办理论宣讲、健康促进、科技与科普服务、文化服务、教育服务等活动35场。举办全民阅读活动3场，参与130人次。开展“最美家庭”评选，弘扬社会主义文明新风尚。组织开展“喜迎二十大 歌颂祖国歌颂党”诗歌朗诵比赛、党史国史教育活动。

【社会保障】 培训失业再就业人员，职工就业率100%。录入在保对象A类42户53人、B类2户2人；确认低保家庭13户21人，发放低保金20.5万元。养老保险参保232人，参保率100%。医疗保险参保232人，参保率100%。困难群体临时救助29户，发放救助金4.83万元。救助无人抚养儿童12人次，发放救助金2.47万元。发放尊老金12.6万元，60岁以上老年人免费体检589人。发放残疾人“两项补贴”21.93万元。

【“汤农”品牌建设】 打造“汤农”大米品牌，完成绿色食品认证，建立“汤农”大米标准体系、质量监督管理体系及全程质量可追溯体系，构建“汤农”大米品牌专属“身份证”。建立微信公众号、抖音号等宣传平台，通过“食礼秦淮”授权基地探访直播、左岸花海营地节线下推介等营销模式宣传。形成集生产、仓储、加工、销售、物流于一体的全产业链发展模式，实现从“卖稻谷”向“卖大米”的转变。加工大米40万千克，总出库量40万千克，总销售量38.75万千克。

【农业发展服务中心入选2022年省级数字农业农村基地】 12月23日，汤泉农场农业发展服务中心被省农业农村厅命名为省级数字农业农村基地。汤泉农场贯彻落实中央、省、市、区关于发展数字经济、建设数字乡村重要决策部署，推动数字技术、智能装备创新应用和农业现代化转型升级发展，努力实现农业“智慧化”“科学化”。完成数字大田、毛嘴泵站改造、水稻生态补偿、水稻绿色防控等项目，完善农田水利基础设施，推进大米产业化提档升级、高标准农田、农资仓储中心、池塘生态化改造等项目，为产业发展奠定基础。

（张海云）

·文稿编辑　杨万友·

人物·荣誉

先进人物

杨瑞清

南京市浦口区行知教育集团总校长。9 月 6 日,被中央宣传部、教育部授予 2022 年“全国教书育人楷模”称号。

杨瑞清,男,汉族,1963 年 6 月出生,江苏南京人,中共党员,本科学历。1981 年,杨瑞清从南京晓庄师范学校毕业后,怀抱实践陶行知思想、改造乡村教育的理想,到江浦县建设乡五里小学任教,将带教班命名为“行知实验班”。1985 年 1 月,五里小学更名为行知小学,杨瑞清被任命为校长。他用行知教育实验探索乡村学校发展之路,先后开展不留级实验、村级大教育实验、赏识教育实验、小班化实验等 22 项教育实验,成为全国“学陶师陶”标杆。行知小学获评“江苏省模范小学”“江苏省实验小学”“全国青少年校园足球特色学校”,成为老百姓满意的家门口好学校。1994 年,成立行知基地,累计接待50多万名城市学生开展乡村社会研学实践活动,被评为“全国青少年校外活动示范基地”“全国中小学生研学实践教育营地”。2005 年起,行知小学开展对外教育文化交流,推动成立美国行知教育学校、马来西亚行知教育学苑等 6 个海外行知教育协作机构,成为马来西亚教育部“爱心计划”135 所学校的“母亲校”,与 200 多所海外华文学校联合举办 18 届“一带一路”华文学校行知教育论坛,107 个国家和地区 1.2 万余名师生到学校开展交流活动。行知小学成为全国唯一入选国家汉语国际推广基地的乡村学校,被确定为中国华侨国际文化交流基地。杨瑞清连续五次被评为“南京市中青年拔尖人才”,是“新中国 60 年江苏教育最有影响人物”,先后获“全国十杰中小学中青年教师”“全国师德标兵”“全国五一劳动奖章”“全国先进工作者”“全国‘两基’工作先进个人”“全国教育改革创新杰出校长奖”“中国当代教育名家”等荣誉。2021 年 12 月,他主持的“扎根乡村 40 年的行知教育实验”项目在江苏省基础教育教学成果奖评选中获特等奖。（区教育局）

滕宏飞

区农业农村局农业技术推广研究员。12 月,在设施西甜瓜新品种及优质绿色简约化生产技术集成推广项目中,获 2022 年农业农村部丰收奖(农业技术推广成果奖)二等奖。

滕宏飞,男,汉族,1964 年 2 月出生,江苏南京人,中共党员,本科学历。自工作以来,滕宏飞一直从事农业技术推广工作,促进产业发展及农民增产增收。2017—2020 年,作为江苏现代农业(西甜瓜)产业技术体系浦口推广示范基地专业技术人员,在全区开展设施西甜瓜新品种及优质绿色简约化生产技术集成推广应用,促进大棚西甜瓜穴盘基质嫁接育苗、蜜蜂传粉、水肥一体化、轻简栽培、绿色防控等集成技术推广应用。获 2014 年国务院政府特殊津贴,被评为“江苏省‘333’高层次人才培养工程中青年科学技术带头人”“‘12316’全国优秀专家”。

（钟倩）

郑 光

区市场监管综合行政执法大队餐饮安全监管科科长。3月17日，被江苏省食品安全委员会评为“全省食品安全工作先进个人”。

郑光，男，汉族，1976年1月出生，江苏南京人，中共党员，本科学历。在食品安全监管工作中确立“七规范三统一”规范化建设标准，筑牢食品安全防线。通过对色标管理、标识规范、台账记录、环境整治、卫生提升等标准引导，提升长效规范管理水平。加强业务培训指导，提升食品从业者发现问题和整改问题的能力，助力营造全区食品安全“共治、共建、共享”良好氛围，共创“食安浦口”。

郭 晖

区市场监管局法制科副科长。4月11日，被江苏省推进长江流域禁捕退捕工作领导小组办公室评为“2021年度省长江禁渔执法监管先进个人”。

郭晖，男，汉族，1984年3月出生，江苏南京人，中共党员，本科学历。自参加工作以来，一直奋战在基层执法一线，他始终牢记“全心全意为人民服务”的宗旨，爱岗敬业，尽职尽责，任劳任怨，甘于奉献，具有丰富的基层工作经验和执法专业技能。多次被授予“执法稽查工作先进个人”“特种设备安全管理先进个人”等荣誉。作为区市场监管综合行政执法大队支部书记，他坚持党建引领，打造忠诚、干净、担当的市场监管综合执法铁军，贯彻落实审慎包容监管执法和打造一流营商环境要求，为浦口区高质量发展保驾护航。

（区市场监管局）

赵 建

南京国家现代农业产业科技创新中心管理办公室企业服务部副部长。4月，获“江苏省五一劳动奖章”。

赵建，男，汉族，1982年7月出生，四川简阳人，中共党员，本科学历。2000年12月参加工作，2018年5月入职南京国家现代农业产业科技创新中心管理办公室。在南京国家现代农业产业科技创新示范园区项目建设中献计献策，为省重点项目实现“工作创一流、建设出精品”提供服务保障。他强化责任担当，主动靠前服务，协助参建单位搞好竞赛宣传，筹措防暑降温物资，做好现场慰问，对接区疫情防控指挥部，在园区设立独立核酸检测点，为参建单位员工提供核酸检测服务近3000人次。

谢永良

上海建工四建集团有限公司项目部工区长。4月，获“江苏省五一劳动奖章”。

谢永良，男，汉族，1970年出生，上海人，中共党员，本科学历。在2021年南京国家农创中心项目劳动竞赛活动中，谢永良号召班组工人、同事积极参与，根据立功竞赛工作小组确定的施工节点目标，组织工区全体工人共同探讨学习，分解目标、责任到人，在保证安全、质量的前提下，合理提高工效和材料利用率，为其他班组做出表率。面对新冠疫情和台风等恶劣天气影响，谢永良带领班组“敢打硬仗、能打硬仗、善打硬仗”，坚持安全、生产两不误。一方面以身作责，配合项目部做好消毒测温、防风固定等工作，确保施工人员生命安全和身体健康；另一方面细化工作分工，优化工序搭接，提高工作效率，将疫情、台风等不利影响降到最低，为实现施工节点目标突破打下坚实基础。南京国家现代农业产业科技创新示范园区建设工程获南京市优质工程奖“金陵杯”。

（卢钦）

侯昌盛

浦口规划资源分局地矿生态科副科长。12月，被省生态环境厅、省人力资源社会保障厅授予“江苏省打好污染防治攻坚战先进个人”称号。

侯昌盛，男，汉族，1985年12月出生，山东诸城人，民建会员，研究生学历，硕士学位。主要承担全市矿山生态修复，规划资源系统的水、土壤、大气污染防治，环境保护督察整改等工作，参与完成京沪高铁沿线、麒麟科创园示范工程、长江经济带等自然资源部重大废弃矿山修复工作。作为全市规划资源系统环境保护督察牵头联络员，参与完成第二轮中央生态环境保护督察、省级突出生态环境问题专项督查推进迎检、调阅资料报送和现场督察检查保障，完成相关环保督察反馈问题和转办信访件整改销号等工作。

（许思睿）

卢　艳

区商务局服贸商贸科副科长。12月,被省人力资源社会保障厅、省商务厅授予“第四届中国国际进口博览会江苏交易团组织工作先进个人”称号。

卢艳,女,汉族,1985年9月出生,江苏南京人,本科学历。2012年7月入职区商务局,先后在综合管理科、办公室、服贸商贸科工作。她开展社零总额、消费促进、服务贸易等工作重点课题研究,2017年、2019年,调研报告获市商务系统二等奖、一等奖。2020年,被省人力资源社会保障厅、省商务厅授予“第二届中国国际进口博览会江苏交易团组织工作先进个人”称号。她坚持服务大局、保障中心,贯彻落实省委、省政府及省交易团各项要求,加强工作统筹,制订活动推进方案,发挥牵头组织、综合协调作用。她加强业务学习,提升服务能力,为企业报名及资料审核答疑解难,一次性审核通过率100%。做好企业展前展中、线上线下采购意向调查工作,实时跟进意向成交企业,对重点意向采购企业“一对一”紧盯,及时协调、沟通、对接,做好成交订单跟进统计工作,完成进博会各项工作任务。

(区商务局)

檀心汉

桥林街道明因寺社区书记。2023年3月,被南京市政府表彰为“2022年南京市扛起‘争当表率、争做示范、走在前列’三大光荣使命先进个人”。

檀心汉,男,汉族,1973年11月出生,江苏南京人,中共党员,本科学历。多次被区政府授予“建设高新浦口先进个人”称号,多次当选浦口区人大代表。他落实党的各项方针、政策,扎根社区,无私奉献,在拆迁攻坚等“硬骨头”工作面前敢挑重担,先后打通丁香路、紫峰路、林中路、百合路、云杉路等重点路段堵点,保证华天科技二期、光大水务等项目顺利实施。把明因寺社区建设成为管理有序、服务便利、环境优美、治安良好、人际关系和谐的和美社区,明因寺社区获“浦口区基层文化工作先进社区”“浦口区文明社区”“浦口区高质量发展先进集体”“浦口区推动‘一三五六’先进集体”等荣誉。

(桥林街道)

孔令富

浦口区乡村发展“三会”(浦口区老区开发促进会、浦口区乡村发展基金会、浦口区扶贫开发协会)会长。2023年7月10日,被江苏省老区开发促进会、江苏省乡村发展基金会、江苏省扶贫开发协会授予“江苏省红色资源普查调研先进个人”“2022年度社会慈善募捐先进个人”称号。

孔令富,男,汉族,1956年10月出生,江苏南京人,大学文化,浦口区委原副书记。自2017年2月担任浦口区乡村发展“三会”会长以来,在宣传老区、建设老区、助力脱贫攻坚等方面作出突出贡献。他带领全区乡村发展“三会”系统精准发放扶贫贴息贷款6亿余元,创造就业岗位3.5万个,为3万多个低收入家庭实现创业、就业增收。组织实施助学、助医、助残、助老、助特、助创、助老区、保险扶贫8项工程。浦口区乡村发展“三会”被省乡村发展“三会”领导誉为“全省乡村发展‘三会’系统的一面旗帜”。

陈荣震

2023年7月10日,被江苏省老区开发促进会、江苏省乡村发展基金会、江苏省扶贫开发协会授予“江苏省红色资源普查调研先进个人”称号。

陈荣震,男,汉族,1954年6月出生,江苏南京人,大专文化,桥林街道原副调研员。在浦口区乡村发展“三会”负责老区宣传工作,先后在国家、省、市级报刊发表文章50多篇,3次获中国老促会表彰。编著的《南京市浦口区革命老区发展史》参与全国交流,获江苏省特等奖、南京市特等奖。在2021年开展的全省红色资源普查调研工作中,多次深入实地调研考察,撰写调研报告,提出红色资源保护利用建议,编著的浦口区红色资源普查调研资料《红色初心从这里出发》获评南京出版社2022年“十大主题图书”。

(区扶贫协会)

高级技术职称人员

2022年,浦口区新增高级技术职称人员220人,其中正高级教师1人、高级讲师5人、高级教师52人、主任医师16人、主任护师3人、副主任医师30人、副主任药师1人、副主任护师10人、副主任技师6人、副主任中医师

4人、副主任中药师1人、社区主任医师3人、社区副主任医师10人、社区副主任药师2人、社区副主任护师9人、社区副主任技师1人、正高级工程师3人、高级工程师52人、高级规划师2人、高级讲师1人、高级农艺师1人、高级会计师1人、高级经济师1人、高级人力资源管理师2人、高级乡村振兴技艺师3人。

表46 2022年浦口区新增高级技术职称人员一览表

序号	姓名	性别	出生年月	毕业时间	毕业院校	学历（学位）	工作单位	专技职称
1	吴佩贞	女	1970年12月	2004年7月	盐城师范专科学校	本科	南京市浦口区教师发展中心	正高级教师
2	刁小勇	男	1977年2月	2000年6月	扬州大学	本科	南京市广播电视大学浦口分校	高级讲师
3	苏　庆	女	1977年5月	1999年7月	常州技术师范学院	硕士	南京市广播电视大学浦口分校	
4	刘晓岑	女	1981年2月	2003年7月	南京航空航天大学	硕士	南京市广播电视大学浦口分校	
5	胡广华	女	1982年1月	2011年6月	中国电子科技集团第五十五研究所	硕士	南京浦口中等专业学校	
6	葛东升	男	1983年12月	2006年6月	东南大学	本科	南京浦口中等专业学校	
7	肖　慧	女	1987年6月	2010年6月	常熟理工学院	本科	浦口区凤凰幼儿园	高级教师
8	程　丽	女	1978年2月	2008年1月	南京师范大学	本科	浦口区江浦实验小学	
9	赵小凤	女	1982年7月	2019年7月	陕西师范大学	本科	浦口区江浦实验小学	
10	狄成平	男	1976年1月	2011年7月	陕西师范大学	本科	浦口区新浦实验小学	
11	窦新东	男	1970年10月	2007年7月	陕西师范大学	本科	浦口区新世纪小学	
12	陈　健	男	1975年5月	2009年7月	陕西师范大学	本科	浦口区新世纪小学	
13	张　萍	女	1977年5月	2014年7月	陕西师范大学	本科	浦口区新世纪小学	
14	朱雅婷	女	1982年2月	2007年1月	南京晓庄学院	本科	浦口区行知小学	
15	刘宏珍	女	1982年11月	2008年7月	陕西师范大学	本科	浦口区陡岗小学	
16	徐仕燕	女	1982年12月	2018年1月	南京晓庄学院	本科	浦口区星甸小学	
17	黄元华	男	1976年5月	2013年12月	南京师范大学	本科	浦口区石桥小学	
18	陶有红	女	1971年9月	2007年7月	陕西师范大学	本科	浦口区汤泉小学	
19	薛明会	女	1981年5月	2013年7月	南京晓庄学院	本科	浦口区汤泉小学	
20	章　园	女	1982年6月	2010年1月	南京晓庄学院	本科	浦口区汤泉小学	

(续表)

序号	姓名	性别	出生年月	毕业时间	毕业院校	学历(学位)	工作单位	专技职称
21	刘福香	女	1982 年 9 月	2009 年 7 月	陕西师范大学	本科	浦口区汤泉小学	高级教师
22	马书声	男	1974 年 1 月	2007 年 7 月	陕西师范大学	本科	浦口区永宁小学	
23	高　萍	女	1976 年 5 月	2008 年 6 月	江苏教育学院	本科	浦口区永宁小学	
24	朱　燕	女	1978 年 3 月	2009 年 1 月	南京师范大学	本科	浦口区永宁小学	
25	邢琳琳	女	1982 年 2 月	2009 年 12 月	南京师范大学	本科	浦口区永宁小学	
26	林　红	女	1977 年 5 月	2007 年 7 月	陕西师范大学	本科	浦口区实验学校	
27	夏　欢	女	1982 年 9 月	2008 年 1 月	南京晓庄学院	本科	浦口区实验学校	
28	张　亚	男	1975 年 11 月	2001 年 12 月	江苏教育学院	本科	浦口区第二中学	
29	张安玲	女	1987 年 6 月	2013 年 6 月	南京师范大学	硕士	浦口区第二中学	
30	陈加将	男	1975 年 2 月	2002 年 6 月	江苏教育学院	本科	浦口区第三中学	
31	李芙蓉	女	1985 年 11 月	2008 年 6 月	江苏大学	本科	浦口区第三中学	
32	李　红	女	1975 年 4 月	2011 年 12 月	苏州大学	硕士	浦口区第四中学	
33	赵秋玲	女	1975 年 9 月	2004 年 7 月	南京师范大学	本科	浦口区第四中学	
34	黄　勇	男	1976 年 3 月	1997 年 7 月	南京信息工程大学	本科	浦口区第四中学	
35	程　云	女	1977 年 1 月	2020 年 7 月	江苏师范大学	本科	金陵中学浦口分校	
36	杨　梅	女	1975 年 4 月	2009 年 1 月	南京师范大学	本科	浦口区行知中学	
37	张　华	男	1981 年 6 月	2017 年 2 月	陕西师范大学	本科	浦口区行知中学	
38	徐小琴	女	1983 年 8 月	2009 年 1 月	南京师范大学	本科	浦口区乌江学校	
39	陶玲俐	女	1982 年 11 月	2014 年 7 月	华东师范大学	本科	南京书人实验学校	
40	秦学云	男	1968 年 8 月	2008 年 7 月	陕西师范大学	本科	浦口区星甸中学	
41	刘瑞兵	男	1974 年 5 月	2000 年 6 月	扬州大学	本科	浦口区星甸中学	
42	滕支祥	男	1982 年 2 月	2010 年 1 月	南京师范大学	本科	浦口区星甸中学	
43	邵金梅	女	1970 年 1 月	2007 年 7 月	南京师范大学	本科	浦口区石桥中学	
44	张文秀	女	1980 年 9 月	2003 年 12 月	安徽师范大学	本科	浦口区石桥中学	
45	朱圣泉	男	1965 年 5 月	2007 年 7 月	陕西师范大学	本科	浦口区汤泉中学	
46	陈圆圆	女	1982 年 8 月	2008 年 1 月	南京师范大学	本科	浦口区汤泉中学	

（续表）

序号	姓名	性别	出生年月	毕业时间	毕业院校	学历（学位）	工作单位	专技职称
47	张红英	女	1974 年 3 月	2004 年 7 月	南京师范大学	本科	浦口区永宁学校	高级教师
48	徐永姣	女	1977 年 3 月	2004 年 7 月	南京晓庄学院	本科	浦口区永宁学校	高级教师
49	车德春	男	1978 年 2 月	2010 年 6 月	陕西师范大学	本科	浦口区大桥中学	高级教师
50	赵子明	男	1969 年 2 月	2001 年 12 月	江苏教育学院	本科	江苏省江浦高级中学	高级教师
51	曹　勇	男	1971 年 3 月	1994 年 6 月	中国人民解放军国际关系学院	本科	江苏省江浦高级中学	高级教师
52	张宗仁	男	1971 年 9 月	2006 年 12 月	安徽师范大学	硕士	江苏省江浦高级中学	高级教师
53	郭小江	男	1978 年 8 月	2004 年 7 月	皖西学院	本科	江苏省江浦高级中学	高级教师
54	马晓艳	女	1978 年 11 月	2001 年 6 月	南京师范大学	本科	江苏省江浦高级中学	高级教师
55	吴引娟	女	1984 年 9 月	2007 年 7 月	安徽师范大学	本科	江苏省江浦高级中学	高级教师
56	程　颖	女	1987 年 2 月	2009 年 6 月	湖州师范学院	本科	南京汉开书院学校	高级教师
57	吴晓艳	女	1983 年 11 月	2006 年 6 月	盐城师范学院	本科	浦口区特殊教育学校	高级教师
58	莫其凤	女	1981 年 9 月	2008 年 1 月	南京晓庄学院	本科	浦口区教师发展中心	高级教师
59	高　笙	男	1968 年 9 月	2015 年 1 月	河北北方学院	本科	浦口区中心医院	主任医师
60	李宝华	女	1970 年 11 月	2012 年 1 月	东南大学	本科	浦口区中心医院	主任医师
61	褚庆霞	女	1971 年 7 月	2003 年 7 月	南京医科大学	本科	浦口区中心医院	主任医师
62	夏　群	女	1973 年 4 月	1996 年 7 月	南京铁道医学院	本科	浦口区中心医院	主任医师
63	朱少云	女	1974 年 5 月	2009 年 1 月	扬州大学	本科	浦口区中心医院	主任医师
64	卿顺华	女	1974 年 12 月	2001 年 6 月	东南大学	本科	浦口区中心医院	主任医师
65	郑后珍	女	1975 年 4 月	2007 年 1 月	南京医科大学	本科	浦口区中心医院	主任医师
66	刘必银	男	1975 年 6 月	2021 年 6 月	南京医科大学	硕士	浦口区中心医院	主任医师
67	邓　蓉	女	1976 年 9 月	2005 年 7 月	南京医科大学	本科	浦口区中心医院	主任医师
68	喻丽芝	女	1977 年 6 月	2001 年 7 月	镇江医学院	本科	浦口区中心医院	主任医师
69	史传兵	男	1978 年 1 月	2017 年 9 月	东南大学	博士	浦口区中心医院	主任医师
70	杨先俊	男	1979 年 10 月	2004 年 7 月	皖南医学院	本科	浦口区中心医院	主任医师
71	钱利华	男	1980 年 4 月	2003 年 7 月	皖南医学院	本科	浦口区中心医院	主任医师
72	吴　霞	女	1973 年 11 月	2009 年 1 月	东南大学医学院	本科	浦口区中医院	主任医师
73	莫雁飞	男	1983 年 5 月	2006 年 7 月	皖南医学院	本科	浦口区中医院	主任医师
74	康正琴	女	1974 年 8 月	2010 年 1 月	扬州大学	本科	浦口区妇幼保健计划生育服务中心	主任医师
75	顾　滨	女	1970 年 12 月	2010 年 12 月	南京医科大学	本科	浦口区中心医院	主任护师
76	孔　瑛	女	1972 年 7 月	2008 年 6 月	东南大学	本科	浦口区中心医院	主任护师
77	周　岩	女	1973 年 2 月	2011 年 1 月	南京医科大学	本科	浦口区中心医院	主任护师

(续表)

序号	姓名	性别	出生年月	毕业时间	毕业院校	学历(学位)	工作单位	专技职称
78	张兴芳	女	1971年1月	2009年1月	南京医科大学	本科	浦口区中心医院	副主任医师
79	王　洋	男	1973年5月	2010年1月	扬州大学	本科	浦口区中心医院	
80	孙旭东	男	1979年5月	2011年6月	东南大学	硕士	浦口区中心医院	
81	戴法辉	男	1981年7月	2005年7月	南通大学	本科	浦口区中心医院	
82	冯　飙	男	1981年7月	2005年7月	皖南医学院	本科	浦口区中心医院	
83	周芸芸	女	1982年10月	2005年6月	苏州大学	本科	浦口区中心医院	
84	邸全召	男	1983年8月	2007年7月	蚌埠医学院	本科	浦口区中心医院	
85	李振华	男	1983年9月	2008年7月	徐州医学院	本科	浦口区中心医院	
86	刘　亮	男	1983年10月	2007年6月	南通大学	本科	浦口区中心医院	
87	胡　伟	男	1983年10月	2008年7月	兰州大学	本科	浦口区中心医院	
88	史志丹	女	1984年2月	2008年7月	徐州医学院	本科	浦口区中心医院	
89	潘　峰	男	1984年5月	2008年7月	皖南医学院	本科	浦口区中心医院	
90	裴如弟	女	1984年6月	2019年12月	南京医科大学	硕士	浦口区中心医院	
91	王晓磊	男	1984年11月	2008年7月	徐州医学院	本科	浦口区中心医院	
92	苏　爽	女	1985年2月	2009年6月	苏州大学	本科	浦口区中心医院	
93	宁显宗	男	1985年9月	2018年12月	南京医科大学	硕士	浦口区中心医院	
94	陈玲玲	女	1985年11月	2008年7月	皖南医学院	本科	浦口区中心医院	
95	周　晶	女	1985年12月	2009年6月	南通大学	本科	浦口区中心医院	
96	王　娜	女	1985年12月	2011年6月	南京医科大学	硕士	浦口区中心医院	
97	王会会	男	1985年12月	2016年6月	安徽医科大学	硕士	浦口区中心医院	
98	张　娆	女	1986年5月	2012年3月	华中科技大学	硕士	浦口区中心医院	
99	王　黎	男	1987年2月	2009年7月	徐州医科大学	本科	浦口区中心医院	
100	王宏俊	男	1988年2月	2018年12月	南京医科大学	硕士	浦口区中心医院	
101	尤兰英	女	1980年3月	2005年7月	湖北省郧阳医学院	本科	浦口区中医院	
102	杨　静	女	1984年9月	2008年6月	南通大学	本科	浦口区中医院	
103	糜　春	女	1985年1月	2010年1月	南京医科大学	本科	浦口区中医院	
104	蔡胜利	男	1985年9月	2007年7月	皖南医学院	本科	浦口区中医院	
105	余　利	女	1985年11月	2008年7月	皖南医学院	本科	浦口区中医院	
106	张　逍	男	1986年7月	2010年7月	皖南医学院	本科	浦口区中医院	
107	滕　玲	女	1986年9月	2008年7月	南京医科大学	本科	浦口区中医院	

（续表）

序号	姓名	性别	出生年月	毕业时间	毕业院校	学历（学位）	工作单位	专技职称
108	王全巧	女	1982 年 10 月	2006 年 6 月	江苏大学	本科	浦口区中医院	副主任药师
109	吴其俊	女	1979 年 8 月	2012 年 7 月	扬州大学	本科	浦口区中心医院	副主任护师
110	林毓秋	女	1981 年 3 月	2012 年 1 月	宜春学院	本科	浦口区中心医院	
111	刘　静	女	1981 年 9 月	2012 年 7 月	扬州大学	本科	浦口区中心医院	
112	蒋秀敏	女	1983 年 3 月	2013 年 7 月	南京中医药大学	本科	浦口区中心医院	
113	戴雨薇	女	1986 年 11 月	2010 年 7 月	徐州医学院	本科	浦口区中心医院	
114	庆萍萍	女	1987 年 1 月	2007 年 6 月	扬州大学	本科	浦口区中心医院	
115	陈利莉	女	1987 年 4 月	2009 年 7 月	江西省中医学院科技学院	本科	浦口区中心医院	
116	高晓梅	女	1980 年 6 月	2015 年 5 月	扬州大学	本科	浦口区中医院	
117	郁卫娟	女	1983 年 11 月	2013 年 7 月	上海交通大学	本科	浦口区中医院	
118	施　艳	女	1984 年 11 月	2012 年 7 月	扬州大学	本科	浦口区中医院	
119	李远坤	男	1983 年 5 月	2011 年 6 月	扬州大学	硕士	浦口区中心医院	副主任技师
120	王宝玉	男	1984 年 10 月	2008 年 7 月	安徽医科大学	本科	浦口区中心医院	
121	李　娴	女	1986 年 11 月	2008 年 7 月	南京医科大学	本科	浦口区中心医院	
122	江金伟	男	1987 年 2 月	2018 年 12 月	东南大学	硕士	浦口区中心医院	
123	赵　静	女	1985 年 6 月	2009 年 6 月	安徽医科大学	本科	浦口区中医院	
124	缪雪梅	女	1985 年 12 月	2009 年 6 月	江苏大学	本科	浦口区中医院	
125	张文文	女	1983 年 3 月	2008 年 6 月	黑龙江中医药大学	本科	浦口区中医院	副主任中医师
126	朱宗玲	女	1983 年 9 月	2012 年 6 月	南京中医药大学	硕士	浦口区中医院	
127	李　琳	女	1985 年 8 月	2011 年 6 月	南京中医药大学	硕士	浦口区中医院	
128	梁　爽	女	1988 年 1 月	2013 年 7 月	陕西中医学院	硕士	浦口区中医院	
129	黄光明	男	1970 年 2 月	2020 年 7 月	北京中医药大学	本科	浦口区中医院	副主任中药师
130	王礼丰	男	1972 年 2 月	2017 年 7 月	南京医科大学	本科	桥林街道社区卫生服务中心	社区主任医师
131	吴有贵	男	1972 年 5 月	2013 年 7 月	南京医科大学	本科	汤泉街道社区卫生服务中心	
132	朱广玉	女	1973 年 12 月	2013 年 7 月	南京医科大学	本科	永宁街道社区卫生服务中心	

（续表）

序号	姓名	性别	出生年月	毕业时间	毕业院校	学历（学位）	工作单位	专技职称
133	万以霞	女	1977年9月	2011年3月	扬州大学	本科	江浦街道社区卫生服务中心	社区副主任医师
134	余　敏	女	1982年5月	2016年1月	皖南医学院	本科	江浦街道社区卫生服务中心	
135	王志才	男	1983年6月	2005年7月	皖南医学院	本科	江浦街道社区卫生服务中心	
136	王蕴颖	女	1984年3月	2011年6月	河北医科大学	硕士	江浦街道社区卫生服务中心	
137	卢才琴	女	1970年1月	2018年7月	江苏卫生健康职业学院	大专	桥林街道社区卫生服务中心	
138	祝正安	男	1972年9月	1994年7月	陕西中医学院	大专	桥林街道社区卫生服务中心	
139	朱志伟	男	1984年5月	2010年7月	皖南医学院	本科	桥林街道乌江社区卫生服务中心	
140	王　楚	女	1987年11月	2009年7月	蚌埠医学院	本科	桥林街道乌江社区卫生服务中心	
141	黄长海	男	1980年12月	2014年7月	南京医科大学	本科	星甸街道石桥社区卫生服务中心	
142	汪小丰	男	1986年7月	2008年7月	皖南医学院	本科	汤泉街道社区卫生服务中心	
143	齐　娟	女	1983年10月	2008年7月	蚌埠医学院	本科	江浦街道社区卫生服务中心	社区副主任药师
144	徐家凤	女	1986年9月	2009年7月	皖南医学院	本科	桥林街道乌江社区卫生服务中心	
145	熊爱华	女	1980年8月	2012年1月	扬州大学	本科	江浦街道社区卫生服务中心	社区副主任护师
146	周玉秀	女	1968年3月	2012年7月	东南大学	大专	桥林街道社区卫生服务中心	
147	马　俊	女	1969年9月	2012年7月	东南大学	大专	桥林街道社区卫生服务中心	
148	娄敬花	女	1970年2月	2012年7月	东南大学	大专	桥林街道社区卫生服务中心	
149	万先蓉	女	1981年11月	2017年1月	东南大学	本科	桥林街道社区卫生服务中心	
150	刘恒琴	女	1968年12月	2004年7月	江苏职工医科大学	大专	星甸街道社区卫生服务中心	
151	晋从容	女	1970年3月	2017年7月	东南大学	本科	汤泉街道社区卫生服务中心	
152	耿　萍	女	1981年8月	2013年7月	南京医科大学	本科	永宁街道社区卫生服务中心	
153	陈桂兰	女	1974年12月	2012年12月	南京医科大学	本科	南京审计大学	
154	胡　辉	男	1978年10月	2009年1月	东南大学	本科	桥林街道社区卫生服务中心	社区副主任技师

（续表）

序号	姓名	性别	出生年月	毕业时间	毕业院校	学历（学位）	工作单位	专技职称
155	雍 军	男	1973年1月	2018年1月	西安电子科技大学	本科	南京市浦口区建筑安装工程安全生产监督站	正高级工程师
156	任晓毅	男	1976年7月	2019年7月	东北农业大学	本科	南京麦浦园林景观建设工程有限公司	
157	李致朋	男	1981年6月	2009年3月	新加坡国立大学	博士	南京能斯特科技有限公司	
158	闵 捷	男	1979年8月	2010年1月	东南大学	本科	浦口区中心医院	高级工程师
159	张卯红	女	1980年1月	2008年1月	南京工业大学	本科	浦口区中心医院	
160	高荣庆	女	1985年10月	2012年7月	南京工业大学	本科	浦口区建筑工务中心	
161	任瑞岩	男	1985年10月	2020年6月	南京工业大学	硕士	浦口区建筑工务中心	
162	高昌美	女	1975年7月	2017年1月	郑州大学	本科	浦口区建筑安装管理站	
163	马超群	男	1986年6月	2010年6月	南京工业大学	本科	浦口区建筑安装工程安全生产监督站	
164	吴 兴	男	1986年7月	2009年7月	南通大学	本科	浦口区建筑安装工程质量监督站	
165	梁 欣	男	1987年1月	2013年6月	河海大学	硕士	浦口区不动产登记中心	
166	汪 生	女	1986年12月	2012年1月	南京工业大学	本科	浦口区物业管理中心	
167	朱家胜	男	1990年8月	2014年6月	河海大学	硕士	浦口区防汛防旱保障中心	
168	卢 韬	男	1985年9月	2018年7月	扬州大学	本科	浦口区星甸街道水务管理服务站	
169	何 倩	女	1984年7月	2008年7月	南京理工大学	硕士	浦口区农产品检验检测中心	
170	姜海鱼	女	1985年6月	2009年12月	南京农业大学	硕士	南京市浦口区桥林街道综合服务中心	
171	戎 慧	女	1986年6月	2011年6月	南京林业大学	硕士	南京市珍珠泉风景区服务中心	
172	何成林	男	1986年10月	2021年6月	河海大学	硕士	南京建正建设工程质量检测中心	
173	陈 涛	男	1984年3月	2007年6月	南京工业大学	本科	南京浦口交通建设集团有限公司	
174	姜海翠	女	1986年11月	2013年1月	南京大学	本科	南京浦口交通建设集团有限公司	
175	何 健	男	1987年7月	2012年1月	东南大学	本科	南京浦口康居建设集团有限公司	
176	孙家木	男	1965年11月	2014年2月	四川农业大学	专科	南京铭豪建设工程有限公司	
177	王守清	男	1966年11月	2016年7月	扬州大学	本科	江苏肯达建设工程有限公司	
178	张寒芬	女	1980年12月	2003年6月	南京经济学院	本科	江苏肯达建设工程有限公司	
179	胡玉奎	男	1967年2月	1989年7月	中国人民解放军工程兵工程学院	本科	南京第一建设事务所有限责任公司	

(续表)

序号	姓名	性别	出生年月	毕业时间	毕业院校	学历(学位)	工作单位	专技职称
180	张兆金	男	1968年7月	2017年7月	南开大学	本科	南京浦口康和物业管理有限公司	高级工程师
181	黄仕林	男	1973年4月	2022年2月	南京大学	硕士	南京钟山岩土工程有限公司	
182	吴爱华	男	1976年6月	1998年7月	南京建筑工程学院	本科	南京正丰建设集团有限公司	
183	王海欧	女	1984年6月	2011年1月	东南大学	本科	南京正丰建设集团有限公司	
184	朱来庆	男	1977年7月	2020年7月	河海大学	本科	南京冠嘉建筑装饰有限公司	
185	万　峰	女	1980年9月	2015年2月	郑州大学	本科	雨发建设集团有限公司	
186	阚东军	男	1980年9月	2020年7月	南京航空航天大学	本科	南京康泽建设发展有限公司	
187	张　中	男	1980年11月	2003年6月	南京农业大学	本科	江苏芯德半导体科技有限公司	
188	包大海	男	1980年11月	2008年6月	东南大学	本科	南京市第二基础工程有限责任公司	
189	韩　颖	女	1981年3月	2008年6月	南京林业大学	硕士	南京市老山林场有限公司	
190	许建逢	男	1981年9月	2004年7月	河海大学	本科	南京浦口科创投资集团有限公司	
191	谢庆均	男	1982年9月	2005年6月	广东工业大学	本科	江苏润邦智能车库股份有限公司	
192	汪　浚	女	1982年3月	2009年1月	江苏大学	本科	江苏给力建设有限公司	
193	樊竟竟	男	1983年1月	2009年7月	安徽农业大学	本科	南京胜泽园林工程有限公司	
194	李　兵	男	1983年1月	2017年12月	华中科技大学	硕士	南京浦卓工程建设有限公司	
195	孟　宝	男	1983年5月	2008年6月	中国矿业大学	本科	江苏国采工程咨询有限公司	
196	张时光	男	1985年10月	2008年6月	中国矿业大学	本科	江苏国采工程咨询有限公司	
197	吴　鹏	男	1985年11月	2014年7月	南京林业大学	本科	南京珍珠泉园林建设有限公司	
198	熊福军	男	1985年7月	2010年6月	南京工业大学	本科	江苏久吾高科技股份有限公司	
199	王　爽	男	1985年9月	2009年7月	南京理工大学	硕士	沐曦集成电路(南京)有限公司	
200	江莉娜	女	1985年9月	2018年1月	重庆大学	本科	江苏顺意建设工程有限公司	
201	杨占照	男	1985年10月	2011年6月	南京工业大学	硕士	江苏九天高科技股份有限公司	
202	何海飞	男	1986年9月	2013年7月	常熟理工学院	本科	南京思农检测有限公司	

（续表）

序号	姓名	性别	出生年月	毕业时间	毕业院校	学历（学位）	工作单位	专技职称
203	杨东波	男	1986年12月	2008年6月	扬州大学	本科	南京奇雅置业有限公司	高级工程师
204	仇　影	女	1986年12月	2013年6月	江苏大学	硕士	江苏亚琛材料科技有限公司	
205	武军伟	男	1987年1月	2014年7月	南京工业大学	硕士	江苏久朗高科技股份有限公司	
206	黄思凯	男	1987年9月	2010年6月	南京林业大学	本科	南京康晟房地产开发有限公司	
207	邓　磊	男	1988年11月	2010年6月	海南大学三亚学院	本科	金隅嘉华南京置业有限公司	
208	施晓强	男	1989年5月	2014年5月	东南大学	硕士	南京长江第三大桥有限责任公司	
209	丁　蕾	男	1989年7月	2012年6月	南京林业大学	本科	南京农创园科创投资集团有限公司	
210	孙　胜	男	1985年1月	2020年5月	武汉大学	硕士	南京市规划和自然资源局浦口分局	高级规划师
211	茆荣娇	女	1985年10月	2019年7月	四川农业大学	本科	南京建信测绘技术有限公司	
212	修　楠	女	1988年5月	2013年7月	江西财经大学	硕士	浦口区委党校	高级讲师
213	秦永美	女	1979年1月	2014年6月	南京农业大学	本科	浦口区农业技术推广中心	高级农艺师
214	陈明月	女	1989年9月	2012年6月	江苏技术师范学院	本科	浦口区中心医院	高级会计师
215	张林涛	男	1981年11月	2009年10月	东南大学	硕士	浦口区星甸街道综合服务中心	高级经济师
216	杨媛媛	女	1984年3月	2012年6月	南京师范大学	硕士	浦口区疾病预防控制中心	高级人力资源管理师
217	卢　科	男	1976年12月	2003年7月	南京大学	本科	江苏肯达建设工程有限公司	
218	张　艳	女	1973年10月	2009年7月	江苏省委党校干部函授学院	专科	浦口区江浦街道综合服务中心	高级乡村振兴技艺师
219	张思洋	男	1975年1月	1997年7月	南京林业大学	大专	南京简诺生态农业科技发展有限公司	
220	金振鹏	男	1986年4月	2010年12月	南京农业大学	硕士	江苏艾津功能农业研究院有限公司	

（孙兆侠）

先进集体名录

表47　2022年浦口区获国家级表彰的部分先进集体一览表

序号	获奖单位	荣誉称号	授予单位	授予时间
1	南京市老山林场消防专业队	全国工人先锋号	中华全国总工会	4月28日
2	星甸街道双山村	全国学雷锋志愿服务“四个100”先进典型（最美志愿服务社区）	中央宣传部、中央文明办等	5月11日
3	浦口区信访局	全国信访系统先进集体	人力资源和社会保障部、国家信访局	5月20日
4	南京市浦口区农业综合行政执法大队	全国农业综合行政执法示范窗口（第四批）	农业农村部	6月27日
5	浦口区	全国旅游综合实力百强区	文化和旅游部	7月14日
6	永宁街道	第二批全国乡村旅游重点镇（乡）	文化和旅游部	11月15日
7	汤泉街道新金社区	2022中国最美村镇（最美康养小镇/基地）	中国最美村镇评选活动组委会等	12月18日
8	永宁街道	2022中国最美村镇（乡村振兴榜样奖）	中国最美村镇评选活动组委会等	12月18日
9	桥林街道高汤村	2022中国最美村镇（生态宜居成就奖）	中国最美村镇评选活动组委会等	12月18日
10	浦口开发区	首批国家级专利导航服务基地	国家知识产权局办公室	12月29日

表48　2022年浦口区获省级表彰的部分先进集体一览表

序号	获奖单位	荣誉称号	授予单位	授予时间
1	汤泉街道陈庄村	第四批江苏省生态文明建设示范村（社区）	江苏省生态环境厅	1月25日
2	永宁街道党工委	江苏省乡村振兴先进集体	江苏省委、江苏省政府	2月8日
3	江浦街道白马社区	全省“共同富裕　百村实践”新型农村集体经济发展典型案例（农旅融合型）	江苏省委农村工作领导小组办公室、江苏省农业农村厅	2月18日
4	星甸街道双山村	全省“共同富裕　百村实践”新型农村集体经济发展典型案例（资产盘活型）	江苏省委农村工作领导小组办公室、江苏省农业农村厅	2月18日
5	永宁街道大埝社区	全省“共同富裕　百村实践”新型农村集体经济发展典型案例（农旅融合型）	江苏省委农村工作领导小组办公室、江苏省农业农村厅	2月18日
6	浦口高新区服务业集聚区	第一批省级现代服务业高质量发展集聚示范区	江苏省发展和改革委员会	3月17日
7	浦口区市场监督管理局	全省食品安全工作先进集体	江苏省食品安全委员会	3月17日
8	江苏九天高科技股份有限公司	江苏省五一劳动奖状	江苏省总工会	4月28日

（续表）

序号	获奖单位	荣誉称号	授予单位	授予时间
9	南京珍珠泉园林建设有限公司浦口乡村精品线路——长江线建设工程景观绿化工程项目部	江苏省工人先锋号	江苏省总工会	4月28日
10	南京依维柯汽车有限公司电动智能网联开发团队	江苏省工人先锋号	江苏省总工会	4月28日
11	桥林街道团工委	江苏省五四红旗团委(团工委)	共青团江苏省委	4月28日
12	江浦街道团结社区团总支	江苏省五四红旗团支部(团总支)	共青团江苏省委	4月28日
13	南京市浦口区公安局巡特警大队团支部	江苏省五四红旗团支部(团总支)	共青团江苏省委	4月28日
14	浦口区人民法院政治部	全省法院“银耀天平”法律志愿服务组织工作先进集体	江苏省高级人民法院	6月14日
15	浦口区政府	真抓实干成效明显地区	江苏省政府办公厅	6月17日
16	永宁街道联合村	2022年江苏省乡村旅游重点村	江苏省文化和旅游厅、江苏省发展和改革委员会	6月30日
17	浦口区税务局收入核算科	省级巾帼建功先进单位	江苏省城镇妇女“巾帼建功”活动领导小组、江苏省妇女“双学双比”竞赛活动领导小组、江苏省妇女联合会	7月5日
18	汤泉街道陈庄村张二乐组	第九批次江苏省特色田园乡村	江苏省农村住房条件改善和特色田园乡村建设工作联席会议办公室	7月6日
19	星甸街道九华村山滕组	第九批次江苏省特色田园乡村	江苏省农村住房条件改善和特色田园乡村建设工作联席会议办公室	7月6日
20	南京不老村体育旅游景区	江苏省第五批体育服务综合体	江苏省体育局	9月7日
21	江浦街道华光社区响堂组	第十批次江苏省特色田园乡村	江苏省农村住房条件改善和特色田园乡村建设工作联席会议办公室	11月10日
22	星甸街道九华村博爱家园	2022年度优秀博爱家园	江苏省红十字会	11月30日
23	浦口区工业和信息化局	“江苏制造突出贡献奖”先进单位	江苏省委、江苏省政府	12月7日
24	华天科技(南京)有限公司	“江苏制造突出贡献奖”优秀企业	江苏省委、江苏省政府	12月7日
25	星甸街道星兴社区	2022年“扫黄打非”全省进基层示范点	江苏省“扫黄打非”工作领导小组办公室	12月9日
26	浦口区人民防空办公室	2022年度江苏省人防工作先进单位	江苏省人民防空办公室	12月22日

(续表)

序号	获奖单位	荣誉称号	授予单位	授予时间
27	星甸街道	2022年省健康镇	江苏省爱国卫生运动委员会办公室、健康江苏建设领导小组办公室	12月29日
28	星甸街道双山村	2022年省健康村	江苏省爱国卫生运动委员会办公室、健康江苏建设领导小组办公室	12月29日
29	江浦街道团结社区	2022年省健康社区	江苏省爱国卫生运动委员会办公室、健康江苏建设领导小组办公室	12月29日
30	桥林街道兰花塘社区	2022年省健康社区	江苏省爱国卫生运动委员会办公室、健康江苏建设领导小组办公室	12月29日
31	汤泉街道龙华社区	2022年省健康社区	江苏省爱国卫生运动委员会办公室、健康江苏建设领导小组办公室	12月29日
32	汤泉街道龙井社区	2022年省健康社区	江苏省爱国卫生运动委员会办公室、健康江苏建设领导小组办公室	12月29日
33	汤泉街道新金社区	2022年省健康社区	江苏省爱国卫生运动委员会办公室、健康江苏建设领导小组办公室	12月29日
34	浦口区地方志办公室	2022年度全省方志文化宣传工作优秀单位	江苏省地方志办公室	2023年1月19日
35	星甸街道办事处	2022年度江苏省公共机构节能低碳试点单位	江苏省机关事务管理局	2023年1月23日
36	南京市规划和自然资源局浦口分局	2022年度全省自然资源政务信息网上公开工作考核先进单位	江苏省自然资源厅办公室	2023年2月4日
37	雨发建设集团有限公司西南办事处	2022年度江苏出省建筑施工先进集体	江苏省住房和城乡建设厅	2023年2月27日
38	永宁街道	2022年度江苏省生态宜居美丽示范乡镇(街道)	中共江苏省委农村工作领导小组	2023年4月4日
39	永宁街道大埝社区	2022年度江苏省生态宜居美丽示范村(社区)	中共江苏省委农村工作领导小组	2023年4月4日
40	永宁街道联合村	2022年度江苏省生态宜居美丽示范村(社区)	中共江苏省委农村工作领导小组	2023年4月4日
41	桥林街道林蒲社区	2022年度江苏省生态宜居美丽示范村(社区)	中共江苏省委农村工作领导小组	2023年4月4日
42	星甸街道后圩村	2022年度江苏省生态宜居美丽示范村(社区)	中共江苏省委农村工作领导小组	2023年4月4日
43	星甸街道九华村	2022年度江苏省生态宜居美丽示范村(社区)	中共江苏省委农村工作领导小组	2023年4月4日
44	浦口区扶贫协会	2022年度济贫帮困先进单位(业绩奖、特等奖)	江苏省老区开发促进会、江苏省乡村发展基金会、江苏省扶贫开发协会	2023年7月10日

（续表）

序号	获奖单位	荣誉称号	授予单位	授予时间
45	浦口区江浦泉城工贸总公司	2022年度济贫帮困先进单位（业绩奖、特等奖）	江苏省老区开发促进会、江苏省乡村发展基金会、江苏省扶贫开发协会	2023年7月10日
46	浦口区扶贫协会	2022年度社会慈善募捐活动先进单位	江苏省老区开发促进会、江苏省乡村发展基金会、江苏省扶贫开发协会	2023年7月10日
47	浦口区革命老区经济开发促进会	江苏省红色资源普查调研工作先进单位（特等奖）	江苏省老区开发促进会、江苏省乡村发展基金会、江苏省扶贫开发协会	2023年7月10日

表49　2022年浦口区获市委、市政府、南京警备区表彰的部分先进集体一览表

序号	获奖单位	荣誉称号	授予单位	授予时间
1	江浦街道办事处	2022年南京市扛起“争当表率、争做示范、走在前列”三大光荣使命先进集体（疫情防控类）	南京市委、南京市政府	2023年3月9日
2	南京依维科汽车有限公司	2022年南京市扛起“争当表率、争做示范、走在前列”三大光荣使命先进集体（疫情防控类）	南京市委、南京市政府	2023年3月9日
3	浦口区卫生健康委员会	2022年南京市扛起“争当表率、争做示范、走在前列”三大光荣使命先进集体（疫情防控类）	南京市委、南京市政府	2023年3月9日
4	浦口区民政局	2022年南京市扛起“争当表率、争做示范、走在前列”三大光荣使命先进集体（疫情防控类）	南京市委、南京市政府	2023年3月9日
5	浦口区发展和改革委员会	2022年南京市扛起“争当表率、争做示范、走在前列”三大光荣使命先进集体（疫情防控类）	南京市委、南京市政府	2023年3月9日
6	浦口区教育局	2022年南京市扛起“争当表率、争做示范、走在前列”三大光荣使命先进集体（疫情防控类）	南京市委、南京市政府	2023年3月9日
7	浦口区工业和信息化局	2022年南京市扛起“争当表率、争做示范、走在前列”三大光荣使命先进集体（经济发展类）	南京市委、南京市政府	2023年3月9日
8	华天科技（南京）有限公司	2022年南京市扛起“争当表率、争做示范、走在前列”三大光荣使命先进集体（经济发展类）	南京市委、南京市政府	2023年3月9日
9	南京中孚信息技术有限公司	2022年南京市扛起“争当表率、争做示范、走在前列”三大光荣使命先进集体（经济发展类）	南京市委、南京市政府	2023年3月9日
10	浦口区地方金融监督管理局	2022年南京市扛起“争当表率、争做示范、走在前列”三大光荣使命先进集体（经济发展类）	南京市委、南京市政府	2023年3月9日

(续表)

序号	获奖单位	荣誉称号	授予单位	授予时间
11	南京市规划和自然资源局浦口分局	2022年南京市扛起“争当表率、争做示范、走在前列”三大光荣使命先进集体(经济发展类)	南京市委、南京市政府	2023年3月9日
12	国家税务总局南京市浦口区税务局	2022年南京市扛起“争当表率、争做示范、走在前列”三大光荣使命先进集体(经济发展类)	南京市委、南京市政府	2023年3月9日
13	浦口区委政法委	2022年南京市扛起“争当表率、争做示范、走在前列”三大光荣使命先进集体(安全稳定类)	南京市委、南京市政府	2023年3月9日
14	南京市公安局浦口分局	2022年南京市扛起“争当表率、争做示范、走在前列”三大光荣使命先进集体(安全稳定类)	南京市委、南京市政府	2023年3月9日
15	浦口区信访局	2022年南京市扛起“争当表率、争做示范、走在前列”三大光荣使命先进集体(安全稳定类)	南京市委、南京市政府	2023年3月9日
16	桥林街道工委	2022年南京市扛起“争当表率、争做示范、走在前列”三大光荣使命先进集体(安全稳定类)	南京市委、南京市政府	2023年3月9日
17	浦口区食品安全委员会办公室	2022年南京市扛起“争当表率、争做示范、走在前列”三大光荣使命先进集体(安全稳定类)	南京市委、南京市政府	2023年3月9日
18	浦口区	2022年度真抓实干成效明显单位	南京市政府	2023年6月18日

逝世人物

任子俊(1925年1月—2022年1月) 男,河南密县人,1948年11月参加革命工作,1949年5月加入中国共产党。历任第二野战军军政大学学员、南京市公安局外侨科外事民警、南京市公安局户政科科员、南京市公安局交警二中队指导员、南京市公安局三处协理室干事、南京市公安局三处户政科副科长、南京市公安局浦口分局协理室协理员、浦口区检察院副检察长、江浦县石桥公社组长及副书记、江浦县制药厂书记兼主任、江浦县公安局副局长。1986年12月离休,享受副处级待遇。

蒋如段(1925年10月—2022年1月) 男,安徽明光人,1947年7月参加革命工作。历任抗大四分校部通信员、警卫员,公安警工连排长,江浦县汤泉轧花厂副厂长,江浦县龙山供销社经理。1987年12月离休,享受正科级待遇。

尹军(1930年10月—2022年1月) 男,安徽和县人,1949年3月参加革命工作,1984年12月加入中国共产党。历任江浦县供销社永宁棉花收购站副站长、江浦县汤泉供销社副主任、江浦县星甸供销社副主任、江浦县汤泉采购站副主任、江浦县汤泉供销社副主任、江浦县农副产品公司副经理、江浦县供销社业务股股长。1991年12月离休,享受正科级待遇。

林清宝(1929年6月—2022年2月) 男,山东平邑人,1945年8月参加革命工作,1949年5月加入中国共产党。历任平邑县八区区中队县大队通讯员,鲁南第四军分区战士、通讯班长,南京市公安局通讯员、学员、科员,浦口区检察院工作人员,老江口办事处、浦口公社干事、副科长,浦口区供销社副经理、副股长,浦口区商业综合购销站政工员,浦口区食品公司政工股长、人秘股长。1989年10月离休,享受正处级待遇。

吴兆庚(1927年7月—2022年7月) 男,浙江东阳人,1949年7月参加革命工作,1953年8月加入中国共产党。历任华东军事政治大学学员、湖南电机厂子弟学校教师、南京市粮食学校教师。1988年2月离休,享受正科级待遇。

姜齐国(1931年5月—2022年8月) 男,江苏南京人,1949年7月参加革命工作,1956年6月加入中国共产党。历任江浦县政府公务交通员、江浦县永宁税务组汤泉税务所换票员、江浦县桥林税务所统计员、江浦县税务局文书兼会计、江浦县直机关中心公社会计、江浦县人民医院会计、江浦县委党校会计、江浦县财政局会计、江浦县革委会办公室总务组干部、江浦县委办公室档案馆干部。1991年12月离休,享受正科级待遇。

徐文保(1932年8月—2022年8月) 男,山西五台人,1948年7月参加革命工作,1949年11月加入中国共产党。历任部队司号员、班长、排长、副股长、副处长、医院副院长,江浦县卫生局副局长兼爱卫办副主任,江浦县委办、政府办副主任,江浦县卫生局副局长、副书记,江浦县卫生局检查员(副局级)。1992年6月离休,享受副处级待遇。

李秉辉(1929年1月—2022年9月) 男,四川岳池人,1949年1月参加革命工作,1949年5月加入中国共产党。历任华东警备区战士、苏南武进县中队副班长、常州军分区警备团二营五连副排长、苏南军区警二团干部处组员、苏南军区文化补校学员、江苏军区人武工作组组员,转业后先后在江浦县兵役局民兵科、江浦县城东公社团委、江浦县珠江镇化工厂、江浦县珠江镇团委、江浦县珠江镇工业办工作,离休前任江浦县民政局福利院院长。1989年4月离休,享受正科级待遇。

严良玉(1949年1月—2022年9月) 男,江苏南京人,1969年2月参加革命工作,1976年5月加入中国共产党。历任第2军184团通信连技工,原浦口区盘城乡双楼大队农技员、农水科水利规划员,盘城公社农科站农技员、副主任,盘城乡政府乡长,原浦口区整党办公室联络员,原浦口区城乡建设领导小组副组长,原浦口区政府办公室副主任(主持工作),原浦口区城镇建设开发总公司经理、书记,原浦口区交通局局长、书记,原浦口区计划经济委员会主任、党组书记兼经协委主任,原浦口区政府副区长,浦口区人大常委会副主任。2003年1月退休,享受副区(局)级待遇。

廖清和(1929年6月—2022年11月) 男,安徽淮南人,1949年4月参加革命工作,1980年4月加入中国共产党。历任江浦县汤泉镇政府办事员、江浦县法院审判员、江浦县航管所副所长、江浦县农机局股长、江浦电机厂组长、江浦县法院审判员。1990年8月离休,享受正科级待遇。

阚家璜(1927年2月—2022年12月) 男,安徽肥东人,1949年7月参加革命工作,1956年6月加入中国共产党。历任华东军事政治大学学员,上海中国粮食公司华东区公司工作人员,南京市粮食局储运科工作人员,南京市大厂镇米面厂副场长,南京市大厂地区商业革委会书记、主任,南京市大厂镇米面厂书记,南京市粮食学校党支部书记。1987年11月离休,享受副处级待遇。

叶家华(1927年11月—2022年12月) 男,安徽来安人,1944年3月参加革命工作,1947年1月加入中国共产党。历任部队战士、通讯员、学员,江浦县合作部东大桥主任,江浦县桥林采购站主任,江浦县大桥供销社主任,江浦县龙山供销社副书记,江浦县农产品公司副经理,江浦县农资公司副经理。1987年12月离休,享受正处级待遇。

余从容(1933年1月—2022年12月) 男,江苏睢宁人,1949年8月参加革命工作。历任第84师卫生员、原浦口区卫生防疫站医师。1986年3月离休,享受正科级待遇。 (区委老干部局)

·文稿编辑　卢仕松·

附　　录

重要文件题录

表 50　2022 年中共南京市浦口区委重要文件目录一览表

文号	文件标题	发文日期
浦委发〔2022〕1 号	中共南京市浦口区委关于深入学习贯彻党的十九届六中全会精神的决定	1 月 1 日
浦委发〔2022〕2 号	中国共产党南京市浦口区第五届委员会第三次全体会议决议	1 月 1 日
浦委发〔2022〕3 号	中共南京市浦口区委员会　南京市浦口区人民政府转发《区委宣传部、区司法局关于在全区公民中开展法治宣传教育第八个五年规划(2021—2025 年)》的通知	1 月 20 日
浦委发〔2022〕4 号	中共南京市浦口区委员会　南京市浦口区人民政府关于印发《关于进一步提升浦口区河湖长制工作的实施意见》的通知	1 月 24 日
浦委发〔2022〕7 号	中共南京市浦口区委员会　南京市浦口区人民政府关于表彰浦口区高质量发展先进集体、先进个人的决定	2 月 7 日
浦委发〔2022〕8 号	中共南京市浦口区委员会　南京市浦口区人民政府关于通报表扬 2021 年度机关作风建设先进单位、先进个人的决定	2 月 7 日
浦委发〔2022〕10 号	中共南京市浦口区委员会　南京市浦口区人民政府关于印发《浦口区深化综合行政执法体制改革工作方案》的通知	2 月 17 日
浦委发〔2022〕11 号	中国南京市浦口区委员会　南京市浦口区人民政府关于印发《浦口经济开发区带动街道园区一体发展方案》的通知	2 月 22 日
浦委发〔2022〕12 号	中共南京市浦口区委员会　南京市浦口区人民政府关于进一步调整优化南京市浦口区新冠肺炎疫情防控工作指挥体系的通知	3 月 26 日
浦委发〔2022〕14 号	中共南京市浦口区委员会　南京市浦口区人民政府关于印发《浦口区关于做好 2022 年全面推进乡村振兴重点工作的实施意见》的通知	4 月 12 日
浦委发〔2022〕15 号	中共南京市浦口区委员会　南京市浦口区人民政府关于印发《浦口区法治政府建设实施方案(2021—2025 年)》的通知	4 月 15 日
浦委发〔2022〕16 号	中共南京市浦口区委转发《中共南京市浦口区人大常委会党组关于建立街道议政代表会制度的实施意见》的通知	6 月 2 日

（续表）

文号	文件标题	发文日期
浦委发〔2022〕18号	中共南京市浦口区委员会印发《关于深入贯彻落实〈中国共产党政法工作条例〉的实施办法》的通知	6月11日
浦委发〔2022〕20号	中共南京市浦口区委员会 南京市浦口区人民政府关于印发《浦口区优化营商环境20条(2022版)》的通知	6月15日
浦委发〔2022〕22号	全国农业科技工作会议暨2022全国农业高新技术成果交易活动筹备工作领导小组方案	6月21日
浦委发〔2022〕23号	中共南京市浦口区委员会 南京市浦口区人民政府关于印发《浦口区关于贯彻落实〈南京市建设服务构建新发展格局先行示范区实施方案〉的意见》的通知	6月24日
浦委发〔2022〕25号	中共南京市浦口区委员会 南京市浦口区人民政府关于表彰浦口区2021年度优秀公务员的决定	7月16日
浦委发〔2022〕27号	中国共产党南京市浦口区第五届委员会第五次全体会议决议	8月10日
浦委发〔2022〕37号	中国共产党南京市浦口区第五届委员会第六次全体会议决议	12月8日

表51　2022年中共南京市浦口区委办公室重要文件目录一览表

文号	文件标题	发文日期
浦委办发〔2022〕1号	中共浦口区委办公室 浦口区人民政府办公室关于印发《浦口区"十四五"综合交通运输体系发展规划》的通知	1月4日
浦委办发〔2022〕2号	中共浦口区委办公室 浦口区人民政府办公室关于印发《浦口区生态环境保护责任清单》的通知	1月4日
浦委办发〔2022〕3号	中共浦口区委办公室 浦口区人民政府办公室关于印发《浦口区"十四五"人才发展规划》的通知	1月7日
浦委办发〔2022〕5号	中共浦口区委办公室关于印发《浦口区"百名干部破百题"两年行动优秀案例评比办法(试行)》的通知	1月13日
浦委办发〔2022〕6号	中共浦口区委办公室 浦口区人民政府办公室关于印发《南京市浦口区"十四五"卫生健康事业发展规划》的通知	1月26日
浦委办发〔2022〕8号	关于通报表扬2021年度"百名干部破百题"优秀案例和"改革闯将"的决定	2月7日
浦委办发〔2022〕9号	中共浦口区委办公室 浦口区人民政府办公室关于印发《关于进一步深化"只投诉一次"工作机制的实施意见》的通知	2月9日
浦委办发〔2022〕11号	中共浦口区委办公室 浦口区人民政府办公室关于印发《关于进一步加强浦口区事业单位房产管理的实施办法》的通知	2月16日
浦委办发〔2022〕12号	中共浦口区委办公室 浦口区人民政府办公室关于印发《南京市浦口区城市管理局(综合行政执法局)职能配置、内设机构和人员编制规定》的通知	2月17日
浦委办发〔2022〕13号	中共浦口区委办公室 浦口区人民政府办公室关于印发《浦口区落实南京市加快引领性国家创新型城市建设实施方案》的通知	2月18日
浦委办发〔2022〕14号	中共浦口区委办公室 浦口区人民政府办公室关于印发《浦口区区属园区(平台)社会管理职能剥离移交工作方案》的通知	2月23日
浦委办发〔2022〕15号	关于印发《政协南京市浦口区委员会2022年度重点协商议题和调研视察安排》的通知	2月24日

(续表)

文号	文件标题	发文日期
浦委办发〔2022〕16 号	中共浦口区委办公室 浦口区人民政府办公室印发《关于开展党员干部“全员大走访+共建新浦口”活动具体办法》的通知	2 月 25 日
浦委办发〔2022〕19 号	中共浦口区委办公室 浦口区人民政府办公室关于印发《老山景区体制机制改革方案》的通知	3 月 17 日
浦委办发〔2022〕20 号	中共浦口区委办公室 浦口区人民政府办公室关于印发《浦口区迎接第二轮中央生态环境保护督察协调保障工作方案》的通知	3 月 25 日
浦委办发〔2022〕21 号	中共浦口区委办公室 浦口区人民政府办公室关于印发《2022 年浦口区深入打好污染防治攻坚战目标任务》的通知	3 月 29 日
浦委办发〔2022〕22 号	中共浦口区委办公室 浦口区人民政府办公室关于印发《浦口区制度创新、治理变革示范三年行动方案(2022—2024 年)》的通知	3 月 29 日
浦委办发〔2022〕23 号	中共浦口区委办公室 浦口区人民政府办公室关于印发《浦口区房地产开发项目综合联动管理工作方案》的通知	3 月 30 日
浦委办发〔2022〕26 号	中共浦口区委办公室关于印发《浦口区配合省委第十巡视组开展巡视工作方案》的通知	4 月 3 日
浦委办发〔2022〕31 号	中共浦口区委办公室关于印发《浦口区“一社区一案例”行动方案》的通知	4 月 18 日
浦委办发〔2022〕37 号	中共浦口区委办公室 浦口区人民政府办公室关于印发《浦口区“名校优生”计划实施办法(试行)》的通知	4 月 29 日
浦委办发〔2022〕38 号	中共浦口区委办公室 浦口区人民政府办公室关于印发《关于促进浦口区文旅健康产业高质量发展的若干政策措施》的通知	5 月 17 日
浦委办发〔2022〕39 号	关于开展浦口区“服务企业·面对面”深化“全员大走访 共建新浦口”活动的通知	6 月 6 日
浦委办发〔2022〕41 号	中共浦口区委办公室 浦口区人民政府办公室关于印发《浦口区数字经济高质量发展实施方案》的通知	6 月 14 日
浦委办发〔2022〕44 号	中共浦口区委办公室 浦口区人民政府办公室印发《关于全面加强和改进新时代学校体育工作的实施意见》《关于全面加强和改进新时代学校美育工作的实施意见》的通知	7 月 13 日
浦委办发〔2022〕45 号	中共南京市浦口区委办公室印发《关于推动党史学习教育常态化长效化的实施方案》的通知	8 月 8 日
浦委办发〔2022〕46 号	中共浦口区委办公室 浦口区人民政府办公室印发《关于深化网格化社会治理工作的实施意见》的通知	7 月 29 日
浦委办发〔2022〕47 号	中共浦口区委办公室转发《区委宣传部、区委组织部关于做好〈习近平谈治国理政〉第四卷学习教育工作的通知》的通知	8 月 11 日
浦委办发〔2022〕50 号	中共浦口区委办公室 浦口区人民政府办公室关于印发《浦口区重大项目服务保障一件事改革方案》的通知	9 月 6 日
浦委办发〔2022〕53 号	中共浦口区委办公室 浦口区人民政府办公室印发《关于进一步深化“每月一办”工作机制的实施办法》的通知	11 月 15 日
浦委办发〔2022〕56 号	中共浦口区委办公室关于印发《浦口区五届人大五年工作规划(2022—2026 年)》的通知	11 月 29 日
浦委办发〔2022〕57 号	中共浦口区委办公室 浦口区人民政府办公室关于印发《浦口区区属国有企业领导人员管理办法》的通知	12 月 6 日
浦委办发〔2022〕58 号	中共浦口区委办公室 浦口区人民政府办公室关于通报表扬 2022 年度“四清、四折、四整治”环境整治行动优秀单位和优秀个人的决定	12 月 14 日

(陈超)

表 52　2022 年南京市浦口区人民政府重要文件目录一览表

文号	文件标题	发文日期
浦政发〔2022〕2 号	关于下达二〇二二年重点项目计划的通知	1 月 24 日
浦政发〔2022〕4 号	关于明确区政府领导工作分工的通知	1 月 8 日
浦政发〔2022〕9 号	区政府关于印发《2022 年浦口区城市管理工作实施意见》的通知	2 月 14 日
浦政发〔2022〕41 号	区政府关于印发《浦口区应对疫情助企纾困八条措施》的通知	4 月 20 日
浦政发〔2022〕60 号	区政府关于授予 2021 年度浦口区区长质量奖的决定	5 月 21 日
浦政发〔2022〕79 号	区政府关于印发《浦口区全民健身实施计划（2021—2025 年）》的通知	8 月 11 日
浦政发〔2022〕88 号	区政府关于印发《浦口区“十四五”残疾人事业发展规划》的通知	9 月 8 日
浦政发〔2022〕99 号	关于调整并明确部分区政府领导工作分工的通知	10 月 21 日
浦政发〔2022〕105 号	区政府关于印发《浦口区国家知识产权强县建设试点县工作方案（2022—2025 年）》《南京市浦口区知识产权奖励办法》的通知	10 月 17 日
浦政发〔2022〕113 号	区政府关于印发《浦口区低效工业用地再开发暂行意见》的通知	11 月 9 日

表 53　2022 年南京市浦口区人民政府办公室重要文件目录一览表

文号	文件标题	发文日期
浦政办发〔2022〕2 号	区政府办公室关于印发《浦口区“十四五”知识产权发展规划》的通知	1 月 30 日
浦政办发〔2022〕4 号	区政府办公室关于印发《浦口区建设江苏省健康促进区工作方案》的通知	2 月 9 日
浦政办发〔2022〕6 号	关于印发《2022 年浦口区政府门户网站在线访谈活动实施方案》的通知	2 月 16 日
浦政办发〔2021〕7 号	区政府办公室关于印发《浦口区养老服务联席会议制度》的通知	2 月 22 日
浦政办发〔2022〕9 号	区政府办公室关于印发《浦口区城镇燃气安全排查整治工作实施方案》的通知	2 月 28 日
浦政办发〔2022〕10 号	区政府办公室关于印发《南京市浦口区质量基础设施“一站式”服务工作实施方案》的通知	3 月 9 日
浦政办发〔2022〕11 号	区政府办公室关于印发《居民小区物业管理督导工作专班方案》的通知	3 月 9 日
浦政办发〔2022〕12 号	区政府办公室关于印发《浦口区建设管理精细化城市品质再提升三年行动计划（2022—2024 年）》的通知	3 月 15 日
浦政办发〔2022〕14 号	区政府办公室关于印发《浦口区全面推行农村公路“路长制”实施方案》的通知	3 月 31 日
浦政办发〔2022〕15 号	区政府办公室关于印发《浦口区城建项目储备工作管理实施意见》《浦口区美丽乡村类项目评审实施细则》的通知	4 月 8 日
浦政办发〔2022〕16 号	关于成立浦口区特殊困难群体救助帮扶专项排查整治行动工作专班的通知	4 月 12 日

(续表)

文号	文件标题	发文日期
浦政办发〔2022〕23 号	区政府办公室关于印发《进一步加强关爱对象救助帮扶方案》的通知	4 月 29 日
浦政办发〔2022〕25 号	区政府办公室关于印发《浦口区国务院“互联网+督查”平台留言办理工作实施办法(试行)的通知	5 月 13 日
浦政办发〔2022〕27 号	区政府办公室关于印发《南京市浦口区“十四五”气象发展规划》的通知	5 月 17 日
浦政办发〔2022〕28 号	区政府办公室关于印发《浦口区“十四五”文化和旅游融合发展规划》的通知	5 月 17 日
浦政办发〔2022〕29 号	区政府办公室关于印发《浦口区高标准农田管护办法》的通知	5 月 27 日
浦政办发〔2022〕31 号	区政府办公室关于调整浦口区象山湖水利风景区领导小组成员和印发《南京市浦口区象山湖水利风景区规划》的通知	6 月 9 日
浦政办发〔2022〕32 号	区政府办公室关于印发《浦口区制造业智能化改造和数字化转型实施方案》的通知	6 月 17 日
浦政办发〔2022〕33 号	区政府办公室关于印发《瓦殿冲生态清洁小流域创建国家水土保持示范工程实施方案》的通知	6 月 20 日
浦政办发〔2022〕34 号	区政府办公室关于印发《浦口区 2022 年政务公开工作要点》的通知	6 月 30 日
浦政办发〔2022〕42 号	区政府办公室关于印发《关于加强浦口区房屋征收补偿安置资金管理指导意见》的通知	8 月 11 日
浦政办发〔2022〕44 号	区政府办公室关于印发《浦口区镇村志编纂文化工程实施方案》的通知	8 月 13 日
浦政办发〔2022〕45 号	区政府办公室关于印发《南京市浦口区自建房安全专项整治实施方案》的通知	8 月 20 日
浦政办发〔2022〕46 号	区政府办公室关于印发《南京市浦口区农村物流达标县建设实施方案》《南京市浦口区城乡公交一体化达标县建设实施方案》的通知	8 月 23 日
浦政办发〔2022〕50 号	区政府办公室关于印发《浦口区“十四五”老旧小区改造规划》的通知	9 月 24 日
浦政办发〔2022〕51 号	区政府办公室关于印发《浦口区“十四五”保障性住房建设规划》的通知	9 月 24 日
浦政办发〔2022〕55 号	区政府办公室关于印发《浦口区普惠托育服务体系建设工作方案》的通知	10 月 24 日
浦政办发〔2022〕58 号	区政府办公室关于公布浦口区行政许可事项清单的通知	10 月 31 日
浦政办发〔2022〕59 号	区政府办公室关于印发《浦口区全面加强药品监管能力建设实施意见》的通知	11 月 13 日
浦政办发〔2022〕60 号	区政府办公室关于印发《浦口区省级农业生产全程全面机械化示范区建设工作实施意见》的通知	11 月 14 日
浦政办发〔2022〕65 号	区政府办公室关于印发《浦口区“十四五”时期“无废城市”建设实施方案》的通知	11 月 30 日

(张燕)

表 54　2022 年浦口区人大常委会重要文件目录一览表

文号	文件标题	发文日期
浦人常〔2022〕1 号	关于区人大常委会领导工作分工的通知	1 月 10 日
浦人常〔2022〕2 号	关于印发《浦口区人大常委会 2022 年工作要点》《浦口区人大常委会 2022 年常委会会议、主任会议议题、执法检查计划》和《各街道人大工委 2022 年工作计划》的通知	1 月 25 日
浦人常〔2022〕10 号	关于印发《浦口区人大常委会工作制度汇编》的通知	5 月 31 日
浦人常〔2022〕11 号	关于批准 2021 年浦口区财政决算的决定	7 月 26 日
浦人常〔2022〕12 号	关于印发《区人大常委会领导及组成人员联系代表工作方案》的通知	7 月 26 日
浦人常〔2022〕22 号	南京市浦口区人民代表大会常务委员会关于进一步提升"院府合作"质效促进浦口区中心医院高质量发展的决定	10 月 27 日
浦人常〔2022〕24 号	关于批准浦口区 2022 年财政预算调整方案的决议	11 月 24 日
浦人常〔2022〕33 号	南京市浦口区人大常委会关于设立代表资格审查委员会的决定	11 月 24 日
浦人常〔2022〕34 号	区人大常委会党组学习宣传贯彻党的二十大精神实施方案	11 月 29 日

表 55　2022 年浦口区人大常委会审议意见书目录一览表

文号	文件标题	发文日期
浦人常审〔2022〕1 号	关于全区义务教育优质均衡发展暨"双减"政策落实情况的审议意见书	3 月 29 日
浦人常审〔2022〕2 号	关于全区安全生产专项整治"三年行动"开展情况的审议意见书	3 月 29 日
浦人常审〔2022〕3 号	关于全区招商引资及商圈提档升级情况的审议意见书	5 月 27 日
浦人常审〔2022〕4 号	关于区法院人民法庭建设情况的审议意见书	5 月 27 日
浦人常审〔2022〕5 号	关于区政府 2022 年上半年工作情况、国民经济和社会发展计划及财政预算执行情况的审议意见书	7 月 26 日
浦人常审〔2022〕6 号	关于全区国有资产管理情况及国企改革"三年行动"推进落实情况的审议意见书	7 月 26 日
浦人常审〔2022〕7 号	关于全区"国家数字乡村试点区"建设及休闲农业发展情况的审议意见书	9 月 28 日
浦人常审〔2022〕8 号	关于整治群众反映强烈的问题专项工作情况的审议意见书	10 月 27 日
浦人常审〔2022〕9 号	关于市下达我区重点发展指标和重大项目推进落实情况的审议意见书	11 月 24 日

（徐阳）

统计资料

表56 2022年浦口区主要经济指标统计表

指标名称	2022年累计完成	2021年同期累计	比上年同期(%)
1. 地区生产总值(亿元)	512.13	490.48	3.2
第一产业	48.49	46.68	3.6
第二产业	181.57	167.52	6.4
工业	135.02	119.63	9.4
第三产业	282.07	276.28	1.2
2. 一般公共预算收入(亿元)	78.93	84.85	-7.0
3. 全社会固定资产投资完成额(亿元)	582.83	—	5.2
工业投资	164.43	111.28	47.8
4. 社会消费品零售总额(亿元)	148.60	150.10	-1.0
5. 规模工业总产值(亿元)	434.30	380.38	14.2
6. 实际使用外资及港澳台资(万美元)	30005.00	35940.00	-16.5
7. 外贸进出口总额(亿元)	295.80	216.60	36.5
8. 旅游总收入(亿元)	64.75	54.03	19.9
9. 景区旅游接待量(万人次)	1542.78	992.17	55.5
10. 全体居民人均可支配收入(元)	58376.50	55714.80	4.8
11. 城镇居民人均可支配收入(元)	70871.40	67910.50	4.4
12. 农村居民人均可支配收入(元)	35133.00	33156.80	6.0

注:一般公共预算收入为全区还原留抵退税全额

表57 2022年浦口区主要经济指标在全市各区位置情况统计表(一)

区名	地区生产总值				一般公共预算收入			
	累计(亿元)	绝对值名次	增长(%)	增幅名次	累计(亿元)	绝对值名次	增长(%)	增幅名次
南京市	16907.85	—	2.1	—	1558.21	—	0.1	—
江北新区	2628.47	2	1.8	9	145.14	4	-20.9	12
玄武区	1231.43	7	2.4	6	85.10	7	4.0	4
秦淮区	1401.47	5	5.2	1	109.13	6	9.0	1
建邺区	1250.59	6	2.5	5	159.70	3	5.2	2
鼓楼区	1953.94	3	1.5	11	174.18	2	4.7	3
浦口区	512.13	12	3.2	2	60.28	9	-7.0	9
栖霞区	1746.43	4	1.5	11	140.80	5	-3.1	7
雨花台区	1040.22	8	1.6	10	81.61	8	1.7	5

（续表）

区　名	地区生产总值				一般公共预算收入			
	累计（亿元）	绝对值名次	增长（%）	增幅名次	累计（亿元）	绝对值名次	增长（%）	增幅名次
江宁区	3000.55	1	2.1	8	202.96	1	-8.9	10
六合区	594.59	10	3.2	2	45.78	11	-3.9	8
溧水区	1034.01	9	2.6	4	57.31	10	-14.0	11
高淳区	576.71	11	2.2	7	38.80	12	-2.1	6

注：南京市一般公共预算收入含市本级收入

表 58　2022 年浦口区主要经济指标在全市各区位置情况统计表（二）

区　名	规模以上工业增加值		全社会固定资产投资		实际使用外资及港澳台资			
	增长（%）	增幅名次	增长（%）	增幅名次	累计（亿美元）	绝对值名次	增长（%）	增幅名次
南京市	2.4	—	3.5	—	48.50	—	10.5	—
江北新区	1.4	10	7.7	5	4.09	4	-53.6	11
玄武区	3.2	6	10.2	4	3.23	6	-17.9	5
秦淮区	0.1	12	18.5	1	1.24	12	-58.9	12
建邺区	2.6	7	2.4	9	2.08	9	-45.7	10
鼓楼区	12.6	2	0.2	11	4.50	3	55.0	1
浦口区	12.9	1	5.2	6	3.00	7	-16.5	4
栖霞区	1.8	8	5.2	6	6.96	2	-24.2	7
雨花台区	1.1	11	11.9	3	3.71	5	1.4	2
江宁区	5.1	5	2.4	9	9.36	1	-10.4	3
六合区	11.6	3	12.7	2	2.34	8	-31.5	8
溧水区	11.1	4	3.1	8	1.81	10	-36.5	9
高淳区	1.5	9	-3.0	12	1.72	11	-18.8	6

表 59　2022 年浦口区主要经济指标在全市各区位置情况统计表（三）

区　名	社会消费品零售总额				全体居民人均可支配收入			
	累计（亿元）	绝对值名次	增长（%）	增幅名次	累计（元）	绝对值名次	增长（%）	增幅名次
南京市	7832.41	—	-0.8	—	69038.8	—	4.4	—
江北新区	752.42	5	-1.0	8	—	—	—	—
玄武区	1129.57	2	1.3	4	84779.6	1	4.1	9
秦淮区	989.82	4	-1.5	10	77729.9	3	4.2	8

（续表）

区　名	社会消费品零售总额				全体居民人均可支配收入			
	累计（亿元）	绝对值名次	增长（%）	增幅名次	累计（元）	绝对值名次	增长（%）	增幅名次
建邺区	458.46	8	1.6	3	74816.1	4	4.3	6
鼓楼区	1149.23	1	1.7	2	84173.9	2	4.3	6
浦口区	148.60	12	-1.0	8	58376.5	6	4.8	2
栖霞区	513.04	7	0.2	6	—	—	—	—
雨花台区	716.55	6	-2.0	11	—	—	—	—
江宁区	1033.05	3	0.1	7	63009.7	5	4.4	4
六合区	299.34	10	1.8	1	53706.7	8	4.9	1
溧水区	399.31	9	0.3	5	53200.4	9	4.6	3
高淳区	243.01	11	-8.0	12	53785.9	7	4.4	4

注：江北新区、栖霞区、雨花台区只设置城镇居民采样点

表60　2022年浦口区主要经济指标在全市各区位置情况统计表（四）

区　名	城镇居民人均可支配收入				农村居民人均可支配收入			
	累计（元）	绝对值名次	增长（%）	增幅名次	累计（元）	绝对值名次	增长（%）	增幅名次
南京市	76642.6	—	4.1	—	34664.0	—	6.0	—
江北新区	74522.4	7	4.5	1	—	—	—	—
玄武区	84779.6	1	4.1	7	—	—	—	—
秦淮区	77729.9	3	4.2	5	—	—	—	—
建邺区	74816.1	5	4.3	3	—	—	—	—
鼓楼区	84173.9	2	4.3	3	—	—	—	—
浦口区	70871.4	9	4.4	2	35133.0	2	6.0	3
栖霞区	75106.6	4	4.2	5	—	—	—	—
雨花台区	74558.4	6	4.0	9	—	—	—	—
江宁区	73786.3	8	3.9	10	35367.3	1	5.9	4
六合区	69099.6	10	4.1	7	34006.8	5	6.2	1
溧水区	67213.9	12	3.6	11	34018.3	4	6.2	1
高淳区	67774.1	11	3.6	11	34636.8	3	5.8	5

注：江北新区、栖霞区、雨花台区只设置城镇居民采样点，玄武区、秦淮区、建邺区、鼓楼区无农村居民

（区统计局）

·文稿编辑　王孜孜·

索　　引

说　　明

一、索引采用主题分析方法，按首字汉语拼音字母顺序排列，同音字按声调次序排列。

二、类目、分目用黑体字，主题词用宋体字表明。数字表示内容所在页码，数字后的字母 a、b、c 表示该页自左至右的栏别。表格、图片注有“表”“图”字样。

三、“附见”内容悬挂缩进，附于相关款目之下。

四、单位名称无歧义者，略去省、市、区名。

A

B

C

D

E

F

G

H

J

K

L

M

N

P

Q

R

S

T

W

·文稿编辑 徐 源·